KB236660

다시 읽는

# 천년옥사

# 다시 읽는 조선교육사

**초판 1쇄 발행** 2010년 5월 15일
**초판 2쇄 발행** 2023년 5월 18일

**지은이** 이만규
**펴낸이** 김승희
**펴낸곳** 도서출판 살림터

**기획** 정광일
**편집** 조현주·송승호
**디자인** 유나의숲

**인쇄·제본** (주)신화프린팅
**종이** (주)명동지류

**주소** 서울시 양천구 목동동로 293, 2215-1호
**전화** 02-3141-6553
**팩스** 02-3141-6555

**출판등록** 2008년 3월 18일 제313-1990-12호
**이메일** gwang80@hanmail.net
**블로그** http://blog.naver.com/dkffk1020

ISBN 978-89-94445-01-4 93370

# 다시 읽는 친일교육사

이만규 지음

살림터

# 머리말



내용이 빈약한 이 『조선교육사』가 나의 보잘것없는 지식에서 나온 것을 독자 여러분께 사과합니다. 이 책을 쓴 동기를 말하자면, 지금부터 8년 전 경찰에 검거되었던 일로 인해 나는 교단을 떠나 31개월 동안을 한가롭게 보냈습니다. 책을 읽을 겨를을 얻은 것을 기회로 고서(古書)를 읽다가 과거 우리나라 교육을 알아볼 생각이 나서 교육에 관한 문헌을 읽기 시작하였습니다.

그때에 대동사(大同社) 출판부 주인 이관구(李寬求) 씨의 호의로 대동도서관 서적을 빌려 오고 황의돈(黃義敦) 씨의 호의로 그가 개인 소장한 도서를 마음대로 빌려 보게 되었습니다. 또한 이범수(李釩洙) 씨가 경성제대 연구실에 있는 것을 기회로 그의 이름으로 대학 도서관의 책을 빌려 보았고, 배화학교 도서를 마음대로 보게 되어 소일(消日) 겸 취미로 약간의 자료를 모았습니다. 그러다가 배화의 재단법인 일이 생기어 작업이 중단되었는데 그때는 출판할 시국도 아니거니와 출판할 마음도 없었습니다.

그래서 자료를 서고에 담아두었던 것인데 금년 6월 학교장 직을 그만둔 뒤로 다시 책을 읽게 되어 이 작업을 계속하였습니다. 책을 읽을 때 기억의 편의를 위해 뽑아두었던 것인데 민병도(閔丙燾) 씨가 호의로 출판을 하겠다고 청하므로 정리하여 내놓은 것입니다.

페이지가 늘면 지면 관계로 출판이 어렵다 하여 깎고 줄여 원문도 그대로 싣지 못하였으나 『규제(規制)』 외에는 모두 해설 식으로 옮겨 해설과 원문을 함께 사용하였습니다. 잘못된 곳은 독자 여러분이 곧 지적하여주시고, 또 『조선교육사』가 일본인이 지은 보잘것없는 두어 책 외에 조선인의 손으로는 처음이오니 이것을 계기로 몇 배 좋은 대작(大作)을 많이 내어주시기를 바랍니다.

1946년 11월  이만규

“인도문명의 탄생은 삼림에서 시작하였다. …… 인간의 정신과 세계의 정신 사이의 위대한 조화를 실현하는 것이 고대 인도의 삼림생활을 경영한 성자들의 노력이었다.”

이것은 인도인 타고르의 말이다. 타고르는 인도의 문명을 삼림문명이라고 지적하고 인도인의 영적 생활을 노래하면서 문명을 다음과 같이 평하였다.

“서양 여러 나라의 문명은 다 벽돌과 모르타르의 요람 가운데서 자라났다. …… 서양 사람은 교만하게도 사람은 자연을 정복한다고 생각한다. …… 유럽의 식민군이 미국에 침입할 때의 미국 상태는 아리아인이 인도에 침입할 때와 같았다. 그런데 인도에서는 야만인의 집이었던 삼림이 성자의 전당이 되었으나 미국에서는 그 울창한 삼림의 노수 거목이 미국인의 부와 세력이 되었다.”

타고르는 삼림문명, 대자연과 조화하는 영적 철학이 인도문명임을 찬양하고 동시에 서양문명은 대자연을 정복하는 물질적 문명임을 지적하였다. 그리하여 똑같은 삼림지에서 인도인은 그것으로 영적 성전을 만들었고 미국인은 그것으로 물적 세력장을 만들었다고 하였다. 오늘날에 있어서도 영적 신비가 많은 인도와 물질적 전쟁이 많은 서양과 비교하면 타고르가 말한 것과 같이 인생철학이 서로 판이하게 다른 것을 알 수 있다.

이같이 종교적 사상인 심령문화를 낳은 것이 삼림문명이요, 과학적 사상인 물질문화를 낳은 것이 벽돌문명이라 하면 우리 한국의 문명은 어떠한 것인가?

한국인의 사상은 현실을 떠나 인간세계를 회피하고 이상향을 찾아 출가와 고행을 일삼은 인도인의 사상이 아니다. 그렇다고 하여서 현실에 취하여 황금만능을 부르짖으며 침탈과 전쟁을 일삼는 서양인의 사상이냐 하면 그것도 아니었다. 그러고 보면 한국의 문명은 삼림문명도 아니요 벽돌문명도 아니다. 요컨대 삼림문명은 심령지상주의요, 벽돌문명은 물질만능주의였다. 한국인은 심령지상주의가 아니었기 때문에 종교적 국민이 아니었고 물질만능주의가 아니었기 때문에 과학적 국민도 아니었다. 종교는 인간을 신에게 흡수시켜 신령화하려 하고 과학은 인간을 물질에 귀착시키려 한다.

한국인은 사람을 신격인 하늘과 물격인 땅에 대립시켜 신도 물도 아닌 '사람'은 사람대로 '사람'이라 하고 우주는 하늘, 사람, 땅의 3위(三位)로 성립되었다고 생각하였다. 그러므로 한국인의 철학은 알 수 없는 우주현상을 '이(理)'라 하였을 뿐이며, 기독교와 같은 인격적 신이나 불교와 같은 영의 별천지를 찾지 아니하였고, 원자탄 같은 물질을 기계의 힘으로 투하하여 일순간에 수만의 생명과 막대한 문화재를 없애는 비인간적 전쟁을 하지 않고 적의 주린 빛을 보고 지치기를 기다렸다가 하루 한 번씩 일부러 지면서 더 피곤케 하여 스스로 달아나게 하는 을지문덕의 전법같이 인간의 머리와 인간의 힘으로 싸웠다.

그러면 한국의 문명은 어떠한 것인가? 한국의 문명은 농경문명이었다. 삼림 속도 아니요 벽돌담 안도 아니다. 넓은 들에서 갈고 심고 거름을 주는 사람의 힘과, 나고 자라고 열매 맺는 자연의 힘이 협조하여 성취하는 문명이다. 사람의 힘이 없이 삼림 등 자연의 거대한 힘만 숭배하지 않았고 구태여 자연을 정복하고 파괴하는 데 사람의 힘을 소비하지도 않았다. 곧 신의 힘이나 물의 힘으로 살려 하지 않았다. 살림살이의 일상 경험에서 필요하다고 느껴서 생긴 것이 우리의 윤리와 도덕이었으니 신의 명령이나 묵시가 아니었고 인간의 힘대로 벌어먹고 입고 그 한도 안에서 부지런하고 절약하여 청빈을 낙으로 삼은 것이 우리의 생활이었기에 복잡하고 첨단적인 신경은 쓰지도 아니하였다. 그러므로 그 학문은 종교적인 신학도 아니요 과학적인 기계학도 아니었다. 오직 순수한 인간학이었다. 이 인간학을 배우고 가르친 것이 옛 교육 편에 실린 교육이었다.

그런데 우리의 인간학은 삼림문명의 싹을 짓밟고 자라난 것으로 지금으로부터 약 이천 년 전까지는 신화시대의 유풍으로 살았다. 그 신화는 태백산 단목(檀木) 밑에 나타났다는 단군신화, 곧 삼림 속에서 대자연의 신비에 놀라 하느님께 제를 지내며 신인(神人) 생활을 하였다는 옛 이야기가 그때까지 사람의 사상을 지배하여 하늘에 제사를 지내는 종교적 민족의 생활을 하였던 것이다. 그러나 민족의 이지(理知, 이성과 지혜)가 자라나면서 이성에 맞지 않는 신화적 종교생활은 차차 없어지고 신으로부터 또는 종교로부터 해탈한 자유인의 생활을 꾀하여 인간학을 흡수하기도 하고 이루어내기도 하였다. 이것이 과거 우리 선조들의 밝은 머리에서 나온 현명한 생활이었으며 이로 인해 오늘날까지 종교국민의 생활을 면하지 못한 인도인이나 기독교인, 회교인보다 진보하였던 것이다. 그런데 이러한 훌륭한 인간학이었지만 여기에는 좀 더 요구되는 조건이 갖추어지지 못하여 커다란 결함이 있었다. 본래 인간은 신도 아니요 물질도 아닌 것이다. 인간은 신을 만들어낼 수 있는 감정을 가졌고 물질을 연구 제작할 수 있는 지능을 가졌다. 그리하여 필요한 때는 신을 만들어가지고 사는 수도 있고, 또 필요한 때는 물을 파괴 정복하고 이용하여 살 수도 있다. 필요에 따라 자유롭게 선택하는 것이 인간이다. 이 자유를 잃고 어디엔가 얽매인 생활은 인간성을 부족하게 함과 동시에 인간학을 바로 세우게 하지도 못할 것이다.

우리의 조상이 신과 종교에서 해탈한 것은 이 인간의 자립성을 제대로 발전시킨 것이므로 이 점에서 우리는 과거 우리 조상이 남긴 교육을 존경하며 감사하는 바이다.

그러나 한층 더 나아가 전자세계를 더듬고 은하세계를 측량하는 인간의 힘을 발휘하여 인간의 위대성을 찾아내지 못한 것을 우리는 유감으로 생각하는 바이다.

수천 년 전에 황하 유역의 반개민(半開民)이 무식하게 지껄인 음양오행설에 속아 만물의 객관적 진리를 바로 찾지 못하고 미개시대의 잘못된 부귀욕에 물들어 봉건제도와 특권도덕을 그대로 노래하였다. 이것이 옛날 우리 교육의 커다란 잘못이었다. 이 잘못은 진보하는 인류문화의 찬란한 빛 앞에 암흑으로 드러나지 않을 수 없다. 이 암흑을 치우지 않고서는 그 민족이 발달할 수 없는 것이다. 이것이 우리 한국에 새 교육이 출발하는 까닭이었다. 이 역사 깊은 농경문화, 곧 인력과 자연력의 협력으로 육성 성취하는 문화는 끝없는 인간의 위대한 힘으로 한없이 위대한 자연력을 이용하기 위하여 배워야 하고, 인간이 인간답게 곧 너나없이 다 같은 인간으로 인간답게 살기 위하여 배워야 한다는 것이 새 교육의 사명이다.

그러나 옛 교육의 잘못은 그 뿌리가 깊고 가지가 길어서 그 그늘 밑에 새 교육이 자라나기가 매우 어려웠고 게다가 식민정책이라는 무서운 압박 밑에 눌렸었다. 그리하여 이 새 교육사 전체는 보수세력, 봉건사상, 제국주의 자본권력 밑에 짓밟히고 눌리어 형체만 가지고 파리한 채 자란 것이 사실이다. 태어난 지 63년간 하루도 태양 빛과 단비 맛을 제대로 맞아본 적이 없었다.

1947년 5월 이만규

# 이만규의 삶과 교육사관

심성보(부산교육대학교 명예교수/한국교육연구네트워크 이사장)

## 1. 『조선교육사』가 재발행되기까지의 숨은 역사

『조선교육사』의 저자는 월북한 학자였기에 당시 상황으로서는 그 책을 현대어로 번역한 사람을 거명할 수가 없었다. 당시 교육운동을 하고 있던 처지였고, 잘못하면 친북적이고 용공으로 빨갱이 덧칠할 위험이 있었기에 공개적으로 드러낼 수가 없었다. 현대적 표현으로 번역을 주도했던 본인은 당시(1988) 해직교사 동료 두 명(지금은 복직교사이지만)에게 상권과 하권을 각각 맡겨 쉬운 현대어로 교정하도록 의뢰하였고, 후기는 본인이 썼지만 밝힐 수가 없었다. 『조선교육사』 원본은 지도교수였고 지금은 작고하신 고려대학교 김정환 교수님에게서 빌렸다. 김정환 선생님은 비합법 시절의 전교조 대학조합원이었고, 해직교사들이 주축이 되어 만든 월간 『우리교육』 잡지 자문위원 활동을 하신 실천적 학자였다.

『조선교육사』를 재발행할 필요를 느낀 것은 교사가 진정한 교육을 하려면 한국 교육의 역사를 공부할 필요가 있었기 때문이다. 매일매일의 교육적 삶을 긴 안목으로 바라보는 제대로 된 교육의 역사 공부가 절실하게 요청되던 때였다. 『조선교육사』가 '계급주의적 시각'으로만 저술한 책이 아니고 '민족주의적 시각'이 물씬 녹아 있음에도 월북한 사람이라는 사실 자체로 인해 접근할 수 없는 '금서'에 속했다. 이러한 위험한(?) 인물이 지은 『조선교육사』이지만 용기를 내어 현대어로 발간하기로 하였다. 당시의 사회과학 출판사는 사회변혁을 꿈꾸고 있는 실천적 지식인들이 운영하였기에 『조선교육사』 재발행이 갖는 역사적·사회적 의미를 누구보다도 잘 알고 있었다. 거름출판사 유대기 사장과 접촉하여 출판 승낙을 받고 작업을 시작하였다. 박사과정에 진학한 후 『조선교육사』의 저자인 이만규의 두 딸이 남한에 살고 있다는 사실을 알게 되었다. 『조선교육사』를 재발간한 사람으로서 저자의 딸이 남한에 살고 있다는 사실은 나를 매우 흥분시켰다. 그리고 인기가수 서유석이 이만규의 외손자라는 사실도 알게 되었다. 이러한 많은 사실은 자유실천문인협의회(지금의 한국작가회의)의 시인인 이기영(당시 중도좌파 인물인 여운형의 비서) 선생으로부터 알게 되었다.

나는 당시 교통방송 진행자인 서유석 씨에게 방송국으로 전화를 걸었다. 그런데 서유석 씨는 이만규라는 사람을 다시 환기시키는 것 자체가 인기 있는 교통방송의 사회자였던 자신의 신분 불안까지 가져올지도 모른다는 위기감을 갖고 있었다. 그래서 나를 피하는 눈치였다. 군사정권 시대에는 모두가 늘 감시를 받고 있었기에 서유석 씨의 불편한 마음은 십분 이해가 되었다. 다만 그는 붓글씨로 유명한 자기 어머니 갈물 이철경(전 금란여고 교장)은 돌아가셨고(1989), 이모인 이미경 씨가 이만규의 사랑을 많이 받았기에 잘 알고 있을 것이라며 사는 집을 알려주었다.

나는 부랴부랴 북창동의 조그만 한옥을 찾아갔다. 자그마한 키의 할머니 이미경 여사(작고)가 나의 눈에 들어왔다. 여사는 월북하게 된 당시의 상황을 들려주었고 아버지가 자신에게 서예를 지도한 이야기, 여운형 씨가 자기 집에 자고 간 이야기도 해주었다.

그런데 뜻밖에 그분으로부터 그동안 고이 간직해온 『가정독본』(창비사에서 강만길 교수에 의해 재발간함)을 소개받았다. 『가정독본』에는 현대 여성에게 깨달음을 던져줄 귀한 글이 많이 들어 있었다. "여성의 아름다움은 화장미, 의복미, 정신미로 나뉠 수 있는데 그중 가장 중요한 것은 정신의 아름다움, 즉 품성, 심정, 사상, 동작, 예의, 언어, 사람의 마음 등이며 정신의 아름다움이 없는 화장이나 의복은 추하다"는 주장은 매우 신선하게 와닿았다.

그리고 한국 가정이 앓고 있는 고부간의 갈등 해결법도 나의 마음을 사로잡았다. "시어머니와 며느리가 갈등이 생기는 것은 기본적으로 인류의 정이 빈약한 것이기에 시어머니가 먼저 며느리를 친딸처럼 여기는 마음의 자세가 필요하다"고 역설한 대목은 지금까지 나의 결혼생활에 대해 많은 생각을 갖게 하였다. "시어머니가 며느리를 친딸처럼 여기고 며느리는 시어머니를 친부모처럼 여기도록 하려면 먼저 시어머니가 솔선수범하여야 한다"는 대목은 전통적 의미의 복종적 며느리상을 완전히 바꾸어놓았다.

"며느리를 친자식처럼 느껴지도록 낳고 기르며 교육시키는 시부모의 헌신성과 정성이 며느리에게도 다시 되돌려져야 한다. 며느리에게 아들을 키운 정성에 값할 때 존경은 저절로 우러난다. 그러기에 시부모는 며느리의 허물을 절대로 아들에게 말하지 말아야 한다."

"동시에 며느리는 남편을 사랑한다는 것이 의복과 밥을 통해 이루어지는 것이 아니라, 남편의 마음과 정신, 그 집의 환경을 이해하는 노력에서 나옴을 인지해야 한다. 남편이 좋아하는 것을 같이 좋아할 때 사랑의 싹이 튼다. 그리고 며느리는 시어머니의 단점을 친정에 절대 알려서는 안 된다."

이 원칙을 지키지 않을 경우 남편을 욕되게 하는 일로서 부부간의 화목을 깨고 가정의 평안이 깨진다는 논지이다.

"고부간의 중간적 위치에 있는 남편은 또한 고부의 고통은 남편의 고통이며, 이 고통은 다시 아내의 고통으로 이어짐을 알아야 한다. 며느리가 새로운 가정에 들어가 산다는 것이 형식적 끈이지 정실은 아니므로 시부모는 며느리가 충심으로 시부모를 존경하도록 며느리를 감동시킬 만한 체험을 갖게 하는 것이 중요하다. 또한 고부간의 갈등 해결에 며느리의 책임이 없을 수 없다. 며느리의 시집생활에서 화목은 선천성이 아니라, 후천적 노력을 통해야 이룩되는 것임을 명심해야 한다. 며느리는 시부모에게 걱정을 끼쳐드리지 않도록 해야 하며, 며느리로서 해야 할 일을 충실히 해야 한다. 단순히 물질적 봉양만이 아니라, 정신적 만족을 시켜주는 것이 가정의 행복을 가져오는 지름길이다."

이런 내용과 함께 여러 가지 가정교육론을 담은 『가정독본』을 김정환 선생님에게 갖다 드리니 매우 좋은 책이라며 20여 권이나 복사하여 가깝게 지내던 교사나 교육학자들에게 보내주었다. 나는 이후 이만규와 관련된 글을 하나둘 모으기 시작하였다. 그 와중에 한국교육개발원에 근무하는 한만길 박사로부터 이만규가 직접 쓴 귀중한 글들을 입수할 수 있었다. 「건국교육에 관하여」(1946), 「임정수립과 교육정책」(1947) 등은 그로부터 입수한 귀중한 자료들이다. 그러던 중 마침 자발적 국민주주로 1988년 설립된 한겨레신문사에서 현대인물사론을 게재하고 있었기에 이만규라는 인물을 소개할 필요를 강하게 느꼈다. 그래서 같은 해직교사였다가 교육부 출입 신문기자가 된 고광헌 씨(지금의 한겨레신문사장)에게 이만규론을 써보도록 권하였다. 그것이 「이만규: 인술에서 교육의 길로」라는 글로 활자화되어 많은 사람들에게 알려졌다. 나는 이에 머물지 않고 제도교육학회인 한국교육사학회에 「이만규의 삶과 민족교육사상」을 발표하는 것으로 나아갔다. 좌파 기피증에 걸린 제도교육학회의 인식을 변화시키고 이만규의 학문적 업적을 복권시키고 싶었다. 소개하는 것 자체를 매우 조심스러워했지만 당시 사무국장으로 일했던 경기대의 이광호 교수의 노력으로 발표를 하게 되었다. 이후 조선어학회 사건으로 투옥된 적이 있는 이만규였기에 한글학회에서 이만규의 교육사상을 발표하는 기회도 가졌다.

## 2. 이만규의 파란만장한 삶

이만규는 1888년 강원도 원성군 간현면(艮峴面, 당시는 地正面)에서 소농인 한산 이씨 이명직과 문화 유(柳) 씨 사이에 2남 가운데 장남으로 태어났다. 그리고 밀양이 본관인 박현숙과 혼인을 한다. 당시 고려 말 학자 목은 이색의 19대손인 이명직은 조선 명조 때 이조판사를 지낸 이희의 후손으로 벼슬을 던진 청백리로서 낙향하여 은둔생활을 하고 있었다. 그러기에 재산은 겨우 밥 지어 먹고 보통학교에 보낼 정도밖에 안 되었다.

어릴 때는 장난이 심하였고 언변은 좋았으며, 사람이 주위에 많이 들끓었다. 붓글씨 솜씨가 대단했다고 하며, 서당과 소학교에서 상당한 수준의 한문공부를 끝냈다고 한다. 이후 18세에 홀로 상경하여 한성(지금의 서울) 생활을 시작한다.

서울에 올라온 그는 원래 서울사범학교에 입학하려 하였으나 입학 절차가 이미 끝나 포기하고, 곧바로 학비와 숙식비를 전액 면제하여 입학 특혜를 주며 첫 신입생을 뽑는 경성의학강습소(후에 경성의전, 서울의대의 전신)에 들어갔다. 여기서 5년 동안 의학전문지식을 익혔으며, 동시에 정치, 경제, 역사, 과학, 문학, 예능 등 다양한 분야의 책을 읽는 등 교양공부도 게을리하지 않았다. 1911년 의과대학 졸업과 함께 개성으로 가서 친구와 함께 병원을 개업한다(친구는 내과, 본인은 외과). 당시 경성의학강습소 졸업과 함께 얻는 의사면허증은 조선 땅에서 일제가 조선인에게 내준 최초의 서양식 면허증이었다.

그러나 야자(也自, 이만규 선생의 호인 야자는 천자문의 마지막 글자로서 자신을 낮추고, 겸손함을 표현하여 지은 호라고 한다)는 개업 2년 만에 '인술의 길'을 포기한다. 그는 의사 생활을 하면서 송도학교에서 생리강사 생활도 겸하고 있었는데 환자 치료를 하면서 직업 자체에 싫증을 느끼고 있었다. 오히려 학교 강사 생활을 하면서 민족독립을 위한 교육의 역할에 더욱 사명감을 느끼고 교육자의 길로 본격적으로 나서게 된다. 당시 자강(自强) 운동을 전개하고 있던 민족주의자 남궁억을 만난 것도 이만규의 직업 전환에 큰 영향을 미친 듯하다.

감리교 신자였던 야자는 1913년 감리교 계통의 학교인 개성에 있던 송도고보의 교장으로 있던 윤치호의 권유로 교사 생활을 시작하게 된다. 그는 주로 생리, 수학 등을 가르쳤다. 정식 과목은 생리와 수학 담당이었으나 일제 총독부 감시를 피해 우리말과 역사도 가르쳤다.

1916년 학생들이 창가집을 등사한 사건으로 조사를 받게 되자 야자는 개성경찰서에서 조사를 받기도 하였다. 3·1운동 당시 당국에 복종하는 온순한 교원이 태반인 상황에서 야자는 교육자들의 구차하고 비겁한 삶을 질타하였다. 1919년 3·1운동이 거국적 반일운동으로 발전하고 있음에도 많은 교육자들은 적극적 저항 태도를 보이지 않았고 꽁무니를 빼는 굴절된 모습을 보였다.

야자는 1919년 4월 개성지역에서 학교의 유력자와 연대하여 3·1운동 독립선언의 후속작업을 하려다가 발각되어 4개월간의 옥고를 겪게 된다. 이 운동을 전개하면서 동료 교원들의 용기 부족과 체면 유지 때문에 교원들의 독립운동이 지지부진해지고 실패로 돌아간 것에 대해 매우 가슴 아파하였다.

송도고보에서 13년간의 교사 생활을 끝내고 자식의 교육을 위해 1926년 한성으로 올라간다. 그는 서울 사직동에 있는 배화여고의 교무주임도 맡게 된다. 1940년 선교사 재단이었던 배화여고가 새로운 재단으로 넘어가게 되고, 해방 직후에는 교장에 취임한다. 그러나 1946년 6월 미군정청의 주도로 남한정부가 구성되기 시작되면서 재단의 압력으로 그는 배화여고의 교장을 그만두게 된다. 당시 야자는 올곧은 교육자의 길을 걷고 있었으나 미군정하에서 정치적 활동도 겸하였기에 재단을 통한 사퇴 압력을 받고 있었다. 해직교사의 삶을 살게 되면서 야자는 오히려 더 창의적인 저술활동을 한다. 그것이 『조선교육사(상·하)』(을유문화사, 1947·1949)로 나타났다. 야자는 지치지 않고 일제강점기의 양심적 교육자로서 비타협적 민족교육에 심혈을 기울였다. 일제 고등계 형사는 항상 집안을 들락거리며 감시의 끈을 놓지 않았다. 일제라는 시대적 상황 속에서 자신의 신분을 일정 부분 감추며 살아야 하는 제도교육의 조건을 감안하면 야자의 고통이 이만저만이 아니었음이 짐작된다. 이러한 엄혹한 일제하의 상황임에도 그는 학생들에게 민족적 정의감과 인격적 양심을 불어넣으려고 애썼다.

야자는 여러 계층의 사람과 교분을 나누며 폭넓은 인간관계를 맺었다. 특히 민족주의 운동의 우파로 분류되는 한서 남궁억(1863~1939), 남강 이승훈(1864~1929)과 깊은 교분을 나누었다. 야자는 가까운 곳인 강원도 원주에서 민족교육활동을 하던 남궁억과 거의 날마다 만나곤 하던 사이였다. 구한말 애국계몽운동의 일환으로 각양의 학회가 지역을 중심으로 일어났던 때에 야자는 남 선생님을 날마다 뵈올 때마다 학생으로서 본인은 선배 선생의 지도력을 마음껏 사모하였다고 한다. 한서는 1918년 한성을 떠나 고향인 혼천 모곡으로 내려가 흥학(興學) 운동을 벌일 때 문안편지를 드리면서 "모곡이 협소하여 마치 큰 인물의 은둔처가 아닌 듯하니, 과연 한적한 느낌은 들지 않습니까?"라고 하니 "모곡이 비록 협소하나 주위 산천의 경치가 뛰어나고, 총명하고, 준수한 인재가 모여드니 늙은이의 위안처로 족하나, 일을 도모하지 않는 것이 한스럽다"라는 회답을 받기도 하였다. 만주사변이 났을 때 이를 규탄하는 이승만의 영문 성명서를 미국에 있던 한서의 친척인 남궁탁이 국내의 야자를 통해 한서에게 보낸 것을 보면 남궁억과 이만규는 깊은 신뢰와 교분을 나누면서 동지적 관계를 유지하였던 것 같다.

야자는 또 민족주의자 남강 이승훈과도 교분을 쌓았다. 1925년 남강이 동아일보사 사장으로 있을 때 송도고보 교사였던 이만규(당시 37세)를 정주의 오산학교 교장으로 데려가려고 개성을 두 번이나 방문하였다고 한다. 그때 야자는 정주까지 전근할 사정이 못돼 마지못해 다른 사람을 추천하였다. 그런데 그 추천된 사람이 교육계에서의 명성은 대단하였지만 하필 추천자가 친일단체인 일진회가 설립한 광무학교 출신이어서 남강의 심기를 매우 불편하게 했다고 한다. 남강은 이 일로 추천자인 야자의 사상까지 의심하며 노발대발하였고 한다. 그러나 곧 다시 크게 미소를 지으며 더 이상 오해하지 말라는 말을 전했다는 일화가 있다. 이를 미루어 보면 남강은 야자의 교육적 진심과 열정에 대해 신망이 두터운 것으로 보인다. 후일 야자는 이를 두고 사람을 쓰는 데 있어 사상이나 주의·주장을 중요하게 생각한 인물이었다고 『조선교육사』에서 회고하고 있다.

야자는 1942년 10월 조선어학회 사건으로 이윤재, 이극로, 최현배, 정인승, 김윤경, 이희승, 이병기, 이은상, 안재홍 등과 연루된 33인 중의 한 사람으로 민족언어를 지키는 한글보호 운동을 벌이다가 1년간 옥고를 치른다. 조선어학회 사건은 한민족의 조선어 사용을 말살하려 한 일제가 조선어학회 회원을 검거 투옥한 사건이다. 조선어학회 사건이 터진 당시는 바로 제2차 세계대전의 확전에 발맞추어 조선민족의 얼까지 말살하려 한 극도의 탄압이 자행되고 있던 시기로서, 일제가 일본의 갈등과 반발을 무마하고 일본인 내부의 마음을 더욱 결속시키기 위해 벌인 사건으로 보인다.

야자의 생애 가운데 주로 해외로 나가 독립운동을 하던 몽양 여운형과의 교분을 빼놓을 수 없다. 야자는 송도고보 재임 시절인 1914년 개성을 거쳐 중국으로 망명길에 오른 몽양과 운명적인 첫 만남을 하였다. 그 이후로 몽양은 망명 중 간혹 은밀하게 귀국할 경우 으레 야자의 집에 머물렀다. 이런 인연으로 야자는 일제 말기 몽양이 주도하는 조선건국동맹, 그리고 민족통일을 위한 좌우통합건국준비위원회(1944)에 참여한다. 야자는 1945년 설립된 중도좌파 정당인 조선인민당의 인민위원 55명 가운데 한 사람으로서 중앙정치위원과 서기장 역할, 근로인민당에서는 조직국장을 맡았다. 몽양이 남북의 좌우통합을 통해 통일국가를 준비하던 중 비운의 총탄에 맞아 세상을 뜰 때(1947)까지 몽양의 진보적 민족주의자의 노선을 따랐다.

야자와 몽양의 동지적 관계는 야자의 셋째 딸인 이각경과 여운형의 조카인 여경구와 혼인을 맺게 됨으로써 사돈지간으로 발전한다. 야자는 새로운 국가건설의 초석을 준비 중인 건국준비위원회 시절부터 근로인민당에 이르기까지 조직의 핵심적인 인물로 건국 초기에 많은 일을 하였다. 그중에서도 야자는 주로 교육과 문화 분야에 관한 강령과 정책을 수립하였다.

야자는 사상적으로 온건하고 합리적인 인물이었다. 교육을 통한 조선독립에 무한히 골몰한 사람이었다. 조선인민당의 교육문화 정책의 정강은 국가 부담에 의한 의무교육과 영재교육 실시, 문맹퇴치 및 사회교육 촉진, 학술 및 교육기관의 확충, 교육자·연구자·기술자 우대, 우리의 고유 문화를 계발하여 민족적 자긍심 앙양 등을 강조하였다.

야자는 미소공동위원회의 결렬, 여운형 암살, 5·10 총선거 등 정치적 격변의

와중에 남북의 정당이 마지막으로 심혈을 기울인 통일정부 수립운동에 참가해 1948년 6월 평양에서 열린 남북조선제정당사회단체지도자협의회의 근로인민당 대표로 김구, 김규식 등과 함께 평양에 갔다가 돌아오지 않고 북한에 머물게 된다.

야자는 가족으로 슬하에 2남 4녀의 자녀를 두었다. 끝내 통일되지 못하고 남북 분단으로 이어지자 부인과 2남 2녀는 북녘에, 2녀는 남녘에 남게 되어 이산가족이 된다. 큰아들 이정구(동경농대 출신)는 아버지와 함께 조선인민당, 근로인민당 활동을 하다가 남북협상 당시에 아버지와 함께 북한에 머물게 된다. 장녀인 이임경(서울사범학교 출신), 차녀 이각경(이대 가정대 출신), 막내아들 이길구(세브란스의전 출신)는 모두 북한에 살고 있다. 남한의 셋째 딸 이철경(서예가로 유명)은 작고하였고(1989), 막내 딸 이미경(서예가)은 104세로 장수를 누리다가 2022년 세상을 떠났다. 남한에 남아 있던 두 자매는 어릴 때부터 아버지로부터 천자문과 서예를 배웠다고 한다. 모두 이화여대 음악과를 졸업하였고, 이화여고·금란여고·배화여고 등에서 교사생활을 하였다. 특히 두 자매는 한글서예의 대가로 현대미술초대전 등 국내외에서 수많은 전시회를 가졌다. 이철경 여사는 금란여고 교장, 대한주부클럽연합회장, 한국여성단체회장 등을 맡아 여성단체와 사회단체 지도자로서 활발하게 활동하였다. 이들 자매는 모두 신사임당의 가도, 부덕, 서화를 기리고 전통적 맥을 잇는 여성에게 주는 '신사임당상'에 뽑히기도 하였다. 서울 사직동의 신사임당 동상에는 이철경의 글씨가 박혀 있다.

야자는 이데올로기나 분단과는 상관없이 그의 삶 전체를 우리 민족의 내일을 위한 민족교육 사업과 교단 활동에 바쳤으며, 조선인에 의해 최초로 쓰인 한국교육사의 기념비적 업적으로서 『조선교육사』를 집필한 위대한 업적을 남겼다.

1938년 흥업구락부 사건(일명 수양동우회 사건, 회장 이상재)으로 6개월 옥고를 치른 후 출옥한 그는 교단에서 쫓겨나 2년 7개월 동안을 오래간만에 한가로이 보낼 수 있게 되었다. 그때 그동안 미루었던 책을 모처럼 읽을 기회를 얻어 고서를 읽다가 문득 과거 우리나라 교육의 역사를 알아볼 생각이 나서 과거사, 특히 교육에 대한 문헌을 읽기 시작한 것이 『조선교육사』를 집필하는 결정적 동인이 된다. 처음에는 취미와 소일거리로 읽었으나 출판사의 요구가 있자 대동도서관, 경성제대 도서관, 배화고녀 도서실의 도서, 그 밖의 여러 동료들의 책을 빌려 읽은 것이 『조선교육사』라는 대작을 낳았다.

이 밖에 저서로 『가정독본』(1937), 논문으로 「건국교육에 대하여」, 작은 글로 「임정수립과 교육정책」(1947), 「몽양 여운형 투쟁사」(1947) 등이 있다. 북한에서는 교육행정가로서 30여 년간 실천적인 민족교육 활동을 하면서 일궈온 교육사상을 북한의 교육정책 수립에 반영시켰다. 북한에서 교육성 산하 보통교육국장을 역임하여 북한 초중등 교육의 기초를 다지는 행정책임자 역할을 하였고, 그 뒤 최고인민회의 대의원을 거쳐 '민주조선' 사장을 끝으로 현역에서 은퇴, 1978년 7월 13일 90살의 나이로 남쪽의 딸을 보지 못한 채 이 세상을 떠나고 만다.

## 3. 이만규의 교육사관:
### 문화주의, 민족주의, 계급주의, 민주주의가 결합한 교육사관

이만규가 원시시대를 교육사 속으로 복원시킨 것은 민족사학과 사회경제사학이 맞물린 것으로 볼 수 있다. 흔히 조선교육사의 시작은 삼국시대의 출현부터 전개되는데 교육사의 연원을 우리 민족이 출현했던 원시시대까지 거슬러 올라가 세계사의 보편성을 찾아내고, 그 보편성을 통해 민족의 유구성을 증명해 보인다(본책, 47~57쪽). 통일신라를 남조의 교육으로, 고구려의 후신인 발해를 북조의 교육으로 구분하여 조선교육사의 한 부분으로 통합하고, 통일신라가 당나라 유교를 무조건적으로 유입하면서 자기 나라의 역사를 가르치지 않고 중국의 역사를 주로 가르친 것은 사대주의에 마취된 결과로서 민족의식을 흐리게 한 것으로 해석한다. 당나라에 유학하고 돌아와 지었다는 최치원의 『계원필경』에서 한나라나 당나라에만 고유하게 존재한 교육제도로 설명하고 있는 것은 조선의 내재적 발전사를 왜곡한 것이라고 주장한다(65~66쪽). 송나라의 서긍이 지은 『고려도경』을 인용하며 조선시대 중기에 '서당교육'이 시작되었다는 일반론을 뒤집고 이미 고려시대에 우리 고유의 교육형식으로 존재했다고 적시하고 있는 것은 조선교육의 세계적 보편성을 드러내는 시도이다(125쪽). 세계사에 견줄 만한 우리 민족의 고유한 교육방식이었던 '화랑도' 교육은 국토순례 또한 불교나 예수의 성지순례와 같고, 무예·용기·예절·충의·체면·여성 존중은 유럽 중세의 기사도 교육과 진배없다(78~84쪽)는 논지는 세계사의 보편성에 부합하는 사회경제사관에 터한 것이다.

이만규의 『조선교육사』는 민족교육사라고 할 정도로 자신의 민족교육론이 곳곳에 깃들어 있다. 일제의 교육적 억압에서 벗어나기 위해 학생들의 민족의식의 각성과 교육계몽운동을 통해 민족의 얼 형성, 항일교육, 민족독립 교육을 목표로 한 '민족주의 교육'에 중심을 두었다. 이만규는 『조선교육사』에서 일제강점기를 '민족교육이 파멸된 시기'라고 단언한다. 그는 일제강점기의 교육을 선진 국민의 자존심을 무시한 교육, 정치적 자주독립성을 무시한 교육, 조선 교육자의 구차한 교육태도 등으로 나누어 서술하면서 일제강점기의 교육사 서술에 있어서는 더욱 선명한 민족주의 교육사관을 보이고 있다(476~484쪽).

그러면서도 일제강점기의 민족교육운동사에서 거의 제외하다시피한 민족주의 좌파 진영의 교육활동, 즉 신사상연구회, 학생운동, 노동쟁의, 민족운동 등을 적은 양이지만 복원해놓은 것은 민족사관의 우익 편향성을 시정하는 중요한 의미가 있다(517~518쪽). 그리고 친일 교육자에 대한 척결운동이 해방 직후에도 있었음을 강조함으로써(583~587쪽) 신교육의 민족정기를 바로 세워 국가교육의 기초를 바로 세우려는 조국애를 엿보게 한다.

조선시대까지 애군(愛君), 애민(愛民)이라는 말은 있었어도 애국(愛國)이라는 말은 없었다고 말하면서 근대민족국가의 정체성을 형성하는 "민족교육의 핵심인 애국사상이 일제강점기에 발아되기 시작했다"고 본다. "군주전제 밑에서는 권리도, 참정권도 없었기에 애국심이 형성되지 않았다. 봉건제도가 무너지고 국가주의가 발흥되기 시작하면서 민중의 애국사상이 발아되었다. 우리나라의 애국사상은 일제의 압박과 착취에 자극되어 민족적 반항에서 나온 민족적 양심에서 발동된 것이다." 나아가 일제의 억압은 조선이 타율적 종속이나 노예로 귀결되지 않고 자주적으로 근대민족국가(nation-state)를 형성하고 성숙하게 하는 중요한 계기가 되었다고 할 수 있다.

그러나 이만규는 "이민족에 대한 단순한 감정적 반발은 진정한 애국심이 되지 못하고 '과학적 사상'에 터해 형성되어야 한다"고 주장한다. 이런 과학적 애국심은 '교육'을 통해 형성되어야 한다. 이만규는 독일 나치처럼 혈연적이고 배타적이며 독선적인 '본능적 애국심', 일본 천황신처럼 가족적이고 국수적인 '원시적 애국심', 내 민족 제일주의의 감정적인 '민족주의적 애국심'은 모두 위험한 애국심이라며 국민 개개인의 이해와 행복에 바탕한 '과학적 애국심'을 강조한다. 이만규는 민족주의 사관에 바탕한 애국심의 지나친 강조가 복고주의적 국수주의화로 변질되는 것을 예방하기 위해 세계사적 인류애와 정의감을 누차 강조하고 있다(606~609쪽). 민중의 자유와 평등이 실현된 나라에서만 진정한 애국사상은 성장한다며 정의감에 바탕한 국민이 형성될 때 나라 사랑과 단결력이 생긴다고 본다. 자유와 평등, 그리고 정의는 '민주주의 교육'을 통해 가능하다는 것이다.

"우리는 이천 년간 봉건국가와 사십 년간의 일제 군국주의와 자본주의에 뇌수가 마비될 정도로 자유와 평등사상의 씨가 말랐고, 대신 '양반식', '관료식' 계급사상이 우리 민족의 골수에 스며들어 있으므로 이것의 척결이 시급하다"(612쪽). "민주주의 교육은 내용과 형식 양자를 모두 실현해야 완벽하다며 내용은 피교육자의 사상을 민주주의화하는 것이며, 형식은 교육의 형태를 민주주의화하는 것이다." "민주주의는 정치적 민주주의와 경제적 민주주의 두 가지가 있다. 귀천의 차별이 없는 것이 정치적 민주주의이며, 빈부의 차별이 없는 것이 경제적 민주주의이다." "민주주의에서는 차별이라는 것이 있을 수 없으며, 단지 서로 간의 상이성만 있을 뿐이다. 개인의 신체가 강하고 약하며, 재능이 높고 낮은 차이가 있는 것은 자연법칙에 의한 상이성이지 의식적 차별은 아니다. 따라서 이 기본적 원리를 다시 회복시키는 것이 민주주의의 발전이다"(609~611쪽). 상이성을 극복하는 것이 진정한 민주주의의 목표라며 자유의 이념을 바탕으로 평등을 실현하는 '자유민주주의'보다 평등을 통해 자유를 구현하는 '진보적 민주주의'를 강조하고 있다. 이렇게 보면 이만규의 평등적 민주주의 강조에는 사회경제사학적 관점이 녹아 있다. 그리고 유교교육은 학생들에게 지배욕과 공명심을 길러주어 봉건사상을 양성하는 등 입신양명의 도구가 됨으로써 계급을 고착시켰다는 등 유물론적 교육사관을 보여준다.

『조선교육사』 서문에는 교육사상의 변천을 다루면서 개인주의 교육사상과 사회주의 교육사상으로 대별하면서 "개인주의 교육사상은 자유주의 사상을 낳았고, 자유주의 사상은 민주주의 사상을 낳았고, 자유주의는 경제상의 자유방임주의로 나타나 빈부의 차를 심화시켜 불가피하게 사회주의로 발전하여야 한다"(40~42쪽)고 주장한다. 자본주의 국가는 경제적 빈부 차를 해소하지 못한 불평등 문제가 여전히 남아 구시대의 민주주의에 머물고 있다고 진단하고, 사회주의 사회는 빈부의 대립이 해소된 사회이기에 민주주의의 역사적 발전은

정치적 단계에서 경제적 단계로 나아가는 것이 역사적 필연임을 역설한다(610
~611쪽). 이런 언급을 보면 이만규의 교육사관을 '유물론적 교육사학'이라고
규정지어도 틀린 말은 아닐 것이다. 이만규는 지금까지의 교육사상에서는 사회를
경시하였다면서 개인은 사회를 떠나서 홀로 살아갈 수 없다면서 사회를 무시한
개인은 절대로 개인의 행복을 누릴 수 없다고 주장한다.

이만규는 고려시대와 조선시대의 교육이 '계급 편파 교육', '지방 편파 교육',
'성 편파 교육'으로 '국민교육'이 아니었다고 판단한다. "국가의 교육이념이 왕의
권위를 확보하기 위한 방법으로 이용되었고, 국왕의 충복 곧 국가 수호인의
자손집단인 양반계급만의 교육이었다고 진단한다. 이것은 전체 민중을 위한
교육이 아니고 민중의 머릿속에 '민족관념'보다 '계급관념'을 주입시키는 봉건적
교육이었다(327~329쪽)." 삼국시대 교육에서 삼국이 고대 봉건사회로 전화하면서
봉건사상의 건설이 일차적으로 요구되었다는 시각은 사회경제적 현실과 봉건적
교육사상의 부합을 통해 사회경제사학적 해석을 시도하고 있다(68~69쪽).
또 기술교육 및 실업교육을 '잡과' 교육으로 호칭한 것은 실생활과 밀접한
과학기술을 멀리한 교육으로서 물질적 토대 위에 생활의 이념과 학문의 원리를
세우지 않아 조선사회의 생산력 발전을 더디게 했다는 사회경제사학적 해석을
시도하고 있다.

종합적으로 보면 이만규의 교육사관의 중심에는 '계급'과 '민족'을 두
중심주체로 두는 교육사관이 녹아 있다. 그의 변증적 사고는 과거 교육사의
계급적 성격을 갖는 교육제도를 비판적으로 보면서도 그것을 구현하는 대안의
창출은 '민족 단위'에서 찾는 것으로 나타난다. 즉, 특정 계급의 주도가 아니라
연합적 성격을 띠는 권력 구성을 염두에 둔 듯하다. 그것은 여운형의 중도적
정치노선이기도 하다. 이만규의 교육사상을 일부에서는 유물론적 교육사관에
편향되어 있다고 주장하는 학자도 있고, 이에 반발하여 그의 인맥 교류를
거론하며 민족주의 교육사관을 가진 사람이라고 우회전을 시도하고 있다. 논자가
보기에는 양자가 완벽하게 어우러진 관점을 견지하고 있지는 않지만 고대에서
조선말기까지는 봉건사상 타파에 초점을 두는 유물론적 역사관이 중심적이고,
일제시기에는 민족이 처한 현실로 인해 민족주의 역사관이 더욱 투영되어
있고 사회주의 계열의 운동은 약간 언급하는 수준에 머물고 있다. 해방공간의

교육사 서술에서는 계급차별적 유물사관을 통해 육체노동과 정신노동의 이원화 문제를 비판하며 민주주의 교육을 제창하고 있다. 동시에 인류애로 발전하는 민족적 애국심 앙양과 특정한 계급만이 아닌 모든 대중을 위한 문화재건 교육과 예술 교육을 제창한다. 지난 시대 교육의 계급성을 비판적으로 지적하면서도 그 해결의 지향성에 있어서는 '계급 단위'보다 '민족 단위'를 상위에 두고 있음은 사회경제사관에 터하면서도 그 해결의 귀결점은 민족사관으로 승화시키고 있다고 보인다. 이만규의 민족주의 교육사학은 민족교육의 현재적 요구에 부응하면서 식민주의 교육사관에 반대하는 저항적 민족주의 사관의 정립을 시도하면서 동시에 교육사의 사회경제사학적 관점에 근거한 민족교육의 세계사적 발전과정을 추구함으로써 식민주의 교육사관을 넘어서는 보편적 역사관을 보이고 있다.

『조선교육사』는 사회경제사학자들의 역사 인식을 받아들이면서도 교육사 서술에서는 독자적인 입장도 견지하려고 했다. 인류문명사를 중요시하면서도 제도사, 개인 인물사적 열전이나 정신사도 소홀히 하지 않았다. 소수 특권 지배층의 교육사, 지배권력의 인재 양성사를 비판하면서도 한국 민중의 생활사도 중요히 다루었다. 한마디로 이만규의 교육사관은 한국교육사에 '현재성'과 '세계성'을 동시에 불어넣었다고 할 수 있다. 이만규의『조선교육사』가 없었다면 민족주의의적 교육사관과 유물론적 교육사관의 통합노선이 불가능했을지도 모를 일이다.

## 4. 국가교육정책에 대한 입장

이만규는 해방공간에서 '건국준비위원회' 활동을 하면서 교육문화 부문에 관한 강령과 정책을 주로 수립하였고, 여러 가지 국가교육정책의 기조를 제시하였다.

1) 국가교육은 교육의 이원성을 극복해야 한다. 우리의 교육은 역사적으로 노동(육체노동)을 등한시했으며, 직접생산자인 농민은 사회적으로 천대받았다. 우리의 교육은 인본주의와 실용주의의 '이원성'을 지속해왔다. 이 이원성은 계급차별에 따라 지배층에게는 '인문교육'을, 피지배층에게는 '실용교육'을 하고 있다. 일제 식민지 교육은 실용이나 문화 어느 한 면만을 강조했다. 역사적으로

노동은 가치가 덜한 것으로 인식하게 만들었으며, 반면 육체적 노동을 통하지 않는 관념적 지식을 중시함으로써 소위 지식계급의 우월성을 강조하였다.

따라서 국가교육은 교육의 이원성을 극복하기 위해 모든 사람들에게 보다 '실제적으로' '실용성 있는' 방식으로 교육이 행해져야 한다. 즉 '생산교육' 또는 '생산적 교육'을 해야 한다. 이것은 직업교육이나 실업교육이 아니라 '생산적 인생관'으로 훈련된 생산인이 되도록 하는 것이다. 학문을 하였다고 월급쟁이나 벼슬아치가 되는 것이 아니라, 새로운 철학을 터득한 '지식인'이 되는 것이다. 노동자가 다면적으로 완전히 발달한 인간, 학문과 예술을 접하고, 모든 문제의 지식과 교양을 가진 인간인 '새 인텔리' 또는 '노동하는 인텔리'가 되도록 해야 한다. 인텔리 노동자는 자연과 노동의 관계, 개인과 사회의 연결을 잘 이해하고, 이론과 실천이 병행되며, 국가의 경제적·문화적·정치적 연관성을 두루 공부한 참된 민주주의 국가의 국민이다. 국가는 이런 인텔리 노동자를 양성해야 한다. 이러한 관점은 그람시가 강조한 '유기적 지식인상'을 연상하게 한다.


2) 이만규는 5-4-4 학제를 제안하였다. 당시 남북한 모두 구상하고 있던 6-6-4 학제는 생활 수준이 높고 경제적으로 풍족한 미국과 소련에서 시행할 수 있는 학제라며 반론을 제기하였다. 말하자면 학제의 '물적 토대'를 고려한 것이다. 당시 실정으로 교과서와 교원이 부족하고 산업현장에서 젊은 일꾼들을 많이 필요로 하였기에 학업에만 오랫동안 머물게 할 수 없다는 것이다. 물적·인적 자원이 절대적으로 부족한 현실에서는 교육 연한을 가능한 한도 내에서 단축해야 하며, 새 국가의 교육은 점진적으로 개혁해야 한다. 그래서 소학교 입학 연한을 당초 6세에서 7세로 늦추고, 소학교 5년만이라도 우선 의무교육을 실시해야 한다는 안을 제출하였다.

그리고 중등 교육기관은 될 수 있는 대로 증설하고, 전문교육도 확장하여 중등과 전문 교육기관에서 각 방면에 활용할 기술자를 대량으로 양성하고, 현재의 각 과 영역 중심의 전문대학은 '종합대학'으로 개편하며, 교육대학은 따로 두는 안을 제안하였다. 소질이 없는데도 허영에 사로잡혀 명성을 얻으려는 학풍은 일소하여야 하고, 국민 모두가 대학 정도의 학문을 배워야 한다는 이상은 그다음에 이루어야 할 과제이다. 그러기에 대학은 특히 우수한 소질로 학문이나 기술에서 실적을 올릴 만한 국가 건설 본위의 인물만을 입학시켜야 한다.

3) 야자는 전 국민의 문맹을 없애는 교육사업이 민주주의 국가의 긴급한 현안과제이기에 무식한 민중으로는 민주주의 국가를 건설할 수 없음을 역설하였다. "우리는 국문이 배우기 쉽게 되어 있어 조금만 힘쓰면 그것을 완전히 해독할 수 있어 다행이다"라고 하면서, 우리는 문맹자가 한 사람도 없는 영예로운 국가로서 세계에 자랑할 수 있는 수준으로 발전해야 하며, 민족적 긍지를 갖고 전 국민이 식자운동에 참여해야 한다고 하였다. 또한 지식인은 자기의 본래적 의무 이외에 정치적 의식화를 위한 식자 활동에 참가할 국민적 의무를 져야 하며, 한 사람 한 사람이 자신이 깨우칠 문맹자 수를 담당하여 해독시키는 운동을 벌여야 한다. 문자교육의 목적은 문맹자 자신의 경제적·사회적 지위를 인식케 하여 그들에게 무의식적으로 침식되어 있는 봉건적 사상, 노예적 사상을 스스로 깨우치도록 하는 것이다.

야자는 단순히 문자 해독에 머물지 않고 사회적 현실을 자각하는 정치적 문해교육을 제창하고 있다. 최소한 신문은 볼 수 있도록 전 국민의 정신을 진작하는 식자운동을 벌여야 한다고 한 말은 TV 뉴스에 의해 세뇌되지 않고 비판적 안목을 가지고 신문을 읽거나 독서를 할 수 있는 비판적 식자교육을 요청한 것으로 볼 수 있다. 이런 주장은 브라질의 민중교육론자인 파울로 프레이리의 의식화론과 유사하다.

4) 조선의 전통교육이 널리 보급되지 못하여 여성교육이 일반화되지는 않았지만 깊은 문화가 있고 남자의 교육 수준이 높은 우리 사회에서 왕비와 정승 등 관리들의 부인들은 가정교육을 통해 『사기』, 『논어』, 『시전』, 『소학』, 『여사서』 등을 읽어야 했지만, 이제는 소수의 교육에 제한하는 것이 아니라, 모든 조선 여성들은 '신여성'이 되기 위해 '지식여성'이 되어야 한다고 제창하였다. 신여성은 조선 여성의 과거를 알아야 한다. 신여성은 과거의 총명한 생활을 한 수많은 여성들의 삶을 배우고, 부족한 점이 있으면 향상시켜 개혁해야 한다. 과거의 여성은 부모, 형제, 친척이 스승이었다. 바느질고리가 책가방이고, 도마가 책상이고, 안방과 건넌방이 교실이었다. 학문과 수양을 끝없이 하는 평생교육의

장이었다.

그런데 오늘날의 여성은 학문과 가정을 따로 떼어 생각함으로써 책을 통한 수양이 겉돌고 있다. 그러기에 조선의 가정과 사회를 개혁하기 위해서는 주부의 학문과 교양이 풍부하여야 한다. 한 사회의 문명 정도는 그 사회의 여성의 수준에 달려 있다. 남자의 바깥 생활이 아무리 문명조건이 발달했다 하더라도 가정 안이 캄캄하면 사회의 진보를 이룰 수 없다.

그러기에 옛것과 새것을 동시에 좋아하고, 안팎을 동시에 통찰하는 눈을 가져야 한다. 정치, 경제, 철학, 종교, 예술, 문학, 시사, 교육, 상식 등을 아는 신여성이 요구된다. 지금과 같이 여자의 기질이 허약해서는 남녀 동학도 사회인으로의 진출도 어렵기에 이제는 활달하고 순정 담백하여 남자와 교류하여도 조야하지 않은 예의와 태도를 갖춘 여성이 되어야 하고, 가정의 굴레에서 벗어난 여성교육을 받기를 적극적으로 권장하였다.

그래서 야자는 여자교육도 남자와 똑같이 해야 하며, 학제 적용은 남녀 공히 적용해야 한다고 제안하였다. 소학교는 공학을 원칙으로 하지만, 중학이나 대학은 공학을 유보해야 한다. 왜냐하면 여학생의 머리와 기질을 어느 정도 고쳐가지고 남녀공학을 해야 올바른 여성교육이 가능하기 때문이다. 여자학교의 교과목을 남자와 똑같이 해야 하고, 이수과(理數科) 시간은 남학생보다 더 하게 하여 그것이 어렵다는 관념을 덜게 해야 한다. 남자도 여학생과 같이 함께 침실관리, 재단과 수선 및 미싱 사용법, 주택설계, 정원관리, 원예 등 가사에 대한 지식을 배워야 한다. 이렇게 야자는 시대를 앞선 진보적 여성교육관을 가지고 있었다.

## 5. 이만규 교육사관의 교육사적 의의

이만규는 일제강점기에는 중등학교 교사로서의 교육 실천가, 해방 직후에는 식민지 교육학을 극복한 자주적 교육사가였다. 일제로부터 해방된 다음 해에 조선인에 의해 최초로 조선의 교육사가 쓰였다는 것은 학문적으로나 역사적으로 기념비적인 업적이다. 어떻게 의학도가 이렇게 방대한 자료를 수집하여 『조선교육사』라는 책으로 편찬할 수 있는지 놀라지 않을 수 없다. 이만규의 『조선교육사』는 남북한 교육사학사에서 '원조' 또는 '고전'의 위치를 점하고 있다. 작고한 남한 교육사학자 영남대 정순목 교수는 이만규의 『조선교육사』를 두고 한국교육사에서 이를 능가할 만한 저서가 나오지 않았다며 '교육사의 압권'이라고 격찬하였다. 국내에 나와 있는 대부분의 한국교육사 개설서에는 『조선교육사』를 인용하지 않는 것이 아예 없을 정도이다.

지금은 절판되었지만 당시 실명이 없이 쓴 후기의 글은 다음과 같이 서술하고 있다.

"기존에 출간된 여러 한국교육사 개론서가 있지만 뚜렷한 계급적 인식, 현실인식 및 역사인식 등이 올바로 서 있지 않아 독자로 하여금 의미와 가치, 문제의식을 불러일으키지 못했다. 기존의 교육사가 대중적이라기보다는 지배적 관점이 중심을 이루고 현실인식에서는 불철저하고 정치적으로는 중립성이라는 이름 아래 무입장을 취하거나 암묵적으로 친체제적 입장을 취함으로써 조선교육사를 읽는 대중의 의식과는 거리가 먼 입장을 취했다. 기존의 교육사가 왕조사 중심으로 나열식 교육사가 태반인 데 반해 이만규의 『조선교육사』는 '현재주의적 관점'이 투영되어 기존의 박제된 교육사를 살아 있는 교육사로 바꾸어놓았다고 할 수 있다."

이만규의 교육사관은 식민사관에서의 정체성이나 민족사관에서의 신비적 특수성을 강조하고, 정신사적 역사인식을 극복하고자 하였다. 또한 교육이 정치·경제·사회 등의 여러 현상과 관련하여 어떻게 발전했는지를 자리매김하고자 했으며, 교육현상을 사회구성체의 전체 구조 속에서 이루어지는 객관적인 사회현상으로 보고 사회구조와의 밀접한 상호작용 관계에서 찾고자 했다. 사회적 생산력이 발전함에 따라 사회적 관계도 변화하는데 이에 따라 인간의 의식 형성도 달라진다. 특히 자본주의적 생산이 발전함에 따라 어느 정도 길들여진 개명된 근대적 노동자를 요구하게 되고, 교육은 그 요구에 상응하여 일정 수준의 지적·기술적·도덕적 능력을 키우는 대중교육 체제를 필요로 한다. 이러한 관점에서 이만규의 교육사관은 교육을 독립적으로 보지 않고 정치·사회 사상과 접목시키고자 했으며, 이를 통해 새로운 교육사상을 창출하고자 했다. 교육사상은 정치·경제·문화에 대한 과학적·철학적인 현 단계의 이론과 현실에 상응하여 병행 발전하지 않을 수 없다. 이만규는 모든 역사적 사실은 교육의 배경을 형성하며, 교육사는 배우는 사람에게 넓은 경험을 쌓는 데 도움을 주고 있다며 교육사의 학습적 의미를 강조하고 있다.

이만규의 교육사관은 문화사학, 민족사학, 사회경제사학이라는 3차원성이 어우러졌다. 인간의 교육행위에 대한 문명사적 이해(문화사학), 잃어버린 민족교육사를 복원하려는 강한 민족주의적 노력(민족사학), 교육의 물질적 토대를 규명하려는 사회경제사적 해석(사회경제사학)을 종합적으로 시도한다. 이만규의 교육사관은 통일신라가 당나라의 문화정책으로 점점 자기 고유의 문화를 더욱 향상 시킬 정신을 잃었고 그래서 그 수명이 짧았다며 우리 민족의 주체성, 창작성 내지는 우수성을 강조하였다. 일제의 정치적·문화적 침투과정에서 크게 대두된 신채호의 '민족사학' 또는 '민족주의 사학'에 가장 큰 기둥을 두고 있다. 민족사관은 봉건적 유교사관을 지양하고, 근대 역사학의 성립과 발달에 결정적인 역할을 하였다. 일제강점기에 형성되기 시작한 민족사관은 일제강점기의 정치적 현실에 대한 저항과 일제의 왜곡된 식민사관을 극복하려는 데서 탄생한 것이다. 단재 신채호를 위시하여 박은식, 장지연 등 일련의 역사학자에 의해 발전되었다.

동시에 이만규는 교육사 서술에 있어 민족사학이 범하기 쉬운 지나친 주관주의적 역사해석, 세계사와의 관련성 부족, 경제사 등 관련 학문의 연계 부족이라는 한계를 극복하기 위해 민족 내부에 관심을 보인 백남운의 '유물사관적 사회경제사학'의 관점을 접목하려고 노력하였다. 조선교육사도 세계사의 보편법칙에 따라 발전한다는 한국사 정체후진론 비판과 봉건적 사관 비판은 이만규의 교육사관을 한 차원 끌어올렸다. 『조선교육사』의 전편에 걸쳐 사회경제사학이 전일적으로 관철된 것은 아니지만 조선교육사를 세계사의 발전 법칙에 접목시키려는 노력이 돋보인다. 이만규의 교육사관 형성의 핵심에는 신채호와 백남운의 사관이 절대적 영향을 미친 듯하다. 종래 친일 학자들이 파놓은 '정체론'의 함정을 뛰어넘어 조선의 독특한 '내재적 발전 법칙'이라고 보이는 중요한 단서를 찾아 '사회경제사학'과 '민족주의 사학'의 종합을 시도하였다. 민족과 계급에 기반한 역사인식에 터해 친일식민사관을 극복하고, 나아가 새로운 조선의 건설을 위한 신교육체제를 구상하였다.


## 6. 앞으로의 과제

역사는 현재와 과거와의 끊임없는 대화라고 한다. 교육의 역사에서도 현재 역시 과거의 조명 속에서만 올바르게 이해될 수 있다. 즉 현실의 교육 모순에 대한 파악은 과거사에 대한 비판적 인식의 전제 없이는 있을 수 없다.

오늘 우리의 교육 현실이 왜 이렇게 기능을 하지 못한 채 이리저리 방황만 해온 것인가? 도대체 어디에서부터 문제가 있어왔는지를 탐색해보지 않을 수 없다.

이만규의 『조선교육사』는 이러한 궁금증을 조금이나마 해결해줄 것이다. 기존에 출판된 여러 한국교육사 개론서가 있지만 이 저서들이 교육사가로서의 뚜렷한 계급적 인식, 현실인식 및 역사인식 등이 올바로 서 있지 않아 읽는 이로 하여금 의미와 가치, 문제의식을 불러일으키지 못했다. 기존의 교육사가 대중적이라기보다 지배적 관점이 중심을 이루고 현실인식에서는 불철저하고 정치적으로는 중립성이라는 이름 아래 무입장을 취하거나 암묵적으로 친체제적 입장을 취함으로써 읽는 대중과 함께 호흡하지 못했다.

이 책은 1945년 해방 이후 한국인 자신에 의해 주체적 입장에서 쓰인 최초의 한국교육사이다. 일본인에 의해 쓰인 관제 교육사가 있었지만 우리의 교육문제를 올바로 서술한 책이 없었다. 교육학자도 아닌 의대 출신이지만 일선학교 교사와 교장을 역임한 교육자의 치열한 경험을 조선교육의 긴 역사 속에서 설명하고자 하였다. 방대한 사료를 자신의 독자적 교육사관에 입각하여 해석하고 일관된 관점을 가지고 정리하고 있다. 교육사상과 정치경제사상을 유기적으로 연관지어 교육의 관점을 정리하고 새로운 국가가 열어갈 교육이념을 자세히 제시하고 있다. 지나간 과거의 교육 가운데 잘못된 점을 지적하고 새로운 교육사상을 명쾌하게 제시하고 있다. 이러하기에 분단 40년 동안 이만규의 『조선교육사』만큼 문제의식을 분명히 한 책도 없고 이 책의 관점을 재인용하는 수준밖에 되지 않았다.

민족·민중에 기초한 『조선교육사』는 해방 후 한국 교육이 지향할 방향성과 정체성을 찾는 중요한 근거를 제공하였다. 이만규는 이러한 자신의 교육사관을 뒷받침하기 위해 치밀한 고증행위, 단단한 실증작업을 동시에 해냈다. 일부에서 이만규의 교육사학을 일면적으로 계급사관 또는 유물사관으로만 한정시켜 편협하게 해석하는 것을 보게 된다. 그것은 전체를 보지 않고 어느 특정 부분만을 과도하게 침소봉대하여 이념적 편견을 가지고 예단하는 교육사관이 개재된 것이다. 이러한 태도는 통일을 위한 학문에 크게 도움이 되지 않는다.

이만규 선생이 자유와 평등 그리고 인권이 실현되는 '국민교육'을 누차 강조한 것을 보면 민족과 사회경제 발전 법칙을 결합한 국민교육론을 개진한 것으로 보인다. 이만규가 일제강점기에는 주로 민족주의자들(이승훈, 윤치호, 김윤경, 이병기, 이인, 송진우, 장택상 등)과 교류하였고, 해방공간에서는 민족주의 좌파 인사들(여운형 등)과 교류한 것은 이만규의 교육사관 형성에 영향을 미쳤을 것이다. 이만규는 여운형이 중심이 된 좌우합작인 건국준비위원회 활동에서 여운형의 비서로서 교육문화 부문에 관한 강령과 정책 수립에 기여하였다. 「몽양 여운형 투쟁사」(1947)를 쓸 정도라면 인간적으로나 정치사상적으로 상당히 가깝게 지낸 것으로 보인다. 이만규는 해방공간에서 민주주의 교육론, 노동교육론, 학제개혁론, 가정교육론 등을 개진하여 현실적 교육개혁을 위해 자신의 청사진을 제시하였다.

이만규는 미소공동위원회의 결렬, 여운형 암살, 5·10 총선거 등 정치적 격변의 와중에 남북의 정당이 마지막으로 심혈을 기울인 통일정부 수립운동에 참가해 1948년 6월 열린 '남북조선제정당사회단체지도자협의회'에 근로인민당 대표로 김구, 김규식 등과 함께 북한에 갔다가 남으로 내려오지 않고 평양에 남게 된다. 그런데 월북 이후 북한에서 활동하다가 1978년 작고하기까지의 북한에서의 저술활동에 대해서는 알 길이 없다. 다만 북한에서 교육성 산하 보통교육국장을 역임하여 북한 초중등 교육행정의 기초를 다졌다고 알려져 있고, 그 뒤 최고인민회의 대의원을 거쳐 '민주조선' 사장을 끝으로 현역에서 은퇴, 90세의 나이로 세상을 떠난 것으로 알려져 있다. 최근 남북 학자 간의 교류도 있고 하니 북한에서의 구체적 활동상을 확인하는 작업이 필요할 것이다.

이만규의 『조선교육사』는 일제로부터 해방된 시기까지로 마감되었다. 그리고 신교육을 건설해야 한다며 인문교육과 생산교육의 이원성 극복, 애국사상, 과학교육과 기술교육 그리고 노동교육을 통한 생산교육, 민주주의 교육 등을 제시하는 것으로 끝맺고 있다.

이만규의 교육사관은 오늘날의 시점에서 볼 때 여러 약점도 보인다. 이만규의 교육사관에는 교육사 시대구분론에 대한 서술이 없다는 점이다. 조선시대 이전의 교육, 조선시대의 교육, 조선시대 말 27년간의 교육, 일제강점기 36년간의 교육으로 나누고 있으나 정치적 사건별로 나누어 구체적으로 왜 이렇게 구분하였는지에 대한 시대구분론이 소개되지 않은 것은 아쉬움을 준다.

고조선의 단군의 홍익인간 이념이나 8조금법에 대한 언급이 전혀 없이 그것이 모두 원시시대의 교육으로 뭉뚱그려 있다. 오늘날 단군이 신화냐 사실이냐 하는 논쟁이 벌어지고 있지만 유물론적 교육사관을 갖고 있는 이만규에게는 비과학적이고 신비적이라고 비쳤을 것이다. 신라의 교육사상가를 설총과 최치원에 한정하고 원효 등을 전혀 언급하지 않은 것도 아쉬움이 남는다. 조선의 퇴계 이후의 기라성 같은 학맥이 이어졌으나 구체적으로 많이 소개되고 있지 않고, 특히 실학자는 이익만 소개되고 정약용이나 홍대용 등 여타 실학자에 대한 언급이 없는 것도 문제이다. 반면 서경덕의 교육사상에 대해서는 길게 언급하고 있다. 이는 이(理)보다 기(氣)를 중시하는 서경덕의 세계관이 관념론을 멀리한 이만규의 유물론적 교육사관과 조응되었기 때문일 것이다. 조선 말기의 갑오개혁의 삼일천하에 대한 언급은 있으나 교육에 대한 내용이 많은데도 소개를 하지 않은 것은 친일개화파의 노선을 중요하게 생각하지 않았기 때문일 것으로 보인다. 애국계몽기 또는 문호개방기에 교육의 새로운 사조로서 신교육의 등장을 소개하고 있지만 전통적으로 이어져온 조선 유학의 전통이 주류를 차지하며 면면히 이어져왔음을 부인할 수 없을 것이다. 일제강점기의 저항적 민족주의자로서 남궁억과 이승훈을 언급하고 있으나 예컨대 당시 주요한 인물이었던 안창호의 흥사단운동과 조소앙의 삼균주의가 소개되지 않고 있다(위에 말한 지적은 고려대학교 신창호 교수의 조언에 크게 힘입었음을 밝혀둔다).

이런 지적들은 이만규 선생의 교육사관에 의한 것일 수도 있고, 집필 당시에는 자료가 없어 소개되지 못한 부분도 있을 것이다. 지금의 관점에서 보면 균형을 좀 잡을 필요가 적지 않음을 부인할 수 없을 것이다. 이러한 문제의식에서 저술한 저서가 필자를 포함한 17명이 공동으로 저술한『한국교육사: 근현대 편』(풀빛)(1993)이다. 한국근현대 교육사를 집필한다는 것은 참으로 힘든 일이었다. 풀빛출판사 나병식 사장(작고)의 지원과 격려가 없었다면 불가능한 사업이었다. 나 사장의 강력한 권고였던『한국교육사: 고대와 중세 편』은 역량이 모자라 도무지 진척시킬 수가 없었다. 한국 고대 교육사와 중세 교육사는 최근 박재문의 『한국교육사』(2001)가 나옴으로써 고대와 중세 교육사 개론서로서의 완결을 보았다고 보인다. 박재문의『한국교육사』는 조선 후기까지의 한국교육사상사에 초점이 맞추어 있지만 현대의 학문적 성과를 충실하게 반영하였을 뿐 아니라,

자신의 시각을 분명하게 견지한 의미 있는 한국교육사상사의 위상을 지닌 한국교육사로 평가될 만하다. 이만규의『조선교육사』와 함께 읽으면 금상첨화일 것이다.

그러나 이 책은 당시의 연구 성과를 기반으로 하였기에 여러 부문에서 수정·보완할 곳도 있다. 특히 최근에 비판적 교육사회학자들이 활발히 탐색하고 있는 교육의 정치경제학적 연구 결과를 수렴하여 새로이 쓰여야 할 영역도 많이 있다.

우리는 세계교육사의 보편적 과정과 한국교육사의 특수한 과정이 통일된 주체적 법칙성을 찾아내는 일을 게을리하지 말아야 하며, 이러한 연구를 토대로 새로운 한국교육사가 쓰여야 할 것이다. 이제는 '해방 후 한국교육사'를 정리할 때가 되었다. 현재까지 출판된 해방 후 교육정책사의 경우 정부 정책 중심으로 기록되어 있어 국민과 민중의 관점은 크게 반영되지 않았기에 사실주의적 교육사의 기술이라고는 볼 수 없다. 아직까지 해방 후 현대교육사의 총론적 저서가 나오지 않았다. 출판된 것이 있다면 해방 후 정부의 문교정책의 역사를 정부의 관점에서 홍보용으로 진술하고 있을 뿐이다. 그렇다면 해방 후 교육정책의 역사를 자유와 평등, 수월성과 평준화, 학교선택권과 교육의 공공성, 국가주의와 시장주의 등 갖가지 갈등적 개념을 중심으로 긴 안목에서 통사적으로 정리하는 교육사 서술이 요청된다. 그렇게 해야 교육개혁이 지체되고 있는 현실 속에서 한국교육의 장기적 전망을 구상할 수 있을 것이다.

이만규의『다시 읽는 조선교육사』는 1988년 거름출판사에서 재출간하였으나 지금은 품절되어 구입할 수가 없다. 그것을 살림터출판사에서 재출간하였다. 이렇게 재출간하게 된 것은 이 책만큼 조선의 교육 역사를 교육의 역사학적 관점이나 교육사상의 조명을 통해 잘 보여주는 조선교육사가 없기 때문이다. 『다시 읽는 조선교육사』는 알기 쉽게 평이한 문체로 쓰여 있기에 교육에 관심이 있거나 일선 교육에 참여하고 있는 모든 교사에게 일독을 권하고 싶다. 일제강점기하에서 여러 차례 감옥생활을 거듭하며 체험한 교육관과 해방 후 새로운 국가 건설에 참여하면서 구상한 국가교육정책을 생생하게 엿볼 수 있다. 교육의 방향을 찾지 못하여 교육활동의 정체성이 흔들리고 있는 교사들이 있다면 반드시 읽어보아야 할 필독서일 것이다. 자신이 하는 교육활동을 교육의 긴 역사 속에서 조명하고 실천해야만 학생들을 올바로 지도할 수 있다. 한국 교육을 책임지고 있는 교사들의 올바른 실천을 위해서도 한국교육사에 대한 올바른 인식이 필요하기 때문이다. 또한 이 책을 읽은 후 새로운 교육 실천들이 창출되기를 기대한다.

● **제2부**
# 조선시대의 교육

〈일러두기〉

1. 원래 본 책의 제1부·제2부는 『조선교육사Ⅰ』, 제3부·제4부는 『조선교육사Ⅱ』로 나뉘어
   있었으나 『다시 쓰는 조선교육사』 한 권으로 묶었다.

2. 저자 주는 '1), 2)……'로 표시하고 새로이 추가한 주는 '*1), *2)……'로 하였다.

3. 간단한 용어 설명이나 옛날 말은 본문 속에 (  )를 사용하여 덧붙였다.

4. 난해한 한문 투의 문장은 풀어서 쓰되 아름다운 고어는 그대로 유지하고 이해가 어려운
   어휘일 경우 (  )를 사용하여 부연하였다.

# 제1장

# 서론

## 1. 교육사

교육사는 문명사의 일종으로서 특히 교육에 관한 역사의 기술이다. 그 범위는 교육의 일반 상황과 학제 연혁, 그리고 교육대가의 전기와 그들의 사상과 학설 따위를 기술하고 그 밖에 광범위한 교화(敎化) 사업도 포함하고 있다. 교육사는 인문(人文)의 진보를 거슬러 찾고 사상의 변천을 연구하며 교육사업과 교육학설의 진보·발전한 상태와 이유를 찾는 데 필요한 것이며, 전(前) 시대가 후(後) 시대에 또는 한 나라가 다른 나라에 주는 효과와 영향을 아는 데 필요한 것이다. 따라서 교육사는 교육학을 건설하는 데 재료를 제공해주는 것이다. 그러므로 교육사에서 엽기적(獵奇的) 사실이나 궤변적 학설을 호기심으로 다루어서는 안 될 것이며, 또한 완고한 수구적(守舊的) 사상으로 시대의 추이를 고려하지 않는 것은 우매한 일일 것이며, 한 학설을 맹신하여 완전무결한 것처럼 보는 것도 극히 삼가야 한다. 교육이란 것은 백 년 천 년을 두고 점점 수정하여 정리해야 할 큰 공동사업이니 한 사람이 쉽사리 좌우하여서는 안 되는 것이다.

그러므로 동서고금 모든 교육대가의 사적(事蹟)과 훌륭한 언행을 초학자(初學者)들은 좋은 참고로 삼아야 한다. 예를 들면 페스탈로치의 생애, 나트로프의 사상, 공자의 교훈 등은 교육에 커다란 영향을 끼쳤는바, 교육사는 교육가에게

심오한 교육이념을 연구·보완시켜주는 것이다. 또한 교육이란 것은 인류의
생활·사상·정치가 그 시대를 개조하고 유지하는 것을 선전하고 돕는 사명을
가진 것이다. 그러므로 모든 역사적 사실은 교육의 배경이 되는 것이니 교육사는
배우는 이가 넓은 경험을 쌓는 데 가볍게 볼 수 없는 과정이다. 따라서 교육사는
교육자만 알아야 하는 것이 아니라 피교육자도 정도의 차이는 있을망정 알아야
할 필요성이 있다.

우리는 과거 교육의 전모(全貌)를 역사적으로 따로 적어 연구해본 일이 없었다.
동양에서는 일본이 먼저 자국의 교육사를 지었고 다음에 중국이 지었는데
이것은 서양보다 백 년 이상 뒤떨어진 것이다. 일본에서는 1874~75년경에
대규수이(大槻修二)가 『일본교육지략(日本敎育知略)』을, 신원방야(榊原芳野)가
『문예지과(文藝志科)』를 지었는데, 1876년에 미국에서 열린 만국박람회에 두 책을
합하여 영역 출품하였다. 또한 1877년 이것을 『일본교육사략(日本敎育史略)』이라
이름하여 간행하였는데, 이것이 그 나라 교육사가 처음으로 세상에 모습을 보인
것이었고 그 후 1892년 문부성에서 8권으로 발행하는 큰 업적이 이루어졌다.
중국에서는 중화민국이 성립된 뒤에 왕봉계(王鳳階)의 『중국교육사대강
(中國敎育史大綱)』, 유병려(劉炳藜)의 『교육사대강(敎育史大綱)』, 범수당(范壽唐)의
『교육사론』, 임시선(任時先)의 『지나교육사』 따위가 있어 우리에게 좋은 참고가 되고
있다. 서양에서는 1779년에 만겔스토래가, 1794년에는 루고페가 교육사를 처음
지었으나 1813년에 슈왈스가 각국에서 예로부터 전해 온 교육의 연혁을 망라하여
지은 것이 교육사의 비조(鼻祖)이다. 그 뒤에 많은 교육사가 세상에 나왔는데,
1884년에서 1902년 사이에 칼 아돌프 슈미트가 여러 학자와 실제 교육가의
협력을 얻어 『대교육사』 전 7권을 간행한 것이 교육사 연혁의 큰 업적으로 되고
있다.


## 2. 교육사상의 변천

교육사상은 그 시대 사회의 사실과 실생활의 문제에 근거를 두는 것이므로
시대가 변천하는 데 따라서 변한다.

원시시대의 교육에는 이론과 형식이 없었다. 각 사람이 가진 재간을 다 써서 생활자료를 획득하는 데 모든 힘을 다한 실용교육과, 미개한 지식으로 인식된 자연의 위대함 및 괴기(愧奇)가 신앙의 대상이 되어 정신에 위안을 얻는 종교교육 두 가지가 중요한 교육이었다. 어로와 수렵, 전쟁에 쓰는 도구를 만드는 기술과 자연을 숭배하는 습관을 전달하는 것이 교육행사였다. 그들의 교육사상은 자연적이고 자유로워서 구속이 없었다.

봉건제도시대에는 계급이 있고 사유재산이 생겼으므로 여러 가지로 특권계급에게 유리한 교육의 필요를 느껴, 실용보다 형식을 갖추게 되니 사람을 다스리는 치인교육(治人教育)과 상하 질서를 붙들어 매는 예의교육, 그리고 주권을 옹호하는 법률교육 등이 중요한 교육이 되었다. 이리하여 이런 것을 인간적 도덕으로 순화하는 것이 그 시대의 교육사상이었다.

자본주의시대에는 자본주의 발전에 필요한 과학교육, 기술교육, 직업교육과 자본주의 보장에 필요한 군사교육, 공민교육(公民教育)이 중요한 교육사상으로, 봉건사회와는 경제조직이 다른 만큼 교육사상도 같지 않다. 봉건사회에서는 도의(道義)와 명예에 치중했던 반면에 자본주의사회에서는 실리와 재욕(財慾)에 치중하는 것이다.


# 3. 개인주의 교육사상

개인주의는 물질적으로나 정신적으로나 개개의 인간을 모든 것의 중심으로 삼는 주의(主義)로 국가나 사회는 개인의 의사와 행복 때문에 존재하는 것이라 하여 국가나 사회의 권력까지 개인이익의 범위 안에 집어넣으려는 인생관을 일컫는다. 이러한 교육사상은 과거에는 동서양이 같았다.

동양에 있어서 우리와 관계가 깊은 교육사상은 유사 이래 언제나 유교사상이었다. 유교는 개인주의에 인생관을 둔 것으로 공자, 맹자, 순자, 주자가 모두 수신치국(修身治國)의 지도자를 만드는 교육만을 주장하였고 입신양명(立身揚名)을 학문을 배우는 자의 보편적 최고 목표로 삼았다. 그리하여 교육받은 자가 사회인이라든가 국민이라든가 하는 의식을 갖지 못하였고, 자기 한 몸의 영달과 대중 위에 올라앉아 그들을 다스리는 인물이 될 자격을 획득하는 데 학문의 목적을 두었다. 그리하여 실제적 지식, 대중 본위의 행위, 환경의 요구에 적합한 학문 따위를 강조한 묵가의 교육사상 같은 것은 동양의 교육부문에서 제외되었다.

서양에서는 그리스인 프로타고라스의 "인간은 만물의 척도이다"라는 궤변학파의 개인주의를 비롯하여, "교육의 목적은 착오를 교정하고 진리를 추구하는 데 있다"라고 한 소크라테스, "교육은 양심으로써 도달할 수 있는 최대 완전까지 도달시키는 것이다"라고 한 플라톤, "교육의 참 목적은 완전히 선(善)한 공덕의 힘으로 쾌락을 버리는 것이다"라고 한 아리스토텔레스, "교육은 하나의 건전한 심신을 양성하는 것이다"라고 한 로크, 그리고 "자연에 맡겨라"라고 한 루소 등 모두는 개인주의에서 제창된 교육사상을 말하였다. 이 개인주의 교육사상은 루소 이후로 유럽을 풍미한 사조였으며 지금도 이 사상이 형식을 달리한 채 교육사상을 지배하고 있다.

그럼 이 개인주의 교육사상에 대하여 살펴보자. 과거 봉건시대의 교육은 소수의 특권계급이 자기의 지배적 기능을 영원히 계속하려는 교육이었다. 따라서 그들은 국가나 사회보다는 자기 개인 중심으로 생활하였으며 그들에게서 발생한 교육사상은 개인주의가 되지 않을 수 없었다. 동양에서는 오늘날까지 유교적 개인주의가 그 옛 모습을 다 청산하지 못하였고, 서양에서는 산업상의 자유방임주의와 함께 봉건군주의 압제에 대한 반동으로, 특권계급과 대립된 반대계급에게서 개인주의가 발아하여 성장하였다. 그리하여 개인주의 교육사상은 자유주의사상을 낳고 자유사상은 민주주의사상을 낳았다. 또한 자유주의는 맨체스터파의 경제적 자유방임주의의 승리로 인해 빈부의 차를 심화시켰다. 따라서 인류 평화에 큰 지장이 되어 사회주의가 발생한 것이다.

개인주의는 개인 자각에 깊은 인과율(因果律)을 가지고 있는 것이니 인류문화의 발달은 개인주의사상의 발달과 연대한 것이라고 말할 수 있다. 개인주의가 사회주의로 발전해가면서 인류문화 발전과정에 새로운 전망을 보탰다.

# 4. 사회주의 교육사상

　개인과 사회는 나누어지지 않는다. 개인이 사회를 떠나서 홀로 살 수가 없는 것이므로 사회를 무시한 개인은 행복을 누릴 수 없다. 과거의 교육사상에서는 사회를 경시하였다. 그리하여 인류 전체의 불합리한 결과가 생겼다. 이 불합리한 결과를 해결하기 위해서는 개인이 사회적 활동에 참가하여 사회 자체가 개인에게 행복되도록 개조·운용(運用)되어야 했다.

　개인의 이익을 위하여 전체를 착하고 아름답게 하는 공공의 일에 개인 자체가 참가하는 것이 개인의 사회적 의무인 동시에 개인의 최고 도덕으로 되지 않으면 안 된다. 만일 사회를 떠난 개인이 있다면 그는 하늘을 쓰고 도리질을 하는 재능이 있어도 결국 의의가 없는 것이며, 사회가 그 재능을 평가할 근거도 없는 것이다. 따라서 그 개인은 자기의 삶의 가치를 자부할 아무 조건이 없다. 그리하여 그는 인간으로서 삶의 기쁨을 값있게 느낄 길이 없을 것이다.

　일반적으로 사회주의는 '사회주의적 사회국가'를 그 궁극의 목적으로 삼지 않으며, 개인의 행복을 위한 개인 해방이 궁극 목적이다. 앞에서 말한 것과 같이 개인주의 내용을 충실히 실현·획득하려는 방식으로서 최선의 발전이 사회주의로, 또한 개인주의의 교육사상은 필연적으로 사회주의 교육사상으로 나아가게 된 것이다.

　인류의 생활은 끊임없이 진화하였다. 그리하여 확실성과 적합성을 가진, 또한 과학적이고 객관적인 사회의식은 감정적이고 행동적이며 모순이 많은 주관적인 개인의식보다 점점 명료하게 사람의 머릿속에 드러났다. 교육사상도 인류 생활의 진화에 따라 현명하게 변화하였다. 18세기 말에는 인류 생활은 확실히 사회화하였다. 이에 따라 교육사상에도 개인주의가 사라져가고 사회주의가 돋아 성장하였다.

　서양에서는 여러 교육자들이 교육을 사회화하기에 힘썼다. 그 가운데서도 미국의 듀이는 1916년에 지은 『민주주의와 교육』이란 책의 제1, 2장에서 사회화 교육을 강조하였고, 제7장에서는 "자연주의 교육은 교육이란 관념조차 부정하는 것이다"라고 반박하였다. 그는 학교를 일종의 사회 건설로, 교육은 일종의 사회적 계단이라고 보았다. 소련에서는 그 나라 정치와 경제 조직에 따라 교육사상이 완전히 사회화하였다. 그 밖의 여러 나라들도 다 현대인을 복잡한 생활환경에 적응하게 하기 위해 적극적으로 교육을 사회화하여 학교와 사회를 완전히 한덩이로 만들려고 힘쓰고 있는데, 곧 '교육의 산업화', '학교의 사회화', '학습의 노동화', '지식의 기술화', '생활의 협동화' 등이 도달하려는 목표이다.

중국에서는 청나라에 정복된 것을 계기로 청나라 초기부터 민족정신이 앙양되었는데 나라가 망한 원인을 찾다가 국민 생활에 아무 관계가 없는 공허한 성리학을 숭상한 결함을 발견하고는 그 학문을 '망국학'이라 지적하여 유학에 대혁명이 일어났다. 교육사상에 전에 없던 변동이 생겼으니 황종의(黃宗義)의 민치주의(民治主義) 사상, 즉 공화사상과 안원(顔元)의 노동교육사상인 유생(唯生) 사상은 많은 사람들을 계몽시켰다. 이런 사상이 계몽시대의 전성기를 지나 난숙기에 들어와서 강유위(康有爲), 양계초(梁啓超)를 탄생시켰고, 이어서 손문(孫文)의 삼민주의 사상을 길렀다. 한편 중국사회는 청나라 초기 대가족주의가 붕괴되면서 점점 사회주의로 기울어가고 있어 중국의 교육사상은 이제 완전히 사회화로 달음질하고 있다. 세계를 휩쓸려는 사회주의 교육사상은 현실 생활환경의 요구로 생기는 것이니 교육사상은 정치, 경제, 문화에 대한 과학적·철학적인 현 단계의 이론과 현실에 상응하여 병행 발전하지 않을 수 없다.


# 5. 조선교육사 연구의 목적

1. 재래의 교육사상의 연원을 찾고 그 동향을 살피며 옳고 그름을 검토하여 새 국가 교육사상의 갈 길을 게시함.
2. 교육사상과 정치사상의 관계, 정치사상과 민생문제의 관계를 사실(史實)에서 찾아 교육과 국민 생활의 관계를 간접적으로 연구하고 앞으로 세울 교육이념을 전개시킴.
3. 우리나라의 과거 교육 가운데 잘못된 것은 그 원인을 지적하여 청산함.
4. 우리나라 교육의 시설이나 제도를 고찰하여 당시의 문화 정도를 규명함.
5. 학과목의 내용을 조사, 검토하여 학문의 범위와 지식의 내용을 지적함.
6. 학칙이나 훈육요강을 조사하여 실용에 참고함.

7. 학원의 학풍을 연구하여 장점을 채용함.

8. 저명한 교육가의 교수법·훈육법을 조사하여 실용에 취함.

9. 독학가가 실천한 행적을 들어 학습훈련에 응용함.

10. 창작적 정신을 가진 교육자나 학자를 발견하여 민족의 선배로 추천함.

# 조선시대 이전의 교육

# 원시시대의 교육

## 1. 연구의 목표

인류는 국가체계가 완전히 성립될 때까지 그동안 원시사회 생활을 경과하지 않을 수 없었다. 원시사회의 생활은 우리 인류에게 참된 생활원칙을 연구하는 데 큰 참고적 지식을 주며, 그 소박함과 자연성은 가식과 모순이 많은 오늘날 우리의 생활에 바른 반성을 일으키고 있다. 우리나라도 이 원시사회를 지나서 오늘에 이른 것이니 그 시대의 교육을 교육사에서 없앨 수 없다. 그러나 그 시대의 교육은 문헌에 적힌 것이 없으므로 명확히 밝힐 수 없는 것이 어려운 점이다. 이 곤란함은 우리나라만이 아니라 세계 전 인류 역사 어디서나 공통된 것이다.

원시시대의 사회는 자연 그대로를 생물적 자연생활의 교육으로 삼았기 때문에 인류 전체에 거의 공통되어 있었음을 학자들도 공인하고 있다. 그러므로 우리나라 원시시대에 대한 연구도 인류사 일반의 연구 결과를 재료로 하여 생각하고 판단하는 것이 옳다고 본다. 이 인류사 일반의 연구는 진정한 과학적 증거를 기초로 한 것으로 문자가 전하는 역사가 아니라 지구에 남겨놓은 원시시대의 유물이 말하는 역사이니, 우리는 문자 증명보다 더 확실한 사실임을 믿는 것이다.

# 2. 지능

## 1) 진보의 발단

인류사회가 진보하는 근거는 생활필수품을 얻는 데 있다. 먹을 것을 얻기 위하여 모든 지혜와 힘을 다하여 활동하는 가운데 하나씩 하나씩 발전하고 이것이 쌓여 창작이 생기고 서로 모방하여 아는 것이 느는 데서 인류가 진보한다. 이것은 오늘날 역사가가 공인하는 진리이다. 원시시대는 누구나 다 동물 같았다. 식물의 열매를 따먹고 물고기, 조개와 새, 짐승을 잡아먹는 법을 배우는 것이 그들의 중요한 사업이었으며, 줄을 꼬고 갈고리를 만들고 창, 칼, 바늘, 활, 화살 따위의 음식물 획득에 필요한 도구를 만드는 것이 그들에게 필요한 기술이었다.

저절로 일어난 산불에 타 죽은 들짐승의 고기를 맛보고 익은 고기의 맛을 알게 되었고 물에서 잡은 생선을 벌여놓고 많고 적음을 비교하는 데서 셈[數]을 알게 되었다.

"인간의 으뜸 전제는 물론 생명으로서의 모든 개인의 존재이다. 이 개인이 스스로 동물과 구별되는 최초의 역사적 활동은 '사유'하는 일이 아니라, '생활수단을 생산하기 시작한' 일이다"[1]라고 한 말은 곧 인류의 역사적 활동은 생활수단을 생산하는 데 있다는 것이니 이 생활수단을 생산하기 위한 활동이 곧 인류의 교육이며 이것이 산 교육이었다. 그러므로 원시조상의 일체의 활동은 모두 교육과정이었고 오늘날 우리의 교육을 생산한 연원이었다.

## 2) 지능 발전

우리의 원시조상의 지능은 패총, 유물 포함층, 유물 산포지, 동굴, 성터 등에 묻혀 있는 석기(石器), 골각기(骨角器), 동철기(銅鐵器), 토기(土器) 등의 유물을 통해서 짐작할 수 있다.

### (1) 석기

ㄱ) 석기의 종류

---

1) 『독일 이데올로기』.

우리나라 각지에서 캐낸 석기의 종류는 다음과 같다.

① 돌도끼[石斧] : 정자형(丁字形), 분동형(分銅形), 합인형(蛤刃形), 환형(環形)이 있고 또다시 이것을 세분하면 3, 4종이 더 있다.

② 석고(石鈷) : 양 끝이 뾰족하고 가운데가 옴쏙한 것.

③ 돌화살촉[石鏃] : 자루 있는 버드나뭇잎형[柳葉形], 전체유(全體柳), 나뭇잎형[葉形], 마름모형[長菱形], 요저식(凹底式), 삼각형 등이 있다.

④ 돌창[石槍] : 돌화살촉과 같고 자루가 있는 것.

⑤ 돌칼[石亮刀] : 빗형[櫛形], 반월형(半月形), 환체장방형(丸體長方形) 등이 있고 다 뒷면에 구멍이 있다.

⑥ 돌칼[石刀] : 고기를 썰고 가죽을 벗기기에 적당한 이기.

⑦ 돌숟가락[石匙] : 껍질 벗기기에 필요한 것.

⑧ 돌송곳[石錐] : 나무, 가죽, 뿔 등에 구멍 뚫는 데 쓰기 좋은 것과 가늘고 작으며 정교한 용도를 알 수 없는 것도 있다.

⑨ 돌끌[石鑿], 돌몽둥이[石鎚], 돌방추[石錘] 등이 있다. 돌로 만든 방추는 세 가지 종류가 있는데 그물과 낚시용 방추와 자리 매는 데 쓰는 노 감은 방추인 듯한 것이 있다.

⑩ 요석(벌집돌蜂巢石), 지석(砥石), 돌몽둥이[石棒], 돌그릇[石皿], 돌항아리[石臼] 등이 있다.

⑪ 석구옥(石句玉) : 귀 장식용인데 경질 암석에 정묘한 가는 구멍을 뚫은 것은 경탄할 만하다.

이 가운데 돌도끼는 그 모양이 다종다양하며 특히 타원형 돌도끼는 3두(三頭), 4두, 5두, 6두로 꽃모양처럼 나뉜 것이 있는데 여기에 줄을 달아 날짐승을 잡기도 하고 주위에 날이 있어 방추차로 쓰는 것도 있다.


ㄴ) 석기 제조법의 진보

① 타석법(打石法 : 돌을 깨뜨려서 만드는 법) : 원시조상이 나무나 자연의 돌멩이를 도구로 쓰던 시대에서 문화단계가 한 단계 높아진 때가 타제식기(打製石器)를 사용한 때이다. 우연히 돌을 던져서 조각이 생길 때에 깨어진 돌의 예리한 모서리가 깎고 끊는 데 효과가 많은 것을

발견하고 돌을 깨뜨려서 도구를 만들기 시작한 것이다. 에스키모인의 타석법을 보면 정교·예리한 크고 작은 도구를 타석법으로 만드는 기술은 놀랄 만하다고 한다.

② 마석법(磨石法: 돌을 갈아서 만드는 법): 서구 학자의 연구에 의하면 타석법은 이미 구석기시대부터 시작된 것이요 마석법은 훨씬 나중이라고 한다. 돌을 갈아서 만든다는 것은 미리 만들 도구의 모양대로 접어 끊고 갈아서 곱게 하는 것이다. 이 줄만 파고 끊지 않은 유물이 함경, 황해, 경상도에서 가끔 나온다고 한다(이러한 석기를 마제석기磨製石器라고 한다).

## (2) 골각기

김해 패총과 양산 패총 등지에서 발견된 골각품은 대개 사슴뼈, 산돼지뼈에 가공한 것이 많고 패각제(貝殻製)도 있는데 그 종류는 다음과 같다.

① 무기로서 화살촉, 대형 송곳(尖頭器), 칼자루[刀子柄]

② 고기잡이용으로서 작살과 낚싯바늘

③ 일용품으로서 송곳, 바늘[針], 패각제 그릇

④ 장식품으로서 짐승뿔[獸角], 짐승이빨[獸牙製], 수하식(垂下飾), 패각제, 팔찌[腕輪] 등이다.

## (3) 토기

ㄱ) 형체: 도가니형, 바릿대형, 술잔형, 병형, 높은 잔형 등이 있다.

ㄴ) 제작법

① 뭉쳐 만드는 법: 원시방법.

② 고리를 쌓아 만드는 법: 고리를 만들어 쌓아 올림.

③ 감아 쌓아 올리는 법: 흙을 떡가래 모양으로 가늘고 길게 만들어 감아 쌓아 올림.

④ 틀에 넣어 만드는 법: 틀에다 흙을 다져 만듦.

⑤ 틀에 발라 만드는 법: 죽제(竹製) 또는 포제기(布製器)에 흙을 발라 만듦.

⑥ 발판을 돌려 만드는 법: 현재 사용하는 법.

이 여섯 가지 종류가 토기 제조법의 역사적 발전 순서인데 함경북도에서는 원시방법의 제품이 나왔고, 경주·밀양 등지에서는 ②·③항의 방법으로 만든 제품이 나왔다고 한다. ⑥항 방법이 어느 시대에 시작되었는지 아직 결정적으로 연구한 이가 없다.[2]

### (4) 결론

⑴, ⑵, ⑶항에서 실례를 든 유물의 종류가 많은 것으로나 모양이 다양한 것으로나 또 그 제조법이 단계적으로 진보된 것은 원시조상의 지능이 발달한 것과 생활이 향상되었음을 말해준다. 이것이 당시의 공업교육이었고 동시에 창조교육이었다. 그리고 구옥 귀 장식품의 정교함 같은 경탄할 만한 정도의 공예가 있었던 것을 보아 당시 사람의 미적 지능을 짐작케 한다.


## 3. 사회조직

인간의 역사를 만드는 기본 효력은 인간 자신의 번식력과 삶을 유지하는 데 절대적인 물질생산력 두 가지로서, 일찍이 중국의 고자(告子)가 맹자에게 반박받았던 "인성(人性)은 식색(食色)일 뿐이라"[3]고 한 성욕과 식욕을 중심으로 한 우주 철칙인 활동력이다. 사회 발전의 철학적 요소가 여기에 있고 인류 향상의 궁극 목표가 이 두 가지 욕망을 정화하고 합리화하는 데 있다.

엥겔스가 이 두 가지 동력으로 발전되는 역사적 과정을 구체적으로 분석하였다.

역사를 결정하는 요소는 직접적 생명의 생산과 재생산이다. 하나는 생활자료, 즉 의·식·주 모든 대상의 생산과 여기에 필요한 도구의 생산이며, 또 하나는 인간 자신의 생산, 즉 종족 번식이다. 어느 시대 어느 지역의 인간이든지 이 밑에 생활하는 사회조직은 두 생활양식, 즉 하나는 노동, 다른 하나는 가족발달 단계에 의한 제약을 받는다. 노동이 발달하지 않으면 않을수록 따라서 노동 생산물량, 즉 사회의 부가 한정이 있으면 있을수록

---

2)  발굴물에 대한 것은 조선사강의 『조선고적급유물(朝鮮古蹟及遺物)』을 참조.
3)  맹자, 『고자음』.

사회제도는 더더욱 혈족유대에 지배되는 것이다. 그런데 혈족유대 위에 쌓아놓은 사회조직 밑에서 노동생산력은 발달되고 이와 함께 사유재산의 교환, 부의 차별, 타인의 노동력 이용의 가능성, 요컨대 계급대립의 기초가 차차 발달된다.[4]

이 과학적 원칙대로 인간이 살았기 때문에 첫째 단계인 원시사회에는 번식력의 활동으로 남녀가 무리 지어 살며 예와 구별이 없었다. 그리하여 학자들이 말하는 이른바 '집단혼 사회'를 이루었으니 각 개인이 자기의 어머니는 알아도 자기의 아버지는 누구인지 알 수 없게 되었다. 그리하여 어머니를 가장으로 하고 그 산하에 한 가족이 모여 한 집단을 이루게 되었다. 이리하여 모계사회가 성립되어 모성을 중심으로 한 씨족제가 생겼고 모성 숭배가 당시 최고 도덕이 되어 각 민족의 초창기 전설과 잡신교 가운데에는 여신이 많게 되었다.

그 시대에는 남녀 사이의 질투는 큰 악덕이요 일족의 단결·협동은 좋은 미덕이었다. 자기 집단의 이해를 위하여 다른 집단과 용감하게 싸우고 모든 집단의 생활을 위하여 충실히 일했다. 이 시대를 학자들은 '원시공산주의 시대'라고 일컫는다.

둘째 단계로 이러한 모성중심사회는 물질생산을 중심으로 한 경제적 생활양식의 변천으로 말미암아 남성중심사회로 전환되고, 음식물과 여자와 노예 획득 등 경제적 조건의 필요로 인해 외부의 적을 상대하기 위하여 내부의 단결과 훈련이 필요하게 되었다. 그리하여 경험이 많고 능력이 있는 연장자가 우두머리가 되어 집단을 통솔하게 되었다. 그는 집단 전체를 지휘하여 그들의 생활, 부락의 방위 및 기타 생활에 필요한 모든 지식을 가르치며 지도하였다. 그는 원시시대 군중의 생활습관을 전적으로 대표하는 것이니 그는 당시에 신과 같은 존경을 받았고 그의 조상들까지 숭배받아 후세 전설 가운데에 신화화된 것이 많다. 그는 당시의 집단인을 기르고 보호하는 권위자였기 때문이다.

외부의 적을 방어하는 일을 이 추장이 혼자 할 수 없을 때에 전쟁의 책임자를 두었으니 이것이 군장(軍長)이다. 추장과 군장은 차차 남과 다른 특권을 갖게

---

4) 『맑스-엥겔스 전집』 제12권.

되어 귀족계급이 형성되었고 따라서 귀족계급을 유지하는 생산력에 절대 필요한 노예가 생기게 되어 여기서 노예국가의 기초가 조성되었던 것이다.

우리 민족의 역사적 발단도 전 인류의 철칙인 이 과정을 겪었다. 여기에 대한 연구는 백남운(白南雲)[*1]이 지은 『조선사회경제사』 제8장에 있는 그의 연구를 빌려 설명한다.


① 모계씨족제

친족 간 용어를 분석하여 원시조상의 집단혼의 흔적을 설명하고[5] 또 생산경제의 시작, 특히 제도업(製陶業), 기직(機織), 정원농업(庭園農業) 등 경제적 조건을 연구하여 "요컨대 원시조선의 모계씨족제도는 일반적 씨족제의 발생기인 야만중간단계, 즉 신석기시대부터 형성·발달하였다."


② 씨족권을 따른 씨족명

"각 씨족은 신라의 골품제에서 본 것과 같이 어떤 일정한 족명, 즉 성(姓)을 가졌고 씨족원은 그 어머니의 성에 따라 어떤 씨족에 속함을 보였고 족명이 생기면서 씨족권을 공유할 수 있게 되었다."


③ 추장 선거제

각 씨족, 부족, 종족은 각각 우두머리 즉 추장을 선거하였으니 건국 전설에 "동방에 처음에 군장이 없더니 신인이 신단수 아래에 내리매 나라 사람이 세워 나라의 임금을 삼다"라고 되어 있는데 이것이 추장 선거에 관한 기록이다. 6부에서 박혁거세를 선거한 것이나 9개 촌락이 김수로를 선거한 것이나 모두가 남계세습 추장제에 대한 확인선거이다.

---

*1) 식민지시대 제국주의 식민사학에 대립하면서, 민족사학과는 다른 입장에서 우리 역사를 체계화한 대표적인 사회경제학자이다. 그는 일제 사가들의 한국사 정체후진론을 비판하였을 뿐만 아니라, 당시 우리나라 전근대 역사 인식의 오류, 나아가 실증사학이나 민족사학의 오류까지 지적하면서, 역사 주체를 계급으로 보고 한국사도 세계사의 보편법칙에 따라 발전한다고 주장하였다. 저서로는 『조선사회경제사』(1933), 『소선봉건사회경제사(上)』 (1937) 두 권이 있으며, 해방 후 정치활동을 하다 월북하였다.

5) 『조선사회경제사』 제4장.

④ 군장제

"각 민족은 추장 외에 필요한 경우에는 군사상 책임자를 두는 것이 원시시대에 흔히 있는 일이다. 석탈해가 박혁거세와 다른 씨족임에도 불구하고 그에게 군사를 맡긴 것은 원시 씨족사회에 있는 군장제의 유풍이다."


# 4. 신앙사상

원시사회에는 지식이 애매하고 사상이 유치하여 대자연을 대할 때에 모두가 놀랍고 신기하여 이해할 수 없었다. 오직 경외하고 복종할 공포심과 의뢰심이 생겼을 뿐이었다. 그리하여 만물 가운데 크고 신기한 것을 모두 숭배하여 다신교가 생기게 되었고, 다시 좀 더 진보되어 해와 달, 별의 이동과 바람, 비, 천둥의 변화와 동식물의 성장이 다 어떤 의도로 되는 줄 알았고 그 의도의 주인을 '신'이라 하여 신앙하였다. 동양의 '하늘(天)'이라는 천도사상도 이것이다. 생각하면 '신'이란 것은 알 수 없는 현상을 해석하는 기준이었고, '신앙'이란 것은 탐구하여 증명함에 실패한 결론이었다. 이것은 과학이 없는 때에 당연히 있을 운명이었다.

이 신비적 사상은 당시 무지한 머리를 속박하였다. 이것이 자라 나온 것이 오늘날 일신교 또는 다신교인 종교이다. 원시시대는 미신으로 교육을 시행하였고 교육자는 미신의 권위로 더욱 숭고하게 보였다. 『주역(周易)』에 "하늘의 신도(神道)를 바라보면 사시(四時, 봄, 여름, 가을, 겨울 또 아침, 낮, 저녁, 밤)에 틀림이 없다. 성인(聖人)이 신도로 설교하여 천하를 복종하게 하였다"[6]라고 하였다. 여기서 성인이라고 한 것은 원시시대의 경험과 능력 많은 지배자를 가리킨 것이다. 음력 시월을 '상달'이라 하여 삼한(三韓), 삼국(三國), 고려 때까지 나라의 의식으로 제천행사를 지낸 것은 역사 기록이 없는 상고시대부터 전해 온 습속이라고 역사가들이 말하고 있다.

---

6) 『주역』 단상전(象上傳).

# 5. 경제관념

　원시사회인에게는 필수물을 획득·확보하는 것이 유일한 최고 인생철학이었다. 그들에게는 지금과 같이 영구히 고정된 영토가 필요하지 않았다. 생활이 극히 간단하였다. 지식욕이 없고 가재도구가 적었고 땅은 넓고 사람은 드물었으므로 언제나 어디로든지 옮기기가 쉬웠다. 그들의 생업은 수렵·채취였으니, 물과 풀, 짐승, 물고기, 조개, 과일 열매가 많은 곳을 찾아 이동하는 것이 그들의 생활이었다. 이 습관은 농업시대에 들어와서도 이어져 토지에 비료를 쓰지 않고 토지의 지질이 변하면 기름진 곳으로 모든 집단이 옮기기를 잘하였다. 역사에서 전쟁 또는 기근으로 나라 전체가 새 땅으로 옮긴 예를 많이 볼 수 있는 것은 곧 이런 까닭이다. 그리하여 그들은 소유권의 관념이 적었으므로 향토에 애착이 없고 따라서 애국심도 없었다.

# 6. 교육적 설명

　이상에서 말한 원시시대의 생활을 교육적으로 총괄하여 설명하는 것이 교육사적 측면에서 다루는 의도이다.

## 1) 원시시대 교육의 특징

### ① 미신

미신은 교육의 근본이었다. 미신은 원시조상의 철학이며, 종교이며, 인생관의 기초이며, 도덕의 연원이며, 죽음과 삶, 화와 복, 모든 사건의 의혹에 해답하는 과학이었다.

### ② 경험

경험은 교육의 방법이었다. 필요에서 얻는 경험은 그들의 지식이었으니 다시 말하면 생활습관을 경험하는 것이 곧 지식이며 교육이었다.

③ 학과

늘 하는 생활행위의 종목이 그들의 학과이었으니 흙·나무·돌·뼈·뿔의 생산도구와 일용품을 만드는 것, 고기잡이, 사냥, 농사, 바느질, 베짜기 등의 일을 하는 것, 전쟁과 춤과 노래가 다 그것이다.

④ 사장(師長)

생활에 경험이 많은 어른이 그들의 스승이었다.

⑤ 학교

장소와 시기가 일정하지 않았으니 산천과 들판이 그들의 교실이었고 생활과 전쟁, 오락 어느 때든지 학습시간이었다.

⑥ 책임자

교육을 오로지 맡은 이가 없었으며 집단 가운데 연장자가 당시 교육장관이었다.

## 2) 원시시대 교육의 3단계

중국의 유병려(劉炳藜)는 원시시대 교육의 의의가 '기름(養)'과 '호위(衛)' 두 가지로 총괄된다고 보고 아래와 같이 3단계로 나누어 표시하였다.[7]

---

7)  임시선, 『지나교육사』.

*2) 양위(養衛)는 기르고 호위한다는 뜻이니 당시 교육의 의의를 총괄하면 '양위' 두 자로 귀납된다. 우두머리(首長)의 직책도 이 두 가지에 있다. 서전(書傳)에 "하늘이 백성을 내고 임금과 스승을 내었다"는 임금과 스승의 책임이 곧 우두머리의 집단에 대한 직무라는 것이다.

## 원시시대 교육 단계[2)

제1단계 ──── 모방과 참가 ─── 자연학습
유희모방
자연지식을 획득
제2단계 ── 훈련 ── 훈련의 필요 ─── 자기 보존 문화
식량이 될 만한 동식물 탐구
전투원 후비보충
기름(養)　호위(衛)
훈련의 종류 ─── 생산 훈련
신체 및 군사 훈련
도덕 훈련
제3단계 ──────── 가입식 ──── 원복

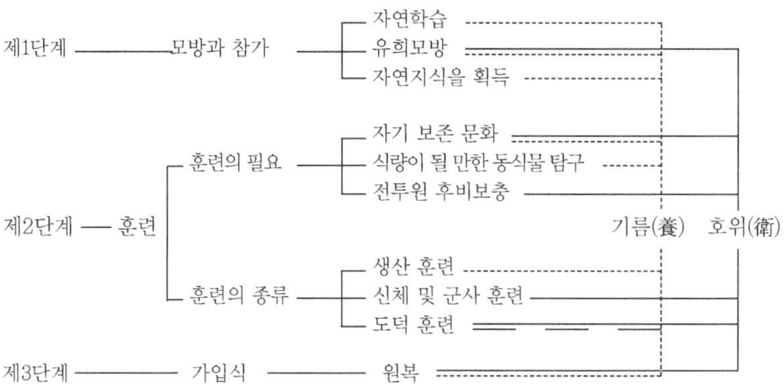

# 제3장

# 부여와 한(韓) 시대의 교육

## 1. 시대상

원시시대에서 삼국 봉건국가 사이에는 부여와 한 시대가 반(半)봉건사회를 형성하고 있었다. 생산력의 발전 결과로 모계제도가 부계제도로, 부계제도가 가부장제도로 되었고 사유재산과 권력이 생겨나고 노예가 발생하여 무계급 민족 공산사회에서 계급적 부족국가로 전화하였다. 그리하여 제도, 문물, 사상, 예속(禮俗)이 모두 봉건화되어가는 중에 있었다. 이것은 중국인이 기록한 단편적 문헌에서 엿볼 수 있고, 또 다음 시대에 온 삼국의 태세를 보아도 알 수 있다. 그러나 단편적 기록과 역사적 단계의 공통원리를 참고하여서라도 그 시대의 사회상을 찾고 다시 그것에 대한 필연적 요구로 공식적으로 있었을 교육사상이나마 찾아볼까 하는 것이 연구의 자위적 조치이므로 좁은 소견을 적어볼까 한다. 우선 그 시대의 사회상을 결론적으로 추려보려 한다.

### 1) 정치의 중앙집권화

각국에는 모두 왕이 있어 통치하였으므로 한은 마(馬), 변(卞), 진(辰), 삼한으로 나뉘었으나 마한 영주가 패왕(覇王)으로 삼한을 다스렸다. "마한이 가장 커 그 부족을 세워 진국의 왕을 삼고 목지국(目支國)에 도읍을 정하고 삼한 땅에

왕림하니 모든 국왕이 다 마한부족의 사람이었다"[1] [*1]

"마한왕이 호공(瓠公)[*2]에게 사양하여 가로되 진, 변 두 한이 우리 속국이 되어 조공을 바치지 아니하니 사대(事大)의 예가 이럴 수가 있는가."[2]

## 2) 행정의 체계화

"부여에 군왕이 있고 여섯 가지 가축으로 관직의 이름을 지어서 마가(馬加), 우가(牛加), 저가(猪加), 구가(狗加), 견사(犬使)가 있으니 견사는 사자(使者)이다."[*3]

"마한은 각각 장수가 있어 큰 것을 신지(臣智)라 하고 그다음을 읍차(邑借)라 하며 …… 관직에 위솔선(魏率善), 읍군(邑君), 귀의후(歸義候), 도위(都尉), 백장(伯長)이 있다."

"진한은 모두 작은 각읍에 각각 거수(渠帥)가 있어 큰 읍을 신지라 하고, 다음에 검측(險側)이 있고, 다음에 번예(樊濊)가 있고, 다음에 살해(殺奚)가 있고, 다음에 읍차가 있다."

"동옥저는 모든 읍락 거사를 다 삼노(三老)라고 하니 옛 현국의 제도이다."[3]

중앙과 지방관제의 행정기구에 대한 이 단편적 기록으로 보아 전체로 행정기구 조직이 체계화한 것을 엿볼 수 있다.

## 3) 경제의 농업 본위화

"부여는 동이(東夷)[*4]에 가장 평창(平敞)하여 오곡에 알맞다."

---

1) 『해동역사』, 지리고 3.
*1) 우리나라 역사에서 초기의 고대국가는 북부지방에 고조선과 부여, 한강 이남의 지역에 진국이 있었다. 진국은 마한, 진한, 변한 등 삼한으로 이루어졌고, 삼한은 다시 각각 수십 개의 조그만 나라들로 구성되어 있었다. 삼한 땅의 국왕은 곧 이 소국의 왕을 말하며, 마한은 삼한 가운데 가장 강력한 집단이었기 때문에 진왕은 주로 마한 왕이 겸하였다.
*2) 신라 시조 박혁거세 때 창업에 공헌을 했으며 마한에 사신으로 가서 마한 왕의 조공 요구를 거절했던 인물.
2) 『삼국사기』, 신라본기.
*3) 가(加)는 고대어에서 어른을 의미하는 보통명사로 귀족신분을 뜻한다.
3) 『해동역사』, 관제.
*4) 중국은 자신들이 세계의 중심이고 문화의 근원이라는 중화사상에 젖어, 자신들을 제외한 모든 나라를 오랑캐(夷)라 하였는데, 지금의 만주와 한반도에 살았던 주민을 동이족이라 불렀다.

"예(濊)는 종마, 양잠을 안다."

"진한은 토지가 비옥하여 오곡과 벼를 심기에 알맞고 누에농사를 안다."

"마한은 밭농사와 누에농사를 안다."

"마한은 그 백성이 토착하여 씨를 뿌리고 심는다."

"동옥저는 토지가 비옥하고 산을 등지고 바다를 향하고 있어 오곡에 알맞고 밭농사에 좋다."

"부여는 가축을 잘 기르며 홍수와 가뭄이 조화를 이루지 못하여 오곡이 익지 않으면 허물을 왕에게 돌리어 혹 '갈아야 한다', '죽여야 한다'는 말을 한다."

"마한은 오월에 파종이 끝나면 귀신에게 제사하여 무리가 모여 밤낮을 춤과 노래로 보내고 시월에 농사가 끝난 뒤에도 이와 같이 한다."

"예는 시월에 하늘에 제사를 지내되 밤낮을 춤추고 노래한다."

"부여는 12월에 하늘에 제사를 지내되 음식과 춤과 노래로 큰 잔치를 연일 한다."

"부여는 그 백성이 토착하였다."

"예는 별자리를 보고 풍흉을 미리 알기를 잘한다."4)

"이 귀신을 위하여 각 부족은 일 년에 한 차례 나라 안에 큰 잔치를 열고 천신을 제사하는 동시에, 나라의 큰 공사를 합의 처리하니 그 시기가 대개 일 년 농사를 마친 뒤인 10월 내지 12월까지 사이에서 각각 마땅한 때를 정하였다. …… 전 부족적 대제전 외에 농사 본위 또 연성(練成) 본위의 중소 제전도 일 년에 몇 번씩 열렸다."5)

"동이는 일찍부터 농업경제를 세우고 산 백의민족"6)이라고 한 말과 같이 우리나라는 비옥한 땅에서 발생한 민족이니만큼 농업경제사회가 일찍이 성립되었던 것이다. 부여·한 시대에 대한 조그마한 기록으로도 그 얼마나 농업 본위의 생활을 했던가를 알 수 있다. 농사제전이 민간의 풍습이 된 것으로 미루어 농업이 행정과 국민 생활에서 얼마나 중요하게 생각되었던가를 확인할 수 있다.

---

4) 위의 책, 풍속지, 식화지, 악지, 성력지.
5) 최남선, 『고사통』.
6) 최남선, 위의 책.

## 4) 문화의 금속기 시대화

"진한은 철이 나서 한, 예, 왜가 사다 썼고 또 두 군(郡)에도 공급하였다."

"진한은…… 모든 거래에 철을 썼으니 중국에서 돈을 쓰듯 하였다."[7]

"옛 기록에 의하면, 이때에 벌써 철이 크게 이용된 것을 알 수 있으니 이게 주의할 만한 일이다."[8]

"기자조선시대 중엽부터 대개 금석병용시대가 되고 그 가운데서도 조선 중심지(대동강 좌우)는 진작 동철시대로 들어갔으며 치우쳐 있는 변방에는 지금부터 이천 년쯤 전까지도 그대로 석기시대를 벗어나지 못한 곳도 있었다. …… 반도에 금속문화가 일어난 뒤에는 철광의 개발이 진보하여 인접한 여러 나라가 다 철의 공급을 반도로부터 받았었다. '철(鐵)'자가 이인(夷人)의 금속을 의미한 구성으로서 현대의 황해도 재령 일대의 철이 중국 산동반도 등지로 많이 수출, 이용된 사실에 기인한 조자(造字)인 듯하다."[9]

이러한 기록과 학자들의 연구에 의하면 이천 몇 백 년쯤 이전에 진한의 철로 우리나라는 금속문화가 발전되었던 것을 알 수 있다.


## 5) 사회의 계급화

부여와 한이 다 군주가 있고 중앙과 지방에 관제가 등급별로 있었다는 것은 이미 앞에서 말하였거니와 민간으로는 호민(豪民)과 하호(下戶)[*5]의 귀천의 구별이 있고 사형죄인의 가족을 노예로 삼는 제도나 귀족이 죽으면 순장(殉葬)[*6]을 하고 있는 것은 완전히 봉건사회의 계급이 발달된 증거이다.

"부여는…… 읍락에 호민이 있고 민의 하호는 다 노예다. …… 제가가 적과 싸울 때 하호는 식량을 메어 나른다."

---

7) 『해동역사』 물산지, 식화지 주.

8) 오다 쇼고(小田省吾), 『조선상세사』.

9) 최남선, 앞의 책.

*5) 하호는 비록 평민 신분에 속하였으나 생산수단을 가지지 못한 가난한 '민'으로서 노예적 착취를 당하였으며 점차 노예 신분으로 전락하는 과정에 있는 계층이었다. 고대사회의 피지배계급은 주로 평민인 하호와 천민인 노예로 구성되어 있었다.

*6) 고대사회에서 왕이나 귀족이 죽었을 때 그 아내와 노예를 함께 매장하던 일로 우리나라에서는 신라 지증왕 3년(502)에 순장 풍습을 법으로 금하였다.

"부여는…… 그 풍속이 형(形)이 엄하여 살인자는 다 그 가족을 몰입하여
노비를 삼는다."

"부여는…… 살인하며 순장을 하는데 많은 것은 백 명까지 간다."

"고구려는…… 죄인을 죽이면 그 처자를 몰입하여 노비를 삼는다."[10]

## 6) 풍속의 예의화

조심스럽고 온후하며 신중하고 성실한 국민성, 결혼과 장례에 예절이 있는
것과 즐기고 좋아하는 욕심이 적고 도둑이 없고 결혼에 지참금이 없고 상호
해치거나 상호 침범하는 것을 금하는 법률이 있고, 투기·음란을 엄금하고 길을
지나갈 때와 서로 만날 때에도 예절이 있었다는 모든 기록은 당시의 사회가
예의가 풍속화하였다는 것을 설명하는 것이다.

"부여는 사람들이…… 근면하고 온후하며 노략질을 아니하고 음식에
나무그릇을 썼으며 서로 만남에 술잔을 씻어서 권하면 사양하며 주고받았다."

"부여는…… 통역인이 말을 전할 때에 무릎을 꿇고 손을 땅에 대고 말을 조용히
하며 남녀의 음란과 부인의 투기를 다 죽이되 투기를 더욱 미워하였다……."

"부여는 그 풍속이 오개월장을 지내되 오랠수록 영광으로 알고 상주가
속히 아니하려 하면 다른 사람이 억지로 속히 하도록 다투어 권하는 것으로
예절을 삼고 상중엔 남녀가 다 흰 옷을 입고 부인은 피류의 겉면을 쓰고 패물을
버리고…… 상중에는 결혼을 아니하였다."

"부여는 죽은 이에게 제사하되 날것을 썼다."

"부여는…… 두터운 성의로 장례를 지내고 관을 썼다."

"마한은 장례에 관을 썼다."

"예는 인간성이 신중하고 성실하며 즐기고 좋아하는 욕심이 적고 구걸을
청하지 아니하며 산천의 경계를 서로 간섭하지 아니하며 서로 침범하는 자를 소와
말의 이름을 써서 벌하였으며…… 노략질이 적었으니……."

"진한은 혼인에 예가 있고 갈 길을 서로 사양하였으며……."[11]

"혼인에 지참금이 없음은 여러 나라가 동일하고 장례에 여러 나라가 관을 모두

______________

10) 『해동역사』.
11) 앞의 책, 예지, 풍속지.

사용하였다."[12]

## 7) 생활의 기술화

"부여에 궁궐·창고·감옥이 있었고, 마한은 초가·움집을 짓고, 궁궐에는 성곽을 쌓았다 하며, 변한은 의복이 청결하고 폭이 넓은 모시를 짰다 하며, 북방의 활, 화살, 칼, 방패와 삼한의 도자기가 유명하였고, 변한의 배와 노, 옥저의 조각과 맥의 가죽옷, 마한의 구슬이 특별하였고, 진한의 무늬 없는 쇠돈이 있고, 부여의 북과 마한의 피리, 진한의 거문고 등 악기가 있었으며, 여러 나라를 통하여 모자, 꽃신, 명주, 삼베와 두건, 귀고리, 나무그릇, 금은, 비단 등 사치품까지 있었다."[13]

## 8) 전쟁주의의 발전

"부여는 활, 화살, 칼, 창으로 병기를 삼고 집집마다 갑옷과 병기가 있었다."

"예는 보병전에 능하고 삼장(三丈)되는 긴 창을 만들어 여러 사람이 함께 들고 쓴다. 낙랑의 단궁도 예 땅에서 났다."

"동옥저는 인성이 강하고 용감하며 창을 가지고 보병전을 잘하였다."

"마한은 활, 방패, 창을 잘 썼다."

"진한은 보병전을 잘하였고 병기는 마한과 동일하였다."

"부여에는 명마(名馬)가 났다."

"고구려인은 기상을 숭상하고 활, 화살, 칼, 창을 잘 쓰고 갑옷이 있고 전투에 익었다."

"부여도 전쟁이 있을 때는 하늘에 제사하였다."[14]

## 9) 가족주의의 수립

"마한은 그 풍속이 초가, 움집에 일가족이 함께 산다."

"예는 같은 성끼리 결혼을 아니한다."

"옥저는 큰 목곽을 길이가 십여 장(약 30미터) 되게 짜고, 한쪽 끝에 문을 내고

---

12) 『해동역사』와 권덕규, 『조선유기』 참조.
13) 권덕규, 앞의 책.
14) 『해동역사』, 병지.

새로이 죽은 자가 생기면 가매장을 하였다가 육신이 다 썩은 뒤에 뼈를 추려 곽 속에 두되 한 가족을 널 속에 넣고 산 사람 모양대로 나무인형을 죽은 자의 수와 같이 만들어둔다."

"부여는 남녀의 음행과 부녀자의 질투를 혹독하게 벌한다."[15)

"대개 각 부족의 여자는 정숙하고 미더움으로 착한 사람과 아름다운 사람의 명예를 얻는다."[16)

"동이인인 대련(大連), 소련(小連) 형제가 부모의 장례에 지성을 다하여 '효자의 모범'이라는 공자의 칭찬을 받았다."[17)

이상의 거처, 사후(死後) 조치, 풍속과 관습, 도덕 등을 조합하면 가족주의가 수립되었음을 알 수 있다.

## 2. 부여·한 시대의 교육사상

### 1) 도덕교육의 중시

원시시대의 모계중심사회가 부계중심사회로 변하는 때는 벌써 아버지이며 남자인 가장이 절대 강자의 권위를 갖게 된다. 그리하여 아버지로서 자식에게, 남편으로서 아내에게 지배자가 되고, 처자, 즉 가족을 양육하고 보호할 책임과 권한을 가졌다. 그리하여 한 가족을 통솔하고 가장의 자리에 군림하는 것이며 동시에 자식이나 아내가 그에게 예속되며 자식에 대하여 효(孝)를, 아내에 대하여 절개(貞)를 강요하게 되었으니 효와 절개는 곧 아버지나 남편인 강자에 대한 무조건 복종을 아름답다고 칭찬하는 아호이다.

이것이 원시시대를 지나 봉건시대가 시작될 때에 자연히 발생되는 사실로 곧 봉건시대에 있어 충(忠)과 함께 가장 부르짖는 도덕으로서 동양에서는 삼강(三綱)이 된 것이다. 그리고 부권 중심으로 대부락이 한 가족처럼 지내던 원시형태가 경제적 조건으로 자연히 붕괴되면서 많은 소가족으로 분산된 것이 오늘의

---

15)  위의 책, 궁궐지, 풍속지, 예지.
16)  권덕규, 앞의 책.
17)  최남선, 앞의 책.

가족이다. 이것이 봉건시대 초기에는 지금보다도 더욱 절대로 필요한 사회구성의 기초가 되기 때문에 대가족이 정치의 기본이 되며 따라서 이 가족을 유지하는 질서가 가족주의적 도덕이며, 효와 절개가 여기에 필요한 것이다. 중국 유교 책에 "큰 덕을 잘 밝히어 9족을 친하니 9족이 화목되고 백성이 평안하였다"[18]고 한 것은 주(周) 시대를 요 임금시대[*7]에 가탁하여 지은 글로 봉건 초기의 사실을 증명하는 것이다.

이것은 인류 역사의 공통된 자연발생의 과학적 사실이다. 이 인류 역사의 일반과학적 사실과 본 장에서 고증된 효와 절개의 장려, 음행과 질투의 벌칙, 장례와 혼례의 발전, 개인의 품성, 풍속의 아름다움 따위의 사실과 아울러서 고찰하면 부여·삼한 시대의 도덕사상은 가족주의의 발생과 함께 가족 중심의 도덕으로 성장하였고 도덕교육이 가정으로부터 시작하여 사회, 국가로 진전하였다고 판단할 수 있다. 이런 도덕교육은 당시 사회가 요구하는 필요에 응하여 자연히 중시되었을 것이다.

## 2) 예의의 중시

봉건사회는 계급관념이 발달하기 때문에 계급 사이에 질서를 유지하는 데는 복종이 필요하다. 나이 어린 이는 연장자에게, 신분이 낮은 이는 귀한 자에게, 무식한 이는 아는 이에게 복종하는 것이 귀중한 일이었다. 이것을 법으로나 힘으로 강제하지 않고 인생의 자연적 필수의 도덕으로 다루어 미화한 것이 예(禮)라는 것이다. "필경 명령하는 자와 복종하는 자는 바꾸어 말하면 강자와 약자의 관계이다. 그것을 규정한 것이 소위 예이다."[19] 이런 이유로 예가 봉건사회에서 귀중한 도덕으로 되는 것이 인류문화사상 공통되는 법칙이다.

중국이 주대에 들어서면서 예가 발달한 것도 이 까닭이다. 옛글에 "제자를 가르치되 행동을 신중히 하게 하는 예의와 마음을 온화하게 하는 음악으로써 한다"[20]고 하였다. 그런데 이렇게 발생된 예는 계급 사이에만 적용되는

---

18) 『서전』, 요전.

*7)  전근대사회에서 동양의 이상향으로 백성이 풍요롭고 한가롭게 태평성대를 누렸던 시절을 중국의 전실 시대인 요순 시절에 비유하여 왔고 가장 이상적인 사회로 여겼다.

19)  진전길(津田吉), 『유교의 실천도덕』.

20)  『예기(禮記)』, 내칙.

것이 아니며 사회 일반 질서를 도덕적으로 유지하는 데로 발전하는 것이다.
이 인류사의 일반 법칙과 본 장의 고증을 아울러 생각할 때에 삼한시대의
교육사상이 예의를 소중히 하였다는 것을 단언할 수 있다.

### 3) 정교(政敎) 일치의 교육제도

봉건시대는 특수계급만이 지식을 갖게 되는데 특히 봉건 초기에 있어서는
관리만이 다른 사람을 교육시킬 만한 그 시대의 지식을 갖는다. 그것은
원시시대의 추장이 가졌던, 전 군중을 가르치고 이끌던 절대 지식인의 자격이
봉건시대화하면서 관리계급에 분화된 것이다. 그리하여 관리가 교육자요
교육권을 갖고 있다. 이러한 자격이 있는, 즉 이렇게 해야 관리가 될 수 있는
제도였다. 중국교육사 가운데에서 "관리에게 배우고 스승으로 받든다"[21]라고
한 것도 이것이다. 이런 문화 발전 원칙에 의하여 부여·삼한 시대의 교육제도가
정교일치(政敎一致)의 정도를 벗어나지 못했던 것이다.

### 4) 학문보다 실용

앞의 고증에 의하면 당시 백성의 성품이 근면하고 온후하며 신중하고
성실하였으며, 『조선유기(朝鮮留記)』에서도 "인민이 근면하고 온후하여 남자는
일에 힘쓰고 여자는 정숙했다"고 하였다. 농업생산이 주요한 국책이요 민생이
본위가 되어 있는 때이므로 교육이 순박하고 근실하였던 것이다. 당시는 역사적
단계로 보아서도 고매한 학리에 의한 교육은 있을 수 없고 현실 생활에 필요한
실천교육이 자연적으로 요구되었던 것이다. 그리하여 인민은 순종·평화·근면에
대한 실천의 지식을, 관리는 사람을 다스리고 일하는 데 필요한 지식을 일상생활
속에서 서로 전하고 익히는 것으로 학습하였다.

### 5) 군사교육

앞의 고증에 의하면 당시 국민이 전쟁에 참가하는 병역의 의무를 졌던 것으로
보인다. 당시 여러 나라가 분립하여 상대하였으므로 전쟁의 필요가 생겼다.

---

21) 위의 책, 곡례(曲禮).

그리하여 당시 국가들은 국가 보호에 중요한 일과 필요한 도구를 국민에게
가르쳤으니 앞에서 고증된 기능과 무기가 이것을 증명하는 것이다.

개괄하여 말하면 당시 교육은 당시 생활에서 요구되는 대로 작용한 것이니,
생활에 필요한 가정기술과 생산에 필요한 농업지식, 국가 보위에 필요한
미풍양속화한 도덕·예의가 교육의 중점이었다고 할 수 있다.

# 제4장

# 삼국시대의 교육

## 1. 시대상

조선은 개국 이래로 유구한 기간(약 팔천 년간으로 추정)[1]에 걸쳐서 국가권력을 꿈꾸지 않았다. 그 기간은 씨족공산사회였기 때문이다. 그 평화로운 풍속이 부여와 한 대에 들어서면 경제적 변동으로 말미암아 반(半)봉건사회로 전화하고 다시 발전하여 가부장제 확립, 사유재산제 형성, 빈부격차 심화, 노예제 발생, 지배자와 피지배자의 분열, 계급사회의 발전, 그리고 계급분열의 증대, 종족·지역의 확대로 말미암아 좀 더 강력한 질서와 방어가 필요하게 되었다. 이러한 배경하에서 우리나라에 처음으로 발생한 정복국가가 고구려이다.

영토를 확장하고 권력을 강화하고 조세를 정비하고 관리에게 특권지위를 부여하고 노예를 양성하여 노예국가로, 따라서 봉건국가 체제로 전화해갔으며, 사상·문화·교육이 다 여기 맞도록 변화되었다. 그리하여 자국의 고유한 제도로 봉건사회를 급히 만들지 못했을 때는 발달한 다른 나라의 제도라도 수입하지

---

1)  일본인 화전일랑(和田一郎)은 『조선토지제도급요람(朝鮮土地制度及要覽)』에 "태고 이래로 신라시대까지 토지제도는 족제조직에 따른 공산제도"라 하였고, 암본선문(岩本善文)·구보전군치(久保田軍治) 공저, 『북부조선의 개척』에는 "조선의 신석기시대는 적어도 1만년 이상으로부터 시작하여 이천년 전까지 종료하였다"고 하였다.

않을 수 없었다. 백제와 신라도 꼭 마찬가지 정세에 같은 국가제도가 요구되어 똑같은 사회를 차례차례로 만들었던 것이다.

그리하여 삼국시대의 교육은 봉건사상 건설이 제1차적 요구로 되었으며, 이미 발달한 당나라의 교육제도를 수입하게 된 것이다.


## 2. 문자교육

교육은 전달이다. 문자가 없는 시대에는 첫째로 동작과 실물로 전달하였고, 둘째로 언어로 전달하였다. 언어 전달이 손으로 하는 그림 전달로 진보하고, 그림 전달이 다시 문자 전달로 발전한 것이 인류문화 발달의 단계였다. 문자는 시간과 공간을 초월하여 모든 사람의 지혜를 축적할 수 있으므로 문자가 곧 인간의 지혜가 되어 중요시되었다.

그런데 인간의 지혜에는 마음에 관한 형이상(形以上) 지혜, 물질에 관한 과학의 지혜, 인간에 관한 경륜(經綸)의 지혜가 있다. 고대에는 거짓 지혜인 경륜의 지혜가 먼저 발달하고 또 큰 힘을 갖게 되었고 문자의 권력은 이 경륜 지혜의 권력이 되었으며 당시 문자는 지배하는 계급의 전유물이 되어 그들의 지배수단이 되었다. 그리하여 그들의 훈고학적 지식과 술법(術法)에 사회 전체가 복종하고 말았다.

이러한 문자는 반드시 봉건사회에 생기는 것이다. 더욱이 삼국시대는 전통적 역사까지 합하여 나라를 세운 지 이천여 년이 된 때이고, 인접하여 문화가 서로 교류되는 중국이 진한(秦漢), 위진(魏晉), 수당(隋唐)의 문화를 가진 시대였으며, 삼국 자체가 벌써 봉건사회로 전화한 때이다. 따라서 문자가 봉건사회의 강화에 필요했으니 없었을 리 없다. 더 소급하여 생각하면 중국의 황제헌원[*1)]이 동쪽 청구[*2)]에 와서 자부선생(紫府先生)에게 삼황내문(三皇內文)을 받았다는 포박자[*3)]의 말과 단군조선의 신지비사[*4)]의 기록 등을 가지고 우리나라에 문자가 사천 년

---

*1) 皇帝軒轅: 중국 전설상의 제왕으로 삼황오제(三皇五帝) 중의 한 사람이며, 처음으로 곡물 재배를 가르치고 문자·음아·도량형을 정했다 함.

*2) 靑丘: 중국에서 우리나라를 이르던 말.

*3) 抱朴子: 중국 진(晉)나라의 도가(道家) 갈홍(葛洪)의 호.

전부터 있었다고 주장하는 말은 너무도 관념적이니 취할 바가 아니라고 생각된다. 그러나 상당히 오래된 고대부터 문자가 있었음은 여러 가지 고증으로 알 수 있다.


① "국초부터 문자를 사용하기 시작했다(國初始用文字)."[2]

고구려가 국초부터 문자를 사용한 것은 이 기록으로 알 수 있다. 그러나 문자란 것은 갑자기 만들어서 곧 쓰게 되기 어려운 것이니 고구려가 쓴 문자는 건국 전 부여시대부터 있던 문자를 이어받아 사용한 것이 아닌가 추측할 수 있다.


② "신라…… 문자가 없어 나무에 새긴 것을 신호로 삼았다(新羅…… 無文字, 刻木爲信)."[3]

이 기록은 중국인이 자국의 문자만을 문자로 알고 다른 민족의 문화를 인정하지 않는 버릇에서 신라의 문자를 무시하여 적은 것이다. '나무에 새겨 신호로 삼았다'가 사상 표시의 부호였으니 그 모양은 어떠하였는지 모르겠으나 문자임이 분명한 것이다. 김윤경(金允經)은 "부여조 이래의 문자를 가리킴이었으리라고 생각한다"[4]고 하였다.


③ "고기(古記)에 이르길, 백제는 개국 이래 문자로 기록한 것이 없었으나 지금에 이르러 박사 고흥을 얻어 비로소 『서기(書記)』를 갖게 되었다(古記 云百濟 開國以來 未有以文字 記事 至是博 得士 高興 始有書記)."[5]

이 기록은 잘못 읽으면 백제가 개국 이래로 문자가 없었다는 것처럼 알기 쉽다. 이제 김윤경의 말을 다시 빌려 밝힌다. 그는 "이 기록이 『신당서(新唐書)』의 '百濟 有文字籍記'란 기록과 모순되는 것같이 보이지만, '未有文字記事'란 뜻은 문자가 없다는 것이 아니요 문자로 기록한 것이 없었다는 뜻이다. 일본인 세정조(細井肇)는, 생각하건대 고구려가 그 건국 때부터 문자를 가짐이 사실이라

---

*4) 神誌秘詞: 단군조선 때 기록을 맡은 사람으로 그가 지은 저술을 신지비사라 한다.
2) 『삼국사기』, 고려본기 제8.
3) 『해동역사』 권28.
4) 『조선문자급어학사(朝鮮文字及語學史)』 제2편 제1장 1절 4항.
5) 『삼국사기』, 백제본기 제2.

하면, 고구려·백제 양 나라의 지리적 관계로 보든지 또 그 혈통적 관계로 보든지 백제도 옛적부터 문자를 가지고 날마다 쓰는 여러 가지 물건을 적었으리라고 살피어집니다. 그러나 한 국가로서의 기록은 즉 박사 고흥을 얻은 뒤부터 백제의 서기가 비로소 구비되게 된 것이라고 봄이 타당하다고 생각됩니다"[6]라고 말했다.

다음으로 한 가지 고증할 것은 백제인 왕인(王仁)이 『논어』를 일본에 가지고 가서 한(漢) 문자를 전했을 때가 백제가 고흥을 얻기 90년 전이었다.[7] 백 년 전에 자국인이 다른 나라에 한학을 선전하게 된 나라가 문자가 없었다는 것은 긍정할 수 없다. 그러므로 이 옛 기록을 백제에 문자가 없었다는 것으로 오독해서는 안 된다고 생각한다.

④『평양지(誌)』에 "평양의 법수다리에 낡은 비석이 있는데 언문도 아니고 범어도 아니고 전자도 아니어서 사람들이 해석할 수 없었다(平壤 法首橋 有古碑 非諺 非梵 非篆 人莫能曉)"라 한 문자와 해남도(海南島) 암벽에 새긴 이상한 문자는 모두 고대에 문자가 있었다는 것을 금석(金石)이 증명하는 것이다.

⑤ 일본 신대(神代) 문자가 글자의 모양이 한글과 비슷하여 일본인 반노부토모 (伴信友)는 조선 문자가 고대 일본으로 전해진 것이라고 주장하였고 일본인 가나자와 쇼사부로(金澤庄三郎)도 우리나라와 기타 외국에서 전한 것이라고 하였다.[8]
이런 사실로도 우리나라 고대에 문자가 있었음을 추측할 수 있다.

⑥『유문화보(柳文化譜)』에 "왕문이 문자를 쓴 것이 마치 전자와 같고 부호와 같다 (王文 書文字而如篆如符)라고 하였는데 왕문은 부여 사람이었다"고 하였다.[9] 이 기록에 의하여 학자들은 부여 때부터 문자가 있었다고 추측하고 있다.

---

6) 『조선문자급어학사』 제2편 제1장 1절 6항.
7) 고흥을 일은 근초고왕 30년은 서기 375년이요, 왕인이 일본에 간 해는 서기 285년이다.
8) 權悳奎, 『조선어문경위(朝鮮語文經緯)』 제54과.
9) 『조선문자급어학사』 제2편 제1장 3항.

이상의 모든 고증으로 말미암아 삼국시대는 물론 부여와 삼한 고대에도 고유한 문자가 있었다고 미루어 판단되는 것이다.


## 3. 학교

삼국시대의 학교에 대한 기록으로는 고구려가 소수림왕 2년(372)에 대학(大學)을 세우고 자제를 가르쳤다[10]는 기록이 있다. 이 대학은 귀족 자제의 교육기관임은 물론이요 그 교육 내용은 한문학이었다. 서적이 5경(經) 3사(史), 『삼국지』, 『진춘추(晉春秋)』[11]라 한 것을 보아 이러한 고급 경서와 『사기(史記)』가 애독되었으면 중국인이 대학에서 가르치는 다른 서적 즉 역서, 의학, 산학, 악서, 병서도 읽었을 것이다. 더욱이 다음 문장으로 미루어 보아 한문의 보급 정도를 알 수 있다.

> 풍속이 서적을 사랑하여 누추한 심부름꾼의 집에 이르기까지 각각 거리에 큰 집을 지어 이름을 경당(扃堂)이라 하고, 자제가 결혼 전에 밤낮으로 여기서 책을 읽고 활쏘기를 배워서 익히니 그 읽는 책은 오경과 『사기』, 『한서』, 범엽의 『후한서』, 『삼국지』, 손성의 『진춘추』, 『옥자편통』, 『자림(字林)』이요, 또 『문선(文選)』이 있어 더욱 애지중지한다.[12]

즉 귀족, 미천한 집까지 서재를 따로 짓고 미혼 사내아이들이 밤낮으로 글을 읽고 활을 쏘아 천민까지도 경서와 『사기』, 『문선』을 읽고 익혔다면 한문의 보급 정도가 상당히 넓었을 것이다. 기록은 간단하나 교육 범위의 확대와 수준의 높음은 이로써 알 수 있다. 이때가 서기 372년이다. 곧 중국 동진시대로 진연(秦燕)을 정벌하여 연나라 태전 모용(燕太傅 慕容)이 고구려로 쫓겨 온 지 3년 되는 때로 진의 세력이 고구려와 인접하고 있었다. 이 해에 진왕 부견(秦王 符堅)이 승려 순도(順道)와 불상, 불경을 고구려에 보내어 고구려는 이 글로써 자제를

---

10) 『삼국사기』 권18.

11) 『北史』, 周書 권49 고구려전.

12) 『구당서(舊唐書)』 및 『신당서(新唐書)』, 고구려전.

가르쳤다.

> 여름 6월에 진왕 부견이 중 순도와 불상, 불경을 보내니 고구려 왕이 사신을 보내어 사례하고 그것으로 자제를 가르치니 고구려의 불법이 여기서 시작하였다.[13]

이러한 사실로 미루어 보아 이때의 고구려의 대학은 중국문화를 본뜬 것으로 보인다.

백제는 서기 663년 나라가 망할 때까지 학교를 세웠다는 기록이 없고, 신라는 삼국통일 후인 서기 682년, 즉 신문왕(神文王) 2년에 대학을 세웠다는 기록이 있다.


# 4. 사회상

앞에서 말한 기록대로 보면 신라는 개국 후 739년간, 고구려는 개국 후 409년간, 백제는 681년간 학교가 없었으니 그동안 삼국에는 교육이 없었던 것인가? 이제 우선 그동안 삼국의 사회상을 단편적인 기록 가운데에서 찾아보도록 하자.

① 신라 시조 30년(기원전 28)에 "여름에 낙랑인이 신라에 침입하였다가 변경의 사람이 밤에 문을 닫지 않고 들에 노적가리를 둔 것으로 보고 서로 말하기를 '백성이 서로 도적질을 아니하니 도(道)가 있는 나라이다. 우리가 군사를 몰아 몰래 습격하면 도적과 다름이 없으니 부끄럽지 아니하냐.' 하고 곧 군사를 이끌고 물러갔다."[14]

② 신라 시조 38년(기원전 20)에 "포공이 마한에 가서 말하되, 우리나라는 두 성인(聖人)이 나라를 일으킨 때로부터 예의가 닦이고 6부가 화합하고 창고가

---

13) 『동국통감』 권4.
14) 위의 책, 외기(外記).

충실하고 백성이 겸양한다"15)고 하였다.

③ 신라 남해왕(南解王) 8년(8)에 "탈해가 고기잡이를 하는데 양구(養賈)가 말하기를 '그대는 골상(骨相)이 특이하니 보통사람이 아니다. 마땅히 학문에 힘써 공명을 세우라.'하니 탈해가 드디어 학문에 전념하여 지리를 모두 통달하였다"16)고 하였다.

④ 신라 나해왕(奈解王) 17년(212)에 "물계자(物稽子)가 전쟁에 승리한 후에 그 아내에게 말하길 '일찍이 들으니 신하된 도리에는 나라가 위태함을 보면 목숨을 버리고 어려움에 처하면 몸을 잊는 것이 충(忠)이라 하였는데 지난날 포상(浦上) 갈화(渴火) 전쟁은 위난하였다. 목숨을 버리고 몸을 잊지 못한 것이 남에게 들렸으니 불충이다. 이미 불충으로 임금에게 벼슬을 하여 누(累)가 조상에게 미쳤으니 효라고 할 수 있는가. 이미 충효를 잃었으니 장차 무슨 얼굴로 시정과 조정에 나아가겠는가?' 하고 드디어 머리를 풀고 거문고를 안고 사체산으로 들어가 돌아오지 않았다"17)고 하였다.

⑤ 신라 소지왕(炤知王) 10년(488)에 "또 용이 능히 비를 오게 하고 말이 능히 좇아서 힘쓰니 사람에게 공(功)이 있고, 멧돼지와 쥐는 곡식을 소모하여 사람에게 해(害)가 있으니 매년 초 진(辰)·오(午)·해(亥)·자(子) 일에 제사를 베풀어 빌고 모든 일을 금하고 서로 놀며 '근신하는 날(愼日)'로 하였다"고 하였다.

⑥ 신라 지증왕(知證王) 4년(503)에 "겨울 시월에 신라가 국호를 비로소 정하고 왕을 하였다. 여러 신하가 아뢰되 '우리 시조가 나라를 세움으로부터 지금 22대에 다만 방언*5)으로 불렀고 존호(尊號)를 정하지 아니하였으니 이제 여러 신하가 의논하여 신라 국왕으로 정하고 삼가 호를 올린다.' 하여 왕이 좋다"고 하였다.

---

15)  앞의 책.
16)  앞의 책 권1.
17)  앞의 책 권3.

74

⑦ 신라 진흥왕 6년(541)에 "가을 7월에 신라의 국사 편찬을 명령하였다. 이벌찬 사부(斯夫)가 청하여 가로되 '국사는 임금과 신하의 선악을 기록하고 옳고 그름을 후세에 보이는 것이니 편찬하지 아니하면 후대가 어떻게 알겠는가.' 하니 왕이 깊이 그렇게 여겨 대아찬(大阿湌) 김거칠부 등을 명하여 학자를 모아 편찬하라"고 하였다.

⑧ 신라 진평왕 22년(622)에 "사량부(沙梁部) 사람 귀산(貴山)이 중 원광(圓光)에게 평생의 계율을 청할 때에 원광은 귀산에게 불가에는 보살계(菩薩戒)가 있으니 그 구별이 10가지이다. 그대는 남의 신하가 되었으니 능히 행하지 못할 것이다. 이제 세속오계가 있다.

> 첫째, 임금 섬기기를 충으로써 하고
> 둘째, 어버이 섬기기를 효로써 하고
> 셋째, 벗 사귀기를 믿음으로써 하고
> 넷째, 전쟁에 임하여는 물러가지 말고
> 다섯째, 살상하는 데에는 가리어 하라 하였으니

그대들은 가볍게 여기지 말고 행하라. 귀산 등이 가로되 삼가 가르침을 받아 감히 실추(失墜)하지 않겠노라"18)고 하였다.

⑨ 고구려 태조 66년(118)에 "유사(有司)에 명령하여, 현량효순(賢良孝順)을 들고, 아내가 없는 사람을 묻고, 늙어 스스로 살아갈 수 없는 자에게 입을 것과 먹을 것을 주다"라고 하였다.

⑩ 고구려 태조 86년(138)에 왕의 아우 수성(遂成)이 사냥에 몰두하니 백고

---

*5) 왕의 호칭에 대한 방언이란 소위 연맹체의 지배자란 뜻을 지닌 거서간, 차차웅, 이사금, 마립간 등으로, 이 용어들은 왕권의 강화과정을 일성 반영하고 있다. 그리고 중국식 칭호인 '왕'의 사용도 왕권 강화로 인한 국력의 효율적 집중을 반영한 결과이다.

18) 앞의 책 권5.

(伯固)가 수성에게 충고하여 가로되, "화복(禍福)이 문이 없다. 오직 사람이 불러들이는 것이거늘 이제 그대가 왕의 친아우로서 모든 관리의 머리가 되어 자리가 귀중하고 공(功)이 무성하니 마땅히 충효로 실천하고 예양(禮讓)으로 극기(克己)하여 위로 왕의 덕을 돕고 아래로 민심을 얻은 연후에야 부귀를 누리고 재난이 일어나지 않으리라"고[19] 하였다.

⑪ 백제 성왕(聖王) 19년(541)에 "사신을 양(梁)나라에 보내어 모시박사(毛詩博士)와 열반경의(涅槃經義)와 공장화사(工匠畵師) 등을 초청하여 좇았다"[20]고 하였다.

⑫ 백제 근초고왕(近肖古王) 30년(375)에 고흥박사를 얻어 기록하였다는 것은 이미 말하였다.

이상의 기록을 가지고 연구해보면 "백성이 서로 도적질을 아니하니 도가 있는 나라이다", "예의가 닦이고 백성이 겸양한다" 등은 당시 민간 풍속에 교양이 있었음을 엿볼 수 있고, "마땅히 학문에 힘써 공명을 세우라. ……학문에 정진하여 지리를 모두 통달하였다"는 것은 당시에 "학문에 힘써 이름을 세운다(力學立名)"는 고풍이 있었음을 증명하는 것이며, ④항의 물계자의 충효사상, ⑧항의 원광의 세속오계, ⑩항의 백고의 충고는 당시 일반 지배층의 교육이 있었음과 그 교육사상이 무엇이었던가를 증명한 것이며, ⑤항의 '근신하는 날'은 중국의 육갑생초(六甲生肖)의 학문이 들어왔다는 것을 증명하고, ⑥항의 방언을 버리고 한자의 칭호를 사용한 것은 이때에 중국문화를 모방한 사실을 일컫는다. 그리고 ⑦항의 국사 편찬과 ⑫항의 문자기록은 모두 당시 학자가 양성되어 있었다는 증거이며, ⑨항의 현량효순을 인재로 뽑는 것은 민간의 사학과 독학을 장려한 사실이며, ⑪항의 중국에다 학자와 서적을 요청한 것은 국내의 교육을 계획하고 방법을 강구하였던 증거이다.

이와 같이 삼국은 중국식 학교 없이도 자국의 국체(國體)와 문화에 적응하는 교육이 있었던 것이다. 조선 초기의 학자 서거정이 고구려가 '학문을 일으키고

---

19) 앞의 책 권2.
20) 앞의 책 권5.

스승을 둠(建學立師)'이 늦었다고 한탄한 것은 쓸데없는 생각이다. 삼국은 스스로 실행하는 문화 향상과 교육행사가 있었으므로 중국식 학교가 그다지 필요하다고 느끼지 않았던 것이다.

## 5. 교육의 목적과 방식

삼국시대의 교육은 봉건사회 교육의 일반성을 가졌다. 즉 정치에 필요한 인재를 양성하는 치인교육(治人敎育)과 전쟁에 필요한 장수를 획득하는 군인교육 따위를 실시하였고 결코 서민교육은 되지 못하였다. 치인교육은 인재를 만들어 치인계급을 조성하고 이 계급으로 하여금 위로 군주를 섬기고 아래로 서민을 가르치고 타이르고 억압하여 봉건질서를 확립하고 봉건도(封建道)의 신성함을 보장하는 것이다.

장수 획득은 삼국시대에 중요한 일이었다. 삼국이 솥발같이 서서 서로 침략과 방어에 편안한 날이 없었고 게다가 남으로 일본과 북으로 중국의 침략이 점점 심하였기 때문이다. 그리하여 삼국시대는 문(文)보다는 무(武)를 숭상하였으며 일반 국민에게 무예를 숭상하는 기풍을 배양하는 동시에 장수 교육을 시행하였던 것이다. 김대문(金大文)의 『화랑세기(花郞世紀)』에 "어진 관리와 충신이 이를 좇아서 뛰어나고 훌륭한 장수와 용감한 군졸이 이로 말미암아 생긴다"[21]라고 한 것은 이상에서 말한 두 가지 인재교육을 중요시하였음을 증명하는 것이다.

삼국시대의 교육방식은 자민족의 고유한 전통을 형식화하여 시행한 것이 하나요, 중국의 교육방식을 모방한 것이 또 하나인데, 이 모방이 오늘날까지 우리 국민교육에 깊은 영향을 주어 오류가 많았다.

---

21) 『삼국사기』, 신라본기 제4.

# 6. 화랑도 교육

삼국시대의 자민족의 고유한 교육방식이 『사기(史記)』에 상세하게 기록되지 않아서 후학으로서 안타까움을 금할 수가 없다. 그러나 다행히 유학사가가 말소시킨 화랑도가 단편이나마 가느다란 빛을 비추어주니 이 빛을 가지고 과거를 밝히는 것이 우리의 할 일인가 한다.

## 1) 화랑도의 연원

『삼국지』「삼한전」에 "국읍(國邑)에 각각 한 사람씩을 세워 천신에 대한 제사를 담당하게 하고 천군[*6]이라 이름하였으며 또 여러 나라에 각각 별읍(別邑)이 있어 소도[*7]라 이름하고 큰 나무를 세우고 방울을 달고 북을 치며 귀신을 섬긴다." 하였다. 이 수두는 곧 신단(神壇)이다.

신채호(申采浩)는 "화랑은 본래 상고(上古) 수두제단의 무사 곧 그때에 '선비'라 칭하던 자인데, 고구려에서는 낭의선인(浪衣仙人)이라 하고 신라에서는 예쁜 얼굴을 가진 화랑이라 하였다"[22]고 하였다. 육당 최남선(崔南善)은 화랑을 '부루' 교단이라 하였는데 "'부루'는 상고 조선에 고유한 신앙인 태양숭배 곧 '밝은뉘(光明世界)'가 변한 말이요, 이 '부루'가 한자로 적을 적에 '풍류(風流)'라고 이름한 데까지 변하였다"[23]고 하였다.

이와 같이 화랑도는 상고부터 고유한 신앙 아래에 민족의 교양을 지도한 연원에서 생긴 것이다. 이 화랑은 원화(源花), 국선(國仙), 선랑(仙郎), 풍월도(風月徒), 풍류도(風流徒)라는 많은 이름을 가졌었다. 신라 진흥왕 때에 조직화·형식화하여 미녀 두 명의 원화를 두었다가 두 여자의 질투싸움으로 불상사가 생겨서 미남자를 세우니 이것이 화랑이었다. 이 화랑을 중심으로 하여 좋은 남아들이 구름 모이듯 하고 그 모인 단체에서 각각 개인 인격을 수련시키며 거기서 인재를

---

[*6] 국읍, 즉 몇 개의 읍락으로 이루어진 소국(小國)의 정신적·종교적 지배자인 제사장.

[*7] 蘇塗: 천군이 살고 있는 곳으로 이 곳은 죄를 지은 범법자를 처형하는 대신 교화하고 생산노동에 참여시키는 기능도 담당하였다.

22) 『조선사연구초』.

23) 『조선상식문답』.

고르게 된 제도이다. 이 화랑도는 진흥왕 때부터 문무왕(文武王) 때까지 약 100년 동안에 절정에 도달하였고 고려시대까지 내려가 묘청의 난이 생겼다.

## 2) 화랑도의 취지

화랑도는 민족의 고유한 신앙에서 발전한 것이므로 다른 종교의 구속을 받지 않고 각 종교 위에 서서 각 종교를 조화하였던 국풍 본위의 존재였다. 그리하여 전밀(轉密)은 불교의 승이면서 화랑 문노(文努)의 문도(文徒)가 되었고,[24] 안상(安詳)은 화랑인 영랑(永郎)의 제자이면서 불교의 국사(國師)가 되었다.[25]

최치원(崔致遠)은 난랑비 서문에 화랑도는 유, 불, 선 삼교를 포함하였다고 하였다. "나라에 심오한 도가 있으니 가로되 풍류라, 설교의 근원이 신사실(神史實)에 비상(備詳)하였으니 이에 삼교를 포함하고 군생을 접합하고 또 들어가면 (入) 집에 효(孝)하고 나오면(出) 나라에 충(忠)하는 것은 노사관(魯司冠)의 지(旨)며, 무위한 일에 처하여 불신(不信)의 교를 행하는 것은 주주사(周柱史)의 지며, 여러 악을 짓지 않고 여러 선을 봉행하는 것은 축건태자(竺乾太子)의 화(化)이다."[26]

이 뜻을 자세히 말하면 들면 집에서 효하고 나가면 나라에 충하자는 공자의 가르침과, 권리를 찾지 말고 할 일을 하고 이론을 캐지 말고 갈 길을 걷자는 노자의 가르침과, 악이면 무엇이나 짓지 말고 선이면 무엇이나 행하자는 석가의 가르침이 모두 화랑도에 포함되었다는 것이다.

이리하여 화랑도는 형식으로는 종교적 배타성이 강한 예수교와 같이 편협하지 아니하고, 내용으로는 속세를 벗어난 인격수양과 실용을 주로 한 실천기풍을 단체로 갈고닦았다. 그 성질로 보아 세계에 적용할 만한 인간의 길이었다. 더욱 민족성을 강조하고 충성스럽고 용맹하게 길러 공(公)을 위해서는 죽음을 가벼이 여기는 기풍이 배양되었으니 이것이 신라, 고구려가 강하였던 원인이요, 이것이 고려시대에서도 금의 침략에 대하여 '칭제북벌(稱帝北伐)'하자고 주장한 화랑도의 정신이었다.[27]

---

24) 『삼국사기』, 김흠운전.
25) 『삼국유사』.
26) 『삼국사기』, 신라본기 제4.
27) 『조선사연구초』.

## 3) 교육의 내용

### (1) 교육의 목적

교육의 목적은 어진 관리, 충신과 훌륭한 장수, 용맹한 군졸 따위의 나라를
다스리고 지키는 인재를 양성하는 데 있었다.

### (2) 교육의 지침

도(道)와 의(義)를 닦는 데 힘썼으니 이는 곧 가정에 대한 효도와 우애, 국가에
대한 충성, 전쟁에 있어서 용감, 단체에 대한 신의, 사물에 대하여 공정하고
어엿한 정신을 기르는 것이었다.

### (3) 교육의 과정

① 노래와 풍류로 서로 즐거워하였으니 이는 쾌활, 명랑, 취미 따위의 감정을
건전하게 발달시키기 위한 것이다.

② 산수(山水)를 즐겼으니 이는 국토에 대한 관념과 지식을 함양하고 자연계에
대한 애착심을 기르고, 체력 단련과 괴로움을 견디는 정신 연마를 도모하고
고유한 신앙적 신비와 조상의 사적에 대한 견문을 넓히기 위한 것이다.

신라는 용모가 단정한 소년을 뽑아서 호를 풍월주라 하고 착한 선비를
구하여 무리를 삼고 효도와 우애를 힘써 실행시켰다.[28]

37년 봄에 비로소 원화를 받들었다. 처음에 임금과 신하가 사람됨을 알 수
없는 것을 걱정하고 끼리끼리 모여 놀게 하고 그 바른 길을 행하는 것을 본
연후에 등용하고자 하여 드디어 미녀 두 명을 고르니 한 명은 남모(南毛)요 한
명은 준정(俊貞)이었다. 무리 삼백여 명을 모으니 두 여자가 아름다움을 다투어
서로 투기를 하다가 준정이 남모를 제 집으로 끌고 가서 술을 강제로 먹여
취하게 하고 끌어다 강물에 던져 죽였다. 준정은 형벌을 받아 죽고 사람들은

---

28) 『동국통감』 권5.

사이가 좋지 않게 되어 흩어졌다. 그 뒤에 다시 미남자를 취하여 장식하고 이름을 화랑이라 하고 받드니 따르는 무리가 구름같이 모여 혹은 도와 의를 닦고 혹은 노래와 음악으로 서로 즐기며, 산수를 즐겨 먼 곳까지 아니 가는 곳이 없었다. 이것으로 말미암아 그 사람의 간사함과 올바름을 알고 그 가운데 착한 자를 골라서 조정에 추천하였으므로 김대문의 『화랑세기』에 가로되 어진 관리와 충신이 이를 좇아 빼어나고 훌륭한 장수와 용감한 군졸이 이로 말미암아 생긴다고 하였다.[29]

### 4) 화랑도의 세력

화랑도 가운데 명망과 능력이 있는 이는 각각 자기가 일문(一門)을 세워 문도를 데리고 수련하였으니 그 일문의 무리가 수백 내지 수천이었다. 사다함(斯多含) 같은 이는 16세에 국선이 되었는데 그 문도가 천여 명이 되었다. 『사기』에 "삼대 화랑이 200여 명인데 평판과 미담이 모두 전기(傳記)와 같다."[30] 하였으니 이는 다 일문을 이룬 지도층 인물이었을 것이다. 또한 그들 문도의 총수가 대량이었던 것을 추측할 수 있고, 그 가운데에도 영랑, 술랑, 안상, 남랑 같은 이는 당시 훌륭한 인물로 낭도의 대표였다. 관동지방의 삼일포, 총석정, 기타 이름난 곳에 그들의 흔적과 전설이 지금까지 살아 있는 것이라든지, 고려 예종 때에 "4명의 선왕이 남긴 업적에 영광을 더하라"[31]는 조서를 내린 것을 보아서도 그들이 위대한 존재였던 것을 알 수 있다. 이리하여 화랑도는 삼국시대의 사회사상과 국민 교양에 상당한 영도적 세력을 가졌던 것이다. 각간(角干) 김유신(金庾信), 몽재 김흠춘(金欽春), 명장 김흠운(金歆運) 들이 모두 화랑도 출신 인물임을 보아서도 화랑도의 교육정신을 짐작할 수 있다.


### 5) 화랑도는 시대의 요구

화랑도가 노래와 풍류로 마음을 즐겁게 하고 산수의 자연으로 정신을 유쾌하게 하고 국토순례로 감상을 만족하게 하는 것은 흡사 불교나 예수교도들의

---

29) 『삼국사기』 신라본기 제4.
30) 위의 책, 열전 7.
31) 『고려사』 권14.

종교음악과 성지순례에서 감격과 신비를 느끼는 생활과 같고, 무예와 용기를 익히고 예절을 숭상하고 충의를 기르고 체면을 존중히 하며 여자를 존중하는 것은 유럽 중세 기사의 풍채나 태도와 같다.

이것이 삼국시대의 사회가 요구하는 교육조건이라고 볼 수 있다. 시간적으로는 역사의 전통이 낳은 국민도덕을 기초로 하여 자연히 고유 신앙에 엉킨 종교적 요소가 있는 것이며, 공간적으로는 여러 나라와 대립하여 생존을 경쟁하게 되니 국토를 지키고 영토를 넓히는 것이 국가의 큰일인즉 자연히 무를 숭상하는 기질이 국민에게 훈련이 되지 않을 수 없었던 것이다.

세간에는 화랑도가 신라에서 생긴 것이라 하여 고구려의 무를 숭상하는 교육과는 관계가 없는 줄로 알고 있다. 이제 신채호의 연구를 빌려 화랑도가 고구려 사회에서 얼마나 위대한 잠재세력을 가졌던가를 증명하려 한다.

일찍이 『고려사』 「최영전(崔瑩傳)」에 근거한즉 최영이 가로되 "당나라가 30만 병력으로 고구려를 침략하매 고구려의 승려군 3만을 보내어 이들을 크게 물리치다"라고 하였으니 『삼국사기』 50권 가운데 이 사실이 보이는 곳이 없다. 그러나 승려군이 무엇이냐 하면 서긍(徐兢)의 『고려도경』에서 말하되 "집에 있는 중은 가사도 입지 않으며 계율도 이행하지 않으며 검은 천으로 허리를 묶고 맨발로 걸으며 아내를 두고 자식을 기르며 도구의 운반과 도로의 청소와 봇도랑을 만들고 궁궐을 수축하는 등 공공의 일에 복역하며, 변경에 적의 침범이 있으면 스스로 단결하여 나아가 싸우는데 중간에 거란도 이들에게 패하니 그 실은 죄인인데 오랑캐 사람이 그 머리를 삭발하였으므로 화상(和尙)이라 이름함이라." 그러니 이에서 승려군의 면목을 대강 알 수 있으나 그 내력이 어디서 비롯하였느냐의 의문이 없지 않다. 이에서 『통전』, 『신당서』 등 각 책에 의하면 조의(혹은 백의帛衣) 선인이란 관직명이 있고 『고구려사』에 명림답부(明臨答夫)를 상나조의(像那皁衣)라 하고 『후주서』에는 조의선인(皁衣先人)을 예속선인(返屬仙人)이라 하였으니 선인(先人), 선인(仙人)은 다 우리 국어의 '선인'을 한자로 음역한 것이고 조의 혹은 백의라 함은 『도경』에 이른바 '조백'으로 허리를 묶은 것을 지칭한다. 선인은 『신라고사』의 국선과 같은 종교적 무사단의 단장이요, 승려군은 국선의 수하에 속한 단병이다.

승려군을 '집에 있는 화상'이라 함은 후세 사람이 덧붙인 또 다른 이름이니 서긍이 외국의 사신으로 우리나라에 와서 이것을 보고 그 단체의 행동을 서술할 때 그 근원을 모르므로 죄인이라는 추측의 명사를 붙임이다. 이에 『고려사』로 인하여 『삼국사기』에 빠진 승려군을 알게 되며 『고려도경』으로 인하여 『고려사』에 자세하지 않은 승려군과 선인(仙人)과 재가화상이 동일한 단체의 무리임을 알게 되니, 다시 말하면 당나라의 [고구려에] 침입한 30만 대병력이 종교적 무사단인 선인군에게 크게 패하였다는 몇 십 자의 빠진 역사를 6, 7종류의 서적 수천 권을 섭렵한 결과에서 비로소 살펴나온다.[32]

## 6) 화랑도에 대한 반동 사가의 과오

고려의 김부식(金富軾)은 유학가로 중국에 대한 사대사상이 강한 인물이었으므로 화랑도를 증오하였다. 그리하여 『삼국사기』를 쓸 때에 화랑도 같은 것은 말살하였다고 한다. 신채호는 이를 다음과 같이 서술하고 있다.

『삼국사기』는 저자 김부식이 화랑을 원수로 보고 배척하는 유교도 가운데서도 가장 편협한 인물이므로 우리나라 전래의 선사(仙史) 화랑기 같은 것은 모두 말살하고 다만 외국에까지 전파된 화랑의 한두 사실과 『화랑세기』의 열두 구절, 곧 당나라 사람이 지은 『신라국기(新羅國紀)』, 『대중유사(大中遺事)』 등에 쓰인 화랑에 관한 문구를 간략하게 적어 그 원류를 혼란시키며 연대를 전도하고 허다한 화랑의 미담을 매몰하였으니 얼마나 애석한 일이냐?[33]

앞에서 말한 바와 같이 화랑도의 연원이 그렇게 멀고 그 정신이 고려시대 때까지 미쳤다면 삼국시대에 있어서 그 사회에 끼친 공적이 컸겠거늘, 이제 『삼국사기』[*8]에서 그 자세한 것을 얻어볼 수 없는 것은 어떠한 고의적 말살이 아닌가 한다. 『삼국사기』에는 분명히 진흥왕 37년(576)에 '비로소 원화(源花)를 받들었다'라고 하였는데, 『동국통감(東國通鑑)』에는 진흥왕 27년(566)에 3급 작위를 받은 백운(白雲)이 14살에 국선이 되었다 하고, 진흥왕 23년(562) 가야 토벌에

---

32) 『조선사론』 제1집.
33) 『조선사연구초』.

종군하여 전쟁에 승리한 당년 17살의 사다함이 16세에 국선이 되었다 하고, 법흥왕 27년(540) 기록에도 용모 단정한 사내아이를 택하여 호를 풍월주라 하고 아름다운 선비를 구하여 무리로 삼고 효도와 우애를 가르친다 하였으니 연대는 진흥왕 37년보다 36년 전이다. 이런 기록을 보면 진흥왕 37년 전에도 화랑도가 있었음을 알 수 있다.

생각하건대 화랑도 같은 것을 갑자기 창안할 수는 없는 것이다. 옛날부터 저절로 있던 것을 진흥왕 37년에 이르러 더 강화·확충하고 구체적으로 형성화한 것인 듯하다. 그렇다면 삼국시대의 인재교육은 처음부터 화랑도류의 교육이었음을 추측할 수 있다. 그리하여 중국과 국교를 맺는 가운데 진작 중국의 문자와 서적이 들어왔어도 중국식의 교육까지는 필요를 느끼지 않았던 것이다.


# 7. 중국류의 교육

## 1) 고구려의 대학

앞에서 말한 것과 같이 삼국시대에 중국류의 교육을 정식으로 채용한 것은 고구려였다. 진왕 부견이 불도와 불경을 보내던 해에 대학을 설립하였으니 이 대학은 어떠한 주의로 교육을 했던가?

이 대학은 진의 학제를 다소 참작한 교육기관이라고 볼 수 있다. 당시 중국은 한나라가 망한 뒤 백여 년이 된 때이다. 한나라 말 농민항쟁으로 유교사상 지배하의 통치권을 반대하여 오랜 기간 전쟁을 거친 뒤이다. 경학에 대하여 남방의 도교사상이 북으로 밀려들고[34] 후조(後趙)와 전진(前秦), 후진(後秦)을 통하여 불교가 크게 진보한 때였다.[35] 그러나 부견은 매월 한 번씩 대학에 임하여

---

*8)  이 책은 1145년 김부식이 중국 사마천의 『사기』를 본떠 쓴 현존하는 가장 오래된 정사 (正史)로서, 이전부터 전해 오던 『구삼국사』, 『삼한고기』 등 우리나라 사료와 중국 사료를 참고하여 편찬한 것이다. 김부식은 이 책을 철저한 봉건유교사상과 사대주의적 입장에서 썼기 때문에 역사적 사실을 빼버리거나 왜곡한 점도 없지 않으나, 고려 이전 시대의 사회상을 알 수 있는 것으로는 『삼국유사』와 더불어 유일한 것이다.

34)  임시선, 『지나교육사 집성』.

35)  앵정(櫻井), 『동양역사 집성』.

여러 학생을 둘러보고 박사와 경의(經義)를 강론하여[36] 북방 부진(符秦)의 경학이 불교와 함께 번창하여 진(晉)나라를 능가하였다.[37] 그러므로 그때의 교육은 유교를 주로 하였으나 불교·도교 양교의 사상이 섞였던 것이다.

그리하여 죽림칠현[*9]을 주로 한 노장학파가 생기고, 한편으로 안지추(顏之推), 전현(傳玄) 등의 숭유파가 생겼다. 그러므로 고구려의 대학도 불경으로 자제를 가르쳤다 하였으니, 유불사상을 한데 섞은 교육이 아니었던가 생각되며, 동시에 고유한 재래식의 교육은 그대로 모든 사회에 남아 있었다고 보인다.

이것은 앞에서 말한 바와 같이 고구려 말년에 당나라 병사를 화랑군이 물리친 것을 보아 추측할 수 있다. 그리하여 처음 세운 고구려 대학은 중국식이 아니었고 당시 사회에 익숙한 재래식 교육에 중국의 문화를 가미한 것으로서 외국을 본뜨는 과도기적 특색을 가졌던 것이라고 보인다.


## 2) 백제, 신라의 학교

이 두 나라에는 기록이 없다. 그러나 고구려에 불교가 들어온 지 13년 만에 백제에서[38], 152년 만에 신라에서[39] 불교가 공인되어[*10] 국가에서 장려하였으며, 고구려가 대학을 세운 지 4년 되는 해에 백제는 고흥박사에 관한 기록이 있었으니[40] 중국과 문화를 교류하면서 직접 혹은 간접으로 중국의 교육사상이나 제도를 몰랐을 리가 없다. 그러나 신라가 문무왕 때까지 화랑도 교육이 절정에

---

36)  위의 책.

37)  앞의 책.

*9)  竹林七賢: 중국 위(魏), 진(晉) 초기에 노자·장자의 허무사상을 숭상하여 유교의 형식주의를 무시하고 대나무 숲에 모여 청담(淸談)을 일삼던 일곱 명의 선비. 즉 산도, 왕융, 유영, 완적, 완함, 혜강, 향수 등을 말한다.

38)  『삼국사기』, 백제본기 제2 "九月 古月僧 摩羅難陀 自晉至 王 迎之致宮內 禮敎焉 佛法 始 於此".

39)  위의 책, 신라본기 제4 "肇行彿法".

*10)  불교의 공인은 고구려는 소수림왕 2년(372), 백제는 침류왕 원년(384), 신라는 법흥왕 15년(528)에 이루어졌다. 이 시기는 약간의 시기적 차이는 있지만 삼국이 부족연맹형 국가에서 집권적인 왕조국가로 이행하던 때로서 고대의 주관적이고 부족적인 자기중심주의에서 보다 보편적이며 객관적인 지배 이데올로기를 요구하였다. 이러한 때의 불교 공인은 곧 확대된 지역을 통합해나가는 지배 이데올로기로 결정적인 공헌을 하였던 것이다.

40)  앞의 책, 백제본기 제2 "至是 得高興 始有書記".

달하고 대학을 세우지 않은 것을 보면 외국식 교육이 필요하다고 느끼지 않았던 것이며, 중국의 문화는 부분적으로 유입되어 자라나는 중에 있었던 듯하다.

# 제5장

# 남북조시대의 교육[*1]

## 1. 남조(통일신라)의 교육

### 1) 중국문화의 흡수

신라는 고구려, 백제가 가운데 끼어 있어서 중국과의 교류가 불편하였던 관계로 중국문화와의 접촉이 두 나라보다 뒤늦었다. 그러나 간접 혹은 직접으로 중국문화를 하나둘씩 흡수하기 시작하여 지증왕(智證王) 4년(502)에 국호[*2]와 왕호를 한문식으로 하였고,[1] 법흥왕(法興王) 8년(521)에 중국의 양(梁)나라와 국교를

---

[*1] 신라에 의한 삼국통일 이후 민족사는 유교적 정통론, 즉 중국의 인정을 받은 국가에 정통성을 두고 단군조선→기자조선→삼한→신라→고려→조선으로 그 흐름을 정리해 왔고, 이러한 인식은 근대 이후의 대다수 역사가나 일제 식민사학자, 그리고 그 부류들에 의해 한국사를 축소시켜 왔다. 그러나 이러한 입장과는 달리 신채호를 비롯한 민족주의사가들의 고구려, 부여 등 북방 지역에 대한 끊임없는 연구와 식민지시대 사회경제사학자들의 민족사에 대한 연구는 고대 이전부터 우리 민족의 왕성한 활동지였던 만주를 비롯한 북방 지역을 민족사의 입장에서 적극적으로 흡수하여 소위 '통일신라' 시대라는 반도 내의 좁은 시각에서 탈피하여 고구려의 후신인 발해를 민족사의 한 부분으로 적극적으로 위치시켜 통일신라=남조, 발해=북조라는 더욱 확대된 시각으로 민족사를 인식하였다.

[*2] 국호 신라의 의미는 '국가 내업을 날로 새롭게 하여 사방을 망라한다(德業日新 網羅四方)' 이다.

[1] 본 책 73~75쪽까지 참조.

처음으로 맺었으며[2] 같은 왕 15년에 이미 백 년 전에 들어왔으나 공인하지 않았던 불교를 공인하였다.[3] 또한 선덕여왕(善德女王) 9년(640)에는 왕의 자제를 당나라에 유학시켰기에 이때는 삼국이 다 당나라의 문화를 받아들이려 하여 같은 해에 고구려와 백제도 자제를 당나라에 유학시켰다. 이때에 당 태종은 국자감(國子監)을 두고 학문을 장려하되 외국인의 유학도 적극적으로 환영하였다. 이러한 당나라의 문화정책으로 삼국은 점점 자기 나라 고유의 문화를 더 향상시킬 정신을 잃어가는 중이었다.

　　(선덕여왕) 9년 여름에 왕이 자제를 당나라에 보내어 국학에 들기를 청하였다. 이때 당 태종은 천하의 훌륭한 유학자들을 불러 학관(學館)으로 삼고 자주 국자감에 나아가 강론하게 하였으며, 학생이 능히 『예기』와 『춘추』, 『좌씨전』 이상에 밝으면 다 관리로 등용하였고, 학사(學舍) 천이백 칸을 증축하고 학생을 3,260명까지 늘리었다. 이에 사방의 학자가 서울로 구름같이 모여드니 이에 고구려, 백제 …… 또한 자제를 보내어 입학시켰다.[4]

　　진덕왕(眞德王) 2년(648)에 김유신이 당나라에 갔을 때 처음으로 석가세존과 강론을 구경하였고,[5] 돌아온 후 이듬해에 당나라 의관을 사용하였으며[6] 3년 후에 박사 약간 명, 조교 약간 명, 대사(대사는 학관: 필자주) 2명의 관직을 두었다.[7]
　　이리하여 신라는 문물, 지식을 모두 당나라화하기에 급급하였다. 한편으로 수천 년 동안 내려오던 신단(神壇) '선비'의 유풍, 곧 국풍의 근간인 화랑도를 버릴 수가 없고 그리고 필요하기도 하여 호화판인 채 두고 다른 한편으로는 전략과 외교상의 필요에 따라 강대국의 통일문화를 적극적으로 빨아들였다.

---

2) 『삼국사기』, 신라본기 제4.
3) 위의 책, 조행불법.
4) 앞의 책, 신라본기 제5.
5) 앞의 책, 신라본기 제5: 春秋請詣國學 觀釋奠及講論 太宗許之.
6) 앞의 책, 신라본기 제5: 三年春正月 始服中朝衣冠.
7) 앞의 책, 권38지 제7 직관상: 博士 若干人 數未定 助教 若干人 數未定 大舍二人 眞德王五年置.

## 2) 공통성과 차이점의 혼동

당시 통일신라와 당나라는 정치·경제·사상에 있어 공통성이 많았다. 우선 정치적으로 신라는 삼국을 통일하였다. 중국에서도 위진, 남북조를 수나라가 통일한 후 또다시 수나라 말엽에 혼란해진 천하를 당나라가 통일한 때이다.

둘째, 경제적으로 신라는 토지의 국유제가 파괴되었다. 공신, 관리, 국방, 사원, 백성에게 급여한 사전(賜田), 녹전(祿田), 식읍(食邑), 녹읍(祿邑), 둔전(屯田), 사전(寺田), 구분전(口分田), 정전(丁田)[8] 등이 모두 개인 소유화하고, 장원(莊園) 상태로 변천함에 따라 토지소유의 봉건형태가 강화되었다. 그리고 봉건적 토지제도의 생성, 인구 증가와 농업의 잉여생산물 증수, 상품교환의 발전 등 자본의 황금시대라고 하는 당나라와의 통상으로 상업이 번성하였다.[9] 당나라도 균전제[*3]가 붕괴되어 당 고종이 재건하려다가 실패하고 토지가 장원화하였으며, 상업은 수나라의 운하 개척과 기타 도로 개척으로 극히 번영하였다.[10]

셋째, 신라는 화랑도 외에 유교와 불교와 선교가 침입하여 랑(郎), 유, 불의 세력이 정신을 지배하고 도교도 발전 중에 있었다.[11][12][13] 당나라도 진(晉) 대의 노장학을 중심으로 한 청담파[*4]의 세력이 컸었고 외적 침입으로 불교가 극히

---

8) 『삼국사기』에 산재하여 있음.

9) 백남운, 『조선봉건사회경제사』.

*3) 중국 수(隋)·당(唐) 시대에 실시한 토지제도로서 토지 국유를 원칙으로 하여 농토를 백성에게 골고루 나누어 주어 백성의 생활을 보장하였던 제도이다. 내용은 구분전(口分田) 80묘(畝), 영업전(永業田) 20묘를 나누어 주어, 구분전은 본인이 사망하면 국가에 반환하였으며 영업전은 자손에게 세습하게 했다. 이 제도는 8세기 중엽 안녹산의 난으로 무너졌다. 우리나라에서 이 제도가 실시된 적은 없으나 봉건정치가나 유학자들이 이상적으로 생각하였던 토지제도였는데, 특히 조선 후기 토지제도의 문란과 이에 따른 농민들의 불만을 무마하기 위한 대안으로서 실학자들이 토지제도 개혁의 한 방법으로 주장했던 제도이기도 하다.

10) 임시선, 『지나교육사』.

11) 본 책 78~84쪽 참조.

12) 『삼국사기』, 고구려본기 제9: 蘇文 告王曰 三敎 譬如鼎足 闕一不可 今儒釋並興 而道敎未 盛 非所謂備天下之道術者也 伏請遣使於唐 求道敎以訓國人 大王深然之.

13) 위의 책, 고구려본기 제8: 영류 7년에 "……講老子 王及國 聽之……" 동 8년에 "……王遣 人 入唐 求學佛老 敎法……."

*4) 중국의 남북조시대에 걸쳐 유행하였던 노장적 색채가 짙은 담론으로서 정치와 속세의 일을 떠나 인간의 본성 등에 관하여 철학적 논쟁을 일삼았으며 소위 '죽림칠현'이 청담파의 대표적 예이다.

왕성하였다. 유교와 선교가 대립되고 유교와 불교가 서로 세를 다투었다.

두 번째에서 말한 것과 같이 사회경제가 발전이 되면 그 사회경제를 유지하기 위하여 정치적 통일을 요구하게 되는 것이며, 정치적 통일은 문화와 교육의 통일적 진보를 병행하는 것이다. 그리하여 당에서는 유교사상이 크게 일어났다. 노장파의 청담을 배격하고 불교에 대항하여 공격을 가하였으며, 교육에 유교의 세력을 강화하였기에 왕통(王通), 한유(韓愈), 공영달(孔穎達), 안사고(顏師古)가 거두였고, 한유는 국자감 우두머리로서 문교를 맡았다. 한말 이후로 쇠퇴한 유교를 부흥시켜 사상을 통일하고 교육을 강화하려는 조류가 흘렀던 것이다.

통일국가에 통일교육이 있는 것은 필연적 요구이며, 유도(儒道)가 중국에서 자연발생한 고유의 도이니 당나라가 유도를 종지(宗旨)로 삼아 교육을 통일하는 것도 당연한 일이었다. 똑같이 통일교육이 요구되는 사회상태라 할지라도 동일한 점은 경제적 조건으로부터 발생한다는 것이다. 민족의 고유한 문화와 습관은 서로 다른 것이니 교육은 이것을 떠나서는 되지 않는다. 지식과 기술은 국경이 없이 교환될지라도 민족의 고유 문화는 개량할지언정 없앨 수는 없는 것이다. 마치 개인생활에 의식주의 요구조건은 같을 수 있어도 머릿속의 정신과 가슴속의 감정은 모두 다른 것과 같은 이치이다.

신라가 교육을 통일 강화할 적에 고유한 화랑도를 근간으로 유·불·선의 장점을 골라 가꾸고 장식하여 고유 문화를 적극적으로 향상시키려 하지 않고, 유교와 함께 중국의 정신을 그대로 옮겨온 것은 큰 잘못을 범한 것이다. 통일신라가 이같이 유교를 무비판적으로 교육의 근본으로 삼은 것은 우리 민족 자체에서 싹 돋았던 인류문화의 일종을 말려 죽인 것이며 우리 민족은 유교로 힘을 더한 봉건사상의 질곡으로 발전이 늦었고 유교로 흡인한 사대주의의 마취로 민족적 의식이 흐려졌다. 신라는 당나라의 무력을 빌려다가 같은 민족인 백제와 고구려 백성에게 다른 민족의 억압을 받게 하였고 당나라의 학문을 가져다가 백대자손(百代子孫)에게 골병을 끼쳐주었다.

우리 교육을 연구하는 자는 경주지방에 있는 낡은 유물을 가지고 과거를 자랑하는 것보다는 그 훌륭한 솜씨가 왜 오랫동안 전수되지 못하였으며, 왜 더 진보하지 못하였는가를 다시 검토해야 할 것이다. 경주의 문화는 우리 민족적 정신 위에서 우리의 고유한 문화를 발휘한 것이 아니므로 수명이 짧았다는 것을 알아야 한다. 당나라의 문화로 살던 신라가 당나라와 함께 망하니 문화도 솜씨도 당나라와 함께 끝난 것이다. 외국 문화를 수입하는 정신은 자기 나라 문화를 말살시키는 데 있지 않다. 남의 문화로 더 빛내고 여물게 하는 데 있는 것이다. 우리의 고유한 문화가 유교로 말미암아 흔적이 없어진 것을 통곡하지 않을 수 없다.

## 3) 국학학제

① 명칭: 국학(창립 때), 대학감(경덕왕 때), 국학(공혜왕 때)

② 창립: 신문왕 2년(682), 즉 통일 후 20년 6월[14]

③ 관할: 예부

④ 직원: 경(卿) 1명, 박사 약간 명, 조교 약간 명, 대사 2명, 사(史) 4명

⑤ 연령: 15세부터 30세

⑥ 신분: 대사 이하로 벼슬이 없는 자까지

⑦ 연한: 9년

⑧ 출척(黜陟, 퇴교조치): 둔하고 미련하여 성공하지 못할 자는 내보내고, 재능이 있어 성공할 만한 자로서 아직 미숙한 자는 9년이 넘어도 대학에 두고 지위가 대마나·나마에 이른 후에 나가게 한다.[*5]

⑨ 학과: 예기(禮記), 주역, 논어, 효경(孝經), 춘추, 좌씨전(左氏傳), 모시(毛詩), 산학(算學), 상서(尚書), 문선(文選)

⑩ 교수법: 박사 혹은 조교 1명이 아래와 같이 4반으로 나누어 한 반을 교육하였음.

- 예기, 주역, 논어, 효경
- 춘추, 좌전, 모시, 논어, 효경

---

14) 앞의 책, 신라본기 제8.

*5) 골품제: 혈통의 차별에 입각한 신라의 골품제는 신라가 영토를 확장하면서, 전국에 산재한 지배층을 신라의 중앙 위계질서에 체계적으로 편입시킨 운영원리, 즉 지방에서 중앙으로 흡수되는 지배층의 위계질서이다. 골품제는 왕족을 성골과 진골로 나누는 골제와 지방 지배층을 그 세력의 크기에 따라 6두품에서 1두품까지 6개의 단계로 둔 두품제로 나뉜다. 이 골품제는 골품에 따른 관직 진출의 제한(신라 17관등 중 진골은 어느 것이나 가능, 6두품은 제6관등 아찬까지, 5두품은 10관등 대나마까지만 오를 수 있음)과 사소한 생활양식, 즉 같은 골품끼리만 결혼 허용, 골품에 따른 의복 색깔의 구분, 집의 크기 제한 등을 규제한 봉건적 신분제이다.

• 상서, 논어, 효경, 문선, 산학

⑪ 학위: 대나마, 나마

⑫ 성적: 보통 3등과 특등을 합하여 4급으로 나누었으니,

- 1등은 『춘추』, 『좌씨전』, 『예기』, 『문선』을 읽어 그 뜻에 능통하고 아울러 『논어』, 『효경』에 밝은 자
- 2등은 「곡례」[*6] 『논어』, 『효경』을 읽은 자
- 3등은 「곡례」, 『효경』을 읽은 자
- 특등은 5경, 3사(史), 제자백가서(諸子百家書)를 아울러 능통한 자로서 뽑아서 썼다.[15]

이상은 신라 대학의 전모인데 기록에는 신문왕(神文王) 2년(682)이라고 하였으나 이때로부터 32년 전인 진덕왕 때(651)에 직제가 생겼으니[16] 대학의 전신이 될 만한 학교가 그때부터 있었다고 보인다. 권근(權近)이 신라의 대학 설립이 늦은 것을 탄식한 것은[17] 유학파의 주관적 관념으로 화랑도 같은 것의 존재를 생각하지 못한 탓이다.

신라의 관직은 등급이 17등인데 대나마는 10등이요, 나마는 11등이요, 대사는 12등인즉, 대학을 졸업하면 곧 10등, 11등, 12등의 관직의 지위를 얻게 되었으며 12등 관직 이하는 대학을 나와야 관직의 지위가 오르게 되었다. 10항의 유학과 3반에 어디나 『논어』, 『효경』이 반드시 들어 있으니 수신에 치중하였던 것을 알 수 있고, 12항의 성적 등급에도 『효경』만은 반드시 들었으니 효에 대한 도덕을 중시하였던 것이다.

## 4) 기술교육

경덕왕(景德王) 6년(747)에 국학에 제업박사(諸業博士)와 조교를 두었다고 하였다.[18]

---

*6)  曲禮: 행사에서 몸가짐 등에 관한 자세한 예식.
15)  앞의 책, 권38지 제7 직관상.
16)  본 책 96쪽 참조.
17) 『문헌비고』 학교고.
18) 『삼국사기』 신라본기 제9.

이 제업박사는 천문박사,[19] 의학박사, 율령전박사 따위니 효소왕(孝昭王) 원년(692)에 "의학박사 두 명을 두고, 또 율령전박사 여섯 명을 두다"[20]라고 하였다. 이 가운데 의학과 율령도 국학에서 양성했는지 따로 했는지는 상세하지 않다.

### 5) 장학방법

첫째, 공자와 10명의 철인(哲人)과 72명의 제자의 초상을 국학 안에 두어 학문을 숭상하는 정신을 길렀다. 성덕왕(聖德王) 16년(717)에 "당나라에 갔던 대감 수충(守忠)이 돌아와 문선왕(文宣王: 공자를 말함), 10명의 철인, 72명의 제자의 초상을 드리니 곧 대학에 두다."[21]

둘째, 왕이 국학에 친히 나아가 학문을 권장하였다. 혜공왕(惠恭王) 원년(765)에 대학에 친히 나아가 박사에게 명하여 상서를 강론하게 하다. 동 12년에 "왕이 국학에 나아가 강론을 듣다."[22] 경문왕(景文王) 3년(863)에 왕이 국학에 나아가 박사 이하에게 경의(經義)를 강론하게 하고 상품을 주되 차별이 있게 하다. 헌강왕(憲康王) 5년(879)에 왕이 국학에 나아가 박사 이하에게 강론하게 하다.[23]

셋째, 국가에서 녹읍을 주었다. "소성왕(昭聖王) 원년(779) 봄 삼월에 청주(菁州) 노거현(老居懸)으로 학생의 녹읍을 삼다"[24]라고 하였으니, 녹읍은 급여를 주는 대신 어떠한 일정 지역에 대한 조세를 받을 권리를 주어 쓰게 하는 것이기에 국가에서 학자금을 준 것이다.

### 6) 당나라 제도의 이식인 교재

이상과 같이 통일신라의 교육은 유학과(儒學科), 기술과(技術科) 둘로 나뉘었다. 이것은 순전히 당나라의 교육을 옮겨 온 것이니 이는 먼저 유학과의 교재를 보아 알 수 있다. 당나라는 수나라의 왕통이 '춘추·예·악·시·서·역'을 교재로

---

19)　앞의 책, 신라본기 제9: 置 天文博士 一員 漏刻博士 六員.
20)　『동국통감』 권9.
21)　『삼국사기』 신라본기 제8.
22)　『동국통감』 권10.
23)　위의 책, 권11.
24)　『삼국사기』 신라본기 제10.

할 것을 주장한 뒤로[25] 당나라의 안사고가 경학 해석의 통일을 위하여 『오경정의』(역·시·서·예·춘추)를 지었고[26] 한유가 "선왕의 교재는 시·서·역·춘추이며, 법은 예·악·형(刑)·정(政)이라"[27]고 주장하였다. 통일신라의 교재가 오경을 근간으로 삼은 까닭은 당의 교재를 채택한 데 있다.

그다음 기술과로 말하면 당은 율학, 서학(書學), 산학이 따로 있어서 국자감, 대학, 사문(四門)과 함께 육학이라 하였으며 의학은 태의국(太醫局)에 속하여 박사 두 명과 조교 한 명이 가르쳤다.[28] 또한 당은 역력을 일곱 차례나 개정하였으며[29] 누각(漏刻)은 관공서 시간 집행과 천문 관측에 필요한 중요한 것이었다.[30] 통일신라가 가르친 기술은 이러한 당의 학제와 내용을 가져온 것이다. 이제 교재를 통하여 당시 피교육자의 수양과 지식 정도를 연구해보면 다음과 같다.

### (1) 유학과 교재

당시에 당에서 오경을 교재로 쓴 이유는 왕통이 분명히 말하였으니 "춘추를 배우지 아니하면 '판단(斷)'을 주재할 수 없고, 악(樂)을 배우지 아니하면 '조화(和)'를 알 수 없고, 서경(書)을 배우지 아니하면 '제도(制)'를 논할 수 없고, 주역(易)을 배우지 아니하면 '이치(理)'를 통할 수 없으며, 네 가지가 예를 갖추지 않고는 미칠 수가 없다. 그러므로 성인이 이것을 뒤에 두지 아니하였으니 어찌 어둠을 밝히는 데 갖추지 않겠느냐"고[31] 하였다.

왕통은 대유학자로 방현령[*7] 같은 이가 그의 문하제자였다. 그러하니만큼 그의 교육학론은 당의 교육에 큰 기초를 세워주었으며 이 이론은 당의 교육을 이식한 신라 교육에도 영향을 끼쳤던 것이다. 그리하여 교재를 통한 학생의 수양 내용은 다음과 같았다.

---

25) 왕통, 『입명편』.
26) 앵정, 『동양역사집성』.
27) 한유, 『원도편』.
28) 앵정, 『동양역사집성』.
29) 능전충량(能田忠良), 『역의 본질과 그 개량』.
30) 『고문진보』 대루설기.
31) 왕통, 『입명편』.
*7) 房玄齡: 중국 당의 정치가로서 당 태종 이세민을 도와 수나라 말기의 내란을 평정하고 이세민이 당 태종으로 즉위하자 문하성사(門下省事)가 되어 율령국가의 기틀을 마련함.

① 춘추:『춘추』는 대의명분의 시비를 판단하는 의지를 기름.

② 악:『악경』은 화평흥기(和平興起)하는 감정을 기름.

③ 역:『역경』은 이치를 궁구하는 이지(理知)를 기름.

④ 서:『서경』은 정치제도에 대한 지식을 기름.

⑤ 예:『예기』는 극기 치성하여 경건하게 실행하는 습성을 기름.

⑥ 시: 왕통은 오경에 들지 않은 악을 말하고『시경』을 말하지 않았으나, 『시경』은 공자가 '시에서 일어난다(興於時)'라 하였으니[32] 시가를 읊고 악양하는 동안에 감정을 일으키는 감정교육인 점에서 악과 공통성이 있다.

⑦ 논어와 효경:『논어』와『효경』은 일상생활에 적응하는 수신 교재로 사용되었다. 앞의 교수법에 대한 서술에서 보았듯이 교재를 반으로 나누는데도『논어』와『효경』만은 어느 반이든지 반드시 들어 있고, 제12항의 성적 등급에도『효경』은 어느 등급에든지 반드시 들어 있으며『논어』도 1, 2등에 들어 있다. 이것은 다른 학과보다 일반 학생에게 필요성이 있다는 것을 증명하는 것이다. 또 당시 당에서는 새로 통일된 정치 밑에서 혼란한 때에 퇴조하였던 유교사상을 부흥·통일하려고 힘쓰는 중에 있었으며 왕통과 한유의 교육이념은 다음과 같았다.

왕통은 "인의(仁義)는 교육의 근본이다. 선왕은 이것으로 도덕을 계승하고 예악을 일으켰다."[33] 하였고, 한유는 "널리 사랑하는 것(博愛)이 인(仁)이며 행하여 의로운 것이 의(義)이며 이것으로 말미암아 가는 것이 도(道)이며 몸에 족하여 다른 데 기다릴 것이 없는 것이 덕(德)이기에 …… 그 도는 가기 쉽고 그 가르침(教)은 행하기 쉽다."[34] 하였다. 이렇게 인의도덕을 교육의 목적으로 삼는 당의 교육은 '인'을 교육의 최종 목적으로 하고 일상생활을 도덕화하려는 공자의 언행론인『논어』와『효경』을 중요시하였던 것이다. 이것이 또한 통일신라의 교육이『논어』와『효경』을 중요시한 이유 중의 하나이다.

⑧ 문선(文選):『문선』은 양나라의 소통(簫統)이 진한, 삼국 이하 각 나라의 시문(詩文)을 뽑아 기록한 글이니 한문 문장을 가르치기 위하여 이것을

---


32)『논어』, 태백편.

33) 왕통,『예평편』.

34) 한유,『원도편』.

교재로 쓴 것이다. 총괄하여 말하면 의지의 비판과 감정의 훈련과 이지의 계발과 정치적 지식과 극기적 수양과 일용적 도덕이 교육의 목표였고 거기에 문장교육을 더한 것이다. 앞에서 서술했듯이 성적 등급에 "오경, 삼사, 제자백가서를 아울러 능통하는 자는 특등으로" 하였다.

⑨ 삼사(三史): 삼사는 『사기(史記)』, 『한서(漢書)』, 『동관기(東觀記)』이다. 『사기』는 중국 황제(黃帝)로부터 한 무제까지의 역사요, 『한서』는 한 고조로부터 한 효평왕 때까지의 역사요, 『동관기』는 한나라 때 궁중 장서관의 기록인데 오경제자(五經諸子)의 전기와 백가예술(白家藝術)을 교정한 문헌이다. 모두가 중국 역사로 당에서 과거의 한 과목으로 삼았다.[35] 자기 나라의 역사를 가르치지 않고 다른 나라의 역사만을 이렇게 장려한 것은 통일신라가 외국 문화를 수입할 때 저지른 큰 잘못이다. 당시의 형편이야 어떠하였던지 간에 오늘날 우리가 용서할 수 없는 일이며, 이 버릇이 조선시대 말까지 내려온 것에는 더욱 분개하지 않을 수 없다.

⑩ 제자백가: 제자백가는 『한서』예문지(藝文志)에서 말한 189명의 제자백가이다. 그러나 그것을 다 가르친 것은 아닐 것이다. 이것은 철학, 문학, 정치, 경제, 학술 등 모두를 중국의 것으로 교육한 것이다.

## (2) 기술과 교육

① 산학: 산학은 "산학박사 혹은 조교 한 명이 철경(綴經)과 삼개(三開)와 9장, 6장을 가르쳤다"[36]고 하였다. 철경은 『철술(綴術)』이라고 하는 산학책 제목인데 지금은 전하지 않는 것이다. 내용은 별자리의 운행과 달의 성쇠를 구하는 역술에 관한 계산인 듯하다.[37] 삼개는 손자(孫子) 삼개라고 불리는 『손자산경』이라는 옛 산서인데 지금은 전하지 않는다.[38] 그때의 수학 정도를 알기 위해서는 『구장산술』의 내용을 살피는 것이 좋을 것이다. "첫째는 논밭의 측량법(方田)이니 논두렁과 밭두렁으로 경계를 삼는 것이며,

---

35) 『사원(辭源)』.
36) 『삼국사기』권38, 직관상.
37) 『사원』.
38) 위의 책.

둘째는 속미(粟米)이니 교역과 매매의 계산법이며, 셋째는 차분(差分)이니 귀천혼합법으로 세금을 계산하는 법이며, 넷째는 소광(小廣)이니 평방·입방으로 면적계산법이며, 다섯째는 상공(商功)이니 공력(工力)·공정(工程)의 계산법이며, 여섯째는 균수(均輸)이니 원근의 노력비용으로 운임의 계산법이며, 일곱째는 방정(方程)이니 정수와 부수를 뒤섞는 것으로 방정식이며, 여덟째는 영부족(反不足)이니 안분비례법이며, 아홉째는 구고(句股)이니 높이가 깊고 넓이가 먼 것으로서 삼각법이다."[39]

이 내용은 "분수, 면적, 최대공약수, 보합, 비례, 개평, 개립, 이차방정식 해법, 복수가정법, 일차방정식 해법 따위며, 정부수(正負數)가 있는데, 부수를 식 앞에 세우고 소수를 다루고 모뿔의 체적을 적분하고 구의 체적을 구하기 위하여 바깥 테두리 원주를 썼고 적분 방법도 극히 저명하고 방정식 해법도 극히 정돈되어 고대 다른 나라에 예가 없다"[40]고 하였다. 이것이 모두 중국 고대의 산학이었다. 당나라는 명산과(明算科)에서 『주패산경(周牌算經)』, 『구장산술』, 『해도산경』, 『철술(綴術)』 등을 교과서로 썼었다.[41]

② 의학: 의학은 『본초(本草)』, 『갑을경(甲乙經)』, 『소문(素問)』, 『침경』, 『맥경』, 『명당경』 등의 교과서를 썼다.[42] 『본초』는 약물학이다. 신농[*8]이 지은 것이라 하나 후한 때의 저작이니 동물 270종, 식물 150종, 광물 60여 종을 분류한 내용을 가졌다. 『갑을경』, 『침경』, 『맥경』, 『명당경』은 침·구(뜸) 학이니 『갑을경』은 진나라의 황보증(皇甫謐)이, 『명당경』은 송나라의 고승(高承)이 지었고, 『침경』은 황제침경이며, 『소문』은 황제와 기백(岐伯)의 문답이라고 하나 주진(周秦) 시대에 지은 것으로 24권으로 되어 있고 병리와 의학 전부에 대한 설명을 가진 것이다. 중국인 저술의 서적으로 당나라가 이런 것을 가르쳤다.[43]

③ 천문: 천문은 천문 일체, 천문 기색을 살피고 해, 달, 별 기타의 이상

---

39) 앞의 책.
40) 『대 백과사전』.
41) 이등, 『일본과학사』.
42) 『삼국사기』 권38, 직관상.
*8) 神農: 중국의 전설에 나오는 삼황 중의 한 사람.
43) 앵정, 『동양역사집상』.

등을 관찰하며[44] 역술을 연구하는 등의 일이다. 문무왕 14년(674) 봄에 "대나마 덕복(德福)이 당에서 역술을 배우고 돌아와 신력(新曆)을 쓰고 역을 지었다"[45]고 하였기에 당시에 배워온 역법은 이보다 9년을 앞서 당에서 사용한 이순풍(李淳風)의 인덕역법일 것이다.[46] 일 년을 365.244762일로, 한 달을 29.53059701일로 측정하였던 것이다.[47] 오늘날 우리가 쓰는 양력의 계산보다 일 년에 0.00258732일이 더하고 한 달에 0.00000901일 더한 차이가 있는 계산이다. 일 년에 약 10,000분의 26, 곧 5,000분의 13을 더하니 오천 년 동안에 13일이 가산되어 틀리는 역법이다. 「신라본기」에 효소왕 원년(692)에 "고승 도중(道證)이 당에서 천문도를 바쳤다." 하였다. 여기에 대하여 『문헌비고』에는 "당대의 역상이 모두 순풍 일행으로 근본을 삼아 290년간에 역을 여덟 번이나 고쳤으나 인덕(麟德, 중국 당나라 때 쓰던 태음력), 대연(大衍, 중국 당나라 때 쓰던 역법의 하나)의 범위를 넘지 못하였은즉, 도중이 올린 천문도도 순풍의 개천법(盖天法)이었던가?" 하였다.

중국에는 천체에 대한 학설이 혼천(渾天), 개천(盖天), 선야(宣夜), 혼천(昕天), 궁천(穹天), 안천(安天)의 여섯 체계가 있었다. 다른 천체는 설명을 생략하고 다만 신라 당시에 들어왔던 개천설만 설명한다.


하늘은 편 우산에, 땅은 엎어놓은 주발에 비유하였으니 둘 다 중심이 높고 주위로 경사가 졌으며, 중심은 북극 아래에 있고 천지의 거리는 팔만 리며 12개 월간에 해는 육궤도를 돌고 하늘은 둥글고 땅은 사각이며 하늘은 맷돌과 같이 왼쪽으로 기울며 회전을 하고 해와 달은 오른쪽 즉 동쪽으로 회동한다. 해와 달의 운동은 동쪽으로 향하나 하늘은 이것을 서쪽으로 끌기 때문에 서쪽으로 진다. 하늘은 규칙적으로 동그란 천정(天井) 반구는 아니다. 남쪽은 솟았고 북쪽은 잠겼다. 그리하여 해가 남쪽의 최고 부분에 있을 때는 보이고 북쪽의 최저 부분에 있을 때는 아니 보인다. 해가 숨은 땅의 경사 부분에는

---


44) 『삼국사기』 신라본기에 산재한 일식, 유성, 혜성, 백홍, 범성 등 기록.
45) 『삼국사기』 신라본기 제7.
46) 『해동역사』 성력지.
47) 일본 도우숙부, 력(曆).

사람이 살지 않는다……:[48)

신라는 진덕왕 원년(647)에 첨성대를 세웠으니[49) 천문관측은 대학이 생기기 36년 전에도 시행하였다. 성덕왕 17년(713)에 누각을 지었고[50) 혜공왕 7년(771)에 신혼(晨昏)의 큰 종을 만들었으니,[51) 이것은 모두 시각을 관측도 하고 알리기도 하는 시설이었다. 천문과 누각에 대해서는 교과서에 기록된 것이 없다. 당시 중국에는 조항(祖恒)의『천문록』30권과『누각경』1권이 있었다. 당시는 천문, 역술 등과 수학이 거의 한 과목으로 되어 있었으나 어떠한 교과서를 썼는지 알 수 없다.

## 7) 경학교육과 당 제도 이식의 원인

통일신라가 경학을 교육의 근간으로 하고 당 제도를 그대로 이식한 이유를 연구하는 것은 교육사의 한 임무이다. 경학교육은 유교의 온상인 중국 교육을 연구하는 데서 진상을 찾을 수 있으며 삼국 이후로 우리의 교육이 일관한 것이 유교교육이므로 유교의 진상을 깊이 연구할 필요가 있다. 이제 임시선(任時先)이 지은『지나교육사』에 실린 부분을 옮겨 적어 연구를 대신한다. 이 글은 경학과 교육의 전모를 개괄한 것이다. 임시선이 '경학과 한 시대의 교육사상'이란 제목하에서 한 말은 다음과 같다.

경학은 어느 때에 시작하였는가. 피석서(皮錫瑞)의 말에 의하면 "경학의 시기는 공자가 육경(六經)을 책정한 때부터 시작이니 공자 이전에는 경학이란 것이 없었다. 공자가 난 후로 '경'이란 이름이 생겼다(피석서,『경학역사』)." 이에 의하여 경학이 사실 공자의 육경 책정에서부터 시작된 것이라는 데는 의심이 없다. 진(秦) 시대는 정부가 시국 수습에 매우 바빠 경학을 제창할 겨를이 없어 경학은 평범하게 발전하여 한나라 초기까지 왔었다. 한나라 무제가

---

48)  Albsed Forke,『지나자연과학사상사』.
49) 『동국통감』, 권7.
50) 『삼국사기』, 신라본기 제8.
51) 『문헌비고』, 상위고.

동중서의 말을 믿어 백가를 탄압하고 육경을 표창하며 육경을 배우지 않는 자는 절대로 진출을 허락하지 않았기 때문에 유교가 점점 유아독존의 지위를 차지하고 교육의 영역도 역시 경학에 독점되었다. 그리하여 소학생은 『소학』을 전문으로 배우고 중학생은 『효경』과 『논어』를, 대학생은 육경을 각각 전문으로 배웠다(『영관당집림(領觀堂集林)』권4 한위박사고漢魏博士考).

또 무제는 시, 서, 역, 예, 춘추(『악경』은 진시대에 소실되어 전하지 않았음)의 오경박사를 두고 그 뒤에 다시 나누어 14박사를 두었으며 경전 수집, 진위 고증, 의미 해석을 시키고 또 태학을 설립하고 박사를 교수로 임명하고 그 사본을 전부 예서로 써서 '금문(今文)'이라 하였다. 광무제가 중흥하여 앞 시대 선인의 유지를 계승하여 전력을 들어 경학을 장려하였다. (중략) 건초 4년에 장제가 뭇 유학자를 백호관에 소집하고 오경의 같고 다른 점을 상세히 조사하여 『통의(通義)』를 지었다. 앞서 기술한 사실로 한 시대(東漢)의 경학이 성황이었던 일반 개황을 알 수 있다. 다음으로 어째서 한 시대에 이르러 이같이 일시에 성황을 이루었는가를 명료히 할 필요가 있으며 그러려면 경학 창시자의 계급성까지 소급하지 않으면 안 될 문제이다.

경학이 공자로부터 시작된 것은 앞 글에서 말하였거니와 공자를 대표한 자는 모두 상층계급이었다. 저들의 말과 행동을 보면 당시 현존 사회제도를 옹호하는데 온 힘을 다하지 않은 자가 하나도 없었다. 가령 『시경』, 『서경』을 짓고 『예』와 『악』을 정하고 『춘추』를 지은 것도 모두 봉건제도를 옹호하고 통치자의 정권을 보호하려고 한 것이다. 따라서 유교사상 계통은 근본적으로 봉건사회 의식의 결정품이다. 그렇기 때문에 봉건사회 가운데에 있는 역대의 제왕은 다 이것을 이용하여 천하를 통치하였다. 양임공(양계초)은 그 이유를 아주 명백하게 설명하여 "공자는 다만 차등을 엄히 하고 질서를 소중히 하였으나 그것이 조치한 권한은 군권에 귀결되었다. …… 제왕이 백성을 부리는 데 가장 적절하였다. 그리하여 패권을 주창하는 자는 가만히 이것을 이용하여 천하에 군림하였다. 한 고조는 말 위에서 유학자의 관에다 오줌을 누었으나 이미 대업을 수립한 후에는 노나라에 가서 성대한 제전(祭典)을 행하였다. 먼저는 공자의 학문이 이용가치가 없었고 도리어 장애가 되었기 때문이며, 나중에는 공자의 학문이 제왕이 된 자신에게 매우 쓸모 있었던 까닭이다(『음수실 전집(飮水室 全集)』, 중국 학술사상 변천 대세론).”

사실 유교사상은 중국 유사 이래로 통치계급 의식 형태의 금성철벽이 되어왔으니 한 대에 경학이 융성의 극치에 달한 것은 특별한 원인이 있다. 이 특별한 원인이란 것이 무엇인가 하면 진의 분서갱유가 당시 유가학생의 강경한 반대를 야기한 일을 앎이다. …… 한 고조 즉위 후 일반 유가학생인 공갑, 숙손통, 신공, 복생 등이 혹은 초나라에 항복하고 혹은 한나라에 더하여 전력을 다하여 한 시대 제왕을 에워싸고 유가의 경학 채용을 진언하였기 때문이다(『한서(漢書)』, 유림전). 또 이와 동시에 일반 제왕도 민심을 귀순시키기 위하여는 과거 성왕의 도를 채용하고 어진 사람을 존중히 여기고 고대를 모범하는 태도를 표시하지 않을 수 없었다. 예를 들면 이러하다. “광무중흥하여 아직 수레에서 내리기 전에 먼저 유아(儒雅, 시문을 짓고 읊는 풍류의 길)를 찾아 사방의 유학자가 구름 모이듯 하였다(『한서』).” 당시 유학자 중 가령 동중서 같은 이는 권력을 다하여 공자의 유학의 존중을 주장하고 진의 분서갱유를 통렬히 비난하였다. 동중서는 다음과 같이 말하였다. “진나라에 이르러서는 그렇지 않았다. 신(申), 상(商)의 법을 모범 삼고, 한비(韓非)의 학설을 행하고 제왕의 도를 증오하여 이리의 탐욕으로 풍습을 이루고 문덕(文德)으로써 천하를 가르치고 깨우치지 않았다(『한서』, 동중서전).” 동중서는 단지 진나라의 정치를 통렬히 배척하였을 뿐만 아니라 또 대담하게 고상하고 준엄한 주장으로 당시 제왕을 위협하여 다음과 같이 말하였다.

“성왕이 세상을 구제하려면 그 흔적을 청소하여 다 버리고 교화를 거듭하여 높이 일으켜야 합니다. 교화가 밝고 습속이 이루어져 자손이 이를 순행하면 오류백 년이라도 오히려 멸망하지 아니할 것입니다. 진나라는…… 14년 만에 나라가 멸망하였습니다. 예부터 난(亂)으로 난을 구하여 천하 백성에게 패한 일이 진(秦) 같은 자 없었습니다. …… 이제 한나라가 진나라의 뒤를 잇는 것은 나무에 흙을 덮고 장미에게 거름을 주는 것과 같으니 이것을 잘 다스리려 하여도 망하는 데야 어찌하겠습니까(『한서』, 동중서전).”

확실히 한나라의 제왕들은 진나라의 멸망이 너무 급속한 것을 보고 관심을 쏟지 않을 수 없었다. 정권의 존재를 유지하기 위해서는 유가의 사상 진영에 항복하는 것이 당연하였다.

또 다음에 연구할 필요는 경학이 어찌하여 한 대를 대표하는 교육사상이 되었는가 하는 일이다. 우리는 경학을 한 대에 있어서 정부 자신이 제창하였고 학자가 이것을 고취하여 이미 당시 사회사상의 유일한 지배자가 된 것을 알았다. 동시에 유가사상은 한(漢) 시대에 이르러 이미 종교화하였다. 종교는 지배계급의 무기이다.

교육은 이런 무기를 사용하는 방법이다. 종교에는 경전이 주요한 과목이 된다. 중세기 서양 교육은 기독교화하여 성경을 가르치지 않으면 안 되게 되었다. 한 대의 제왕이 육경을 채용하고 육경을 교육의 주요 과목으로 한 것은 이와 같은 의의에 기인한 것이다.

저들은 경학을 매우 광범위하게 수제(修齊) 치평(治平)의 학문이라고 인정하여 이를 경서에 싣고 학자란 자는 경서를 통하면 통속 유학자가 될 수 있었다. 이 때문에 대·중·소 각급 학교는 모두 경서를 주요 과정으로 하였다. 그러나 사상을 통제한 결과, 학문은 결국 진보하였으나 어떤 것은 퇴보했다는 것을 나를 비롯한 모든 역사가는 다 같이 공감한다. 사실 우리는 한 시대 학자 가운데 소수(회남왕, 양응, 왕충)를 제하고는 완전히 경학 범주를 벗어난 이가 없었다고 말한다. 따라서 나는 경학이 한 시대의 교육을 대표하였다고 생각하고 후세 사상에 대한 영향도 대단히 중대하였음을 인정한다.[52]

이와 같이 경학은 한 시대에 있어서 봉건제도를 옹호하는 계급철학과 통치자의 정권을 보호하는 정치도구로, 또다시 지배계급의 무기인 종교화한 사상과 망한 진나라를 거울로 한 공포심에 구사되어 독선, 독단의 형태로 교육의 기초가 되었던 것이다.

한나라의 봉건정치는 토지가 집중화하고 상업자본이 독점화하는 사회생활로 진전되어 당연한 사회 변동이 생겼다. 한 말에서 위진(魏晉)에 걸쳐 한쪽에는 사족(士族) 계급이 발흥하여 통치권을 조종함과 함께 한편에는 농촌이 파산하고 농민이 실업하니 광대한 농민항쟁이 일어났다. 이 농민항쟁의 의의는 유가사상 지배하에 있는 통치권에 대한 반대이다. 오랜 기간 전쟁을 경과하게 되자

---

52) 임시선, 『지나교육사』

유가정권은 유지할 수 없게 되었다. 이리하여 위진남북조에 이르러서는 다시 일몰 직전의 지경에 빠졌다. 이 유가정권에 동요가 생긴 후 노자, 장자의 철학과 불교철학이 혼잡하여 염세무위(厭世無爲), 방종의 사상이 대두하였다.[53]

이러한 뒤를 이어 중국을 통일한 당나라는 다시 유교와 경학을 통일·부흥시켜 통일국가의 봉건제도와 통치 정권을 강화하기 위해 교육을 쇄신하였다.

삼국을 통일하여 봉건국가의 형체를 완성한 통일신라에서 이러한 봉건 강화의 교육을 모방하는 것은 또한 당연한 시대적 필요였던 것이다. 그리하여 경학주의의 교육이 우리나라에 확립되었다. 경학교육의 역사적 정신이 중국 한 대에서부터 성장하였으니 그 연원이 깊고 뿌리가 굳은 것이다. 이리하여 이러한 유교교육으로 생긴 봉건사상은 유교교육이 계속된 조선 후기까지 한 치도 변함이 없었다.

## 8) 인재 교육과 당에의 유학

신라의 인재를 고르는 법 가운데 신문왕 2년에 세워 실시된, 위화(位和), 부령(府令) 두 사람이 맡은 선거법[54]은 알 수 없고 다음 세 가지를 들 수 있다.

하나는 화랑도로 뽑았고, 둘은 궁전(弓箭)을 뽑은 것으로 어느 때, 어떤 방법으로 하였는지는 알 수 없으나 삼국시대 가운데 무력을 숭상할 때인 듯하고, 독서는 원성왕 4년에 세운 등급제 곧 독서삼품 출신과가 그것이다.[55]

결국 유교교육은 학생들에게 지배욕과 공명심을 길러주어 봉건사상을 양성하는 데 제일 효과가 컸다. 그리하여 그 당시 사회의 식자계급이 자제를 교육하는 이념이 모두 개인의 입신양명에 있게 되었다. 최치원 같은 이도 당나라로 유학의 길을 떠날 때에 그 부친이 "10년 만에 과거를 못하면 내 아들이 아니다."[56] 하여 일개 명예를 구하는 학생을 원하였고, 최치원 자신도 "무협(巫峽) 첩첩한 봉우리의 나이(12세)에 베옷을 입고 중국에 들어가서 은하 열수의 나이(28세)에 비단옷 입고 동국에 돌아왔다." 하였으니 실(絲)과 같던 자신이 비단으로 돌아왔다는 것은 자기의 과명(科名)을 자긍한 것이다.

---

53) 위의 책.
54) 『삼국사기』, 신라본기 제8: 置位相 府令二人 掌選擧之事.
55) 위의 책, 신라본기 제10.
56) 앞의 책, 열전.

신라는 선덕왕 9년(640) 당나라에 유학을 시작한 뒤로 왕자 이외의 학생을 다수 유학시켰다. 10년의 기한이 차면 귀국시키고 또 다른 학생을 파견하였고[57] 많을 때에는 그 수가 백여 명에 이르렀다.[58] 유학생의 서적비는 본국에서 주고[59] 옷과 음식은 당나라의 홍로사[*9]에서 제공하였다.[60]

학생은 왕래가 빈번하여 헌강왕 13년(821)에 김운경(金雲卿)이 빈공과[*10]에 급제한 것[61]을 위시하여 빈공과에 급제한 이가 58명이요, 그 후 오대 시대에는 31명이었다. "살피건대 동국인(東國人)이 중국 조정의 과거에 오른 자가 신라 김운경으로부터 시작하여(당나라 목종 초 두사예방) 그 후에 당나라 빈공과에 급제한 자가 58명이요 오대, 양, 당에 또 31명이라."[62] 신라는 이와 같이 국내외에서 당나라식 교육을 철두철미하게 시켰다.

## 9) 설총과 최치원

설총과 최치원은 둘 다 문묘에서 제사의 예를 받는 이다. 그들의 교육이념은 우리가 알 수 없지만 다만 당시 교육의 근본인 유교 전당에서 예우를 받는 그 일이 과연 가치대로 평가된 것인가를 간단히 검토하려는 것뿐이다.

설총은 "이미 자라 박학하여 방언으로 구경의 뜻을 풀어 후학을 훈도하였다."[63] 기록에 의하여 설총은 교육가였고 또 경학을 연구하였다는 것을 알 수 있다. 그리하여 고려 현종 때에 문묘에 모셔지게 되었으니 고대 교육계에 이 같은 거인의 이름이 끼쳐 있는 것은 우리의 자랑거리다. 그는 작문에도 능하였으며 즉석에서 화왕(花王) 비유로 신문왕을 각성시킨 일이 귀중한 기록으로 남아 있다.

당에 유학하여 당에서 관직생활을 하고 귀국하여서는 불우한 처지를 스스로

---

57) 앞의 책, 신라본기 제8: 言先在 大學生 催和貞 金叔貞, 朴李業等 講放還 番其新赴朝 金允夫, 金立之, 朴亮之等 十二人 請留宿衛

58) 『동국통감』 권11: 唐詔鴻豈寺 還我 質子及學生 共一百五人.

59) 앞의 책, 신라본기 제11: 又遣學生 李第等三人隨 進奉使金胤 入唐習業仍 賜具書銀二百兩.

*9) 鴻豈寺: 외국인을 접대하는 관서.

60) 앞의 책, 신라본기 제10: 仍請配國子監 習業 鴻豈寺給資糧從之.

*10) 賓貢科: 당나라 과거의 하나로 외국인에게 보이기 위한 것.

61) 『해동역사』 권18, 학예.

62) 앞의 책.

63) 『동국통감』 권9.

상심하여 산수간을 떠돌며 세월을 보낸 것이 최치원의 생애였다. 약간의 제자가 있었으나 교육에 어떠한 공로가 있었는지 상세한 것을 알 수 없으며 또 경학에 대한 전수나 연구한 기록은 전혀 없고 『계원필경(桂苑筆耕)』 전체는 공허한 내용을 가진 미려한 사장(詞章)일 뿐이며, 그의 사상적·학구적 흔적을 발견할 수 없다. 문묘 열위에 오를 만한 근거가 무엇인가? 신채호가 "그 사상은 한(漢)이나 당에만 있는 줄 알고 신라에 있는 줄을 모르며, 그 학식은 중의 글이나 불경을 관통하였으나 본국의 고기(古記) 한 편도 보지 못하였으니, 그 주의는 우리나라를 가져다가 순 중국화하려는 것뿐이며, 그 예술은 푸른 하늘을 흰 해로 대하며 노란 꽃을 녹색의 대나무로 대하는 사륙문에 능할 뿐이었다……"[64]라고 평한 것이 정확하지 않은가 한다. 더욱이 '경주는 누런 잎이요 고령은 푸른 소나무'라는 말로 신라가 망하려는 때에 고려의 흥기를 은밀히 예찬하였다는 공으로 문묘에 올랐다는 것은[65] 본인의 수치요 고려 유가들의 우롱이다. 사대와 아첨에 사상이 썩은 유학자의 가증스러운 행사를 여기서도 발견할 수 있다.


## 2. 북조(발해)의 교육

발해의 교육은 자세히 기록된 문헌이 없으니 밝힐 수가 없다. 다만 『신구당서』와 『해동역사』에 단편적으로 적힌 것을 가지고 약간의 내용을 설명할 수가 있을 뿐이다.


### 1) 고구려 문화의 계승

고구려가 망한 후 30년에 그 땅에 인민으로 나라의 유장인 대조영이 세운 나라가 발해이므로 발해의 문물제도는 모두 고구려의 것이 남아 계승되었다는 것을 미루어 판단할 수 있다. 그리하여 외국인의 눈에 발해는 고구려와 같았던 것이다.

---

64) 신채호, 『조선사론』.
65) 『삼국사기』, 신라본기 열전 6.

"풍속이 고려(고구려) 및 거란과 같고 자못 문자와 서기가 있다."[66]

## 2) 당 문화의 흡수

관제의 일부를 기록대로 보면 이름과 제도가 거의 당의 것과 같았다.

> 관(官)에 선조성, 좌상, 좌평장사, 시중, 좌상시, 간의가 있고…… 무원(武員, 군인)에 좌우맹분, 웅위, 비위남좌우위, 북좌우위, 각 대장군 1명, 장군 1명이 있으니 대저 중국제도를 본받은 것이 이와 같다.[67]

여기에 대저 중국제도를 모방하여 이와 같다고 결론을 지은 것을 보아도 당시 발해가 당의 제도를 많이 본받았던 것을 알 수 있다.

## 3) 당에의 유학

"당 태화 7년(833)에 발해국 왕이 학생 해초경(解楚卿), 조효명(趙孝明), 유보준(劉寶俊) 3명을 보내어 선진 학문에 응하게 하고 먼저 보낸 학생 이거정(李居正), 주승조(朱承朝), 고수해(高壽海) 3명은 사업이 점차 이루어졌으니 예에 준하여 교대시켜 본국으로 돌려보내라고 청하여 허락하다(『책부원구(冊府元龜)』)."

이 기록을 보면 새로 학생을 보내고 먼저 보냈던 학생을 돌려보내라고 하여 허락하였고, "예(例)에 준하여 교대시켜 본국에 돌려보내라고 청하였다"는 말을 보면 한두 번이 아니고 여러 번 해온 일로 전례가 서 있었던 것을 알 수 있다.

"후당 동광 2년에 발해국이 그 족친위 대원겸을 보내어 국자승감에 시험하다."[68] "초에 그 왕이 자주 여러 학생을 보내어 경사 대학에 나와 제도를 익히고 드디어 해동성국이 되었다."[69] "주양(朱梁), 후당 30년간에 공사(貢士) 등과자가 십수 명이요, 학사가 잇달았다."[70] 하였는데 왕족과 민간인 자제들이 유학한 일과 과거에 급제한 일을 말하며, 그 결과로 '해동성국'이 되었다 하였으니 중국인의

---


66) 『구당서』.
67) 『당서』, 북이전(발해).
68) 『오대사』.
69) 『당서』, 북이전.
70) 『오대사』.

눈에는 통일신라와 마찬가지로 한 국가로서 해동성국으로 보였던 것을 미루어 생각하면 해동 신라에 못지않은 국가임을 의미한 것이다. '학사가 줄을 이었다'는 것은 교육의 질과 양이 컸었다는 것을 말하고 있다. 이 밖에 고원고(高元固), 사승찬(沙丞贊)과 오소도(烏炤度), 오광찬(烏光贊) 부자들이 당과 오대 시대에 중국에서 과거에 등제한 기록이 있다.

## 4) 외국과의 문화교류

발해 문왕시대(738~793)는 문치주의를 단행하여 당과 수호하고 신라와 화친하고 일본과도 수교하였다. 당과 일본과의 사이에 사신 왕복이 빈번하였다. 그리하여 때로는 당에서 서적을 구입하고 혹은 일본에다 서적을 주기도 하고 당이 발해의 문화를 배워 가기도 했던 것이다.

문왕 원년(783)에 "수수간(隨守簡)을 보내어 『당례(唐禮)』와 『삼국지』, 『진서(晉書)』, 『36국 춘추』를 구하니 황제가 다 허락하였다."[71] 이 기록은 중국에서 서적을 구입한 사실의 한 부분이다. 왕 이진 2년(831)에 "내양 왕종우 발해 사신이 돌아와 말하되 발해는 좌우, 신책군, 좌우삼군 124사(司)를 두었다고 하고 그림을 그려 올렸다."[72] 하였으니 이것은 발해의 문화가 발전하여 관제와 군제가 볼 만하게 매우 아름다우므로 당나라 사신 왕종우가 이것을 배워가지고 그림을 그려 자기 나라에 바친 것이다.

강왕 5년(799)에 발해 사신 여정림(呂定琳)이 일본에 가서 당의 학문을 전하였다 하고, 왕 처황 2년(859)에 발해 사람 마효신(馬孝愼)이 서양의 선명력을 바쳐 나라 안에 반포하였다고 한다.[73] 이것은 모두 발해에서 일본에다 문화를 전수한 사실의 일부가 기록에 남아 있는 것이다. 남의 나라에 전하는 학문은 자기 나라에서 벌써부터 다 사용하고 난 나머지일 것이다. 선명력은 822년에 중국에서 처음 사용하였으니 37년을 뒤떨어져 일본에 전하였으나 발해는 중국과 인접한 관계로 일찍이 사용하였을 것이다. 이 역서는 일 년을 365.2446일로 계측한 것이니 현재 우리가 쓰는 일 년보다는 0.0024가 더 길어서 오천 년이면 12일 넘친 계산 착오가

---

71) 『신당서』주.
72) 『구당서』.
73) 『해동역사』제41 통일본시말(通日本始末).

생기는 것으로 신라 대학 초에 배우던 역서가 오천 년에 13일 넘치게 계산된 데 비하여 하루쯤 오차가 줄어든 것이다. 100여 년 연대 차로 문화는 이만큼 진보하였다.

## 5) 결론

종합적으로 결론을 말하면 발해는 무를 숭상하고 글을 닦는 교육이었고 당의 문화 곧 유교식 교육을 실행하였던 것이다. 이 점은 신라와 차이가 없다. 발해가 해동성국의 칭예를 들을 정도이면 단지 중국에 유학생을 보낸 교육으로만 성취할 수 없었을 것이며, 반드시 고구려시대의 제도인 대학과 기타 당을 모방한 국내 교육이 왕성하였으리라고 추측할 수 있으나 문헌이 없으니 애석하다.

# 제6장

# 고려시대의 교육

## 1. 시대상

신라는 원시민족사회 옛터에 동양적 노예국가를 세우고, 나아가 삼국통일을 계기로 전쟁과정을 이용하여 봉건체제를 강화하면서 이백여 년 동안 이것을 육성하였다. 역사적 발전으로 말하면 통일로 말미암아 삼국 노예문화를 계승하였고, 이것을 농노사회로 이행시키고 다시 봉건사회로 발전시켜 이것을 고려에 전해준 역할을 하였다. 이것은 역사적 필연성에서 발전적으로 진행된 것이니 고려의 사명도 여기서 운명적으로 배태된 것이다.

그리고 신라는 원인이 낳은 결과로 인해 내부에 모순이 생겼다. 곧 대토지소유제의 성립으로 농노가 생기고, 좀 있다가 노예제도가 생산적 중요성을 잃게 되고 또다시 이 경제의 편벽으로 재정이 파탄되었으며 권력이 분산되었고 계급적 대립이 격화되었다.[1] 그리하여 농민의 이반으로 견훤이 나라를 따로 세웠고 차별적 반감으로 궁예가 반기를 들었다.[2]

신라의 교육은 봉건적 이데올로기로 윤리와 도덕을 최고로 강조하는 당나라식 유교교육이었다. 이 이데올로기 아래에서 대중적 교육은 절대 바랄 수 없는 것이다. 이러한 교육은 시키면 시킬수록 도리어 대중 생활에 손해가 큰 것이다. 그리하여 통일 후 신라문화의 향상은 남아 있는 예술을 통하여 매우 예찬을 받지만 당시의 대중 생활은 극도로 불안 속에 있어 농민이 봉기하고 대중이 반기 아래로 모여들게 되었다. 유교의 윤리도덕의 힘은 궁핍과 억압에 반항하는 힘 앞에서는 일말의 가치가 없어졌고, 따라서 그것을 가르치던 교육 자체도 위신이 없어지고 말았다. 사상적·문화적으로 보면 신라의 교육은 신라 스스로 멸망을 내포한 교육이었다.

이리하여 신라는 포석정 깊은 밤의 화려한 향연을 마지막으로 하여 반월성 북궁에서 종막을 닫았다. 이 기회를 타서 일어난 것이 고려이다. 신라의 자멸로 어부지리를 얻은 고려는 다시 정치적으로 이해를 계산해볼 때 사회에 뿌리 깊은 구세력과 구습관을 무시할 수가 없었다. 예를 들면 토지를 국유화하였다.[1] 구세력을 회유하는 방법으로, 새 세력을 이루고 세운 공훈자에게 상을 주는 방법으로, 새 세력을 부식(扶植)하는 관리를 우대하는 방법으로 그들에게 토지를 주었다. 이와 같이 신라에서 육성한 봉건사회를 고려가 계승하지 않을 수 없었던 것이다.

그리하여 유교의 봉건사상도 그대로 이어지고 교육제도도 그대로 이어졌다. 불교가 민간신앙을 절대 지배함에도 불구하고 교육에는 유교식이 그대로 강화된 것은 곧 봉건제도의 강화에 필요한 까닭이었다. 곧 봉건적 이데올로기의 재생산과 관리 양성과 봉건적 질서를 교화하고 선전하는 것이 교육의 목적이었으므로 대중의 향상에는 아무런 관계가 없는 교육이었으니, 즉 농업을 비롯한 기타 생산부문에 있는 절대 다수인 공(功) 많은 국민은 교육의 혜택을 받지 못하였다.

---

*1) 신라사회는 9세기 전반 이후 봉건귀족과 지방의 유력자들이 자신의 권력과 경제력을 행사하여 불법적으로 농민의 토지를 헐값으로 사거나 빼앗았다. 이들 세력의 비대화는 상대적으로 국가의 통제와 지배력을 약화시켜 중앙과 지방의 봉건세력으로 하여금 더욱 많은 토지와 더 큰 권력 장악을 위해 날뛰게 하였다. 이러한 현상은 농민들을 몰락시키고 그들을 소작농민으로 만들거나 노비 아니면 유리걸식하게 하였다. 또한 한정된 토지 내에서 봉건귀족들의 토지 확대는 국가재정의 근본인 국가수조지를 상대적으로 축소시켜 농민들의 국가적 부담을 더욱 무겁게 하여 이들 농민의 몰락을 재촉하였다. 이와 같은 봉건귀족과 국가에 의한 봉건적 착취는 농민들의 불만과 울분을 쌓이게 했고 그것이 9세기 전반 흉년을 계기로 폭발하여 농민항쟁으로 발전하였다.

*2) 여기서 '차별적 반감'이란 '궁예가 신라 왕실의 서자로서 궁정에서 버림받은 자'라는 것을 가리키는 것 같다.

1) 『삼국사기』 권12 신라본기에 "나라에 사전이 없었다(國無私田)"라고 했고 『고려사절요』 권1에 "그 풍속에는 감히 사전(私田)을 가질 수 없었다(其俗 不敢有私田)"라고 하였다.

## 2. 교육 성쇠의 개관

### 1) 상기(태조~숙종=930~1105)

고려의 교육제도는 태조 3년(930)에 처음 평양에다 대학을 설립한 것과 또 다른 학원을 둔 것을 발단으로 하여 성종시대에 기초가 잡혔다. 성종 때에 주·군·현의 자제를 뽑아다가 서울에서 수업하게 하였고, 5년(986)에 장학조(裝學詔)를 내리고 학생에게 고향으로 돌아가 어버이를 뵐 특전과 옷감과 쌀의 은전(恩典)을 주었으며, 6년에는 12목에 박사를 두고 주·현 관에게 지방의 근면한 학자를 적극적으로 추천하도록 하였으며, 8년에는 대학조교 송승연(宋承演)과 경학(經學) 박사 전보인(全輔仁)이 "사람들을 가르치는 데 게으름을 피우지 않고(誨人不倦)" 학문을 독려하는 충성을 다하므로 송(宋)은 9등을 뛰어 국자박사를 주고 두 사람에게 공복(公服, 벼슬아치가 입는 정복)과 쌀을 포상하였고, 같은 해 12목 여러 주(州)에 있는 경학·의학 박사에게 주식(酒食)을 내렸으며, 11년에는 좋은 땅에 서재(書齋)와 학사를 널리 경영하였고 토지를 주어 학사 운영에 충용토록 하고 국자감을 창립하였다.[3]

이같이 융성하던 교육상태가 여진과 거란과의 전쟁으로 끊임없이 외란이 계속되면서 문교에 대한 행정이 강하지 못하고 사기가 해이해짐에 따라 침체되었다. 목종 6년(1003)에 3경·10도 박사, 사장(師長)에게 영을 내려 학생을 장려하게 하고, 주위 학자를 추천하게 하였으며, 문종 17년(1063)에는 "국자감 학생들이 근래에 학업을 폐기하는 일이 많으니 책임 학관은 이제부터 스스로 노력을 배가하며, 연말까지 장단점을 비교하고 거취를 정하며, 유생은 국자감에 있은 지 9년에, 율생은 6년에 우매하여 이룬 공이 없는 자는 다 내쫓으라"는

---

[3] 성종의 적극적인 교육정책은 과거제와 직접적인 연관을 가지고 있었다. 과거제는 광종 때 지방 유력자(호족)의 세력 약화와 중앙집권적인 왕권 강화의 일환으로 실시되었다. 즉 과거제는 관리 등용의 기준을 제공하여, 경제적·군사적 기반을 유지하려는 기존의 지방 유력자 세력을 약화시키고 이를 통하여 왕권을 강화하는 데 결정적인 제도였다. 따라서 과거제의 실시는 제도교육을 필요로 하였고 개국 초기의 불안정을 극복한 성종 대에 이르러 적극 장려되었던 것이다. 그리고 성종이 주요 교육대상으로 삼은 것은 지방 유력자의 자제들로서 이들은 일단 중앙관료가 되면 개경으로 옮겨 와 살면서 자손들에게 관료라는 직업을 물려주도록 하였다. 이들이 곧 고려 지배세력의 중추인 문벌귀족을 형성하였다.

조서를 내렸다. 여기에서 향학열이 해이해진 것을 알 수 있으며, 숙종 7년(1102)에는 재상 소태보(邵台輔) 등이 "국학에서 선비를 양성할 비용의 예산이 없으니 실로 백성에게 폐가 되고 또 중국의 법은 우리나라에서 행하기 어려우니 버리자." 하는 건의가 있었다. 왕이 허락하지 않았으나 여기서 위정자가 장학열이 없었던 것을 알 수 있다.

예종 원년(1106)에 "3경 8목 통판<sup>*4)</sup> 이상과 지주사, 현령에 문과 출신자는 모두 학사(學事)를 받으라." 하였고, 2년제에 "학문을 두어 어진 이를 양성하는 것은 삼대 이후의 정치의 근본이다. 담당관들의 의론이 미정이니 마땅히 빨리 시행하라. 예종이 바야흐로 문학을 일으키려고 이 조서를 내렸으나 선비가 다 반겨하지 아니하고 대신 가운데 한 사람도 받드는 이가 없어서 모두들 안타깝다고 하였다"고 하였으니, 당시 문교행정자와 선비의 면학심이 얼마나 마비되었던가를 알 수 있다. 이리하여 목종 때부터 예종 초까지 약 백 년간 고려의 관학(官學) 교육은 보잘것없었다.

관학이 이와 같이 쇠퇴한 틈을 타서 필연적으로 발생한 것이 사학(私學)이니, 이 사학이 발흥한 것은 고려 문운(文運)에 다행한 일이었다. 문종 7년(1053)에 칠십 노령으로 벼슬에서 은퇴한 최충(崔沖)이 학생을 모아 구재(九齋)를 설립하였다. 이것을 본받아 당시 유지 11명이 각각 사학을 스스로 설립하여 대량으로 인재를 양성하였으니, 이것이 '12도(十二徒)'라고 일컫는 우리나라 교육사상 유명한 사실이다. 구체적 설명은 다음으로 미루고 여기서는 연혁과정의 과제로만 다루어둔다.<sup>2)</sup>


## 2) 중기(예종~충렬왕 29=1106~1303)

예종과 인종 시대는 고려의 교육이 최고조에 달하였다. 예종은 침체된 문운을 활발하게 향상시키기 위하여 열의를 가지고 조야(朝野)의 기풍을 만회하였다. 학자 김수자(金守雌)도 "오직 우리 예종이 단호하고도 명석하게 스스로 결단하여 분분한 의론을 배척하고 학사를 처음으로 일으키어 인재를 육성하고 도를 중히

---



112

여기니 사방의 많은 선비가 불을 좇듯이 모여들었다"<sup>3)</sup>고 하였다. 즉위 2년에 내린 조서에 반응이 없는 조정 신하의 소극적 태도를 배제하고 4년에는 국학에 7재를 두고 대학에 최민용(崔敏庸) 등 70명과 무학(武學)에 한자순(韓自純) 등 8명을 뽑아 분담시키고 11년에는 "문학과 무학 두 학문은 국가 교화의 근원이다. ……일찍이 지휘를 내려 그 두 학문을 일으켜 학생들을 양육하고 이들로써 장래 장수와 재상의 등용을 준비하고자 명령하였는데 해당 유사들이 각자 이론을 고집하여 아직 의론을 정하지 못하고 있으니 마땅히 속히 보고하여 시행하라(文武兩學 國家敎化之根源." ……早降指揮 欲令 立其兩學 養育諸生 以備將來 將相之學 而有司 各執異議 未有定議 宜遠奏 定施行)라는 엄한 명령을 내렸다. 왕이 이같이 문치(文治)의 열의가 있음을 안 국자감 학생 장자(張仔) 등 60명은 9년에 대궐로 나아가 국학을 세우라고 청하였다.

14년(1119) "가을 7월에 비로소 국학에 양현고<sup>*5)</sup>를 세우고 인재를 양성하며…… 왕이 유학과 무술에 열의를 갖고 유사에 명령하여 학회를 널리 설립하고 유학 60명과 무학 17명을 두고 가까운 관리로 하여금 사무를 관장하게 하였으며 이름난 유학자를 뽑아 학관, 박사를 삼고 경의(經義)를 강론하게 함으로써 가르치고 이끄니 문풍이 점차 일어났다"고 하였다.

예종이 재임 시에 이같이 열의를 가지고 중흥시킨 교육에 대하여 다시 인종이 그 뜻을 계승하였다. 국자, 대학, 사문(四門)에 입학 자격과 학과목, 연한 등에 대한 학식(學式)을 정하였고, 5년에는 "여러 주(州)에 학교를 세워 도(道)를 널리 가르치라"는 조서를 내렸으며, 7년에는 왕이 국학에 가서 석존제(釋奠祭)를 지내고 학생들로 하여금 경학을 강론하게 하였다. 8년에는 "근년 이래로 학문이 쇠퇴하니 마땅히 30명 이하를 선별하여 뽑아서 입학 양육하게 하고 아울러 교도관을 참상(參上), 참하(參下)<sup>*6)</sup>에 각각 한 명씩을 보내며 학문을 권장하자"는 국학의 상소를 듣고 따랐다. 같은 해 7월에 "국학에서 양성하는 학생이 너무 많아 공급의 비용이 너무 많이 드니, 바라옵건대 그 비용을 줄이어 수양하여 뜻을 이룰

---

3) 『동문선』
*5) 養賢庫: 일종의 장학재단.
*6) 참상관, 참하관은 관품(官品)에 있어서 6품관을 기준으로 6품관 이상을 참상관, 이하를 참하관이라 하여 그 대우의 차이가 매우 컸다.

자 약간 명만 두고 나머지는 다 내보내자"라고 국학생을 줄이자는 어사대[*7]의 상소가 들어오자 국학생이 반대하여 "유학을 숭상하고 인재를 육성하는 것은 나라를 다스리는 근본이므로 삼대 이후로 선왕의 정치가 이것으로 먼저 업무를 삼은 것은 대개 근본인 것을 안 때문이다. …… 우리 국가가 삼한을 가졌으니 이미 부강하여 학교를 일으키고 인재를 길러서 풍속, 문물이 일변하여 도(道)에 이르렀다. 지금 국가의 학생이 그 수가 이백 명에 불과한 데 유사가 비용을 줄인다고 삭제하려 드니 어찌 우리 임금의 도를 존중하고 유학을 숭상하는 뜻이겠는가 …… 운운." 이렇게 상소하였는데 왕이 곧 듣고 허락하였다.[4]

예종, 단종 양대의 교육행정이 이같이 적극성을 가진 결과는 인종 17년(1122)에 사신으로 고려에 왔던 송나라 서긍(徐兢)의 『고려도경(高麗圖經)』을 통해서도 알 수 있다.

> 비록 연한(燕韓)의 외진 데 위치하였으나 제(齊)나라와 노(魯)나라의 기운이 있다. …… 근자에 가 보면 임천각(臨川閣)에 보관된 책이 수만 권이고, 청연각(淸燕閣)에도 경사(經史)와 자집(子集)과 사부(四部)의 책을 가득 채워둔 것을 알겠고, 국자감을 세우고 유학관리를 선택하였는데 매우 완비하였고, 학사를 세우고 넓히고 태학(太學)의 월서(月書), 계고(季考)의 제도를 수용하여 제생(諸生)을 차제(次第, 차례)한다. 위로는 조정의 관리가 의례에 익숙하고 말이나 글이 우아하며, 앞으로는 마을 입구와 거리에 경관(經館), 서사(書社)가 두셋씩 서로 바라보이며 민간 자제의 미혼자가 무리로 모여 스승에게 경학을 배우며 좀 성장하면 각각 끼리끼리 벗을 택하여 사관[*8]으로 가서 강습하고 아래로는 미천한 아이도 역시 마을의 선생에게 배운다. 아, 훌륭하도다.[5]

이같이 40년간 고조에 이른 고려의 교육은 다시 흑막에 덮여 쇠퇴할 비통한

---

*7) 御史臺: 고려 때의 관청으로서 시정(時政)을 논하며 풍속을 바로잡고 모든 관리를 감찰 탄핵하는 일을 맡았다.

4) 주 2)와 같음.

*8) 寺觀: 중이 사는 곳과 도사가 사는 곳으로 여기서는 훌륭한 스승이 있는 곳을 뜻함.

5) 서긍, 『고려도경』 권40.

운명에 빠지게 되었으니 이는 곧 의종이 왕위에 오르면서부터(1147) 정사를 게을리 하고 놀기를 좋아하여 문사(文士)들과 절에 가서 술 먹고 노는 것으로 밤을 새우기 일쑤였기 때문이다. 그럴 때마다 호위하는 군인들은 몰취미한 고생을 하여 나쁜 감정이 생겼다. 예를 들면 "화평재(和平齋)에 가동하였을 때에 왕이 대궐 밖 출입을 때도 없이 하여 매양 훌륭한 경치에 이르면 문득 가던 길을 멈추고 동행한 문신(文臣)과 더불어 마시고 읊으며 돌아오기를 잊으니 호위하는 군인들이 피곤하여 원망이 생긴다. 장군 정중부(鄭仲夫)가 나아가 곧 용행수(龍行首)를 끌고 교원(敎員) 이의방(李義方), 이고(李高)가 좇았다. 중부에게 은밀히 말하되 오늘날 문신은 득의하여 취하고 포식하는데 무신은 다 배고프고 피곤하니 이것이 참을 수 있는 일인가. 중부가 일찍이 수염을 태운 감정이 있어 드디어 흉모를 가졌다." [6)*9]

의종의 경솔한 행동과 문신 총애와 무신 멸시에서 생긴 군인들의 원한은 문인에게 혹독한 화가 되었다. 의종 24년(1170)에 정중부의 반동으로 문신이 대학살을 당하고 정치권력이 무신의 손으로 돌아갔다. 당시에는 문인이 살아갈 길이 없어 절로 가서 중으로 변신하여 화를 면한 자가 허다하였다. 무신정권과 최충헌(崔忠獻) 일당의 독재와 몽고의 침략이 계속되는 동안에 교육은 아주 침체되어 보잘것이 없게 되었다. 학문을 배울 이가 갈 곳이 없어 중에게 배우게 되었으니, 충숙왕 원년(1314)에 충선왕과 이제현(李齊賢)과의 문답으로 증명할 수가 있다.

상왕(上王)이 제현에게 묻되 우리나라가 예전에는 문물이 중국과 같다고 일컬었는데 이제 학자가 모두 석가를 좇아 장구(章句)를 익히니 어찌함인가? 대답하되, 예전에 태조 …… 학교를 처음 일으키어 인재를 양성하였고 ……

---

6) 『동국통감』 권 25(의종).

*9) 정중부가 개인적으로 문신에 대한 원한이 싹트기 시작한 것은 그가 인종 때 상경하여 견룡대정(牽龍隊正)이란 직책에 올랐을 때의 일이다. 즉, 그때 재상 김부식의 아들 김돈중이 촛불로 중부의 수염을 불사르니 중부가 화가 나 돈중을 묶어 욕을 보였다. 부식이 이를 듣고 중부를 고문하려 했으나 왕이 모면케 해주었다. 이 일로 중부의 문신에 대한 원한이 싹트기 시작했지만, 소위 무신정변의 기본 원인은 묘청의 난 이후 고려의 무사적 전통이 꺾이고 그로 인해 무신을 멸시하고 문신을 우대한 풍조로 말미암은 것이다.

광종 이후로 문교를 더 닦아 안으로 국학을 높이고 밖으로 향교를 벌여 고을마다 교육을 장려하였으니 소위 문물이 중국과 같다는 것이 지나친 말이 아니었습니다. 불행히 의종왕 말년에 무인의 변이 일어나 옥석(玉石)이 함께 타니 호랑이의 입에서 벗어나 깊은 산으로 도망하고 관복을 벗고 가사를 쓰고 남은 세월을 마쳤으니, 신준(神駿)·오생(悟生) 같은 류가 이것입니다. 그 뒤에 국가가 차차 문치(文治)를 회복하니 비록 학문에 뜻을 둔 선비가 있어도 배울 곳이 없어 모두 이 무리를 좇아 강습하는 까닭에 신은 학자가 석가를 좇아 배우는 것의 그 근원이 이렇다 하나이다.[7]

그리고 또 충숙왕 원년(1314)에 내린 왕의 교서(教書)에도 교육의 성과가 불량하였던 것을 알 수 있다.

교서에 가로되 백성을 교화하여 풍속을 이루는 것이 반드시 학교로 말미암은 것인데 이래로 성균관에서 부지런히 가르치고 깨우치지 아니하고 학생들이 모두 직무를 팽개치고 삭망전(朔望奠, 상중喪中에 있는 집에서 다달이 초하루와 보름날 아침에 지내는 제사)과 이정(二丁)의 제사에도 다른 평계를 말하고 참례하지 아니하여 선왕의 법에 이그러짐이 있으니 좨주(祭酒)로 하여금 전알(奠謁, 참배)을 행하고 수결(修潔)을 힘써 숭상하게 하고 뭇 유생 가운데 참례하지 않는 자는 백금 한 근을 징수하여 양현고에 채우라.[8]

이렇게 의종 초부터 충렬왕 말까지 약 백오십 년간은 고려의 교육이 수난을 당하여 정체한 상태에 있었다.

### 3) 하기(충렬왕 30~공양왕=1304~1392)

충렬왕 30년(1304)에 안유(安裕)[*10]의 건의로 6품 이상은 각각 은(銀) 1근(斤)씩, 7품 이하는 포(布)를 내게 하여 대학의 장학기금으로 충용하게 하고 왕도 자신의 재물을 내어 도왔다. 안유가 남은 돈으로 김문정(金文鼎)을 중국에 보내어 육경과

---

7)  위의 책, 권42(충숙왕).
8)  위와 같음.

제자사(諸子史)를 구입하게 하고 공자와 그 제자 70명의 초상을 그려 오고 경학 교수를 추천하니 7관(管) 12도(徒) 유생들 가운데 수업하러 온 자가 수백이었다.

　　(충렬왕) 30년 5월에 찬성(贊成) 안유가 국학에다 장학기금을 건의하여 두었다. 안유는 학교가 날로 쇠퇴하는 것을 근심하여 양부(兩府)에 의논하되 "재상의 일은 인재교육보다 먼저 할 것이 없다. 이제 양현고가 텅 비어서 교양(教養)에 쓸 수가 없으니 청하건대 백관으로 하여금 은포를 내되 차이가 있게 하여 장학의 기금으로 삼자." 하니 왕도 또한 자신의 재물을 내어 도왔다. …… 안유가 또 남은 돈을 박사 김문정에게 부탁하여 중국으로 보내어 공자와 70제자의 초상을 그려 오고 또 제기(祭器), 악기, 육경, 제자사를 사 오고 또 이진(李王眞) 등 경사(經史) 교수를 추천하니 이에 7관 12도 제생이 경서를 들고 수업하는 자가 수백을 세게 되었다.[9]

　　같은 해 6월에 국학 대성전(大成殿)이 낙성하니 왕이 문묘를 참배하는 예를 행하고 이혼(李混)으로 하여금 입학을 기리는 글(入學頌)을 짓게 하고, 임원(林元)으로 하여금 부모에 대한 효양을 훈계하는 글(愛日箴)을 짓게 하여 학생들에게 돌리고 일신한 기풍을 진흥시키기에 힘썼다.

　　6월에 국학 대성전을 이루었다. 처음에 원나라의 야율희일(耶律希逸)이 궁궐이 낡아 반궁(泮宮, 성균관과 문묘) 제도가 상실되었다고 왕에게 문묘를 다시 지어 유학의 문풍을 떨치라고 권하였다. 이때에 낙성하여 왕이 국학에 가니 물린(勿燐) 임원이 좇고 7관 유생들이 관복을 갖추고 길에서 맞이하며 가요를 드렸다. 왕이 대성전에 들어가 선성(先聖)을 배알하고 밀직사 이혼에게

---

*10) 안유(1243~1306): 즉 안향(安珦)은 충렬왕 12년(1286)에 왕을 따라 원(元)나라에 건너 갔다가 처음으로 『주자전대서(朱子全大書)』를 보고, 유학의 정통이라 하여 국내에 돌아와 주자학을 연구하고 국내에 널리 유포함으로써 우리나라에 최초로 주자학을 받아들였다. 안향이 처음으로 소개한 주자학, 즉 성리학은 이후 조선왕조를 건실하였던 신진사대부들의 정신적 시주가 되었고 조선의 사회개혁과 불교배척의 새로운 지도이념으로 발전하였다.

9) 『문헌비고』 권202(학교고).

명령하여 입학송을 짓게 하고 임원에게 애일잠을 짓게 하여 학생들에게 보이었다.[10]

충선왕 때에(1309) 양현고에 은 50근을 주고 지방의 뛰어난 인재들에게 첩지를 주어 훈도(訓導)로 임명하게 하였다.

충선왕이 즉위하여 양현고에 은 50근을 주고 예문관으로 하여금 군현에 뛰어난 재주가 있는 자를 불러올려 첩지를 주고 훈도로서 임명하였다.[11]

충숙왕 12년(1325)에 "학교는 풍습과 교화의 근원이니 근면과 노력을 엄히 더하여 선발의 조건을 갖추라"[12]는 교서를 내렸다.

공민왕 원년(1352)에 "학교와 향교는 풍습과 교화의 근원인데 국학이 이름만 있고 내용이 없으며 12도와 동서학당이 무너져도 고치지 않고 있으니 마땅히 수선하여 학생을 양육하고 하나의 경서에 능통한 자라도 이름을 기록하여 보고하라"[13]는 교서를 내렸다.

같은 해 4월에 이색(李穡)이 "밖으로 향교와 안으로 학당에서 그 학생의 재주를 시험하여 12도로 올리고, 기한을 정하고 덕예(德藝)를 비교하여 예부에 보고하고 맞은 자는 규례대로 관직을 주고 맞지 않은 자는 벼슬길에 나설 기회를 주며 국학생이 아니면 과거에 응하지 못하게 하자"[14]고 상소를 하였다.

공민왕 6년(1357)에 중외 학교를 수리하였다. 공민왕 16년(1367)에 "중외 유학자와 관리에게 등급대로 재물[布]을 염출시켜 비용을 마련하여 성균관을 동대문 밖에 이전하여 짓고 대사성제*11를 창시하여 이색이 임명되었으며, 생원을 늘리고 경술지사(經術之士)인 김구용(金九容), 정몽주(鄭夢周), 박상충(朴尙衷), 박의중(朴宜中), 이숭인(李崇仁) 등에게 모두 학관을 겸직하게 하였다. 요전에는 성균관 학생이 수십

---

10)  위와 같음.
11)  『고려사』 권74(학교).
12)  위와 같음.
13)  위와 같음.
14)  『문헌비고』 권202(학교고).
*11)  大司成制: 성균관의 최고 관리로서 유학에 관한 일을 담당.

명에 불과하였는데 다시 학식(學式)을 정하고 매일 명륜당에 앉아 경학을 나누어 가르치고 강론이 끝나면 논란하기에 게으름을 잊으니, 이에 학자가 모여들고 정주성리(程朱性理)의 학문이 비로소 일어나니 당시 동방에 들어온 경서는 『주자집주(朱子集註)』뿐이었다……."[15]

이와 같이 안유 이후로 유학의 부흥은 학교교육을 주로 하여 개인적으로 혹은 국가적으로 온 힘을 다하였으나 고려 말기에 주자학파가 뿌리를 박은 것이 한 특색이 되었을 뿐이요, 당시 전국의 학풍은 그대로 퇴폐하여 있었다. 이곡(李穀)이 원나라에서 흥학조(興學詔)를 가지고 들어왔을 때에(1340년 전후) 전국을 두루 돌면서 쓴 기록에 "여러 군을 둘러보니 유학이 퇴양하고 학생이 학업에 태만한 데가 왕왕 있다"[16]고 하였으며, 또 다른 곳에는 "왕궁 서울에서 주현에 미치기까지 모든 교육의 기본이라고 하는 것은 폐지되고 타락하지 않은 곳이 적다"[17]고 하였다. 같은 무렵에 안축(安軸)도 "내가 읍(양양)에 이르니 읍의 북쪽에 문선왕동이라는 동리가 있으니 이곳은 분명 예전에 학문의 근간일 것이다. 폐기된 지 오래된 듯하다"[18]고 하였다. 이런 것으로 보아 중앙과 지방 학교가 상당히 폐퇴되었던 것을 알 수 있다. 또 폐왕 우(禑) 9년(1383)에 우왕이 성균관 학생이 가요(歌謠) 올리는 것을 맞이하다가 학생이 적은 것을 보고 학생이 왜 이렇게 적으냐고 물었다. 염흥방(廉興邦)은 "예전에는 양현고가 충실하여 학생을 잘 기르므로 다투어 입학하던 것이 지금은 궁핍하여 학생을 기르지 못하므로 적다"[19]고 대답하였다.

공양왕 원년(1389)에 조준(趙浚)의 상소에 의하면 "학교는 풍습과 교화의 근원인데 근래에 병란(兵亂) 등으로 인하여 풀밭이 되었다. 시골에서는 유학자라 이름을 걸고 군역을 피하는 위선자가 5, 6월쯤이면 아이들을 모아놓고 당·송 나라 사람의 절구(絶句)나 읽히고 이것을 여름에 하는 공부라 하니 이러하고서야 경서를 밝히고 수양을 쌓는 선비를 얻을 수 있을 것인가. 바라옵건대 지금 이후로는 근실하고 민첩하며 박학한 자로서 교수를 삼고, 간거(間居)하여 유학을 업(業)으로

---

15) 『동국통감』 권48(공민왕).
16) 『동문선』, 김해부 향교수헌기(鄕校水軒記).
17) 위의 책, 영해부 신작소학기(新作小學記).
18) 앞의 책, 양양 신학기(新學記).
19) 앞의 책, 권52(신화辛禑).

한 자로서 교도를 삼아, 자제에게 사서오경을 읽게 하고 사장(師章)을 읽지 못하게 하며, 도와주고 장려하여 성과가 있는 자를 특별히 선발하고 성과 없는 자는 벌하자."[20] 하여 서울의 오부에서 각 도정부까지 유학 교수관을 두었다.

염흥방의 대답과 조준의 상소를 보면 고려가 망할 때까지 교육상태는 보잘것이 없었음을 알 수 있다. 안유, 이색, 정몽주 등 유교 부흥의 대인들이 애쓴 노력도 일부 몇 개인에게만 효과가 있었을 뿐이다. 시일은 너무 짧고 세상의 도는 너무 기울어 전국적 부흥은 바랄 수가 없었다. 공양왕 때는 정몽주가 대사성이었다. 그러나 서산에 기우는 해와 같은 고려왕조의 운명과 함께 고려의 교육도 다시는 소생할 수 없었다. 다만 씨를 심어놓은 성리학파 유교교육은 꽃필 생명을 가지고 새 시대로 넘어갔다.


## 3. 교육제도

### 1) 국초의 학교

"태조 13년에 서경에 행차하여 학교를 창립하고 수재(秀才) 정악(廷顎)을 임명하여 서학박사로 삼고 학원을 별도로 설립하여 육부 학생을 모아 가르치게 하고 아울러 의학, 점복 두 과를 두다."[21]

서경은 평양이니 고구려가 멸망한 뒤에 황폐하였다. 고려 태조가 즉위한 뒤 원년에 황해도 지방 백성을 옮기어 채운 곳이다.[22] 그러므로 태조 13년 때도 신개척지인 관계로 그다지 번성하지 못하였을 것이며, 서학박사를 선발한 것을 종합하여 보면 13년에 세운 학교는 지금 소학교 정도로 보는 것이 옳고 학과는 독서, 습자에 지나지 못하였을 것이다.

별도로 설립한 학원은 육부 학생, 즉 이부·호부·예부·병부·형부·공부인 육대 중추 관아의 관리될 만한 학생을 교육한 것이라든지 또는 성종 때에 여러

---

20) 『문헌비고』 권202(학교고).
21) 『고려사』 권74 학교고.
22) 앞의 책, 권58 지리.

주·군·현의 자제를 뽑아 개경에 와서 학문을 배우게 하였다는 기록[23]에 의하여 생각하면 이 학원은 평양에 둔 것이 아니요 개경에 두었을 것이다. 태조 2년에 개성으로 천도하였는데 개경에는 아무 시설도 없이 평양 한 곳에 두 가지 학교를 두었을 리가 없다. 이 학원은 국자감의 전신(前身)이라 생각할 수 있다. 이때는 신라가 망하기 전이니 신문왕 때에 설립한 대학이 아직 경주에 존재하였다.

## 2) 국자감(충렬왕 때 국학, 충선·공민왕 이후에 성균관)

국자감은 성종 11년(992)에 창립하였는데[24] 예종 4년에 여택(麗澤, 주역), 대빙(待聘, 상서), 경덕(經德, 시), 구인(求仁, 주례), 복응(服膺, 대례), 양정(養正, 춘추), 강예(講藝, 병학) 등의 7재를 두어 문무교육을 장려하였고,[25] 인종 때에 학제가 완비되었으니 식목도감(式目都監)에 명령하여 학식을 자세히 정하였다. 그 내용은 다음과 같다.

### ① 학교의 종류

㉮ 국자학, ㉯ 대학, ㉰ 사문(四門), ㉱ 율학, ㉲ 서학, ㉳ 산학

### ② 입학 자격

㉮ 국자학에는 문무관 3품 이상의 자손, 훈관(勳官) 2품 대현공(帶縣公) 이상 및 3품 이상 훈봉자의 자제.

㉯ 대학에는 문무관 5품 이상 자손, 정·종 3품 증손 및 훈관 3품 이상 유봉자의 자제.

㉰ 사문에는 훈관 3품 이상 무봉(無封) 4품, 유봉 및 문무관 7품 이상의 자제.

㉱ 율, 서, 산 및 주현 학생은 8품 이상과 서인으로 하고 7품 이상의 자제로 청원하는 이에게도 허락한다.

㉲ 국자학, 대학, 사문에는 잡로(雜路), 공(工), 상(商), 악(樂), 명(名) 등 미천한

---

23) 『고려사』 권74 학교고.
24) 위와 같음.
25) 위와 같음.

일에 종사하는 자, 크고 작은 어버이의 공적에 허물을 범한 자, 집안의 도가 부정한 자, 역적질을 하고 귀향한 자, 향촌 부곡인의 자손, 사사로운 죄를 범한 자는 입학을 허락하지 않는다.

### ③ 교수

교수는 국자학, 대학, 사문에 모두 박사와 조교수를 두되 반드시 경학에 뛰어나고 행실이 훌륭하며 어질고 근면하여 스스로의 모범이 될 자를 택하였다. 율, 서, 산학에는 박사만 두었다.

### ④ 교육법

학과[經]를 나누어 교육하되 한 경서를 가르치고 반드시 공부[講]를 마치게 하며 공부를 마치지 못한 자는 업(학과)을 고치지 못하게 하고 연말에 공부한 것을 계산하여 많고 적음에 따라 박사나 조교가 성적을 평가하였다.

### ⑤ 교과

주역, 상서, 주례, 예기, 모시(毛詩), 춘추, 좌씨전, 공양전,*12) 곡량전*13)을 각각 한 학과로 하고 효경과 논어는 반드시 모든 학생의 필수과목으로 하였고 율학에는 율령, 서학에는 팔서, 산학에는 산술을 가르쳤다.

### ⑥ 교육 연한

효경과 논어를 합하여 1년, 상서 공양전, 곡량전이 각 1년 반, 주역, 모시(毛詩), 주례, 의례가 각 2년, 예기, 좌전이 각 3년인데26) 재학 연한은 신라와 같이 9년이 원칙이었던 듯하다. 문종 17년에 "유생이 국자감에 있은 지 9년이 되고 율생이 6년이 되어도 우매하여 성과가 없는 자는 모두 내쫓아라"27)고 한

---

*12) 公羊傳:『춘추』의 주석책 중의 하나.
*13) 穀梁傳:『춘추』의 주석책 중의 하나로서,『좌씨전』,『공양전』,『곡량전』을 춘추삼전이라 한다.
26) 위와 같음.
27) 위와 같음.
*14) 爾雅: 중국에서 가장 오래된 3권으로 된 자서로서『시경』,『서경』중의 문자를 추려 19

것을 보아서도 알 수 있다.

### ⑦ 학습법

먼저 『효경』, 『논어』를 읽고 난 다음에 여러 경전을 읽고 산학을 익히며 시무책(時務策)을 익히고 틈틈이 매일 글씨 한 장을 쓰고 국어(중국 책이름), 설문(說文), 자림(字林), 삼창(三倉, 자서字書의 총칭), 이아[*14]를 아울러 익혔다.

### ⑧ 정원

국자학, 대학, 사문이 각각 삼백 명이고, 학생의 재학은 연령순으로 하였다.

### ⑨ 율·서·산

국자학에서 배웠다.[28]

## 3) 향교

향교는 지방 학교이다. 고려의 향교제도가 언제 창설되었는지는 분명하지 않다. 인종 5년(1127)에 "여러 주(州)에 조서를 내려 학교를 세워 교도(教道)를 넓혔다"[29]는 기록을 보아 인종 때나, 혹은 이보다 앞서 성종 11년(992)에 "좋은 땅을 얻어 서재를 널리 경영하였다."[30] 하였으니 성종 때로 추측할 수 있겠으나, 만일 성종 때에 향교가 여러 주에 설립되었으면 인종 때에 여러 주에다 "학교를 세우라"라는 조서를 내릴 이유가 없다. 그러므로 인종 때에 여러 주에 향교가 생겼다고 보면 틀림이 없을 것이다. 향교는 공자를 제사하는 문선왕묘를 두고 이것을 중심으로 학문을 강론하는 명륜당이 있기에, "우리나라의 향교의 제도는 문묘와 학교가 같은 집이라"[31]는 이곡의 말을 보아 조선시대의 향교와 큰 차이가 없었던 것이다.

고려의 향교교육은 기록이 없으나 충혜왕 때에 이곡이 여러 군을 두루 돌아본 기록에 의하면 그때에 벌써 향교교육은 쇠퇴하여 보잘것없었다. 생각하건대

---

편으로 나누고 문자의 뜻을 전국시대, 진한대의 용어로 해설한 책.
28) 위와 같음.
29) 위와 같음.
30) 위와 같음.
31) 『동문선』, 영해부 신작소학기.

조선에서 향교교육이 부진한 것과 같이 고려시대에도 번창하지 못하였던 듯하다.

## 4) 동서학당과 오부학당

원종 2년(1261)에 "동서학당을 두고 별감을 보내어 학문을 가르치고 지도하였다."[32] 하고, "안으로 오부학당을 세우고 밖으로 향교와 더불어 유술(儒術)을 흥하게 하였다."[33] 하였으며, 당시에는 관·사립 학교를 총칭하여 "성균, 십이도, 동서학당, 여러 주군의 향교"[34]라 한 것을 종합하면 원종 때에는 동서에만 세웠던 것을 정몽주가 대사성이 되었을 때에 오부에다 세웠던 것이며, 학당은 수도에 두어 향교와 대립하였던 것이나, 곧 수도에 있는 학생을 향교교육 정도로 교육시키던 제도였다. 곧 학당과 향교는 같은 종류, 같은 등급의 학교였던 것이다.

## 5) 십이도(十二徒)

십이도는 사학(私學)이니 이 사학은 우리나라 역사상에 기록된 것으로는 가장 유명한 사학이며, 이 사학의 거인은 최충이다. 최충은 해주 사람으로 목종, 현종, 덕종, 청종, 문종 5대를 역임하였고 문무의 재능을 겸한 자이다. 문종 7년에 72세의 고령으로 벼슬길에서 물러난 후 집안의 재산과 봉록을 다 써가며 후진을 모아 가르치기를 부지런히 하니 사방에서 학생이 모여들어 문전성시를 이루었다. 9재를 설립하고 이 학생들을 나누니 9재의 이름은 '악성(樂聖)', '대중(大中)', '성명(誠明)', '경업(敬業)', '조도(造道)', '솔성(率性)', '진덕(進德)', '대화(大和)', '대빙(待聘)'이었다. '시중(侍中) 최공도(崔公徒)'라 불렀으며 과거에 응시하려는 자제들이 반드시 먼저 이 공도 중에 들어가 수학하였다. 매년 여름이면 승방을 빌려 여름 학업을 닦고 공도 가운데 학문이 우수하면서 급제하고도 관직에 나아가지 않은 자를 택하여 교도하니 그 학과는 9경과 삼사(三史)며, 간혹 시를 짓고 술을 마시며, 어린아이와 어른이 좌우에 늘어 있되 나아가고 물러섬에 예가 있고 장유(長幼)의 질서가 있어 칭송이 자자하였다. 이 밖에 당시의 유신으로 공도를 세운 이가 11명이 있었으니 홍문(弘文) 공도 시중 정배걸(鄭倍傑), 광헌(匡憲)

---

32) 『고려사』 권74 학교고.
33) 『고려사』 권117 정몽주전.
34) 『고려사』 권74 학교고.

공도 참정 노일(盧日), 남산도 좨주 김상빈(金尙賓), 서원도 복사 김무체(金無滯), 문충공도 시중 은정(殷鼎), 양신공도 평장 김의진(金義珍, 혹은 낭중 박명보), 정경공도 평장 황영(黃瑩), 충평공도 유감(柳監), 정헌공도 시중 문정(文正), 서시랑도 서석(徐碩), 구산도(미상) 등이 있었으며 최충의 공도가 가장 성대하였다.

십이도의 수준은 국자감 유학부와 같은 등급이었다. "향교와 학당 학생을 상고하여 십이도로 올리고 십이도를 상고하여 성균으로 올리자"는 이색의 말을 보아도 향교보다 높은 수준이었고 성균으로 올린다는 것은 국학생만 과거에 응시하게 하기 위하여 사학 출신을 국학으로 편입한다는 의미이다. 다시 말하면 사립대학의 자격이었다.

십이도는 당시 국가에서 감독하였던 것이니 인종 11년에는 각 공도 유생 중에 마음대로 다른 공도로 옮기는 자는 동당감시(東堂監試)에 응시하지 못하게 하여 이유 없는 전학을 방지하였으며, 17년에는 동당감시 후에 여러 공도 유생을 국자감에서 50일간 학과를 습득하게 하였고, 접사(接寺) 30일과 개인시험 15수(首) 이상 제술[15]한 자를 교도가 조사를 정밀히 한 후에 각각 성명 아래에다 접사한 날짜와 개개인에게 시험한 제술의 수수(首數)를 기입, 보고하여 과거에 응시하게 하고 여러 도의 교도가 접소를 떠나지 않고 학업을 독려한 자는 학관에 빈자리가 있을 때에 자리를 보충하는 데 우선권을 주어 포상하였다. 이 십이도는 국자감이 미미하고 향교가 서지 않은 시대에 생겨서 고려 일대(一代)를 통하여 교육에 막대한 공적을 쌓고 약 390년 만인 공양왕 3년(1291)에 이르러 폐지되었다.[35]

## 6) 서당

고려 때에 서당에 관한 기록은 참고할 수 없으나 다행히 송나라 사람 서긍의 『고려도경』에 나타난 것으로 짐작할 수 있다. 이 책 제1장에 적힌 것과 같이 "마을 입구와 거리에 경관(經館)과 서사(書社)가 두셋씩 서로 마주보며 서 있고 민간인 미혼 자제가 무리로 모여 스승에게 경서를 배우며 좀 성장하면 끼리끼리 벗을 택하여 사관으로 가서 강습하고 아래로 미천한 아이도 역시 마을 선생에게 배운다"는 것은 곧 당시의 서당이 얼마나 많았던가를 말한 것이다. 조선시대의

---

*15)　製述: 시나 글을 짓는 것으로 과거의 하나.

35)　위와 같음.

서당제도가 고려의 것을 답습했을 것이며, 따라서 고려의 서당제도가 조선의 것과 비슷하였을 것으로 보인다. 그러므로 서당 교육은 조선 편으로 넘기고 생략한다.

## 7) 문묘

고려의 정권 확립기에 봉건왕도(王道) 이데올로기 교육의 강화가 무척 중요해졌다. 곧 봉건왕도의 이데올로기를 생산·확충하는 데는 공자를 문성왕으로 추대하여 '문교왕국'이라고 하는 봉건성국(封建聖國)을 만들고 유교사상을 고취하여 정교 일원화를 꾀한 종교 또는 교육의 공작을 한 것이 고려시대의 교육이었고, 이것이 조선 말까지 계속 발전하였다. 그리하여 국자감이나 향교는 다 봉건왕도의 이데올로기를 생산하는 기관이었으므로 반드시 문묘가 부속하였다. 이 문묘에는 공자를 위시하여 현철(賢哲)·공(公)·후(候)·백(伯)·자(子)·남(男)을 좌우에 나열해놓고 제사를 지낼 때에는 임금이 친히 와서 예를 행하여 봉건도를 형식으로 신성화하고 보장하는 한편, 봉건사상을 철학화하고 봉건도덕을 윤리화하고 봉건이념을 이론화하는 것이 유교식 교육의 정체였다. 그러므로 문묘는 만드시 국자감 창설과 동시에 창설되었다고 생각된다. 그리하여 "국초에 문선왕묘를 국자감에 건립하고 관(官)을 두고 사(師)를 설치하였다"[36]고 하였다. 이것이 또한 송나라의 모델을 옮긴 것이니, "성종 2년(988) 5월에 박사 왕성노(王成老)가 송나라로부터 돌아와 대묘당 그림 1폭과 책 1권, 사직당 그림 1폭과 책 1권, 문선왕묘 그림 1폭과 제기 그림 1권, 72현찬기 1권을 바쳤다"[37]고 한다.[*16]

---

36) 『고려사절요』 권8.

37) 『고려사』 권3.

*16) 고려가 유학을 하나의 정치이념으로, 통치이념으로 수용한 것은 불교가 아무리 호국이념을 내세운다고 하더라도 그것 자체가 실질적인 통치이념과 방법이 될 수 없었기 때문이다. 이런 점에서 고려의 유교 수용은 신라의 종교적 관념에서 벗어나 새로이 지적이고 합리적인 사상체계를 이룬 것으로 하나의 진전이었다. 그러나 고려의 유학은 단지 과거를 통한 출세의 수단으로만 여겨졌고 교육 또한 과거 준비에 급급함으로써 유학의 이론이나 사상 면에서의 폭넓은 연구가 이루어지지 못하고 시문을 짓는 제술과 사장(詞章)에만 관심을 두어 더 이상의 발전을 보지 못하고 보수적 경향으로 떨어지는 폐단을 초래하였다.

# 4. 과거

## 1) 과거의 과목

신라 원성왕 때에 독서출신과를 정한 것을 일종의 과거법으로 볼 수 있으나 본격적인 과거법은 고려 광종 9년(958) 중국 후주(後周) 사람 쌍기(雙冀)의 말을 채용하여 처음 시작한 것이다. 이때부터 사람을 뽑는 법이 전부 과거에 있고 해마다 선비를 뽑되 정해진 수가 없었다.[38] 과거의 과목은 제술(製述)과 명경(明經) 두 과목이었고, 의복(醫卜), 지리, 율(律), 서(書), 산(算), 삼전(三傳), 삼례(三禮), 하론(何論) 등 잡과가 있었다.[39]

세세한 과목에 있어서는 때로 더했다 뺐다 하였는데, 인종 14년(1136)에 제정된 절목을 보면, ① 제술과에는 시부(詩賦), ② 명경과에는 상서, 주역, 모시, 춘추, ③ 명법과에는 율, 령, ④ 명서과에는 설문, 오경자양, 장구시일수, 진서, 행서, 전서, 인문일과, ⑤ 명산과 구장, 철술, 삼개, 사가, ⑥ 의과에는 소문, 갑을경, 본초경, 명당경, 맥경, 침경, 난경, 구경, ⑦ 주금과에는 맥경, 유연자방 창저론, 명당경, 침경, 본초경, ⑧ 지리과에는 지리경, 유씨서, 지리결경, 경위령, 지경경, 태장경, 가결, 숙씨서, ⑨ 하론과에는 진서주장, 끽산, 하론, 효경, 곡례, 율전후질이었다.[40]

①의 제술과는 중국인 범중엄(范仲淹)이 말한 바와 같이 "먼저 책론으로 대략적인 줄거리를 보고 시·부로 완전한 재능을, 보다 대략적인 줄거리로는 거류(합격 여부:필자 주)를 정하고 완전한 재능으로는 등급을 올리는 것이 인재를 뽑는 근본이요 진리에 이르는 기본이라." 하는 이론에 의하여 시험으로 인재를 뽑는 것이므로 처음에는 시, 부, 송, 시무책으로 제술 과목을 삼았다. 그 후에 시, 부, 송만으로, 혹은 다시 시, 부, 송, 책으로, 혹은 시, 부만으로, 혹은 시, 부, 책으로 중간에 변경을 되풀이하였던 것이다.

삼전은 춘추의 좌씨, 곡량, 공양이요, 삼례는 주례, 예의, 예기인데, 선종 원년에 "삼례, 삼전과도 또한 전대의 인재를 뽑는 법이니 폐지하는 것이 불가능하다"[41]란

---


38) 『문헌비고』 선거고.
39) 『고려사』 권72 선거.
40) 위와 같음.
41) 위와 같음.

말에 의하면 폐지설이 있었던 듯하다. 숙종 7년에 "삼례, 삼전과 출신자는 별로 등용하지 않았기 때문에 쇠퇴하였다"[42]라는 식목도감의 상주에 의해 보면 별로 필요하지 아니한 과거과이므로 인종 때에는 채용하지 않은 듯하다. 과거의 과목은 당시 학교의 한 과목이었다. 과거의 목적이 인재를 선발하는 데 있고 출세의 길이 과거에 있었으므로 학생들이 학습한 학과가 곧 시험 볼 과목이었고 학생들은 출세의 길을 얻기 위해 이 과목을 수학하였다.

## 2) 과거법과 교육

### (1) 과거법의 사회적 의의

예부터 군주란 자는 누구를 막론하고 백성을 교육할 생각은 없었다. 고려의 군왕들도 그러하였다. 그리하여 학교 입학에 잡적, 공, 상, 악에 종사하는 자와 미천한 부곡인 자손을 허락하지 않았고,[43] 과거에도 오천, 향, 부, 곡악공, 잡류 자손의 응시를 불허하였다.[44] 다만 지식분자를 통제하고 사상을 속박하여 민중을 절대 제압할 만한 나라의 선비를 얻는 것이 군왕의 유일한 희망이었다. 그 욕망을 달성하기 위하여 교육을 하였으니 곧 백성을 목표로 한 교육이 아니요 나라의 선비 양성을 목표로 한 교육이었다. 곧 교육 자체가 '선비를 양성하는' 제도였다.

이처럼 교육의 목적이 '선비를 양성하는' 것인 데서 '교양'이란 술어가 우리 교육상에 중요한 의의를 가지고 통용되게 된 것이다. 과거는 이렇게 교양시킨 나라의 선비 무리에서 좀 더 좋은 인물을 채용하려는 데서 생긴 제도요, 한편으로는 나라의 선비 무리의 지위를 영예롭게 하여 그 무리의 사회적 특수성과 존속력을 확보하는 데 필요하였다. 그러므로 과거는 봉건사상을 배양하고 봉건제도를 확립하는 데 필요하였던 것이며 인간 교육에 대한 폐해가 컸다.

### (2) 과거의 교육사상에 대한 영향

중국의 임시선은 과거의 폐해를 다음과 같이 열거하였다.

---

42) 위와 같음.
43) 위와 같음.
44) 위와 같음.

첫째, 정부는 과거제도를 지식분자 통제도구로 삼았기 때문에 사상이 자유롭게 발전하지 못하였고 후세 학술사상 전도에 준 영향도 지극히 컸다.

둘째, 사대부 계급에 부귀·공명 사상을 양성하는 일, 즉 정부는 과거제도를 이익 유인의 도구로 삼아 저들을 약롱 중의 물건으로 만들지 못할까 염려하여 극력 선전하였다. 송나라 진종의 권학편에서는 다음과 같이 말하였다. "책 속에는 저절로 온갖 곡물(千種粟)이 있고, 책 속에는 저절로 황금의 집이 있다. 책 속에는 저절로 옥 같은 얼굴이 있고, 책 속에는 수레와 말이, 활과 화살 같은 것이 많다."

이것은 책을 읽음으로써 의, 식, 주, 행(行), 성(性) 모든 것이 만족하도록 해결된다는 것을 주장한 것이다. 의, 식, 주, 행, 성은 인간생활의 가장 중요한 부분이므로 이런 것이 다 만족하도록 해결이 된다면 부귀의 신분이 아니고 무엇인가. 사실 일반 독서인이 책을 쥐고 놓지 않는 것은 곧 이것으로 공명을 얻고자 하기 때문이다.

정판교(鄭板橋)는 다음과 같이 말하였다. "한 번 책을 손에 들면 곧 진사를 하고 관직을 얻고 어떻게 하면 금전을 착취하고 집을 크게 짓고 많은 토지를 둘까 생각한다."

다시 정확히 말하자면 사대부의 유일한 목적이 부귀공명에 있다는 것을 설명한 것이다.

셋째, 공허하고 아무 쓸모없는 학문을 양성하는 일, 즉 과거 교육의 유일한 의의는 시험에 필요한 지식을 주는 데 있고 문장형식의 학습에 치우쳐 진실한 학문은 포기하였다. 이렇게 하여 얻은 학문은 도저히 썩 넓을 수 없고 공허 무용한 배움이 아니 될 수 없다.

넷째, 연줄을 찾아가 경쟁하는 데 열중하는 나쁜 습관을 양성하는 일, 즉 사대부의 출세의 길은 관리가 되는 것인데 출세는 과거 외에는 다른 길이 없다. 따라서 사대부의 자제도 시험에 합격하기 전까지는 경쟁으로 관리될 자격을 얻으려고 힘쓰고 시험에 합격한 뒤에는 다시 관리의 길을 경쟁하며 경쟁에 열중한 끝에 몰염치한 나쁜 풍습이 횡행한다.

이상의 네 가지 항목은 과거가 교육사상에 직접 영향을 주어 천여 년을 변하지 않은 것이다. 묻노니 과거 교육의 통제 아래에서 지식분자가 벼슬길에 나아가려고 종신토록 바빴으니 어떻게 학술·사상 연구의 자유가 있을 수 있겠는가. 따라서 참된 대학자들은 충심으로 통탄하였고 주희, 육상산 등은 종신토록 반대를 계속하였다. 과거 교육을 찬성한 이는 아마 하나쯤 배우고 반쯤 깨달은 사람들과 과거 출신의 정객뿐일 것이다.[45]

이 중국 학자가 말한 과거의 폐해는 우리나라에도 꼭 같았다. 고려 광종 때부터 조선 고종 때까지[*17] 936년간의 긴 세월을 두고 과거로 말미암아 지식은 실속 없이 겉치레만 화려하여 천박해지고, 학문은 모리와 투기의 도구로 변하고, 세상의 도리는 협잡과 부정으로 변하였으며 인재 등용은 공평을 잃었다.

이제현은 "과거를 설치하여 선비를 뽑는 것은 글을 사용하여 풍속을 교화한다는 광종의 뜻에 도움이 없다고는 할 수 없으나, 오직 실속 없고 겉치레뿐인 글을 번창시켜 후세의 폐해는 이루 말할 수 없다"고 하였다.

또한 안정복(安鼎福)은 "광종이 중국의 풍속을 즐겨 숭모하여 단행하였으나 …… 마침내 선비의 풍습이 허위(虛僞)해지고 인재가 풀이 죽었다. 전례대로 좇아서 이제까지 이르렀는데도 변할 줄을 모르니 탄식하여 마지않는다." 하였다.

중종 14년에 조정의 신하들이 "우리나라는 인재 등용에 오직 과거 한길로서, 문장을 읽은 선비를 모아 누가 조금 나은지를 비교하므로 덕(德)이 높은 훌륭한 유학자는 가난한 집안에서 늙어 죽는다"고 건의하였다.

그리고 조광조(趙光祖)는 "국가가 인재를 뽑는 데 과거에만 오로지 의지하니 세상의 도리가 점점 흐트러지고 선비의 풍습은 날로 변하며, 과거 과목을 배우는 자는 오직 사장(詞章)을 암기하기에만 힘쓰니 의리의 여하를 몰라서 교화가 일어나지 않고 다스리는 도가 날로 천해진다"고 하였다.

이이는 "요즘 세상은 과거로써 인재를 뽑으니 하늘을 통할 학문과 남보다 뛰어난 훌륭한 실천이 있어도 과거가 아니면 도를 행할 지위에 나갈 수가 없다. …… 과거 외에 다른 방법이 없으니 선비의 풍습이 변하는 까닭이 여기에 있다"고 하였다. 이식(李植)은 "문예(文藝)로 인재를 뽑는 것은 말세의 폐습이요, 사장만을 기억하고 암송하는 것은 옛사람이 이단이라 하였다. 치도(治道)의 해를 가히 알 수

---

45)  임시선, 『지나교육사상사』.

*17)  과거제의 폐지는 1895년 갑오개혁 때 이루어졌다.

있으며 …… 나라에서 사람을 씀에 오로지 문사(文士)만을 취하니 …… 비록 성현 호사(豪士)가 이때에 난다 하더라도 뚜렷이 드러나기 어렵고 절개 있는 행동과 능력 있는 선비는 더욱 앞으로 진출할 수 없다"고 하였다.

이개(李槪)는 "우리나라의 과거가 매우 잦으니 현명하고 재능 있는 사람이 배출되는 것이 의당할 터인데 재능 있고 어질고 덕 있는 선비가 전혀 없고 저잣거리에 허다히 볼 수 있는 자만 겨우 있으니, 눈물의 탄식을 금하지 못하며 과거가 잦을수록 선비의 풍습은 날로 변하고 인재는 날로 떨어지니 한스럽다"고 하였다.

정경세(鄭經世)는 감시 유생들에게 "과장에 이르러서 망연히 시문의 어귀를 배치할 바를 알지 못하고 부득이 다른 사람의 작품을 몰래 취하여 요행의 계책을 삼으므로, 한 사람이 적으면 백 사람이 전취하여 유사(有司)도 부득이 그 가운데에서 뽑아 사람 수를 채우니, 오호라 이것이 어찌 과거를 설치하여 인재를 뽑는 본래의 뜻이겠는가." 하고 통탄하였다.

조익(趙翼)은 "우리나라가 인재를 뽑는 데 경서를 보지 않고 외우는 것으로 정식을 삼은 까닭에 모두 암송하는 데 힘써 글의 이치에 어둡고 문자에 짧다"고 하였다. 김육(金堉)은 "과거의 잦음은 다만 국가의 큰 폐일 뿐만 아니라 또한 선비의 공부에 방해라"라고 하였다.

유형원(柳馨遠)은 응시 알성과에 대하여 "인심이 유랑하고 풍속이 경박해지며 공허한 말과 문장이 날로 천박함에 흐르는 것은 과거의 폐해가 아닌 것이 없다"고 하였다. 박세채(朴世采)는 "왕왕 남의 도움과 사사로운 촉탁으로 되고 불공부정한 일이 많다"고 하였다. 김수항(金壽恒)은 "선비들이 오직 문자를 표절하는 것을 출세의 지름길로 삼는다." 하였다.

이의현(李宜顯)은 "선비가 글의 뜻을 연구하지 않고 암송과 제술만 일삼으며 다른 사람으로 하여금 대리시험을 보게 하면서도 꺼리지 아니하여 사람들이 이것을 예사로 안다. 그러므로 명경과에 급제한 자로서 문학을 모르는 자가 많으며 …… 선비가 적게 읽고서 오직 앞사람의 것을 표절하여 과명을 얻었으므로 식견이 보잘것없고 학술을 가히 논할 것이 없다"고 하였다. 정조 윤음(綸音)에 "요즈음 조정의 큰 폐가 과거보다 심한 것이 없다. 요행으로 된 자가 너무도 많아 일 년이면 일 년이 심하고 하루면 하루가 심하니 사람이 사람으로 될 수 없고 나라가 나라로 될 수 없다. 이것이 큰 변이 아닌가." 하였다.

심환지(沈煥之)는 "근세 이래로 선비의 풍습이 타락하니 사방이 본을 받아 혹은 한 권의 책도 읽지 아니하고 붓을 쥐어보지 않은 자가 유건을 쓰고 사람을 따르며, 서울 사족의 소년은 책 읽는 것을 수치로 알고 향곡의 비천한 백성도 다 농사를 버리고 군적에서 빠지기 위하여 과거를 본다고 재산을 팔아 양식을 지고 천 리의 길을 마다하지 않고 요행의 바람을 가지니, 벼슬길이 엄숙하지도 깨끗하지도 않고 과장이 지저분하고 문란한 까닭이 여기에 있다"고 하였다.[46]

### (3) 과거법이 계속된 이유

앞에서 말한 바와 같이 폐해가 많은 과거법이 어떠한 이유로 근 천 년을 계속되었는가.

첫째, 과거의 시험범위가 간단하여 시험 준비에 적합한 교육제도 또한 간단하였다. 그러므로 열의만 있는 자라면 누구나 학교를 세우고 교육을 할 수 있었다.

둘째, 과거는 평민이라도 곧 재상의 지위에 오를 수 있는 제도이기 때문에 지식분자가 환영하였다.

셋째, 과거는 진정한 학자를 양성하고 참된 학문을 장려하는 데는 큰 방해가 되었으나 공리심과 명예욕을 이용하여 국민 일부에게라도 문학지식을 보급하는 데는 효과가 많았기 때문에 그만한 범위 내에 학문을 장려하는 방법으로 필요하였다.

마지막으로 군왕의 지식분자 통제정책이 계속된 만큼 과거제도 계속되지 않을 수 없었던 것이다.


# 5. 고려의 사상 싸움과 교육사상

## 1) 상반기의 사상

---

46) 『문헌비고』, 선거고.

고려는 신라의 문명을 계승하였으므로 신라 때의 풍속이 그대로 전수되었다. 그리하여 낭, 유, 불 삼가의 사상이 고려사회를 지배하고 있었다. 낭은 삼국시대 편에서 말한 화랑이니 국풍파의 중진으로 고려 사회사상의 일위를 차지하였다. 유는 공자를 숭배하는 것이니 삼국 중엽에 들어와 통일 후에 유교식 교육을 통하여 고려에 전해졌고 광종 이후로 점점 고려사상에 영향을 주었다. 불교는 석가를 받드는 종교이니 삼국 말엽부터 융성하여 조정과 백성이 모두 신봉하여 고려 사회사상에 위세를 가졌다. 그런데 원래 불교는 어느 나라에 가든지 그 나라의 풍속, 습관과 타협하는 것이 특징이다. 그리하여 당시 불교가 화랑도와 잘 타협하였던 것은 삼국시대 편에서 설명하였다. 그러나 유교는 제도, 윤리 등으로 다른 종교를 배척하는 성질이 강한 것이다.

신라 진흥왕 때는 화랑도가 삼교(儒, 佛, 仙)를 포함하였던 것인데, 고려 성종 원년(982)에 최승노(崔承老)는 "불교를 숭상하는 자는 내생(來生, 죽은 후에 다시 살아남)의 인과를 심고 나라를 다스리는 요체가 적다"고 배척하였고, 또 삼교는 맡은 바가 각각 있으니 하나로 섞는 것이 불가능하다 하여[47] 불도와 낭도를 모두 배척하고 유학자를 등용하기 시작하면서 유학을 더욱 장려하였으며, 이에 낭파와 불파는 불평을 가졌으니 곧 전 국민이 불평하였던 것이다.

예를 들면 성종 12년에 거란이 침범하니 온 조정이 서경 이북을 할양하여 화평으로 제휴하자고 할 때에 이지백(李知白)이 아뢰기를 "선왕의 연등, 팔관, 선량 등의 일을 이행하고 다른 한편 이법(異法)을 하지 않음으로써 국가를 보호하고 태평을 다하고 그리하려면 먼저 신명(神明)에 고한 연후에 싸우든지 화평하든지를 왕이 재단하라"[48]고 하였으며, "당시 왕이 중국풍을 즐겨 사모하여 국민이 좋아하지 아니하므로 이지백이 이렇게 말하였다"[49]고 하였으니 태조 이후로 신라의 화랑회를 계승하여 연등회, 팔관회와 함께 행하다가 성종이 유교를 숭상하고 중국 풍속을 즐겨 사모하여 화랑회, 불법회가 폐지되었던 것이다.

그러나 예종 11년(1116)에 "사선(四仙)의 유적지에 영예를 더하고…… 국선의 일은 요사이 벼슬길이 많아져서 구하는 자가 없으면 대관리의 자손으로 행하게

---

47) 『동국통감』 권14(성종).
48) 위의 책.
49) 앞의 책.

하라"[50]는 조서를 내렸다. 사선은 화랑의 네 명의 성인, 즉 영랑, 술랑, 안상, 남랑이며, 국선은 화랑이니 역사상 기록만으로도 화랑사상이 고려 중엽까지 민간사상으로 전승되었음을 알 수 있다.

이지백의 상소에 대하여 신채호는 "이제 외국의 침략을 당하여, 같이 숭배와 존중의 예대(禮待)를 받던 유교의 여러 신하들이 외적을 물리칠 계책은 털끝만큼도 생각해내지 못하고 도리어 국토를 떼어주는 매국의 계책을 국왕에게 권하는 까닭에 이지백의 이 건의는 먼저 유신의 유약함을 통박하고, 둘째로 낭·불 양가를 위하여 원(寃)을 말하고, 셋째로 국풍파를 대표하여 중국 숭배자를 질타함이니 여기서 낭·불 양가의 국풍파들이 유교도에 대한 불평을 가슴속에 은밀히 품고 있은 지 이미 오래되었음을 볼 수 있다. 이 뒤로 조정의 신하가 드디어 두 파로 나뉘었으니 낭가는 국체상에는 독립, 자주, 칭제(稱帝), 건원을 주장하며 정책상에는 병을 일으켜 북벌하여 압록강 이북의 옛 영토를 회복함을 역설하였다. 유가는 반드시 존화주의의 견지에서 국체는 중국의 속국됨을 주장하고, 따라서 그 정책은 비굴한 글과 후한 폐물로 대국을 섬기어 평화로 나라를 보전함을 주장하여 피차 반대의 입장에서 항쟁하였던 것이다"라고 논평하였다. 화랑파는 국풍적·독립적·진취적 사상이었고 유교파는 외래적·사대적·보수적 사상이었다.

그리하여 예종 때까지는 사상이 통일되었다고 볼 수 없으며, 따라서 교육도 유교 종통(宗統)을 삼았으나 제도를 완전한 중국식대로 하지는 못하였던 것이다.

## 2) 하반기의 사상

고려의 서경 전쟁은 사상전이었다.[*18] 낭불사상을 대표한 묘청(妙淸)과 유교사상을 대표한 김부식과의 전쟁에서 묘청이 패하니 유교사상이 강고한 세력을 얻어 일거일동을 중국식으로 변화시킨 것이 소위 인종 때의 교육제도의 완비이다. 이제 당나라의 국자감 제도를 기록하여 앞에서 서술한 인종 때의 국자감제도와 비교하려 한다.

---

50) 『고려사』 권14.

*18) 1135년 묘청의 난을 가리키는데, 서경천도론을 주장하는 묘청, 백수한, 정지상 등의 서경 출신들과 개경의 문벌귀족을 대표하던 김부식 등과의 싸움으로서, 진압군 총사령관 김부식이 서경에 출정하여 반란을 진압했다.

국자학은 문무 3품 이상과 국공[*19]의 자손 종2품 이상의 증손(曾孫).

대학은 문무 5품 이상과 군현공의 자손 종3품의 증손.

사문학은 문무관 7품 이상 및 후, 백, 자, 남의 자식.

율, 서, 산학은 문무관 8품 이상과 서인의 자식.[51]

이와 같이 학교제도와 과거제도를 중국식 그대로 옮겨 왔다. 그러나 민간에서는 다소 화랑도의 형식이 남아 있었으니 신채호는 "사학을 '최공도', '노공도'라 한 것은 화랑의 원랑도, 영랑도 등을 모방한 것이며 학교의 청금록[*20]은 화랑의 풍류황권(風流黃卷)을 모방한 것"[52]이라고 말하였다.

민간신앙은 끝끝내 불교가 지배하여 고려에는 훌륭한 유학자들이 대개 불경을 읽었다. 그리하여 성균관 대사성의 직책을 가지고 주자학을 가르친 이색도 불경을 읽었다 하여 문묘배향설이 있다가 폐지되었고, 성리학 연구의 선도자인 정몽주도 『능엄경(楞嚴經)』을 읽다가 정도전(鄭道傳)에게서 반성을 구하는 글을 받았다. 그리하여 정도전이 『불씨잡변(佛氏雜辯)』과 『심기리편(心氣理篇)』의 불교를 배척하는 대논문을 발표하였다.[53]

고려 하반기의 민간사상은 불교가 우세하고 교육사상은 유교로 귀일되려고 하였다.


# 6. 저명한 교육가

## 1) 성재 최충

성재는 풍모가 크고 훌륭하며 성품이 꿋꿋하고 곧으며 학문을 좋아하고 가르치기를 좋아하여 9재를 베풀고 구름 모이듯 하는 학생을 가르쳤다.

---

*19) 國公: 고려 5등작의 첫째인 정2품으로서, 옛나라의 이름을 위에 붙이거나 나라[國] 자를 줄여 부르기도 하였다. 예컨대 조선국공(朝鮮國公), 대방공(帶方公) 등이 그것이다.

51) 『당서』.

*20) 靑衿錄: 성균관, 향교, 서원 등에 있던 유생들의 명부.

52) 『조선사연구초』.

53) 『삼봉집』.

그 덕망이 높아 '해동공자'라는 이름을 들었다.[54]

### ① 철학사상

성재는 "하늘(天), 땅(地), 사물(物), 인간(人)의 도가 모두 하나요 하나가 둘이 되고 둘이 만(萬)이 된다 하였다. 만인데 하나란 것은 이(理)와 기(氣)가 으뜸이 같으며 흘러 나뉘면 광대해지나 마침내 으뜸의 미묘한 일기(一機)로 돌아오는 것이다."[55] 하여 '이기일원(理氣一元)'적 개념을 가졌다.

### ② 교육사상

첫째, 기자(箕子) 숭배. 성재는 특히 기자를 숭배하여 학문에도 기성(箕聖)을 제사하였으며 교육사업을 시작할 때에도 "기성이 동방에 들며 남긴 덕화(德化)의 여운을 다시 시작한다"[56]고 하여 우리나라 고대 중국문화가 기자로부터 왔다고 확신하였던 것이다.
둘째, 성인의 도를 가르쳤다.[57]

## 2) 회헌(晦軒) 안유

회헌은 천성이 성리학을 좋아하고 의리를 연구하기를 좋아하였다.[58] 62세 때에 성균관의 대성전이 낙성되니 이동(李憧), 이진(李瑱)으로 하여금 경사 교육을 시키고 직접 글을 지어 뭇 생도들을 깨우쳐 유학의 기풍을 크게 진작시켰다.[59]

### ① 교육의 목적

'인재 양성'에 있었다. 선생은 학교가 크게 무너지고 유학이 부진함을 근심하여 양부(兩府)에 의논하되 "재상의 직책은 인재를 양성하는 데 있다……"[60]고

---

54) 『동국명신』 언행조.
55) 『동방연원록』.
56) 『동국명신』 언행조.
57) 『동방연원록』.
58) 『회헌연보(晦軒年譜)』.
59) 위의 책, 실기 행장.
60) 위와 같음.

하였다.

### ② 교육사상

주자사상의 일관이었다. 국자학의 뭇 학생들을 권하여 깨우친 글 가운데 "공자의 도를 배우려면 먼저 회암(晦菴)을 배워야 한다. 여러 학생들은 면학을 소홀히 하지 마라"[61]라고 하였다.

### ③ 수양의 요지

실천의 도였다. 일상생활의 윤리가 성인의 도라 하여 다음과 같이 말하였다. "성인의 도는 일상생활의 윤리에 불과하니 자식된 자라면 마땅히 효도하고, 신하된 자라면 마땅히 충성하며, 예로써 집을 다스리고, 믿음으로써 친구를 사귀고, 자신을 닦는 데 반드시 삼가고, 일에 임해선 반드시 성실할 뿐이다."[62]

### ④ 훈육방법

엄격과 친애, 타이름, 겉과 속의 일치와 성실하고 존경하는 것과 예법이었다. 여러 학생 가운데 선배에게 예를 갖추지 않은 자가 있어 선생이 장차 벌하려 하니 학생이 사죄하므로 선생이 훈계하기를 "내가 여러 학생 보기를 내 자식과 같이한다. 여러 학생이 어찌하여 선생의 뜻을 받들지 않는가?" 하고 자기의 집으로 데려가서 술을 주었다. 뭇 학생이 서로 말하기를 "선생이 선비를 대하기를 이같이 성의로 하는데 감복하지 않으면 어찌 사람이라 하랴?" 하고 서로 경계하여 어기지 아니하니, 유학의 기풍이 크게 떨치게 되고 배우기를 원하는 선비가 구름 모이듯 하였다.[63]

사사로운 욕심을 이겨내는 데 이미 엄격하고 겉과 속이 일치하며 장중하고 성질이 찬찬하고 자세하여 성실과 존경으로 힘을 쓰고 예법을 삼가 존중하여 사람들이 모두 공경하고 두려워하였으며, 가르쳐 인도하는 데 너그럽고도 제재가 있고 사람이 허물이 있으면 순순하게 타일러 고친 뒤에야 그치니 이런

---

61) 앞의 책, 실기 권1 유국우세생문(諭國于諸生文).
62) 앞의 책, 실기 권1 유국우제생문.
63) 앞의 책, 실기 행장.

까닭에 배우는 자가 많이 따랐다.[64]

### ⑤ 불교사상의 배제

"불(佛)이란 것은 어버이를 버리고 집을 나서며 윤리를 없애고 의리를 어기니 곧 한 오랑캐의 무리이다. ……배울 것을 배우지 않는 자들이 불경 읽기를 좋아하고 그 향 내음 적적한 뜻을 숭배하고 믿으니 내 매우 가슴 아파하노라."[65]

### ⑥ 저명한 후배

한 번 전하여 권국재(부)(權菊齋[溥]), 우이동(탁)(禹易東[倬]), 이가정(곡)(李稼亭[穀]), 이초은(인복)(李樵隱[仁復]), 백담암(문보)(白澹菴[文寶]), 이익재(제현)(李益齋[齊賢])이요, 두 번 전하여 이목은(색)(李牧隱[穡]), 정포은(몽주) 두 사람이 더욱 우수하였다.[66]

## 3) 목은 이색

목은은 품성과 재질이 순수하고 깨끗하며 학문이 정치하며 일찍 집안에서 가르침을 받아 중국 벽옹에 들어가 널리 글을 익히고 성리학을 힘써 다하였고 본국에 돌아와서는 후학을 키워 유학문화를 일으켜 세우는 것을 자신의 임무로 하니 학자가 그를 태산북두와 같이 우러러 흠모하였다.[67]

### ① 철학

㉮ 이성론: 목은은 우주의 법칙은 이(理)요, 삼라만상의 분화는 성(性)이라고 하였다.

"중서(仲舒) 씨가 가로되 '도의 큰 근원이 하늘에서 생긴다'고 하니 이는 곧 자다가 깬 듯하고 취하였다가 깬 듯하다. 그러나 아직 '아득한 것을 하늘이라' 하고 사람의 도리와 사물이 법칙이 여기서 생겨 전체가 하늘인 줄을 모르고

---


64)　앞의 책, 실기 행장.
65)　앞의 책, 실기 권1 유국우제생문.
66)　앞의 책, 실기 행장.
67)　하륜,『목은신도비문(牧隱神道碑文)』.

있다. 하늘이 곧 이인 줄 안 연후에야 비로소 사람의 일이 하늘이 아닌 것이 없음을 알 것이다. 성이란 것은 사람과 사물에 있는 것이니, 사람이니 사물이니 하는 사람과 사물은 자취뿐이요, 그렇게 된 까닭을 말하면 사람에게 있는 것도 성이요 사물에 있는 것도 성이니 동일한 성이며 동일한 하늘이다. 무엇을 의심하리오."[68] 하였다.

㉯ 심론(心論): 목은은 마음의 쓰임을 중시하여 "마음의 쓰임이 크다. 천지를 다스리고도 남는 힘이 있고 실오라기라도 밖에 누설하는 것이 없다. 천지도 그 양을 쌀[包] 수가 없으니 마음을 잘 사용한 자는 이제(二帝), 삼왕(三王)이 이것이요, 잘 보전한 이는 공자, 안자, 자사(子思), 맹자가 이것이다. 정사(政事)로써 행하고 문장으로써 술하면 이에 그 쓰임이 두루 미치어 숨겨져서 보이지 않는 것도 또한 어둡고 혼미한 것이 아니며, 해와 달처럼 밝고 귀신처럼 번성하여 아주 가까운 곳에서 구할 뿐이다. 좋은 말과 착한 행동을 듣고 태연히 생기는 것이니 마음의 시초[端]이며, 그 시초를 가지고 잃지 않는 것이 존경과 의리이니 정성스럽게 하고 진실하게 지켜라"[69]고 하였다.

㉰ 호연설(浩然說): 목은의 호연설은 호연지기가 사물과 정신 양쪽의 근원이라고 하니 곧 사물에 있어서의 에너지와 정신에 있어서의 영감(inspiration)을 인식하여, 이를 '호연'이라고 형용하였다. "호연지기는 그 천지의 처음이다. 천지로써 자리하고 그 만물의 '근원'인 고로 만물이 여기서 자라났다. 오직 이 기를 합하여 체(體)가 되고, 이 기를 발하여 쓰임(用)이 되었으니 이 기는 끝이 없고 틈이 없고 두터움과 얇음, 맑음과 흐림, 야만과 문명의 구별이 없는 것이니 이름하여 '호연'이라 하는 것이 옳지 않은가. ……덕(德)도 이것으로 말미암아 높고 공(功)도 이것으로 말미암아 나타나는 것이다. 지금에 드러나서 끝없이 드리는 것은 '호연'이란 것이 그 사이에 혼돈하지 않고서 어떻게 될 수 있을 것인가? ……조그마한 몸으로 호연지기를 길러 그 사이에 혼돈하게 하는 것이 또한 어렵지 않은가? 그러나 천지나 만물은 다 동일체이다. 사람의 한 몸에도 천지만물을 갖추었다. ……이른바 조그마한 몸이 천지와 같이 흘러 삼라만상과 함께 잠시라도 썩지 않고 빛을

---

68) 『목은집』직설삼편(直說三篇).
69) 위와 같음.

천백 년 후에까지 드리우니 이것은 호연지기가 하늘과 땅 사이에 가득 찬 것이다……"[70]라고 하였다.

㉒ 불심유성(佛心儒性) 동일관 : 목은이 "불가의 견심(見心)과 유가의 양성(養性)이 동일한 뜻이라"고 하였다 하여 유가의 시비가 많았고,[71] 문묘배향까지 의논되었다가 중지되었다. 그러나 본시 주자의 성리학은 불교사상에서 태어난 것이다. 주자가 본시 불교에 입문해 있다가 유교로 전향한 까닭에 불교의 심오한 명심(明心), 견성(見性)을 동경하게 되자 자기 나라 문화를 아끼고 중시하는 자존심을 가지고 유교에도 불교만 못지않은 진리가 있다는 것을 내세워 불교에 대항하기 위해 불교의 명심, 견성과 비슷한 성리설을 주창한 것이다.

그러므로 불심과 유성이 본체(本體)에 있어서 동일한 점이 있을 수밖에 없는 것이다. 목은의 연구는 주자의 비밀을 부지중에 폭로한 것이며 이 주자의 비밀을 청나라 유학자들이 처음 폭로한 것으로 보아 목은의 연구는 그들보다도 앞섰고, 따라서 조선 오백 년간 유가들이 주자학에만 속박되어 그 정체를 바로 보지 못한 것을 생각하면 목은의 기발한 연구는 작은 구절에 구애되고 종파에 맹종하는 속된 유학자들의 시비로 좌우될 수 없는 훌륭한 주장이다.

## ② 교육사상

주자의 뜻을 받들어 성리학을 일으키는 데 두었으니 "……반드시 주자의 뜻에 부합되기에 힘써 밤새워 노력하니 이에 동방의 성리학이 크게 일어났다"[72]고 하였다.

## ③ 교수법

첫째 본문을 강의하고, 둘째 논란하고, 셋째 같고 다름을 판별·절충하고, 넷째 주된 뜻에 합하기를 힘쓰고, 다섯째 개성의 장점을 취하였다. "……사방의

---

70)  위의 책, 권10.
71)  권근, 『이목은 행장』.
72)  권근, 앞의 책.

학자가 모여드니 여러 공이 경서를 나누어 수업하였다. 매일 강의가 끝나고 서로 모여 의문을 논란하여 각자 그 극에 달할 때 공이 태연히 중간에 들어와 판단, 절충하여 주자의 뜻에 합하기를 힘썼다"[73]고 하였고, "목은 선생이 유학의 도를 주장하여 유학의 기풍을 일으켜 세우는 것으로써 자신의 임무를 삼고 이를 근심한 것 역시 오래되었다. 지금 달가(정몽주)를 가리켜 말하길 '호방하고 탁월하다'고 하고, 자허(박의중)를 가리켜 말하길 '면밀하고 정교하다.' 하니 역시 훌륭한 인재를 얻어 매우 기뻐하는 말이다"[74]라고 하였다.

### ④ 수양 요지

첫째 사장(詞章, 시가와 문장)을 암송하고, 둘째 신심성명(身心性命, 몸과 마음, 인성과 천명)을 연구하고, 셋째 공명과 이욕을 도모하지 아니하고, 넷째 다른 학문에 유혹되지 않았다.


학자가 사장을 암송하는 습관을 버리지 않고 신심성명을 연구하며 유학의 도를 존중하여 다른 학문에 유혹되지 않고 그 뜻을 바로 하여 공명과 이욕을 도모하지 아니하고 유학의 기풍과 학술이 일신한 것은 모두 선생이 가르치고 깨우친 힘이다.[75]

## 4) 포은 정몽주

포은은 타고난 재질이 지극히 높고 호기롭고 영특함이 매우 뛰어나서 젊어서부터 큰 뜻을 가지고 학문을 좋아하며 게으르지 아니하였다. 여러 책을 두루 읽고 날마다 『중용(中庸)』과 『대학』을 암송하였고 이치를 연구하여 사물의 도리를 깨닫고 오히려 몸소 실천하며 오랫동안 노력하여 주자학의 전하지 않은 비결을 홀로 깨달아, 사업에 쓰고 의논하여 밝히는 것은 10분의 2, 3이 되지 못하였지만 광명과 정대는 이미 청사(靑史, 역사 기록)에 빛났으니 가히 일세의

---

73) 권근, 앞의 책.
74) 정도전, 『삼봉집』 권4 이목은 송우허시서(送于虛詩序).
75) 함전삼, 『정포은 행장』.

뛰어난 인재라 할 수 있다.[76]

### ① 교육사상

주자학을 계속 발전시키는 데 두었으니 곧 송나라의 염락계통[*21] 사상이다. 이 점에서 회헌·목은과 교육사상이 동일하였던 것이다.

"조천 정달가(鄭達可)는…… 도(道)의 처음을 염락의 본원에서 이어……"[77] "우리 동방 성리학의 시조가 되었다."[78]

### ② 교수법

"묻는 대로 강의하고 분석하여 조금도 차이가 없다."[79] 하였으니 곧 해박한 지식과 분석적인 논리로 가르쳤던 것이다. "자유자재로 설명하여도 이치에 맞지 않은 것이 없다"[80]라고 한 이목은의 칭찬으로도 포은의 학식과 이론이 넓고 밝았던 것을 알 수 있다.

### ③ 수양 요지

일상생활의 일에 지극히 당연한 도리를 둠과 이치를 연구하여 사물의 도리를 깨달음과 돌이켜 몸소 실천하는 데 있었다. "유학자의 도는 다 일상생활의 일이니 음식이나 남녀의 문제는 사람마다 같다. 지극히 당연한 도리가 있는 것이다."[81]

### ④ 학과의 요령

포은은 학과의 요령을 발표하였으니 사장(詞章)은 작은 재주요, 중용·대학은

---

76) 『목은기』, 포은재기.

*21) 염락관민지학(廉洛關蜀之學)이라 하여 송나라 학문의 4파를 말한다. 즉, 중국 송나라 때의 주돈이(周敦蓬), 정호(程顥)와 정이(程蓬), 장재(張載), 주희(朱熹) 등이 주창한 성리학으로서 그 출신지명을 따라 붙인 이름이다.

77) 변계량, 『포은집』 서문.

78) 정도전, 『포은 봉사고서(奉使藁序)』.

79) 정도전, 위의 책.

80) 『포은집』속 권1.

81) 정도전, 앞의 책.

몸과 마음의 학문이라 하였고, 다시 첫째 대학·중용에서 명도(明道), 전도(傳道)의 뜻을 얻고, 둘째 논어·맹자에서 조존(操存), 함양의 요령과 체험·충광(充廣)의 방법을 얻고, 셋째 주역에서 선천(先天)·후천(後天)이 서로 응용됨을 알고, 넷째 서전에서 아주 정세하고 순수함, 집중이 제왕전수(帝王傳授)의 심법(心法)임을 알고, 다섯째 시전에서 인간의 도리와 사물의 법칙의 가르침을 알고, 여섯째 춘추에서 도와 정의(情誼), 공명과 이욕의 분별을 안다.

# 제2부

# 조선시대의 교육

# 제7장

# 조선시대 교육의 개요

## 1. 시대상(1884년까지)

    신라 말기에 농민봉기로 인한 정권의 동요를 틈타 천하를 획득한 왕씨조(고려)는 건국 당초에 '생활안정'을 몇 번이나 알리어 농민과 약속하였음에도 불구하고 봉건적 대토지 소유자와 농노적 소농 간의 생산관계를 법제화하는 이면에 다시 자기 모순을 내포하였다. 이 모순에 따라 관리의 가렴주구, 굶주린 백성의 범람으로 농민 봉기가 끊일 새가 없이 일어났고 따라서 그들의 문화적 향상은 꿈도 꾸지 못하였으며, 범람한 문맹은 문맹인 채 조선으로 넘겨졌다. 신라 때에 넘어온 유·불 양교의 사상은 상반기 묘청의 난 때에 유가의 승리로 인해 유가가 횡행하게 되었으나 민간과 왕실에 깊이 뿌리박은 불교는 대중의 사상을 지배하는 힘이 유교보다 컸으며, 그 가운데도 교·선 양종은 더욱 강고하여서 조선에서도 이 두 종파만은 없애지 못할 만큼 억셌다.

    고려시대 때에 그렇듯 성적이 불량한 봉건정치를 번연히 눈으로 보고도 조선은 또다시 그 전철을 밟았으며, 불교의 폐해에 머리가 아팠던 조선 건국 초의 유가들은 배불사상을 강조하고 숭유주의를 강화하였기에 조선은 우리나라 문화의 대집성이요 총결산이니만큼 교육에 있어서도 봉건사상과 숭유사상이 더 철학화하고 보편화하였다.

그리하여 삼국시대의 노예제도가 조선에 와서도 그 잔재가 남아 있어 개인의 집이나 관아에 노비가 많았고, 농민 전체와 생산노동자는 다 천대하고 억압하였다. 그리고 그들의 문화 향상은 도리어 의식적으로 금하여 국민의 대부분이 무식이란 지옥고에서 신음하였고 한 나라의 생산 전부를 맡아서 땀을 흘리고 수고한 그 거룩한 공은 인정조차 받을 길이 없이 일부 귀족적 문화를 받는 소수의 특권계급만이 생활의 만족을 얻었다. 이 일부에게 귀족적 문화를 받게 한 것이 조선시대의 교육 태세였다.

## 2. 교육 성쇠의 개관

### 1) 상기(태조~성종: 1399~1506)

#### (1) 시설과 제도 건설

이태조 개국 후 107년간을 상기하면 이 시기는 조선시대 교육의 장성기라고 볼 수 있다. 조선의 교육제도는 고려의 제도를 그대로 인수한 데 지나지 않았다. 시설과 제도와 학문 연구에도 얼마 차이가 없었다.

태조 원년에 과거법을 정하였고 7년에 성균관을 창설하고 여러 성현을 문묘에 종향(從享, 공신의 신주를 종묘에 모시는 일)시키는 제도를 고려 제도대로 하였으며, 학전을 내리고 명륜당을 짓고 양현고를 두어 유생을 공양하게 하였다.

태종은 학문을 좋아하여 6년(1406)에 십학(十學)을 두고 정종 때에 불에 탄 문묘를 다시 지었다. 또한 사학을 설치하고 태종 3년에는 동활자 수십만을 만들어 서적을 많이 박아냈으며 학전 만여 결(結)을 성균관에 주었으니 조선 교육의 발전이 이때부터 발단되었다.

세종은 학문을 장려하여 문치(文治)에 전력하였으니 역대에 드문 임금이었다. 3년(1421)에 집현전을 창설하여 우수한 문사(文士)를 따로 양성하여 인재를 배출하였고, 8년에 독서당을 산사(山寺)에 설치하고 나이 젊고 재능이 있는 문신을 골라 휴가를 주어 책을 읽게 하였다. 그리고 32년에 종학(宗學, 왕족의 교육을 맡아보던 기관)을 함께 설치하여 종실(宗室, 종친)을 가르치는 임무를 맡게 하고,

3년에 여덟 살 된 세자의 입학 예식을 성균관에서 거행하여 국민에게 학문을 높이는 정신을 기르는 동시에 이것을 항구적 예식으로 만들었다. 또한 11년에 시학절목, 14년에 유생독서법 등을 제정하기도 하였다.

한편 세종은 각종 서적을 편찬하였으니 그중 저명한 것은『효행록』,『오례의』,『자치통감훈의』,『치평요람』,『용비어천가』,『고려사』,『무원록(無寃錄)』,『육전등록』,『명황감계』,『농사직설』,『삼강행실록』,『역대병요(歷代兵要)』 등이었다. 특히 백성의 대중교육을 위하여 언문국(諺文局)을 설치하고 국문을 새로이 만들어『훈민정음』,『동국정운』을 찬술하였고, 또『조제아악보』,『의상(儀象)』,『구루(晷漏)』, 천문, 역법 등의 책을 저술하였다.

문종은『동국병감』과『진법9편(陣法九編)』을 직접 지었으며 세조는 9년(1463)에 9재학규를 제정하였고 저서에 뜻을 두어『국조보감』,『통문관지』,『동국통감』 등을 편찬하게 하고『오경동이(五經同異)』,『역학계몽요해(易學啓蒙要解)』를 문신과 함께 직접 지었다. 사서오경의 자음구독(子音句讀)을 교정하게 하고 선(善)을 권장하는 글을 짓게 하여 왕자를 가르치고『오례의』를 완성하였다.『경국원전』,『속전』을 수정하여『경국대전』의 기초를 마련하고『오위진법(五衛陳法)』,『병장설(兵將說)』,『병법대지(兵法大旨)』,『유장편(諭將編)』 등의 책을 편찬하였다.

성종은 역대의 드문 어진 임금으로 즉위 초부터 문치에 전력하였다. 5년에 성균관을 중수하고 주변의 민간인 집을 사서 성균관의 터를 넓혔다. 또한 6년(1475)에 존경각(尊經閣)을 세우고 수만 권의 책을 쌓았으며 홍문관을 창설하여 영민하고 준수한 선비를 뽑아 들여 강론의 고문기관을 만들었고 폐기된 절을 수리하여 독서당을 세우고 문신에게 휴가를 주어 책을 읽게 하였다. 8년에 사학교관의 구임법(久任法[勤續法])을 세우고, 15년에 태학, 향학에 토지를 주었고, 20년에 향학에 책이 적은 것을 근심하여 사서오경과 여러 사기(史記)를 인쇄하여 각 도에 나누어 주었고,『여지승람』,『삼국사절요』,『동문선』,『악학궤범』,『제왕명감』을 편찬하고,『경국대전』과『동국통감』을 완성하였으며,『경사(經史)』,『자집(子集)』,『구류백가서(九流百家書)』를 박아내었다.


## (2) 사상과 학풍의 건설

태조 때에 정도전, 권근(權近)은 한편으로 문교행정의 책임자로서 국초 교육

건설에 중요한 임무를 다하였으며 한편으로 직접 4품 이하의 관리에게 경사를 강습시켰다. 그들의 교육사상은 조선이 고려와 달리 불교를 배척하고 유교를 숭상하는 데 가장 적합하였다.[1]

세종 때에 윤상(尹祥)은 16년간 대사성을 지내며 일선의 교육을 맡아 한때 달관명인(達官名人)이 모두 그의 제자였고, 그 후에 김구(金鉤), 김반(金泮), 김말계(金末繼) 등 이른바 관중(館中) 3김(三金) 같은 이들이 대사성의 직책을 받아 열심히 가르치고 깨우쳤다. 민간인으로는 길재와 그 학통의 학자인 김종직(金宗直) 부자와 김일손(金馹孫), 권경유(權景裕), 권오복(權五福), 김굉필(金宏弼), 정여창(鄭汝昌), 박한주(朴漢柱), 허반(許磐) 등 성리학파 학자들이 고려 때에 싹이 튼 정주학을 점점 깊게 연구하고 널리 퍼뜨리어 송나라 유학풍을 진흥시켰다.[2]

그리하여 태조 때부터 성종 때까지는 교육 전체에 있어서 건설의 기운이 왕성하였고 따라서 완성의 길로 향상하였다.


### (3) 교육의 수난

성종조는 행학,[3] 하교(下敎, 윗사람이 아랫사람에게 가르침), 기타 사기배양 등 모든 방법을 성의 있게 하여 문풍을 크게 일으키니 세종조와 아울러 제1, 제2의

---

[1] 조선사회 건국의 주역인 고려 말 지방 중소 지주 출신의 신진 사대부들은 새로운 국가, 즉 조선의 지배 이데올로기로 성리학을 주장하였다. 고려 후기의 불교는 권문세족과 결탁하여 지배층을 합리화하는 구실을 하였을 뿐만 아니라 사원 경제의 비대로 국가재정과 민중의 생존을 위협하게 됨으로써 이 시기의 척불운동은 구체제에 대한 이데올로기 투쟁의 의미를 지니는 것이었다. 그리고 이 시기의 성리학은 그 형이상학적 측면보다는 현실적 사회 윤리, 즉 인륜만을 강조하여 성리학의 명분론·의리론이 강조되었다. 즉 불평등한 인간관계를 당연시하는 인륜, 특히 군신·부자·부부의 관계에 관한 삼강의 윤리가 강조되어 하늘과 땅의 상하관계를 인간세계에도 그대로 적용시키는 불평등 의식의 근본이 되었다.

[2] 고려왕조가 멸망하자 고려에 대하여 충절을 지켜 조선왕조에의 출사(出仕)를 거부하고 고향으로 돌아가 은둔생활을 하면서 학문 연구와 후진 양성에 열중하였던 대표적 인물이 길재이며, 그의 학통은 김숙자(金淑滋)에 이어졌고 그의 아들 김종직 대에는 그 문하에서 수많은 학자가 배출되기에 이르렀다. 이들은 조선 건국 초 관계에 진출하여 중앙귀족화한 훈구파와 대립되는 사림파를 형성하게 되었고, 현상 유지를 고집하는 보수적인 훈구파와 이들의 특권적 정치 자세와 경제적 비리를 비판하면서 정치개혁을 주장하는 사림파와의 대립이 곧 16세기의 사화(士禍)이다.

[3] 幸學: 임금이 직접 성균관 등의 학교에 나아가 강론을 듣거나 시키는 것.

황금시대였고 따라서 이름난 유학자, 인재가 쏟아져 나왔다. 그런데 무엇이나 왕성의 이면에 짝하여 오기 쉬운 퇴폐의 기미가 벌써 조선조 초기의 교육에도 싹이 텄던 것을 인정하지 않을 수 없었다.

23년에 사관(史官)을 보내어 사학을 시찰하였을 때에 그곳에 공부하는 학생이 한 명도 없어서 왕이 곧 교서를 내려 "학생이 국가의 교육하는 목적에 위반되는 행동을 하니 매우 유감이라"고 훈계하였고, 대신(大臣) 두 명이 기생 한 명을 가지고 서로 빼앗으려고 싸우자 언관*4)이 상소하여 그 죄를 규탄하니, 왕은 "사대부가 서로 처첩을 몰래 취하는 것은 말세의 일이라"고 책망하였다.

이러한 기미가 연산군 때에 연장이 될 가능성이 있자 천성이 폭악한 연산군은 왕위에 있은 지 11년(1495~1504)에 교육기관을 폐쇄하고 학자와 선비를 학살하였다. 경연*5)을 폐지하고 홍문관을 없애며, 성균관 안에 있는 선현의 위폐를 절로 옮기고 유생을 내몰았으며 연악소(宴樂所)를 만들고 혹은 무녀를 그 안에 모아 들여 음사(淫祠, 귀신에게 제사지내는 사당)를 세웠다. 4년에 유자광(柳子光)의 무고를 듣고 김종직과 그 문하생인 김굉필, 정여창, 김일손 등 학자를 비롯하여 수백 명의 사람을 죽였고,*6) 또 10년(1504)에 사화를 일으키어 윤필상(尹弼商), 이극균(李克均), 박은(朴誾) 등의 구신(舊臣)과 이름난 선비 수백 명을 죽였다.*7) 이리하는 통에 교육은 황폐해지고 개국 이래의 백 년 동안 쌓아 일으킨 문풍이 10년 동안에 정체되고 말았다.

---

*4) 言官: 사헌부, 사간원의 관리로서 이들은 임금에게 바른말을 하여 그릇된 일이 없도록 보필할 책임이 있었으므로 언관이라는 별칭이 생겼다.

*5) 經筵: 임금이 학문을 닦기 위하여 신하들 중에서 학식과 덕망이 높은 자를 궁중에 불러 경서와 사서 등을 강론케 하던 일이다. 우리나라에서는 고려 예종 때에 처음 시작하였다.

*6) 소위 '무오사화'로 이것은 성종 이후 정계에 진출한 사림파가 훈구파의 비리를 비판함으로써 궁지에 몰린 훈구파 유자광이 그 정치적 보복으로서 행한 것이었다. 즉 김종직의 제자 김일손이 『성종실록』 편찬 때 세조의 왕위 찬탈을 비난하는 내용을 담은 사초(史草)를 기록하였다는 것을 빌미로 훈구파 유자광이 학자를 싫어하는 연산군에게 고해바침으로써 일어난 사건으로 훈구파는 이것을 계기로 성종대부터 중앙정계에 진출한 사림파 계열의 학자와 관리를 제거하였다.

*7) 1504년의 갑자사화로, 연산군의 무절제한 생활로 재정이 곤란하게 되어 훈구대신들의 재산이 몰수당할 위협에 놓이게 되자, 이에 자기 기반의 박탈 위협에 놓인 훈구파가 반발하였다. 이들의 반발을 억압할 기회를 노리고 있던 연산군은 연산군의 생모 윤비(尹妃)의 폐비사건을 들추어내어 훈구파는 물론 일부 남아 있던 사림파까지 제거하였다.

## 2) 중기(중종~숙종: 1567~1724)

중종 때부터 217년 동안을 중기라 하며 이 기간은 조선교육의 성숙기라고 할 수 있다. 교육가들의 철학사상이 발전하고 훈육이념이 다양하였고 교육방법이 진보하였으며 학교의 제도와 학규(學規)가 계속 나와 여러 번 개정되었고 사학(私學)이 왕성하고 학자가 배출되었다.

중종 때는 연산군 때에 황폐된 학교를 부흥시키는 데 힘을 썼다. 원년(1567)에 문묘를 다시 고치고 위폐를 다시 모시고 '박사 이하' 관리를 다시 두었으며, 중외(中外)에 명령하여 학교를 크게 일으켜 모두 복구시켰다. 왕은 자주 학교에 나아가 학문을 권장하고 학전을 더 주었으며, 12년에는 김굉필, 정여창을 포상하여 사기를 가다듬었고, 12년에 김식(金湜)이 대사성으로 있을 때는 학생이 다투어 모여들고 재사(齋舍)가 늘 만원이며 대성전에서 매일 성현을 배알하니 그때에 유학의 기풍이 번성한 것이라고 하였다.

조정에는 당시 사림의 영수인 조광조를 등용하였는데 왕이 절대로 신임하여 현량과[8]를 두고 김식, 안처겸(安處謙), 박훈(朴薰), 김정(金淨), 박상(朴祥), 이자(李耔), 김구(金絿) 등 성리파 학자들을 관계(官階)의 차례 없이 뽑아 올려 '성도치국(聖道治國)'의 길로 급속 돌진하니 일국의 사기가 진흥하고 학풍이 크게 떨치었다. 이렇게 부흥하는 교육풍조에 밀리어 중종 36년에 풍기 땅에 서원이 생겼으니 조선 말까지 말썽이 된 서원이 이때 창생하였다.[9]

명종 원년(1546)에 경외학교절목을 반포하여 규칙적으로 학문을 장려하였고,

---

[8] 賢良科: 중종 때 조광조에 의해 실시된 관리채용 제도로서 종래의 과거제도가 이론에만 치우쳐 모순이 많은 것을 지적하고 이론과 실천을 겸비한 관리의 선출을 목적으로 하였다. 이 제도는 이후 훈구파의 불만으로 기묘사화 이후 조광조의 실각과 함께 폐지되었다.

[9] 1543년 풍기군수 주세붕이 세운 백운동서원이 최초이며, 이 서원은 뒤에 이황이 조정에 건의하여 '소수서원'이라는 액자를 하사받아 사액서원의 시초가 되었다. 사액서원은 국가에서 서적, 토지, 노비 등을 주어 그 경제적 기반을 든든히 하였다. 원래 서원은 선현을 제사하고 지방의 유생들이 모여 학문을 토론하거나 후진들을 가르치던 교육기구였으나 점차 지방 사회에 큰 영향을 미치면서 사림세력의 구심점이 되었다. 이들은 서원을 중심으로 자신의 결속을 다지고 세력을 키워 다시 중앙정계로 진출할 기반으로 삼았다. 중종 이후 사림에 의한 서원건립 운동이 본격화되면서 우후죽순처럼 생긴 서원은 점차 지방 사회의 민폐의 근원이 되었고 그로 말미암아 대원군에 의해 일차 서원 정리가 행해졌다.

7년에 이황(李滉)을 대사성으로 삼고 대학에 학전을 주었다. 선조 15년(1582)에는 이이를 시켜 학교사목을 제정하게 하여 학생의 훈육을 향상시켰고, 34년에 문묘를 다시 짓고 39년에 명륜당을 다시 세워 임진왜란의 상처를 다 고쳤다.

이 기간에는 고명한 학자들이 계속하여 많이 나니 전 사회가 유교사상에 젖었으며 대학, 사학, 향교, 서당, 서원을 통하여 교화의 힘이 강하였다. 중종 때의 조광조, 김정, 김식 등, 명종 때의 이언적(李彦迪), 서경덕(徐敬德), 이황, 김인후(金麟厚), 조식(曹植), 기대승(奇大升) 등, 선조 때의 이이, 성혼(成渾), 송익필(宋翼弼), 서기(徐起), 최영경(崔永慶) 등, 인조 때의 김장생(金長生), 김집(金集), 장현광(張顯光) 등, 현종 때의 송시열(宋時烈), 송준길(宋浚吉), 윤전(尹鐫), 이유태(李惟泰) 등, 그리고 숙종 때의 허목(許穆), 최상하(崔尙夏), 윤증(尹拯), 박세채(朴世采) 등이 다 당시 학계의 거두였다.

그들은 혹은 조정에서 정치적 이념으로 혹은 학교에서 교육적 이념으로 유교사상과 성리학을 고취하였고, 혹은 큰 학파를 이루어 학문의 권위를 한 몸에 모아 가지고 학계왕국을 건설하였으니 당시에 이퇴계(이황)와 조남명(조식)이 영남지역을 거의 반분하였던 것이 한 전례이다.

대개 같은 유학 종통이면서도 철학적 사상과 교육의 이념이 다소 차이가 있었다. 조남명은 이퇴계의 성리 중심 교육방식을 그르다고 비평하였고, 이퇴계는 서화담(서경덕)의 유기론(惟氣論) 철학을 옳지 않다고 비평하였으며, 이율곡은 이퇴계의 이발기승설(理發氣乘說)을 수정하였고, 허목과 송시열은 예설(禮說)로 서로 대립되었다. 그 가운데 한때 크게 문제된 것이 이기론(理氣論), 사단칠정론(四端七情論), 예론(禮論)이었다. 이퇴계와 기대승 사이에 왕복된 사단칠정론의 변론은 그 논제의 가치 여하는 어찌 되었든지 그들의 변론한 태도가 매우 진지하고 학자적이어서 후학으로 하여금 경앙하게 하며, 따라서 당시의 학자들이 학문에 대하여 얼마나 학구적 정신을 가지고 참된 교육자의 생활을 하였는지를 알 수 있다. 이리하여 중기의 교육은 더할 수 없이 난숙하였던 것이다.[10]

그러나 중기 말에 학풍이 쇠퇴하였는데 그 원인의 하나는 당쟁이 잦은 데 있었다. 선조 때에 싹이 튼 당쟁은 점점 상성하여 숙종 때에는 고조기에 달하였다. 당쟁은 정권 쟁탈과 살육전으로 변화하였고, 숙종의 성격은 반복이 무상하여 숙종의 재위기간인 46년 동안 곧 반세기 동안은 당쟁으로 생긴 내각의 잦은 변경과 거기에 부수된 사건의 쟁의 처리와 인심의 우울, 불평과 불안, 부동으로 말미암아 정부기관이나 개인이나 모두 학문 진흥에 등한하여 교육이 해이해졌다. 몇 가지 증거를 들면 숙종 7년 때 왕의 교서에 "근래 학교의 정사(政事)가 폐지되고 해이하였으니 고치고 밝게 한 후에라야 선비의 습관을 바로 하겠다. 선정신(先正臣) 이이의 '학교모범'을 오늘로 시행하라." 하였다.

숙종 7년에 시강(侍講) 임영(林泳)이 올린 글을 보면 "작년에 대제학 이민서(李敏叙)의 진달(陣達, 관하의 공문서류를 상급 관청으로 올려 보냄)에 '양사절목(養士節目)'을 강구하라는 지시가 있었는데 지금까지 거행하지 않았으니 단단히 일러서 거행시키라." 하였고, 또 "선비를 양성할 비용인 노비목(奴婢木)과 기타 세입이 전과 같지 않다"고 하였다.

### 3) 하기(영조~고종 갑신: 1724~1884)

영조 때부터 고종 갑신년까지 159년을 조선교육의 하기(下期)로 하면 이 기간은 교육의 영락기라고 할 수 있다.

영조는 총명한 임금으로 앞 왕의 폐정을 개선하기로 결심하고 탕평설(蕩平說)을 주장하여 당쟁을 진압하고 문치에 전력하여 교육과 학문을 장려하였다. 태학(성균관의 별칭)에 직접 임하기를 자주하고 학문을 장려하는 경고문을 가끔 친히 써서 내리고, 학문을 권장하는 윤음(綸音, 임금이 신하나 백성에게 내리는 법령)을 이따금 발하였으며 중간에 탈환되었던 학전도 다시 성균관으로 돌려주었다.

---

*10) 성리학은 인간의 근본이 선하다는 것을 탐구함으로써 유교적 교화정치의 이론적 근거를 찾는 학문이었지만 이를 위해 우주만물의 근본을 구명해보려는 형이상학적인 학문이었다. 성리학은 조선시대 주리파(主理派)와 주기파(主氣派)의 두 계통으로 발전했다. 주리파는 개개의 사물의 법칙 인식보다 우주의 근원이 되는 생명력에 대한 인식을 더 중요시했고 나아가서는 그 생명력에 근본을 둔 인간의 도덕적 의욕을 중시했다. 따라서 인간의 내적인 경험을 중시하고, 도덕적 이념과 이의 실천에서 절조와 기백을 중하게 여겼다. 그 선구자는 이언적이며 그 뒤 이황이 대성하여 소위 영남학파로서 계통이 이어져왔다. 주기파는 우주의 근원적 존재를 신비적 색채가 강한 이(理)보다는 보다 물질적인 기(氣)에서 구했고 사물의 법칙성을 객관적으로 파악하려는 입장이었다. 따라서 그 방법이 외향적이고 지식주의적인 입장에 서 있어 외적 경험과 해박한 지식을 존중했다. 그 선구는 서경덕이며 그 뒤 기대승이 대를 이었고 이이가 주기설을 대성하여 소위 '기호학파'에 의해 계승되었다.

원년(1724)에 성균관을 다시 고치고, 5년에 교서관(校書館)에게 명령하여 삼강행실을 박아내어 각 도 감영에 나누어 보내었고, 10년에『농가집성』을 팔도에 반포하였고, 14년에 각 도에 교서를 내리어 '향음주례'*11)를 장려하였고, 20년에『속오례의』를 간행하고『속대전』을 끝내었다.

40년에 어질고 현명한 선비를 뽑는 충량과를 두었고, 46년에『문헌비고』를 편찬하였으며, 그 밖에『숙묘보감』,『소학훈의(小學訓義)』,『국조악장(國朝樂章)』, 『천의조감(闡義照鑑)』,『열성지장(列聖誌狀)』,『경세문답(警世問答)』,『자경편(自警編)』 등의 편찬이 있었다.

정조는 자신의 학문이 넉넉하므로 문치에 주력하여 문학을 크게 장려하였다. 원년에 규장각을 두어 선왕의 문장, 교유 등을 모아서 간직하였고, 20년에 생생자(生生子)의 활자 30만을 주조하였고, 21년에『오륜행실』을 편찬하였으며, 그 밖에『일성록(日省錄)』,『국조보감』,『주서백선(朱書百選)』,『오경백편(五經百篇)』, 『대학유의(大學類義)』,『홍재전서(弘齋全書)』등 120여 종 천여 권의 책을 편찬하였다.

영·정 양대의 문교정치는 매우 찬연하여 제3의 황금시대를 이루었다.

그러나 이 찬연한 문교정치는 정치적으로 빛난 것뿐이었다. 교육의 이면은 쌓이고 쌓인 옛 폐단으로 말미암아 상·중기 때와 같은 원기 있고 진지한 정신이 없었다. 민생문제와 관계없는 성리학의 교육사상이 발전할수록 백성은 점점 가난해지고 대중의 머리에 침투될 수 없는 이기설이 강조될수록 무식한 군중은 더욱 늘어가며 개인 이성을 무시하는 주자학파의 권위가 독단이 될수록 학문은 무척 단조로우며 맛이 없어졌다. 그리하여 학생은 지루함을 느끼고 교육계는 허식·고루·보수·문약에 빠져서 헤어날 수 없는 고질이 되었다.

일반 인사가 교육의 필요를 느끼는 남은 한 가지 이유는 교육을 받아 과거에 합격하여 벼슬을 하면 가난을 면하고 공명심을 채울 수 있다는 데 있었다. 그리하여 하기에 한원진(韓元震), 이간(李柬), 이재(李縡), 기정진(奇正鎭), 이항노(李恒老) 같은 순수한 유학자가 있었으나 유학적 학풍을 진작시킬 수는 없었다. 그러나 과거는 본시 소수 인사 외에는 합격할 수가 없는 제도이기 때문에, 교육을 받은 자의 대다수는 교육받는 오직 한 가지 목표였던 과거에 실패하여

---

*11) 鄕飮酒禮: 온 마을의 유생이 모여 향약(鄕約)을 읽고 술을 마시며 잔치하는 예절.

놀고먹는 실업자가 되어 빈곤한 가운데 일생을 신음하게 되었다. 이러한 불황 속에 향교는 제사의 의식만 남고 서원은 협잡의 소굴이 되고 서당은 몰락하여 궁색한 유학자나 가난한 선비의 걸식처가 되었으며, 과거시험장은 남에게 부탁해 글을 짓는 대리시험, 가로채기의 사기 장소가 되어 관학·사학을 통하여 교육은 시들어갔다.

중국에는 청나라 초에 고증학이 생기면서 주자학에 반대하고 성리학을 타도하며 과거를 반대하고 민생(民生) 정치와 민생 학문을 중심으로 하는 소위 청조유학이 새로이 일어났다. 양계초(梁啓超)는 청의 학술사상을 4기로 나누었다. 고염무(顧炎武), 호위(胡渭), 염약거(閻若璩)가 대표한 시기를 계몽기라 하였는데 이 시기는 광해·인조 때부터 숙종 말년까지이다. 혜동(惠棟), 대동원(戴東原), 단옥재(段玉裁), 왕염손(王念孫), 왕인지(王引之)가 대표한 시기를 전성기라 하였는데 이 시기는 숙종 말부터 순조 때까지이다. 강유위, 양계초가 대표한 시기를 난숙기라 하였는데 이 시기는 철종, 고종 때였다.[1] 청조 유학은 명나라 말 유학자들이 청나라 초에 들어와 자기 나라가 망한 원인을 검토하고서 주자학이 큰 원인이라는 것을 발견하고는 대기염을 토하면서 일어난 것이다.

조선교육이 하기(下期)에 들어서면서 영락일로로 굴러내리는 것을 보고, 또다시 청조유학 사상과 중국을 지나 들어온 서양학의 희미한 빛이 그들의 눈에 비치어 지나온 유학의 길이 허무한 것임을 알게 되자 새 학문의 길을 밟는 사람들이 있었으니 이들이 곧 고증학자요 실학자들이었다.

중기 효종 때에 반계 유형원, 하기 영조 때에 성호 이익, 순암 안정복, 담헌 홍대용, 연암 박지원, 다산 정약용, 이가환 등이 그들이다. 이들은 성리학에 반대하고 주자학을 배격하며 유학자를 매도하였고, 지구의 회전·천체 운행의 새로운 도수(度數)를 믿어 과학사상을 계몽하였으며, 정치, 제도, 실업, 수리, 천문, 지리, 의약 각 방면의 실용학과 경전에 대한 고증학에 힘을 쓰고 각각 자신의 제자가 있어서 학식과 새 사상을 선전하였다.

조선 후기에 있어 이러한 학자, 이러한 학풍이 생긴 것은 하나의 이채였고 또 극히 중요한 시대적 요구였다. 그러나 재래의 유학이 아직도 세력을 잡고 있었기

---

1) 梁任公, 『청대학술개론』.

때문에 새 학문이 옛 학문을 타도하지 못하였다. 그리하여 새 학문은 지도할 세력이 크지 못하고 일부 학생 사이에 전달되었을 뿐이었으므로 일반 교육에는 적용이 되지 않았고, 시대의 반역인 뿌리 깊은 낡은 학문의 가지와 잎은 시들어 마른 채 국토를 덮고 있어 황폐한 학원의 풍경을 그대로 지니고 있었다.

# 조선시대의 교육기관

## 1. 성균관

### 1) 명칭과 건설의 연혁

#### (1) 명칭의 연혁

성균관은 문헌에 국학, 태학, 국자감, 반궁(泮宮), 현관(賢關), 성균관 등의 이름으로 적혀 있으나 이는 하나가 여섯 가지 이름으로 사용된 것이다. 그 이름 속에 성균관 교육의 역사적 근원이 있는 것이므로 이제 그 이름의 유래를 검토하려 한다.

① 국학: 중국 『주례』에 '국유학(國有學)'이라 한 데서 나온 이름이니 국가가 전국을 위하여 건립한 학교란 뜻이다.

② 국자감: 중국 고대에 15세 된 천자의 여러 자식과 관리의 적자와 그리고 민간의 우수한 자만을 대학에 입학시켰었다고 하는데 뒤에 입학자가 많아지자 진대(晉代)에 고급관리의 자제만을 위하여 국자학을 따로 세웠다. 국자(國子)라 한 것은 주대(周代)에 귀족의 적자를 우대하여 부르던 이름이다. 국자학은 곧 귀족의 전용 대학이란 것을 뜻한 것이다. 북제(北齊) 때에 학교를 국자사(國子寺)라 하였다가, 수나라에서 다시 국자학이라 하였고 수나라 양제가

국자감이라 하였는데 청나라 말에 대학당이라고 고칠 때까지 그 명칭이 계속되었다.

③ 반궁 : '반(泮)'이란 글자는 '반(半)'과 '수(水)'를 합성한 글자로 '반은 물이다(半水)'의 뜻이다. 성균관 터는 반드시 물이 둘러 흐르는 곳을 택하는 것이 전례인데, 대개 동쪽, 서쪽 문 이남으로 물이 흐르고 북쪽엔 물이 없으므로 반궁이라 한다. 개성이나 서울의 성균관이 모두 서쪽에 개울이 있는 것은 일부러 그러한 곳을 택한 것이다.

④ 현관 : 중국『한서(漢書)』에 '대학자(大學子) 현사지소관야(賢士之所關也)'라 한 데서 나온 이름이니 곧 대학은 어진 선비의 길로 들어가는 관문이란 뜻이다.

⑤ 성균관 : 중국『주례』에 오학이 있으니 동은 동서(東序), 서는 고종(瞽宗), 북은 상상(上庠), 중은 벽옹(壁雍), 남은 성균(成均)이었다. 특히 남에는 음악으로 교육적 성과를 내기 위하여 음악을 중심으로 하여 대사업(大司業)이라고 부르는 교직원이 있어서 '음악의 성균지법(成均之法)을 맡는다'고 하였다. 여기서부터 시작하여 '성균'이 대학의 이름으로 통용되었다. '성균'의 뜻은 '음악의 가락을 맞춘다'는 뜻이기도 하고 '균등하게 한다'는 뜻도 있다고 한다.

⑥ 태학 : 국학이니 국자감이니 성균이니 현관이니 하는 것은 국가가 관리를 양성하기 위하여 세운 최고 학부에 통용된 이름이었으니 곧 '대학'이었다. '태(太)'는 대(大)의 극(極)이니 '아주 크다'는 의미에서 '태학'이라 한 것이다.

고구려, 신라에서 '국학'이라 하다가 경덕왕 6년(747)에 '대학감'이라 하였고, 고려에서 처음에는 '국자감'이라 하다가 '성균감'으로 고치고 곧 이어서 다시 성균관으로 고쳤는데 조선이 계속하여 그 이름을 사용하였다.


## (2) 건설의 연혁

태조 7년(1398)에 수도(현 개성) 동북쪽 모퉁이 숭교방(崇敎坊)에 준공하였다. 정종 2년에 불에 타버리고 태종 7년(1407)에 다시 지었으니 당시 대제학 변계량의 문묘비문을 해석하여 보면 다음과 같다.


갑술년(1394)에 태조가 도읍을 세우고 묘학(廟學) 지을 터를 도읍의 동북쪽 모퉁이에 정하니 산은 멈추고 물은 둘러싸고 자리는 남향이다. 정축년(1397)

3월에 공사를 시작하여 무인년(1398) 7월에 준공하였다. 성인(聖人)과 철인(哲人)은 높은 집에, 종사(從祀)는 곁집에, 학교는 묘(廟) 뒤에 있는데, 대개 집의 크기는 칸(間)으로 세면 96칸이니 묘학의 일은 이것으로 갖추었다. 경진년(1400)에 불에 타버리니 우리 임금이 옛 터에 새로 짓기로 하고 성군(星君) 이직(李稷)와 종군총제 박자청(朴子靑)에게 공사를 감독하게 하여 4개월 만에 마치었다.

태종 때의 건물은 선조 25년(1592) 임진왜란 때에 불에 타버리고 선조 34년에 대성전, 39년에 명륜당을 다시 지었으니, 이정구(李廷龜)의 비석 뒤에 새긴 글을 보면 "임진왜란에 문묘가 전쟁으로 불에 타서, 우리 선조가 회복하시고 조정으로 돌아오시면서 대성전의 재건이 먼저 의논되어 신축년에 세우고 명륜당은 병오년에 완성하고 동서 협실과 모든 학사는 차례로 고치어 수축하였다"고 하였다. 현재에 있는 건물은 지금으로부터 340년 전의 것이다.

## 2) 시설의 연혁

내부의 시설은 문묘와 명륜당이 첫째, 둘째 주요한 왕좌적 건물이요, 그 밖에 여러 가지 부속건물이 있는 것이다.

- 문묘: 장학장 '알성(謁聖)'항에 설명이 있다.
- 명륜당: 문묘 뒤에 있다. 북쪽 중앙에 본당이 자리잡고 좌·우로 동서 양재(兩齋)가 늘어서 있으니, 본당은 유생에게 학문을 강의하는 곳이며 양재는 유생이 거처하는 곳이다.
- 존경각(尊經閣): 명륜당 동북쪽에 있다. 성종 6년(1475)에 지었으며 당시에 경사, 백가제자, 잡서가 수만 권이 있었고, 사예(司藝), 학정(學正) 한 명씩을 출납관원으로 두어 출납사무를 전담시켰다.
- 계성사(啓聖祠): 명륜당 서북쪽에 있다. 숙종 27년(1701)에 세운 것으로 공숙량흘(孔叔梁紇: 공자의 아버지), 안무요(顔無繇: 안회의 아버지), 증점(曾點: 증참의 아버지), 공리(孔鯉: 공급의 아버지), 맹격(孟激: 맹자의 아버지)을 제사지내는 곳이다.

- 비천당(丕闡堂) : 명륜당 서쪽에 있다. 현종 5년(1664)에 불교를 금하는 방침으로 북쪽에 승방 두 채를 헐고 지었다. 주자의 '큰 도를 크게 드러내어 사악한 도를 누르고 바른 도를 일으켜라(丕闡 大猷 抑邪 興邪光正)'고 한 말 가운데 크게 드러낸다는 '비천' 두 자의 뜻을 가져다가 지은 것이다.

- 일양재(一兩齋)와 벽입재(闢入齋) : 둘 다 비천당과 동시에 지은, 비천당 서쪽 남북 모퉁이에 나누어 지은 건물이다. 주자가 일찍이 절을 헐고 유궁(儒宮)을 지으며 '한 번에 두 가지를 깨닫는다(一擧而兩得之)'고 한 말을 가져다가 '일양재'라 하였고, 정자가 노자, 불교의 폐해를 말할 때에 '그것을 피한 후에 도에 들어갈 수 있다(闢之而後 可以入道)'고 한 뜻을 취하여 '벽입재'라 하였다.

- 육일각(六一閣) : 명륜당에서 훨씬 떨어진 북쪽에 있다. 대사례[1]를 행할 때에 쓰는 건물이니 '사(射)'가 육예[2]의 하나라 하여 육일재라 한 것이다.

- 기타 : 정록청(正錄廳), 서리청(書吏廳), 경관청(京官廳), 향청(香廳), 전사청(典祀廳), 수복청(守僕廳), 제기고(祭器庫), 직방(直房), 포주(包廚), 식당, 서벽고(西壁庫), 문고(文庫), 동서월랑(東西月廊) 등의 건물이 있는데 그 이름만 보아도 무엇에 쓰는 건물인지를 알 수 있으므로 해설은 생략한다.

## 3) 직제

성균관의 직제는 처음 설립 때의 것을 태조 7년에 개정하였다. 이제 개정한 것을 참고로 택한다.

『경국대전』에 의하면 관지사(館知事) 1명(정2품), 동지사(同知事) 2명(종2품), 대사성 1명(정3품), 사성 2명(종3품), 사예 3명(정4품), 직강 4명(정5품), 전적 13명(정6품), 박사 3명(정7품), 학정 3명(정8품), 학록 3명(정9품), 학유 3명(종9품)이었다. 『속대전』에는 좨주(정3품) 1명을 증원하고 사성과 사예 1명씩을 감원하며 사업(정4품) 1명을 증원하였다. 이 직제는 고종 때까지 계속하였고 갑오년(1894)에는 관장 1명, 교수 전임 3명, 직원 등으로 변경하였다.

---

[1] 大射禮 : 조선시대 임금이 성균관에 가서 선성에게 제향하고 활을 쏘던 예.

[2] 六藝 : 전근대시대 지배계급의 자제가 반드시 배워 익혀야 했던 여섯 가지 교과로, 곧 예·악·사·어·서·수를 말한다.

## 4) 문묘종사인(文廟從祀人)의 학통

문묘에 신주(神主)를 모신 인물 가운데 우리나라 선현 18명의 학통을 검토하면 신라 때 2명을 제외하고는 모두가 송나라 유학 계통 성리학파의 일당이었기에 성리학의 냄새라도 피우지 못한 자나 또 주자의 정통이 아닌 자는 제사상에 참여할 자격이 없었다. 그러므로 문묘에서 제사받는 학자라고 해서 반드시 모두 다른 학자보다 우수한 이가 아니며 꼭 모두가 제 진가를 가진 이가 아니었다. 편협한 학설과 완고한 종파주의와 파당적 암류(暗流)와 정치적 수단이 융합되어 선택된 것이다. 국가로서는 봉건제도를 교화하는 데 필요하며 개인으로서는 자손들의 문벌을 고급화하는 데 필요하고 당파로서는 그룹을 권위화하는 데 필요하고 학계로서는 한 곳으로 치우친 학설을 보편화하는 데 필요하였다.

그리하여 유치한 사회관과 변변치 못한 인생관을 가진 자손들과 제자들은 몇 백 년을 두고라도 그 영예를 자랑하고 교만하게 자부하여 찌꺼기까지 삶고 울구어 그 국물을 못난 자신의 몸에 되바르며 자신의 존재를 이 사회에 드러내려 하였고, '휘국공(徽國公)'이란 권위 있는 귀족 주희의 당들이 대성지성(大成至聖) 문선왕이란 군왕의 절대 존엄한 전제력을 빌려 글자 하나 말 한마디에도 털을 불며 흠을 찾아 '사문난적[*3]'이란 대역죄로 모는 통에 천재적 학자는 벌벌 떨었고 모든 학설은 봉쇄되었다. 문묘에서 제사받는 16명(설총, 최치원을 제외한)은 이러한 사회의 반영이며, 이러한 사상의 표상으로 선출된 것이다. 이 점에 있어 이 인물들의 존재가치는 진보하는 우리 역사가 평가할 것이다.


### (1) 신라시대 인물

설총과 최치원은 둘 다 모두 유학을 잘 알았으나 당대 유학이었으므로 조선에서 숭상하던 송나라 유학이 아니었다. 그리하여 이이는 문묘에 배향(配享, 학덕이 있는 사람의 신주를 모심)할 자격이 없다고 단언하였다.

    …… 설총, 최치원, 안향은 성리학과 관계가 없다. 만일 이들을 의리와 도리로써 모시고자 한다면 세 분만 다른 곳에 배향할 수 있어도, 문묘에는

---

[*3] 斯文亂賊: 유교에서 교리를 어지럽히고 사상에 어긋나는 언행으로 세상을 시끄럽게 하는 사람.

배향할 수 없다.[1]

당시 고려의 유교사상이 조선과 같았던들 신주로 모시지 않았을지도 모른다.

### (2) 고려시대 인물

안유는 송나라 유학을 국내에 전래하였으므로 유가에서 개척 공로자로 인정되어 배향하였고 학문의 연구는 없었다. 그러므로 이이는 문묘에 배향될 인물이 아니라고 평하였다. 정몽주는 '이학(理學)의 시조' 곧 주자학설을 소개한 공로자로 하여 문묘에 배향하였으나 이이는 평하여 "사직을 안전하게 할 신하요 유학자는 아니다"[2]라고 하였다.

### (3) 조선시대 인물

- 김굉필: 정몽주의 학문이 길재에게, 길재에게서 김숙자에게, 김숙자에게서 그 아들 김종직에게로 이어졌는데 김굉필은 김종직의 제자였다.
- 정여창: 김굉필과 함께 김종직의 제자였다.
- 조광조: 김굉필의 제자였다.
- 이언적: 김식이 김굉필의 영향을 받아 그 학문을 체득하고 그 제자 김덕수에게 전하고 김덕수는 이언적에게 전하였다.
- 이황: 이언적의 영향을 받고 서경덕과 사숙하였다.
- 김인후: 김굉필의 제자 김안국에게 수업받았다.
- 이이: 이황에게 계발되고 서경덕과 사숙하였다.
- 성혼: 조광조의 제자 성수침(成守琛)이 성혼의 아버지이므로 아버지에게서 조광조의 학문을 배웠다.
- 김장생: 이이에게 수학하였다.
- 조헌: 성혼에게 수학하였다.
- 김집: 김장생의 아들이었다.
- 송시열: 김장생의 제자였다.

---

1) 『율곡집』, 청이현종사계(請二賢從祀啓).
2) 위와 같음.

- 송준길: 김장생의 제자였다.
- 박세채: 김식의 학문을 김덕수가 윤근수에게 전하고 윤근수는 김상헌에게
  전하고 김상헌이 박세채에게 전하였다.

## 5) 규제

### (1) 서설

조선의 교육은 문헌에 있는 교육에 관한 규제를 통해 보면 내용을 잘 알 수 있다. 고려의 교육제도를 그대로 계승한 조선의 교육은 체제와 이념과 방법에 있어 더 세세하게 발전해갔는데 그 가운데 자연히 규제가 구체화되었다. 학령(學令), 사목(事目), 절목(節目), 학규(學規), 모범, 규제, 학제 등이 모두 규칙 제정이었으니, 건국 초의 첫 제도를 비롯하여 중간의 보강과 추진을 위한 첨가, 수정으로 자주 발포가 되었으며 문교책임자와 교육자 거두들이 경험적으로 얻은 지식을 단편적으로 제안한 것도 있었다. 그 가운데 학령과 『경국대전』은 건국 초에 제정한 것으로 조선교육의 기준규제가 되고, 명종 때의 '경외학교절목', 이이의 '학교사목', '학교모범'과 김우옹(金宇顒)의 '학제조건', 그리고 조익(趙翼)의 '학교절목' 등은 보충규제라고 볼 수 있다. 그리고 이 규제는 대개 태학을 중심으로 한 것이 많은 까닭에 성균관의 학제를 보기 위하여 성균관 역사장(章)에 편입하였으나 사학, 향교, 기타 어린이 교육에 관한 규제도 들어 있다.

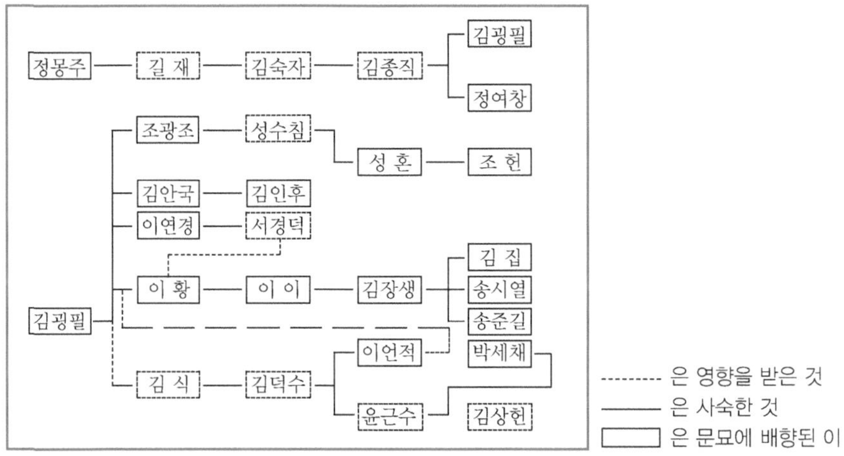

## (2) 각 규제

### ① 학령

학령은 건국 초에 정한 법이니 선조 때에 이이는 양재에 있는 자를 학령대로 하자고 하였고, 현종 때에 민정중은 학령은 조종조(祖宗朝)가 정하여 지은 것이라고 하였다.

학령은 태학 성전(成典, 글로 쓰여 있는 법전)에 실려 있다. 선조 때에 선신(先臣) 이이는 양재에 있는 자를 학령대로 하자고 청하였고, 현종 때에 대사성 민정중은 상소하여 그 제도를 논하길, 학령은 곧 조종조가 정하여 만든 것이다. 또 『대전』을 살펴보면 학령과 권징(勸懲)의 글이 있으니 이것은 대개 건국 초에 정해진 법이다.

〈학령의 내용(원문 순서대로 분석 정리)〉

ㄱ. 매월 행사: 매월 초하루에 관대를 갖추고 공자묘를 참배함.

ㄴ. 매일 행사
- 학관이 명륜당에 나란히 앉음,
- 유생이 읍례하기를 청함.
- 첫째 북소리에 뭇 유생이 입정함.
- 읍례를 행함.
- 각각 나란히 앞으로 나아가 유생끼리 서로 예함.
- 재로 나감.
- 유생이 학관 앞에 나아가 그날의 강의를 청함.
- 상·하 재에서 각각 한 명씩 뽑아 글을 읽게 함.
- 뜻이 통한 자는 점수를 통고하여 과거 식년 강서 점수에 합계하고 불통한 자는 종아리 때리는 것으로 벌함.
- 둘째 북소리에 뭇 유생은 읽는 책을 가지고 각각 사장(師長)에게 나아감.
- 앞서 배운 것을 논란하여 의문섬을 해결한 후에 새것을 배움.
- 많이 배우기를 힘쓰지 않고 자세히 연구하기를 힘씀.

• 혹 책을 대하여 졸거나 교육받는 데 주의하지 않는 자는 벌함.

ㄷ. 독서

• 먼저 글 뜻을 명백히 하고 응용에 통달할 것.

• 한갓 장구에 얽매여 문자의 뜻을 견제(牽制)하지 말 것.

• 늘 사서, 오경과 제사 등의 책을 읽을 것.

• 장자, 노자, 불경, 잡류, 백가, 자집(子集)을 읽지 말 것.

• 위반하는 자는 벌함.

ㄹ. 제술(製述)

• 달마다 제술함.

• 초순에는 의(疑), 의(義)나 논(論)을, 중순에는 부(賦), 표(表)나 송(頌), 명(銘), 잠(箴)을, 하순에는 대책(對策)이나 기(記)를 제술 과제로 함.

• 제술 체제는

  - 간단명료하고 정교하게 글 뜻을 통하기에만 힘쓸 것.

  - 어렵고 치우치고 기괴한 것을 일삼지 말 것.

  - 혹 통용문체를 변경하거나 경박하고 화려한 내용을 창솔(倡率, 앞장서서 부르짖음)하는 자는 내쫓음.

  - 글자를 똑똑히 정자로 쓰지 않는 자도 벌함.

ㅁ. 강경·성적

• 대통(大通): 구두에 매우 밝고 설명이 막힘이 없으며 책 한 권의 강령과 취지를 죄다 깨달아 여러 책까지 종횡출입(縱橫出入)하여도 아주 밝게 알고 철저하게 통하여 더할 수 없는 데까지 이른 자.

• 통(通): 더할 수 없는 데까지 이르지 못하였어도 구두에 아주 밝고 설명에 막힘이 없으며 책 한 권의 강령과 취지를 죄다 깨달아 아주 밝게 알고 철저하게 통하는 자.

• 약통(略通): 아주 밝게 알고 철저하게 통하지는 못하나 구두에 아주 밝고 해석에 막힘이 없으며 연상접하(連上接下)하여 한 장의 큰 뜻을 잘 아는 자.

•조통(粗通): 구두에 아주 밝고 글의 뜻을 깨닫고 한 장의 큰 뜻을 알기는 하나 설명에 미진한 곳이 있는 자.
•조통 이하: 이는 벌함.

ㅂ. 비열한 언행을 벌함
•성현을 논하기를 싫어하는 자.
•고담(高談) 이론(異論)을 좋아하는 자.
•앞 시대의 현인을 비방하는 자.
•조정의 정치를 헐뜯는 자.
•재물과 뇌물을 서로 의논하는 자.
•주색을 이야기하는 자.
•시체 풍속에 빠지고 세력에 추수하여 벼슬을 꾀하는 자.

ㅅ. 명예를 더럽히는 행위를 벌함
오륜에 범죄가 있거나 절개 있는 행동을 소홀히 하여 몸과 이름을 더럽힌 자는 뭇 유생이 통의(通議, 함께 의논함)하고 세상에 폭로하거나 혹 예조에 보고하여 종신토록 취학하지 못하게 함.

ㅇ. 소인배의 심성을 가진 행위를 벌함
•재주를 믿고 스스로 교만하며 세력을 믿고 스스로 귀한 체하거나 부를 믿고 스스로 자랑하며 젊은이로서 어른을 능멸하고 아랫사람으로서 윗사람을 능멸하는 자.
•호화스런 사치를 서로 숭상하여 복장이 뭇 사람과 다른 자.
•교묘한 말씨와 아첨하는 낯빛으로 남에게 잘 보이려고 힘쓰는 자.
•이상의 행위를 하는 자는 내쫓되 힘써 배워 고치면 벌하지 않음.

ㅈ. 나태와 산만한 행위를 하는 자
•왔다 갔다 하며 나라의 비용만 헛쓰고 수업도 않고 제술도 않고 독서도 좋아하지 않는 자.

ㆍ길 다닐 때에 말을 타는 자.

ㆍ규칙을 어기는 것을 금하는 것을 싫어하는 자.


ㅊ. 유희 행위를 벌함

매월 8일, 23일은 뭇 유생의 옷 빠는 날로 휴가를 주니 뭇 유생은 그날을
이용하여 자습할 것이며, 활, 장기, 바둑, 사냥, 낚시질 등의 모든 놀이를
일삼지 말지니 위반하는 자는 벌함.


ㅋ. 예의를 잃은 자를 벌함

뭇 유생은 길에서 사장(師長)을 만나면 가까이 나서서 팔장을 꽂고 길 왼편에
있어야 함. 사장이 통과하는 때에 몸을 감추고 낯을 가리어 예를 행하기를
싫어하는 자는 벌함.


ㅌ. 아침 절차

ㆍ매일 밝기 전 첫 번 북소리에 침상에서 일어남.

ㆍ둘째 북소리에 옷, 갓을 갖추고 단정히 앉아 독서함.

ㆍ셋째 북소리에 차례로 식당으로 가서 동서로 서로 마주하여 앉음.

ㆍ식사가 끝나면 차례로 나와야 함.

ㆍ차례를 지키지 않거나 떠드는 자는 벌함.


ㅍ. 자치적 행사

뭇 유생 가운데 품행이 탁월하고 재주가 뛰어나고 시무에 통달한 자 한두
명을 해마다 유생들이 같이 의논하여 추천하고 학관에게 알리고 해조에
보고하여 등용하게 함.


<학령에 드러난 교육의 정체>

이 학령은 훈육과 교수와 학습과 학과목에 대한 규제로서 훌륭한 교육적
체계를 갖춘 것이며, 현재의 교육방법에 비하여 손색이 없다고 말할 수 있다.

ㄱ. 훈육

옛사람의 교육은 인격 향상을 주로 하였기 때문에 훈육방면에 중점을 두었고 따라서 훈육방법이 발달하였던 것이다.

● 학내 행사를 통하여 훈육하였다.

- 매월의 성묘참배와 매일의 수강 절차를 행하여 예법을 존중하고 정신을 통일하였으며,
- 스승과 동료 사이에 예의를 서로 숭상하게 하여 학원의 위신을 확립하였으며,
- 양재에 있는 동안 단체행동을 규율 있게 시켜 학풍을 아름답게 하였으며,
- 나아가고 물러남에 삼가 신중하고 예의를 지키게 하여 인격을 고상하게 하였다.

● 학과를 통하여 훈육하였다.

- 독서를 통하여 사상 방향이 좌우되는 데 착안하고 노자, 장자, 불교와 백가, 잡류의 책을 금하였으며,
- 제술(작문)을 통하여 감정 경향이 옆으로 흐르는 것을 염려하여 어렵고 치우친, 기괴하고 경박한 문체를 배격하였으며,
- 글씨에 성질이 표현되는 것이므로 정자를 장려하였다.

이 학과를 통한 훈육을 보면 중용적인 근실한 인격을 양성하였음을 볼 수 있다.

● 금지사항을 지시하여 훈육하였다.

선(善)을 허무는 일, 쓸데없는 담론을 좋아하는 일, 정부의 일을 망령되게 논하는 일, 재물과 뇌물과 술과 여자와 벼슬 얻는 일 등을 말하기 좋아하는 비열한 사상, 교만, 사치, 아첨, 나태, 산만, 유희, 무례, 무질서, 잡담 등 비인격적 언행을 엄히 금하였다.

● 상벌로 훈육하였다.

- 평소 학과의 점수를 과거 점수에 합산하며, 품행, 재능이 뛰어난 자를 보고·추천하여 벼슬길에 오르게 하는 일은 적극적으로 훈육하는 방법이며,
- 경서의 강론에 불통한 자, 앉아서 조는 자, 기타 규칙을 위반한 자에게 용서 없이 벌을 내린 것은 소극적으로 훈육하는 방법이었다.

● 사치정신을 배양하여 훈육하였다.

학생이 잘못을 범한 것을 뭇 유생의 합의로 처리하고 우량자 추천을 유생들의

합의로 하였으니 이것이 당시 학생에게 자치정신을 실천시켰던 것이다.

이런 곳에서 받는 학생의 훈련이 교육에 절대가치가 있음을 옛사람들이 잘 알았던 것이다.

ㄴ. 교수

- 매일 강의를 받고 어려운 점을 논하고, 의문을 해결하여 학습이 철저히 된 것을 본 뒤에 새것을 가르쳤으니, 주입식이나 획일식이 아닌 개인표준의 문답식으로 가장 발달한 교수법이었다.
- 형식만 취하여 많이 가르치지 않고 반복 복습하여 자세히 연구하게 하여 학생의 재질대로 충분히 이해시키는 것을 방법으로 하였다.
- 경서를 강론하는 성적을 대통, 통, 약, 조, 불 5등급으로 평점을 주어 학력을 비교하며 독려하였다.
- 일정한 기간을 정하여 작문을 시켜 지식의 응용력·표현력을 단련시켰다.
- 인재 양성이 교육 목적의 하나이므로 과거 응시와 연락을 취하여 실제 인물과 학교교육과 분리되지 않기를 의도하였다.

ㄷ. 학습

- 일정한 시간을 정하여 독서하였고,
- 학과의 뜻과 응용에 밝고 줄거리와 요지를 잘 알고 구절을 자세히 알고 설명발표가 막힘 없이 되도록 공부하였다.

ㄹ. 학과목

- 강독은 사서, 오경, 제사 등의 책이며,
- 제술은 의, 론, 부, 표, 송, 명, 잠, 책, 기 등 각체였고,
- 서법(書法)은 해서(楷書, 중국 진의 왕자중이 만든 한자 서체)를 주로 하였다.

## ② 권학사목

태종 때에 권근이 '권학사목'을 올렸었는데 내용은 소학을 학문의 기초로 하자는 것이었다. 내용은 『권양촌의 교육사상』에 있으므로 생략한다.

### ③ 구재학규

세조 3년(1457)에 예조에서 성균관 구재학규를 만들어 올렸으니 사서오경으로 9개 단계를 만들어 대학을 최하급으로, 주역을 최상급으로 하고 단계적으로 승진하게 하였다. 고려 때의 7재제보다 더 조직적으로 진보한 것이다. 그 내용을 분석·정리하여 보면 다음과 같다.

    ㉮ 각 재 학과: 대학, 논어, 맹자, 중용, 시서, 춘추, 예기, 주역.

    ㉯ 정기 시험: 매년 봄, 가을로 함.

    ㉰ 시험관: 성균관 당상 및 예조 당상 2명, 예문 당상 1명, 대간 각 1명으로 함.

    ㉱ 시험 목표: 구두에 꼼꼼하고 능숙함과 뜻과 이치에 관통함을 목표로 함.

    ㉲ 시험 후 처리: 한 단계씩 올려주되 일시에 여러 책에 통달하면 단계를 건너뛰어 올리고 마지막에 주역까지 오른 사람은 식년(3년)마다 바로 회시(會試)에 응할 자격을 줌.

    ㉳ 식년시(式年試): 사서삼경을 강론하게 하고 다른 경서를 스스로 원하는 자와 좌전, 강목, 송원절요, 역대병요, 훈민정음, 동국정음을 강론하려는 자도 허락함


### ④ 경국대전(성균관조)

『경국대전』은 성종 16년(1485)에 편찬한 것으로서 가장 오래된 법전이다. 그 가운데 있는 학교규제는 선조의 법을 잘 변화시키지 않는 조선의 방침에 따라 그대로 조선 말까지 사용했던 것이다. 앞의 학령이 주로 학생 수업에 관한 규제임에 반하여 대전은 태학, 사학, 향교에 관한 제도를 규정한 것이기에 우리 교육을 알기에 중요한 문헌이다. 다음에 그 내용을 순서대로 분석하고 정리하여 적었으며 사학과 향교에 관한 조항은 각각 항으로 갈라 옮긴다.

<성균관(대학)>

ㄱ. 정원: 200명으로 함.

ㄴ. 자격: 생원·진사로 함.

ㄷ. 부족할 때에 보결 입학할 자격

- •사학 학생 가운데 나이 13세 이상으로 소학이나 사서 가운데 한 권을 통달한 자.
- •공훈이 있는 집 적자손으로 소학을 마친 자.
- •문과나 생원, 진사의 향시나 한성시에 급제한 자.
- •조종의 신하로 입학을 스스로 원하는 자.

ㄹ. 성적고사

- •연고(年考)

    - 시기: 3월 3일, 9월 9일로 하고 사고가 있으면 다음 날로 미룸.

    - 시험관: 의정부 6조와 제 관(館)의 당상관[*4]

    - 과목: 제술

    - 성적 처리: 성적을 기록하여 두고 특히 우등자 3명은 곧 문과 복시에 응할 자격을 줌.

- •월고(月考)

  예조당상이 매월 한 차례 강론을 받아 기록함.

- •순고(旬考)

  매 순마다 제술과목을 시험하여 기록함.

- •일고(日考)

  매일 추첨하여 뭇 유생이 읽은 바를 강론받아 기록함.

ㅁ. 서용(叙用)

  아래와 같은 이력이 있는 자는 임금에게 아뢰어 등용한다.

- •여러 해 동안 재에 있으면서 학문에 꼼꼼하고 자세하며 품행이 탁월하고 나이 쉰이 된 자.
- •본관의 일강과 순강과 예조의 월강을 통계하여 등급이 우등한 자.

---

*4) 堂上官: 조선시대 문·무관의 정3품 이상을 말하며, 그 이하를 당하관이라 하였다.

• 여러 해 동안 과거를 치러 문과 관시, 한성 시에 일곱 번 합격하고 나이 쉰이 된 자.

### ⑤ 진학절목

성종 원년에 예조에서 지은 것이니 교원의 취임·전직과 학생의 근면·결석에 대한 보충규제이다.

〈교원〉
ㄱ. 학식과 덕행이 모범이 될 만한 자를 예조와 각 관에서 합의하여 선택하고, 성균관과 사학에 결원을 보충하며 다른 관에서 기한이 차지 않은 자라도 전직시켜 임명하되 다른 사무는 제외하고 가르치는 데만 전력하게 한다.
ㄴ. 문신으로 지방 교수가 되어 다년간 한 곳에서만 계속 근무하고도 영전(榮轉)하지 못하는 것은 선비를 높이는 본래의 뜻이 아니기에 기한이 된 자는 곧 옮겨준다.

〈학생〉
ㄱ. 사학 유생에게 야간 독서를 장려하라.
ㄴ. 유생이 전혀 등교하지 아니하고 부모의 노환을 거짓 핑계하고 휴가를 받은 자가 시험에만 응하면 이는 옳지 못한 짓이다. 지금부터는 휴가를 받은 자가 관시에 응하는 것을 허락하지 마라.

### ⑥ 경외학교절목

이 학교절목은 명종 원년(1546)에 반포한 것으로 서울과 지방, 곧 전국 학교에 적용한 것이다. 교원 채용, 학과목, 입학, 평소 성적고사, 상벌 등 각 항에 나누어 광범하게 다룬 학제이니 학령과 대전보다 더 세밀하게 된 것이며 특히 아동교육에 관한 규정이 들어 있는 것이 훌륭하다. 이제 그 내용을 분석 정리해보면 다음과 같다.

<성균관과 사학(四學)>

ㄱ. 교수 임명

- 자격: 문관으로서 학식과 덕행이 세상의 모범이 될 만한 자와 경학에 정통한
  자를 각별히 선택함.
- 인원: 사성 이하 전적 이상은 매 품(품은 관등)마다 각각 1명씩으로 하고 사학
  겸 교수도 각각 1명씩으로 함.
- 포장(褒獎): 가르친 공적이 현저한 자는 단계를 뛰어넘어 승진시켜 다른
  사람을 권장함.

ㄴ. 독서법

성균관에 있는 생원, 진사와 재에 기숙하는 유생 및 사학 유생의 독서법은
아래와 같다.

- 독파하는 기간
  - 『대학』 1개월
  - 『중용』 2개월
  - 『논어』, 『맹자』 각 4개월
  - 『시경』, 『서경』, 『춘추』 각 6개월
  - 『주역』, 『예기』 각 7개월
- 독서하는 방식

혹은 통독하고 혹은 나누어 읽으며 매 책마다 읽기 시작한 날과 마친 날을
각각 그 이름 아래 기록함.

ㄷ. 성적고사와 자격 수여

- 매월 초순에 예조와 성균관 당상관이 회동하여 강론을 시험함.
- 평점은 '통(通)', '약(略)', '조(粗)', '불(不)'로 하며 기록함.
- 사서 가운데 한 경서 이상의 점수 통계가 우등한 5명에게 회시에 응할
  자격을 수여함.
- 재에 기숙하는 유생이나 사학 유생을 매월 초순에 중학에 모아 예조낭청,
  성균관 장관, 사학 관원 및 윤차관이 사서의 강론을 시험하여 점수 통계가

우등한 10명에게 생원 진사시에 응할 자격을 줌.

- 때로 성균관에 머물며 배우려는 자에게도 강의를 들을 것을 허락함.

- 평점 내에 '불(不)'이 있는 자는 우등생으로 인정하지 아니함.

- 나태하여 졸업하지 못하는 자와 강론마다 '불'을 받은 자 가운데 생원·진사는 벌하고, 재에 기숙하는 유생과 사학 유생은 출석부에서 제명하고 3개월간 복학을 허락하지 않는다.


〈향학(향교)〉

ㄱ. 교원 임명

- 자격: 생원·진사 가운데 연령과 덕망이 교원이 될 만한 자를 각 도 감사로 하여금 연초에 천거하게 하고, 이조에서 전형하여 취재(取才, 재주를 시험하여 사람을 뽑음)의 유무를 거리끼지 않고 결원이 있는 대로 보충 채용함.

- 권장: 교직을 즐겨하지 않는 자는 그곳 수령이 간곡히 취임을 권고하고, 성적이 좋은 교원은 감사로 하여금 임금에게 아뢰어 상을 주고, 혹은 임기가 차더라도 계속 임용하여 권장하고 혹은 재능에 따라 등용하여 장려의 의도를 알게 함.


ㄴ. 교생에게 은전(恩典)

나이 서른이 지나도록 책 한 권도 통달하지 못하는 자를 제외하고 그 외 교생에게는 세금을 면제하여 자중하여야 할 것을 알게 함.


〈아동교육〉

ㄱ. 교원

- 훈도 임명에는 신분은 사족, 서얼을 분별하지 않고 이미 정한 6명 외에 4명을 증원함.

- 예조는 훈도의 근면과 태만을 조사하고 정·종 9품에 각각 하나를 더 설치하여 관등을 승진·강등시킴.

- 지방에는 매 고을마다 학장을 두고 예전대로 가르쳐 향교로 진학시키며 감사가 고을을 두루 다닐 때에 학자의 성적을 조사하여 가장 성실한 자는

적절하게 상을 주며, 할당하여 권장한 성적의 고하(高下)에 의거하여 평가함.

ㄴ. 아동

- 입학 자격은 사족, 평민 자제로 나이 8, 9세부터 15, 16세 된 자를 모음.
- 학과 교육은 먼저 소학을 가르쳐서 구두에 밝고 글의 이치를 좀 깨친 뒤에 『대학』, 『논어』, 『맹자』, 『중용』을 가르쳐 사학이나 성균관에 진학하게 함.
- 예조에서 매년 아동의 성적을 평가하여 훈도의 근면과 태만까지 알도록 함.

### ⑦ 학교사목

학교사목은 선조 15년에 이이를 시켜 제정한 것인데 10항으로 되어 있다. 앞 5항은 모두 교원의 선택, 임용, 승급, 대우에 관한 규정이며, 뒤 5항은 학생의 입학, 정원, 선발, 거재(居齋, 조선시대 선비들이 성균관, 사학, 향교의 기숙사에서 숙식하며 학문을 닦던 일), 대우, 시학[5]과 자격에 관한 규정으로 모두가 인사문제이고 또 상세한 내용을 포함한 것이기에 당시 교육 상태를 참작하는 데 필요한 것이다.

ㄱ. 대학생을 교원으로 채용함

- 학식과 덕행이 있는 자를 매년 한성부 5부와 감사와 수령에게 명단을 올리게 하여 이조로 넘김.
- 성균관 당상관에게 성균관 유생을 공천하게 하여 이조에 보고함.
- 이조는 보고를 받아 자세히 검토하고 거주지에서 가까운 고을 훈도로 임명함.
- 성적을 보아 탁월한 자는 실직에 올리고 그다음은 벼슬길로 통하게 하며 그다음은 다른 군으로 전직시킴.

ㄴ. 전에 조정의 관리로 있던 자는 파직과 출신(과거시험의 후보생)을 막론하고 교원으로 채용함

---

[5] 視學: 임금이 성균관에 거동하여 유생들이 공부하는 것을 돌아보는 일이나 관리들이 학사를 시찰하는 일.

・파직자와 출신자로서 세상의 모범이 될 만한 자에게 교수를 줌.

・훈도에 성과가 있는 자는 복직시킴.

ㄷ. 서울과 지방의 보고에 세상의 모범에 가히 합당한 자를 두 종류로 나누어 채용함

・본인의 이력이 생원, 진사로 이름이 드러난 사람이면 재주와 품격의 유무를 불문하고 곧 교관으로 임명함.

・그렇지 않은 사람이면 반드시 재주와 품격을 시험하여 요행으로 되는 폐단이 없게 함.

ㄹ. 다른 관직으로 입사할 사람을 교원으로 임시 채용함

서울과 지방에서 학식과 덕행으로 천거되어 장차 입사할 자나 생원, 진사로 가히 입사할 자를 먼저 교관으로 시험 채용하고, 그 능력 여부를 보아 기한이 차지 않았더라도 때로 관리로 등용하게 함.

ㅁ. 교원을 우대함

・교사를 잘 택한 후에는 예로써 대우하여 자중하는 선비로 그 직분에 안심하도록 함.

・감사와 수령은 항상 예를 두텁게 하여 부임하지 않는 자에게는 단단히 권하여 취임하게 함.

・가르친 학생들의 학문 능력 여부와 행동의 공손함과 방자함을 자세히 검사하여 상벌을 주고 훈도는 시강(試講)하지 아니함.

ㅂ. 입학생

・생원, 진사를 제외하고서 서울서 입학 지원하는 선비는 모두 하재나 사학에 입학시킴.

・지방에서는 토족, 가난하고 문벌이 없는 집안을 막론하고 유학을 배우려는 사는 모두 향교에 입학시킴.

・처음 입학 때에는 유생 10명이 천거한 연후에 시강하여 입학시킴.

• 초입생에게는 '학교모범'을 실행하게 함.

• 구속을 싫어하여 학교에 이름을 두지 않는 자는 과거를 보지 못함.


ㅅ. 학생의 정원, 선발과 거재번(居齋番)

• 학생 정원

- 사학 100명

- 목(牧) 이상 90명

- 부(府) 이상 70명

- 군 50명

- 현 30명

• 학생 선발

- 모두 시강하며 정원대로 뽑되 만일 실력자가 부족할 때는 정원이 못 차도 실력 있는 자만 많고 적음에 따라 뽑음.

- 정원에 궐석이 있을 때는 다른 사람을 시강하여 보궐함.

• 거재번

- 대학생 100명을 20명씩 5교대(番)로 나누어 매번마다 10일씩 학교에 기숙하게 함.

- 먹을 양식도 5교대에 나누어 줌.

- 교대에 임하여 취학하지 않는 자에게는 처음이면 면책하고, 두 번째면 도덕적으로 잘못을 묻고, 세 번째면 재에서 내쫓고, 네 번째면 학적에서 제명하고, 질병이나 사고로 취학하지 못하는 자는 사장(師長)에게 결석계를 바쳐야 벌을 면함.


ㅇ. 학생 대우

• 학생을 반드시 예로써 대우함.

• 수령은 관의 일이라고 해서 학생에게 일을 시켜서는 아니 됨. 단지 학문에만 전심시켜야 함.


ㅈ. 시학(視學)

- 1년씩 건너서 8도에 사신(시학관)을 보내어 학생들의 학업을 시험하고 몸가짐의 상태를 자세히 검사하고 교관의 능력 여부를 살펴 보고하게 함.
- 감사는 순시하여 자세히 살피고 시험하여 상벌을 밝혀야 함.
- 수령으로 행사목을 수행하지 못하는 자는 경중에 따라 벌함.

ㅊ. 자격 심사

- 태학에서는 대소 과거 때에 당상과 당장과 장의(掌議)와 유사가 명륜당에 모여 상·하 재의 명부와 선악의 행실을 적은 기록을 가지고 평소 듣고 본 바를 참고하여 행위에 흠이 없는 자에게 과거에 응시할 자격을 줌.
- 사학에서는 학관과 당장과 유사가 서로 의논하여 가려냄.
- 지방에서는 수령과 교관과 향교 당장과 장의와 유사가 서로 의논하여 가려냄.
- 지방에 있는 생원, 진사가 행실에 결점이 있어 과거를 보는 데 적합하지 않은 자는 수령이 감사에게 보고하여 성균관으로 이첩하게 함.
- 학문에 뜻을 둔 선비로서 이름이 군적(軍籍)에 있으면서 과거를 보려고 하는 자가 있으면 서울에서는 관관(館官, 성균관의 관원을 이르는 말)이, 지방에서는 수령이 진위를 깊이 살펴 과거 보는 것을 허락함.

## ⑧ 학교모범

선조 15년에 이이가 지은 것으로 학교사목과 아울러 중요한 규제이다. 내용은 16조로 되어 있고 모두 학생 수양에 관한 세밀한 훈규이니 옛사람이 학생 훈육을 얼마나 구체적으로 했는가를 알 수 있다.

一. 뜻을 세우는 것[立志]이니 학자는 반드시 먼저 입지하여 도로써 임할지니 도가 높고 먼 것이 아니다. 사람이 스스로 행하지 않을 뿐이다. 모든 선(善)이 내게 있으니 다른 데서 구할 것이 아니다. 다시 의심하고 망설여 기다리지 말고, 다시 두렵고 어려워하여 머뭇거리지 말고 곧 천지로써 마음을 세우고 백성을 위하여 극(極), 즉 바른 것을 세우고, 지나간 성인을 위하여 늘어진 학문을 잇고, 만세를 위하여 태평을 열기를 목표로 삼으라.

뒤로 물러나서 자화자찬하는 생각과 임시방편적으로 하고서도 스스로를 용서하는 버릇이 터럭만큼도 가슴속에 싹이 트지 못하게 하라.

二. 몸을 검사하는 것[檢身]이니 학자가 이미 성인이 될 뜻을 세우면 반드시 구습을 깨끗이 씻어내고 한결같이 향학에 뜻을 두라.

행동을 단속하여 아침에 일찍 일어나고 밤에 잠들 때는 의관을 반드시 가지런히 하며, 용모를 반드시 점잖게 하며 보고 듣기를 반드시 단정히 하며, 거처를 반드시 공손히 하며 보행을 반드시 바르게 하며, 음식을 반드시 절조 있게 하며, 글자를 베껴 쓸 때는 반드시 공경히 하며, 책상을 반드시 정돈하며 방을 반드시 깨끗이 하라.

항상 아홉 가지 용모로 몸을 가져야 할 것이니 걸음걸이(足容)는 무겁게, 손모양은 공손히. 눈(目容)은 단정히, 입모양(口容)은 가만히, 목소리(聲容)는 고요히, 머리(頭容)는 꼿꼿이, 기풍(氣容)은 점잖게, 서 있는 자세(立容)는 덕스럽게, 얼굴색(色容)은 씩씩하게 하며, 예가 아니거든(非禮) 보지 말고 예가 아니거든 듣지 말고 예가 아니거든 말하지 말고 예가 아니거든 행동하지 마라. 이른바 예가 아니란 것은 조금이라도 천리에 어그러지면 곧 예가 아닌 것이니 대강 들어 말하자면 광대의 부정한 빛과 속된 음악의 음탕한 소리와 더럽고 오만한 희롱과 유락에 빠진 방탕한 놀이를 더욱 금하고 근절하여야 한다.

三. 독서이니 학자가 이미 유가의 행동으로 검신하였으면 반드시 독서하고 학문을 연구하여 의리를 밝힌 연후에야 진학하는 공정으로 나아가는 바가 혼미하지 않을 것이다.

스승을 따라 수업할 때에는 배움은 반드시 넓어야 하고, 물음은 반드시 자세해야 하고, 생각은 반드시 삼가야 하고, 답은 반드시 밝아야 하며, 겉으로 드러나지 않고 자맥질하여 반드시 깊이 깨닫기를 기하라.

독서할 때마다 반드시 모양을 엄숙히 하고 단정히 앉아 전심하고, 이치를 알아 한 권의 책이 이미 익숙하거든 다른 책을 읽고, 범람하기를 힘쓰지 말고, 억지 기억을 일삼지 마라.

독서의 차례는 먼저 소학으로 근본을 북돋우고 다음에 『대학』과

『근사록(近思錄)』으로 규모를 정하고, 다음에 『논어』, 『맹자』, 『중용』, 오경을 읽고 틈틈이 『사기』와 선현의 성리학 책으로 의지와 취향을 넓히고 식견을 정교하게 하며 성인의 책이 아니거든 읽지 말고 무익한 글은 보지 마라.

독서하고 남는 겨를에 때로 유예(遊藝, 육예를 배움)를 하되 거문고와 활과 투호[6] 등에는 각각 예의와 법도가 있어야 하고, 때가 아니면 하지 말며, 장기, 바둑 따위의 장난 같은 것을 눈에 붙여 실제의 공적을 방해하는 것은 옳지 않다.

四. 말조심(愼言)으로 학자가 유가의 행동에 힘쓰려면 모름지기 언행을 삼가야 한다. 사람의 허물은 말로 되는 것이 많으니 말은 반드시 충신(忠信)하여 반드시 할 때만 하고 허락을 무겁게 하고 음성과 기색을 엄숙하게 하고 실없는 농지거리를 말고 잡담을 말고 문자나 의리의 유익한 이야기만 하고 거칠고 잡되거나 괴상하거나 시정 비리의 말 같은 것을 입 밖에 내는 것을 옳지 않다.

동무를 사귀며 헛된 이야기로 날을 보내고 시정(時政)이나 부질없이 논하고 남의 장점과 단점이나 비교하는 것은 공정과 일을 방해하는 것이니 마땅히 경계하라.

五. 존심(存心)이니 학자가 수신을 하려면 반드시 안으로 마음을 바로 하여 재물에 유혹되지 않은 연후라야 천군(天君, 마음)이 태연하고 모든 악이 사라져 바야흐로 실제의 덕으로 나아가는 것이다. 그러므로 학자는 먼저 정좌(靜坐)에 힘쓰고 존심하여 고요한 속에 어지럽지도 않고 어둡지도 않고 큰 뿌리를 세우게 되는 것이기에 한 생각이 나는 데라도 반드시 선악의 싹을 살펴서 선하거든 그 의리를 끝까지 추구하고 악하거든 그 싹을 끊으며 본디의 마음을 잃지 않도록 하고 살피어 힘쓰고, 힘써 마지아니하면 동정과 언동이 의리에 합하지 않은 것이 없는 것이니 당연한 법칙이다.

---

[6] 投壺: 화살같이 만든 청홍의 긴 막대기를 두 사람이 갈라 가지고 일정한 거리에 놓인 병 속에 던져 넣는 놀이.

六. 어버이를 섬기는 것(事親)이니 선비가 온갖 행동을 하여도 효와 우애가 근본이 되며 죄가 삼천이 있어도 불효가 크기에 어버이를 섬기는 자는 반드시 집에서는 삼가 순종의 예를 다하고, 봉양에는 즐거워하여 구체(口體)의 봉(奉, 섬김)을 다하고, 부모가 병들면 근심하여 의약의 처방을 다하고, 부모의 상중에는 슬퍼하여 예절의 도를 다하며, 부모의 제사에는 엄하여 추모하고 공경하는 정성을 다하여야 한다.

동온하청[*7], 혼정신성[*8]과 출고반면[*9]에 하나라도 성현의 가르침을 좇지 않는 것이 없어야 하고, 만일 과(過, 부모가 잘못하는 일)를 만나면 정성을 다하여 간하고 점점 도로써 말하며, 안으로 내 몸을 돌아보아 행실의 불비한 것이 없고 시종일관 덕(德)을 온전히 하여 살아가는 데 욕됨이 없는 연후에 능히 어버이를 섬긴다 할 수 있을 것이다.


七. 스승을 섬기는 것(事師)이니 학자가 성심으로 도를 향하려면 반드시 스승을 섬기는 도를 높여야 한다. 백성은 세 가지 섬기는 것(임금을 섬기고事君, 어버이를 섬기고事親, 스승을 섬기는 것事師)을 마치 하나같이 하는 데서 사는 것이니 가히 마음을 다하지 아니 할 것인가! 같이 있으면 아침저녁으로 뵈옵고 따로 있으면 수업 때에 두 번 절하고 평소 모실 때에는 극히 존경하여 가르침을 두텁게 믿고 속에 품어 잃지 마라.

언론과 행사에 의심할 만한 것을 만나거든 모름지기 태연하고 침착하게 질문하여 득실을 가려야 하고, 곧 제 의견을 가지고 스승을 비난하는 것은 옳지 않으며, 또한 의리를 생각해보지 않고 다만 스승의 말만 믿는 것도 옳지 않은 것이다.

스승의 봉양에 있어서는 마땅히 힘 닿는 대로 정성을 들여 제자의 직책을 다 하여야 한다.

---

[*7] 冬溫夏淸: 추운 겨울에는 따뜻하게 더운 여름에는 서늘하게 한다는 말로서 곧 부모를 잘 섬기는 효도를 뜻함.

[*8] 昏定晨省: 아침저녁으로 부모의 안부를 물어서 살핀다는 말로서 정성을 다한다는 뜻.

[*9] 出告反面: 집을 나갈 때 부모에게 알리고 돌아와서는 부모를 뵙는 일.

八. 벗을 선택하는 것(擇友)으로 도를 전하고 의혹을 푸는 것이 비록 스승에 있으나 여택(麗澤, 벗으로 학습하는 것), 보인(輔仁, 인으로 서로 돕는 것)은 실상 벗을 힘입는 것이기에 학자는 반드시 충신·효도하는 우애 있고 강방(剛方, 강직하고 방정함)하고 돈독한 선비를 가리어 더불어 교제하여 잘못을 서로 경계하고, 선으로 서로 질책하며, 옥을 끊고 쓿고 쪼고 갈 듯이 하여 벗의 도리를 다하여야 한다. 입심(立心)이 도탑지 못하고 검속(檢束, 억제하고 구속함)이 엄하지 못하여 부랑하고 실없이 희롱하고 놀며 말이 앞서고 기개가 앞서는 자와는 모두 사귀는 것이 옳지 않다.

九. 거가(居家)이니 학자가 이미 몸과 마음을 닦았으면 거가하여 모름지기 윤리를 다 하여야 한다. 형은 우애 있고 아우는 공손하여 하나처럼 보고, 지아비는 화평하고 지어미는 순종하여 예를 잃지 않고, 아들은 옳은 것으로 가르쳐 사랑으로 총명함이 가려지지 않아야 하며, 가족을 어거(馭車, 거느리어 바른 길로 나가게 함)하는 데 엄하고도 너그러우며 배고픔과 추위를 불쌍히 생각하며 아래 위가 정숙(整肅)하고 내외가 분별이 있어 한 집안일을 처리함에 바른 것을 쓰지 않는 것이 없어야 한다.

十. 사람을 대접하는 것(接人)으로 학자가 이미 집안을 바로 하였으면 미루어 사람을 접할 때 한결같이 예의를 좇을 것이다. 연장자는 공손으로써 섬기고 어린아이는 자비로써 어루만지며 육친과 이웃까지 환심을 얻지 않는 것이 없이 매양 덕업(德業)을 서로 권하고 과실을 서로 고치고 예속(禮俗)을 서로 만들어 환난을 서로 구하며 늘 다른 사람을 돕고 재물을 이롭게 할 마음을 품어 사람을 상하게 하고 재물을 해할 의사는 털끝만큼도 마음에 머무르게 하여서는 아니 된다.

十一. 과거에 응하는 것(應擧)으로 과거의 급제가 뜻있는 선비의 급급할 바가 아니나 또한 근래 벼슬길에 오르는 통상적 길이기에 만일 도학에 전심하고 예의로만 나아가고 물러나려는 자는 말할 것이 없지만 응거를 면하지 못할 자는 성심으로 공부에 힘써 시일을 헛되이 보내지 말아야 하기에 득실로 지킬 바를 잃어서는 옳지 않다. 늘 입신행도(立身行道)하여 나라님께 충성하고 국가에 보답할 생각을 품어야 하고 제 몸의 배부름을 구차하게 구하는 것은 옳지 않다. 진실로 도에 뜻을 두고 일상생활에 게으르지 아니하면 순리(循理) 아닌 것이 없는데 과거도 또한 일상생활 속에서 한 일이니 무엇이 실제의 공적에 해가 될 것인가. 요사이 사람들 가운데 제 지조를 빼앗기는 자는 득실에 의해 신념이 흔들리는 것을 면하지 못하기에 이것이 걱정이다.

또 근자에 선비의 폐단은 게으르고 늘어져서 독서를 힘쓰지 않으며, 스스로 뜻이 도학을 사모하고 과거를 대수롭게 여기지 않는다면서 유유히 날을 보내므로 학문과 과업(科業)을 둘 다 이루지 못하는 자가 많으니 가장 경계할 만한 것이다.


十二. 의(義)를 지키는 것(守義)이니 학자는 의와 이(利)의 다른 점을 판단하는 것보다 더 급한 것이 없다. 의라는 것은 위(爲)할 바(자기를 위한다는 뜻)가 없음인데, 바로 이것을 말하는 것이다. 조금이라도 위할 바가 있다는 것은 다 이이니 큰 도둑의 무리다. 경계하지 않고 될 것인가! 선을 행하여 이름을 구하는 것도 또한 이심(利心)이다. 군자가 이것을 보기를 담을 뚫는 것보다 심하게 여기거든 더군다나 선하지 않은 일을 하며 이를 구하는 일이야 어떻겠는가!

학자는 티끌만 한 이심도 가슴속에 두어서는 옳지 않다. 옛사람은 어버이를 위하여 수고하는 데는 품을 팔고 쌀을 지고 다니는 일도 사양하지 않아 그 마음이 깨끗하고 이로 더러워지지 않았는데, 요새 선비들은 종일 성현의 책을 읽고도 오히려 이심을 면하지 못하니 어찌 슬퍼할 만한 일이 아니겠는가! 비록 집안이 가난하여 살아가려면 경영이 있을 수밖에 없는 때라 할지라도 이를 구할 생각이 싹트는 것은 옳지 않다.

사양하거나 받거나 가지거나 주거나 하는 데도 당연한 것인가 부당한 것인가를 자세히 살펴서 당하면 곧 의를 생각하여야 하고 티끌만큼도 구차히 지나치는 것은 옳지 않다.


十三. 상충(尚忠)이니 충후는 지조와 서로 표리가 되어야 한다. 스스로 지키려는 절개가 없이 모릉(模稜, 과오가 있을까 하여 가부를 결정하지 못하는 것)으로 충후(忠厚, 충직하고 순후함)를 삼는 것이 옳지 않고, 근본의 덕(德)이 없이 지나친 과격성으로 지조를 삼는 것이 옳지 않다. 세상의 풍속이 흐리고 얇고 실제의 덕이 날로 없어져서 속이는 술책으로 남에게 아첨하지 아니하면 반드시 교만으로 기개를 세우기에 중용을 지키는 선비를 진실로 얻어 보기가 어렵다.

『시경』에 "다사하게 사람에게 공손한 것이 덕의 기본이라." 하였고, 또 "부드럽다고 하여 먹지 않고 억세다고 하여 뱉지 않는다."[*10] 하였다. 반드시 온화하며 공손하고 유순하며 순수하여 심기를 깊고 두텁게 한 연후에 뿌리가 정의에 서서 대의를 위하여 목숨을 바쳐 지키는 절개에 임하면 그 뜻을 빼앗을 수가 없게 된다.

비굴하게 아첨하는 졸장부는 족히 말할 것이 못되지만 학문하는 선비라 지칭하면서 재주를 끼고 현명함을 끼고 다른 사람을 무시하고 사물을 멸시하는 자는 그 폐해를 이루 말할 수 없다.

조금만 얻음이 있으면 만족하여 행행(倖倖, 성이 발끈 나서 그 자리를 박차고 떠나는 모양)히 스스로 좋아하는 자가 어찌 능히 지조가 있다 하리오. 근래 선비의 병이 이와 같으니 본시 예학(禮學)이 밝지 않고 헛된 교만이 습관화된 탓이다. 반드시 예학을 강구하고 밝히어 윗분을 존경하고 연장자를 공경하는 도를 다하라. 진실로 이같이 하면 충후와 지조를 둘 다 얻을 수 있다.


十四. 말과 행동을 착실히 하며 삼가는 것(篤敬)으로 학자가 덕을 쌓기에 힘쓰고 수업하는 것은 오직 독경에 있기에 경(敬)에 도탑지 못하면 다만 헛된 말뿐일 것이다. 모름지기 겉과 속이 일치하여 끊임이 없고 언어에는 가르침이 있고 행동에는 법이 있으며 낮에는 하는 일이 있고 밤에는 얻는 것이 있으며 일순간에도 본성을 보존함이 있고 한번의 숨쉼에도 본성을 기름이 있어야 한다.

공부가 비록 오랠지라도 효과 나기를 구하지 말고 오직 날마다 부지런히

---

[*10] 이 글은 약자라고 하여 업신여기지 않고 강자라고 하여 두려워하지 아니함을 이름(柔亦 不茹 剛亦不吐).

하여 죽은 뒤에 그만두려는 것이 실학(實學)이니 만일 이것을 힘쓰지 아니하고 다만 박식한 이야기로 몸을 빛내는 장식만 삼는 자는 유가의 적이다. 어찌 두렵지 않으랴!


十五. 거학(居學)이니 학자가 성균관에 있을 때는 모든 행동거지를 학령에 따라 혹 독서도 하고 혹 작문도 하며 식사 후에는 잠시 쉬며 정신을 여유 있게 가지고 수업받은 것을 복습하며 저녁 후에도 또한 그리하라.

여러 명이 있을 때에는 반드시 강론(講論)으로 서로 높이고 감의(感儀)를 가지런히 하여 엄숙하기를 선생과 같이 하라. 성균관에서는 읍(揖, 인사하는 예로서 오른손을 밑에 왼손을 위에 두손을 마주잡고 얼굴 앞으로 들고 허리를 앞으로 공손히 구부렸다 펴면서 내림)을 한 뒤에 공부하고 질문하며 도움을 청할 때에는 마음을 비우고 가르침을 받으며 즐거이 좇고 주선(周旋, 예에 맞도록 행동하는 것)하며 무익한 글은 물음을 청하는 것이 옳지 않으니 쓸데없이 애만 쓰는 것이다.


十六. 독법(讀法)으로 달마다 초하루, 보름에 학생들은 학당에 가지런히 모여 문묘를 알현하고 읍을 행하고 예가 끝난 뒤 자리를 정하고 장의(掌議, 으뜸자리)가 소리를 높여 『백록동(白鹿洞)』 교조(敎條)와 『학교모범』 일 편을 읽고 이어서 서로 강론하고 실제 공부에 힘써라.

만일 의논할 일이 있으면 강정(講定, 사장이 나와 앉음)하고 학생들이 까닭이 있어 불참하면 반드시 이유를 들어 회의장에 알려라. 여럿이 다 알게 병이 있거나 고향으로 내려갔으나 제삿날을 정확히 아는 이유 외에 핑계를 대고 불참하기를 여러 번 하는 자는 자리에서 내쫓고 한 달이 되어도 오지 않는 자는 사장에게 알리어 벌을 논하라.


## ⑨ 학제 조건

선조 17년에 김우현(金宇顯)이 지은 것으로 교원과 학생에 관한 인사문제를 중심으로 한 규제로 위에 적힌 학교사목과 같은 점이 많다.

ㄱ. 학령: 학령은 옛 성인이 교육과 학문에 끼친 뜻을 취한 것이므로 학생들로 하여금 따르고 익히게 하여야 한다.

ㄴ. 독법: 독법은 매월 초하루와 보름에 학장이 학생들을 인솔하고 공자묘에 배알한 뒤에 명륜당에 모여 규약을 낭독하고 학생 가운데 규약을 지키지 않는 자는 벌한다.

ㄷ. 경행재: 상사(上舍)나 하재(下齋)에서 경학과 행의(行儀)가 있는 자는 먼저 동료들이 이를 추천하고 다시 학장이 이를 심사하여 경행재에 올리고 날마다 강학연마(講學硏磨)하여 학생들의 지도자로 삼는다.

ㄹ. 사유(師儒, 사람에게 도를 가르치는 유학자)
- 홍문관 부제학 이하 18명이 다 궐석이 없게 하고 옮기지 말며 궁중에서 임금에게 경사를 강의하기도 하고 태학에서 학생도 가르치기에 편하고 좋게 하라.
- 새로 급제한 때나 분관[11]할 때는 먼저 학문과 덕행이 있는 자를 골라서 성균관 권지(사무를 잠시 익히는 것)를 삼고 다음으로 총명하고 민첩한 문예의 재능을 가진 자를 취하여 승문원 권지를 삼아 덕행을 깊이 존중하고 학교를 숭상하는 의도를 보인다.
- 주·현 교관은 앞 해에 이이가 지은 규정을 밝혀 거행하게 하고 성균관, 한성부 5부 및 감사, 수령이 정성을 다하여 듣고 보고 이름을 적어 위로 올리면 이조가 더 자세히 고찰하여 채용한다.
- 천거한 인물이 적임자가 아니어서 물의가 생기거나 직무를 잘못하여 하나도 선행이 없는 자는 양사[12]로 하여금 추천한 자를 탄핵하게 하고 다 파면한다.

---

[11] 分館: 새로 문과에 급제한 자를 승문원(承文院)·성균관·교서관(校書館)의 삼관(三館)에 배지해 권지(權知)라는 이름으로 실무를 익히게 하던 일.
[12] 兩司: 조선시대 사헌부(司憲府)와 사간원(司諫院)의 통칭으로, 정사를 논하고 백관을 감찰하고 풍속을 바로잡는 일 등을 하던 곳.

ㅁ. 생도

- 서울에 있는 자로 생원, 진사를 제외한 학문에 뜻을 둔 사람은 모두 하재나 사학에 입학시킨다.
- 지방에서는 유학을 배우려는 자를 모두 향교에 입학시키되 처음 입학시킬 때에 학생 10명이 추천·보증한 뒤에 시험하여 입학을 허락한다.
- 얽매이기를 싫어하여 학교에 이름을 두지 않는 자는 과거를 못 보게 한다.


ㅂ. 공사(貢士)

- 4학관(四學館) 및 주·현 수령과 교관들은 해마다 여러 사람의 의론에 좇아서 뭇 유생들 가운데 경학행의(經學行義)가 있는 자를 천거하여 태학에 진학시킨다.
- 태학은 모아 가르치되 학문이 거칠고 덕행에 흠이 있는 자는 돌려보내고 학관과 수령과 교관들이 의논하여 벌한다.
- 태학장은 여러 사람의 의논에 따라 경행재생(經行齋生)의 행의성취표(行義成就表)를 조사하여 적당한 자를 해마다 적어 올리고 이조에서 서용(叙用, 죄로 인하여 면관된 사람을 다시 씀)한다.
- 적당하지 않은 자가 천거된 때에는 학장이 벌을 논한다.


ㅅ. 취사(取士)

- 해마다 시학(視學)하고 문형[13] 중신 및 근신, 명유에게 명하여 경행재 유생과 횡경문난(橫經問難, 책을 손에 들고 질문 변론하는 것)하게 하여 경학에 능통하고 그릇다운 지식이 있는 자는 벼슬길로 나아가게 하고 암송만 힘쓴 사람은 내버려두며, 또는 책문[14] 시험을 보아 그 논의가 정연 창달하고 이치가 있는 자는 취하고, 글이 가볍고 화려하며 괴벽(乖僻)하고 경서의 뜻에 어그러진 자는 버린다.
- 과거 때마다 대학장은 과거일에 앞서 명륜당에 모여 상·하 재의 인명록을

---

[13] 文衡: 조선시대 홍문관과 예문관의 장(長)인 정2품 대제학을 말함.
[14] 策文: 정치에 관한 계책(計策)을 물어 적게 하는 문과 시문에 답한 글.

조사하여 품행에 흠이 없고 학문에 뜻이 있는 자를 골라 과거에 응하게
한다.

- 4학관 및 지방 수령과 교관도 과거일에 앞서 과거에 응할 자를 앞항과 같이
택한다.

- 지방에 사는 생원, 진사도 하자가 있어 과거 보기에 적합하지 못한 자는
수령이 한 마을의 공론대로 감사에게 보고하고 이 보고 문서를 성균관으로
돌린다.


## ⑩ 학교절목

학교절목은 인조 7년에 조익이 지은 것인데 신입생, 결석생, 장학성적, 서류,
학과, 자격 등에 대하여 단편적으로 보충하고 주의시킨 규제이다.


一. 서울의 4학과 지방의 양반 자제 모두의 성명과 연령을 기록한 책을
만들고 새로 들어온 자도 함께 기록함.

二. 신입생에게는 『소학』을 시험하여 '조' 이상을 입학 허락함.

三. 입록(入錄)하지 않은 자는 생원, 진사 시험(국자감시)에 응하지 못함.

四. 서울과 지방의 양반 자제들의 연령 35세 이하에게는 다 『소학』을 읽혀야 함.

五. 서울에서는 각 학관이 매월 초순에 대학 유생을 모으고 『소학』을
통독시켜야 함.

六. 서울에 있으면서 여러 달이 되도록 불참하는 자는 제적함.

七. 각관(各官)은 자신의 지역 안의 독서하고 문리(文理)가 있는 자를 골라
한 마을의 선비를 가르치게 하고 수령은 때대로 고강*15)하여 상과 벌을
행함.

八. 서울에서 매 계절 마지막 달에 각 학관과 성균관 관리 한 명씩이
회동하여 고강하고 그 강론한 바를 기록하여 본 태학과 본 관에 보관함.

九. 지방에서는 봄, 가을에 강경을 고시하여 도회관(都會官)을 정하고

---

*15) 考講: 경서 가운데 몇 가지 지정된 대문을 외고 해석하게 하여 경서에 통달한 정도를
시험하는 것.

삼시관(三試官)을 보내어 고강하고 강론한 바를 기록하여 도회관과 본
도에 보관함.

十. 식년(式年)마다 3년간 강론한 바를 통하여 점수를 계산하고 학교마다,
도마다 사람 수를 정하여 (국자)감시를 줌.

十一. 초시에 연달아 3번을 통과하지 못한 자는 제명함.

十二. 관관은 날마다 성균관에 있는 유생과 더불어 근사록(近思錄), 사서, 오경
등의 책을 통강(通講)하되 순환·반복·숙독(熟讀)하게 하고 늘 힘쓸 것을
권하여 성균관에 있는 자로서 독서하지 않는 이가 없도록 함.

十三. 또 계절의 마지막 달마다 강론한 바의 정도를 자세히 조사하며
기록하여 두고 연말에 그 점수를 통계하고 사람 수를 정하여 보고하여
급제, 초시를 주며 자신의 희망에 따라 복시에 응함을 허락함.

十四. 초시를 받은 자가 급제하지 못하였더라도 이조에 옮겨 첫 벼슬의
이름에 붙임.

## ⑪ 제강절목(制講節目)

영조 18년에 제정한 성균관 유생의 정원에 관한 규정이다.

一. 거재(居齋) 유생의 정원은 기숙생 외에 백 명으로 하고 돌아가며 거재하되
늘 백 명의 숫자에 차게 하고 50점을 기준으로 함.

二. 이미 정한 백 명 외에는 한 명이라도 초과하지 못함.

三. 결원 보충에 사람 수는 한정되어 있고 들어오려는 자가 많을 때는 방(榜,
과거 연도)으로 차례를 정하고 그 연도가 같으면 나이로 차례를 정하여
입학을 허락함.

四. 장의(掌議) 두 명과 색장(色掌) 네 명도 또한 정식대로 백 명 이외에
따로 거재하게 함. 점수는 모두 50으로 한정하고 50점에 차기 전에는
개체(改遞)를 허락하지 아니함.

五. 헌작례(獻酌禮)와 춘추석채(春秋釋菜, 봄가을 문묘에서 공자를 제사지내는
의식)에 임하여 청재(淸齋)에 들 때는 생원, 진사의 인원 수는 제한이 없음.

## ⑫ 원점절목(圓點節目)

### 〈원점제도의 목적〉

목적은 재에서 공부하는 유생의 근면·태만의 성적을 점수로 평정하여 수학하는 데 근면을 중요시한 것이니 당연한 방침이요 발달된 제도였다.

### 〈원점제도의 득실〉

인조 6년(1628)에 정엽(鄭曄)은 원점제의 필요를 역설하여 "무릇 학과를 원점으로 점수를 매겨 응시케 하면 지역적 차이 없이 재주 있는 학생들을 두루 모을 수 있고 국가가 사람을 뽑는 데도 또한 반드시 자세하리라." 하였다. 그러나 학생이 득점하는 데만 급급하여 학교 전체의 정신을 모르는 폐단이 없지 않았다. 선조 17년(1584)에 조헌(趙憲)의 상소에는 "처음에 소학을 공부해야 감시를 보고 원점의 수를 모두 채워야 과거에 응한다는 것이 뜻은 나쁘지 않으나 소학의 문자가 나오므로 강령을 알지 못하는 자가 있게 되고 원점 백일(百日)에 실상은 학교 문을 알지 못하는 자가 많다"고 하였다.

그리고 원점 규정대로 실행을 하지 않는 폐단이 많아 경고를 발한 일이 있었던 것을 보아 원래 취지와 다른 일이 적지 않았다고 보인다. 인조 19년에 강석기(姜碩期)가 올린 글에 "생원·진사로 식년초시에 응하는 자는 반드시 300점이 찬 연후에 관시[16)에 응하고, 150점이 된 자는 향시나 한성시에 응하는 것은 법전(法典)이거늘 근래에 폐지되다시피 해이해져 행하지 아니하고 공문에 점수 미달로 향시나 한성시에 응하는 자가 매우 많으니, 성균관으로 하여금 일일이 기준을 조사하여 범람과 위조를 막으라"고 하였다.

### 〈원점제도의 변천〉

원점제도는 자주 변하다가 정조 때에 원점절목이 제정되어 완전히 갖추어진 형태를 이루었다. 그 변천을 일괄하여 보면 다음과 같다.

---

[16) 館試: 성균관에서 실시한 시험으로, 대과초시(大科初試)는 대개 한성부와 지방에서 지역별로 보았으나 특별한 경우 성균관의 생원, 진사에게 기회를 주기 위해 보게 한 시험.

세조 5년(1459)에 "임금이 곧 명령하되 지금부터 개장(開場)에 원점 만 70점 이상자를 초시에 응함을 허용한다."[3] 하였다.

성종 2년(1471)에 "진사로서 출석일이 원점 만 150일이라야 관시에 응함을 허용한다."[4] 하였고, 16년에 "문무초시의 정원 수는 관시 50명으로 하고 성균관 녹명시취(錄名試取)한 생원, 진사는 성균관에 있은 지 만 3백일(300점과 같음) 된 자라야 과거 보는 것을 허락한다"[5]고 하였다.

중종 20년에 "관학 유생에게 10삭(朔) 동안에 원점이 백이 찬 후에 비로소 시험에 응함을 허용한다."[6] 하였고, 39년에 "생원, 진사는 원점 150점을 채운 자는 소속한 곳이 없을지라도 향시나 한성시에 응할 수 있다"고[7] 하였다.

명종 2년(1547)에 "관학 유생의 원점이 15점 이상이면 정시(庭試)에 응할 수 있다"고 하였다. 영조 19년(1743)에 반포하여 시행한 제강절목에는 50점으로 정하였으며, 같은 해에 반포하여 시행된 속대전에는 "재에서 공부하는 유생의 원점을 식사 두 끼를 1점, 출석일(伴製, 진사·생원·성균관 유생의 출석을 기록하던 일)에 50점, 관시에 300점 된 자를 과거 응시를 허용한다"고 하였으며, 정조 7년(1783)에 시행된 대전통편에는 반제원점을 매년 30점으로 하였다.

이같이 여러 번 변하던 원점제는 정조 36년에 완전히 정비되었는데 이것이 원점절목, 즉 정조조 생진(生進) 원점절목이다.

- 장의 2명, 색장 4명은 백 명 이외에 따로 거재시키고 점수는 다른 생원, 진사와 마찬가지로 하여 시행함.
- 매일 아침, 저녁에 식당에 참석하면 1점으로 하고 아침, 저녁 가운데 하나라도 불참하면 평점으로 하여 통계하지 못함.
- 원점을 30점으로 기준하고 이듬해에 한하여 시행하고 이듬해가 지나면 무시하고 새로 원점을 시작함.
- 매년 30점을 기준하여 통계하고 300점이 차면 다시 점수를 계산하지 않음.
- 이미 30점이 된 뒤에도 재에서 공부하려는 자는 일 년에 300점 기준하여

---

3) 『문헌비고』 선거고.
4)  위와 같음.
5)  위와 같음.
6)  위와 같음.
7)  위와 같음.

또한 허락함.

- 절제(節製, 節日製)에 특별한 왕의 교지가 있어 방외(方外, 고향에서 멀리 떨어진 곳이나 세속을 벗어난 곳)를 통하여 시취(試取)하라는 명령이 있으면 다만 원점 생원·진사만 응시하고 두 해 동안 원점을 취하여 응시함을 허용하고 이미 300점에 준한 자는 연조제한(年條制限)을 받지 아니함.
- 증광(增廣) 관시에는 원점 생원·진사에게만 응시를 허용하고 절제의 예에 의하여 점수를 계산함.
- 기준점 기한은 무술년(1778) 정월부터 시작함.
- 원점 일자(日字)는 8월 초하루부터 계산하여 30점에 준한 자는 차례로 기록하여 해마다 책을 한 권씩 만들어두고 이미 300점에 준한 자는 따로 이 책을 만들어 보관하여 사실의 정확성 여부를 가리는 근거로 삼음.
- 무술년 정월 이후는 준점인(準點人, 점수에 근접한 사람)에게 한하여 응시를 허용하며 무술년 정월 이전은 단지 점을 시작한 자라도 응시를 허용하고, 만일 규제를 어기고 응시하여 합격한 자는 임금에게 아뢴 뒤에 빼버리고 과장에 난입한 법을 적용하며, 합격하지 못한 자라도 드러나면 마찬가지로 법에 따라 처리함.
- 상(喪)을 당하여 상복을 벗기 전에는 3개월 내에 점수에 준하지 않는 자라도 점수에 구애받지 않고 후보자 명단을 바치면 응시를 허용함.
- 월과강제(月課講製) 시에 불참한 사람은 점수를 깎는 규정을 모두 성전(成典)에 따라서 거행함.
- 증광별시, 정시 때의 과거 이틀 전에는 생원·진사는 인원수 제한을 받지 않음.
- 모든 절제 때에 교서를 내리어 "생원·진사는 인원수의 제한을 받지 말라"고 하였다. 이후에 식당 준점법은 모두 절목에 의하여 시행함.


## 6) 잡규(雜規)

학교 교육은 집단적 교육이기 때문에 여러 가지 사소한 일에도 일정한 규칙이 없이는 질서와 정돈을 할 수 없는 것이나. 『문헌비고』와 기타 기록에 흩어져 있는 사실에서 교육적 잡규를 추려내어 옛사람들의 학생 훈련 방식을 엿보려 한다.

### (1) 제복(制服)

사람에게 유쾌한 느낌을 주는 균형 잡힌 가지런한 아름다움이나 예의상 장식으로나, 더욱이 봉건제도 시대에는 복장의 구별이 심하였던 관계로나 학생 제복의 필요성을 일찍부터 느꼈다. 그러나 중국을 흉내 낸 점, 곧 유학 발원지의 모방을 면하지 못한 점은 제복에서도 볼 수 있다.


#### ① 청금단령(靑衿團領)

성종 8년에 윤대관[*17] 백훈(白勳)이 성균관 학생이 외출할 때에 청금단령을 입게 하자고 청하였다. 영경연(領經筵) 김국광(金國光)은 "선왕 때에도 행하려다가 못하였는데 이제 의복을 달리하면 성균관에 있는 자가 감소하리라." 하며 반대하였다. 왕은 "유자가 유복(儒服)을 부끄럽게 여기는 것은 성인의 도를 부끄럽게 여기는 것이다"라며 김국광의 말을 반대하였다. 지경연(知經筵) 이극증(李克增)이 "절충하여 '갓을 쓰고 청금을 입으라.' 하면 다 들으리라"고 하여 그대로 시행하였다.


#### ② 홍단령(紅團領)

영조 9년에 대사성 조명익이 상소하여 말하기를 "유생의 복색이 아직 정당하게 되지 못하여 재에서 공부하는 유생이 붉은 옷으로 준칙을 삼고, 방(榜, 여러 사람에게 알리기 위하여 사람이 많이 모이는 곳에 써붙이는 글)에 참례(예식에 참여함)하는 학생이 '두건(巾)' 뒤에 끈을 늘이니 이는 고루한 습속을 면하지 못한 것이다. 현종 말년에 선정신(先正臣) 권상하(權尙夏)가 '태학재임으로 있었을 때에 중국의 제도에 따라 분포청금(粉布靑衿)과 두건으로 거재의 복장을 하고 생원, 진사가 방에 참례할 때는 연꽃 한 송이를 두건 뒤에 붙이고 성적이 더 좋은 자는 두 송이를 붙여 구별하고 삼일 후에 떼어버리자'고 하여 연경에서 실물을 사 오려다가 국상이 나서 중지하였다"고 하였다. 영조 17년에 성균관 유생에게 예전대로 홍단령(붉은 깃을 둥글게 만든 공복)을 입으라고 명하였다. 처음에 유생들이 홍단령 입는

---

*17) 輪對官: 조선시대 문관 6품 이상과 무관 4품 이상의 관원으로서 궁중(宮中)에 참석하여 임금의 질문을 윤번으로 응대하던 일을 맡은 관리.

것을 불편하게 여기어 푸른색의 옷을 입기를 청하였다. 대신 김재로(金在魯)가 "대전(大典)의 옛 예가 홍의청령(紅衣靑領)인 듯하고 이수광의 『지봉유설』에도 '우리나라의 유생이 개인적인 출입에 홍직령(紅直領)을 입었더니 명종 말년에 국상을 연거푸 당하는 통에 흰옷이 습속이 되었다'고 하였으니 붉은 옷이 필시 옛 제도요, 조정 신하의 의복도 중요한 곳에서는 검은 옷을 입고 가벼운 곳에서는 붉은 옷을 입었으며, 유생도 문묘 참배에는 푸른 옷을 입고 식당과 재의 모임에서는 붉은 옷을 입는 것이 다 뜻이 있는 것이라"고 주장하여 홍단령으로 결정하였다.

### ③ 옥색난삼(玉色襴衫)

선조 때에 조헌이 연경에서 난삼(생원, 진사에 합격했을 때 입는 예복으로 녹색이나 검은 빛의 단령에 각기 같은 빛의 선을 둘렀음)을 보고 와서 시행하자고 청하였고, 현종 9년에 홍문관에서 중국 명나라에서 쓰는 옥색난삼, 즉 소매가 넓고 검은 빛 테를 두르고 깃을 둥글게(圓領)하고 거기에 검은 띠와 연한 두건을 쓴 제복의 그림을 올렸으며, 영조 20년에 난삼을 대학생 제복으로 정하였다. 이때에 유신 유봉구가 건의를 올리되 "들으니 '난삼과 심의(深衣, 높은 선비의 윗옷)는 주자가 지정한 옷으로 유자의 잘 차려 입은 옷이요, 명나라의 고황제가 오랑캐의 찌꺼기를 제거할 때에 처음 학생복으로 정하였으니 주나라를 숭상하는 뜻을 전달해야 할 것이 아니냐'는 권상하의 간청에 현종이 허락하신 것이니, 이제 시행하면 주나라를 존중하는 뜻이 여기 있고 선(善)을 계승하는 도가 또한 여기에 있다"고 하였다. 이에 왕이 고려 공민왕 때에 소장한 것이라고 전하는 안동학교에 있는 난삼, 연건, 조대(條帶)를 갖다가 직접 보고서 한 벌은 성균관으로 보내고 그대로 본뜬 도형은 8도에 나누어 주었으며, 과거 응방자(應榜者)에게 입히게 하여 정식이 되었다.

### ④ 제복과 교육사상

제복 문제를 무심코 보아 넘길 수 없는 것은 교복 속에 사상과 정치문제가 포함되어 있기 때문이다. 보라, 먼저 주자의 특별한 장려, 다음에 중국 명나라에서 쓴 것, 그다음에 선왕이 허락하였나는 것이 난삼 사용을 촉진하는 사람들의 정당한 이유였다. 주자숭배사상, 사대주의사상, 구례묵수사상(舊例默守思想)이 난삼 사용을 결정한 힘이었다.

'여기에 주나라를 존중하는 뜻'이 있다고 한 말은 명나라의 황제가 오랑캐의 복장(원나라시대 의복)을 몰아내기 위하여 중국색의 복식을 사용한 것을 조선도 본을 받아 중국식 복장을 쓰자는 주장이니, '존주(尊周)'란 말은 중국을 종주(宗主)로 하자는 것이다. 옷 하나도 중국에서 하는 대로 무조건 따르는 것이 당시 조선 유자의 사상이었고 그렇게 하는 것이 충실한 유학자라고 하였다. 중국인 자체는 나라가 바뀌고 학자가 특출(特出)하는 대로 유학의 학설과 문물제도를 자유로이 뜯어고치는데도 이를 전혀 바르게 볼 줄 모르는 것이 당시 유가의 정신이었다. 이렇듯 제도 하나에 사상과 정치가 포함되는 것은 고금이 일반이다. 절대 창작은 어려운 것이다. 그러나 자기 자신과 시대를 모르는 사대사상과 보수주의의 때를 벗지 못하는 과오는 경계하지 않으면 안 된다.


### (2) 거재(居齋, 기숙사에 입사)

재는 학교의 기숙사이다. 학생들은 성균관, 4학, 향교에서 기숙하면서 수학하였다. 이것을 '거재'라고 하였다. 거재하는 학생을 거재생, 거재유생, 재유라고 불렀다. 재는 명륜당 앞 좌우에 나누어 있었고, 상·하 재로 구별하여 생원·진사들은 상재에, 기타 학생은 하재에 따로 나누었다. 학교사목에 의하여 입재 허가와 출재(黜齋) 처분을 행하였고, 학령으로 거재 중인 학생의 생활을 규정하였으며, 기타 강습, 고시, 상벌, 자치 등 여러 규칙이 있었다.


### (3) 석차

석차 규정이 매우 말썽이 많았다. 요컨대 방차(榜次, 성적순)냐 서치(序齒, 나이순)냐 하는 두 가지 표준문제였다.


### ① 서치 시행의 실패

중중 38년에 유생 배신(裵紳), 이제신(李濟臣)이 태학에 들어 있을 때에 "수선(首善)하는 곳에 장유의 차례가 없으면 아니 되겠으니 나이 차례로 자리의 순서를 정하자"는 의론을 제창하여, 동서하재에 행하고 추진시켜 상재까지 하려 하였으나 상재생이 싫어하여 사장에게 질문을 하였다.

그때에 대사성 이준경(李浚慶)과 사성 송세형(宋世珩)은 옳다고 하고 지성균사 성세창(成世昌)은 공자의 문하에 치좌(齒坐, 연령을 표준한 자리의 순서)법이 없다는 이유로 반대하였다. 그리하여 시행하지 못하였다.

### ② 서치 시행의 재차 실패

선조 7년에 태학생이 다시 서치를 시행하니 이해수(李海壽)가 이이에게 "방차의 석차는 장원을 존경히 여기는 것이고 이것이 또한 예의 풍속이요 치좌는 대학에 적당하지 않다"고 주장하였다. 이이는 "장원을 높이는 것은 방회(榜會)에서 시행하면 좋다. 태학은 윤리를 밝히는 곳이다. 왕세자의 입학에도 나이를 보거든 장원이 세자보다 높으냐." 하고 반대하였다. 그러나 서치법은 얼마 지나지 않아 폐지되고 말았다.

### ③ 서치 시행의 승리

효종 9년에 태학생들이 붕당색별(朋黨色別)대로 식당에 나누어 앉은 잘못을 기회로 이후원(李厚源)이 "이이의 의론대로 서치를 행하자"고 주장하니 왕은 행하려 하고 대신은 어렵게 여기어 시행하지 못하였던 것을 6년 뒤 현종 4년에 민정중(閔鼎重)의 건의로 시행하였다.

### ④ 서치, 방차의 반복과 서치의 정제(定制)

숙종 4년에 대사성 이원정(李元禎)이 서치를 방차로 고치고, 8년에 대사성 조지겸(趙持謙)이 서치로 고쳤으며, 16년에 이봉징(李鳳徵)이 다시 서치를 방차로 고쳤다.

숙종 23년에 대사성 이인환(李寅煥)이 다시 서치하기를 청원하니 왕이 문제를 경연하는 대신에게 물을 때에 참찬관 김세익(金世翊) 외에 수삼 명이 극력 찬성하여 왕이 "윤리를 밝히는 곳이니 치좌가 옳다. 지금 이후로는 치좌로 정제를 하라"고 단안을 내렸다.

### ⑤ 서치와 교육정신

석차 문제 하나를 가지고 이와 같이 반복이 심한 것은 "옛것대로 할 것이냐 아니냐, 명륜(明倫)이 먼저냐 학문이 먼저냐." 하는 서로 다른 관점으로 자신의 주장을 실현시키려는 데서 생긴 것이다. 사소한 문제인 것 같지만 교육상으로는 상당히 문제될 만한 것이며, 교육자로서는 훈육 원칙의 중점을 무엇에다가 더 둘 것이냐는 데서 이론이 출발되는 것이므로 당시의 정세로는 해결이 쉬운 문제가 아니었다. 결국 한 살의 나이라도 더 많은 사람을 높이는 실천도덕의 형식이 한 점의 학력이라도 더 많은 사람을 높이는 사상보다 더 귀하다는 도덕주의 훈육 원칙 밑에서 서치가 승리한 것이다.

## (4) 벌칙

벌칙은 교육상 없어서는 안 될 일이다. 다만 그 벌하는 대상, 내용 여하에 따라 교육의 정신이 어디에 있는지 또는 정당한 훈육을 시켰는지 알 수 있으며, 또는 벌의 방법 여하에 따라 훈육상으로 효과적인지 아닌지를 평가할 수 있는 것이다. 문헌에 흩어져 있는 것을 대강 모아보면 조선시대 학원에서 적용한 벌은 아래와 같다.

### ① 벌의 내용

〈학습에 대한 벌〉

ㄱ. 태만함을 벌하였다.

- 책을 대하여 졸고 수업 받는 데 유의하지 않는 자(학령)
- 배우려 들지 않고 지으려 들지 않고 책 읽기를 기뻐하지 않는 자(학령)
- 나태하여 학과를 마치지 못하는 자(경외학교절목)
- 나이 사십이 되도록 배우지 않고 놀고먹는 자(군적에 돌렸다: 세조 원년 예조계)

ㄴ. 결석을 벌하였다.

- 서울에 있으면서도 회독(會讀) 때에 여러 달 나오지 않는 자(제명하였다: 학교절목)
- 번강(番講) 때에 자기 차례에 나오지 않는 자(1차엔 면책하고 2차엔 출석을 정지시키고 3차엔 재에서 내쫓고 4차엔 제명하였다: 학교사목)
- 모여서 책을 읽을 때에 병 핑계나 귀향 핑계를 하고 나오지 않는 자(2차엔

자리에서 내쫓고 한 달이 되면 사장에게 알리어 벌하였다: 학교모범)

ㄷ. 곧고 올바르지 않은 짓을 벌하였다.

- 장자, 노자, 불경과 잡류, 백가자집(百家子集) 등을 가지고 나오는 자(학령)

- 제술(작문)에 굳이 뜻이 어렵고 잘 쓰이지 않는 글자를 사용하며, 기괴한 것과 당대의 풍습을 변경하고 가볍고 화려한 것을 만들어내는 자(학령)

- 글씨를 정자로 쓰지 않는 자(학령)

ㄹ. 성적이 불량한 것을 벌하였다.

- 강독에 '불(不)'을 맞는 자(학령)

- 고강에 연거푸 '불'을 맞는 자(생원·진사는 벌을 논하고 재에 기숙하는 유생이나 사학 유생은 제명하고, 3개월 동안 복교를 허락하지 않았다: 경외학교절목)

- 감시, 초시에 3년을 '불' 맞는 자(내쫓았다: 학교절목)


### 〈말, 행동, 심성에 대한 벌〉

ㄱ. 벌 받는 언어

- 제 의견만 주장하는 자(고담과 이론을 잘하는 자: 학령)

- 남의 명예를 훼손하는 말(앞 시대의 현인을 헐뜯고 정부를 헐뜯는 자: 학령)

- 남의 비밀을 드러내는 말(재물과 뇌물을 논하는 자: 학령)

- 수양에 해로운 말(주색을 이야기하는 자: 학령)

- 남에게 아첨하는 말(교언巧言과 영색令色으로 남에게 잘 보이려 하는 자: 학령)

- 정숙을 지키지 않는 말(잡담하는 자: 학령)

ㄴ. 벌 받는 행동

- 지조가 없는 자(시속時俗과 세력에 붙어 벼슬을 노리는 자: 학령)

- 예의가 없는 자(길에서 사장을 만나면 몸을 감추고 얼굴을 가리고 피하는 자: 학령)

- 질서를 지키지 않는 자(식당에서 나올 때에 차례를 지키지 않는 자: 학령)

- 놀이를 좋아하는 자(활, 장기, 바둑, 낚시, 사냥 따위의 일을 일삼는 자: 학령)

- 탈춤, 잡희 등을 관람한 자(영접도감迎接都監, 잡희를 관람한 자에게 3년간 과거 응시를 금하였다: 숙종 29년의 왕명)

- 신분에 맞지 않는 짓을 하는 자(길을 갈 때 말 타는 자: 학령)

- 사치하는 자(호사를 서로 숭상하여 의복이 남과 다른 자: 학령)

- 파당을 짓는 자(효종 9년에 대학생이 붕당색별로 좌석을 나누어 정한 일로 대사성이 파면되고 주동한 학생이 벌을 받았음)
- 부정행위를 한 자(사학에서 강의를 받을 때에 이름을 바꾸어 받는 일이 있어서 영조 11년에 중학에서 5명이 내쫓기고 도기[到記, 출석부]에 협잡한 일, 즉 도기를 미리 기입하여 둔 일과 출석하고도 일부러 기입하지 아니한 일이 있어서 그 후로는 한 강좌에 한하여 과거를 정지시켰다: 잡고)
- 오륜에 죄를 범한 자(정도에 따라 사회를 널리 알리고 종신토록 학교에 들지 못하게 하였다: 학령)
- 절행(節行, 절개 있는 행실)을 잃은 자(오륜에 죄를 범한 자와 같음)

ㄷ. 벌 받는 심성
- 재주 믿고 교만한 자(학령)
- 세력 믿고 교만한 자(학령)
- 부력 믿고 교만한 자(학령)
- 젊은이로 어른을 업신여기는 자(학령)
- 아랫사람으로 윗사람을 업신여기는 자(학령)
- 구속받기 싫어서 학교에 이름을 두지 않는 자(과거를 못 보게 함: 학교사목)
- 규약을 지키지 않는 자(학제조건)
- 성질이 모질고 행동이 거칠어 교훈을 지키지 않는 자(효종 원년 김육金堉의 계)
- 오교에 불손한 자(성균관에서 영원히 내쫓아 풍속을 가다듬어라: 인조 원년의 왕명)


## ② 벌의 방법

ㄱ. 면책(面責)

ㄴ. 손도(損徒): 손도는 출좌(黜座)의 별칭, 곧 출석을 정지시키는 것으로 정학과 같은 것이다. 다시 복교시킬 때는 좌중에 앉히고 면책한 후에 허락하였다.

ㄷ. 출재(黜齋): 재에서 내쫓는 것으로 기숙사에서 퇴사시키는 것과 같은 것이다.

ㄹ. 삭명(削名): 제명하는 것이다. 출재와 같은 것인데 문헌을 상세히 보면 두 가지가 있었다. 복교시킬 수 있는 삭명 곧 기한부 삭명이 있고(성적 불량자 벌칙항 두 번째를 참조), 영구히 복교시키지 않는 삭명이 있었다(벌 받는 행동항 열 번째와 벌 받는 심성항 아홉 번째를 참조).

ㅁ. 정거(停擧): 과거를 못 보게 하였는데 경중에 따라 기한의 길고 짧음이 있었고 또 횟수의 차이가 있다(벌 받는 행동항 아홉 번째를 참조).

ㅂ. 군적 편입: 선비는 군적을 면제하였는데 선비로 될 소망이 없으면 군적으로 돌리는 것이니 벌의 하나이다.

이상의 면책과 손도까지는 학생의 자치로 사장의 허가 없이 행한 듯하고, 그 이상은 학생의 자치적 결의로 사장의 허가를 얻고 혹은 사장을 통하여 예조의 허가를 얻었던 것이다.


### ③ 벌의 정신

숙종 원년(1674)부터 6년까지 6년간에 정거를 당한 이가 칠백 명에 달하였다. 이것은 태학 안에서 벌을 받았기 때문이었다. 학계의 공기가 너무 음울하여 위로해줄 필요를 느끼고 곧 주동자를 석방하고 승지가 제학을 태학에 보내어 시취(試取)하였다. 이때에 "학내의 일로 벌을 받은 학생이 국가시험에 응시를 못할 것인가 할 것인가"가 문제되었던 것이니, 곧 "유생이 학교 내의 사건으로 사회에 대한 공적이 박탈된 것이냐 아니냐." 하는 문제였다. 이때 대사성 김만중은 아래와 같은 내용의 상소를 하여 처벌 중이라도 국가시험에 응시하게 하자고 주장하였다. "학교에 벌이 있는 것은 송나라 유학 향약에 '과실은 서로 고친다'는 뜻에서 나온 것이기에 백성을 교화하여 풍속을 이루는 데 도움이 없지 아니하나, 그 논의는 다만 학교에서 행한 것이요 나라에까지 사무칠 것이 아니니, 지금 이후로는 유교의 벌에 '손도' 따위는 벌이 풀리기 전에는 성균관 과제(課製)에는 참례할 수 없을지라도 국가시험에는 다 참여하도록 허가하여야 한다. 관직을 박탈당한 조정의 신하가 과거를 볼 수 있는 예와 같은 것이요 과거를 볼 수 없는 악행은 4학에서 정거시키는 것이다. 이같이 하면 위의 명령과 아래 논의가 아울러 행하게 되는 것이다."


### ④ 학교 벌의 성질

김만중의 상소의 이론은 옳은 주장이었기에 학교 내의 벌이 사회에까지 미쳐 개인의 공권을 잃게 되는 것은 아름나운 일이라 할 수 없는 것이며, 교육부문 밖에서 지은 과실을 국가의 공법이 다루듯이 학교가 다루는 것도 교육적이지 않은 것이기에, 학교 내의 벌칙을 학교의 어떤 군림(君臨)한 권력이 국법을 대행하는 권위라고 생각하면 안 된다. 그러한 형식이나 냄새를 가져와도 안 되는 것이다. 김만중의 말과 같이 학생 사이에 '과실은 서로 고친다'는 정신을 사무화하는 것이 학교의 벌이기에, 이 벌로 말미암아 개인이 사회적으로 손해를 입어서는 안 되며, 학교 밖 사회에서 지정한 개인의 벌이 학교 내 생활에 영향이 있어서도 안 될 것이다. 그리하여야 학교 벌의 자주독립의 위신이 발휘되는 동시에 학원의 특수성과 자유성과 존엄과 신성을 확립할 수 있는 것이다. 따라서 조선시대 대학에서 행한 것과 같이 학생 자치에 맡겨 벌을 행하는 것이 가장 교육적으로 효과가 클 것이며, 또한 진보된 방법이다. 이 점에 있어 시대가 달라 전체로는 국가의 교육이 봉건성에 사로잡혀 많은 결함을 가졌음에도 불구하고 개인적 학자들의 교육방법과 훈육정신은 간간이 가장 진보적이었던 것을 발견하게 되며 선배에게 존경하는 생각을 금하지 못할 때가 많다.

### (5) 성묘참배

#### ① 성묘참배의 형식화

당시에 태학생의 성묘참배는 교육상 중요한 의식이었으니 오늘날의 국기에 대한 경례보다도 더 신성한 일로 알았던 것이다. 그리하여 성묘참배가 왕성하면 학계의 좋은 일로 알았다. 곧 교육의 성적이 양호한 것이라 하여 여론이 좋았던 것이다. 중종 14년(1519)에 김식(金湜)이 대사성으로 있을 때에 학생이 매일 대성전에서 분향 알성(성균관 문묘의 공자 신위에 참배함)하니 당시의 여론이 '유학의 학풍이 크게 일어난 것'이라고 칭찬을 하였다. 그러나 조광조는 이것을 반대하여 "공자는 다만 한 천리(天理)이니 학자가 이 마음을 공경히 지키어 상제(上帝)를 대하면 가히 우리 공자를 등지지 아니할 것이거늘 하필 분주스럽게 날마다 참배하여야 될 것이냐." 하였다. 곧 조광조의 말은 마음으로 공자의 정신을 지키면 좋다, 형식적 숭배는 안 하는 것이 옳다는 것이었다.

#### ② 형식적 교육

조광조는 유학계의 거두였다. 그러나 지나친 성묘참배는 반대하였다. 형식적

의식이 잦은 데서 교육이 형식화하는 것을 조광조는 잘 알았던 까닭이다. 의식이 많은 곳에 허식이 느는 것이며, 절차가 많은 때에 사람의 염증이 생기는 것이며 도의적 잔소리가 많은 곳에서 감화력을 잃는 것이다.

조광조는 지나친 형식적 예의가 교육적 효과를 내지 못할 것을 믿었기에 반대한 것이다. 양심적 자신을 가진 진정한 교육자일수록 범부(凡夫)들이 모든 형식에 맹종할 때에 그는 늘 옳고 그름을 재검토하여 시정하는 것이다. 조광조는 이런 류의 선각자였다.*18)

### (6) 학생의 직원유임운동

성종 20년(1484)에 대사성 윤탁(尹倬)이 병으로 해직되자 성균관 학생 정세구(鄭世球) 등이 상소하여 "윤탁이 대사성이 된 지 어언 8년에 가르쳐 인도함을 성취하는 데 길을 얻었고 남을 이끌어 도와줌을 장려하는 데 법을 다하였다. 이제 그가 가니, 한탄하고 답답하게 여기지 않는 자가 없으니 해직 명령을 거두어주기를 바란다"는 뜻을 말하였는데, 왕은 곧 윤탁에게 대사성 직을 도로 주었다. 성의 있고 공적 있고 실력 있고 학생들이 믿고 따르는 지도자라야 교육의 효과가 큰 것이다. 교원 개인의 관직문제, 관청 혹은 재단 등의 인사문제, 집권 인물의 사사로운 감정 또는 그들 개인의 사상, 주의의 차이 따위로 스승과 제자 쌍방의 생각하는 바를 고려하지 않고 기계적 혹은 공식적으로 교직원을 함부로 이동시키는 제도가 교육의 실질적 능률을 감쇄시키는 일이 가끔 있는 오늘의 현상을 비춰 볼 때에 성종 시대의 관대한 학원 인사행정은 참으로 모범할 만한 일이다. 더욱이 학생이 청하는 바를 아무 의심 없이 진정으로 대한 것으로 고대의 화기애애한 기운이 후인의 감정을 유쾌하게 한다.

---

*18) 중종반정을 통해 왕위에 오른 중종은 연산군 때에 파괴된 유교정치를 바로잡고 유학의 진흥을 꾀하기 위해 사림파의 신진 학자들을 많이 등용하였다. 이 때 중종의 총애로 중용된 조광조는 유교적인 도덕국가의 건설을 정치적 목표로 삼고, 유교적인 미풍양속에 어긋나는 미신을 타파하고 권선징악과 도덕을 지방 사회에 확립시키는 등 성리학의 진흥과 도학(道學) 정치의 실현을 위해 급진적인 개혁정책을 단행하였다. 이러한 조광조의 이상주의적인 급진적 개혁정책은 중앙의 보수적인 훈구파의 반발로 좌절되었고, 기묘사화(1514)로 말미암아 조광조를 비롯한 급진적인 소장파가 중앙정계에서 제거되었다.

### (7) 학원의 신성

문헌에 "성균관에는 열성조가 우대하므로 순졸(巡卒, 밤에 도둑이나 화재 따위를 위하여 돌던 군졸)이나 금리(禁吏, 의금부나 사헌부에 속하여 도성안의 범법 행위를 단속하던 하급 벼슬아치)가 들어가지 못하였다. 인조 때에 한 장교가 순찰하다가 밤에 성균관에 들어갔었는데 왕이 듣고 그 장교를 치죄(벌로 죄를 다스림)하였다"고 기록되어 있다.

교육은 인격과 인격이 상대하여 가르치고 배우는 것이기에 거기에 사법이나 경찰의 문제가 있을 수 없는 것이 원칙일 것이며, 이러한 학원이라야 참되고 옳은 교육이 있을 것이다. 다시 말하면 법관이 여기 와서는 법률의 무용을 느끼게 되어야 하고 경관이 칼이나 곤봉을 감추고 와서 순화한 인정에 감복하도록 되어야 할 것이다. 학원이 사법과 경찰의 힘을 빌려서 질서를 유지할 때는 원인의 여하와 시비의 책임을 막론하고 학원의 신성과 존엄은 파괴되며, 교육 자체는 유부녀의 음란한 행위와 같이 타락한 것이다.

따라서 교육을 이렇게 타락시키는 책임이 교육기관에만 있는 것이 아니며 그 원인을 빚어내는 정치에 있는 것을 지적할 수 있음은 역사적 사실이다. 성균관과 같은 잡인(그곳의 일에 관계가 없는 밖의 사람) 엄금의 학원을 통하여 옛날의 우리나라가 얼마나 학원의 위신을 높이 세웠고 민중이 얼마나 학원의 신성을 높이 인정하였던가를 알 수 있다.


## 2. 사학(四學)

### 1) 연혁

태종 11년(1411)에 처음으로 학당을 설립하였다가 그 후에 사부학으로 고쳤으니, 그 위치는 이러하다.

> 중학(中學)은 북부 관광방(현재 중학동 88, 91, 83, 53번지)
> 동학(東學)은 동부 동학동(현재 동대문6가 40, 44, 36, 32번지)
> 남학(南學)은 남부 성명방(현재 남학동 26, 27, 30번지)

서학(西學)은 서부 여경방(현재 태평로 60, 61번지)

문헌에 보면 오직 북학의 설립과 폐지에 대해서는 자세하지 않으나 세종 9년에 "말린 고기를 오부학에 주었다." 하였는데 그때는 북학이 있은 듯하고, 문종행장에는 "노비를 사학에 주었다." 하였는데 그때는 오학이 벌써 사학으로 변하였다. 『경국대전』과 『여지승람』에도 사학은 기재되어 있어도 북학은 없다. 현종 때 두 절을 헐 때에 송준길의 고백에 "절은 북학의 옛 터이니 그 재료로 북학을 다시 세우자"고 하여 남구만(南九萬)을 북학 교수로 삼고 공사를 하려다가 흉년 때문에 중지한 일이 있었다.

선조 때에 임진왜란으로 불타 없어진 사학 가운데 "중·서 양학을 먼저 세웠다." 하였고, 인조 때에 "도를 가르치는 유자를 사학에 나눠 보냈다." 하였으니 화재 뒤에 사학을 다시 세웠던 것이다.


## 2) 제도

사학은 태학에 붙은 것이므로 교육의 방침과 교과의 내용과 교수법 등 일반적 제도가 태학과 비슷하였다. 다만 규모가 태학과 달리 작았다.


### (1) 직원

ㄱ. 교수 2명과 훈도 2명으로 정원을 삼았다.

ㄴ. 교관의 겸임제를 폐지하고 전임제를 썼다.

세조 10년에 이조가 "전에 전임으로 하였던 것을 성균관 겸임으로 한 뒤로 가르치는 것을 오로지하지 못하고 학교가 날마다 폐하여지니 사학 교관 2명씩을 서반직으로 하여 가르치는 일을 전임시키자"고 여쭈어 실시하였다.

ㄷ. 교관의 근속법을 시행하였다.

교원이 자주 갈려 교육이 잘 되지 아니하므로 성종 8년에 "학교와 사표(師表)가 그 직임에 오래 있어야 학자가 성취할 수 있다. 이제 사학은 사람을 제대로 고르지 못하여 함부로 갈리니 학교를 세운 효과가 있기 어렵다.

지금부터는 경학에 밝고 수학한 자를 골라 교관을 시키고 30개월 근속법을
세워 전업하게 하라"는 뜻으로 왕명을 내리어 실행하였다.

ㄹ. 다른 벼슬을 겸직한 교수의 교관을 두었다.

효종 5년에 훌륭한 관리 가운데 문학이 있는 자로 사학 교수를 겸직시켜서
사학을 전적으로 관장하고 선비의 경박한 습속을 진정하게 하였다.

ㅁ. 사업(司業)을 두어 사학을 관리하였다.

효종 10년에 김수흥(金壽興)이 "좨주(祭酒, 직명) 송준길이 사학을 순회하며
학규를 엄하게 세우고 강독시키고 유도한 결과 학생들이 놀라거나 기뻐하게 되어
볼 만한 것이 많다 하니 학식과 덕망이 있는 사람으로 사업을 시켜 좨주가 하는
조식(條式)을 실행하게 하고 좨주는 이따금 총괄하여 보살피면 사학에 좨주 한
명씩 둔 것과 같은 효과를 얻으리라"고 상소하여 실행하였다.

총괄하여 말하면 교원은 학식과 덕망이 있는 자로 전임을 삼고 한 곳에서
오랫동안 근속하는 것을 목표로 하였고 관리 가운데 특히 명망 있고 학식 있는
자로 교수를 겸하게 하여 학교 풍기를 교정·장려하였고, 그 외에 매 학교에 전임
장학관을 두어 직접 감독하였다.

## (2) 학생

① 정원: 각 학교에 백 명이었다.

② 성적고사: 예조에서 매월 학생들이 읽은 글을 강론하게 하였다.

③ 자격 인정: 달마다 예조에서 학생들이 읽은 것을 고강하고, 매달 6일에
각 학교에서 20명씩을 택하여 남학에 모으고 3품 이하 문신 3명이 강론 혹은
제술로 시험하고 우등생 10명을 골라 곧 생원이나 진사 복시에 응시할 자격을
주었다.

## (3) 사학 규제

효종 10년에 좨주 송준길이 홍명하(洪命夏), 조형(趙珩), 이정기(李定夔) 등과
의논하여 정한 규제이다.

① 학관 및 겸직 교수는 4시간마다 각각 일순하여 학생을 모으고 강송자 10명, 제술자 5명을 뽑아 도합 강송자 40명, 제술자 20명으로 하고 연말에 관관과 학관이 태학에 함께 앉아 사학에서 뽑은 이들을 모으고 강송에서 16명, 제술에서 8명을 골라 생진회시의 응시를 허락하고 또 소학의 고강조흘(考講照訖, 과거에 응시하기 전에 치르던 예비시험으로 경전을 채점하여 등수를 매기던 일)하는 규칙을 밝히어 비로소 녹명(錄名, 이름을 적음)을 허락하고 생진초시의 응시를 허락한다.

② 대사성 겸 좨주는 관학 학생들과 자주 회강(會講, 왕세자가 그의 교육을 맡은 사부와 벼슬아치 앞에서 이미 배운 것을 복습하던 일)하여 그 재능이 가장 우수한 자를 골라 학령대로 연말마다 조정에 올려 수용하게 한다.

③ 동몽교관 4명을 더 뽑아 전에 설치한 것과 합하여 8명으로 하고 예조가 사부에 나누어 보내어 사대부와 백성의 자제를 막론하고 한 가지로 가르치게 하며, 전에 된 분교관(分教官) 4명은 쓸데없기에 없애고 다만 삼강(三江)의 어린이가 배울 곳이 없으니 처소를 가리고 합당한 훈장을 골라 분교관으로 삼아 2명을 보내어 가르쳐라.


## (4) 사학의 상황

이상과 같이 정비된 제도가 형식을 갖추고 있음에도 불구하고 중간에 운영이 철저하지 못하여 폐단과 나쁜 풍습이 많아 사학은 그다지 찬란한 성적을 내지 못하였다.


첫째, 시설이 빈약하였다.

① 서적이 부족하였으니 효종 8년에 대사성 김익희(金益熙)가 올린 글을 보면 사학에 서적이 없어 선생과 학생이 강독할 때에 책 하나를 서로 같이 보니 사서, 삼경, 소학 등을 박아 보내게 하라 하였다.

② 직원이 모자랐으니 효종 때 법전에 있는 서리 2명이 폐지되고 거재 유생에게 필요한 사환이 없어 곤란하다 하였다.

③ 효종 8년에 동학에는 먹을 양식이 부족하다고 하였고 현종 원년에는 동·남 양학이 더욱 심하여 사환과 노비가 부족하다 하였다.

둘째, 기본 재산을 중간에 자주 빼앗겼다.

사학에는 전답 혹은 노비를 주고 어장을 주어 그 수입으로 경영하였다. 문종 때에 "노비를 사부학당에 하사하다", 명종 2년에 "전답 15결과 노비 50명을 사학에 주었고 세금을 받아 선비 양성의 자금으로 삼았다"는 등의 기록이 문헌에 산재하여 있다. 그런데 어장은 관가의 가로챔이나 의정부의 강점 또는 정안 옹주방(貞安翁主房) 절수 등 중간 탈취를 여러 번 당했고, 전답은 흉년에 묵은 것이 많았으며, 노비는 도주가 많아서 영조 4년에 예조에서 올린 글을 보면 "학궁(성균관의 별칭)은 본래 쌀과 포(布)의 아문(상급의 관청)이 아니라 선비 양성에 쓰일 수요품을 오로지 외방 노비의 공포(貢布)에 힘입었는데 근래에 흉년을 연거푸 만나 도망가버리고 남은 자가 몇 사람 없다"고 하였다. 이러한 상태로 학교의 실제 운용에 곤란이 많았다.


셋째, 학생의 해이.

① 성종 23년에 왕이 사관(史官)을 보내어 사학을 시찰하니 학교에 있는 학생이 없었다. 그리하여 왕이 특별히 왕명을 내리어 꾸짖은 것은 앞에서 말하였다.

② 명종 2년에 왕이 사학 학생들에게 내린 계유문(戒諭文) 가운데에는 "들은즉 사학 유생이 사장 보기를 길 가는 이와 같이 하고, 학궁을 한 여관으로 알고 평상시에 예복을 갖추는 자가 십의 이, 삼도 못 되고, 흰옷을 입고 검은 요대를 한 차림으로 왕래할 뿐이고, 사장이 들어와도 재중에 드러누워 곁눈으로 보고 일어나지 아니하며, 스스로 방자한 버릇이 쌓여 폐해를 이루었다. 서로 가다듬어 구습을 씻어버리기에 힘써라"라고 하였다.

③ 효종 10년에 김수홍의 상소 가운데에는 "사학 교육의 창설이 당초 본래의 뜻이 우연한 것이 아닌데 설립한 지 여러 해가 되어도 실효를 볼 수가 없고 유생을 모아놓고 과제나 끝수 세는 데 지나지 못할 뿐이니 배양의 도가 어디 있느냐"고 하였다.


이 모든 기록을 종합하여 보면 형식은 정연하고도 내용에는 폐단이 거듭 쌓였다.

# 3. 향학(향교)

## 1) 연혁

향교는 고려 때부터 국내에 보급되었던 것인데 이태조가 즉위하던 해부터 적극적으로 개선과 보급에 노력하였다. 각 도 감사에게 명령하여 향교의 흥폐로 수령의 치적을 따지게 하고 이 해에 제주에 향교를 세웠다.

태조가 즉위한 뒤로 임금의 덕이 멀리 퍼져서 공주(公州, 경흥)로부터 북으로 갑산까지 학교를 세우고 학생을 모아 경서를 가르치니 주·부·군·현에 모두 향교가 서게 되었다. 역대 임금이 장려하여 향교는 번창을 계속하더니 불행하게도 임진왜란으로 극도가 황폐하여 유생들이 사재를 기울여 다시 창건한 곳에는 상을 주어 중흥을 장려하였으나, 병란이 잦아서 국가의 비용이 마르고 흉년이 들어서 향교의 학생이 곡식이나 말을 바치면 면강(免講)을 허락하였다. 이렇게까지 하여 재정의 궁핍을 면하려 하였다. 이러한 나쁜 방편이 오래 되자 면강의 폐해가 많아졌다. 나중에는 예조의 첩문(帖文, 허가)이 아니면 시행하지 말라는 명령을 내려야 할 정도로까지 딱한 상태에 이르렀다. 이러한 어려운 가운데서 부흥에 힘쓰던 중 한편에서 서원이 들불처럼 일어나 압력을 받게 되었다. 그리하여 조선 중엽 이후로는 향교는 교육기관으로서의 기능을 잃고 문묘제사의 형식만 남아 쓸데없는 빈 껍질만이 한 마을에 한 개 꼴로 남아 있어 고종이 갑오개혁한 뒤까지 지속되었다.

## 2) 기본 재산

향교의 경영은 국왕이 준 학전(學田)으로 유지하였으나 최초 학전의 양이 얼마였는지는 알 수 없으며, 영조 때의 『속대전』에는 주·부 향교에는 7결, 군·현 향교에는 5결이었고, 이 밖에 지방민에게서 징수하고 혹은 유림에게서 기부금을 얻어 매입한 토지, 나루터, 어장, 산림 등의 수익을 첨가하였다.

이 재산은 순종 융희 4년(1910) 학부령에 의하여 군내 공립학교나 관찰사가 지정한 학교의 경비로 사용할 수 있게 되어 공립학교에 기부한 것이 많았다. 이보다 먼저 고종 갑오개혁 직후에는 학선을 관 소유로 하고 지방인이 기부한 것은 유림이 관리하게 하여 폐해가 많았다. 이 재산을 관사(官私)가 합작된 것으로 보면 향교는 관립이 아니며 공립 교육기관이라 할 수 있다.

## 3) 시설과 제향(祭享) 인물

향교의 제도는 성균관을 모방한 것으로 문묘가 없을 수 없는 기관이다. 향교에는 선성의 위패를 안치한 대성전이 있고 그 대청의 아래 동·서쪽에는 선현의 위패를 안치한 두 개의 행랑이 있으니 이것을 총칭하여 문묘라 한다. 문묘 앞에는 명륜당이 있고 당의 좌우에 동서 양재가 있다.

문묘에 제사드리는 성현은 공자 이외에는 군의 크기에 따라 차이가 있으니, 성종 때의 『대전 속록』에 의하면 공자 때 사성(안자, 증자, 사자, 맹자), 중국 송나라 사현(주돈이, 정호, 정이, 주희), 본국 삼현(설총, 최치원, 안유)은 어느 문묘에든지 다 모셨고, 영조 때의 『속대전』에는 앞의 성현 외에 중국 송나라 사람 장재(張載), 소옹(邵雍)과 본국이 정몽주, 김굉필, 정여창, 조광조, 이언적, 이황, 성혼, 김장생 등 9명을 더하여 주·부·군·현 어느 문묘에서든지 다 모시게 되었고, 그 후에 송시열, 송준길, 박세채를 더하였다.

## 4) 규제

### (1) 교원
### ① 교원 수와 관등

교육관은 종6품관인 교수와 종9품관인 훈도 및 학장의 세 종류가 있었는데 학장은 품관이 아닌 것으로 보아 대용교원 격인 듯하다. 주·부에 다 교수가 있고 군·현에는 혹은 교수가 없는 곳도 있고 훈도가 없는 곳도 있고 오백 호 미만의 작은 마을에는 학장만 두었다. 『경국대전』에 의하면 각 도 교수와 훈도의 정원은 다음과 같았다.

| | 교수 | 훈도 | | 교수 | 훈도 |
|---|---|---|---|---|---|
| 경기도 | 11 | 26 | 강원도 | 7 | 19 |
| 충청도 | 4 | 50 | 황해도 | 6 | 18 |
| 경상도 | 12 | 55 | 평안도 | 11 | 31 |
| 전라도 | 8 | 49 | 영안도 | 13 | 9 |

② **교원선임법**

교원 선임은 선조 2년에 이이가 지어 올린 『동호문답』에서 논한 향학제를 통하여 내용을 알 수 있다. 이 향학제를 분석하면 다음과 같다.

ㄱ. 선발: 여러 읍이 3년마다 한 번씩 그 고을 사람 가운데 경사를 통하고 남의 스승이 될 만한 자를 골라서 감사에게 보고하고 감사는 모아서 이조로 보낸다. 이조는 그 서류를 조사한 후에 공론을 널리 듣고 다시 자세하게 골라서 훈도를 정한다.

ㄴ. 임명: 반드시 그 고을 사람으로 고을에 임명하며 적임자가 없으면 이웃 고을 사람으로 하고 이웃 고을에도 적임자가 없으면 그 도의 사람으로 임명한다.

ㄷ. 승진: 기한을 정하지 말고 성적만을 표준하여 해마다 감사가 직접 그 성적을 심사하고 성적이 우량한 자는 조정에 보고하여 논상하고 6품의 직을 주어서 사림을 진작시킨다.

ㄹ. 효과: 위와 같은 방법을 쓰면 훈도의 직책이 매우 중대해지며 취임을 꺼리던 선비도 모두 긍정하게 된다.

### (2) 학생의 정원

『경국대전』에 보면 "부와 대도호부와 목에 90명, 도호부에 70명, 군에 50명, 현에 30명의 학생을 두는데 16세 이하는 이 범위에 들지 않는다." 했는데 이 표준은 끝까지 계속되었다.

### (3) 교과서

향교의 교과서는 『소학』, 사서, 오경이 중요한 학과였고, 『근사록』, 『제사(諸史)』 등을 가르쳤다.

### (4) 성적고사

① 각 군에서는 수령이 아래와 같은 행사를 함.

㉮ 교생의 교과서와 독서한 일과를 매월 말에 관찰사에게 보고함.

㉯ 순행하며 고강하고 학령에 따라 권장하고 징계한 것을 장부에 기록해둠.

ⓒ 교관의 전최(殿最, 성적의 고하)를 장부에 기록함.

ⓡ 때로 일과와 월강의 우등자를 가려서 조세를 줄인다.

이와 같이 하였으니 월말 보고와 임시 시험과 우등생 학비 면제 등 지금 학교에서 행하는 일과 같은 것이다.


② 각 도 관찰사는 아래와 같은 행사를 함.

㉮ 도내 교생을 골라 매 6월에 도회소를 설립하고 문관 3명을 보내어 혹은 강론하고 혹은 제술하여 시험함.

㉯ 성적이 우량한 자는 조정에 물어 곧 생원, 진사 복시에 응할 자격을 줌.

㉰ 추천 인원은 하삼도(충청, 전라, 경상)는 각 5명씩으로 그 나머지 도는 각 3명씩으로 한다.


### (5) 독학(督學)

① 관찰사의 독학

지방장관인 관찰사가 직접 학생의 학과 성적과 근면·태만 상황과 향학열의 유무를 조사하여 예조에 보고하고 상벌을 행하게 하였다. 세조 6년에 예조가 올린 내규를 분석하여 보면 다음과 같다.

㉮ 성균관, 사학의 근면과 태만은 본 조가 검찰하니 지방은 관찰사가 직접 감독하고 곧 본 조로 글을 올려 보고할 것.

㉯ 만일 성과가 있는 자가 있으면 포상을 특별히 할 것.

㉰ 생원, 진사, 승보(陞補), 입학 외에 나이 마흔이 넘도록 배우지 않고 노는 자는 각 교관이 본 조에 보고하고 병조로 글을 올려 군역에 충당하여 다른 사람을 경계할 것.

㉱ 수령이 능히 학교를 밝게 다스리지 못하는 자는 관찰사가 엄하게 살피어 다스릴 것.


② 제독관(提督官)의 독학

선조 19년에 중앙정부에서 특별히 제독관이라 이름한 학문을 독려하는 관리를 각 도에 임명하여 학생들을 교도하고 향학을 강화하였다. 문헌에 "19년에 8도에 제독관을 두고 이로써 학생들을 가르쳤다”고 하였다. 당시에 전주 제독관 조헌의 상소문을 분석하여 보면 다음과 같다.

“우리 조정에서 현량명경과를 조광조가 벼슬에 올랐을 때에 잠깐 베풀었다가 곧 폐지하였고, 그 뒤로는 사람 쓰는 길을 다만 과거 하나에 의지하게 되었다. 처음에는 『소학』을 공부하면 감시를 보고 뒤에는 원점이 만점이면 과거를 보게 하였으니 뜻이 아름답지 않은 것이 아니었고 일이 잘 짜이지 않은 것이 아니었으나, 오직 문체만 베끼고 표절(剽竊, 남의 글을 따다 씀)을 잘하여 간록(干祿, 벼슬을 구하는 일)의 지름길을 삼았다. 이 때문에 이이가 일찍이 석담서실에서 『과문초집(科文抄集)』을 못 가지고 오게 하고 오직『소학』과『근사록』을 먼저 장려하여 가르치고 다음에 사서, 오경을 가르치되 경학에 밝지 못하고 문리가 트이지 못한 자는 과거 보는 것을 허락하지 아니하였다. 신이 기왕 제독의 맡김을 받으니 선현의 말을 학교의 규제로 쓰고 동시에 과거사목을 엄하게 하려 한다.”

  ⑦ 8세 이상 어린이는 학장에게 수학하게 할 것.

  ④ 유학을 공부하고 개인적 학습으로 독서하는 무리는 다 향교에 붙이고 재를 나누어 구별하고 재질대로 널리 인도하여 날마다 과정을 두고 성과를 기다려 과장에 가서 제술하게 할 것.

  ④ 배움을 시작한 지 얼마 안 되어 사서에 불통하고 부(賦)와 시를 지어도 윤리가 없는 자는 감시 보는 것을 허락하지 않을 것.

  ④ 생원, 진사로서『근사록』, 경사에 불통하고 글을 지어도 이치에 합당하지 않은 자는 동당별시(東堂別試)에 들어감을 허락하지 않을 것.

  ⑩ 시골 사람으로서 관학에 지원하는 자에게도 제독에게『소학』, 사서를 강론하지 아니한 자는 입학을 허락하지 않을 것.


### (6) 군왕의 장려

성균관, 사학에 대하여 역대의 임금 가운데 학문을 일으키고 장려하는 데 노력한 이가 많았으나 향학에는 임금의 직접 권장이 가능한 일이 아니었으며 교서 같은 것도 향학에는 등한히 하였다.

성종이 영릉(英陵, 세종과 비 소헌왕후의 능) 참배를 가는 도중에 여주향교에 관리를 보내어 살펴보게 한 것이 민간의 미담이 되었다 하며, 현종이 온양온천에 갔을 때에 온양향교에 관리를 보내어 살펴본 일이 있었고, 장학교서도 지방장관에게 내린 것이 약간 있을 뿐이며 직접 학생을 장려한 교서는 없었다. 세조 7년에 관찰사에게 내린 유지를 한 예로 들면,

"근래에 학교가 버성기니 이는 윗사람의 장려가 잘 되지 못한 까닭이다. 내가 일찍이 성균관에 가서 사학 유생까지 모아놓고 재능을 시험하여 장려하였으니 경들도 내 뜻을 본받아 매양 주·군을 순행하고 향교에 가서 몸소 학생들을 시험하고 또 교관을 단단히 일러 힘써 부지런히 가르치게 하라."

### (7) 향학에 대한 절목

향학에 대한 절목은 '경외학교절목'에 포함되어 있으므로 생략함.

### (8) 향풍 순화

향교나 또는 향교 교관은 향교 안에서 유생을 교도하는 외에 민간에 도덕적·예의적 향풍을 수립하는 것이 당시의 방침이었으니, 교육기관이나 교육자를 중심으로 지방의 문화를 지도하고 향상시키는 것은 당연한 일이다. 그리하여 문자와 의식을 통하여 민간 향풍을 순화하는 것이 향교 교관의 임무로 되어 있었으니 그 예를 몇 가지 들어보려 한다.

① 특별강습

『경국대전』을 보면 『삼강행실록』을 국문으로 번역하여 서울과 지방의 사족, 가장, 연장자와 교수, 훈도로 하여금 부녀자, 어린이를 가르쳐 깨닫게 하고 만일 큰 뜻을 통하고 품행이 탁월한 자가 있으면 서울은 한성부에서, 지방은 관찰사가 임금에게 아뢰어 상을 주었다.

② 향음례

매년 시월에 마을의 나이 많고 덕행 있는 이들을 주빈으로 청하여 모아놓고 인사예절과 음악과 술로 즐겁게 서로 사귀되, 특히 예의와 질서를 엄숙하게 하고 서로 지켜야 할 선서문을 읽는 의식이다. 이 예식이 있을 때는 믿고 가까이 있는 선비들과 학생들이 모이고 구경꾼이 모여 든다. 성대한 의식으로 고을에 교화적

영향이 컸었다. 이제 그 절차를 대강 적어보면 다음과 같다.

㉮ 해마다 시월에 주·현에서 길일을 가리고 주인이 손님을 청한다.

㉯ 그날에 주인이 손님을 학당 문 밖에서 맞이하는데 지도자가 예절을 갖추어 들어오면 뭇 손님이 따라 들어와 마루 위에 오른다.

㉰ 손님이 두 번 절하면 주인이 답하여 절하고 여러 손님이 다 같이 예를 행하고 자리에 앉는다.

㉱ 풍악을 울리고 주인이 손님에게 술을 올리면 손님이 주인에게 답하여 잔을 올려 5회의 잔 돌림을 한 뒤에 손님과 주인이 다 일어선다.

㉲ 사정(司正, 여럿이 추천한 이)이 다음과 같은 계를 읽는다.

"우러러 생각하건대 국가가 옛 법을 지켜 예교를 숭상하니 이제 향음을 거행하는 것은 오로지 음식을 위할 뿐은 아니다. 무릇 우리 어른과 어린이는 각각 서로 근면하여 나라에 충성하고 어버이에게 효도하며 안으로는 집안에 화목하고 밖으로는 향당에 친하며 서로 일러주고 서로 가르쳐 혹시라도 잘못된 허물로 인생을 욕되게 함이 없게 할지어다."

㉳ 자리에 있던 이가 모두 처음처럼 두 번 절하고 손님이 나오면 여러 손님이 따라 나오고 주인이 문 밖에서 보내는 인사를 한다.


③ 향사례(鄕射禮)

『문헌비고』를 보면 성종 8년에 왕이 태학에서 활쏘기를 행하고 각읍에서 잔치와 활쏘기를 행하라고 명령하였다. 성균관의 대사례와 향교의 향사례는 다 같은 예의훈련을 목적으로 하며 보조적 교육행사로 중시하였다.

해마다 봄, 가을 두 차례에 효(孝), 제(悌), 충(忠), 신(信)하고 예를 좋아하는 이를 주빈으로 맞고 인사예절과 술과 활쏘기와 음악으로 손님과 주인이 서로 즐거워하되 예의를 엄중히 하는 것이다. 향음례, 향사례가 모두 덕행이 있는 이를 표창하는 동시에 군중에게 숭앙심을 길러 각 고을로 하여금 모범을 삼으라는 것이니 곧 사회를 교육하는 의의로 장려하였던 것이다.

성종 14년에 시강 김종직이 왕에게 올린 글을 보면,

"신이 수령으로 있을 때에 향사, 향음의 예를 베풀고 효노하는 자를 첫째로 하고, 재능 있는 자를 다음으로 하고, 불초한 자를 참가시키지 않았더니 이

때문에 한 고을의 사람들이 교화되어 부끄럽게 여기고 고쳐서 풍화에 도움이 있었다"고 하였다. 이제 향사례의 절차를 대강 적으려고 한다.

    ㉮ 해마다 3월 3일, 9월 9일에 예를 행하고 하루 전에 주인이 손님에게 알린다.

    ㉯ 그날에 단을 만들고 단에서 90보 밖에 과녁을 세운다.

    ㉰ 손님을 영접하고 술 마시는 절차는 향음례 때와 같고 다만 술 마시는 차례 수가 2회 적은 것이 다를 뿐이다.

    ㉱ 사사(司射, 여럿이 추천한 자)가 단에 올라 활을 쏘면 손님과 주인이 짝을 같이하여 셋은 꽂고 하나는 끼고 차례로 쏘며 화살이 나아갈 때마다 풍악을 울린다.

    ㉲ 쏘기를 마치면 사사가 제자에게 명령하여 술상을 베풀고 활을 맞추지 못한 자에게 벌주를 준다.

    ㉳ 보내는 절차는 향음주례와 같다.


④ 양로례(養老禮)

중국인 동월(董越)의 조선부에 "나라에 80세의 노인이 있으면 남녀에게 다 잔치로 그 은혜를 베푼다." 하였고, 정약용은 "해마다 끝 가을에 왕은 80세 노인을 어전에, 왕비는 80세 부인을 불러 궁중에서 잔치를 베풀었다. 건국 초부터 해마다 상례가 되었으므로 동월이 이 같이 지었다."[8] 하였다.

이것이 양로례인데 다산 정약용은 "노인을 공경하는 예가 폐지되니 백성이 효를 일으키지 않는다"고 하였고, 성호 이익은 "향당, 도로, 군족에 '제(悌, 공경)'가 사무쳐 있는 것은 교화가 국가의 양로하는 데서 뿌리박은 것이라"고[9] 하였다.

양로례는 민간의 풍속을 순화시키는 데 중요한 일이므로 각 지방관들이 예속행정의 하나로 이 일을 행한 일이 많았다. 이 식을 행할 적에는 향교 교정에서 향교 직원의 협력으로 행하였다. 이제 그 절차를 대강 적으려 한다.

    ㉮ 하루를 앞서서 향교, 명륜당 마당에다 천막을 치고 짚 자리를 두껍게 펴고 자리를 정비한다.

---

8) 정약용, 『목민심서』 권3.
9) 이익, 『성호사설』.

㉯ 동서 재 장의가 각각 자기가 맡은 노인들을 인도하여 나이 차례대로 정한 자리에 세운다.

㉰ 지방관이 정장으로 예리(禮吏)의 인도를 따라 들어와 손님에게 인사하면 손님이 답하여 인사한다.

㉱ 지방관이 먼저 자리에 앉으면 손님이 앉는다.

㉲ 잔칫상을 손님에게 내고 지방관이 일어나서 각 상을 돌아다니며 본다.

㉳ 지방관이 주는 술잔을 손님들이 받아 상 위에 놓고 손님이 주는 술잔을 지방관이 받아 마시면 손님들이 일제히 마신다. 이때 풍악을 울린다.

㉴ 음식이 끝난 뒤에 풍악을 울리면서 지방관이 잔칫상을 돌아다니며 본다.

㉵ 예리가 종이와 필묵을 노인에게 돌려 말을 청하면 손님은 격언을 써서 통치를 격려하고 다 쓴 뒤에 지방관에게 바친다.

㉶ 지방관이 먼저 손님에게 절하고 손님은 답하여 절하고 예가 끝났다고 알리면 풍악을 울리고 주인이 먼저 손님이 다음으로 모두 일어서서 맞아들일 때와 같은 절차로 헤어진다.


# 4. 서당(사숙)

## 1) 설립과 종류

서당이 고려시대에도 상당히 발전되었다는 것은 고려 편에서 논하였거니와 조선시대에도 서당은 수효가 가장 많고 생명이 긴 교육기관이었다. 완전히 사설인 초등 교육기관이고 기본 자산이나 인가를 요하는 것이 아니므로 흥폐가 자유자재하였으며 따라서 누구나 뜻 있는 자이면 서당을 세워 운영할 수 있었다.

서당은 그 설립의 종류를 네 가지로 나눌 수가 있으니,

첫째, '훈장 자영 서당'으로 훈장 자신이 자기의 생계를 위하거나 자기의 교육 취미로 말미암아 스스로 설립한 서당이다.

둘째, '유지 독영 서당'으로 마을 가운데 집안이 넉넉한 이가 자기 집안의 자제들을 교육하기 위하여 훈장의 급여를 혼자 부담하고 약간 명의 이웃집 자제도 무료로 수업하게 하는 이른바 '동냥공부'를 허락하는

서당이다.

셋째, '유지 조합 서당'으로 몇 개인이 조합하여 훈장을 초빙하고 조합원의
자제만 교육하는 서당이다.

넷째, '마을 조합 서당'으로 한 마을이 조합하여 훈장을 두고 마을 아동들을
가르치는 서당이다.


## 2) 유지비

마을 조합 서당을 두는 곳에는 다소의 훈장 식량이라도 뒷받침할 만한 기본
자산이 있는 데도 없지 않았으나, 대개는 일정한 기본 자산이 없다.

훈장 가족의 생활비를 학부형이 분담하되 땔나무와 식량 등을 현물로
제공하며 훈장이 객지 사람인 경우에는 개인의 의복, 식사까지 학부형들이
담당하는 것이 관례로 되어 있었다.


## 3) 구성

서당은 훈장[塾師], 접장, 학생으로 구성하는 것이다.

① 훈장은 학식의 표준이 일정하지 아니하였다. 강독으로는 경사, 백가를
통달한 실력 있는 훈장은 드물었고 주석과 언해를 참고하여 겨우 경서의 글
뜻이나 해독할 정도가 많았고, 벽촌에는 한문자의 활용을 제대로 할 줄 모르는
극히 저열한 훈장도 많았다. 작문으로는 표(表), 책(策), 기(記), 명(銘)의 글을
짓고 시, 율의 골수를 아는 이는 드물었고, 사율(四律, 율시의 하나로 오언이나
칠언의 네 귀로 된 시)이나 짓고 18구시나 읊는 것이 보통이었으며, 가난한 마을의
훈장은 작문을 모르는 자가 많았다.

② 접장이란 비교적 접(接, 단체의 뜻)이 큰 서당에는 훈장 한 명이 많은
학생을 가르칠 수가 없으므로 연령과 학력이 우수한 학생을 접의 장으로
세우는 것이다. 접장은 자신이 훈장에게 배우는 한편 부하 학생을 가르치고
지도한다. 훈장의 학문과 덕행이 고명할수록 접장도 훌륭한 인물이 골라지는
것이다. 접장은 직접 학생을 접근하고 교류하느니만큼 서당의 풍기에 미치는
영향이 훈장보다 큰 경우가 많았다.

③ 학생은 7, 8세부터 15, 16세의 아동들이 중심이요 20세 내외 내지 25세

이상도 있는 경우가 많다. 학력의 정도는 십인 십층이요 흔히는 높은 정도의 학생으로 하여금 낮은 학생을 가르치게 하여 훈장 혹은 접장의 노고를 덜게 하였다.

## 4) 학과

### ① 강독

강독으로는 『천자문』, 『동몽선습』, 『통감』, 『소학』, 사서, 삼경, 『사기』, 당송문, 당율 등이 보통이요, 『춘추』, 『예기』, 『근사록』 등의 책을 읽힌 서당은 드물었다.

### ② 제술

제술로는 5, 7언 절구 사율과 고풍 18구시 작문 등이 보통이었고, 서당과 훈장의 품위에 따라서 각종 문체를 연습하기도 하였다. 가난한 마을이나 조그마한 마을의 작은 서당에는 제술이 전연 제외된 곳도 많았다.

### ③ 습자(習字)

습자는 해서와 초서였으니 자획이 갖추어지면 책을 베끼는 것과 서찰의 연습으로 실용에 힘쓰는 것이 보통이었다.

## 5) 학습

### ① 강독

㉮ 날마다 자기 실력에 맞게 범위를 정하여 배우고 하루 동안 숙독하되 '주산'을 놓고 읽은 횟수를 센다. 일 단마다 백 번 이상 읽는 것이 보통이다.

㉯ 하루 동안 숙독한 것은 그 이튿날 암송하여 통과한 후에 새것을 배운다. 만일 암송을 못하면 암송할 수 있도록 또다시 숙독시킨다. 이리하여 두뇌의 소질대로 진도는 개인마다 빠르고 늦음이 달라 천재는 천재대로 급히 성장하고 둔재는 둔재대로 얼마든지 지연하다가 낙오된다.

② 밤에 글 읽기를 장려하여 혼히 12시가 넘도록 등잔불 아래에서 끊임없이 계속한다.

③ 계몽의 순서
　　㉠ 첫째로『천자문』같은 것으로 낱글자를 가르치고,
　　㉡ 다음에『천자문』이나『동몽선습』같은 것으로 낱글자를 붙여서 음독하는 것을 가르치고,
　　㉢ 다음에 구두(句讀)의 문리를 가르치고,
　　㉣ 다음에 한 문장의 뜻을 가르치고,
　　㉤ 다음에는 스승 없이 스스로 해석하고 읽게 된다.

④ 계절과 학과를 조화시킨다. 여름의 더운 때는 머리를 쓰고 연구하는 딱딱한 학과의 강독을 폐지하고 흥취를 끄는 시와 율을 읽고 또 시와 율을 짓는(적어도 하루에 한 편을 지음) 것으로 일과를 삼고, 봄과 가을에는 사기나 고문 같은 딱딱하면서 부드러운 중간쯤 되는 문장을 읽고, 겨울에는 경서를 읽는다.

⑤ 여가를 잘 이용한다. 봄, 가을의 밤은 비교적 짧기 때문에 야독(夜讀)이 없다. 이 시간을 이용하여 사율을 짓는다. 낮에는 글 읽기를 파한 후 단편적인 시간을 이용하여 서도를 연습한다.

⑥ 놀이를 이용하여 지식을 얻게 한다. 서당에서 학생들이 취미로 경쟁하는 '초·중·종'과 '고을 모듬', '화승작'*19) 같은 것이 그것이다. '초·중·종'은 옛사람의 시를, '고을 모듬'은 전국의 지명을 기억하는 데 필요하고, '화승작'은 글을 빨리 짓는 것을 장려하는 데 필요하다.

## 6) 학규

서당이 비록 사설이라 할지라도 국가 문화에 절대적인 영향을 가지는 이상

---

*19) 火繩作: 일정한 길이의 화승에 불을 붙여놓고 그 화승이 다 타기 전에 글을 짓던 일.

국가가 감독 장려하고 개선 발전하게 하여야 할 것이다. 그리하는 것이 국가로서 당연한 일이다. 효종 10년에 좨주 송준길이 헤아려 정한 학규의 본문을 분석하면 다음과 같다.

一. 지방 향촌이 각각 서당을 세우고 각각 훈장을 정하여 그 효과가 없지 않았다.

二. 근래에는 그 법이 폐지되었으니 이제 마땅히 예전의 법을 따라서 단단히 일러 거행하게 하라.

三. 훈장은 그 고을에서 고르도록 하되 대학장의(大學掌議)의 예에 의거하라.

四. 수령은 때때로 친히 가서 그 학생을 시험하고 감사와 도사와 교양관도 또한 시험하고 혹은 제술을 시켜라.

五. 만일 실효가 드러나는 자가 있으면 대전에 따라 훈장에게는 조세를 면제하고 학생에게는 상을 주며 그 가운데 가장 드러난 자는 임금에게 아뢰어 훈장에게는 동몽교관을 주든지 혹 다른 관직을 주어 권장의 도를 보이라.

## 7) 서당의 필요성

앞에서 말한 규정이 있음에도 불구하고 조선 말기에는 서당을 방치하여 장려하지 아니하였으므로 내용이 빈약하고 실력이 떨어져서 학풍이 쇠퇴하였다. 서당의 본질은 향교나 사학에 입학하기 위한 준비교육이었다. 만일 이것을 국가가 힘 있게 지도하고 개선하였으면 향토 교육과 문자 보급에 크고 많은 효과를 얻는 동시에 상급학교에 진출하는 인재도 많이 얻었을 것이다.

더욱이 그 양으로 보아 태학은 물론 향교 교육만으로는 극히 적었고 또한 그 기관은 중등과 고등 교육을 목표로 하였던 것이다. 대중 교육상으로는 이 서당의 존재가 태학 이상의 중대한 가치가 있었다. 이것을 국가가 소홀히 한 것은 봉건제도의 해독이었고 관리를 존중하고 개인을 천시하는[官尊私卑] 사상의 새앙이었다. 앞에 적힌 송준길의 말 가운데 "그 효과가 없지 않았다"고 한 어조도 서당의 존재가치를 미적지근하게 평가한 것이지 결코 절실하고 중요한 필요성을 느꼈다고 볼 수 없는 것이다.

## 8) 숙사(훈장) 교수법에 대한 평

서당의 숙사들이 대개는 교수법이 졸렬하며 학생의 재능과 실력을 제대로 충실하도록 가르치고 이끌지 못하였다. 이것은 앞에서 말한 것과 같이 국가에서 소홀히 내버려두고 장려와 감독을 하지 아니하였던 까닭이요, 따라서 어름어름하고 미적지근하게 시일만 허비하는 나쁜 풍습이 전국에 넘쳐 흘러 학풍이 쇠퇴하였다. 영조 때에 경영관을 지낸 어당(嵋堂) 이상수(李象秀)는 다음과 같은 말을 하였다.

### (1) 교수법의 결함

"내가 보니 향촌의 자제가 7, 8세에 입학하여 약관(20세)이 되도록 문리가 막연하고 경서를 떼지 못한다. 이런 자가 열 명 가운데 여덟아홉명이니 어찌 다 어둡고 미련하여 옮길 수 없는 자이겠느냐."

"나이 20세가 되어 수염이 창창하고 뼈대가 위엄이 있어 이룰 것이 없는데 뭇 성현의 글을 만나면 입이 뻑뻑하여 읽지를 못하고, 영(營), 관(關), 읍(邑)의 령은 눈이 어두워 알지 못하고, 과거장에서는 한 편의 글도 짓지 못하고, 인사편지에는 글을 짓지 못하고 마을의 소장에는 하고픈 말을 다하지 못한다. 입학한 지 십수 년에 사서, 삼경을 다 읽었으나 마침에 담벽에 낯을 대고 말았다. 이 까닭을 학부형도 모르고 스승도 모르고 자신도 모르고 다만 재능이 없는 탓이라고 돌리니 아아 어찌 사리가 그러하랴!"

어당은 이렇게 탄식하고 그 이유를 지적하며 설명하였으니 그 이유는 '불편신고(不便辛苦)'와 '불순승척(不循繩尺)'에 있다고 하였다.

"'불편신고'는 무엇인가. 숙사들은 (중략) 숙사가 자신이 다 풀고 학생이 풀도록 하지 않는다. 숙사가 푸는 것을 받아 가지고 풀고 읽고 하면 (중략) 사서삼경을 다 읽어도 소득이 없는 것이다. (중략) '불순승척'은 무엇인가. 이제 향숙의 아이들은 혹 글을 배우되 외지 않고 외어도 돌아앉고 꿇어앉지 아니하고, 손에는 '서산대(회초리)'가 없고 책에는 '서산(書算, 글 읽는 횟수를 세는 것)'이 없고 읽는 데는 진도가 없으니 붙여 읽기만 하면 뜻을 알았다 하고, 글씨는 점·획법대로 쓰지 않는다. (중략) 욀 걱정이 없으니 누가 읽을 정성을 가질 것인가. 암송을 아니하니 정신이 하나로 모아지지 않고, 꿇어앉지 않으니 몸이 단정하지 못하며, 서산이 없어서 길 가는데 거리를 모르는 것과 같으니 봉사의 길이요, 서산대가 없으니 헛보고 헛보니 마음이 풀어지며 진도가 없으니 마음대로 나간다. 준칙이 없으면 내놓은 망아지를 훈련하는 데 채찍과 고삐가 없는 것과 같다. 왕량(王良, 말을 잘 훈련시키던 명인)과 같은 명인인들 어떻게 바르게 통솔할 것이며 오합지중을 모아놓고 기율이 없으면 손빈(孫臏), 오기(吳起) 같은 뛰어난 장수라도 장수 노릇을 못할 것이다."

### (2) 모범적 교수법

#### ① 갱신고(更辛苦)

"갱신고는 어떻게 하는 것인가. 아이들을 가르칠 때에 먼저 법을 정하고 구두(句讀)가 간단하여 알 만한 것을 주고 꼭 제가 풀게 하되 급히 풀게 하지 말고 맞지 않으면 고쳐 풀게 하며 또 맞지 아니하면 또 고치게 하라. 두 번, 세 번 하면 통하지 않는 이가 없다. 이같이 하여 차차 익혀가면 글 푸는 법례를 알 것이요, 반드시 줄 수를 덜하여 5줄을 감당할 수 있거든 3줄 만에 그치고 차차 12, 13줄에 이르게 하며, 내일 배울 것은 먼저 살피게 하고, 구두를 정하여 통달한 연후에 나와 교육을 받게 하고, 싫어하고 사고하지 않는 자는 물리치고 꾸짖고 벌하여 반드시 스스로 힘쓰게 하라. 이대로 하면 어둡고 미련하여 할 수 없는 자는 할 수 없거니와 보통으로는 입학 십수 년에 경서를 떼지 못할 자는 없는 것이다."

#### ② 순승척(循繩尺)

"순승척은 어떻게 하는 것인가. 아이들을 가르칠 때에 먼저 법을 정하여 반드시 정통하게 왼 후에 가르치고 불통하면 물리치고 다시 읽게 하여 이틀을 걸치게 하고 다시 범하는 자는 반드시 벌하고 미봉책을 쓰지 말며 해석까지 외게 하고 반드시 돌아앉아 외게 하고 배울 적에 꼭 꿇어앉게 하라. 반드시 서산대로 글자를 짚어가게 하고 하루에 읽는 횟수를 정하고 일 회에 읽는 편수를 정하여 어기는 자는 벌하라. 가령 20편을 규정하고 이 수가 못 되어도 안 되고 넘어도 안 된다.

왜 그런고 하니 한번 정해진 한도를 지나치는 일이 있으면 미치지 못하는 일도 있을 것이기 때문이다."[10]

이 어당의 교수법 평은 과거 서당 훈장(숙사)의 교수 형태를 그대로 드러낸 것으로 역사적 사실을 충분히 증명한 것이요 그가 지시한 모범 교수법은,

- 주입식을 타파하고
- 연구력을 배양하며
- 엄격한 규정을 지키게 하고
- 끈기 있는 노력을 다하게 하고
- 긴장된 심신을 가다듬게 하였다.

그 간명하고 치밀하고 엄밀한 점으로 보아 가치 있는 교수법이다. 구미식의 교육법에 손색이 없는 것이며 우리 교육사에 올려두어 후학의 참고를 삼아야 할 것이다.


# 5. 서원

## 1) 기원

중종 36년(1541)에 풍기군수 주세붕이 고려시대의 유학자 안유의 옛 묘지에다 사우(祠宇, 사당집)를 세우고 봄, 가을로 제사하며 이름을 백운동서원이라 하였다. 서원의 좌, 우에 학교를 짓고 일반 백성 가운데 준수한 자를 모아 학문을 강습하게 하고 곡식을 모으고 이를 취하여 경비를 쓰고, 남는 것으로는 경사를 사서 강독을 할 수 있게 준비하였다.

명종 5년(1550)에 이황이 풍기군수로 갔을 때에 중국 송나라의 백록동 고사를 모방하여 현판을 하사하고[賜額] 책을 주고 토지와 노비를 주어 학자로 하여금 학문을 보장하고 수학할 수 있게 해달라고 감사에게 청하여 왕이 '소수서원(紹修書院)'이라 사액하고 사서, 오경, 성리대전 등의 책을 주었다. 서원에 사액하는 것이 이때부터 시작되었다.

---

10) 『어당집』, 발몽정궤(發蒙正軌).

그 뒤 명종 9년에 정몽주의 서원을 출생지에 세우고 소수서원의 전례를 본뜬 것으로 위시하여 허다한 서원이 전국에 두루 생기었다.

## 2) 교육의 특색

서원은 이름난 유학자, 공신(功臣)을 숭배하고 청년자제를 모아 학문과 덕행을 연마하는 수도장이었으니 그 출발 정신이 특수한 사립 교육기관의 하나로 인정되어 국가에서도 권장하였다. 서원이 다른 교육기관과 교육상 다른 점은 이황이 말한 바가 있다.

"왕궁 수도에서 각 군까지 학교가 없는 데가 없는데 서원에 취할 바가 무엇이 있어 중국에서 저같이 숭상하였는가? 은거하여 뜻을 구하는 선비와 도를 강론하고 닦는 무리는 대개 세상의 경쟁을 싫어하여 분책(墳策, 서적)을 붙들고 한적한 들과 고요한 물가에 숨어 살면서 선왕의 도를 칭송함으로써 덕을 쌓고 어짐을 익히기를 생각하고 이것으로 즐거움을 삼으므로 서원으로 나가는 것이다. 보건대 국학이나 향교가 시정, 성곽 중에 있어서 앞에는 학령의 구애가 있고 뒤에는 이물(異物)의 천탈(遷奪)이 있으니 그 공적과 효과가 어찌 같다고 할 수 있으랴! 이렇게 말하고 보면 오직 선비의 배움이 이 서원에서 힘을 얻을 뿐만 아니라 국가가 어진 자를 얻는 것도 반드시 여기(서원)서 되면 저것(학교)보다 나을 것이다." 또 말하기를 "송나라 사서원 이후로 남으로 옮긴 때(남송시대)에 점점 융성하고 원나라, 명나라 때에 크게 융성하였다. 국가의 학교가 성현을 존경하고 도를 구하는 미덕에 전력하게 함에 있어 서원만은 못하므로 혹은 사립을 임금이 총애하여 명령을 내리고 혹은 국가의 명령으로 사람을 택하여 가르치고 양성하게 한다"고 하였다.

이 말을 요약하면 서원은,
　　一. 위치가 한적하여 수양하기 좋고,
　　二. 학칙과 관령에 의한 구속이 없어 편의가 스스로 있고,
　　三. 사물에 접촉이 적어 심지(心志)에 흔들림이 없다.
이 몇 가지 점이 성안의 학교교육보다 훨씬 좋은 특색이 있다는 것이다. 따라서

개인으로서 참된 학문 연구가 될 수 있는 것은 물론이요, 국가로서 인재를 얻는 데도 학교보다 낫다고 한 것이다. 이 말이 좀 과장인 듯한 느낌이 없지 아니하나 또한 일리가 없는 것이 아니요, 또한 학자의 개성에 따라서는 이러한 교육을 더 취미로서 실천하는 이가 있는 것이니 이러한 견지에서 서원 교육을 예찬할 수 있는 것이다.

### 3) 융성과 폐해

봉건제도 사회에는 어떠한 훌륭한 제도를 창설한다 해도 특권의 남용으로 생기는 폐해가 더 많다는 것을 잊어서는 안 된다. 서원제도는 일종의 봉건적 구성이었다. 훌륭한 현인을 추대하는 데서 자기 일신의 사회적 지위와 명성을 유지하려는 수단과 파당적 태세를 형성하려는 불순한 야망이 앞섰다. 그리하여 개인의 사당과 서원이 날로 늘어서 『목민심서』에는 백 리의 마을에 개인 사당이 수십 개가 되는 데가 있다 하였고, 숙종 8년(1682)에 대사성 김만중의 상소에는 한 도의 서원 수가 80~90개가 된다고 하였다.

특별히 추대할 현인과 철인의 덕행도 없이 혹은 효행 또는 전사(戰死) 등의 행적으로도 개인 사당을 세웠고, 『목민심서』를 보면 건국 초의 명신으로 자손이 번창하지 못한 이를 먼 지방의 미천한 친족이 이를 추대하여 개인 사당을 세우고 포상을 받는 일이 있다고 하였다. 이렇게 함부로 창건하는 서원은 그 이면에 폐해가 많았다.

선조 11년(1578) 이이의 상소에는 "근래 서원 건설이 배움에 뜻을 둔 선비를 배양하는 데 유익한 점이 많으나 사장(師長)이 없으므로 유생이 서로 모여 방자해하며 긍지가 없고 학문을 보장하고 수학하는 가르침을 볼 수 없으니 국가가 설립한 본래의 뜻이 아니라"고 하였다. 인조 22년(1644) 경상관찰사의 보고에는 "선비된 자는 학문을 일삼지 않고 사당에서 제사를 받는 이는 받을 만한 인물이 아니니 지금부터 신설하는 곳은 모두 예조에 보고하여 조정의 허가를 받게 하라"고 하였다.

효종 6년(1655)에 거듭 세우는 서원에는 "현판을 주지 말라"고 하였는데 그 이유는 "서원이 점점 융성하여 향교 유생이 다 서원으로 가고 선량한 백성으로 군역을 피하려는 자는 모두 서원의 노비라 핑계하기 때문이라"고 하였고, 8년에는

"서원, 향현사 가운데 사사로이 지은 것을 헐려 하였으나 사사로운 건설이 분분히 일어나 금할 수가 없었다." 하였다.

숙종 8년(1682)에 대사성 김만중의 상소에는 "궁실(宮室)의 아름다움과 수호(守護)의 성대함이 성묘(聖廟)보다 나은 곳이 있고, 농지를 넓게 차지하고 일없이 노는 장정을 많이 모아 떼를 지어 놀고 지껄이고 먹고 마시기만 일삼으니 일률적으로 정지시켜 허락하지 말자." 하였다. 숙종 38년에 경연관이 올린 글을 보면 "수령에게 조그마한 선한 공적이 있으면 군민이 생사(生祠, 산 사람 사당)를 세우는 풍속이 생기어 수령이 생사를 얻지 못하면 수치로 아는 나쁜 풍습이 생겼다." 하였고, 왕이 "말세의 수령으로 생사에 당할 이가 몇이나 되겠는가. 아첨이 풍미하여 일시에 명예를 구하여 사당을 세운 것이니 다 헐어버려라." 하였다.

영조 17년(1741)에는 "사당과 서원을 개인이 사사로이 세우는 경우에는 유현(儒賢)이나 대신을 막론하고 다 헐어버리며 지방의 도신(감사)은 파직하고 수령은 붙잡아 들이고 앞장선 유생은 5년간 과거를 보지 못하게 하라." 하였으며 사당과 서원 300여 개를 헐어버렸다.

괴산 화양동에 설립한 송시열의 서원은 당시 득세한 노론파의 수령 송시열의 서원이라는 불법 무도한 권세를 가지고서 '화양흑패'라 하는 명령장을 발하여 아무나 잡아다가 치죄하였다. 개인의 세력이 이러하니 행패가 적지 않았으나 금하는 이가 없었다.

서원의 폐해를 일괄하면,

　一. 향교의 학생이 서원으로 옮겨 가기 때문에 향교가 쇠퇴하는 원인의 하나가 되었다.

　二. 적당한 사장이 없기 때문에 모여서 놀고먹기를 일삼는 일이 많았다.

　三. 균역을 피하려는 자의 도피처가 되었다.

　四. 어리석은 백성 위에 군림하여 그들을 착취하고 부려먹는 악당의 양성소가 된 곳이 많았다.

　五. 서원 소유 토지는 조세를 면하였는데 그 수익을 유생의 음식으로 낭비하였다.

　六. 사색 파쟁이 정권을 다툴 때에 서원 유생도 대립하여 가세하였다.

## 4) 말로

서원은 출발 초에 가졌던 '선현 존경과 후진 장학'이란 좋은 정신을 완전히 잊어버리고 무분별한 건립과 이용으로 온갖 폐단의 소굴이 되어 역대 조정이 혹은 교정하며 혹은 제재하며 혹은 금지하여 문제가 많았던 곳이다. 고종 8년(1871)에 대원군 이하응의 용단으로 697개나 되는 서원을 47개만 남기고 다 헐어버렸다. 그리하여 봉건제도하에서 양반의 이데올로기가 형식화하여 놀이기구로 건물 모형을 쌓아놓고 의기양양해하며 어떠한 성공에 대한 자랑의 느낌에 서로 도취하여 노는 어린이의 놀이와 같은 일은 폐물 처치의 종결을 짓고 말았다.

더욱이 이것이 봉건적 사상에서 생겨나서 봉건적 행정 밑에서 이러한 학대를 받게 된 점에 우리는 착안하지 아니하면 안 된다. 이것이 중국 제도의 모방인 점과 유학자 거두인 이황 등의 선전, 확장으로 시작된 것으로 보아 유학의 본질을 이제 우리가 재검토하지 않을 수 없고, 봉건사상의 책임자인 선현들을 숭배하는 일은 오늘날 교육에서 그 가부를 심각하게 검토하지 않으면 안 될 것이다.

# 제9장

# 잡과교육

# 1. 잡과교육의 필요성

잡과는 역학, 율학, 의학, 천문학, 지리학, 명리학, 산학, 화학(畫學), 악생(樂生), 도류(道流) 등인데 소속된 각 관아에서 교육을 하며 식년시, 증광시 등 다른 과거와 같이 시험을 보고 자격을 주고 등용하였다. 그 가운데 지리학, 명과학 중 일부와 도류를 제외하고는 언제나 생활에서 제외될 수 없는 필요한 지식과 기술이다. 실제에 있어서 경사, 문장에 지지 않는 중요한 것이라고 말할 수 있는 중요한 학과였다. 우리가 과거의 교육을 말할 때 역사 강독과 시문 제술만을 들추고 잡과교육은 인식조차 하지 않는 것은 과거 교육의 전모를 모르는 것이다. 이렇게 일반 인식이 부족한 것이니만큼 좀 번거로운 느낌을 스스로 느끼면서도 일부러 구체적으로 적어보려 한다.

# 2. 과별 학생 정원

『경국대전』에 적힌 것을 기본으로 하고 『속대선』 때에 더하고 뺀 수를 계산한 표를 작성하여 간단하게 하면 다음 표와 같다.

| 과별 | 학별 | 소속 관아 | 생도 정원 | 『속대전』에 가감 | 계 |
|---|---|---|---|---|---|
| 역과<br>(외국어과) | 한학 | 사역원<br>평양<br>의주<br>황주 | 35<br>30<br>30<br>30 | 40 | 165 |
| | 몽고학 | 사역원 | 10 | 25 | 35 |
| | 여진학<br>(청학) | 사역원<br>의주<br>창성<br>북청<br>만포<br>이산<br>벽동<br>위원 | 20<br>5<br>5<br>10<br>5<br>5<br>5<br>5 | 34 | 94 |
| | 왜학 | 사역원<br>제포<br>부산<br>염포 | 15<br>10<br>10<br>6 | 25 | 66 |
| 의과 | 의학 | 전의감<br>혜민서<br>부(6)<br>대도호부(5)<br>목(20)<br>도호부(74)<br>군(73)<br>현(154) | 50<br>30<br>각 16<br>각 14<br>각 14<br>각 12<br>각 10<br>각 8 | 6<br>32 | 3,344 |
| 음양과 | 천문학<br>지리학<br>명리학 | 관상감<br>동<br>동 | 20<br>15<br>10 | 20 | 60 |
| | 산학 | 호조 | 15 | 46 | 61 |
| 율과<br>(법과) | 법학 | 형조<br>부(6)<br>대도호부(5)<br>목(20)<br>도호부(74)<br>군(73)<br>현(154) | 40<br>각 16<br>각 14<br>각 14<br>각 12<br>각 10<br>각 8 | 40 | 3,346 |
| | 화학(畵學) | 도화서 | 15 | 16 | 31 |
| | 도학 | 소격서 | 10 | | 10 |

# 3. 장학

- 한학을 취재(取才, 재주를 시험하여 뽑는 일)할 때에 시험본 점수가 동점일 때는 경사 점수가 많은 자를 먼저 채용하였다.

- 내의원(內醫院)에서는 습독관(習讀官)과 제조(提調)가 달마다 세 번씩 시험하여 점수를 통계하여 관직을 올리고 낮추되 학과에 정통한 자는 현직을 준다.

- 나이가 어리고 총명하여 배움이 가능한 자를 의녀(醫女)로 뽑아 교관이 날마다 나누어 가르치고 계절마다 본조와 제조 일동이 시험하되, 한 권의 책마다 세 곳을 질문하고 연말마다 그 등급을 위로 올리어 그 가운데 우등 10분 이상자는 봉급을 더 주거나 물건을 주고 3분 이하자는 벌하며 학습을 잘하고 못한 것을 교관의 성적에 반영하였다.

- 지방 의생(醫生)은 교수, 훈도가 교훈을 겸하여 맡고 관찰사가 시험하되, 의술에 정통한 자는 완전히 보호하고, 완고하고 미욱하여 알지 못하는 자는 군역으로 돌리고 천거하지 못하는 수령과 마음을 써서 가르치지 않는 교훈과 교수와 훈도는 상고(서로 비교하여 고찰)하여 상과 벌을 주었다.

- 지방 의생 가운데 나이 어리고 총명한 자는 광주, 양주, 여주, 파주, 충주, 청주, 공주, 성주, 강릉, 원주, 황주, 안변, 안주, 정주, 의주에 각 1명씩, 전주, 나주, 제주, 상주, 안동, 진주, 해주에 각 2명씩, 경주에 3명을 5년 1차씩 선택하여 보내게 하고, 장학금으로 2명씩 전의감과 혜민서에 나누어 소속시키고 의원이 나누어 가르치며 절기(節氣) 끝마다 본조 당상관과 양의사(전의감과 혜민서) 제조가 모여서 시험하고 연말에 보고하여, 열심히 공부한 자는 집으로 보내고 도망하거나 게을리한 자는 힘든 일을 시키고 해가 지나가도록 합격하지 못한 자가 많으면 가르친 의원에게 죄를 과하였다.

- 율려(律呂, 율과 여의 음으로 음악을 말함) 신서(新書)를 학습한 자 8명을 뽑아 장악원(掌樂院)에 보내고 월급을 준다. 전악(典樂, 장악원에 소속된 정6품 잡직)이 먼저 아악(雅樂)을 가르치고 다음에 속악(俗樂)을 가르치며, 제조가 시험하고 학령에 의하여 벌하고 성취한 사는 서반품직(西班品職)에 올리고 관직을 준다.

● 화원(畫員)은 내장품이나 도화서에 소장한 명화를 월말마다 제조가 제목을 정하여 그 가운데 특이한 것을 그리게 하고 겨울, 여름 두 철에 품격을 심사하여 상을 준다. 일 년 안에 여덟 번을 우등한 자는 서반 7품 이상으로 등용하고 이듬해에 연거푸 우등하면 뛰어 올려 등용하였다.

## 4. 과시와 과목

잡과 과시도 『경국대전』과 『속대전』이 다소 차이가 있는데 여기서는 개정된 『속대전』을 채용한다.

### ① 역과 초시
ㄱ. 정원

한학에 23명, 몽고학·왜학·여진학에 각 4명, 한학 향시에 황대도 7명, 평안도 15명.

ㄴ. 과목

㉮ 강서(講書): 한학에 사서(임문臨文, 책을 눈앞에 펴놓고 읽는 것으로 강서 시험의 하나), 노걸대(老乞大), 박통사(朴通事), 오륜전비(五輪全備)(신증)(이상 암송), 『대전』에 있는 소학은 폐지하였다.

㉯ 사자(寫字): 몽고학에 노걸대·첩해몽어(신증), 왜학에 첩해신어(신증), 청학에 8세아 소아론·노걸대·삼역총해(신증), 그 나머지 『경국대전』에 정한 과목 가운데 40종을 폐지하였다.

㉰ 역어는 한학, 몽고학, 여진학, 왜학을 막론하고 경국대전을 번역시켰다.

### ② 역과 복시
ㄱ. 정원: 한학에 13명, 몽·왜·청학에 각 2명이며, 증광시는 같고 대증광시는 한·몽·왜·청에 각 2명씩 하였다.

ㄴ. 과목: 초시와 같음.

③ 의과 초시

ㄱ. 정원: 18명이며 증광시는 같고 대증광시는 4명을 더하였다.

ㄴ. 과목: 찬도맥경, 동인경(암송), 직지방 본초, 경국대전(임문), 소문 의학정전,
동원십서(신증). 대전에 있는 득효방, 부인대전, 창진집, 태산집요, 구급방,
화제방은 폐지하였다.


④ 의과 복시

ㄱ. 정원: 9명이며 증광시는 같고 대증광시는 2명을 더하였다.

ㄴ. 과목: 초시와 같음.


⑤ 음양과 초시

ㄱ. 정원: 천문학에 10명, 지리학과 명과학에 각 4명(관상람에서 녹명 시취함),
증광시는 같고 대증광시는 각 학과에 4명씩 더하였다.

ㄴ. 과목

㉮ 강서

• 천문학: 보천가(암송), 경국대전(임문), 천문역법(신증)

• 지리학: 청오경, 금낭경(암송), 명산론, 호순신, 동림조담, 경국대전,
탁옥부(신증)

• 명과학: 원천강(암송), 서자평, 응천가, 범위수, 대홍, 천문역법(신증).
대전에 있는 지리학 사서, 명과학 일서는 폐지하였다.

㉯ 산학: 천문학, 칠정산내편, 칠정산외편, 교식추보가령


⑥ 음양과 복시

ㄱ. 정원: 천문학에 5명, 지리학과 명과학에 각 2명, 증광시는 같고 대증광시는
각 학과에 4명씩 더하였다.

ㄴ. 과목: 강서와 산학이 모두 초시와 같음.


⑦ 율과 초시

ㄱ. 정원: 18명이며(형조에서 녹명 시취함) 증광시는 같고 대증광시에는 4명을

더하였다.

ㄴ. 과목: 대명률(암송), 무원록, 경국대전(임문), 대전에 있는 당률소의, 율학해이, 율학변의는 폐지하였다.


### ⑧ 율과 복시

ㄱ. 정원: 9명이며 증광시는 같고 대증광시는 2명을 더 하였다.

ㄴ. 과목: 초시와 같음.


# 5. 취재(取才)와 과목

『경국대전』을 보면 1월, 4월, 7월, 10월에 본조와 동제조가, 제조 없는 곳에는 당상관이 각 과목을 시험하여 인재를 뽑았으니 스스로 공부하고 학습한 자도 응시할 수 있는 것이다. 각 과목의 학과 내용을 취재 과목으로 알 수 있고 따라서 각 과목의 학문 범위와 지식 정도를 알 수 있다. 취재하는 과목의 범위는 다음과 같다.


### ① 의학

찬도맥경, 동인경, 직지방, 득효방, 부인대전, 창진집, 태산집요, 구급방, 화제방, 본초, 자생경, 십사경, 발휘, 침경지남, 자오류주, 옥룡가, 외과정요, 침경적영집.


### ② 천문학

대명력, 일월식, 태일내편, 일월식, 목화토금수성, 태양역일, 사여성, 보중성, 태음외편, 일월식.


### ③ 지리학

명산론, 곤감가, 장중가, 주현론, 낙도가, 입시가, 심룡기, 이순풍, 삼진통재, 대정수, 육임, 오행정기, 자미수, 웅천가, 현홍자평, 난태묘선, 성명총화.

④ **율학**

율학변의.


⑤ **산학**

상명, 계몽.


⑥ **화원**

대나무, 산수, 인물, 영모(翎毛), 화초.


⑦ **악생**

아악중 삼성급등가, 문무무.


⑧ **악공**

당악, 각종 가곡, 각종 악기, 가무.


⑨ **도류**

금단, 옥구경, 진무경, 용왕경중, 삼경.


# 6. 잡과교육의 결함

앞에서 말한 바와 같이 잡과교육 가운데 생활에 필요한 지식과 기술이 포함되었기에 외교에 필요한 역과며, 후생에 필요한 의과며, 기상관측과 역수산정에 필요한 음양과며, 치안에 필요한 율(법)과며, 그 밖에 예술의 기능자로 화원, 악생의 교육 모두가 필요하고 중요하지 않은 것이 없다. 그런데 이렇게 필요하고 중요한 잡과교육이 거대한 결함을 내포하였기 때문에 학문이 유치하고 볼품없었던 것이다. 이제 그 결함을 지적해보면 다음과 같다.

① '잡과'로 다룬 것이 잘못이다.

물질로 생겨 물질로 살다가 물질로 환원하는 인생의 인생철학과 생활의 이념과 학문의 원리가 물질토대 위에 서야 할 것이다. 그러함에도 불구하고 물질에 속한 과학적 부문의 학문을 '잡과'라고 이름하여 천대하고, 경사, 문장, 가사 류는 학문의 왕이며, 의학, 천문, 수학 등은 학문의 노예처럼 다룬 것이 잘못이다.

② 황당한 미신을 학문으로 다룬 것이 잘못이다.

과학을 무시한 학문에 미신적 사상과 황당한 논설이 내포되는 것은 피할 수 없는 사실이지만 음양과 가운데 '지리학'과 '도류' 같은 것은 전부가 황당한 미신뿐이다. 이것을 학문이라 하여 가르치고 시험을 보아 관리를 뽑은 것은 개인이 어리석음으로 한 짓도 아니며, 한 국가가 엄연히 한 것이기에 교육사상에 한 오점을 찍어놓은 것이다. 의학의 학설적 논리도 황당하지 않은 것이 아니나 치료상 경험적 방법이 효과가 없지 않아 논리 부분의 결함은 있었어도 통계적·경험적 응용 부분만은 그 시대에 있어 일종의 학문으로 될 가치가 있었다.

③ 독자성과 연구심이 없었다.

잡과의 과목과 교과서를 보면 전부가 중국인의 저서이고 또 묵은 옛것이었다. 자국인의 저작과 새 학설은 하나도 없으니 천여 년을 남의 것을 써보았으면 정통한 좋은 머리로 자신의 창작이 있어야 할 것이며 새 학설이 나와야 할 것이다. 황당하고 사리에 맞지 않는 부분까지도 남의 말 그대로 천여 년을 지켜왔다는 것은 사상적으로 결함이 있었기 때문이라고 말하지 않을 수 없으니 곧 사대사상과 보수주의에 속박된 것이라 보인다.

"큰 나라의 것은 작은 나라의 것보다 옳고 옛것은 지금 것보다 좋다"는 것이다. 이런 사상과 주의는 국민의 독자성과 진보성을 잃는 것이다. 그래서 교육사상에 수치를 끼친 것이다.

④ 죄악적 사회제도

기록을 연구하여 보면 잡과교육은 경학교육처럼 활발하지 못하였고 잡과교육은 기술교육이면서 교육을 받은 학생의 대우가 경학생처럼 영예스럽지 못하였다.

그리고 잡과 출신으로는 높은 직위에 오르는 관리제도가 없었고 대개 서반 7, 8품에 지나지 못하였다. 이는 분명히 잡과 출신자를 천대한 제도였으며 제도가 천대를 하였기 때문에 일반 사람이 잡과교육을 천시하였다. 잡과교육을 천시하였기 때문에 그 직업을 가진 자연인도 사회적으로 천시되어 그 지위가 사회적으로 낮게 되었다. 그리하여 의학자나 산학자나 관상감 기술자나 역관이나 악생이나 화원이나 모두 '중인'계급에 속하게 되었고 그 계급에 속한 출신만이 배웠으며 소위 사대부(양반)는 절대 배우지 않았다. 혹 천재성이 있고 기호하는 성격이 있어 스스로 배우고 공부한 양반들이 없지 않았다. 그러나 그것을 직업으로 하지는 않았으며 학문으로 스스로도 인정하지 않았다. 그런 것을 가업(家業)으로 하는 것은 양반의 체면문제가 생기는 까닭이었다.

실생활과 거리가 먼 경사, 문장, 가사의 전문가들인 문과, 생원, 진사과 출신은 지배계급이 되고, 실생활에 필요한 과학과 기술과 출신이 천대받는 것은 봉건제도사회나 자본주의 사회의 일반적 특색을 드러내는 것이다.

조선의 정치는 중앙의 서리와 지방의 아전과 특수 관아의 기술원들의 손으로 실제적 행정을 하였던 것이며, 양반은 제도적 권위로 지배적 호령만 하였던 것이다. 그런데 실제적 행정을 한 그네들은 다 '중인'계급이다. 그들은 절대로 벼슬이 높은 요직에 오를 수 없었다. 개인이나 가문의 사회적 지위가 양반계급에는 오를 수 없는 낙인을 정치적·법률적·사회적으로 굳게 찍어놓은 것이다.

# 제10장

# 여자교육 및 아동교육

## 1. 여자교육

### 1) 일반 상태

봉건제도 시대에는 여자에게 학교교육이 없다. 다만 가정 안에서 옷 짓고, 밥 짓고, 수공(手工)의 기술을 연습하는 것뿐이다. 조선에도 여자교육은 역시 가정에 국한하였다. 보통 문자교육을 받았고 그 외에 계급 정도에 따라서는 상당히 높은 수준의 교육을 받은 이가 많았다. 상류나 중류 가정의 여자교육도 개인에 따라 그 수준이 높았고, 훈민정음이 생긴 뒤에는 중류 이상 가정의 여자들은 소설을 읽고 편지를 읽을 정도로 문맹(文盲)을 면한 이가 많았으나 중류 이하의 대부분 여성은 전부 까막눈이었다.

### 2) 중류 이상 가정부인의 학문 범위

① 독서: 사기, 논어, 시전, 소학, 여사서

② 상식: 백가성, 선세보계, 역대국호, 성현의 명자

③ 제술: 시사(詩詞)를 함부로 짓지 말 것.

④ 훈민정음: 자모번절, 초중종성, 치설청탁, 자체가감에 대하여 그

상생(相生) 상변(想變)을 명료히 알 것.

⑤ 전기: 탐독하지 말 것.

⑥ 서한: 말을 반드시 명확하게 하고 글자를 반드시 성글고 반듯하게 쓰고 거친 초서와 조리 없는 글을 쓰지 말고 장황하고 지리하지 않게 할 것.[1]

대개 권문세족과 대가의 여자와 사족집에서, 특히 학문과 품행을 숭상하는 집의 여자 일부가 이상과 같은 정도의 범위에서 공부하였고, 시와 가사는 첩과 기생들이 많이 숭상하였으므로 오해를 받을까 하여 사대부 집안의 여자들은 꺼리었다. 그러나 이름난 가정 부인 가운데 역사상 시인이 더러 있는 것을 보아 숭상한 이가 많았음을 알 수 있다.

## 3) 훈민정음 창제 후 일반 부인의 독서 범위

### (1) 교훈서

① 후비명감(后妃明鑑): 성종 때에 지은 것이며 후비가 읽는 것.

② 내훈(內訓): 소혜왕후(덕종왕비)가 열녀전, 여교명감, 소학 등의 책에서 추려서 지은 것.

③ 삼강행실: 성종 12년에 지은 것인데 5부 각 도에 나누어 주어 마을의 부녀자들로 하여금 읽고 익히게 하였다.

④ 열녀도: 삼강행실과 함께 지어 같이 반포하였다.

⑤ 소학언해: 중종 18년에 전국에 선포하여 마을의 부녀자에게 모두 가르치게 하였다.

⑥ 오륜가: 인조 때에 간행하였다.

⑦ 경민편(警民編): 김정국(金正國)이 지은 것인데 숙종 7년에 박아 향읍으로 보내 부녀자 등으로 하여금 외워 익히게 하였다.

⑧ 권민가: 정철이 지은 것인데 경민 편과 함께 박아 돌렸다.

⑨ 언문사서: 체제공 부인 오 씨가 지은 것.

---

1)  이덕무(李德懋), 『사소절(士小節)』(부의婦議).

이야기책은 조선 여자들의 유일한 읽을 거리였다. 그 종류가 천여 종이며 그 가운데 많이 읽는 책이 『심청전』, 『숙향전』, 『박씨부인전』, 『옥루몽』, 『구운몽』, 『창선감의록』, 『사씨남정기』, 『홍길동전』, 『장화홍련전』, 『백학선전』, 『적성의전』, 『유충렬전』, 『제마무전』, 『삼국지』, 『조웅전』, 『소대성전』, 『양풍운전』, 『흥부전』 등이다. 이상 이야기책의 내용은 효행과 열행(烈行)과 충의를 중심으로 한 것도 있고, 가정과 사회를 중심으로 한 것도 있으며, 탐관오리를 매도한 것도 있고, 영웅호걸을 칭송한 것도 있어서 자신도 모르는 사이에 유익한 교양을 주는 것이 많이 있었다.[2]

그러나 황당한 미신과 허영이 가득 차 있는 이야기책이 더 많았기 때문에 여자교육에 해독을 준 것이 더 컸다. 그리하여 홍직필(洪直弼)도 아래와 같은 말을 하였다. 곧 "조선에서 부녀자에게 언문(한글)만 가르치기 때문에 음란한 소설만 읽으며 그것을 사실로 믿으니 개탄할 만한 일이다. 소설 읽는 것을 금하고 『효경』과 『소학』과 『여사서』를 가르쳐 바른 도를 알게 해야 한다."[3] 이것이 과거 우리나라 여성의 큰 불행이었고 지금까지도 그 해독의 찌꺼기가 여성계에 남아 있는 것이다.


# 2. 아동교육

조선시대의 아동교육에 대한 규제는 경외학교절목 끝에 3개 조항이 있었고 훈육으로는 이이의 교아(教兒) 17조가 있으며(「제9장 교육사상」 참고), 그 밖에도 사람들의 단편적인 기록이 많으나 제일 상세하고 구체적으로 말한 것은 치정(稚亭) 이덕무의 『사소절(士小節)』에 실려 있는 '동규(童規)'이니, 동지(動止), 교습(教習), 경장(敬長), 사물 네 부분으로 나누어 조목을 들어 말한 것이다. 그 가운데 교수법, 훈육법, 교훈, 성행(性行, 사람됨과 그 행실)으로 골라 정리하여 우리나라 선현의 아동교육법을 밝힌다.

---

2)  이능화, 『조선여속고(朝鮮女俗考)』.

3) 『매산잡식(梅山雜識)』.

## 1) 교수법

교수법은 아동의 재질에 맞도록 진도와 정도를 택하고, 익숙해지도록 읽고 뜻을 알도록 하였으며 알기 쉽게 설명하고 인내성을 가지고 가르쳤다.

① 분량을 많이 가르치지 말 것.

글을 많이 가르치는 것은 좋지 않다. 자세하게 익히는 것이 좋다. 200자에 능할 자에게 100자만 가르쳐서 정신적으로 여유가 있게 하면 싫어하고 괴로워하는 생각이 없고 스스로 터득하는 묘한 이치가 있다.

② 글을 가르칠 때에 말을 수다스럽게 하지 말 것.

수다스런 말은 절대 금기사항이다. 재주가 높고 낮음에 따라 자세하고 간략하게 해설할 것이니 어린아이가 어찌 진득하게 인정하겠는가. 심약한 놈은 초조 번민할 것이다.

③ 매우 묘한 글 뜻을 말하지 말 것.

매우 묘한 글 뜻을 말하면 아동이 하품이나 기지개를 켜고 오직 '예예.' 하면서 벌떡 일어설 마음만 생길 것이요, 마음은 벌써 막혀버린다.

④ 둔재일수록 십분 참고 용서하라.

⑤ 훈몽자회를 가르쳐라. 방언, 훈역, 사물의 이름을 알게 된다.

⑥ 습자서, 운서(韻書)를 가르쳐라.

편(偏, 한자의 왼쪽 획), 방(房, 한자의 오른쪽 획), 자음과 모음, 소리의 뜻을 자세히 익혀 정운(正韻), 자전, 정위설문(正僞說文) 등의 책을 통달하면 모든 경서와 사서에도 막힘없이 통하게 된다.


## 2) 훈육법

훈육은 관용과 엄격을 적당히 조절하고 아동의 심리를 잘 알아 효과 있게 하였다.

① 엄하게 단속하면 안 된다. 엄하게 단속하면 심약한 자는 놀라 겁내고 기가 성한 자는 참지 못하여 원망이 생긴다.

② 너그럽게 놓아두면 안 된다. 너그럽게 놓아두면 뜻이 졸렬한 자는 해이해지고, 성실이 강한 자는 가로 빠지며 또 업신여기는 마음이 생길 것이다.

③ 조종을 알맞게 하라. 채찍과 끈을 손에 쥐고 말 달리고 매 받듯 하라.

④ 재주가 있더라도 지나치게 칭찬하지 마라. 교만한 마음이 생긴다.

⑤ 실없는 농담을 함부로 하지 마라. 아동이 어렵게 여기지 않게 된다.

⑥ 좋고 그른 것을 명시하여 물들지 않게 하라.

## 3) 교훈

교훈은 동정 하나하나 세밀한 데까지 주의하였다.

① 어른의 공복(公服)을 입고 장난하지 마라.

② 어른이 눕고 앉고 하는 자리에 눕거나 앉거나 하지 말 것.

③ 어른을 대하여 머리 비듬을 긁지 말며 이를 쑤시지 말고 코를 풀지 말며 귀를 후비지 말 것.

④ 어른이 식사할 때에 침을 흘리며 바라지 말고 주지 않더라도 원망하지 말 것.

⑤ 어른이 담배를 피우거든 반드시 먼저 담아다가 불을 쳐서 올릴 것.

⑥ 어른이 문으로 나가거든 반드시 옷을 털고 갓을 쓸어서 올리고 어른이 돌아오거든 반드시 뒤에서 두 소매를 잡아 옷을 벗기어 걸 것.

⑦ 어른이 글씨를 쓰려 하거든 종이와 벼루를 갖추고 조심하여 먹을 갈되 너무 힘을 주지 말고 함부로 어른의 종이와 붓을 쓰지 말 것.

⑧ 어른이 부탁한 물건은 잃지 말고 헐지 말 것.

⑨ 어른이 등을 긁어 달랄 때에 손이 차거든 불어서 데우든지 불에 쪼이든지 할 것.

⑩ 어른보다 나중 자고 어른보다 먼저 일어나며 등불 켜고 화롯불 덮는 것을 자기 손으로 할 것.

⑪ 날마다 청소하고 자리를 정리하고 이불과 요를 개고, 책, 붓, 벼루를 검사할 것.

⑫ 아동이 글을 배울 때에 다른 아동이 곁에서 글 뜻을 말하며 떠드는 것은 무례한 짓이니 금할 것.

⑬ 글을 읽을 때에 어른이 병이 났거나 혹은 손님과 담화를 하거든 큰 소리로 읽지 말 것.

⑭ 아동이 어른의 모임에서 말과 웃음이 너무 방자하면 또한 좋지 못한 짓이니 겸양하고 삼가 똑똑히 묻고 자세히 기록하여 소홀히 하지 말 것.

⑮ 어른의 모임에 들을 만한 말이 있거든 반드시 똑바로 앉아 공손하게 듣고 잊지 말며, 기록해둘 만한 것이 있으면 물러가 기록하고 혹 여색의 음담이 있을 때에 아동이 들으면 방탕에 가까우니 나와 듣지 않는 것이 좋다.

⑯ 어른과 함께 높은 데 올라 구경할 때에는 좌우에 서서 지시를 기다릴 것이며, 가로넘고 달아나서 어른이 부르는 데 수고를 끼치지 말 것.

⑰ 어른을 찾아온 손님을 어른이 못 만날 때에 어디서 무슨 일로 왔는지를 물어 적었다가 보고하고 받은 서찰은 잃지 말고 반드시 드릴 것.

⑱ 어른의 출입에 반드시 일어나며 가르침이 있거든 공손히 듣고 의문이 있으면 반드시 물을 것.

⑲ 손님으로 노인이 오거든 마루에서 내려와 영접하고 부축하며 올리고 지팡이를 벽에 세우고 갈 때는 먼저 나아가 신을 정리하고 지팡이를 바치고 또 부축하여 마루에서 내려갈 것.

⑳ 어려서부터 육갑(六甲), 구구(九九)와 세계(世系, 대대로 이어지는 계통), 국호와 숫자를 알지 못하면 자랄수록 더욱 노둔하고 오장육부의 이름과 오곡의 이름과 경서와 사서의 절목을 알지 못하는 자는 사람이라 할 수 없는 것이다.

㉑ 남의 의복, 기물, 애호하는 물건을 보고 부러워하거나 흉보거나 훔치거나 빼앗거나 바꾸거나 감추거나 하지 말 것.

㉒ 물건은 자랑하지 말며 인색하게 하지 말며 남의 것만 못하다고 한탄하지 말 것.

㉓ 형제 사이에 사소한 물건이라도 고르게 하고 오로지하지 말 것.

㉔ 아동의 흡연은 아름다운 행동이 아니다. 골수와 혈기에 해롭고 독액은 책을 더럽히고 불씨는 의복을 태운다.

㉕ 연 날리는 것을 금할 것. 눈이 나오고 입이 벌어지고 옷을 더럽히고 버선 신발이 더러워지고 담을 넘고 지붕을 타고 비녕에 떨어지고 구렁에 빠지고 아비의 종이를 훔치고 어미의 실을 가무리며 교훈을 어기고 숙제를 빼먹고 심하면 씨름을 하고 구타를 하며 한 가지 놀이에 백 가지

악이 생기는 것이다.

㉖ 비둘기를 기르는 데 버릇이 생겨 학업을 폐기하는 것이 투계(닭싸움)와 같으니 금하여야 할 것.

㉗ 서적을 애호하는 자는 자라서 학문을 이루기에 잡물을 책 틈에 끼우지 말고 어지러운 먹으로 더럽히지 말고 빈 데를 도려내지 말 것.

㉘ 동무의 종이와 붓을 빼앗지 말고 자기의 것을 아끼고 단속하여 남이 쓸까 염려할 것.

㉙ 글씨 쓰고 먹 갈 적에 손가락에 묻히고 의복에 떨구고 책상과 자리에 적시는 것은 아동의 본받을 바가 아니다.

㉚ 밤에 음식을 많이 먹지 말고 식후에 곧 눕지 말 것.

㉛ 음식 부스러기를 혀로 핥지 말고 국물을 손가락으로 찍어 먹지 말 것.

㉜ 먹을 때에 소리 질러 웃지 말고 아침 먹기 전에 낯을 씻을 것.

㉝ 젖고 맵고 짠 음식을 손으로 집어 먹고 곧 얼굴을 만지고 배와 등을 긁고 서적에 문지르고 소매에 닦고 하지 말 것.

㉞ 분첩을 닦을 적에 침으로 하지 말며 손가락을 검게 하지 말 것.

㉟ 먼지 쓰는 것은 때가 없이 할 것.

㊱ 닷새마다 벼루를 씻고 사흘마다 이불, 요와 자리를 털 것.

㊲ 글씨와 그림축이 난잡할 때마다 정리하고 더울 때의 방 안은 아침 저녁으로 벌레를 잡을 것.

㊳ 땅에 그려 글씨 쓰지 마라. 사람에게 밟히는 것을 싫어할 것.

㊴ 활을 함부로 쏘지 말며 남의 집에 돌을 던지지 말며 화약 장난을 하지 말 것.

㊵ 손님의 나귀를 함부로 타지 말 것.

㊶ 말꼬리 털을 뽑지 말고 미친개를 놀리지 말 것.

㊷ 생나무 껍질을 벗기지 말며 산새의 털을 뽑지 말 것.

㊸ 담과 벽을 더럽히지 말며 기둥과 말뚝을 새기지 말 것.

㊹ 나무에 올라 매미를 잡지 말고 지붕에 올라 새 새끼를 더듬지 말 것.

㊺ 이웃집 과실이나 꽃가지를 꺾지 말며, 벌레, 새, 풀, 나무 등 모든 생물을 몹시 굴지 말 것. 내 양심에도 좋지 못하고 떨어지고, 미끄러지고, 물리고,

쏘이는 아이가 한둘이 아니다.

㊻ 삐루기나 소나무의 속껍질(송진)을 빨아 먹지 말 것.

㊼ 얼음이나 눈덩이를 함부로 먹지 마라. 보기에도 흉이 되지마는 병이 생기기 쉽다.

㊽ 보리깍지를 입에 물지 말며 꽃수염을 코에 대지 마라. 해를 입는 일이 있다.

㊾ 불장난을 하지 말며 앉으나 서나 화로와 등유를 삼가 피할 것.

㊿ 불을 향하여 기침하지 말며 바람을 거슬러 침 뱉지 말 것.

(51) 기름 머리로 책을 베지 말며 때 묻은 손으로 먹을 것을 집지 말 것.

(52) 등불의 불똥을 뗄 적에 꺼지지 않게 하고 벼루에 물을 부을 때에 넘치지 않게 하는 데서 주의성 있는 것이 드러난다.

(53) 책 단장하고 편지 봉하는 것을 정성껏 하고 단정히 하는 것이 자제의 직책이다.

(54) 어버이를 섬기는 자는 약도 달이고 차도 끓여야 하니 물과 불의 취급을 몰라서는 아니된다.

(55) 손님의 모임에 그릇이나 필묵이 자리에 흩어져 있거든 차근차근 치워 추하고 어설프지 않게 하는 데서 인물을 볼 수가 있는 것이다. 『논어』에 말하기를 "일에 민첩하라." 하였다.

(56) 가난한 집 아동은 물론이요 부귀한 집의 아동도 독서하고 난 여가에 힘닿는 대로 노동을 하여야 한다. 후일에 보람이 클 것이다. ……옛사람들은 무기를 들고 국가를 호위하였으며 몸소 밭 갈고 질그릇 굽고 고기 잡았는데 후세가…… 교만·사치하여 신하로서의 직책을 부끄럽게 여긴다.

(57) 정동자 경참(鄭慶參)은 조용하고 듬직하며 근실하였다. 내게 말하기를 "만사를 다 잘하기가 어려운 것이다. 변소에서 뒤보는 일이 적은 일이나 잘 보기가 어렵다"고 하기에 내가 칭찬하였다.

(58) 아동의 버릇이 다 글 읽기를 싫어하고 일하기를 부끄러워하나 온갖 잡기에는 권하지 않아도 잘하고 가르치지 않아도 부지런하여 바둑, 쌍륙(주사위 놀이의 일종), 골패, 투선, 윷, 의전(意錢), 종경도(從卿圖, 승경도), 돌싸움, 팔도행성을 다 알면 부모, 동료가 재주 있다고 칭찬하고 못하면

비웃으니 딱하다. 정신을 소모하고 지기(志氣)를 어지럽게 하고 공부를 폐기하고 품행이 엷어지고 사행심이 늘고 심하면 돈 내기를 하여 재산을 탕진한다.

(59) 풍속교화가 쇠퇴하여 아동들이 보고 듣는 것이 과거, 벼슬, 계집, 재물, 노름, 농담, 조롱, 비방, 싸움, 아첨, 사기, 인색, 과장, 시기, 교만, 사치, 술음식, 말, 가구, 의복, 신발 따위다. ……인심이 날로 나빠지고 세상의 도가 날로 패하니 아동의 공부가 안 되는 것이 이런 데서부터 시작한다.

(60) 어려서 꿇어앉는 연습이 없으면 커서는 정좌를 참지 못하고 걸터앉고 기울고 하여 자세가 흐트러진다.

(61) 남의 나쁜 버릇을 흉내 내지 마라. 자주 하다가 제 버릇 되는 수가 있다.

(62) 옷깃을 접히게 하지 말고 바지 끈을 풀어지게 하지 말 것.

(63) 앉을 때는 옷자락을 정돈하고 설 때는 버선을 가다듬을 것.

(64) 허리춤에 손을 넣지 말며 남을 대하여 이를 잡지 말 것.

(65) 화롯가에서 불장난과 재장난을 하지 마라. 코와 이마에 그을음 재티가 앉고 머리털이 오그라진다.

(66) 남이 도끼질이나 끌질을 할 때에 바싹 다가서지 말며 장난 삼아 날을 갈지 말 것.

(67) 밤길은 발꿈치를 끌어 디디고 앞을 보고 다닐 것.

(68) 높은 데 물건을 다룰 적에 키가 모자라도 베개나 책이나 벼루갑을 발괴임으로 쓰지 말 것.

(69) 거지를 만나 거지라 말하지 말며, 소경을 만나 소경이라 말하지 말 것.

### 4) 성행(性行)

성행을 보아 아동의 장래에 될 인물과 품질을 평정하였으니 곧 인물조사였다.

① 지나치게 총명하고도 부화뇌동하지 않는 자와 질박하고도 비열하지 않은 자는 싹이 있고 크게 발전한다.

② 배가 좀 고프면 곧 먹을 것을 찾고 병이 들었을 때 약을 물리치는 것은 마음이 조급한 자이다.

③ 새것을 좋아하고 거울을 보며 스스로 교태를 부리는 자는 사치에 빠지기

쉽다.

④ 흩어진 머리와 때 묻은 얼굴로 복장을 단속하지 못하는 아동은 용열(남의 마음에 들도록 아첨하여 기쁜 모양을 함)에 가깝다.

⑤ 의복이나 음식이나 일이나 제 뜻에 맞지 아니하면 심술을 부리고 눈을 흘기는 자는 커서 흉패하지 아니하면 까다로워진다.

⑥ 출입할 때에 문을 잘 닫고 다니지 않는 자는 노비의 상이다.

⑦ 입으로 옷이나 댕기를 씹는 자는 안정하지 못한 자요, 소매로 코를 푸는 자는 추한 자이다.

⑧ 마음이 부족한 자는 걸음이 거칠고 말이 궁색하고 마른기침과 건웃음을 한다.

⑨ 남의 비위를 잘 맞추며 여성적인 자는 커도 반드시 아첨을 할 것이니 정직하고 꾸밈없게 고쳐야 한다.

⑩ 앉으면 기대고 오래 앉아 있지 못하고 무릎을 흔들고 손을 뒤적거리고 어른을 싫어하여 피하는 자는 경망스럽게 추한 자니…… 좋은 바탕이 아니다. 고치지 아니하면 후일에 흉패(흉악)하기 쉽다.

⑪ 놀이를 좋아하고 구속을 싫어하여 어른이 집에 없기를 늘 바라는 자도 좋은 마음이 아니다.

⑫ 어른이 없는 동안에 동무를 모아 못하는 짓이 없이 장난을 하다가 어른이 오는 기미를 알면 창틈으로 엿보고 글 읽는 체하는 것을 잘하는 자는 고치지 않으면 소인배가 된다.

⑬ 아동이 남을 대하여서는 말과 행동에 수식을 하고 뒤로는 비뚤어지고 간사하고 교만하고 방종하여 하는 짓이 볼 것이 없으면 소인배의 상이니 용서하여서는 아니 된다.

⑭ 어른을 피하고 아랫것으로 자처하는 자는 천하고 비루하게 된다.

⑮ 자제가 어렸을 때에 이르는 말을 잘 지켜 꾸지람과 매를 맞지 않는 것이 으뜸이요, 과실이 있어 어른이 벌을 하면 피가 흘러도 부끄럽고 두렵게 여기고 뉘우쳐 조심하고 삼가서 다시 과실을 범하지 않는 것이 그다음이며, 죄하는 큰 허물을 범하고도 어른의 책벌에 불복종하고 표독을 부리는 것이다.

# 제11장

# 과거 및 장학

## 1. 과거

### 1) 과거의 제도

과거에 대한 기인, 성질, 교육상 영향, 기타 선배의 평가는 고려 편에서 말하였으므로 생략하고 여기서는 조선시대의 과거제도와 과거를 통하여 본 교과목과 과거 본위 교육의 말로를 말하려 한다.

#### (1) 과거의 종류

##### ① 내용 본위의 종류별

㉮ 문과: 문관 등용을 목적으로 하여 제술, 강서를 과목으로 한 시험.

㉯ 무과: 무관 등용을 목적으로 하여 경서와 병서와 무예를 과목으로 한 시험.

㉰ 생진과: 문과의 예비와 장학을 목적으로 하여 제술을 과목으로 한다.

㉱ 역과: 각국 통역과 공문 번역을 목적으로 하여 외국어를 과목으로 한 시험.

㉲ 의과: 의사 수업을 목적으로 하여 의학을 과목으로 한 시험.

㉳ 음양과: 관상, 역법의 기술자 채용을 목적으로 하여 천문, 지리, 수학을

과목으로 한 시험.

㉑ 율과: 법률관 채용을 목적으로 하여 법률학을 과목으로 한 시험.

② **형식 본위의 종류별**

㉮ 식년시: 3년마다 1회씩 정기적으로 보는 시험이니, 즉 자(子), 오(午), 묘(卯), 유(酉)년에 보았다. 이것이 정통 시험인데 앞항에서 말한 7과를 다 같이 식년시로 보았다.

㉯ 특별시: 식년에 보는 정통 시험 외에 여러 가지 경우에 여러 가지 시험을 보았다.

• 증광시: 국가에 경사가 있을 때에 기념으로 보는 시험인데 경사가 중첩된 때는 대증광이라 하여 인원수를 증가하였으며 앞항의 7과를 다 보았다.

• 별시: 이것도 국가에 경사가 있을 때에 문무 양과를 행하고 중시가 있을 때는 반드시 병행하였다.

• 정시(庭試): 임시로 문무의 응시자를 어전 뜰에 모아 시험하는 것이니 성적을 그날로 발표하였다.

• 알성시: 국왕이 성균관 문묘제사에 몸소 임하였을 때에 보는 것이니 시험 성적을 그날로 발표하였다.

• 춘당대시(春塘臺試): 국왕이 창덕궁 내 춘당대에 몸소 임하고 무예를 시험하고 문사도 시험하는 것이니 성적은 그날로 발표하였다.

• 중시: 문무과 10년마다 1회 병(丙)년에 문과나 무과에 급제한 자와 문무 관직에 있는 자가 응시하는 것이니 이것으로 승진할 기회를 얻는 것이다.

• 문관정시: 국왕이 몸소 임하여 무재를 보고 과거를 보며 이따금 특지(特旨)로 보는 것이니 문관 정3품 이하 사람이 응시할 수 있었다.

• 절일제(節日製): 정월 7일(8일제), 3월 3일(삼일제), 7월 7일(칠석제), 9월 9일(구일제)에 행하는 시험이니 성균관 유생에게 대책, 표전 등을 제술하게 하고 우등자를 급제시켰다.

• 황감제(黃柑製): 해마다 제주에서 밀감을 바치면 대제학과 승지를 반궁에 보내어 밀감을 성균관 유생에게 주고 설일제와 같이 시험을 보아 급제시켰다.

•지방별과: 평안, 함경 양도와 강화, 제주 등지에 특지로 중신을 파견하여 시험하고 시험지는 서울로 보내어 개봉하였고 급제한 자는 곧 전시(殿試)를 볼 수 있었다.

•통독(通讀): 해마다 대사성이 서울과 지방 유생에게 제술, 강서 시험을 11차례 행하여 통계 낸 성적으로 식년 문과 초시를 면제하고 곧 복시에 응할 자격을 주었다.

•승보(陞補): 해마다 대사성이 사학 유생에게 10차례 시험하여 통계 낸 성적으로 생진 초시를 면제하고 곧 생진복시에 응할 자격을 주었다.

•사학합제(四學合製): 해마다 사계절에 대사성이 사학 유생을 한꺼번에 시험하여 매 학교 40명씩 합 160명을 뽑고, 또 사학 고강에 매 학교에서 사서에 10명, 소학에 10명씩 합 88명을 한꺼번에 강서하여 뽑아 식년 생진 복시에 응할 자격을 주었다.

•공도회(工都會): 각도 도사(都事)와 양도 유수가 매년 유생을 시험하여 식년 생진 복시에 응할 자격을 주었다.

•도기과(到記科): 매년 봄, 가을에 특지로 제술과 강경을 나누어 시험하였다.


③ 방법으로 나눈 종류별

㉮ 초시: 식년 전해 가을, 즉 인(寅), 신(申), 사(巳), 해(亥)년에 성균관, 한성부, 각 도에서 행하였는데, 장소에 따라 관시, 한성시, 향시라고 이름하였다.

㉯ 복시: 초시에 합격한 자를 식년 봄에 서울에 집합하여 시행하는 과거였다.

㉰ 전시: 복시 때와 같았다.


## (2) 각 시험의 정원과 과목

과거제도는 성종 때『경국대전』의 것과 영조 때『속대전』의 것이 다소 차이가 있는데 후자가 더 종류가 많고 상세하므로 후자를 가리어 표로 적는다.

### (3) 무과의 문과 과목

무과에는 복시와 도시(각 도에서 행하는 시험이니 복시와 동격)에만 학문 과목을
함께 시행하고 그 밖에는 무예과목(화살箭, 기창騎槍, 기사, 격구, 총, 채찍, 과녁 등)만을
시험하였다. 대개 초시는 활쏘기 시험으로 뽑고, 복시에는 먼저 무예를 시험하여
합격한 자에게 학문 시험을 보고, 두 가지 성적을 합계하여 성적순으로 28명을
뽑고 다시 복시 합격자로 전시를 보게 하여 석차를 정하였다.

선조 때의 중신 이기(李墍)의 말에 의하면 "고려조의 무과제도는 자세하지
않으나 우리 조선의 식년의 규칙은 인(寅), 신(申), 사(巳), 해(亥) 되는 해에 문과와
같이 서울과 각 도에서 초시를 보는데 각 도에 정원이 있다. 초시에 합격한 자의
시수(矢數)의 다소에 따라 방을 내고 다음해인 자(子), 오(午), 묘(卯), 유(酉) 되는
해에 초시에 합격한 자를 모아 육양 편전(六兩片箭)과 말 타고 창 던지기(騎槍)를
시험하여 합격한 후에 장감, 박의, 무경 가운데 1책, 사서 가운데 1책, 대전을
시험하여 조통(粗通, 평점단위) 이상 되는 자를 초시 점수와 강서 점수와 통산
합계하여 등급을 나누어 28명을 뽑으니 이것을 회시(복시)라 한다. 또 회시
합격자를 모아 임금 앞에서 시험하여 석차를 정하는 것을 전시라 한다."

| 시험 종류 | 정 원 | 시험 과목 |
| --- | --- | --- |
| (1) 식년 문과 초시 | 관시 50<br>한성시 60<br>향시<br>　충청, 전라 각 25<br>　경상 30<br>　강원, 평안 각 15<br>　황해 10<br>　함경 13<br>　계 243 | 초장 = 사서의, 의 1편, 논1<br>중장 = 부 1편, 표전중 1편<br>종장 = 대책 1편 |
| (2) 식년 문과 복시 | 33 | 제술 = 중·종장은 동 초시와 같음<br>강경 = 초장 사서삼경(암송) |
| (3) 식년 문과 전시 | 갑과 3, 을과 7, 병과 23<br>계 33 | 제술 = 책, 표, 전, 명, 제, 론, 부,<br>　감, 명, 송 중 1편 |
| (4) 식년 생원 초시 | 한성시 260<br>향시<br>　충청, 전라 각 90<br>　경상 100<br>　강원, 평안 각 45<br>　황해, 함경 각 35<br>　계 700 | 제술 = 오경의 1편<br>　　　사서의 1편 |
| (5) 식년 생원 복시 | 100 | 제술 = 초시와 같음 |
| (6) 식년 진사 초시 | 생원 초시와 같음 | 제술 = 부 1편, 고시 1편 |
| (7) 식년 진사 복시 | 생원 복시와 같음 | 제술 = 초시와 같음 |
| (8) 증광 문과 초시 | 문과 초시와 같음<br>　관시는 한성시로 합하고<br>　대증광에는 관시에 30,<br>　한성시에 24, 경기에 12,<br>　충청, 전라에 15, 경상에 18,<br>　강원, 평안에 9,<br>　황해, 함경에 6,<br>　계 144인을 더함 | 제술 = 식년 문과 초시와 같음 |
| (9) 증광 문과 복시 | 식년 문과 복시와 같음<br>대증광에는 7인을 더함 | 제술 = 식년 문과 복시와 같음 |
| (10) 증광 문과 전시 | 식년 문과 전시와 같음<br>대증광에는 7인을 더함 | 제술 = 식년 문과 전시와 같음 |

| 시험 종류 | 정 원 | 시험 과목 |
| --- | --- | --- |
| (11) 증광 생원 복시 | 식년 생원 초시와 같음 | 제술 = 식년 생원 초시와 같음 |
| (12) 증광 생원 복시 | 식년 생원 복시와 같음 | 제술 = 초시와 같음 |
| (13) 증광 진사 초시 | 생원 초시와 같음 | 제술 = 식년 진사 초시와 같음 |
| (14) 증광 진사 복시 | 생원 복시와 같음 | 제술 = 초시와 같음 |
| (15) 별시 문과 회강 | 300 혹은 600<br>임시 표지 | 제술 = 초장에 논 1편, 표전 중 1편,<br>부 1편<br>종장에 대책 1편 |
| (16) 별시 문과 회강 | 임시 표지 | 고강 = 사서 중 1서, 3경 중<br>자원 1서(암송) |
| (17) 별시 문과 전시 | 임시 표지 | 제술 = 증광 문과 전시와 같음 |
| (18) 정시 문과 초시 | 임시 표지 | 제술 = 부 1편, 표전 중 1편 |
| (19) 정시 문과 전시 | 임시 표지 | 제술 = 증광 전시와 같음 |
| (20) 알성 문과 시 | 임시 표지 | 제술 = 증광 전시와 같음 |
| (21) 춘광 대시 | 임시 표지 | 제술 = 증광 전시와 같음 |
| (22) 문과 중시 | 임시 표지 | 제술 = 증광 전시와 같음 |
| (23) 문신 정시 | 임시 표지 | 제술 = 증광 전시에 율시를 더함 |
| (24) 전강시 | 임시 표지 | 고강 = 3경 |
| (25) 절일제 | 임시 표지 | 제술 = 증광 전시와 같음 |
| (26) 황감제 | 절일제와 같음 | 제술 = 절일제와 같음 |
| (27) 통독 | 10 | 제술 = 부 1편, 표, 책, 논 중 1편<br>고강 = 사서 삼경(암송) |
| (28) 승보(陞補) | 사학 10 · 개성 4 · 제주 2 | 제술 = 부 1편, 고시 1편 |
| (29) 사학합제 | 제술 16<br>고강 8 | 제술 = 승보와 같음<br>고강 = 사서(암송) |
| (30) 공도회(公都會) | 경기, 황해, 강원에는 제, 강 각 3, 충청,<br>전라, 경상에는 제, 강, 각 4, 함경에는<br>제3, 강2, 개성, 강화에는 제, 강 각2 | |
| (31) 외방 별시 | 임시 표지 | 제술 = 증광 전시와 같음 |
| (32) 무과 복시 | 28 | 사서오경 중 1서, 무경칠서 중 1서,<br>통감, 병요, 장감, 박의, 소학 중<br>1서(자원) |
| (33) 무과 도시 | | 경국대전, 논어 중 1서, 오경<br>중 1경, 통감, 장감, 박의, 병요,<br>손자서 중 1서 |

## 2) 과거와 교육

나라의 교육 목적이 인재 양성에 있고 인재를 고르는 방법이 과거이었기에 과거와 교육은 나눌 수 없는 제도였다. 과거가 나라로서는 인재(곧 지배자)를 얻는 관문이 되고 개인으로서는 한몸이 출세하는 기회가 되었다. 그리하여 교육이 국민을 위한 교육이거나 학문을 위한 교육이 아니고 과거를 위한 교육이란 것이 국민의 상식이 되어 있었고, 과거를 무시하고 학문을 위한 학문을 한 이는 드물었다. 과거가 일종의 명예와 이익을 얻는 기회로 되어 있었고 실력이야 있든지 없든지 명예와 이익만 얻으려는 욕망을 갖는 것이 또한 보통 인정이므로, 간악한 길을 밟아서라도 명예와 이익을 취하려는 것이 한 습속이 되었다.

그리하여 말기에는 부정한 나쁜 풍습이 과장에 난무하여 선비도가 부패하고 학문이 값어치를 잃어 진정한 학자로는 과거를 천시한 이가 많았다. 이리하여 권력과 금력으로 과거의 명예와 명성을 얻을 수 있는 문벌 또는 파벌의 힘이나 황금의 힘을 가진 가정의 학생은 학문에 집중할 필요를 느끼지 못했다. 그 반면에 그러한 힘을 갖지 못한 가정의 학생은 그 부정한 힘에 밀려서 실력대로 성공할 수가 없는 데에 실망하는 타성이 생겨서 또한 학업에 열중하지 아니하였다. 둘이 다 양반의 체면은 유지하여야 하겠으므로 양반식 공부를 형식으로 하였으니 곧 문자나 알고 편지나 쓰고 글 짓는 흉내나 내어 다반사로 '무식을 면한다'라는 정도에 그쳤다. 이리하여 과거는 이름을 낚고 이익(利)을 취하는 수단이 되어 인재를 얻으려는 근본 목적에는 어그러졌으며 따라서 교육은 근본 사명을 잃어버렸다.


# 2. 장학(특히 임금의 장학)

## 1) 서설

교육은 아무리 시설이 좋고 규칙제도가 완전하고 규칙이 정연할지라도 정신적 진흥과 행정적 독려가 없으면 쇠퇴하기 쉬운 것이다. 조선의 교육도 사화, 병란, 폭정의 폐해와 타성적 경향으로 말미암아 때때로 진흥시키고 독려하지 아니할 수 없었다. 봉건제도 국가에 있어서는 임금의 언동 하나하나가 백성에게 미치는 영향이 컸으므로 임금의 장학열이 있고 없음이 교육의 성쇠를 좌우하였다. 더욱이 관학이 있고 최고 학부인 태학 교육에는 임금이 직접 학문을 장려한 때가 많았다. 그 방법은 흥학(興學), 알성(謁聖), 친문(親問), 배양 등이었다.

## 2) 흥학

흥학은 여러 가지 방법으로 학문을 일으켜 세우는 것이다.

① 왕이 교서를 내리어 학생을 독려하였다. 교서의 내용은 인재 양성을 위하여, 혹은 풍속 교화의 진작을 위하여, 혹은 스승과 제자 간 문제를 위하여, 혹은 시나 사장(詞章)보다 경학을 장려하기 위하여, 혹은 학문을 닦는 정신을 위하여, 혹은 유학을 높이고 이단을 배척하는 사상을 진흥시키기 위하여 그때그때의 필요성에 착안하여 임금이 격려한 것이다.

② 임금이 직접 사람을 파견하여 학생을 가르치고 강의를 받게 하였다.

③ 유생을 어전 앞으로 불러다가 권장하였다.

④ 때때로 술과 안주를 하사하여 격려시켰다.

⑤ 임금의 친필로 쓴 교훈을 현판에 새기어 걸거나 혹은 비석을 세워 명심하게 하였다.

⑥ 정기적으로 혹은 임시로 시험하고 관직에 등용하여 권장하였다.

⑦ 우수한 자를 뽑아 상급 학교로 진학시켰다.

⑧ 성적 불량자는 처벌하였다.

⑨ 학생의 시험 답안 가운데 우수한 것을 간행하여 연구를 장려하였다. 이제 이 흥학한 사실을 골라보면 다음과 같다.

一. 태종 때에 왕이 인재가 예전만 못한 것을 탄식하고 학문을 진작시키고자 하여 성균관 학생들을 광연루 아래에 모으고 문신으로 하여금 경사를 강론하게 하고 또 이직(李稷), 조박(趙璞), 유관(柳觀), 이첨(李詹)에게 명령하여 성균관에 가서 학생들을 가르치게 하였다.

二. 문종 때 왕이 "학교는 풍속 교화의 근원이니 관세가 매우 중요하다"고 하고 관각(館閣) 여러 신하들에게 명령하여 성균관에 돌아가면서 나아가 날마다 학생들과 강론하게 하고 자주 술과 음식을 하사하였다.

三. 세조 5년(1451)에 교서를 내려 "인재를 양성하고 교육하는 것이 하루 아침에 되는 것이 아니다. 비록 인재가 있어도 부지런히 가르치지 아니하면 이루지 못하고 비록 사람이 있어도 시험에 응하지 아니하면 또 쓰기가 어려우니 마땅히 항상 권장하고 독려하며 자주 시험하여 인재를 등용할 준비를 하고 자주 학생들을 이끌고 경사를 강론하라." 하였다.

四. 성종 때에 왕이 초하루 보름마다 성균관 신하와 학생들을 내전에 모으고 경의(經義, 경서)를 강론하고 또 여러 신하들에게 명령하여 날마다 명륜당에 모여 경사를 강의하고 학생들을 가르치게 하고 자주 가까운 신하를 보내어 술과 음식을 하사하였다.

五. 중종 14년(1519)에 왕이 승지 한충(韓忠)을 보내어 성균관 관리와 유생에게 술과 음식을 하사하고 과제를 시험하니 다음날에 성균관 관리가 유생을 거느리고 은혜에 감사하였다. 왕이 홍학에 날카로운 뜻을 가지고 사학과 팔도에 명령하여 유생·아동에게 소학과 대학을 가르치게 하고 그 가운데 우수하고 탁월한 자를 대학에 올리라 하였다.

六. 명종 11년(1556)에 왕이 유생에게 "내가 비록 공자와 같이 사학을 만드는 아름다움에는 미치지 못하나 어찌 당나라 종실처럼 학문을 숭상하는 뜻이 없으랴! 학교에 뜻을 두고 인재가 무성하게 나게 하려 하니 모든 유생들은 이것을 돌아보고 충효로 마음을 삼아 후일 군자가 되기를 내가 바라노라." 하고 후추 10두를 하사하였다.
같은 해에 술을 주고 교서를 내리어 "학교는 풍속 교화의 원천이요 앞장서서 실천하는 곳이다. 근래에 학교가 타락하니 이것이 비록 위에서 고무시키고 진작시키지 못한 까닭이라고 하겠으나 스승과 학생의 버릇도 쇠퇴하였으니 너희 사장과 학생들은 각각 힘써 주고받고 하여 나의 '영재(英才) 기르는 것을 즐거워하는' 뜻에 맞도록 하라." 하였다.

13년에 왕이 대사성 이황에게 명령하기를 "학교는 풍속교화의 원천인데 퇴폐나 화려함이 이미 심하다. 너는 글에 능하고 청빈하여 가르치고 깨우치는 임무에 합당하므로 내 네게 맡기노니 나의 지극한 생각을 받들어 마음을 다하여 가르쳐 학교를 일으켜 세우고 선비의 기강을 바로잡으라"고 하고 족제비 모자와 술과 안주를 하사하였다.

七. 선조 때에 왕이 교서를 내리어 "근래 선비들이 다 문사(文士)만을 벗삼으니 덕행이 있고 학문에 밝은 선비는 볼 수가 없으니…… 선비의 기강이 이와 같고서야 후일 성취함에 장차 무엇을 볼 것인가." 하였다.

八. 인조 원년(1623)에 왕이 교서를 내리어 "우리나라의 법교가 자세하지 않은 것이 없었으나 세상의 도가 점점 쇠퇴하여 행실이 없고 어질지 않은 이가 많고 충신하고 온후한 이가 적다. 관학을 베풀고 인재를 가르치는 것은 다스림의 이기를 얻으려고 힘쓰는 것인데 행실 없는 무리가 그 사이에 끼어 있는 것은 국가가 이르는 본래의 뜻이 아니다. 또한 같은 무리에 물들 리도 없지 않은 것이니 지금부터 오교(성균관과 사학)에 불손한 자는 관학에서 아주 제명함으로써 풍속을 가다듬어라." 하였다.

인조 때에 유생의 무리가 대사성 김덕성(金德誠)에게 복종하지 않는 자가 있어서 왕이 가까운 신하를 보내어 이르되 "선비에게는 세 가지 섬길 것이 있으니 스승과 제자의 분별이 중요하거늘 하물며 국가가 정한 모범에 있어서랴. 학생들이 옛 법규를 본받지 아니하고 스승의 가르침을 좇지 아니하니 잘못이 없다고 할 수 없다. 이제 왕의 술로 벌하노니 너희들은 조심하라"고 하니 학생들이 다 감격하여 기뻐하였다.

九. 숙종 17년(1691)에 왕이 태학생에게 "향교 학교를 베풀어 사방의 선비를 기르는 것이 어찌 글을 짓고 벼슬을 구하는 것뿐이겠느냐. 예전에 전손사(顓孫師)가 간록(干祿, 관리가 되어 녹봉을 구한다는 뜻으로 관리가 되고자 함)을 배울 때에 공사는 '많이 들으면 의혹이 없고 많이 보면 의문이 없다. 진실로 능히 배우기를 넓게 하고 택하기를 자세히 하고 지키기를 굳게 하면 벼슬을 구하지 아니하여도 스스로 올 것이다'라고 하였다. 근래에 선비의 풍습이 예전과 달라서 경서에 밝고 덕행을 닦고 다스림의 요체를 아는 자가 적고, 문장을 숭상하고 경학을 버리고 벼슬과 이익으로 달아나는 자가 도도히 많으니 이것이 어찌 우리 조종이 학문을 일으키고 인재를 양성하는 본뜻이겠는가?……" 하고 교훈하였다.

十. 영조 4년(1728)에 왕이 학생들에게 이르기를 "요전 역적의 난리에 백 명 가까이 되는 유생이 거의 다 달아나고 다만 수십 명이 있었으니…… 슬프다. 예전에는 성현을 위하여 죽는 일이 있더니 지금은 적의 소리만 듣고도 조정을 돌아보지 않고 이같이 흩어지니 이것이 한갓 유생들의 허물이 아니라 스승의 허물이며 스승의 허물만이 아니라 실상 내가 임금의 도를 못한 탓이로다"고 겸허하고도 듣는 이로 하여금 반성의 마음이 솟아나도록 훈계하였다. 8년에 왕이 친필로 "성묘(聖廟)를 존중하고 선비의 풍습을 바로잡아 성실에 힘써라(尊聖廟 正士習 務誠實)" 등 3조를 써서 유생들을 경계하였는데, 그 가운데 '무성실' 해설에 "학문의 도는 다른 것이 없다. 곧 성(誠)과 경(敬)이니 곧 위아래를 철저히 하여 시작과 끝을 맺는다……" 하였다. 16년에 직접 지은 시를 내려 뭇 유생을 독려하였다.[1]

18년에 친필 비석을 반수교에 세워 유생들을 훈계하였다.

같은 해 9월에 유생들을 숭문당에 모으고 술을 주고 친필로 글을 써서 학문을 권장하였다.[2]

25년에 왕이 권학윤음을 내리어 뭇 유생들을 훈계하되 "공자와 같은 선인도 '스스로 배우기를 좋아한다.' 하였거늘 한심하다, 오늘날 선비는 성현의 말을 외면서 배우기를 좋아하지 아니하니 무슨 마음으로 자포자기하여 거울을 먼지에 던져버리고 구슬을 모래에 묻어두듯이 학문을 원수같이 보는가? 한심하다, 많은 선비들이 어째서 배우지 않는가……" 하고 현판에 새기어

---

[1] 成化于今幾百年 載書孔聖昭昭訓
　　此辰何幸禮成前 誌服銘心相勉焉
[2] 瞻彼太學 列聖培養 命修舊例 而賜酒肴
　　經傳載焉 賢關爲先 意豈偶然 益宣勉削

명륜당에 걸어 학생들로 하여금 보게 하였다. 그리고 22년에 윤음을 내리어 뭇 학생들에게 "…… 아아, 내가 비록 덕이 적으나 너희에게는 군자와 스승의 도를 가졌으니 너희들은 각각 힘써라." 하고 권유하였고 명륜당에 현판을 걸었다. 그리고 35년, 37년, 40년에도 왕이 학생들에게 학문을 권유하고 그 가운데 어떤 권유문은 현판에 새기어 걸었다.

十一. 정조 18년(1794)에 교서를 내리어 "관동 경공생(經工生)이 대답한 13경 강의를 마음에 두고 생각하여 보다가 촛불이 여러 번 갈리는 줄을 몰랐다. 만일 경의에 밝지 아니하면 어떻게 이같이 분석할 수가 있겠는가." 하고 경공생에게 상당한 관직을 주어 표창하고, 대답한 경의는 편집하여 간행하게 하여 『관동빈흥록(關東賓興錄)』이라고 이름 지었다. 그 뒤에 『교남빈흥록』, 『풍패빈흥록』, 『관서빈흥록』이 잇달아 생겼다.

十二. 순조 11년(1811)에 교서를 내리어 "태학은 어진 선비의 관문이며 덕성은 수신의 근본이다. 세상은 어진 선비가 없으면 유지될 수 없고 사람은 덕이 없으면 뛰어날 수 없다. 이제 태학 유생들은 과연 국가의 기둥이 되고 남보다 뛰어났는가? 분발하여 독서하고 몸소 실천하여 지조를 가져라……"고 하였다.

十三. 고종 6년(1869)에 교서를 내리어 "정학(正學, 성리학)을 높이고 이단을 물리치는 것은 나라의 맨 먼저 할 일이라"고 하였고, 23년에도 교서를 내리어 유도를 높이는 것은 역대 왕들이 전하는 가법(家法)이라고 하여 유학을 적극 권장하는 의미로 훈계하였다.

## 3) 알성

왕이 가끔 직접 문묘에 참배(알성)하고 명륜당에 나아가는 것으로 학문을 장려하는 큰 예로 삼아 역대로 지켜왔으니 그 의도를 검토할 필요가 있는 것이다.

문묘는 공자를 대성 지성 문선왕(大成 至聖 文宣王)이란 존호를 주어 왕좌에 앉히고 기타 현인에게 공·후·백의 삭위를 주고 혹은 무작위로 하여 학계 왕실을 조직한 것이다. 중국인인 사성(안연, 공급, 증삼, 맹가), 십철(공자 제자 가운데 우수한 자), 육현(송나라 주회 외의 5명)을 배향(공신의 신주를 모시는 일)하고 동·서 양 행랑에는 각각 중국의 어진 유학자 47명과 우리나라 어진 유학자 9명씩을 모시게 하였다. 모두 합하면 공자 외에 중국인 백 명에 우리나라 선현은 18명밖에 되지 않으니 중국인이 쉬는 숨결 속에게 숨을 따라 쉬는 제도였다. 이러한 봉건적 제도를 가지고 왕의 몸으로 직접 현인을 배알하는 것이 일반 학자의 정신에 미치는 영향은 컸던 것이다. 그리하여 숭유주의로 사상이 통일되고 또한 여간 천재가 아니고는 옳고 그름의 비판을 할 수가 없이 존엄한 위압이 누르는 결정적 환경이 지배하는 것이다. 그리하여 자신도 모르는 사이에 위압적 또는 회유적 수단에 의해 장학의 효과를 얻었던 것이니 이것이 봉건식 교육시대에 필요한 장학 방법이었다. 왕들이 문묘에 직접 나아가는 것을 '행학(幸學)'이라 하였다. 이제 『문헌비고』에 기록된 것만 가지고 행학한 차수를 통계해보면 다음과 같다.

> 1차: 단종, 세조, 연산군, 현종, 경종, 헌종, 철종
> 2차: 순조
> 3차: 태종, 효종
> 5차: 정조
> 7차: 광해군, 인조
> 10차: 고종
> 11차: 세종, 명종, 선조
> 12차: 성종, 숙종
> 17차: 중종
> 19차: 영조

이상 차수의 많고 적음은 왕의 재위기간의 길고 짧음에도 관계가 있지만 왕의 문교사상에 많은 관계가 있었다. 10차 이상을 가지고 연구하면 선조, 숙종, 영조, 고종은 재위기간에 관계가 많고, 세종, 성종은 개국 후에 문교를 완성시키는 데 특별히 유의한 이며, 중종은 연산군 때에 황폐하였던 문교를 중흥시키기에 전력한 이며, 영조도 문치에 주력한 이였다.

## 4) 친문(親臨問難)

봉건시대의 왕은 윤리와 도덕의 표준형이며 영광과 오욕, 선과 악의 창조자이다. 왕의 얼굴만 보아도 평생의 자랑으로 여기는 것이 일반 백성 전체의 사상이었는데 왕 앞에서 자신의 학력을 드러내고 왕의 가르침을 직접 듣는 것은 더할 수 없는 영광이었다. 이러한 심리를 잘 아는 왕들은 이 심리를 이용하여 학문을 장려하는 한 방법으로 잘 이용하였다. 그리하여 왕이 명륜당에 나아가 앉아 학생들과 경의문답을 한 일이 종종 있었다. 이제 그 사실을 들어보면 세종 3년(1421)에 왕이 사성 김구(金鉤) 등과 경서의 뜻을 강의하였다. 세종 5년에 왕이 여러 유생과 사서오경의 해석을 의논하고 왕이 직접 스스로 분석하였다.

성종 2년(1471)에 왕이 성균관 관리와 노련하고 익숙한 유학자를 이끌고 횡경문난(橫經問難, 책을 손에 들고 의심나는 곳을 서로 질문함)을 하였다.

중종 2년(1507)에 왕이 학생들과 횡경문난을 하였다. 중종 6년에 왕이 학생들과 경서의 뜻을 강론하고 횡경문난을 한 뒤에 세 곳으로 나누어 경서를 강의하고 선비를 뽑았다.

중종 9년에 왕이 횡경문난을 하였다.

중종 12년에 왕이 학생들과 경서를 강론하였다.

중종 14년에 왕이 동지사 윤탁, 대사성 김식과 사성 이득전(李得全), 이조정랑 정옥형(丁玉亨)으로 하여금 주역 태괘를 강의하게 하고, 유신 신광한(申光漢), 사인 민수천(閔壽千), 장령 박훈으로 하여금 상서(尚書) 무일(無逸)을 강의하게 하고 태학생 이약수(李若水), 이종경(李宗慶), 최경홍(崔景弘)으로 하여금 대학을 강의하게 하며, 글의 뜻을 논란하고 생각하는 바를 진술하게 하니 문을 둘러싸고 구경하며 듣는 자가 천여 명에 이를 정도로 많았다.

중종 22년에 왕이 재상, 강관, 유생들과 경서의 뜻을 토론하고 유생 가운데 글 뜻에 정통한 자에게 사제*3)하였다.

중종 24년에 왕이 왕세자를 데리고 태학에 가서 유생과 강론하였다.

영조 18년(1742)에 왕이 학생들과 경서를 강론하였다.

이상 가운데 중종이 제일로 친문에 열심히 한 것이 두드러진다. 그 이유는

---

*3) 賜第: 왕의 특명으로 과거에 급제한 사람과 똑같은 자격을 주던 일.

위에서 말한 바와 같이 왕은 연산군 뒤를 이어 문교부흥에 전력하였으며 당시 벌써 조광조 일파의 유학이 국내의 학풍을 진작시키고 있었고 또 조광조가 등용되어 문교정치와 경학연구가 한참 융성하였던 때였기 때문이라고 보인다.

## 5) 배양(사기 배양)

조선시대의 교육방침 가운데 훌륭한 것 한 가지는 사기를 배양한 것이다. '사기는 나라의 원기'인 것을 잘 알았기 때문에 유생들의 정당한 일에 자유를 보장하였던 것이다. 왕이나 관아에서 하는 일이라도 성현을 존경하는 일, 도를 지키는 일, 윤리를 밝히고 풍속을 교정하는 일, 혹은 인사에 관한 일로 정치에 실패가 되거나 풍속 교화에 해가 된다고 인정될 때는 규간(規諫, 옳은 도리로 간함)과 탄핵을 할 자유를 주었으니, 이런 일을 하려면 유생들이 명륜당에 집합하여 결의하고 곧 상소두(上疏頭), 소색(疎色), 제소(製疏), 사소(寫疏), 별색장(別色掌) 등 책임자를 뽑아 사무를 분담하고 동협실(東挾室)에 임시사무소를 두고 조직적으로 상소할 일을 계획 진행하는 것이니, 이것을 '유소(儒疏)'라고 하였다. 유소를 작성한 뒤 소두는 학생들을 데리고 대궐 앞에 엎드리어 상소를 올리는 법이었다.

왕은 유소를 함부로 각하(却下)하지 아니하였다. 잘못된 경우에는 소두에게 과거 응시를 정지시키거나 유배 보내는 일이 있었다. 그런데 상소가 용납되지 않는 경우에는 학생들은 자기들의 옳은 주장을 관철하기 위하여 단결하여 가지고 세 가지 수단을 단행하였다.

① 권당(捲堂): 식당에 들어가지 않는 것.
② 공재(空齋): 기숙사에서 나오는 것.
③ 공관(空館): 대성전 밖으로 나와 배례하고 성균관을 퇴거하는 것이다.

이상 세 가지는 모두 스트라이크이다. 그 가운데 공관은 '동맹휴학'이다. 유생이 공관을 하면 서울시내의 상인은 상점 문을 닫고 시장은 파업을 하여 온 서울이 시끄러웠던 것이다. 이러한 때에는 왕은 소두의 책벌을 중지하고 관관과 가까운 신하를 파견하여 회유에 온 힘을 다하여 복귀시켰다. 이것이 곧 대학생에게 정치와 교화 문제를 토론 연구하는 사상과 학원 내에 자치의 기풍을 배양하여 행동의 자유까지 주었던 것이다. 봉건전제 제도 아래에 있는 학원에 이러한 자유를 준 것을 볼 때 얼마나 학원을 존엄히 하고 사기를 배양시켜 학자로서 자존심을 가지고 국민에게는 학문의 존엄을 인식케 하였던가를 알 수 있다. 맹목적으로 서양식 풍조에 들떠서 헤매고 있는 오늘날 학원에 비교하여 오백 년 전 조선의 학원 자유가 얼마나 더 훌륭한가! 뿌리 있는 우리 옛 교육의 아름다운 점만은 다시 생각해볼 필요가 있다고 생각한다. 이제 사기를 배양한 사실을 들면 다음과 같다.

一. 성종 때에 왕이 병이 나자 대비가 염려하여 궁중 사람을 시켜 성균관 벽송정에 가서 '푸닥거리'를 하였다. 학생 이목(李穆)이 이것을 발견하고 학생들을 불러가지고 무당을 때려 쫓았다. 왕은 이 말을 듣고 베개를 밀치고 일어나서 "내가 늘 사기를 배양하지 못하였다고 근심하였더니 이제 학생이 이러한 일을 하였다 하니 내 병이 나은 듯하다"고 하고 지관사에게 명하여 학생들을 불러다가 조정전에게 잔치를 베풀었다.

二. 성종 때에 왕의 어머니 인수대비가 불교를 신봉하므로 불상을 만들어 정업원(淨業院)에 보낸 것을 학생 이벽 등이 가져다 태워버렸다. 대비가 분노하여 벌주기를 청하였으나 왕은 불문에 부치고 말았다.

三. 세종 때에 집현전 학생들이 왕이 학생의 말을 듣지 않는다고 공관을 단행하였다. 세종이 영의정 황희더러 "집현전 학생들이 나를 버리고 갔으니 이를 어찌하면 좋은가." 하고 물었다. 황희는 자신이 타이르겠다고 하고 학생들의 집집마다 돌아다니며 간청하였다. 그때 학생들은 황희를 만나 "공이 정승이 되어 임금의 잘못을 고치지 못하느냐"고 힐책하였으나 황희는 조금도 화내지 아니하고 기쁜 얼굴로 대하였다.

四. 명종 때에 성균관 유학생이 중 보우를 죽이라고 여러 번 상소하여도 듣지 아니하여 공관을 단행하였다. 왕은 승지와 사관을 보내어 학생들을 불러 회유하라고 하였으나 오는 학생이 없었다. 다시 조정의 신하로서 학부형 된 자를 불러 각각 그 사세를 타일러 학교로 복귀하게 하였는데 이렇게 조처하기에 몇 달이 걸렸다.

五. 광해군 때에 정인홍이 이언적, 이황을 문묘에 함께 제사할 수 없다고 한 데 대하여 태학 학생들이 정인홍을 청금록(유생의 명부)에서 삭제하였다. 광해군은 크게 노하여 주동한 학생을 제적하라 하니 학생이 다 권당을 하고 가버렸다. 이조판서 이정구의 건의로 광해군이 명령을 철회하였다.

六. 인조 때에 태학생의 상소에 대한 왕의 답변서에 '괴물'이란 말을 썼다고 학생들이 공관을 단행하였다. 그때 왕은 "학생들이 공관까지 하니 내가 더욱 부끄럽다. 잘 타일러 과격하게 나아가지 않게 하라"고 하였다.

七. 효종 원년 5월에 태학생 이홍상(李弘相)이 영남 선비 유직(柳稷)을 벌한 데 대하여 왕이 벌을 풀라고 명령하였던 바, 재에 기숙하는 유생이 왕의 명령을 따르지 아니하여 왕이 엄한 명령을 내렸다. 학생들은 따르지 않고 공관하였다. 이 문제로 학생들이 7월에 다시 공관을 하게 되자 왕은 "학생들이 옳다." 하고 유직의 해벌(解罰) 명령을 철회하고 우의정 조익에게 명령하여 학생들을 도탑게 타일러라 하였다.

八. 현종 8년에도 공관 사건이 있었으나 다 왕이 양보하고 잘 타일러 무사하게 하였다.

이 공관법이 어느 때부터 시작하여 어느 때까지 있었던 것인지 잘 알 수 없다. 이황은 "공관의 법이 어느 때부터 시작한 것인지 알 수 없으나 기록에 나타난 것으로 보면 아마 송나라 시권당(時捲堂)에서 시작한 듯하다"고 하였다. 그렇다고 하면 연원이 꽤 오랜 듯하며 경종 때에 유생이 권당·공재하였던 기록이 있은 이후로는 그런 기록이 없는 것으로 보면 지금으로부터 220여 년 전 이후로는 자연히 없어지고 만 것이 아닌가 한다.

# 제12장

# 조선의 교육사상

## 1. 삼봉(三峰) 정도전[*1]

삼봉은 여말의 이목은의 문하인으로 정포은의 학우였다. 포은과 대의(大義)의 길을 달리하였으나 그 학식은 고매하여 조선 창설에 문교에 대한 공로가 많아 그의 척불(斥佛)·숭유(崇儒)의 사상은 조선 교육사상과 문교행정에 중대한 역할을 주었다.

### 1) 척불

#### ① 상달가서(上 達可書)

정포은이 능엄경(楞嚴經)을 읽는다는 말을 듣고 곧 「달가(포은의 자)에게 보내는

---

*1) 정도전(?~1398)은 공민왕 이후 관직에 오른 후 1388년 이성계가 위화도 회군으로 정권을 잡게 되자 조준과 함께 이성계의 오른팔이 되어 토지개혁(과전법)을 단행하고, 이듬해 고려의 우왕·창왕을 신돈의 자손이라 하여 폐위시키고 공양왕을 세웠다. 1392년 이성계를 추대하여 조선왕조를 개국하고 개국 1등공신이 되어 새 나라의 문물제도와 국책의 대부분을 결정하였다. 그 후 왕자의 난에 연루되어 1398년 8월 26일 밤에 방원(태종)에게 살해당했다. 그는 여말의 대표적 배불론자이며 유교로써 사상 및 문교의 통일에 주력하였고 저서로는 『조선경국전』, 『경제문감』, 『경제문감별집』 등이 있으며 유집으로는 『삼봉집』이 있다.

글(上達可書)」이라는 993자의 장문을 지어 보냈는데 변론이 물이 흘러넘치듯 투철하였고 글의 끝에 깊이 주의를 주어 권고하였다.

"근래에 들으니 달가가 능엄경을 읽어 불교에 아첨하는 듯하다 하여 내가 스스로 말하기를 나는 달가가 반드시 불교에 망하지 아니하리라 하였다. 그러나 창려(昌黎)가 한 번 태전(太顚)과 말한 것으로 후세 사람의 구실이 되었었다. 달가는 세상 사람의 신뢰를 받는 이니만큼 그 행위가 유학의 흥폐에 관계가 있은즉 자중하지 아니하면 안 된다. 또 일반 백성들은 어리석어 유혹되기는 쉽고 깨닫기는 어려운 것이니 달가는 생각하라."[1]

### ② 불씨잡변(佛氏雜辨)

삼봉의 「불씨윤회변(佛氏輪廻辨)」, 「인과변」, 「심성변」, 「작용시성변(作用是性辨)」, 「심적변」, 「매어도기변(昧於道器辨)」, 「훼기인륜변」, 「자비지변」, 「진가지변(眞假之辨)」, 「지옥지변」, 「화복변」, 「걸식변」, 「선교변」, 「유석동이변(儒釋同異辨)」, 「사불득화(事佛得禍)」, 「벽이단(闢異端)」 등 19편의 대논문을 읽어보면 모두가 불교 진경에 깊이 빠져 철학적 근저의 착오와 실용도덕의 모순과 수양방법의 어지러움을 분해(分解) 반증하고 유학의 합리성과 불교의 불합리성을 논한 것인데, 다른 유학자들이 하지 못한 훌륭한 논문이다. 그 언지(言志, 자기의 뜻)가 매우 열렬하고 분격한 것을 보아 삼봉의 척불사상은 열정적이었던 것을 알 수 있다. 삼봉은 『불씨잡변』을 권양촌(權陽村)에게 보내면서 아래와 같은 말을 함께 보냈다.

"불씨의 폐해는 윤리를 훼손하여 반드시 금수를 몰아다가 인류를 멸할 것이니, 인류의 명분이라 주장하는 자는 마땅히 적으로 삼아 애써 공격할 것이다. 나는 일찍이 뜻대로 할 수만 있으면 반드시 널리 물리쳐버리리라고 하였더니 이제 임금님의 뜻을 얻어 말하고 들음이 쬐에 따르니 뜻을 말할 수 있는데 아직도 물리치지 못하였는즉 이는 끝까지 물리칠 수가 없는 것이다. 분을 참을 수가 없어 이 글을 지어 무궁한 후세인에게 바라노라. 사람마다 다 알게 하려고 하여 전례를 드는데, 속되고 잔 것이 많고 저들이 방자하지 못하게 하려고 하여 말에 격분이 많았다. 그러나 이것을 보면 유불의 변을 환하게 알 수 있는 것이다. 비록 이때에

---

1) 『삼봉집』 권3.

행하지 못한 대로 후세에라도 전할 수 있으니 내가 죽어도 편안하다."[2]*[2]

## 2) 숭유(崇儒)

삼봉은 석가의 유심관(惟心觀)과 노자의 유기관(惟氣觀)이 각각 편벽(偏僻, 남의 비위를 잘 맞추어 아첨함)된 것이라 하여 이를 배격하고, 이(理)가 심(心)과 기(氣)의 본원이라는 유가의 설이 올바른 입장인 것을 종지(宗旨)로 삼아 『심리기편(心理氣篇)』을 저술하였는데, 「심난기(心難氣)」, 「기난심(氣難心)」, 「이유심기(理諭心氣)」 삼 편으로 나누었다. 논리가 간결하고 말뜻이 명석하여 인륜의 명분을 가르침에 공이 많은 저술이며 따라서 당세에 얼마나 유교사상을 진작시키는 데 노력하였는지를 알 수 있다.

### ① 심난기

이 편은 불가의 입장에서 수심요지(修心要旨)를 들어 노자의 양기설(養氣說)을 비난한 글이다. "심(心)은 어지러운 삼라만상 가운데 독립된 최고의 영(靈)이고(1장), 조화가 무궁하며(2장), 기(氣)를 죽임에 심이 불안하나(3장), 무념(無念) 망정(忘情)하여 기의 방해를 이긴다(4장)."

### ② 기난심

이 편은 노자의 입장에서 양기를 들어 불가의 수심을 비난한 글이다. "기는 천지만물이 생기기 전에 있는 것이며(1장), 기가 응집하여 만물이 생겼는데 기가 없었으면 심이 무엇으로 살랴(2장), 심이 영욕(榮辱)과 이해로 말미암아 밤낮으로 망령되이 행동하지 않고 아무런 생각과 의도 없이 하여 심의 해(害)를 막는다(4장)."

---

2) 위의 책, 권9.

*2) 고려 말 조선 초의 배불사상은 고려시대 불교가 사회·경제적으로 미친 부정적 영향에 기인한다. 불교 행사로 인한 국가적 재정 손실은 물론이고, 고려 말 권력과 결탁된 불교의 사원경제의 폐단은 당시 농민이나 지방의 중소 지주들의 지탄의 대상이었다. 당시 불교는 면세지인 막대한 농장을 소유하여 노비, 소작경제로 농민을 착취하고, 나아가 고리대, 불법적인 농민토지의 탈취 등으로 그 폐단이 극심하였다. 이러한 사원경제의 폐단으로 말미암아 당시 농민과 거의 같은 처지에 그리고 새로운 학문인 성리학을 받아들인 소위 신진사대부들의 개혁의 대상으로, 배척의 대상이 되지 않을 수 없었다.

### ③ 이유심기

이 편은 유가 의리의 바른 것을 들어 불·노 모두를 깨우쳐서 그들의 그릇된 것을 깨닫게 한 글이다. 이(理)는 천리보다 먼저 있어 기를 낳고 심을 바탕하니(1장), 이 없는 심은 이해에 쏠리고 이 없는 기는 혈육뿐이다(2장). 불씨처럼 생각 없이 감정 없이 하지 않고 자연스럽게 생각과 감정을 발동시키며(3장), 노자처럼 장생(長生)을 구하지 않고 인(仁)을 이루는 데는 죽는 것이니(4장), 기나 심으로 도를 삼는 것은 근거 없는 것이다(5장). 의롭지 못하면서 오래 사는 것은 거북과 뱀이요, 입 다물고 앉은 것은 흙이나 나무로 만든 인형이다(6장). 이(理)에는 심도 있으나 투명하여 실상이 없고, 이(理)에는 기도 있으나 넓고 굳세게 생겨난다(7장). 성현의 가르침이 있으니 도에는 둘이 없다. 심아! 기야! 이 말을 경애하라(8장).[3] (이상 본문 인용은 큰 뜻을 개괄한 것임)


### 3) 교육사상

교육은 인륜을 밝히고 인재를 이루는 데 있다 하였고 정치의 득실도 교육에 달렸다 하였다. "학교는 교화의 근본이니 이로써 인륜을 밝히며 이로써 인재를 양성한다. ……한때 정치의 득실도 흥폐에 달려 있었다."[4]


## 2. 양촌(陽村) 권근(權近)

양촌은 고려 말의 문신으로 건국 초에 제학이 되어 삼봉과 함께 조선 건국 시에 문교의 기초를 세우는 데 대공로자이다. 그의 지조와 절개는 볼 것이 없으나 조선교육사에서 양촌의 공로는 빼놓을 수 없다. 그는 조선교육이 배불숭유로 국시(國是)를 정하는 데 공로가 많았다. 배불사상은 선명하지 못하였으나 유교에는 밝았다. 그리하여 『사서』, 오경, 『구결(口訣)』, 『오경천견록(五經淺見錄)』, 『입학도설(入學圖說)』을 저술하고 삼봉의 『심기리편』을 주석하였다. 양촌의 교육사상을 연구하여 보면 다음과 같다.

---

3) 앞의 책, 권10.
4) 앞의 책, 권7.

## 1) 교육의 목적

인재는 국가의 생명줄이요 학문은 인재의 원기이므로 이 원기를 배양하는 데서 인재가 융성하고 따라서 왕의 교화와 세상의 도가 아름다워지고 향상된다고 하여 교육의 목적을 인재 양성에 두었다. "인재는 국가의 생명줄이요 성현의 가르침은 인재의 원기이다. 보존하고 확충하여 이 기를 배양함으로써 그 덕을 이루니 인재의 융성으로 가히 왕의 교화를 아름답게 하고, 가히 세상의 도를 옳게 할 것이다."[5]

## 2) 교육의 요지

가깝고 작은 것(近少)을 먼저 하고 멀고 큰 것(遠大)을 나중에 하여 어린 시절에는 청소·응대에 익숙하고 장성하여서는 예의·염치에 힘쓰며, 몸·마음·일·물건·인사에 닿는 대로 자신의 직책을 하게 하도록 하는 데 있었다.

"성현의 가르침에 차례가 있으니 먼저 가깝고 작은 것을 전하고 뒤에 멀고 큰 것에 미치며…… 바야흐로 처음에는 청소·응대에 만족하고 자람에 따라서는 예의·염치에 힘쓰고, 안으로는 부모·형제를 섬기고 밖으로는 어른을 섬긴다. 강정(剛定) 찬수(讚修)의 글에서 익히고 신(身), 심(心), 사(事), 물(物) 위에서 경험하여 부자, 군신, 부부, 장유에 가는 대로 그 직의 당연히 할 바를 다하지 않는 것이 없으면 인륜이 두텁고 풍속이 아름다워져 성인의 사업을 가히 훈육한다."[6]

그리하여 『소학』을 반드시 읽힐 것을 주장하고 태종에게 『권학사목』을 지어 올렸다. 그 요지는 『소학』이 인륜에 필요하니 서울과 지방 학생에게 먼저 익히고 다음에 다른 글을 읽히며 생원시와 태학 입학에 『소학』을 시험하게 하였다.

"『소학』이란 책은 인륜에 중요하니 지금부터는 서울과 지방의 학생들로 하여금 이 책을 먼저 읽게 하고서 다른 경서를 허락하며, 생원시에 응하거나 태학에 드는 자에게 성균관 정록소를 시켜 이 책을 통하고 있는지 아닌지의 여부를 먼저 조사하여 응시를 허락하고 영구한 정식으로 삼자."[7]

---

5) 『양촌집』, 연안 향교기.
6) 앞의 책.
7) 『문헌비고』, 학교고(학령).

## 3) 구학(求學) 방법

글재주가 일어나는 길은 구두법, 자귀의 해석(訓釣)이나 암송, 논변만 일삼는것(取辨)에 있지 않고, 뜻을 기르고 기(氣)를 배양하여 심지(心志)가 넓고 너그럽고 한가롭게 두루 살피는 기질이 필요하다고 하였다.

학문을 위해서는 기(氣)로써 주로 하고 기를 배양하는 데도 뜻(志)으로써 근본을 삼으니, 뜻이 넓은즉 기가 웅대하고 뜻이 좁으면 기가 약한 것은 세(勢)가 당연한 것이다. 지금의 학자는 …… 그 뜻이 먼저 구두점, 자구 해석 사이에 국한되어 암송을 오로지 힘쓰고, 논리(辨)를 입에서 취하고 의리의 심오함과 문장의 법에 대하여는 노력을 기울일 겨를이 없다. 마음의 뜻(心志)이 넓고 너그럽고 한가롭게 두루 살펴야 말씨가 늘어나고 글재주가 떨쳐 일어난다.[8]

## 4) 교수방법

양촌의 교수방법은 도해 교육을 주로 하여 유명한 『입학도설』을 저술하였다. 양촌이 금마군에서 귀양살이할 때에 한두 사람에게 『중용』과 『대학』을 가르치다가 학생이 잘 알아듣지 못하는 것을 보고 잘 알 수 있도록 고심하다가 도표를 그려서 가르친 것을 기회로 하여 40종의 도표를 만들었으니 이것이 『입학도설』이다.[9] 이제 그 『입학도설』을 음미하여 보면,

### (1) 도표의 내용

① 천(天), 인(人), 심(心), 성(性) 합일도는 『주역』, 『대학』, 『중용』, 홍범(洪範), 한나라 이후의 음양가가 덧붙인 여러 주장에 산재한 천, 인에 대한 강령을 종합한 것이니, 곧 복잡 산만한 것을 한눈 아래 간단히 집합시킨 종합 일람표이다.

② 천, 인, 심, 성 분석도는 천, 인, 심, 성 네 자를 각각 파자(破者, 한 문자의 자획을 나누고 합하여 맞추는 수수께끼)하여 天은 一大며, 人은 길고 짧은 양다리요, 性은 從心 從生이며, 心은 점획마다 상징을 붙여가며 천, 인, 심, 성의 정의를 내린 엽기적 설명도다.

---

8) 『양촌집』 논문과서.
9) 『입학도설』 서문.

③ 대학(大學) 지장지도(指掌之圖), 중용 수장(首章) 분석지도, 홍범구주천인합일도, 상하 합 사도는 원서에 있는 내용을 조항별로 분류하고 체계적으로 정리하여 전문을 일목요연하게 작성한 분류 정리표이다.

④ 오경체용합일도는 각 경서의 전체 대의와 각 경서 간의 연락체계를 표시한 줄거리 연락표이다.

⑤ 오경각분체용도는 각 경서의 요지와 각 경서의 사용의 비교표이다.

⑥ 어(語), 맹(孟) 대의는 『논어』를 봄, 『맹자』를 가을에 비유하여 그 요지를 비교한 대의비교 요약문(提要文)이다.

⑦ 중용분절, 변의는 전 책의 대의를 분류한 대의분류 요약문이다.

⑧ 무일도(無逸圖), 주남편차도(周南篇次圖)는 전편 대의를 분류한 대의 분류표이다.

⑨ 변풍(變風) 13국도는 각국 풍속 일람표이다.

⑩ 일모생윤도(一暮生閏圖), 괘륵과첩도(掛扐過牒圖)는 계산방법을 간명하게 표시한 설명표이다.

⑪ 천지견간도, 천지횡간지도, 망전생명도(望前生明圖), 망후생백도는 자연현상을 표시한 현상도이다.

⑫ 12월 괘도, 주천삼진도(周天三辰圖), 토왕사계도(土旺四季圖)는 상상을 표시한 상상도이다.

⑬ 제후소목오묘도궁도(諸候昭穆五廟都宮圖), 시겹도(時祫圖), 일실도(一室圖), 토규(土圭) 측량도는 실지 배치를 그림으로 나타낸 실사도이다.

⑭ 공족급대가도(公族及大家圖)는 항렬 계통을 그림으로 나타낸 계통표이다.

⑮ 율려격팔상생도(律呂隔八相生圖), 오성팔음도는 수치 및 계정(階程) 관계를 그림으로 나타낸 체계도이다.

⑯ 춘왕정월횡간분석도(春王正月橫看分釋圖), 음양육구위노도(陰陽六九爲老圖), 천지생성도, 하도중궁도(河圖中宮圖), 선천방위원도(先天方位圓圖), 선천방위방도는 형상, 방위, 수자 등을 배열한 배열도이다.

⑰ 하도오행상생도, 낙서오행상극도(洛書五行相剋圖), 태극생양의사상팔봉도(太極生兩儀四像八封圖), 복희선천팔괘(伏義先天八卦), 문왕후천방위는 주역 본도에 설명문자를 약간 첨가한 보충도이다.

### (2) 도표의 교수상 필요

　ㄱ. 요점을 요약 제시하고

　ㄴ. 내용을 분석하고

　ㄷ. 류별을 명시하고

　ㄹ. 체계를 정연히 하고

　ㅁ. 복잡을 간명화하고

　ㅂ. 상상을 실제화하고

　ㅅ. 향상이 실물화하고

　ㅇ. 수량이 직감화하는 것이다.


　『입학도설』의 도표를 분류

　ㄱ에 속한 것은 ④, ⑤, ⑥, ⑦, ⑧류의 도표며,

　ㄴ에 속한 것은 ③류의 도표며,

　ㄷ에 속한 것은 ①, ③, ⑧류의 도표며,

　ㄹ에 속한 것은 ①, ③, ⑭, ⑮류의 도표며,

　ㅁ에 속한 것은 ①, ⑨, ⑩류의 도표며,

　ㅂ에 속한 것은 ②, ⑫, ⑰류의 도표며,

　ㅅ에 속한 것은 ⑪, ⑬류의 도표며

　ㅇ에 속한 것은 ⑯류의 도표다.

양촌의 교수법은 철두철미 도표식 교수의 실천으로서 교육사에 특기할 만한 교육법이다.


## 5) 수양요목

양촌은 그 아들 규(踓)에게 네 가지 수양요목을 주었는데 이것이 그 아들에게 준 것이니만큼 그가 중요시하는 수양요목인 것을 짐작할 수 있다.


### ① 공(公)

공하면 사사로움이 없고 마음이 맑고 욕심이 없으며 일이 지극히 당연하게 나오나니 이것이 이른바 정직이다.

### ② 근(勤)

근한즉 게으르지 않고 부지런하여 허물이 없고 직무에 태만함이 없나니 이것이 이른바 충실이다.


### ③ 관(寬)

관한즉 까다롭지 않고 일에 다 어질고 후덕하나니 군자의 덕이요 기쁜 일이 뒤에 흐른다.


### ④ 신(信)

신한즉 망령되지 않으며 성의를 가지고 그 뜻을 굳게 지켜 스스로 변경하지 마라.[10]


## 6) 관·사학을 차별하지 않았다

양촌은 고려 때 십이도 사학 같은 데에 인식이 깊었는지 모르겠으나 고려시대 사학의 효과를 말하고 사학 교수를 관학 교수로 채용하는 일과 학생을 강제로 향교로 옮기지 않도록 감사와 수령이 힘쓰라고 하여 태종에게 '향학사목'을 올렸다.

"고려 때에 지방의 한량유관(閑良儒官)이 개인 서재(書齋)를 두고 후진을 가르치니 스승과 제자가 각자 편안함을 얻음으로써 그 학문을 이루었다. 요즈음 다른 사람을 가르치는 유학자가 혹 다른 고을 교수가 되면 가족을 떠나 생업을 폐기해야 하니 모두 이를 하지 않으려 하고, 학생은 향교로 가기를 종용받아 자기가 편리한 수업을 받을 수가 없고 수령은 또 글을 베끼는 일을 시키는 것으로 각기 학문을 권장하는 것으로 삼으니 실로 태만함이 많다. 앞으로는 지방 유관이 개인 서재를 두고 가르치는 자는 감히 정하여 다른 고을 교수로 삼지 말고 학생은 억지로 향교로 보내지 말고 감사와 수령은 근면을 더하고 각각 편안히 가르치게 함으로써 풍속 교화를 돕게 하라."[11]

---

10)  위의 책, 사자명(四字銘).
11)  『문헌비고』 학교고(향학).

# 3. 야은(冶隱) 길재(吉再)

야은은 고려 공민왕 2년(1352)에 나서 조선 태종 18년(1418) 때까지 생존하였던 학자였다. 18세 때에 이목은, 정포은, 권양촌 등 유학자의 문하에 가서 성리학을 듣고 학문에 전심하다가 고려가 망한 뒤에 선산으로 돌아가서 구름처럼 모여드는 학생을 가르쳤다. 고려 말에 싹이 튼 송나라 유학인 정주학을 조선에 와서 민간 사학으로 뿌리박아 놓은 이가 바로 야은이다. 그러므로 조선시대의 교육을 말할 때에는 누구보다도 먼저 야은을 말하게 된다. 그의 교육에 대한 저서가 없으므로 적은 문집과 다른 이의 기록 가운데서 단편이나마 추려 적어 그의 교육사상을 엿보려 한다.

## 1) 교육의 목적

정주학을 종지로 하여 도학을 밝히고 이단을 물리치는 데 치중하였다. "멀고 가까운 곳의 학생이 사방에서 모이니 서로 경전을 토론하며 들면 효하고 나가면 공경하였다. 음악으로써 근심을 잊고 …… 주문공의 가례(家禮)를 좇고 불교의 법을 쓰지 않았다. …… 서재로 물러가 책상을 대하여 학문을 익히고 의문을 풀자면 날이 다 가도록 권태로움을 잊고, 정주의 요체를 온전히 하여 도락을 밝히고 이단을 물리치기에 힘썼다. 불교도가 감복하여 유교로 돌아온 자가 수십 명이었다……."[12]

## 2) 교육이 유일한 취미

가슴에는 망국의 한이 깊게 있고 마음에는 세상의 욕망이 다 없어진 야은은 천성이 학문을 좋아하느니만큼 교육을 취미로 여생을 보내는 한 소일거리를 삼았다. 그의 『한거시(閑居詩)』에 "염수가 맑고 샘물이 시원한 수풀 우거진 이곳에 있으니, 어른과 아이들이 와서 글을 묻는다 아! 이들과 더불어 거닐며 지낸다(鹽水淸泉冷 臨身茂樹高 冠童來問字 聊可與消遙)."[13] 하였다. 이 시 가운데 학생들과 노는 것이 유일의 취미인 서정이 들어 있는 것이다.

---

12)　유희춘(柳希春),『수구몽(隨求蒙)』.

13)　『용재총화(慵齋叢話)』.

### 3) 교과목

　① 청소, 응접 등의 실천

　② 시가, 노래 답무(踏舞) 등의 훈련

　③ 경, 사 등의 강독과 연구

### 4) 훈육방법

　① 근면, 나태를 시험하였고,

　② 차례를 건너뛰지 못하게 하였고,

　③ 귀천을 다 가르쳤으나 같은 무리대로 나누었다.

"금오산 아래에서 자제를 교육하니 어린아이들이 운집하였다. 그 가르침은 청소, 응접의 예절로부터 답무, 시가에까지 이르렀으며 차례를 건너뛰지 못하게 하였다."[14]

"공이 마을의 학생들을 모아서 나누어 두 재를 만들어 양반의 자제를 상재로 하고 시골 천민을 하재로 하여 경사를 가르치고 근면과 나태를 시험하니 수업하는 자 날마다 백을 세게 되었다……"[15]


## 4. 강호(江湖) 김숙자(金淑滋)

강호는 야은의 제자요 김종직의 아버지이므로 야은의 학문을 직접 받아 김종직에게 전하였다. 그러므로 그의 교육사상과 교육방법이 곧 조선 초 교육을 대변하는 것이다. 그도 또한 교육에 관한 저서를 남기고 있지 않다. 그 아들 김종직을 교육한 데서 그의 교육사상과 교육방법을 짐작할 수 있다.

### 1) 독서법

　① 글을 읽을 적에 등급을 건너뛰지 말고 차례대로 읽어 올라가야 한다.

　② 글을 읽을 적에 거친 마음과 큰 담력으로 쉽게 지나쳐버리지 말고

---

14)　김종직, 『이존록어(彝尊錄語)』.
15)　『용재총화』.

모름지기 자세히 간파하며 문장의 주력할 곳이 아니더라도 다른 뜻이 있는가 없는가 살펴 의문이 없는 것을 확실히 안 뒤에 지나가는 것이 좋다.

③ 글을 읽을 적에 옛사람의 찌끼로 여기지 말고 자기가 체험하기를 힘쓰며 스스로 해야 할 응분의 일로 여겨 끝까지 하여 내 몸에서 실현시키고 사무쳐 남을 다스리도록 모든 성현을 본받아야 한다.


## 2) 교과목

### (1) 강독

① 처음에 동몽수지(童蒙須知), 유학자설(幼學字說), 정속편(正俗篇)을 암송시켰다.

② 다음에 소학, 효경, 대학, 논어, 맹자, 중용, 시, 서, 춘추, 주역, 예기를 꼭 차례로 읽혔다.

③ 다음에 통감, 제사, 백가를 나아가는 대로 맡겼다.

④ 다음에 활쏘기, 글씨, 수를 권장하였다.

- 활쏘기는 몸을 호위하고 덕을 표현하는 데 필요하기에 익히지 않을 수 없다.
- 수는 일용 사물에 계산이 아니면 그 수를 알 수가 없으니 틀림없이 하여야 한다.
- 글씨는 마음의 그림이니 해자를 단정히 본뜨고 초서와 전서도 열심히 익혀야 한다.


### (2) 제술(작문)

① 문장 표절(다른 글의 문자를 떼다가 쓰는 것)을 금하였다.

② 이학(理學), 책제(策題, 성리학을 중심한 논문)의 제술을 장려하였다.[16]

---

16) 본 장의 자료는 점필재 김종직의 문집 가운데서 뽑아 쓴 것이다.

## 5. 점필재(佔畢齋) 김종직(金宗直)

점필재는 강호의 아들로 그 아버지에게서 성리학을 배우고 그 학문을 김굉필, 정여창에게 전하였다. 집에 있으면 구름 모여들 듯이 오는 학생에게 성현의 학문을 가르치고 지방 관리로 가면 행정으로 학문을 일으키고 인재를 양성하는 데 전력을 한 이로, 조선시대 유학을 개척하고 학풍을 진흥시킨 공이 컸다. 따라서 조선교육의 전형이었다. 그도 교육에 대한 글을 남긴 것이 없다.

그의 행장 가운데서 약간을 추려보려 한다.

① 교육사상은 정주의 뜻을 추종하였다.

② 교육방침은 주자학규에 의존하였다.

③ 교육방법은 재질의 정도에 따라 각자가 충실한 소득이 있어야 나아가게 하였다.

④ 교육행정에 힘썼다.[17]

"멀고 가까운 곳의 학생이 사방에서 모여들었다. 선생이 문하인 정여창 등으로 경전을 강론하되 반드시 정주의 뜻에 합하도록 힘썼다."

"학자가 사방에서 운집하니 주자의 학규에 의거하여 본원을 함양하는 것으로 도덕의 터를 삼고 이성을 깊이 연구하는 것으로 수업의 근본을 삼았다."[18]

"사방의 학자가 그 재질의 정도에 따라 충실한 소득이 있어 돌아갔다."[19]

"선생이 마을을 다스리되 학문을 일으키고 인재를 육성하는 것과 백성을 평안히 하고 화목하게 하는 것으로 힘을 썼다."[20]


## 6. 정암(靜菴) 조광조(趙光祖)

정암은 중종 때의 이름난 인물이었다. 성리학을 앞장서서 일으켜 뭇 학생들을 가르치니 거리를 멀다 않고 배우러 오는 이가 흠뻑 많았다.[21] 더욱 그는 중종조에서

---

17) 『점필재집』 행장 중.
18) 앞의 책, 행장 중.
19) 『동국명신록』.
20) 앞의 책, 행장 중.
21) 『조장암 연보』.

왕의 신용을 얻어 자신이 마음대로 인물을 천거하여 썼을 때에 자기가 가진 '성도치평(聖道治平, 성인의 도로 나라를 다스리고 천하를 평정한다)'의 정치이념을 실현하여 보려고 유학의 정수분자라고 할 만한 학자들을 많이 등용하여 당시의 학풍을 광범하게 일신하였다.

그리하여 그는 재야(在野)에서는 자기 학문의 실제 공력을 발휘하여 직접 수많은 학생을 배양하였고, 조정에 들어가서는 자기의 정치이념을 실현하여 간접적으로 광범한 학풍을 진작시켰으니 교육사상에 특별히 기록하지 않을 수 없다. 다만 그가 일찍 벼슬길에 들었고 38세의 나이로 일찍 죽었기 때문에 저술할 겨를이 없어 그의 학설이나 교육사상을 자세히 탐구할 문헌이 없으므로 남아 있는 그의 적은 문집 가운데서 단편적 자료나마 추려보려 한다.

## 1) 정치철학

정암은 '성도치평'의 주의로 정치의 이념을 세우고 이것을 실천하려 하였던 이로 그의 정치철학은 그의 철학사상의 한 부분이었다.

"모든 백성의 생활의 도(원리, 원칙)는 모두 같은 것이니, 이 도가 위정자의 마음에 확립되면 모든 백성의 마음이 위정자의 마음이요 위정자의 마음이 모든 백성의 마음이다. 이 마음을 가지고 정성을 다하여 나아가면 모든 백성은 거기에 감화될 것이요 거기로 합일될 것이다. 그러므로 정치가 잘되고 못되는 것은 도와 마음이 바로 되고 아니됨과 정성이 있고 없음에 달린 것이다. 정치 법률로 기강과 법도를 삼지 말고 한 마음의 묘로 기강과 법도를 삼아야 한다. 정성은 기강의 근본이요 충실하지 않은 것이 없으니 곧 정치가 충실하게 되는 것이다. 성인의 마음은 지극히 충실하기 때문에 한숨 동안이라도 잊지 않고 처음부터 나중까지 한 가지 일이라도 충실하지 않는 것이 없으므로 마음의 충실로 말미암아 모든 일이 충실하고, 행하는 정사가 충실하지 않는 것이 없고, 기강이 서서 구차하지 않고, 법도가 정해져 법률로 되지 않는 것이라"[22]고 하였다.

---

22) 『정암집』('알성책문謁聖策文」에서 뽑아서 번역한 것).

## 2) 교육사상

### (1) 교육의 목적

정암의 교육의 목적은 성인의 도를 배워 나라를 다스릴 인재를 기르는 데
있었다.

"이제 학술이 무너졌으니 성균관의 유생이 예의에 어그러진 일은 없으나 뜻을
세움이 매우 낮다. 성균관은 인재가 나는 곳인데 남보다 뛰어난 사람을 볼 수가
없는즉 어디 나라를 위하여 몸을 잊고 강개(慷慨, 의롭지 못한 것을 보고 의지가 복받쳐
원통하고 슬퍼함)하여 독립할 자가 있겠는가! 선비의 풍습이 퇴락하니 더할 나위
없는 근심이라"[23]고 하였으며, "학문이란 것은 자구나 문장만이 아니라 사물의
이치를 알고 마땅하게 처리할 줄을 아는 것이므로 조정에 있으면 임금을 바르게
하고 지방에 있으면 교화를 베풀어, 가는 데마다 '학문'으로 하지 않는 것이 없어야
한다"[24]고 하였다.


### (2) 구학(求學) 방법
#### ① 뜻을 고상하게 세워야 한다.

"학자가 뜻을 세울 적에 성인을 스스로 기약하는 것은 지나친 것이
아니다."[25]


#### ② 할 때에 힘써야 한다.

"학문은 마땅히 할 때에 힘써야 하나니 기개가 쇠약하여지면 나아짐이 없는
것이다."[26]


#### ③ 학술은 순수하여야 한다.

"학술은 털끝만큼이라도 잡된 것이 있어서는 아니되니 잡되지 아니하면

---


23)  위의 책, 시독관계(侍讀官啓).
24)  앞의 책, 송 숙부 부 경원문(送 叔父 赴 慶源文).
25)  앞의 책, 부록.
26)  앞의 책, 시독관계.

일처리가 모두 경서에 합당하다."[27]

### ④ 공부가 견고 확실하여야 한다.

"학문은 고요한 속에서도 공부하기가 어렵거든 학문의 공이 견고 확실하지 못하면서 벼슬길에 바빠서 겨를이 없으니 사물은 무궁하고 마음의 본바탕이 불안하여 일을 당하면 잘못하게 된다."[28]

## (3) 수양

### ① 옛사람에게 부끄러움이 없도록 몸을 단속할 것.

"선생이 집에서 스스로를 단속하기를 옛사람에게 부끄러움이 없도록 하여 공부를 독실히 하고 똑바로 앉아 익혀 쌓고 의관을 단정히 하고 아침부터 저녁까지 땅거미 질 삼경까지 오똑하게 앉아 몸을 움직이지 않고 새벽에 일찍 일어나 세수하였다. 짧은 여름밤에도 변하지 아니하였다."[29]

### ② 몰두하고 게을리하지 말 것.

학자에게 이른 말에 "배울 적에 먼저 표준을 세우지 말고 성인의 가르침에 몰두하여 …… 마음에 두고 게을리하지 마라."[30]

### ③ 의리를 분별할 것.

"학자가 먼저 힘쓸 것은 의리를 분별하는 것이다. 개인 욕심의 싹이 모두 이익(利)에서 나는 것이니 뿌리를 빼어버린 연후에야 학문에 편안히 임할 수 있는 것이다. 일찍이 들으니 허정승(許稠)이 글을 읽을 때에 도둑이 그 방에 들어와 물건을 다 실어 갔다. 얼마 후에 집안 사람이 알고 쫓아갔으나 소용이 없었다. 그때에 허정승은 '심한 도둑이 내 마음에 와서 싸우니 어느 겨를에 바깥 도둑을 경계할 수 있는가'라 하였다 하니 선배들의 극기(克己)의 노력이 이러하였다.

---

27) 앞의 책, 참찬관 시계.
28) 앞의 책, 참찬관 시계.
29) 『홍치제(우) 집(洪??齊(祐) 集)』.
30) 『정암집』 부록.

학자들은 마땅히 본받아야 한다"[31]고 하였다.

### ④ 단정하고 엄숙할 것.

"단정하고 엄숙하면 자연히 한 곳에 집중되어 사물을 대함에 정통하고 말과 행동이 예의에 맞는다. 보통 사람들이 이러하지 못한 것은 정숙하지 못한 까닭이다."[32] 하였다.

김농암(金農巖)은 "정암은 간명하면서도 무겁고 정금미옥(精金美玉, 인격이나 글이 아름답고 깨끗함을 비유한 말) 같이 순수한 오로지 한 정신이 사람을 감동시켰으니 수렴과 단속은 율곡이 따르지 못한다"[33]고 하였다. 이 여러 가지로 평한 말로도 정암이 남다른 특색 있는 수양을 하였던 것을 알 수 있다.


# 7. 화담(花潭) 서경덕(徐敬德)

화담은 우리나라가 건국한 이래로 오직 하나뿐인 특색 있는 학자이다. 화담에게는 추수나 모방이 절대 금물이었다. 독자적 사색에서 궁리 연구하여 자신을 얻은 후 나중에 독서하여 증명하였다. 우주간의 삼라만상이 모두 학문의 원료이며 이 원료가 사색을 통하여 연구 조성된 것이 지식이니 이것이 곧 학문이다. 그러므로 동서고금을 막론하고 '사색'을 중시하였으며 사색이 있음으로써 학자가 났으며 사색이 깊으면 깊을수록 연구와 발명이 기묘절절하였다. 화담은 총명이 남다르고 영명하고 이지가 굳센 천부의 '사색'가로서 모든 것을 '사색'에 희생하였고 일생을 '사색'으로 낙을 삼았다. 그리하여 당시 동서의 많은 성인이 전하지 못한 미묘한 학설을 발견하였다. 우리는 세계적으로 내놓을 만한 학자인 서화담이 있다는 것을 잊어서는 아니된다. 화담은 송악산 계곡에 은거하였건만 학생들이 줄을 지어 드나들었고 역사상 유명한 문하생들이 많았다. 당시에 완고한 성리학파 우두머리 유학자들의 비난도

---

31)  위와 같옴.
32)  위와 같음.
33)  『농암잡식(農巖雜識)』.

있었으나 자신의 학문을 확립한 영특하고 기상이 걸출한 선비로서 조야(朝野)의 추앙을 받았다. 따라서 그의 철학사상과 교육사상도 퇴계나 율곡과 달리 우리 교육사상 특별한 이채를 빛내고 있다.

"바야흐로 궁리가 끝나기 전에는 음식을 대하여도 그 맛을 분간하지 못하며, 길을 가도 갈 곳을 알지 못하며 변소를 가서도 용변을 잊고 곧 일어서며, 혹 여러 날을 자지 않고 가다가 눈을 감으면 꿈속에서 깨닫기도 하며, 밤낮을 가리지 아니하며, 추위와 더위를 불문하고 한 방에서 정좌하기를 삼 년을 하니 기질이 비록 강하나 사색이 더욱 심하여 병이 났으며 문 밖을 나오지 못하였다. 비록 사색을 아니하려 하여도 아니할 수가 없었다. 이렇게 삼 년을 더 지나니 병은 좀 나았고 전후 육 년째에 사물을 알지 못하는 것이 없었다. 옛사람이 사물의 이치를 깨달은 것은 대학에서의 교육으로 되었지마는 선생이 사물의 이치를 깨달은 것은 본성의 묘로 되었다."

"선생이 자신을 가진 뒤에야 사서, 육경, 성리대전 등의 책을 읽었다. …… 독서를 일삼지 않고 사색을 오로지 하여 스스로 깨달은 뒤에 독서하여 증명하였다."

"또 이르길 내가 어린 시절에 어진 스승을 얻지 못하여 공부를 낭비하였노라."[34]

"이에 더욱 몰두 함양하여 성리학으로 자임하고 역경 더욱 깊으니 옷을 끌고 찾아드는 자가 문에 그치지 않더라."[35]

## 1) 철학

화담은 '우주일원론'을 주창하였으니 곧 우주는 '기'로 되었다는 것이다. 태허(太虛, 하늘)는 빈 것(虛)이 아니라 처음과 끝이 없는 '기'가 우주공간에 가득하며 허는 기의 연원이라 하였다. 하늘(태허)이 깨끗하고 형체가 없음을 이름하여 '선천(先天)'이라 하니 그 크기는 밖이 없고 그 시작은 온 데가 없으니 깨끗함과 허정(虛靜, 아무것도 생각지 않고 사물에 마음이 동요되지 않는 정신상태)을 파악할 수 없는 것이 '기'의 바탕이다. 밖이 없는 먼 곳에 가득 차고 두루 박히고 충실하여 빈 곳이 없고 털끝만큼이라도 받아들일 틈이 없다. 당기려면 비어 있고 집으려면 없으나 그 실은 '없다(無)'고 할 수 있다. 이 경지에 이르러서는 …… 뭇

---

34) 『화담집』비명(碑銘).
35) 어숙권(魚叔權) 『비관잡기(稗官雜記)』.

성인이 아무 말도 하지 아니하였다. …… 기이하지 아니한가! 기이하고 기이하다. 그 묘하지 아니한가! 묘하고 묘하다. 재빨리 뛰고 홀연히 열리는 것을 누가 시킨 것인가! 저절로 된 것이다.[36] 또 이르길 "허(虛)란 기의 연원이다."[37]

"화담은 기가 없이 이(理)가 있을 수 없고 기가 활동하는 원칙을 이라고 한다 하여, 이를 기에 대립시키지 않고 기의 활동 원칙에 불과한 것으로 이를 다루어 '기'의 일원을 논리적으로 설명하였다."

"밖이 없는 것이 태허요 시작이 없는 것이 기이며, 허는 즉 기라. 허는 본래 무궁하며 기의 근원은 그 시작의 하나라. ……기 밖에 이가 없으니 이란 기의 주재(主宰)라 하였으나 이른바 주재는 밖으로부터 들어와서 주재하는 것이 아니라 기가 활동하는 데 그렇게 된 까닭의 바름을 잃지 아니하는 것을 가리켜 주재라 한 것이니 이는 기보다 앞선 것이 아니다. 기의 시작이 없다면 이도 시작이 없는 것이니 만일 이가 기보다 앞선 것이라면 이것은 기에 시작이 있는 것으로 된다."[38]

화담은 우주에는 2대 동력, 즉 응집, 분산작용이 있어서 기의 응집과 분산으로 삼라만상이 소멸하고 장성한다 하였고, 기는 이 분산작용으로 우주의 형태를 변화시키면서 기 자체는 생기지도 없어지지도 않는다 하였다. 곧 우주에 가득 찬 기는 응집하며 삼라만상이 되니 삼라만상은 이 기가 응집하여 형상을 드러낸 것이요, 이것이 분산하면 원래 모습은 기로 환원한다. 응집과 분산에는 늦고 빠름이 있고 크고 작음이 있으나 '기'라는 것은 시작과 끝이 없어 초 한 개가 타서 없어져도 그 형체가 눈앞에 보이지 않는 것뿐이며 기는 없어진 것이 아니라 하였다.

"정(程), 장(張), 주(朱)의 주장이 죽음과 삶, 귀신의 사정을 궁극적으로 해명하였으나 그렇게 된 까닭의 최고의 상태를 설파하지 못하였다. 내가 세 분 선생의 가르침으로써 애매한 논리로 천고의 의문을 깨치겠노라. 정자가 죽음, 삶, 사람, 귀신은 하나이면서 둘이요 둘이면서 하나라 하였다. 나는 죽음, 삶, 사람, 귀신은 다만 기의 집산(응집과 분산)일 뿐이라 하노라. 집산이 있는 것이지 있고 없음이 있는 것이 아니다. 기의 본래의 모습이 그러하다. 기의 담일(淡一, 욕심이

---

36) 『화담집』, 집지 원리기(雜著 原理氣).

37) 앞의 책, 부설(附說).

38) 앞의 책, 이기설.

없고 깨끗함), 청허(淸虛, 잡된 생각이 없이 깨끗함)한 것이 밖이 없음이 허로 가득 차서
응집의 큰 것은 하늘과 땅이 되고 응집의 작은 것은 삼라만상이 되나니 집산의
세(勢)가 크고 작음과 늦고 빠름이 있다. …… 풀 한 포기, 나무 한 그루도 그
기가 끝까지 분산하지 않거든 하물며 인간의 정신, 지각처럼 응집이 크고 느린
것이랴. 형체와 혼백이 분산하여 모두 한 곳으로 올라가고 없는 데로 사라진 것
같이 보인다. 이 점에 다 생각이 미치지 못하였다. 비록 세 분 선생의 문하생도
또한 그 궁극의 이치에 나가지 못하고 거친 찌꺼기만 주었다. …… 사람의 분산은
형체 혼백이 흩어지는 것이며, 응집하였던 담일청허[氣]는 흩어진 것이 아니다.
태허담일 속으로 흩어진 것이다. ……기의 담일청허는 그 시작이 없고 그 끝이
없는 것이니 이것이 이기(理氣)의 지극히 묘한 바이다. 학자가 진실로 이 지경까지
힘써 공부하면 비로소 뭇 성인이 다 전하지 못한 가르침을 간파할 수가 있다. 비록
한 조각 향촉이라 기가 눈앞까지 흩어진 것같이 보이나 기는 그 끝까지 흩어지지
않는 것이니 어떻게 모두 없어졌다고 말할 것인가!"[39]

이 두 편(篇)을 연구하여 보면 태허설(太虛說)에는 칸트의 성운설(星雲說) 같은
우주관이 분명하였고, 귀신·사생(死生) 론에는 '물질불멸론'이 철저하였다. 화담은
확실히 물질불멸의 철학관을 가졌다. 다만 그것을 시험관과 저울로 증명하지
아니한 것이 유가이다. 그러나 '사색'에서 먼저 믿고 실험으로 뒤에 증명한 것이
발명 역사의 허다한 사실이었으니, 이 화담학설을 학자들이 계승 연구하여
실험에 옮겼다면 얼마나 훌륭한 일이었을까 하는 애석한 감회를 후학의 가슴속에
돋아내고 있다. 더욱이 화담이 이 학설을 제자 박민헌(朴民獻)과 허엽(許曄) 등에게
보이며 "이 주장이 비록 졸렬하나 뭇 성인이 미처 전하지 못한 지경을 밝힌 것이니
그대들은 도중에 잃지 말고 후학에게 전하여 주위의 여러 나라에 퍼뜨려 동방에
학자가 난 것을 알게 하라."[40] 하여 자기가 새로 주창한 학설이 진리임에 만만한
자신감을 가졌던 것으로 보아 그는 확실히 진정 위대한 학자였다. "그 학문의
이치가 횡거(橫渠, 중국 송나라 유학자 장재)의 학설을 위주로 하여 정자와 주희와는
다르며 스스로 깨달은 것이다"[41]고 하였다.

---

39) 앞의 책, 귀신사생론.
40) 앞의 책, 부설.
41) 앞의 책, 언행록.

화담의 학설은 장횡거의 태허설보다 한층 진전하여 연역적이고 분석적이며 조직적이니 사색의 친밀성과 진지함과 논리의 진정 확실한 정도가 장씨로서 미칠 수 없는 것이다. 이율곡이 자신의 학설을 주장하여 "기는 생사불멸하여 가는 것은 지나가고 오는 것은 계속하여 기왕의 기는 이미 있을 곳이 없거늘 화담은 말하되 한 기는 오래 계속되어 '간 것은 지나지 않았고 오는 것은 계속하지 않음이라'고 하니 이는 화담이 기를 이로 인식한 잘못이라."[42] 하였으나, 율곡의 "이미 간 기는 이미 있을 곳이 없다"란 말이 얼마나 무식한 말이 되고 화담의 '일기장존(一氣長存, 하나의 기가 길이 보존됨)'이란 말이 만고불변의 진리임이 과학적으로 증명된 오늘에 있어서 화담은 율곡보다 몇몇 배나 되는 위대한 학자임이 증명되고 있다.

이상의 말을 요약하면 화담은 우주일원론, 원기론(原氣論), 물질불멸론의 우주관을 가진 학자였다. 그리고 화담은 당시 학계에 유행으로 되어 있던 성리학에 대하여서도 깊이 연구하였으나 거기에 대해 발표한 글을 찾아볼 수 없다.

## 2) 교육사상

### (1) 교육의 목적

격물(格物, 사물의 이치를 연구함)과 궁리를 실천함으로써 성현의 학문의 정체(正體)를 삼았다.

"열여덟 살에 『대학』을 읽다가 '지식을 명확히 하는 것은 사물의 이치를 연구하는 데 있다(致知在格物)'는 말에 이르러 개탄하여 말하길 학문을 함에 사물의 이치를 연구하는 것을 먼저 하지 않으면 책을 읽어 무슨 소용인가"[43]고 주장하였다.

"화담은 오로지 궁리로서 일삼으라."[44] 하였으며, 허엽은 "화담의 학문은 소·장·정·주(邵張程朱)를 겸하였다"[45]고 주장하였다.

---

42) 『이율곡집』 별집.
43) 『화담집』 비명.
44) 앞의 책, 언행록.
45) 이율곡, 『경연일기』.

## (2) 교육방법

### ① 스스로 배우고, 스스로 깨닫는 것을 공부의 묘방으로 하였다.

화담의 사색하며 스스로 배우는 공부는 앞에서 말하였거니와 이율곡도 "경덕은 깊이 사색하여 먼 곳에 이르러 스스로 깨닫는 묘가 많다"[46]고 하였으며 화담은 제자에게도 스스로 배우고 스스로 깨닫기를 권장하였다.

홍인우(洪仁祐)가 정몽(正蒙)을 배울 때에 일러 말하되 "나의 학설은 다 문자상 거칠다. 아주 긴요한 곳을 알려면 모름지기 자세히 사색하여 스스로 깨달아라."[47] 하였으며, 박민헌이 『대학』을 배울 때에 선생이 말하되 "의리가 문자상으로 드러나는 것은 도무지 옛사람의 끝가지(末稍)이다. 긴요한 것을 깨닫는 데 있다."[48] 학습의 스스로 배움, 스스로 깨달음은 오늘날 동서양 교육가들이 많이 주장하는 바이니, 스스로 배우고 스스로 깨닫는 것은 창작 정신을 기르며 연구심과 학문에 대한 희열을 조장하여 산지식을 주는 데 절대 필요한 까닭이다. 화담은 이 방법을 철저히 이행하였다.

### ② 의심하고 의심을 깨는 것을 구학(求學)의 바른 길로 하였다.

화담은 만물을 하나씩 하나씩 연구하여 한 사물에 대한 의문이 밝혀져 해소된 뒤에 다른 한 사물을 연구하였다. 이렇게 하여 지식을 자신 있게 파악하였다.

"이에 천지만물의 이름을 다 써서 벽에 붙이고 날마다 궁리로 일삼되 한 사물에 이미 통한 뒤에야 또 한 사물을 연구하였다."[49]

궁리가 끝나기까지 화담의 열렬한 태도는 앞에서 말하였으므로 여기에서는 생략하나, 화담의 '학도불의 지쾌락 면교허작 백년인(學到不疑 知快樂 免教虛作 百年人)'[50]이라는 시를 읽어보아도 '학도불의'로 쾌락을 삼은 그의 구학의 정신을 잘 알 수 있다.

대저 학문은 사물에 대하여 의문을 일으킬 줄 알고 이 일으킨 의문을 깨치는

---

46) 이율곡, 『경연일기』.
47) 『홍치제(인우) 일록(日錄)』.
48) 『화담집』 언행록.
49) 앞의 책, 비명.
50) 앞의 책, 시.

데서 연구와 창작과 발명과 발견이 생기는 것이다. 이 점에서 화담의 학문은 과연 우리 교육사상 높이 추천·장려하여야 할 실제의 가르침이다.


### (3) 교수방법

화담의 학문은 상세하고 심오한 데까지 자신의 실력을 가졌기 때문에 강의와 설명이 조리 있고 분명하였다. "어떤 이가 후천(後天)의 이기체용(理氣體用)의 이(理)를 물으니 비판분석이 명확하여 대를 쪼개는 것과 같았다."[51]


### (4) 학과목

화담은 다른 유학자들과 같이 유가의 학과목을 모두 읽었고 또 제자에게 가르쳤으나 보통의 유학자가 연구하는 방향과 달리하였다. 문장의 뜻이나 해석에 치중하지 아니하고 다른 사람이 연구하지 못하는 격물치지의 학문을 전공하였다.

"화담이 홀로 능히 즐거움과 절개를 멀리 이어 문호(門戶)를 투시하니 가히 이르되 세상에 없는 인걸이요, 이러한 풀이는 우리나라 뭇 유학자들이 내지 못한 바이다."[52]

"선생이 말하길 성현의 말은 이미 앞 시대 유가학자들의 주석을 지녔으니 다시 덧붙이는 말을 할 필요가 없고 그 설파하지 못한 것으로 책을 저술하려 하노라."[53] 그리하여 그의 저서인 「원기론」, 「이기론」, 「태허설」, 「귀신사생론」, 「복기견천지심설(復碁見天之心說)」, 「온천변」, 「성음해(聲音解)」, 「발전성음해미진처(跋前聲音解未盡處)」, 「황극경세 수해(皇極經世 數解)」 등 논문은 모두 유기론을 중심으로 한 격물치지의 글이다. 물론 현대 과학관으로는 긍정할 수 없는 것이 많이 있지만 다른 사람이 연구하지 않은 영역에서 사물의 이치를 탐구한 것만은 고귀한 정신이다.


---

51) 『홍치제(인우) 일록』.
52) 『신상촌(홈) 문집』.
53) 『화담집』, 비명.

# 8. 남명(南冥) 조식(曹植)

　남명은 영남의 거유로 이퇴계와 대립하여 영남 학계를 둘로 나누었고 문하생들이 융성하였다. 이퇴계의 주지적 학풍이 성리를 도도히 이야기하는 것으로 학자의 자격을 삼아 공자학의 본령인 윤리실천의 공부를 등한히해버리므로 남명은 이퇴계의 교육방법을 공격하였다. 퇴계가 『소학』, 『대학』, 『논어』와 같은 유교의 실천문을 버리고 처음 배우는 자에게 『심경』, 『태극도설』, 『서명』 등 심성에 관한 학문을 먼저 가르치는 것은 학문됨의 올바른 길을 잃는 것이라고 공격하였다.

　"도를 통하는 큰길 가운데를 거닐면 금은 보배가 없는 것이 없다. 날이 저물도록 거리를 오르내리며 그 가격을 말한다 해도 마침내 자기 집 속의 물건이 아니니 다만 다른 집의 일을 말한 것뿐이다. 나의 한 필의 베를 팔아서 한 마리의 생선을 산 것만 같지 못한 것이 아닌가! 오늘날 학자가 성리만을 이야기하여 자신에게는 소득이 없음이 이것과 무엇이 다르랴."[54]

　『남명집』을 보면 "남명이 『성리대전』을 읽다가 중국 원나라 거유인 허재(許齊)의 말에 '이윤(伊尹)의 뜻을 기억하고, 안자(顔子)의 학문을 배워서 나가면 하는 일이 있고 들면 지키는 것이 있다. 장부가 마땅히 이 같아야 한다'고 한 것을 읽고 선생이 근심하여 경계하다가 망연히 정신을 읽고 종전에 뜻한 바가 잘못되었음을 깨닫고 '옛사람의 이른바 자신을 위한 학문이란 것이 이같은 것이라'하였다"고 하였다. 그렇다고 하면 남명은 『허노재 유서』나 『노재학안』 같은 책도 읽었는지는 모르나 남명이 성리학의 범위에서 배회하는 송나라 유학의 교육사상을 배척한 점이 또한 허씨와 같았다. "학문을 하는 자는 생활을 꾸려나가는 데 가장 우선 힘쓰니 생리가 부족하면 학문을 위한 도에 방해라."[55] 허씨의 사상은 관념적 사상인 송나라 유학과 근본적으로 이념을 달리한 새 기치를 든 것이다. 남명이 성리학 범위 밖에서 교육방법을 세운 것도 당시에 있어서 자신의 한 학파의 기치를 세운 것이다. 그 교육이념은 교육상 가치로는 퇴계보다 진정한 것이며 유학 방면으로는 퇴계보다 공자학의 바른 길에 가까운 것이다. 이러한 점으로 보아 남명의 교육사상은 이퇴계의 교육사상보다 훨씬 압도적인 것이다.

---

54) 『남명집』 행장.
55) 『허노재 유서』.

# 1) 철학

## (1) 우주관

남명의 우주관은 이기이원론에 근저를 두고 태극이기, 천리기, 인리기로 나누고 도표까지 작성하여 매우 분석적·체계적으로 연구하였다. 그러나 송나라 유학이 여러 학설의 종합에 불과하였고 음양오행설의 모형에서 박아낸 부자연스런 조작이 되어 학문 이치의 진정한 가치를 찾아볼 수 없는 것이다.

## (2) 심론(心論)

심은 성질과 심정을 통솔한다 하여 '심통성정도(心統性正圖)'를 만들고 정자의 "심은 하나이나 사물의 본체를 가리켜 말하면 숙연히 부동(性)하는 것이요, 응용을 가리켜 말하면 감(感)하여 마음을 움직여 천하의 까닭을 통(情)하는 것이라"고 한 말과 주자의 "심의 미동(未動), 이동(已動)이 성과 정"이라는 말과 기타 송나라 유학의 여러 학설을 인용하여 더불어 설명하였다.

## (3) 도관(道觀)

남명은 공자가 말한 '충서(忠恕, 충성과 용서)'를 하늘과 인간에게 일관된 덕이라 하여 그림을 그려 해석하였다. 하늘과 땅에 있어서는 천도(天道)의 '지성이 끊이지 않음'이 '충'이니 도의 본체이며, '각각의 바른 성명'이 '서'니 도의 응용이라 하였고, 사람에 있어서는 '자신을 다하는 마음' 곧 제 마음을 다하는 것이 '충'이며, '나를 옮겨 다른 사람에게 미치는 것' 곧 나를 미루어 남을 생각하는 것이 '서'라 하였다. 그런데 이것이 모두 송나라 유학자들의 연구를 그대로 받아 부언한 것이다.[56]

# 2) 교육사상

## (1) 교육의 목적

일상생활의 평이한 실천으로부터 공을 쌓아 성현의 경지에 도달하는 것을

---

56) 『남명집』, 학기.

교육의 목적으로 삼았다. 이퇴계의 성리 중심 교육을 반박한 것은 앞에서 말하였거니와 남명은 학생에게도 이렇게 가르쳤다.

"지금의 학자는 가까운 것을 버리고 높고 먼 곳만을 향하니, 학문을 하는 것이 어버이를 섬기고 형을 받들고 어른을 공경하고 어린아이에게 자애하는 데에 있는 것인데 이것을 노력하지 않고 지루하게 천성과 천명의 심오함만 궁리하니, 이것은 사람의 일은 아니하고 하늘의 이치만 구하는 것이니 마음에 실제의 얻음이 없는 것이다. 마땅히 경계하라."[57]

### (2) 교수방법

① 학생들로 하여금 스스로 해명하고 스스로 깨닫기를 힘쓰게 하고 설명과 해석의 주입식을 반대하였다.

"송나라 유학 이후로 저술과 편집의 기회와 맥락이 해와 별같이 밝으니 새로이 배우는 학생들이 책만으로도 통찰할 수 있다. 나는 학생에게 다만 그 혼돈만 각성시켜준다. 눈만 뜨면 스스로 능히 하늘과 땅과 해와 달을 보는 것이므로 학생을 위하여 경서를 이야기하고 책을 설명한 적이 없었다."[58] 하였다.

② 스스로 모범을 보여 학생을 감흥하게 하였다.

"그 정신과 기력이 사람을 약동하게 하는 바가 있으므로 따르는 자가 많았고 그 계발시키는 바가 구구한 강의와 해설로는 따를 수가 없었다."

"자못 함께 기쁘게 동계(同契, 뜻과 생각이 서로 합함)에 참가하여 극히 좋아함이 있는 곳에 학문을 위한 보급이 되었다."[59]

③ 개인의 재질대로 한껏 가르쳤다.

"그 재질에 기초하여 가르치기를 도탑게 한다."[60]

---


57) 위의 책, 행장.
58) 앞의 책, 학기.
59) 앞의 책, 행장.
60) 앞의 책, 행장.

④ 질문의 답을 자유롭게 전달하게 하였다.

"질의에 대하여는 의미를 해부하여 추호까지 가려내어 듣는 이로 하여금 혼연히 표현하고 발전하게 한다."[61]

⑤ 잘못을 교정하는 데 성심과 간결한 말로 하였다.

남명은 자신이 지은 『교인편(敎人篇)』에 정자의 "남과 더불어 있을 적에 그 잘못을 보고 일러주지 않는 것은 충이 아니다. 진정한 뜻이 말하기 전에 있으면 말이 나아가는 대로 남이 믿는다." "무릇 말을 하려면 의사를 함축시킬 것이니 덕을 아는 자에게는 싫증이 나게 하지 말고 덕이 없는 자에게는 의심하게 하지 마라. 선(善)을 권하는 길은 정성은 넉넉하고 말은 많지 않아야 한다"[62]는 말을 인용하였다. 이는 남명이 학생의 잘못을 교정하는 데 정성의 마음과 간략한 말로 하였던 것을 엿볼 수 있다.

### (3) 구학방법

#### ① 경(敬)과 성(誠)

남명은 존경과 성실을 학문수업의 기본으로 하고 이를 실천하였다.

㉠ 평상시에 창문 왼쪽에 '경'자를 써 붙이고 경자 옆에 옛사람의 훌륭한 말을 작게 써서 항상 눈으로 보며 마음에 새기었고 병중에도 이것만은 외기를 끊지 않았다.[63]

㉡ 평생에 쇠방울을 몸에 지니고 그 소리로 자신의 마음을 각성시키고 쇠방울을 '성성자(惺惺子)'라고 불렀다.[64]

㉢ 서재에 혼자 있을 때에 정돈하고 깨끗이 하여 책과 기물을 항상 정리하고 종일 단정히 앉아 기울어 의지하는 때가 없었다.[65]

㉣ 학문의 실력에 깊고 얕음이 있는 것은 학자의 성실과 불성실 여하에

---

61) 앞의 책, 행장.
62) 앞의 책, 학기.
63) 앞의 책, 행장.
64) 앞의 책, 행장.
65) 앞의 책, 행장.

달렸다고 단언하였다.[66]

### ② 박문(博文)과 약례(約禮)

송나라 유학의 학설을 모아 박문약례의 도표를 만들고 실천하였다.

**〈도표〉**

| 지(知) | | 행(行) | | | |
|---|---|---|---|---|---|
| 명선(明善) | 치 | 성신(誠信) | 극 | 시물(視勿) | 극 |
| 택선(擇善) | 지 | 고집(固執) | 기 | 청물(聽勿) | 기 |
| 박문(博文) | 격 | 약례(約禮) | 복 | 언물(言勿) | 지 |
| 정(精) | 물 | 성의(誠意) | 례 | 동물(動物) | 목 |
| | | 역행(力行) | | | |

**〈인용설〉**

주자가 말하길 "성현의 가르침은 '박문, 약례' 네 자에 불과하니 '박문'은 널리 구하고 널리 취하여 열심히 연구하여 자세히 선택하는 것이며, '약례'는 다만 경(敬)자 하나이다."

남헌 장씨가 말하길 "박문은 치지요 약례는 역행이다." 쌍봉 요씨가 말하길 "약(약례)을 지키지 아니하면 넘치고 지리멸렬하여 도체(道體)의 근본이 될 수 없고 박(博文)에 이르지 못하면 고루하고 치우쳐 도체의 온전을 다 할 수 없으니 본디의 착한 성품을 기르며 성찰하고 치지하며 힘써 행하여, 하나도 빠뜨려서는 아니 된다."[67]

### ③ 박문을 실천하였다.

남명은 경전을 널리 구하고 백가를 자세하게 알며 또 일찍이 말하기를 석가가 위로 도달한 곳이 우리 유가와 일반이라 하고 음양, 지리, 의약, 도류의 책에서 그 개요를 섭렵하지 않은 것이 없고 활쏘기, 말타기, 행진(行陣)의 법과 국방의 경비와

---

66)  앞의 책, 학기.
67)  앞의 책, 학기.

국경 수비의 기술에도 유의하지 않은 것이 없었다.[68]

### ④ 약례를 직접 행하였다.

번거로움을 꺼려 간결에 힘쓰고 자신에 반(反)하는 약례를 짓고 배움에도
지엽말단을 버리고 자신의 체험을 귀중하게 여겼다. 그리하여 문장과 구절의
해석을 아니하고, 독서하는 데도 십 행을 한꺼번에 내려 읽다가 적절한 곳에 가서
생략을 취하였다.[69]

예법도 대강만 취하고 번거로운 글을 버리어 일시에 많은 사대부가 이 법에
교화되어 풍속이 변하는 데 이르렀다.[70]

### ⑤ 학과목과 대의

남명은 주자설을 인용하여 한 도표로 학과목의 대의를 말하였다.

| 소 학 | | | 대 학 | | |
|---|---|---|---|---|---|
| 수 收<br>방 放<br>심 心 | 술, 청소,<br>응접,<br>진퇴 | 예, 악<br>사, 어<br>서, 수 | 찰 察<br>의 義<br>리 理 | 궁리(窮理)<br><br>정심(正心) | 수기(修己)<br><br>치인(治人) |
| 양기덕성(養其德性) | | | 조제사업(措諸事業) | | |

"지(知)가 앞서고 행(行)이 뒤따라야 할 것은 의문의 여지가 없으나 깊고 얕음과
크고 작음은 있다. 소학은 방심(放心)을 단속하고 예, 악, 사, 어, 수로 그 덕성을
기를 것이니 지는 얕고 행은 작으며, 대학은 의리를 살피고 성실, 바른 마음,
수양으로 사업에 치중할 것이니 지는 깊고 행은 크니라."[71]

---

68)  앞의 책, 행장.
69)  앞의 책, 행징.
70)  앞의 책, 행장.
71)  앞의 책, 학기.

# 9. 퇴계(退溪) 이황(李滉)

　퇴계는 조선에 있어서 '해동공자'라고 남인파에서 칭호하는 유가의 대종(大宗)이었다. 그러나 실은 '해동공자'라고 하기보다는 '해동주자'라고 하는 것이 퇴계에게 적당한 칭호일 것이다. 그가 평생에 실천한 것은 세계 일류 학자에게 지지 않는 훌륭한 학구적 생활이었고 세계 어느 교육가에게도 지지 않는 교육가의 전형이었다. 다만 그의 사상이나 학설이 철두철미 고지식한 모방이요 조금도 독창이 없는 데서 위용이 적고 진가가 낮게 보인다. 다만 자기가 세운 뜻을 관철하기 위하여 평생을 헌신적으로 살아간 것과 자기의 주장을 확립하기 위하여 반대파의 학문을 학구적으로 배격한 것과 그의 교육법, 학습법, 함양, 교과목의 요지 연구 등에 대한 자세한 고찰, 난숙함(어떤 사물이나 현상이 더할 수 없이 충분히 발달하거나 성숙함)은 우리 교육사에 사라지지 않을 광채를 찬란하게 빛내고 있다.

## 1) 철학

### (1) 우주관

　퇴계는 주자가 유문숙에게 답한 글에 "이와 기는 결국 둘이다"라는 주자의 말을 그대로 시인하여 '이기이원론'을 주장하였고, 다시 "형이상(形而上)이 도가 되고, 형이하(形而下)가 기(器)가 되니 기는 도요, 도 역시 기라"는 정명도의 말을 변명하여 "명도가 기를 떠나 도를 찾을 수 없으므로 도 역시 기라 한 것이요, 도 밖에 기가 있을 수 없으므로 도 역시 기라한 것이요, 도가 곧 기라는 말이 아니라"고 하여 정명도의 '도기일체론'으로 말미암아 이기일원론이 유도될 가능성이 있는 이론을 막아버렸다.[72]

　그리고 당시 동료 정지운(鄭之雲)이 천명도(天命圖)를 지을 때에 "사단[*3]은 이(理)에서 나오고 칠정(七情, 사람의 일곱 가지 심리작용)은 기에서 나온다"고 한 것을 "사단의 시작은 순수한 이니 선하지 아니함이 없고 칠정의 시작은 기를 겸하니

---

72) 『퇴계집』,「비이기위일물변증문(非理氣爲一物辨證文)」.

*3)　四端: 유교에서 소위 사람의 마음에서 우러나오는 네 가지, 즉 인, 의, 예, 지를 말함.

선악이 있다”고 개정한 것도 사단칠정의 분석으로 이기일원론이 유도될 가능성이 있음을 발견하고 수정한 것이다.[73]

### (2) 인성론

퇴계는 송나라 유학의 학설을 종합하여 사람의 본성을 '본연의 성'과 '기질의 성' 두 종류로 나누어 구별하였다. 본연의 성은 천지성(자연성), 즉 천명성이니 이에서 생겨난 것으로 이의 본질을 따라 다 선한 것이요, 기질의 성은 이기를 합하거나 혹 기에서 생겨나는 것이니 기의 맑고 흐림을 따라 악도 있다고 하였다.[74]

### (3) 심론(心論)

퇴계는 심(心)이 한 몸의 주가 되고 그 영묘한 체(體)가 천하의 이를 관할하는 것이며 사물에 있는 이의 미묘한 것이 한 사람의 마음과 다름없는 것이라고 하였다.

“마음이 비록 한 몸을 주관하나 그 영묘함이 족히 천하의 이를 관할하고, 이가 비록 사물에 흩어져 있으나 그 응용이 미묘하여 한 사람의 마음에 벗어나지 않는 것이요, 이가 비록 사물에 있으나 그 응용이 실로 마음에 있나니 궁리하는 자는 모름지기 먼저 이 뜻의 여하를 알아야 한다.”[75]

심론은 『주자어록』에 “마음은 한 몸의 주재로 여러 이를 갖추고 모든 일에 응한다”는 설을 부연한 것이다.

### (4) 심, 성, 정론

퇴계는 『성학도(聖學圖)』를 지을 때에 임은정(林隱程)의 『심통성정도』를 그대로 기초하여 마음은 성과 정을 통솔하는 것으로, 성은 마음의 적연부동(寂然不動)한 것이며, 정은 마음이 감동하여 마침내 통한 것이니 마음이 아직 움직이지 않은

---

73)  위의 책, 「딥 기명인서론(答 奇明彦書論)」 47 세1서.
74)  앞의 책, 성학도 해설.
75)  앞의 책, 행장.

것이 성이며, 마음이 이미 움직인 것이 정이라 하였다.[76]

### (5) 주자 모방주의

퇴계는 주자를 신명같이 신봉하여 철학, 윤리, 학설이나 일상생활의 모든 것을 모두 주자와 일치하기에 힘썼다. 그리하여 유가에서 보는 이단 책은 읽지도 않은 것은 물론이고 같은 유가라도 화담의 '주기학'과 나정암(羅整庵)의 이기합일론과 왕양명의 지행합일설과 이연방(李蓮坊)의 '심무체용설(心無體用說)'을 하나하나 반박하고 모든 질의에도 반드시 주자설을 인용하여 증명하였다.

① "내가 불경을 보아 그 숨은 사악함을 밝히고자 하나 물을 건널 때에 깊고 얕음을 시험하다가 마침내 빠져버릴 염려가 있노라. 학자는 다만 성현의 글만 읽어 믿기를 다하도록 되어야 하고 이단문자 같은 것은 전연 알지 못하여도 무방하다."[77] 이같이 이단에 흐를까 하여 미리 안 읽었다.

② "자기 학문에 해가 있을 뿐만 아니라 후생으로 서로 한 가지로 모방하여 학문은 헛된 독서가 되고 그 글을 유폐함이 적지 않은 까닭에 깊은 속을 다 말하지 않노라. 알 수 없거니와 연노(蓮老)가 이것을 보고 어떻게 생각하겠는가?"[78] 이같이 이연방을 비난하였다.

"나정암은 이 학문에 한 부분을 엿보아 잘못 들어간 곳이 아님이 없으나 '이기가 둘이 아니다'라는 학설에 있어서는 이후의 학자가 또 오류를 답습하여 서로 끌고 혼미한 데로 들어간단 말이냐!"[79] 이같이 나정암설을 공격하였다.

"진백사(陳白沙)와 왕양명의 학문은 다 상산(象山)[*4]에게서 난 것이다. 본심을 종(宗)으로 하니 다 선학(禪學)이라. ……왕양명은 학술이 잘못 어지럽고 그 마음이 강퍅하여 스스로 쓰는 그 말이 장황하고 번거로워 사람을 현혹하게 하고 그 지켜야 할 바를 잃었으니 인의를 적대하고 천하를 어지럽히는 것이 반드시 이

---

76) 앞의 책, 성학도 해설.
77) 앞의 책, 행장.
78) 앞의 책, 변이연방(辨李蓮坊) 심무체용설(心無體用說).
79) 앞의 책, 「비이기위일물변증문(非理氣爲一物辨證文)」.
*4) 송나라 육구연이 제창한 유학의 한 파로서 주자학에 반대하여 양명학에 크게 영향을 끼쳤다. 육구연의 호 상산을 따라 상산학파라 함.

사람이다."[80] 이같이 왕양명의 학문을 배척하였다.

"화담 문하생이 그 스승을 추존하기를 너무 높이 하여 횡거(橫渠)에 비하니 저술이 있지 아니하여 돌이켜 볼 수가 없으면 어떤 인물인지 알 수 없으려니와 이제 화담은 그 저술이 있는데 한마디로 결점이 없는 것이 없으니 그 인품과 학술을 여기서 가히 알 수 있다."[81] 이같이 서화담을 내리 깎았다.

이같이 주자학을 위해서는 다른 유가학을 모조리 배척하였다. 퇴계의 제자 우성전(禹性傳)은 "선생의 학문은 주자로 종(宗)을 삼았다"고 하였고 정성일(鄭性一)은 "선생의 학문은 정주(程朱)로 표준을 삼았다."[82] 하였다.

## 2) 교육사상

### (1) 교육의 목적

개인이 심술(心術)을 밝게 개척하고 기질을 변화시켜 성현을 배우는 데 있다.

"심술을 밝게 개척하고 기질을 변화하는 것으로 우선하니 그 말은 성현의 가르침이다."[83]

### (2) 교수법

① 학생을 벗과 같이 대하였고 스승으로 자처하지 않았다.

② 자신이 배우기를 싫어하지 않았다.

③ 남을 가르치기를 게을리하지 않았다.

④ 재질에 따라 가르쳤다.

⑤ 반복 설명하여 계발시켰다.

⑥ 좀처럼 해서는 가르치기를 그만두지 아니하였다.

"후학을 가르치고 깨우치되 싫증을 내거나 권태롭지 않게 하고 벗처럼 대하며 끝까지 스승으로 자처하지 않으며, 먼 곳에서 와서 질의하고 도움을 청하면

---

80) 앞의 책, 「백사시교 전습녹초 전인서(百沙詩敎 傳習錄抄 傳因書)」

81) 앞의 책, 행장.

82) 앞의 책, 행장.

83) 앞의 책, 행장.

정도에 따라 설명하고 배우는 자가 만일 깨닫지 못하는 곳이 있으면 반복 설명하여 계발하고야 말며 비록 질병이 있을지라도 강론을 멈추지 아니하였다.”[84]

⑦ 낯빛을 온화하게 하고 말을 유창하게 하였다.

⑧ 논리를 밝게 하고 뜻을 정연하게 하였다.

“논변할 즈음에 낯빛이 온화하고 말을 유창하게 하고 이치를 분명히 하고 뜻을 바르게 하여 비록 여러 주장이 난무하여도 허둥지둥 설명을 하지 않고 반드시 저편 말이 끝나는 것을 기다려 천천히 한마디로 조리 있게 분석하였다.”[85]

⑨ 의문을 반성 고증하여 진실하게 하였다.

“남과 논쟁하다가 불합리한 바가 있으면 그의 소견이 혹시 미진함이 있을까 하여 먼저를 주장하지 않고 자타를 가리지 않고 마음을 비우고 상세히 설명하여 의리에서 구하고 성현의 가르침에 의거하여 자신의 말이 이치에 맞고 증거가 있으면 다시 설명하여 기어이 그 의혹을 풀고 기왕의 생각에 혹시라도 불편한 점이 있으면 곧 자신을 버리고 다른 사람을 따르므로 사람들이 기꺼이 따르지 않은 이가 없었다.”[86]

⑩ 질의 응답을 신중히 하였다.

“질문이 있으면 비록 간단한 설명이라도 반드시 잠깐 유의를 하다가 답하고 말 떨어지자 곧 대답하지 않았다.”[87]

⑪ 학자들의 논변의 착오를 반박하지 아니하였다.

“남과 논쟁할 때에 맞지 않는 것을 급히 옳지 않다고 하지 않고 다만 ‘뜻이 그렇지 않은 듯하다’고 말할 뿐이었다.”[88]

⑫ 엄격과 친절로 가르치고 이끌었다.

“선생이 앉기를 반드시 단정히 하고 손발을 움직이지 않고 뭇 제자들과 더불어 상대할 때 귀한 손님이 자리에 있는 것과 같이하여 시좌하려면 감히 우러러 볼 수 없고 앞에 나아가 가르칠 때는 화기가 넘쳐흐르고 가르침이 순순하여 머리로부터

---


84) 앞의 책, 행장.
85) 앞의 책, 행장.
86) 앞의 책, 행장.
87) 앞의 책, 행장.
88) 앞의 책, 행장.

꼬리까지 혼연하여 의심이 없었다."[89]

⑬ 스승과 학생 간의 예의를 중요시하였다.

"…… 하물며 스승과 학생 사이에는 더욱 마땅히 예의로써 서로 앞서야 할지니 스승이 엄하고 학생이 존경하여 그 도를 각자 다하라. 그 엄격함이 두려운 것이 아니며 그 존경함이 비굴한 것이 아니며 다 예에 설 것이다. ……새로 배우는 소년이 의리에 깊지 못하고 스승과 학생의 분별에 어두워 경망한 마음을 망령되게 일으키고, 안일을 탐하고 비례를 익혀 오만을 가르치기에 이르니 이와 같으면 이것이 어찌 홀로 학생들의 허물뿐이리오…… 그 스승이 만일에 고루하고 보수적이며 개혁을 꾀하지 않고 삼가지 아니하고 힘쓰지 아니하면 국가에는 내쫓는 법률이 있으니 벼슬아치가 일시에 개인적으로 처리할 수 없는 것이다."[90]

⑭ 과실 교정을 효과 있게 하였다.

"자손이 허물이 있으면 준엄하게 꾸짖지 않고 일깨워 이르기를 지성으로 반복하며 스스로 느껴 깨닫게 하며 노비라도 또한 급히 성내며 꾸짖지 않으니 집안이 기뻐하고 화목하여 일굴빛과 목소리가 움직이지 않아도 만사가 스스로 다스려졌다."[91]


## (3) 학습방법(學習方法)


### ① 입지(立志)

"이덕홍(李德弘)에게 가르치되 학문을 함에는 주재(主宰)를 먼저 세워야 한다 하고 또 가로되 '주자의 가르침에 사람이 일함에 반드시 먼저 뜻을 세우는 것으로 근본을 삼아야 하니 뜻이 서지 아니하면 능히 일을 할 수 없다……'고 하였다."[92]

"조목(趙穆)이 선생을 퇴계에서 뵈오니 선생이 종일 가르침을 주었는 데다 입지, 부지런함으로 순순하게 훈계하였다"고 하였고, "김수(金粹)가 배우는 자의 처음 먼저 할 일을 물을 때에 뜻을 세우는 것을 먼저 하라"고 하였으며, 아들에게 준

---


89)  앞의 책, 행장.
90)  앞의 책, 행징.
91)  앞의 책, 행장.
92)  앞의 책, 행장.

편지에 "독서하는 데 어찌 지역을 가리랴. 지방에 있든지 서울에 있든지 오직 뜻을 어떻게 세우는가일 뿐이니 모름지기 십분 노력하라." 하였다.[93]

### ② 궁리

"학문은 궁리가 소중하니 이에 밝지 않으면 혹 글을 읽거나 일을 만나거나 가는 곳마다 걸리지 않는 것이 없을 것이다."[94]

### ③ 경(敬)

"경은 학문의 입문이니 반드시 성(誠)한 뒤에 중간에 끊기게 되지 않는다."[95]

### ④ 숙독(熟讀)

김성일(金誠一)이 독서하는 법을 물을 때에 "이 숙독에 그칠 것이니 독서에 비록 글뜻을 알지라도 만일 익숙하지 않으면 곧 잊어버려 능히 마음에 보존하지 못할 것이니, 반드시 배우고 또 익히려는 노력을 더한 연후에야 바야흐로 마음에 보존되고 물에 젖은 듯한 맛이 있을 것이다"[96]라고 하였다.

### ⑤ 심득(心得), 궁행(躬行)

"도리로 내가 마땅히 알아야 할 바를 삼고 덕행으로 내가 마땅히 행할 바를 삼고 가까이에서 힘써 마음으로 깨닫고(心得) 몸소 실천하려는 것(躬行)은 내 몸을 위한 학문이요, 심득, 궁행을 힘쓰지 않고 허식을 꾸미고 겉만 따라 명예를 구하는 것은 남을 위한 학문이다."[97]

### ⑥ 견문을 넓힘

"조목이 묻되 '학문은 오로지 독서에만 있지 않고 마땅히 두루 다니며 견문을 넓혀야 하고 의리에 있어서는 혼자 깨달을 수가 없고 마땅히 스승과 벗이 있어야

---

93) 앞의 책, 행장.
94) 앞의 책, 행장.
95) 앞의 책, 행장.
96) 앞의 책, 행장.
97) 앞의 책, 행장.

보조하고 계발의 이익을 점차 닦는다.' 하니 선생이 가로되 '그대의 말이 극히 옳다.'[98] 하였다."

### ⑦ 깊이 생각하여 스스로 깨달음(潛心自得)

김부윤(金富倫)이 홍범 태극설을 물으니 선생이 가로되 "이 같은 것은 모름지기 조용한 곳에서 깊이 생각하면 그 뜻을 알 것이다"[99]라 하였다.

"독서의 요체는 …… 마음으로 체득하여 깊이 생각하고 묵상한 연후에 함양 진학한 공이 있나니, 만일 소홀히 설명만 하고 물 위에 떠가듯 암송만 하면 이는 문장과 글귀만 입과 귀로 미숙하게 익힘에 불과하니 비록 천 편을 다 외고 머리가 세도록 경서를 이야기한들 무슨 도움이 있겠는가. 낮에 읽은 것을 밤에 생각하여 풀어라."[100]

## (4) 함양

### ① 기력을 헤아리고 함부로 놀지 마라.

"…… 학자가 모름지기 그 기력을 헤아려 잘 때에 자고 일어날 때에 일어나며 때를 따르고 곳을 따라 둘러 살펴보고 체험하고 이 마음으로 함부로 놀지 않게 할 따름이니 하필 병이 나도록 할 것이냐."[101]

### ② 스스로를 보호하라.

"학문하는 자가 명예의 훼손과 영광과 욕됨을 두려워하고 자립함이 없고 또 안으로 공부가 없고 거연히 다름을 앞세워 뭇 사람이 괴이히 여기는 바가 되면 스스로 보호할 수가 없으니 요컨대 학자는 모름지기 굳고 확실하여야 바야흐로 능히 의거하여 지키는 바가 있으리라."[102]

---

98)  앞의 책, 행장.
99)  앞의 책, 행장.
100)  앞의 책, 행장.
101)  앞의 책, 행장.
102)  앞의 책, 행장.

③ 혼자 있을 때에도 도리에 어긋나는 일을 삼가라.

"선생이 나이 더 높고 병이 더 깊되 학문의 증진에 더 힘을 쓰고 도에 임하여는 더 중하며 그 씩씩하고 공경스럽고 지양(持養)하는 공(功)을 호젓한 데서 배우며 평상시 날이 밝기 전에 일어나 반드시 세수하고 의관을 갖추고 종일 책을 보며 혹 분향하여 늘 마음을 반성하기를 해가 뜰 때처럼 하였다."[103]

④ 마음을 비워 구하라.

"독서할 때에 …… 성인의 말을 믿고 마음을 비워 구하여야 보고 얻는 것이 있으리라. …… 독서에 다른 뜻을 반드시 탐구하지 말고 다만 본문 위에서 그 현재의 뜻을 구할 뿐이다."[104]

⑤ 일용 사물을 배우라.

"도는 가깝게 있되 사람이 살피지 못하는 것이니 어찌 일용 사물 밖에 따로 한 가지 다른 도리가 있을 것인가."[105]

⑥ 제 것을 버리고 남의 것을 좇아라.

"제 것을 버리고 남의 것을 좇음을 못하는 것이 학문의 큰 병이니 천하의 의리가 무궁한데 어찌 저만 옳고 남은 그르겠는가."[106]


### (5) 학과목

① 주자대전

퇴계는 『주자대전』을 학생들에게 제일로 추천하였다.

"배우는 자로서 도의 입문을 알려면 주자대전 가운데서 구하라." 하고, "또 사람이 이 책을 읽을 수 있으면 학문의 방법을 알리라." 하였다.

---

103) 앞의 책, 행장.
104) 앞의 책, 행장.
105) 앞의 책, 행장.
106) 앞의 책, 행장.

② 태극도설

"성일이 묻되 '대학을 읽었으되 이기를 알 수 없다.' 하니 선생이 가로되 '자네가 『태극도설』을 읽지 않았으므로 그러하다.' 하였고 또 '『태극도설』 가운데 군자는 수양하여 길(吉)하고 소인은 패(悖, 혼란스러움)하여 흉하다는 두 구절은 배우는 이가 공부할 첫머리이라'고 하였다."

③ 심경(心經)

"처음 배울 때 공부하는 데 『심경』보다 절실한 것이 없다"고 하였고, 또 "내가 『심경』을 얻은 후에 비로소 심학(心學)의 연원과 심법의 미묘함을 안 까닭에 나는 평생이 이 책을 신명같이 믿고 이 책을 엄한 아버지같이 공경한다." 하였다.

④ 소학, 근사록

"『소학』은 본체와 응용이 갖추어져 있고 『근사록』은 의리가 오묘하니 다 읽지 아니하여서는 안 된다."

⑤ 효경, 사서

"자제를 가르치고 깨우치는데 반드시 『효경』, 『소학』 등의 책을 먼저 하여 글뜻을 대략 통한 후에 사서를 읽되 순순히 차례가 있어야 하고 건너뛰어서는 아니 된다."

⑥ 계몽

"배우는 자로서 앞선 유가들이 이런 말을 한 것을 몰라서는 아니 된다."

⑦ 서명(西銘)

"배우는 이가 불가불 체제와 단계를 먼저 알아야 하므로 많이 『태극』, 『서명』, 『계몽』 등의 책을 가르쳐야 한다."[107]

퇴계의 학문은 성리학을 중심으로 한 깊고 높은 박학이었으므로 처음 배울

---

107)  앞의 책, 행장.

때에 이렇게 심오한 철학의 이치를 가르치는 것이 교도의 지름길이요 본원을
지시하는 것이라 하여 독단적으로 실행하였다.

성리대전 가운데 『태극도설』은 곧 내가 계발한 바 학문 입문의 첫머리이며
경제잠(敬齊箴)은 곧 내가 애용하는 바라.'하고 또 '아래에서 배워 위로 통달하는
것이 오로지 보통의 차례이나 배우는 자가 익히기를 오래하여도 깨달음이
없어서 쉽게 중간에 그만두니 본원을 지시한 것만 못하다. 그러므로 선생이
배우는 자에 인접하여 많이 본원의 첫머리를 지시하는 것'이라 하였다.[108]

여기에 대하여 조남명은 손으로 청소의 예도 할 줄 모르면서 입으로 천리의
심오함을 말하는 것이 실용의 가치가 없는 교육이라고 혹평하였고, 김성일도 처음
배움에 맞지 않는다고 질문하였다(전자는 『조남명집』, 후자는 『퇴계집』을 참조).

### ⑧ 격물치지

"선생은 제갈량의 팔진도설(八陳圖說)을 학생에게 베껴 전하여 유의하여 보고
연구하게 하고, 학생들에게 투호놀이를 시켜 그 덕을 보게 하고 이덕홍으로
하여금 선기옥형(璿璣玉衡, 혼천의)을 만들어 천체를 보게 하고 이중윤(李仲允)에게
전제포산도(田制布算圖)의 법을 질의하였다."[109]

### ⑨ 문장

"조선의 문장은 첫째는 이목은이며 둘째는 이퇴계"라고 한 김농암의 말과 같이
퇴계 자신이 문장에 뛰어났기 때문에 제자에게 "배우는 이는 문장을 알아야
한다"고 권하였다. "사(辭)는 뜻을 사무칠 따름이니 배우는 이는 불가불 문장을
알아야 할 것이다. 문장을 모르면 비록 문자를 안다 하더라도 말과 글에 뜻이
사무치지 못하나니라."[110]

---

108) 앞의 책, 행장.
109) 앞의 책, 행장.
110) 앞의 책, 행장.

⑩ 서법

퇴계는 자신이 서법에 주의한 이니만큼 그 자손에게도 주의를 주었다.

"선생의 필법은 단정하고 힘이 있고 아담하고 장중하고 그 큰 글자도 엄격하고 가지런하였다." "우연히 쓰는 한 자라도 정돈하지 않은 것이 없고 점, 획, 자체도 방정하고 단정하였다(이덕홍기)." 손자 안도(安道)에게 주는 글에서 가로되 "너는 모든 일을 마땅히 신중히 삼가라. 지금 편지를 보니 자세한 글에 큰 글자로 어지럽게 썼으니 이 무슨 뜻이냐. 삼가 광기의 태도를 하지 마라(가훈)."

⑪ 과거학을 반대

"자리에 앉은 모든 이에게 일러 가로되 유가의 의미는 스스로 한 공부니 문예(文藝)가 유(儒)가 아니며 과거 급제를 취하는 것이 유가 아니라 하고 한탄하며 가로되 세간의 허다한 영재가 속된 학문에 몰두함이 심하니 사람이 이 과거학에서 벗어날 수 있겠는가."[111]


# 10. 율곡(栗谷) 이이(李珥)

율곡은 조선에 있어서 이퇴계와 함께 유학의 두 대부요, 정삼봉과 함께 척불론의 양 거두였다. 그러나 그의 성리학이 퇴계와 다르고 척불이론이 삼봉과 달랐다. 조선의 대교육가의 한 사람으로 그의 철학과 교육관은 교육사에 한 장을 빛낼 만하다.

## 1) 철학사상

### (1) 우주관

"우주에는 '원기(元氣)'라고 이름할 만한 '기'가 있고 천지의 기는 이 원기를 받아 생기고 이 천지의 기가 다시 사람과 사물이 된다. 그러므로 현재의 천지는

---

111)  앞의 책, 행장.

이전의 천지가 없어지고 다시 이어 생긴 것이며 현천지가 멸망하면 후천지가 생긴다. 이같이 천지는 소멸하고 자라도 원기는 무한(無限) 무시(無時)하여 궁극이 없고 더하고 감하는 것이 없이 항상 새로운 기를 만든다. 그러므로 천지가 비록 광대하나 우주 가운데 하나의 사물에 불과한 것이며 천지 가운데 있는 사물은 큰 사물 중의 한 작은 사물이다. 그리고 천지가 사라지고 성장하면 전후 천지의 도수(度數, 각도, 온도, 광도 따위의 크기를 나타내는 수)가 꼭 같으리라고는 단언할 수 없다. 그리고 전천지가 모두 사라진 후와 후천지가 다시 생기기 전 중간에는 정적인 음기(陰氣)라고 할지언정 기가 없다고 하여서는 의리가 성립되지 않는다. 만일 기가 전무하다 하면 소위 태극의 이치가 어디 기댈 것인가!" 하였다.

　"묻되 '천지의 생성이 근본을 원기 가운데 하나를 받는 것이니 천지의 기는 유한 유시하여 가히 알 수 있되 원기는 무한 무시하여 가히 알 수 없다. 천지가 비록 크나 원기 가운데의 한 사물에 불과한 것이니 곧 천지 중의 사물은 큰 사물 중의 한 작은 사물에 불과한 것이다. 학자가 이 이치를 알면 천지의 사물이 어찌 족히 나의 마음에 걱정을 끼치리요. ……원기는 나누어 흩어져서 남음과 줌이 없이 늘 생생하나니 곧 새로운 기라. 비유하여 말하면 호수의 물이 비록 남음과 줌이 없으나 가는 것이 지나가면 오는 것이 이어져 항상 새로운 것이요 옛것이 아니다. 사람이 다만 그 남음과 줌이 없는 것만 보고 일정하게 바뀌지 않는다고 하는 것은 '이'요 '기'가 아니다. 대저 원기가 생생하여 쉬지 않는 까닭에 이 천지가 비록 마칠지라도 후천지가 또 생기는 것인가?' 가로되 '이 말이 옳다.' 묻되 '후천지의 도수가 이 천지의 것과 연합하여 다름이 없는가.' 가로되 '기가 같지 않은 것은 사물의 정이니 이 천지의 도수가 365도 4분의 1도인데 후천지의 도수가 일일이 꼭 맞아 차이가 없을 것을 어떻게 알겠는가.' 어떤 이가 말하되 '전천지가 모두 사라진 뒤와 이 천지가 생기기 전에 무극의 이가 있을 따름이니…… 이때에 홀로 이만 있고 기는 전무하였겠는가? 만일 천지가 서기 전에 기가 전무하다고 하면 이른바 태극의 이는 어떤 기에 붙어 있을 것인가?' 선생이 가로되 '천지가 모두 사라진 후에는 전부 음기라고 할 것이다. 만일 기가 없다고 하면 의리가 성립되지 않는다.'"112)

---

112) 『율곡집』, 어록.

　율곡의 원기설은 독일 칸트의 성운설과 같고 천지론은 칸트의 우주개벽론과 같은 관념에서 나온 학설이니 동서를 격하여 서양보다 이백 년 앞서 율곡이 이러한 우주관을 갖게 된 것을 보면 율곡의 이성이 세계적으로 우수하였던 것을 알 수 있다. 율곡이 이기이원을 시인하면서 일체론을 주창한 사상도 원기적 우주관에서 출발한 것이라고 볼 수 있다. 그런데 '가는 것은 지나는 것이 아니요 오는 것이 이어진다'라 하여 서화담의 '가는 것은 지나는 것이 아니요 오는 것도 이어지는 것이 아니다'와 반대된 것은 율곡이 화담에 미치지 못한 것이 크다고 말하지 않을 수 없다.

### (2) 이기론

　율곡은 이기론에 있어서 서화담의 유기론(唯氣論)을 반대하고 다시 퇴계의 이기이원론을 반대하여 일원론도 아니고 이원론도 아닌 일체양원(一體兩元)을 주장하였으니, 곧 이는 기의 주재요 기는 이의 소승(所乘)이라. 이가 없으면 기의 근저가 없고 기가 없으면 이가 의지할 곳이 없다. 그러나 이기는 섞여서 분간이 없으므로 서로 분리하지 못하는 것이니 두 개의 사물이 아니다. 다만 이는 통하여 삼라만상이 동일하고 기는 제한되어 삼라만상에 하나씩을 차지하는 것뿐이다. 곧 자체적으로 보면 이원이요 발행적으로 보면 일원이다. 이러한 양원일체론은 스피노자의 범신철학으로 고대 동서양에서 흔히 볼 수 있는 고민상을 벗어나지 못한 점에서 율곡은 화담에게 일보를 양보하지 않으면 안 될 것이다.

　"무릇 이란 것은 기의 주재요 기란 것은 이의 소승이니, 이가 아니면 기가 근저할 바가 없고 기가 아니면 이가 의지할 바가 없다. 벌써 두 사물이 아니요 또 하나도 아니다. 하나의 사물이 아니므로 하나이면서 둘이요, 두 사물이 아니므로 둘이면서 하나이다. 어찌하여 하나의 사물이 아니라 하는가! 이기가 비록 서로 분리될 수가 없으나 묘하게 합한 가운데서 이는 이대로 기는 기대로 서로 붙어 섞이지 못하는 것이다. 어찌하여 두 사물이 아니라고 하는가. 비록 '이는 이대로 기는 기대로'라고 하나 뒤섞여서 틈새가 없고 선후가 없고 이합이 없어 두 사물로 볼 수가 없는 까닭에 두 사물이 아니다. 이러므로 운동과 정지가 실마리가 없고, 음과 양이 시작이 없으니 이의 발동이 없으므로 기도 또한 발동이 없는 것이다."[113]

### (3) 심성, 정의론

율곡은 정(情)이 성에서 시작한다는 것을 부인하고 심성의 대립과 정의(情意)의 양립을 반대하여 심을 주로 하고 정성(情性), 정의를 심에 종속시켜 하나로 연쇄됨을 역설하였으니 곧 성(性)은 심(心)이 아직 시작한 것이 아니며 정(情)은 심의 발동이며 의(意)는 이 발동 후에 비교하고 헤아리는 것이라고 하였다.

"성은 심의 이며, 정은 심이 활동한 것이며, 정이 활동한 뒤에 정으로 말미암아 비교하고 헤아리는 것이 의가 되니 만일 심성이 둘로 나누어지면 도(道)와 기(器)가 서로 분리할 수 있고, 정과 의가 둘로 나누어지면 인심(人心)에 두 개의 근본이 있을 것이니 어찌 큰 차이가 아니냐. 모름지기 심, 정, 의가 다만 한 길로서 경계가 각각 있는 줄을 안 연후에야 차이가 없다고 할 것이다. 어찌하여 한 길이라고 하는가. 심이 아직 아니 발동한 것이 성이 되고 이미 발동한 것이 정이 되며 발동한 뒤에 헤아리는 것이 의가 되는 것이니 이것이 한 길이다. 어찌하여 경계가 각각 있다 하는가. 심이 적연히 아니 활동하는 때는 성의 경계며, 느끼어 마침내 통하는 때는 정의 경계며, 느끼는 바로 인하여 가늘게 풀어 헤아리는 것은 의의 경계가 되나니 다만 한 마음이로되 경계가 각각 존재한다."[114]

### (4) 사단칠정론

사단칠정론(四端七情論)은 당시 학자 간의 중요한 논쟁이었다.[*5] 율곡은 퇴계의 "사단은 이에 발동한 것이며 칠정은 기에서 발동한 것"이라는 주장을 절대

---

113)  위의 책.

114)  앞의 책, 잡기.

*5)  이 논쟁은 이황과 기대승 간의 논쟁이 발단이 되어 사단칠정에 대한 해석을 둘러싸고 근 200년 가까이 결론 없이 이어졌고 그 이론적 근거는 정치적으로 동인과 서인 간의 당쟁의 원인이 되기도 하였다. 그 발단은 이황이 정자운의 『천명도설』에 후서를 써서 세상에 발표한즉 '사단은 이에서 나오는 마음이며 칠정은 기에서 나오는 마음' 이라는 이기이원론을 주장한 것에 대해 기대승이 이황에게 질문서를 보내어, 이와 기는 관념적으로 구분할 수 있으나 구체적인 마음의 작용에서는 결코 이기를 분리할 수 없다는 이기 공발론을 주장함으로써 시작되었다. 그 후 이를 이이가 뒷받침하여 이기이원론적 일원론의 입장에서 말하여 이황의 영남학파와 이이의 기호학파 간의 논쟁, 대립으로 계속되었다.

반대하여 사단은 칠정의 선(善)의 한 변이요 칠정은 사단의 모든 집합이며 칠정 외에 다른 정이 없다. 정을 발동하는 것은 기라 하여 기로써 마음의 연관된 출발로 삼고 발동하는 것이 이라 하여 겨우 이의 연관을 맺어놓았다. 그리하여 '이기호발설(理氣互發說)'을 반박하였다. "'사단, 칠정으로 두 개의 정이라'고 하는 자는 모두 이기에 투철하지 못함이 있는 까닭이다. '사단, 칠정으로 두 개의 정이라'하지 않는 자도 모두 이기에 투철하지 못함이 있는 까닭이다. 무릇 정이 발동함에 발동하게 하는 것은 기요 발하는 것은 이다. 기가 아니면 능히 발동할 수 없고 이가 아니면 발동할 데가 없으니 이기는 융합하여 원래 서로 분리하지 못한다. 만일 분리와 융합이 있다면 운동과 정지가 실마리가 있고 음과 양이 시작이 있어야 한다. 이란 것은 태극이며 기란 것은 음양이니 이제 태극이 음양과 더불어 서로 활동한다 하면 이야기가 되지 않고, 태극음양이 서로 활동하지 못한다 하면 이기가 서로 발동한다는 것은 오류가 아닌가."[115]

## (5) 척불사상

율곡은 일차 불교에 입문하였던 학자이므로 그의 척불은 문외한의 척불이 아니며 불교의 정수를 논하고 선학(禪學)의 세력과 선학에 점차 물이 든 유학의 상위점을 지적하여 그 폐해를 방지할 것을 강조하였다. 정삼봉은 불교의 팔다리와 몸을 해부하여 그 약점을 찾아 반박한 데 대하여 율곡은 불교의 혈액을 맛보아 그 강한 맛을 들어 경계한 것이니 유학계의 척불투사의 거두라 할 수 있다.

"불씨의 설에 오묘함도 있고 조악한 점도 있으니 조악한 것은 윤회보응한다는 말로 죄와 복을 확장하여 우매한 자와 미혹한 자를 꼬시고 협박하여 공양을 받듦에 분주하도록 만드는 데 지나지 않음이로되, 그 오묘한 것은 심성을 충분히 논하여 이(理)를 인정하여 심이라 하고, 심을 모든 법의 근본이라 하며 심을 인정하여 성이라 하고 성을 보고 듣는 작용이라 하며 자연히 없어지는 것으로 근본을 삼고, 천지 삼라만상을 환상이라 하며, 출가를 도라 하고 일상적으로 곧게 지켜야 할 인륜을 질곡이라 하며, 그 공부의 요체는 문자를 세우지 않고 좌선하여 자신의 본성을 밝혀 볼 때에 본래의 면목이 나타나서 마음 밖에 부처가 없고 자기

---

115)  앞의 책, 「여 우계선생 인심도심서(與 牛溪先生 人心道心書)」.

마음이 곧 부처임을 아는 것이니, 갑자기 깨달은 뒤에 바야흐로 점점 수양할 줄을 아나니 근성이 뛰어난 사람이라면 혹 갑자기 깨달아 갑자기 수양하는 자가 있다. 육상산이 주자와 함께 세상에 나서 치지(致知, 사물의 도리를 깨닫는 경지에 이름)의 노력을 마음대로 하여 '가지만 번그럽고 진실을 잃은 것'이라 하고 오로지 본심에 공부하니 그 함양에 공이 없다고는 할 수 없으나…… 이것이 선학이 피(詖), 음(淫), 사(邪), 둔(遁)의 학설인 줄을 알지 못한 것이다. 상산이 이미 죽었으되 그 학문을 그치지 않고 지금도 주자의 바른 학문과 병립하여 서로 대항하니 노력을 싫어하고 간편을 즐거하는 무리가 서로 유심 황홀한 말을 만들어 붙인다. 오호라 그 역시 유학의 불행이다. 불씨의 폐해는 외적의 침략과 같지마는 육씨의 폐해는 간신이 나라를 망치는 것과 같은 것을 몰라서는 안 된다."[116]

## 2) 교육사상

### (1) 교육의 목적

성인을 기준으로 하고 일상생활의 실천의 길을 밝히는 것으로 교육의 목적을 삼았다.

"먼저 모름지기 그 뜻을 크게 하고 성인으로 기준을 삼을 것이니 추호라도 성인에 미치지 못하면 내 일은 마치지 못한 것이다."[117]

"사람이 이 세상에 나서 학문이 아니면 사람이 될 수 없다. 소위 학문이란 것은 별다른 사물이 아니라…… 다 일상생활의 활동 가운데 일을 따라 각각 그 적당함을 얻을 따름이다."[118]

### (2) 교육방법

#### ① 학교모범

율곡은 대제학으로 있을 때에 선생의 선발과 선비의 양성을 목적으로 하는

---

116) 앞의 책, 『성학집요』.
117) 앞의 책.
118) 『격몽요결』.

310

'학교사목'과 '교육요목'을 내용으로 한 '학교모범'을 지어 실시하였다. 학교모범은 입지, 검신(檢身), 독서, 신언(愼言), 성심(成心), 사친(事親), 사사(事師), 택우(擇友), 거가(居家), 접인(接人), 응거(應擧), 수의(守義), 상충(尚忠), 독경(篤敬), 거학(巨學), 독법(讀法) 등 16조로 나누어 상세히 구비한 해설을 더한 훌륭한 가르침이다.[119] 전문은 제7장 교육규제 8항에 실었기에 여기서는 생략하거니와 그 가운데 입지는 율곡이 가장 힘 있게 주장하였던 것이다.

"묻되 '입지'는 선현이 많이 논한 것인데 선생은 글 쓰고 말할 때마다 으뜸으로 이것을 말하니 무슨 뜻인가? 가로되 입지가 아니면 모든 일이 아니 이루어지니라. 또 묻되 입지하려는 자는 마땅히 어떻게 공부할 것인가? 가로되 '성(誠)'하면 뜻이 스스로 서는 것이니 공경으로써 몸을 갖는 것이 좋다."[120]


② 소아수지(小兒須知)

학교모범의 16조는 성인교육에 적용할 규범이거니와 율곡은 아동교육에도 세밀한 주의를 가지고 '소아수지'라는 17조의 소학 학규를 제정하여 사용하였다.


一. 교훈을 좇지 않고 다른 일에 마음을 쏟거나

二. 부모가 명령한 바를 곧 시행하지 않거나

三. 손윗사람에게 불경하여 발언을 거칠게 하거나

四. 형제가 우애하지 않아 서로 다투거나

五. 음식을 서로 다투어 서로 양보하지 않거나

六. 다른 아이를 침해하고 업신여겨 서로 싸우거나

七. 서로 경계를 받지 아니하고 화를 갑자기 내거나

八. 손놀림이 단정치 못하여 소매를 흩트리고 한쪽 발로 기대 서거나

九. 걸음걸이가 경솔하여 도약하며 건너뛰거나

十. 실없는 농담을 좋아하고 웃고 잡담하거나

十一. 무익하고 관계없는 일을 지어내기 좋아하거나

十二. 일찍 자고 늦게 일어나고 나태하여 독서를 아니하거나

---

119) 『학교모범』.

120) 앞의 책, 어록.

十三. 독서를 할 때에 서로 돌아보며 잡담하거나

十四. 방심하고 정신이 없고 낮에도 앉아 졸거나

十五. 한가한 사람을 대하여 잡담으로 일 버리기를 좋아하거나

十六. 단점을 숨기고 허물을 감추고 언어가 부실하거나

十七. 초서를 좋아하고 어지러운 글씨로 종이를 더럽히거나


이상의 규칙을 범한 것이 무거우면 한 번의 위반이라도 벌을 하고 가벼우면 세 번의 위반에 벌을 한다.[121]


### ③『격몽요결(擊蒙要訣)』과『성학집요(星學輯要)』

율곡은 아래로 민간교육과 위로 제왕의 학문을 실시하여 장려 전도하였다. 그 실제 경험에서 필요를 느껴서 기술한 것이『격몽요결』과『성학집요』다. 이 두 책이 모두 교육의 목적 강령과 학습조항을 택하고 이에 해설을 더한 것이니 일종의 교육의 원리와 학칙이 같은 것이다. 이렇게 교육에 관한 저서의 수량이 많은 것과 내용이 정밀하게 구비한 것과 성의가 충만한 것과 해설이 숙련된 것으로 보아 율곡은 교육가적 천성과 재능이 풍부한 선배임을 우리가 잘 알 수 있다.


㉮『격몽요결』은 일반 학생을 위하여 편술한 것이니 입지, 혁구습(革舊習), 지신(持身), 독서, 사친, 상제(喪制), 제례, 거가, 접인, 처세 총 10장으로 나눈 것으로『학교모범』과 비슷한 내용을 가진 것이다. 다만 독서장에 학과목이 배열된 것이 있어 율곡의 학과목에 대한 요지를 알 수 있게 되었다(과목은 별항으로 다룸).


㉯『성학집요』는 8권으로 되어 있으며 제왕의 학문을 위하여 편술한 것이다.
- 통설(統說) 제1
- 수기(修己) 제2: 이는 13조로 나누어 해설하였으니 총론, 입지, 수렴(收斂), 궁리, 성실, 교기질(矯氣質), 양기(養氣), 정심(正心), 검신, 회덕량(恢德量),

---

121) 앞의 책.

보덕(輔德), 돈독(敦篤), 공효(功效) 따위요,

- 정가(正家) 제3: 이는 8조로 나누어 해설하였으니 총론, 효경, 형내(刑內), 교자(敎子), 친친(親親), 근엄(謹嚴), 절검(節儉), 공효 따위요,

- 위정(爲政) 제4: 이는 10조로 나누어 해설하였으니 총론, 용현(用賢), 취선(取善), 식시무(識時務), 법선왕(法先王), 근천계(謹天戒), 입기강(立紀綱), 안민(安民), 명교(明敎), 공효 따위요,

- 성현 도통(道統) 제5.[122]


## (3) 교과와 요지


① 『학교모범』 독서조에는

먼저 『소학』으로 근본을 북돋우고,

다음 『대학』, 『근사록』으로 규모를 정하고,

다음에 『논어』, 『맹자』, 『중용』, 오경을 읽고 사기와 선현의 성리책을 틈틈이 읽어 의지와 취향을 넓히고 식견을 정밀하게 하라 하였다.[123]


② 『격몽요결』 독서조에는

● 『소학』: 사친, 경형(敬兄)과 충군, 제장(悌長)과 육사(陸師), 친우의 도를 일일이 음미하여 실행에 힘써라.

● 『대학』과 『혹문(或問)』: 궁리, 정심과 수기, 치인의 도를 일일이 참되게 알아 실천하라.

● 『논어』: 자신을 위하여 어짐을 구하는 것과 본원을 함양하는 공부를 일일이 자세히 생각하여 깊이 체득하라.

● 『맹자』: 의리를 명확히 하고 욕심을 말라. 천리를 보존하는 설을 일일이 고찰하여 확충하라.

● 『중용』: 성정(性情, 사람이 본래 가지고 있는 성질과 감정)의 덕과 추치(推致, 사물의 이치를 탐구하여 앎)의 공(功, 효과)과 위육(位育, 천지가 모두 그 바른 위치를 얻고

---

122) 『성학집요』.

123) 『학교모범』.

만물이 충분히 생육하는 것)의 묘(妙, 미묘한 이치)를 일일이 완색(글이 지닌 깊은 뜻을
탐색하며 얻음)하여 깨달음이 있게 하라.

 ● 「시경」: 성정의 사악함과 바름과 선악의 포상·경계를 일일이 새겨 모두
발동하여 징계하라.

 ● 「예경」: 천리의 규정과 의식법칙의 도수를 일일이 강구하여 세움이 있게
하라.

 ● 「서경」: 이제(二帝) 삼왕(三王)의 천하를 다스린 큰 경륜과 법도를 일일이
깨달아 근본을 거슬러 올라가라.

 ● 「춘추」: 성인의 선을 상주고 악을 벌한 것과 앙양(드높이고 북돋움) 조종한
미묘한 글과 오묘한 뜻을 일일이 자세히 연구하여 깨달음을 새겨라.

 ● 「근사록」, 「가례」, 「심경」, 「이정저서」, 「주자대전」, 「어류(語類)」, 「성리설」:
의리가 항상 나의 마음에 침관(浸灌)하도록 하라.

 ● 「사서」: 고금을 통하고 사건의 변화를 달하여 식견을 넓히라.[124]


# 11. 성호(聖湖) 이익(李瀷)

성호는 1682~1764년 때의 학자로 총명이 남달랐고 여러 책을 두루 보았으며
주자학의 전횡을 반대하고 서양의 과학책류를 조금 읽었다. 그리하여 종래의
유학자보다는 훨씬 진보적인 새 사상을 가졌기 때문에 당시의 사상이나 정치나
제도에 불만을 가졌으며 따라서 벼슬길에 나가서 시속과 함께 혼잡하려 들지
않았다.


## 1) 철학사상

성호는 유기론(惟氣論)을 주장하여 서화담과 동일한 물질불멸을 믿었다.

"천지간에 충만한 것이 기며 기가 엉키어 물질이 되니, 물질은 기의
정영(精英)이다. 음(陰)으로 형질(形質, 물체)이 되면 그 속에 '백(魄)'이 있고, 양(陽)이

---

124) 「격몽요결」.

음에서 나는 것이니 백이 있으면 반드시 혼(魂)이 있는 것이다. 이 혼백이 합하여…… 인생의 허다한 정신과 힘을 내는 것이다. 사람이 죽으면 양기는 발산하고 그 기는 또한 천지간에 있는 것이다."

이 학설에서 '기'는 물질이요, '백'은 에너지며, '혼'은 인스피레이션(inspration, 영감)으로서 오늘날의 과학으로 본 인생관, 생사관과 일치되는 것이다.

## 2) 과학사상

성호사설에 의하면 명나라 말 청나라 초에 중국에 선교사로 온 독일인 탕약망(湯若望, Joannes Adam Schall von Bell)의 저서를 읽어서 해와 달의 대소와 우주 크기의 숫자적 학설을 믿었다. 그러나 지동설은 의문만 가지고 확실히 믿지 않았으며 지구의 구형과 지구 상하에 인류가 있는 것을 알았다.

## 3) 교육사상

### (1) 교육의 목적

성호는 교육의 목적이 개인 향상에 있는 것을 의미하여 다음과 같은 말을 하였다.

"왕은 하늘을 본받아 도를 행한다 하였다. 왕만이 하늘을 본받을 것이 아니다. 필부(匹夫)도 하늘을 본받아야 한다. 곧 자연계의 음양 청탁의 변화를 볼 때마다 자기의 심신의 변화와 대조하여 나아가 배울 길을 밟아야 한다."

배우지 않고 놀아 일신의 실패가 된 것이 가히 애석하다 하여 세 가지 애석함을 말하였다. 곧 일신의 실패를 예방하기 위하여 배워야 한다는 것이다.

"일생을 배우지 않은 것이 첫째 애석함이며, 몸이 놀기만 한 것이 둘째 애석함이며, 이 몸이 실패한 것이 셋째 애석함이다."

### (2) 교육의 방법

① 일신전공(日新全功): 날마다 새로워서 공을 온전히 할 것.

『대학』 탕(湯)의 반명(盤銘)을 인용하여 "오늘에 묻기를 좋아하고 내일도 묻기를 좋아하여 부지런히 힘써 자만한 뜻이 없어야 한다. 자만은 비탈길로 미끄러지는 것이라"고 하였다.

### ② 취진공부(驟進工夫): 박력을 가지고 나아갈 것.

"독서 궁리를 목적으로 한다면 용감한 장군이 전쟁하듯이 전선 전진(戰陣)을 바로 부딪히고 혹독한 관리가 법을 시행하듯이 인정이 없어 단매에 자국이 나고 첫 움킴에 피가 나오도록 할 것이다, 그렇지 아니하면 바윗돌을 운반하듯이 오늘 한 번 흔들고 내일 한 번 흔들어 백십 일을 두고 움직이면 반드시 일 분이라도 움직일 때가 있다. 이때에 이 분, 삼 분의 힘을 써서 굴리면 효과가 생긴다. ……한 마음으로 오로지 하면 통한 것은 굳어지고 통하지 못한 것도 잊히지 않다가 어느 날 어느 때든지 혹은 침상에서 혹은 말 위에서 혹은 측간에서 갑자기 깨달을 때가 있는 것이다."

### ③ 구신호기(求新好奇): 새롭고 기이한 것을 좋아할 것.

송나라 유학자 윤화정(尹和靖)이 "경전을 말할 때에 새롭고 기이한 것을 좋아하는 것은 위험하다"고 한 말을 성호는 반대하여 "정치함을 싫어하고 대강만을 좋아하는 고루한 습관은 그 해가 '구신호기'하는 것보다 크다"고 하였다. "작은 의문은 작게 나아가고 큰 의문은 크게 나아가며…… 의문이 없는 것도 의문을 가지고 볼 것이니 의문은 새것을 좋아하는 것과 마찬가지다……."

### ④ 불실기시(不失其時): 때를 잃지 말 것.

성호는 세 가지 낭비를 설명하여 배우는 자에게 노력하라고 경계하였다.

"소수 이단(小數 異端)에다 마음을 두는 것이 정신의 낭비요, 급하지 않은 무익한 일에 노력하는 것이 힘의 낭비요, 세월을 탐하여 공연히 노쇠하는 것이 시간의 낭비다. 이 세 가지는 후회하여도 할 수 없는 것이니 배우는 자는 마땅히 진작하여 때를 잃지 말지니라."

### ⑤ 서독(書牘) 질의: 글로 써서 질문할 것.

성호는 그 경험에 의하여 학문의 질의와 연구에 대하여 면담보다 서간으로 기술하는 것이 좋다고 하였다. 이것은 퇴계도 주장한 것이다.

### ⑥ 경완(敬玩) 서적: 서적을 사랑하고 공경할 것.

성호는 중국의 범희문(范希文)이 서적을 볕에 쬐던 방법을 들어 말하고 그 서적을 사랑하기를 재물만큼 사랑하지 못한다고 탄식한 것을 칭찬하고, "책은 읽혀서 사람의 뜻과 지혜를 더하게 하는 것이니 곧 '엄한 스승'이다. 어찌 소홀히 여길 것이랴." 하였다.

### ⑦ 진리를 간략히 포착할 것

성호는 분분한 이론에 미혹하여 요령을 잃고 번다한 변설에 시간이 낭비되어 실천할 겨를을 잃는 것을 반대하였다. "학자들은 성(性)을 주장하고 심(心)을 논한 말이 분분하게 번다하다. 이회제(李晦薺)가 별도로 『구인록(求仁錄)』을 저작하였는데 가히 해박하다. 해박할수록 말이 번다하니 그러므로 사람들이 뭇 학설에 미혹한 바가 되어 간략한 것을 좋아 구하는 것만 같지 못하다." 하였고, "송나라 이후에 유학이 깊이 파고들어 한 자, 두 자의 뜻을 깊이 연구 검토하여 변명과 주장이 서적에 가득 차니 사람이 골몰하고 또는 알아보기에 급하고 실행에는 늘어지게 되니, 성인이 말한 바 행하고 여력이 있거든 학문을 배우라는 교훈에는 기상이 맞지 않는다." 하였다.

### ⑧ 진지(進止)

나아감(進)과 멈춤(止) 두 가지 학문의 성불성(成不成)이 있다는 것이니 공자가 안연에게 한 "나는 그 나아감을 보았으나 아직 멈추는 것을 보지 못하였다"라는 말에서 진지의 분기점을 말하였다. "혹 사고가 있다. 혹 말 탈 장비가 없다. 혹 힘이 부족하고 질환이 많다 하는 것은 다 나아가지 않으려는 제목이다. 겨를을 얻으면 일이 끝나기를 기다리나니 한 가지 일이 끝나면 또 한 가지 일이 생길 줄을 모르고 심하면 도박놀이를 하면서 진심으로 하지 않으니 슬프다."

(3) 교과목

① 사물잠을 중시하였다.

정자의 사물잠(四勿箴, 예가 아니면 보지 말며, 듣지 말며, 말하지 말며, 움직이지 말라는 네가지 가르침으로 시잠, 언잠, 청잠, 동잠 등 4가지 잠언)에 대하여 "성인의 가르침이 만세의 법이니 그르치는 자는 그른 자이다."

② 『효경』, 『논어』, 『맹자』, 『주역』, 『시경』, 『서경』, 『예기』, 『주례』, 『춘추』. 『주설(註說)』, 『제사(諸史)』, 『정주문자』, 『퇴계집』, 『본국사』 등을 읽어야 한다고 하였다.

③ 가정교육을 중시하였다.

"부형의 가르침은 유년시절에 있고 스승과 벗의 보탬은 장성한 뒤에 있다. 유년시절에 학문을 잃으면 스승과 벗 때에 보충할 수가 없으니 그러므로 사람은 어진 부모와 형제가 있는 것을 좋아하는 것이다. 혹 일찍 홀로 되니 교육이 없거나 부형이 있어도 자비와 우애에 빠져서 가르치고 이끌지 못하였다면 어찌 애석하지 않으랴. 성인이 말하기를 '어릴 때 이루는 것은 천성과 같고 습관은 자연과 같다'라고 하였다"고 하였다.

④ 도시 교육의 폐해를 지적하였다.

"세상에 나서 사람이 된 이상에는 당연히 인사를 알아야 될 것이다. 서울에는 뭇 일이 모여 들었으니 여기에서 배우지 아니하면 다시 무슨 업을 할 것인가! 그러나 일이 모이면 이(利)가 모여 들고 이가 모이면 마음이 흔들리고 마음이 흔들리면 성품이 어지러워지나니 지혜가 높은 자질은 스스로 얻음이 없는 데는 들어가지 않지만 중지(中智) 이하의 사람은 젖지 않는 이가 없다. 근래에 이욕시장이 되어 서울 귀족들의 우아한 용모는 좋으나 본질은 성기고, 입으로 천성과 천명은 말하나 마음의 실질적인 순수함이 없다. 이런 자들은 시속에만 따르는 인재는 될 수 있지만 고매한 그릇을 양성할 수는 없다. 내 일찍이 나라 안을 두루 돌아보니 깊은 산중의 외로운 마을의 민속이 순수하고 아름다운데,

부귀한 양반들이 사는 곳이 이만 못하고, 군·읍 수령이 있는 데는 더욱 못하고, 영진(營鎭)·감사가 있는 데는 또 더 못하고, 서울은 또다시 못하니 자리가 높을수록 '교화'는 더욱 박하고 땅이 가까울수록 풍속은 더욱 변하니 이것으로 도읍은 인재를 기를 곳이 아님을 알겠다"고 하였다.

### ⑤ 실용성 없는 학문을 배척하였다.

"독서하고 도를 말하면서 정치행정의 기술에 어두우면 대학은 무엇하는 것이며, 시경을 외면서 사방의 민간사정을 통하지 못하면 무엇에 쓸 것이며, 가난한 선비가 집에 들어앉아 손으로 살림을 못하고 입으로 자산을 말하지 않고 부모처자가 얼고 굶고 하인이 흩어지면 학문은 소용이 없지 않은가! 국가에 있어서도 또한 마찬가지다."

### ⑥ 사도의 존엄을 주창하였다.

"학문의 도는 엄한 스승이 어려우니 스승이 엄한 후에 도가 존엄하고 도가 존엄한 후에 학문을 공경한다."

### ⑦ 유문(儒門)의 금고(禁錮)를 꾸짖었다.

성호는 조선 유가가 주자설에 얽매이어 글자 하나, 문장 하나를 비판, 교정하지 못하는 것을 분개하였다. 곧 학자의 양심적 이지가 요구하는 진리탐구의 힘을 저지한 당시 사상을 반대하였다.

『중용』 가운데 주자 주석의 틀린 글자의 실례를 들고 말하기를 "다만 글자 한 자에 의심을 품어도 망발이라 하고, 고증하여 보충하여도 죄라 하니 주자의 글이 이 같거든 하물며 옛 경전이랴. 동인의 학문은 고루함을 면하기 어렵다." 하였다.

### ⑧ 과거의 폐해를 절규하였다.

최선(崔銑)의 송창오언(松窓寤言)의 "과거업이 전횡하니 경학이 천박해지고 등과가 쉬우니 모든 인재가 멸시한다"는 말을 긍정하였고, "어질고 착함과 재기를 야인에게서 구하지 않고 세도가에서 구하고, 지혜와 능력을 묻지 않고 사장(詞章)의 지엽말단에서 취하면서 얻지 못하면 사람이 없다 하니 요즘 사람들이 인재를 천시함이 극에 달하도다."

"옛사람이 말하기를 과거로 선비를 취하는 것은 군자로 하여금 부득이 소인이 되게 하고 덕행으로 선비를 취하는 것은 소인으로 하여금 부득이 군자가 되게 하는 것이라 하더니 오늘의 과거는 풍속을 타락시키는 길로 몰아넣는 것이다."

### ⑨ 인재 양성의 편벽을 분개하였다.

"이제 세상 사람의 울울한 마음을 가히 헤아릴 수 있다. 그 풍속이 인재를 천하게 여겨 지혜와 능력이 쇠퇴하고, 그 풍속이 문벌을 숭상하여 서얼, 중인의 차별이 있어 백 세(百世)가 되어도 명신에 통하지 못하고, 또 서북 삼도가 막힌 지 이미 사백여 년이며, 노비법이 엄하여 자손이 평민에 들지도 못하며, 나라 안에 원망과 억울함이 십분의 구는 되고, 또 오늘에 당론이 공공연히 행하며 세 개의 붕당, 다섯 무리가 각각 파당을 이루어 하나가 뜻을 얻으면 나머지는 다 몰아내니 천지가 변화하고 초목이 번식하지 못한다."

### ⑩ 여자교육관

성호의 여자교육관은 예전의 때를 벗지 못하였다. 여자는 아침저녁 공양과 제사 준비, 손님맞이와 베 짜기의 기술과 근검 효경의 덕과 남녀유별의 예절이면 족하고 독서나 책을 집어 드는 것을 해서는 안 된다고 하였다.

성호는 진보적 사상의 소유자였다. 조선 후기의 폐단을 교육적으로 설파하여 인재 양성을 계급적·지방적·파당적 입장에서 해방하라 한 것과 과거의 악폐를 통박한 것과 유학 연구, 비판의 자유를 부르짖은 것과 도시 교육의 폐해를 지적한 것과 실용성 없는 속도니 학문을 배격한 것이 모두 개혁적 정신이 가득 찬 데서 나온 주장이다.

다만 여자교육에 대한 관념이 옛 때를 벗지 못한 것은 유감으로 생각된다. 이 진보한 새 사상은 안순암(정복), 정다산(약용), 박연암(지원) 등 대가를 낳게 하였고, 황득보(黃得甫), 신이노(愼耳老), 이병림(李秉林), 이맹전(李孟專), 이구환(李九煥), 이중환(李重煥), 이가환(李家煥) 등 박학(樸學, 실학)이 계승하였으니, 영의정 채제공(蔡濟恭)이 묘의 비석에 "도를 품고도 실현하지 못하였으니 일세의 불행이며, 글을 지어 은혜가 족하였으니 백세의 다행이라”고 한 말과 같이 성호의 개혁사상은 후진 학자에게 큰 가르침과 깨우침을 주었다. 따라서 조선 후기의 학문, 사조를 변환시키는데 막대한 공헌이 있었다.[125]

## 12. 교육사상의 총괄

조선의 교육사상은 송나라 유학사상이 전제적으로 지배하였다. 고려 때에 유불이 혼합한 사상을 유교사상으로 단일화하려는 것이 국책으로 서 있어 거기에 공이 많은 이가 삼봉 또는 양촌이었고, 정주사상으로 여러 유교 파별을 통일시키는 데 공이 큰 이가 야은, 강호, 점필재, 한훤, 정암, 남명, 퇴계, 율곡 등과 그 문하생들이었으며, 그 가운데에서도 또다시 순수 주자학으로 학설을 통일하고 사상을 하나로 하기에 공을 쌓은 이가 퇴계였다. 그 발전과정을 요약하면 하나는 유불 혼합을 유학만으로 또 하나는 유학의 각파를 정주로 그다음은 정주를 주자만으로 거르고 또 걸러서 주자학에만 골라서 단일화하였다. 그러나 당시에도 이기설에 있어서 율곡과 퇴계와 화담이 다 같지 아니하였으며, 서경덕은 확실히 장횡거의 학문에 가깝고 정주학과는 멀었던 것이다. 그리하여 주자파의 오해와 비난을 받았다. 성호는 송나라 유학 특히 주자학파를 반대하였고 청나라 유학의 사상에 공명된 이였다. 그러나 화담의 과학적인 사상, 성호의 실리적인 사상과도 원체 비과학적, 비실리적인 유교사상의 세력에 눌리어서 고장난명(孤掌難鳴, 한쪽 손바닥만으로 소리가 나지 않는다는 뜻)의 격으로 발전·보급되지 못하였고, 학자 자신도 구름과 안개 속에서 별빛 보는 듯이 외롭고 흐리어서 동경과 고통스런 절개로만 마치고 말았다.

그 밖에도 숙종 때의 양명학파(명나라 유학자 왕수인파로 정주학파와 대립)에 하곡 정제두와 순조 때의 한학파(유학의 훈고학풍)에 추사 김정희가 있었으나 교육에는 별 영향을 미치지 못하였다. 그리하여 정자, 주자 또는 순수 주자학의 사상이 조선의 교육을 거의 독점 지배하였다.

---

125)　원문 전부가『성호사설』에 있음.

# 제13장

# 조선교육의 개괄적 평가

## 1. 제도의 진보

① 학령, 학규 등이 매우 상세히 된 것.

② 교육법이 질의 문답식으로 발달한 것.

③ 성적고사에 시험점수와 평소의 근면·나태와 품행과 인물을 종합하여 평정한 것.

④ 상재, 하재에 같은 무리급을 같은 재로 나누어 두어 피차 이해와 융화가 잘 되게 한 것.

⑤ 학생의 자치권을 확립한 것.

⑥ 사기를 배양시키기 위하여 권당(捲堂)까지 허락한 것.

이상은 오늘날 서양식 교육이 들어오기 벌써 오래전부터 실행한 것인 바, 그 가운데 교수법, 성적고사법, 학생자치권, 사기배양법 등은 지금 서양식으로도 여기서 더 나아가지 못하는 것이니 우리 교육사에 문화적 유산으로 자랑할 만한 것이다.

# 2. 교육사상의 특징과 결함

## 1) 성리학파의 교육사상

앞 장에서 말한 바와 같이 조선의 교육사상은 중국 송나라 유학 성리학파의 사상을 수입한 것이므로 성리파 사상을 검토하지 않고서는 조선의 교육사상을 평할 수가 없다.

### (1) 성리학파 교육사상의 특징

① 성리학파는 이기이원론자(이황파), 이기혼일론자(이이파), 유기일원론자(서경덕파), 유리일원론자(기정진파) 들인데, 이것은 일종의 계통적 우주철학을 구성하고 삼라만상의 변화를 설명하였다.

② 우주철학으로 윤리철학을 설명하고 윤리철학으로 교육철학을 연출하였다.

③ 교육철학에서 교육의 목적이 성립되었으므로 교육의 목적은 윤리, 도덕에 중점을 두어 선인(善人)을 양성하는 데 있고 최종 목적은 성현의 자리에 도달하는 데 있었다.

④ 교육의 목적에서 교육의 방법이 생기는 것이므로 성리학파의 교육방법은 다 성현이 하던 일을 본뜨는 데 있었다. 그리하여 교과서는 소학, 사서, 삼경이었고, 숭배의 대상은 공자, 맹자, 정자, 주자였고, 수양 강령은 '궁리와 치지', '정심과 성의', '중화와 성명', '신독(愼獨)과 경정(敬靜)'이었으며, 실천 요목은 효, 제(悌), 충, 신, 예, 의, 염, 치 등이었다.

### (2) 성리학파 교육사상의 결함

성리학파의 교육사상 가운데는 인격적 향상, 실천도덕의 강화 등 좋은 점도 없지 않으나 그와 반대로 많고 큰 결함이 있었던 것을 몰라서는 아니 된다.

① 성리학은 하나의 공론에 지나지 않았다.

"용을 그리기는 쉬워도 호랑이를 그리기는 어렵다"는 말과 같이 보이지 않는 성리는 아무렇게 그려도 실물이 없으니 참인지 거짓인지 보통사람이 알 수가 없다. 변증이 없고 실험이 없고 오관(五官)에 느껴지지 않고 이성에 감응이 없고, 다만 일부 특수신경에 느껴진 환상적 이야기는 도저히 일반교육의 기본적 철학이 될 수 없다.

② 성리학파의 교육은 '명심(明心, 마음을 밝힘) 견성(見性, 모든 미혹을 버리고 자기본래의 성품을 깨달아 앎)'이 목적이므로 '공경을 주로 하는 것'이 교육방법의 제일 중요한 정신이었다. 이것은 주자가 자신도 모르는 가운데 불교의 선학에 감염되어 주창한 것이다. 그리하여 '정(靜)'이란 수양에 편중하여 지식계급이 성리 공론에 환멸되고 노동을 멸시하면서 도리어 고고하고 과학과 생산과 경제와 정치에는 무식하고 구국하는 지식과 방책은 어두웠던 것이다.

③ 성리의 학설이나 도덕의 표준이나 윤리관이나 예의론에 대한 논점도 주자설에 "맞느냐, 아니 맞느냐"는 시비였고 한 발자국도 더 나아가지 않으려 하여 학문의 발전에 큰 방해를 끼쳤다.

④ 성리학파는 '거경(居敬, 우러르고 받드는 마음으로 조심하는 태도를 가짐)'과 '주정(主靜, 이성이나 의지보다 감성을 중히 여기는 일)'을 수학방법의 제일 중요한 절목으로 다루었으나,

㉮ '주정'에 대하여 청나라 유학자 안원(顏元)은 다음과 같이 평하였다.

"종일 혼자 방안에 앉았으면 사람의 정신이 위축되고 살과 뼈가 다 피로하여 천하에 약하지 아니한 서생이 없고 병 없는 서생이 없을 지경에 이르게 하니, 산 사람의 화가 이보다 심한 것이 없다."[1]

"정은 공론을 사랑하고 학문을 오래 하면 곧 반드시 일을 싫어하고 일을 대하면 곧 망연하여지는 것은 어진 자나 호걸도 면하지 못하거늘 하물며 범상한 사람이야 어떠하겠는가? 그러므로 인재를 그릇되게 하고 천하의 일을 패망하게 한 것은 송나라의 학문이다."[2]

정의 공부는 사실 신체와 정신을 쇠약하게 하였으니 국민에게 끼친

---

1) 임시선, 『지나교육사』.
2) 위의 책.

해독이 컸었다. 이리하여 조선시대로 하여금 신체가 문약하고 정신이 나태한 국민을 만들어낸 것이다.

㉯ 거경에 대하여서 성리학파는 거경하려면 반드시 현실 사물에서 이탈하여야 한다고 말하였으나 안원과 이공(李塨, 청나라 유학자)은 여기에 반대하였다.

안원은 "가로되 일을 잡을 때에 경하라. 일을 경하여 믿으라. 가로되, 그 일을 경하라. 가로되 행하는 데 경하라. 다 심신이 일치하여 공(功, 효과)을 더하는 것이 경이 아닌 것이 없는 것이니, 옛사람이 만든 법은 다 버리고 오로지 정좌하여 수습하고 천천히 행하고 느릿느릿 말하는 것으로 경을 삼으면 이는 유학자가 명분으로 실리를 버리는 것이니 '도'와 거리가 먼 것이다"[3]라고 하였고, 이공은 "성현의 학문은 경을 헛되이 말한 것이 아니다."[4] 하였다.


'정'과 '경'의 공부는 언어, 행동을 너무 정적으로 습관을 길러서, 활발하고 진취적인 활동력을 상실하여 국민으로 하여금 아둔하고 퇴행한 기풍을 갖게 하였으니 생활이 단순하고 일하지 않고 앉아서 먹는 옛 유학자나 할 일이었던 것이다.


⑤ 성리학파의 교육은 국가의 '인재 양성'이라는 교육 표어와 무언 중 모순이 있었다. 인재란 것은 어디든지 책임을 맡을 만한 지식과 기술과 체질과 열의가 있어야 할 터인데 성리학이란 것은 여기에 한 군데도 맞지 않았다. 정치, 경제, 실업, 기타 사무에 어두운 자가 어떻게 국가의 인재가 될 수 있을 것인가? 다시 말하면 "실용 학문을 배워야 인재가 생긴다는 원칙"을 몰각하고 공허한 이야기의 지식으로 국가를 운영할 인재를 길렀으니 큰 모순이 생겼다. 이 모순은 조선교육 자체의 모순인 것이며 송나라 유학사상을 분석 못한 혼탁의 모순이었다.

그리하여 안원은 이러한 비평을 가하였다.

"성현은 한 자리에서도 병(兵), 농(農), 예, 악(樂)을 서로 확인하고, 한 번의

---

3)  앞의 책.
4)  앞의 책.

행위에도 백성을 부유하게 하고 백성을 가르칠 것을 서로 확인하여 행동하거나 가거나 앉거나 눕거나 백성을 잊지 않았다. 이것이 공자 문하의 스승과 제자였다. 후세에 정좌하여 독서하며 거경하여서는 병, 농, 예, 악의 과업을 익히지 않고 나아가서는 백성을 부유하게 하고 백성을 가르칠 공을 세우지 않는 자를 진짜 유학자라 하니, 진짜 유학자란 자는 공자 문하의 어느 자리에 둘 것인가! 그러므로 장구(章句)나 선학의 무리가 없어지지 아니하면 공자의 도가 나타나지 못할 것이다."[5]

청나라 거유 이공도 다음과 같이 평하였다.

"『논어』 전부를 읽었다고 『논어』를 읽은 것이 아니다. '배우면서 때로 익힌다(學而時習之)'고 한 구절만을 실행하면 곧 『논어』를 읽은 것이요, 『예기』 전부를 읽었다고 『예기』를 읽은 것이 아니라 '공경하지 아니함이 없다(無不敬)'한 구절만을 실행하면 『예기』를 읽은 것이다. 비유하면 스승이 제자에게 '남쪽으로 가라'고 명할 때에 제자는 공부를 폐하고라도 남으로 가면 스승이 기뻐할 것이요, 조용히 앉아 움직이지 아니하고 읽기만 하면 스승이 좋아하지 않을 것이다. 사람의 정신은 얼마 되지 않는 것이다. 일 분을 더 많이 읽으면 일 분의 행동할 시간이 줄어드는 것이다. 독서는 탐닉하기 쉽고 한계가 없으니 잘못하면 종신토록 실행하여 볼 날이 없을 것이다. 송·명 이후로 학자들이 책상머리에서 서첩을 지키어 머리를 숙이고 허리를 꾸부리고 부인·여자와 같이 되어 있으니, 학문과 경제가 함께 없어질 뿐만 아니라, 자신의 정신과 역량이 또한 아울러 없어질 것이다. 한 잡부가 날뛰매 천하가 손을 묶고 앉아 있게 되니 이것이 길게 울 만한 일이다."[6]

조선은 이 "인재교육의 목표"와 "성리학 장려 곧 '성현교육' 방침"과 둘이 거의 상극성이 있는 것을 착안하지 못했기에 실용적 인물이 적었고 자격 없는 책임자가 많아서 망국의 비탈길로 굴러떨어졌던 것이다.


## 2) 숭명주의의 교육사상

조선시대 사상 가운데 가증스러운 것이 숭명(崇明) 사상이었다. 명나라를

---

5) 앞의 책.
6) 앞의 책.

높이는 사상은 유교사상이 길러온 모화(慕華) 사상에서 생긴 것이다. 어려서부터 어른이 될 때까지 가르치는 교과서가 모두 명나라 중국을 숭배하는 것뿐이었다. 소위 『천자문』이라는 것은 글자가 중국 것임은 물론이고 그 내용이 전부 중국의 역사·지리·인물로 구성되었고, 소위 『동몽선습』이란 것은 "대명 태조 고황제가 나라 이름을 고쳐 하사한 것이 조선이다"라는 문구가 기입되어 있고, 개인 일화까지도 안자(晏子), 제갈량, 문천상(文天祥) 등 중국인만 들었고 조선인은 한 사람도 들어 있지 않다.

그리고 『통감』, 『사략(史略)』 등을 가르치면서 우리나라 역사는 한 장도 아니 가르쳤으며 문장, 시구도 중국인의 것만 정식 과목으로 읽었고 조선인의 것은 좀 고루한 선비는 무슨 글과 책이 있는지도 몰랐었다.

이 숭명사상은 정치로는 명나라와 청나라의 중간에 처하여 청나라에 대한 외교에 실패하였고, 학문으로는 청나라의 새 유학을 수업하지 못하여 학문 망국의 길을 밟게 되었다. 그러나 이보다도 더 큰 손해는 숭명사상과 병행된 모화사상은 아울러 알지 못하는 사이에 사대사상을 북돋웠고, 이것을 교육화하여 작은 나라가 큰 나라에 부속하는 것이 인간의 윤리요, "하늘에는 두 해가 없고 땅에는 두 임금이 없다는 것"을 철학화하여 자국민의 독립, 자주하려는 국민성을 기르지 않은 것이 그들의 큰 죄악이었다. 윤백호(尹白湖)가 병이 심할 때에 자녀가 울려 하니 "사방의 오랑캐가 다 황제를 자칭하는 지상에서 황제 칭호를 한 번도 들어보지 못한 이 땅에서 사는 것이 욕이니 아까울 것이 없다"고 한 것은 조선 오백 년을 통하여 오직 한 사람뿐이라고 볼 수 있다. 만일 모화사상, 숭명사상이 없도록 교육에 조금만 유의하였더라도 윤백호의 사상 같은 사상이 얼마든지 쏟아졌을 것이며 그 결과는 우리나라의 역사를 바꾸어놓았을 것이다.


## 3. 기형 교육

### 1) 계급 편파 교육

조신의 교육도 고려의 교육과 마찬가지로 국민석 교육이 아니었다. 국가의 교육이념이 왕의 권위를 확보하는 방법에 있었다. 곧 왕의 충복이 되어 국왕의 권력과 존엄을 윤리화하고 도덕화하기 위하여 이것을 대변하고, 여기에 재능이 있고 민중의 신뢰를 얻어 민중을 유도할 만한 지식층을 만들어내는 것이 역사적으로 교육이념에 유전하여 잠복한 사상이었다.

이것이 이른바 인재 양성이었으니 그 숫자는 많아도 소용이 없고, 또 온 국민이 다 지식을 가지면 노예집단이나 생산층, 사역인이 없을 것이니 할 수 있는 대로 적당히 계산하여 필요한 인재 수만 교육시켰던 것이다. 그리하여 대학에는 이백 명 이상이 필요하지 않았고, 사학에도 백 명 이상이면 늘 찼고, 그다음 제일선에서 사역하는 기술자나 말단 행정사무를 보는 향리·서리는 많은 인원을 요구하나 의약·관상·산술·그림 등 특별한 기술자 몇 십 명 외에는 국가가 양성할 필요가 없고, 다만 가정에서나 어떤 사학(私學)에서 스스로 배우고 익힌 저급한 지식의 인물이면 넉넉하다고 생각하였다. 그리하여 국왕의 충복 곧 국가 수호인의 자손집단인 양반계급만이 교육을 받을 수 있었고 서리, 향리급은 국가교육을 받지 못하였으며, 8할의 농민과 양반가, 각 관아, 절, 궁정의 노예들은 다 문맹이 되고 말았다.

그러므로 조선시대 교육 같은 교육은 교육의 성질로 보아 국민교육도 아니요 국가교육도 아니었다. 왜 그런고 하니 국민의 칠팔 할이 문맹이라면 이것이 국민을 교육하였다고 할 수 없고, 한 나라의 존망에 관계되고, 국민의 생활을 보장하는 한 나라의 생산을 전담하고 땀을 흘려 수고한 거룩한 공로를 쌓고 있는 참된 백성을 교육의 문 안에 들여 세우지 아니하였으니, 국가를 중히 본 교육이 아니다. 다만 정치적으로 군주와 군주의 호위대인 신하 문벌을 발전시키기 위한 교육이요 사상적으로는 주자의 충복을 양성하기 위한 교육이었으니, 곧 국민 대중을 발 아래 짓밟고 그 위에서 춤추고 노래하며 영화와 공명을 서로 다투던 양반을 교육하였던 것이다.

그리하여 무식한 대중의 머릿속에는 민족관념이나 애국사상이 없고, 지식층도 민족관념이나 애국사상보다 계급관념이 더 발달되었으며 집안만을 사랑하고, 가족만을 사랑하고, 파당만을 사랑하고, 계급만을 사랑하는 사상이 앞섰다. 이것은 민주주의적이 아닌 봉건주의적인 사회에서는 공통적임을 말하여둔다.

## 2) 지방 편파 교육

조선은 인재양성을 교육의 중요한 목표로 하였다. 그러나 정말 영특한 인물이 나는 것은 극히 삼갔다. 그리하여 과감, 용맹한 기풍이 많은 평안, 함경, 황해 삼도와 조선에 대한 반항심리가 있는 개성에는 등용의 길을 막았다. 만일 영특한 인물이 높은 관직에 오르면 왕위가 찬탈될까 하는 주의 깊은 방침에서 나온 것이다. 곧 군주의 자기보호에 국민 일부의 문화 혜택을 받을 권리가 몇 백 년 동안 희생을 당한 것이다. 등용이 없으니 과거에 뽑힐 소망이 적고 과거에 못 뽑히니 학문의 필요성이 줄어들었다. 이리하여 자연히 교육이 떨치지 않았고 따라서 남방 문화와 같은 문화가 북방에는 침투되지 않아서 백성의 생활이념과 사회의 계급상태가 남방과 다른 점이 많았다. 대체로 북방은 계급의 차이가 적거나 혹은 없고, 문화는 남방보다 낮았으나 실생활에서 활약하고 진취하는 기질은 남방보다 우수하며, 더욱 여자가 남자에게 지지 않게 생활부분에 진출한 것은 남방으로서는 도저히 따를 수 없는 아름다운 풍습이었다. 이것을 보아 남방에 침윤된 조선 교육문화는 확실히 실생활에 끼친 과오가 있었음을 지적할 수 있다.


## 3) 성(性) 편파 교육

봉건제도는 여자가 남자에게 예속된 존재이므로 완전한 사회적 인격을 긍정하지 않기 때문에 교육의 혜택을 못 받는 것이요, 유교는 공자가 말한 "아녀자와 소인배는 가르칠 수 없다"는 폭언을 그대로 철칙처럼 여기어 여자를 열등시한 까닭에 여자교육을 금물로 안다. 남자가 부려먹을 정도의 상식과 집안 잡일에 필요한 기술만이 여자에게 요구되었던 것이다. 조선은 사회가 봉건적이요 사상이 유교였으나, 국민의 반수인 여자는 완전한 인간 대우를 받지 못하여 국가적 교육을 받을 권리를 전혀 갖지 못하고, 가정적으로도 문자교육은 어깨 너머 글로 가족 가운데 남자가 배우는 것을 넘겨다보고 배우기 시작한 총명 우수한 여자만이 있을 뿐이다.

# 조선시대 말
# 27년간
# 교육

# 제14장

# 신교육의 유도

## 1. 새 교육과 새 사상

새 교육은 반드시 새 사상이 있고 난 뒤에 생기는 것이며, 새 사상은 새 교육이 있음으로써 발전하는 것이다. 그런데 새 사상은 새 지식 또는 새 견문이 없이 싹틀 수 없으므로 새 교육의 전제로 새 지식의 준비가 필요한 것이다. 곧 새 교육의 필요를 느낄 만한 예비지식이 없는 곳에서는 새 교육이 생길 수 없다. 조선의 새 교육은 서양식 교육을 의미하므로 먼저 서양문화를 인식해야 하며, 그 문화에 대한 단편적 지식도 없다면 그 문물과 제도를 모방하려 하지 않을 것이다. 그러므로 정식으로 새 교육의 제도와 기관이 생기기 전에 그것을 만들려는 사상이 있었으리라는 사실을 우리는 단언할 수 있으며 이 예비지식을 얻은 경로는 우리 교육사에서 뺄 수 없는 사실이며 또 참고하지 않을 수 없는 생활사인 것이다.

이제 우리나라 학교가 생기기 전에 서양의 학문과 문물로 우리 선배들의 사상이 얼마나 새로워졌으며 또한 그들의 정치와 종교로 말미암아 우리에게 새 사상이 얼마나 싹텄던가를 개괄하기 위하여 교육을 유도한 역사를 살펴보고자 한다.

## 2. 서양의 기계와 서적 유입

선조 36년(1603)에 북경에 갔던 이광세와 권희가 유럽지도를 가져왔는데 그 그림이 아주 정교하였다.

인주 9년(1831)에 명나라에 갔던 정두원이 돌아오는 길에 서양인 육약한(陸若漢, Juan Rodriguez)에게서 서양화포, 화약, 천리경, 자명종, 자목화(紫木花), 『치역연기(治歷緣起)』 1권, 『마테오 리치 천문서』 1권, 『원경서(遠鏡書)』 1권, 『천리경설(千里鏡說)』 1권, 『직방외기(職方外記)』 1권, 『서양국 풍속기』 1권, 『서양국 공헌신위대경소(貢獻神威大鏡疏)』 1권, 「천문도 남북극」 두 폭, 「천문광교(天文廣敎)」 두 폭, 「만리전도(萬里全圖)」 다섯 폭, 「홍이포제본(紅夷砲題本)」 하나, 일귀관(日晷觀) 1좌를 가져왔다.

인조 14년(1636)에 밀양의 장인 유홍발이 일본에서 서양 자명종을 사가지고 와서 그 사용법을 스스로 체득하여 썼다.

인조 22년(1644)에 세자(효종)가 북경에 있을 때 서양인 탕약망(湯若望)과 교류하여 천문학을 배웠는데, 세자가 돌아올 때에 천문 산학(算學)을 받아 왔다.

효종 4년(1652)에는 탕약망의 시헌력(時憲曆)을 쓰기 시작하였다.

숙종 34년(1708)에 서양인 마테오 리치(Matteo Ricci)의 「건상곤여도(乾象坤輿圖)」가 들어오자 왕이 여덟 폭 병풍을 꾸미게 하고 최석정으로 하여금 서문을 짓게 하였다.

경종 3년(1723)에 왕이 명하여 문진종(間辰鐘, 서양식 시계)과 수포(펌프) 두 가지 기구를 만들게 하였는데 모두 서양에서 발명한 것이라 하였다.

영조 17년(1741)에 통역관 안국린, 변중화가 천주교당에 왕래하여 서양인 대진현(戴進賢, Ignatius Kögler)과 사귀고 애써 주선하여 「월일교식표(月日交食表)」, 「팔선대수(八線對數)」, 「팔선표(八線表)」, 「대수천미표(對數闡微表)」, 「월일오성표(月日五星表)」, 「율려정의(律呂正義)」, 「수리정온(數理精蘊)」, 「일식주고(日食籌稿)」, 「월식주고(月食籌稿)」를 얻어 왔다.

정종 7년(1783)에는 이승훈이 그의 부친 이동욱을 따라 북경에 갔다가 서양인을 만나 「기하원본」, 「수리정온」, 「지평표(地坪表)」, 시원경(視遠鏡)을 얻어 왔는데 부친이 사교(邪敎)로 지목받을까봐 모두 태워버렸다.

# 3. 서양학에 대한 선인의 사상

옛날의 지식층은 모두 유학자였고, 유학자는 중국을 제외하고는 모두 오랑캐로 알고 오랑캐의 문화는 신기한 것이 있어도 돌아볼 가치가 없다고 하여 무조건 배척하거나 혹은 문제 삼지 않거나 하였다. 그런 가운데에서도 현명한 머리를 가지고 생각도 해보고 연구도 문제 삼아 한 사람이 많았으니 이이명, 김만중, 이익, 박지원, 홍양호, 정약용 등이 대표적인 인물이었다. 그 가운데에서도 이익의 『성호사설』에는 서양과학에 대한 논의가 많았는데 거의 다 그대로 믿고 깨달아 칭찬하였다. 이익의 서양학술에 대한 사상은 조선교육사에서 말하였으므로, 여기서는 생략하고 다른 사람의 사상을 살펴보려 한다.

## 1) 천체의 역상(曆象)에 대하여

이이명(숙종 때)은 북경에 갔을 때 서양인 소림(蘇霖, Joseph Suarez)과 대진현에게 보낸 편지에 동양역상학의 시작 및 그것이 중국 한, 당, 원 여러 시대에 여러 번 고쳐졌으나 오차가 있었음을 말하고, "시헌서(時憲書)가 생긴 이래 시절에 잘못됨이 없고 칠정(七政)이 틀리지 아니하니 우리나라에서도 서양의 큰 공(功)인 것을 듣고 있다"라고 말하였다.

김만중(중종 때)은 천체 문제에 대하여 다음과 같은 말을 하였다.

개천(盖川)과 혼천(渾川) 양 설이 병행하여 서로 통하지 않으니 개천이라면 남방의 도(度)가 좁고 혼천이라면 북방의 극(極)이 높다. 이 혼·개 양쪽의 어려운 문제를 해결하지 못하더니 명나라 만력(萬曆, 신종, 1573~1619)에 서양 지구설이 나옴에 따라 혼·개 양 설이 다 통하였다. 대개 이때까지만 해도 하늘을 말한 이들은 코끼리를 만지는 격으로 각자 한 가지만 알았던 것이다. 서양역법에서 비로소 전체를 알았다.

홍양호(정종 때)는 서양역법이 정교한 것을 칭찬하여 다음과 같이 말하였다.

근세에 서양인이 천문기구를 새로 만들었는데 극히 정교하여 옛사람이 생각하지 못한 것을 많이 발명하니 중국인이 그대로 믿고 있다. 오직 우리나라에 아직 들어오지 아니하여 운관(관상소, 기상대)에서 오래된 죽은 방법을 쓰고 있으며 운용의 묘한 열쇠를 알지 못한다.

## 2) 지구설에 대하여

이이명이 서양인 소림과 대진현에게 편지를 보내어 지구설이 나온 이유를 알고자 물었다.

분야설(分野說)은 중국이 예로부터 전하는 바이다. 대화(大火)는 송(宋)에 당하고 기미(箕尾)는 중(燕)을 지킨다는 류(類)인데 이제 지명은 연혁이 다르나 통역은 알 수가 있는 것이다. …… 분야법은 그대 나라에서는 쓰지 않는가? 지구는 우리도 그 도설(圖說)을 보았노라. 예전부터 다 하늘은 둥글고 땅은 모나다고 말하였는데 이제 하늘을 따라 땅이 둥글다 하고 가운데가 높고 네 가장자리가 낮다 하니 알지 못할 것이다. 어떻게 이같이 추측하였는가? …… 여러 나라의 땅은 반드시 지금 사람이 스스로 볼 수 없겠거늘 무엇으로 이것을 알았는가? 열어구(列禦寇)의 십주(十洲)와 석씨(釋氏)의 사대부주설(四大部洲說)이 이것과 비슷하니 혹 여기서 나왔는가?

이처럼 서양의 지구설을 믿으면서도 동양학을 중심으로 삼은 사상에서 의문을 일으켰다.

김만중은 "추연(鄒衍)의 구주설과 석씨의 사천하론(四天下論)은 그 뜻이 동관(童觀)을 개척하여 진계(眞界)를 밝게 드러내려는 데 있는 것이요, 산경이나 지리로써 구할 것이 못되고, 오직 서양의 지구설은 하늘에 비하여 땅을 360도로 나누어 경도는 남북극의 고하를 보고 위도는 일월식에 맞추니 그 이치가 사실적이고 그 기술이 야무져서 아니 믿을 수 없을 뿐만 아니라 믿지 않는 것을 용서할 수가 없다. 이제 학자들이 땅이 공과 같이 둥근데, 생물이 둘러붙어 사는 것을 의심하나 이는 생각이 좁은 탓이다……." 하였다.

박지원(정종 때)이 혹정(鵠汀, 청나라 사람)과 문답할 때에 혹정이 "우리 유학자가 근자에 지구설을 믿으니 방원 동정(方圓 動靜)은 유학자의 명맥인데 서양인이

어지럽게 한다. 선생은 어느 것을 믿느냐." 하고 물었다. 박지원은 되묻기를 "선생은 어느 것을 믿느냐." 하였다. 혹정은 "나는 지구가 둥글다는 것을 믿노라."하며 천하만물의 산하대지로부터 일월성신까지 모나게 생긴 것이 없다. 이런 것을 보아도 지구가 둥글다는 데는 의심이 없다고 말하면서 "서양인이 땅이 둥글다고 하고서도 지구가 돈다는 말이 없으니, 이는 둥근 것은 반드시 돈다는 사실을 몰랐던 것이다. 나는 분명히 단언하기를 땅이 한 번 돌아 하루가 되고 달이 땅을 한 번 돌아 한 달이 되고 해가 땅을 한 번 돌아 한 해가 되고……"라고 하였다. 그 때에 박지원은 "우리나라의 근래 선배 가운데 김석문은 세 개의 큰 구슬이 공중에 떴다는 말을 하였고 내 벗 홍대용은 땅이 돈다고 하였다. 나도 지전설을 의심하지 않고 믿노라." 하고 대답하였다.

정동유(정종 때)는 "요즈음 동양 역학자가 지구의 일주는 구만 리요. 태양과 지구 사이는 16,000만여 리요, 기타 달과 항성과 오위 제천(五緯 諸天)도 각각 지구와의 거리에 차등이 있다 하니 이 말은 허황한 말이 아니요, 추측하는 방법이 있는 것이다"라고 하였다.


## 3) 서양의학에 대하여

이익(숙종 때)은 『서국의』라는 제목 아래 동양의학의 해부학적 해설을 길게 말하였는데 잘못 듣고 적은 것도 적지 않으나 동양의학과 다른 것이 많이 지적되어 있다. 마지막을 보면 '뇌가 지각이 있다'는 것을 믿으면서도 '심장에 지각이 있다'는 동양 옛말을 끝까지 버리지 못하여 "'각(覺)'은 뇌에 있고 '지(知)'는 심장에 있는 것이 아니냐." 하는 의문을 붙여두었으며, 『목초(木草)』라는 제목 아래 서양인 탕약망이 중국에서 식물 8,000여 종을 연구한 것을 칭찬하면서 탐구하는 것과 물리에 대한 학설은 중국인이 따르지 못한다고 하였다.

이규경(철종 때)은 종두변증설에 "들으니 헌종 을미년(1835)에 중국에 일종의 기이한 처방이 생겨났는데 다산 정약용이 감춰두면서 비밀로 하고 남에게 보이지 아니하였다. 어떤 본 사람이 있어서 서로 전하는 말에 따르면, 소젖 위에 마마딱지가 생기면 이것을 긁고 고름을 짜내어 아이 팔을 바늘로 찔러 우유(이것은 잘못 들은 듯)로 문지르면 마마가 생기고 얼마 지나지 않아 모두 없어지고 다시 나오지 않는다는 것이다. 우유가(牛乳痂)는 백 마리 소 중에 한두 마리밖에 아니되므로 얻기 어렵다." 하고 다시 정약용이 이런 비방을 금지된 처방도 아닌데 감추어둔 것은 옳지 않다고 평하였다.

정동유는 "『소문(素問)』에서 사람의 오장을 오행에 적용하여 심장은 화(火), 폐는 금(金), 지라는 토(土), 간은 목(木), 콩팥은 수(水)라 하여 고금 의술가의 변하지 못할 말이 되었으므로, 병을 진단하는 데는 오행생극(五行生克)으로 증세를 잡고, 약의 성질을 논하는 데는 오행보사(五行補寫)를 썼다. 만일 이것을 버린다면 의도(醫道)는 모조리 없어질 것이다. 그런데 양자태현(楊子太玄)은 목은 지라, 금은 간, 수는 콩팥, 토는 심장이라 하였으니 이는 『소문』에서 좌라 한 것을 우로 하지 아니하면 안 되게 되었으니 치료가 잘못될 것이다. 그런데 서양인은 늘 말하기를 "중국 의술은 오로지 오행만 말하기 때문에 병을 고치기가 불가능하다."하니 그러면 앞의 양(兩) 설은 모두 폐기되어야 할 것인가"라고 하였다.

## 4) 동양학 사상의 동요

본래 조선의 학문은 유학의 이른바 '사물의 이치를 연구하여 지식을 넓힌다(格物致知)'는 것이 학문의 기본이었다. 그러나 '격물치지'의 정체는 음양오행설에 이론의 근거를 두고 만물의 현상을 거기에 결부시킨 것에 불과하였다. 유학은 이것을 자신만만하게 수천 년을 굳게 믿어왔고 더욱이 중국 외의 모든 나라는 다 무지한 오랑캐로 여기는 교만이 돌같이 단단하였다. 그러던 것이 위에서 말한 것과 같이 개개인이 받아들이는 새 지식으로 말미암아 옛 지식이 무너지기 시작하여 학문의 기초가 흔들렸다. 그러한 가운데 천주교가 들어오면서 더불어 따라온 서양문화는 천주교인만이 동경하였던 것이 아니다. 새로운 과학의 신기함은 지식층을 사로잡아 서양문명에 놀라게 하는 한편 그들로 하여금 서양종교를 믿게 하려고 갖은 수단을 쓰는 바람에 재주 많고 학식이 넓은 이름난 선비가 서양과학을 숭상하였기에 고종 때에 박재형은 아래와 같은 말을 하였다.

…… 살피건대 서양인이 처음 조선에 들어와서 가만히 학문을 베풀고 농업기술을 가르치는데, 그가 가진 물건은 다 기묘한 것이었으니 인정은 기이한 것을 좋아하고 부를 구하는 것이므로 시진종(時辰鐘)이나 자기광

(自起礦)에 정신이 팔리고 또 편작의 기술을 얻으려고 재능 있고 유식한 선비가 먼저 종교로 들어갔으니 예컨대 정유산(다산의 子, 學淵)은 의학을 배웠고 남우촌(남종삼의 父, 尙敎)은 농학을 배웠고 이강환은 수학을 배워서 모두 익숙하였다. 무지한 백성들은 여러 가지 학예가 다 천주교 책에 있다고 하여 눈으로 신기한 것을 보고 더욱 굳게 믿었다.

이와 같이 조선의 옛 교육에는 총명한 인간의 이성을 만족시킬 만한 학문이 없었다. 이러한 결함을 가진 학문이었으므로 이상을 만족케 하는 과학적 새 지식에 부딪히는 대로 기반이 무너지고 기둥이 흔들렸다. 이와 같이 객관적인 새 지식에 부딪혀 주관적인 옛 지식이 무너져가는 것은 인류 진보의 원리로 되는 것이며, 거기에 영광을 차지하는 자는 총명한 머리를 가진 무리들이다.


## 4. 쇄국주의의 몰락

조선시대의 외교는 두 측면이 있었는데, 하나는 사대(事大)며, 하나는 교린(交隣)이었다. 사대는 중국을 상대하는 데 쓰는 말이요 교린은 일본 같은 나라를 상대하는 데 쓰는 말이었다. '사대'라는 두 글자는 우리 외교가 잘못된 길을 밟은 두 가지 뚜렷한 역사적 사실을 만들었다. 인조 때에 애친각라 씨(愛親覺羅氏)와의 관계에 있어서 쓰러져가는 명나라와 인연을 끊더라도 애친각라 씨와 교린의 의를 굳게 지켜서 객관적 현실에서 자국의 이익을 취해야 할 것인데도 고지식한 숭명주의 곧 사대주의로 또는 학자님 생각 같은 도의명분 관념으로 외교를 하다가 남한산성의 부끄러움을 당한 것이 하나다. 중국 청나라의 다 죽어가는 운명을 함께하면서 수교를 하자고 집적거리는 세계 새 문명국과의 외교를 완고하게 무조건 배척하여 암흑 속에서 잡아가는 귀신도 모르고 잡혀서 맴돌다가 쓰러지게 한 대원군의 쇄국주의가 또 하나이다. 이는 모두 유학사상에서 나온 절대모화사상 곧 중국 이외는 다 오랑캐이니 오랑캐는 멸시하여야 한다는 사상과 "작은 나라가 큰 나라를 섬기는 것은 하늘의 이치를 따르는 것이다(以小事大, 順天者)"라고 한 맹자의 말을 그대로 추종하는 사대주의 두

가지가 섞여서 생긴 것이다. 이 두 가지 사상을 다시 집약하면 '사대사상' 하나라고 볼 수 있다. 이는 작은 나라 사람으로서 까딱하면 빠지기 쉬운 사상이다. 이것은 조선시대 교육의 병폐의 근원이었던 것으로 대원군이 쇄국정책을 쓴 것도 이 사상에서 흘러나온 것이다. 쇄국주의는 문화 학술 전체를 거부한 것이므로 이 주의는 나라를 문명세계에서 하나의 암흑지옥으로 만드는 주의였다. 당시의 유학자는 대원군의 쇄국주의를 부채질하였고 일본에 대해서도 일본이 서양문화를 받아들인다 하여 배척하였다.

"이제 일본이 서양 오랑캐를 따라 교역을 중국에 요청하니 중국이 또한 허락하였다. 이제 와서는 서양과 일본이 한편을 이루었도다"라고 한 것은 고종 11년(1874)에 박규수(우의정)가 한 말이다.

"이제 왜놈이 양복을 입고 서양 대포를 쏘고 서양 배를 타니 이는 왜국과 서양이 하나가 되는 명확한 증거이니 …… 왜나라와 교역하는 날은 곧 서양과 결합하는 날"이라고 한 것은 고종 13년(1876)에 최익현(참판)이 한 말이다.

"지금 왜놈 배가 우리나라를 침범한 것은 다 서양 배이니 왜놈 사절이라고 하는 것이 왜놈이 아니요 서양 오랑캐가 아닌가?" 한 것은 고종 13년(1876)에 오상현(우통례)이 한 말이다. 이것이 다 일본과 수교를 반대하는 글이었는데 영남 선비 만 명의 상소에도 이따위 말이 있었다.[1] 이 썩은 유학자들의 망발은 대원군의 완고한 자신감을 더욱 길러주었다.

그러나 오는 조류를 막을 힘이 저들에게는 조금도 없었다. 고종 13년(1876)에 한일수호조약이 맺어지고, 고종 18년(1881)에 대관 신사 13명을 뽑아 일본에 가서 새 국가 발전을 시찰하게 하고,[2] 고종 19년(1882) 3월에 한미조약과 4월에

---

[1] 문호개방에 대하여 가장 먼저 그리고 결사적으로 반대하고 나선 소위 위정척사파로 불리는 보수유생층 1만 명은 1882년 영남에서 이항로의 문하생들을 중심으로 개화정책을 반대하는 상소운동[萬人疏]을 전개하여 대원군의 쇄국정책을 이론적으로 뒷받침하였다.

[2] 문호개방과 함께 일련의 개화정책이 실시되었는데 주로 청국과 일본 양국의 실상을 살펴보고 근대적인 여러 제도나 기술 등을 도입하는 식으로 전개되었다. 그리하여 1881년 일본에는 양반 자제로 구성된 신사유람단을 파견하여 70여 일 동안 일본의 정부기관과 산업기관을 돌아보게 했고, 청국에는 김윤식이 인솔하는 영선사(38명)를 파견하여 천진의 기기국(機器國)에서 무기제조법을 배워 오게 하였다. 신사유람단은 복명서를 제출하여 신문명의 수입을 적극 주장하였으며, 영선사는 기대한 성과를 거두지 못하고 1년 만에 돌아왔고 그때 중국 기술자를 데리고 와서 서울에다 기기창을 설치하였다.

한영조약, 같은 해에 한독조약이 체결되고, 고종 21년(1884)에 한러조약, 23년 (1886)에 한불조약과 한국과 이탈리아 조약, 28년(1891)에 한국과 오스트리아 간의 조약이 체결되었다.

이리하여 각국의 외교관이 서울에 오고 우리나라에서도 각국으로 외교관을 보내게 되니 새로운 인재와 새로운 지식이 더욱 필요하였다. 우리나라는 세계적으로 지식을 흡수하면서 전 인류와 문화를 교류하게 되었다.


# 5. 기독교의 활동

기독교는 우리나라의 신교육을 말하는 데 뺄 수 없는 존재이다. 우리나라에 있어서 기독교의 수입은 세 시기로 나눌 수 있다. 제1기는 서적으로만 수입한 때며, 제2기는 천주교 선교사가 들어온 때며, 제3기는 개신교 선교사가 들어온 때이다. 곧 제1기는 중국을 상대하던 때며, 제2기는 프랑스를 상대하던 때며, 제3기는 주로 미국을 상대로 하던 때였다.


## 1) 제1기 서적 수입 시기

제1기는 중국의 서적, 곧 한문으로 번역된 기독교 서적을 읽고 교리를 받아들인 경우가 많고, 그다음에는 사절이 북경에 갔을 때에 직접 기독교인을 만나 듣기도 하고 교당에 가서 보기도 하여 감염된 일이 더러 있고, 그다음에는 청국인 포교사가 우리나라에 와서 전도한 일이 있었다.

이 시기는 선조 중엽 곧 1600년 무렵부터 1853년까지로 이 시기의 사실을 대략 살펴보면 다음과 같다.


① 중국 명나라 만력 때에 유럽인들이 중국에 와서 종교와 학술을 전하였는데 상류사회의 사람들이 많이 그 종교를 믿었고 그 서적을 번역하니 『경세전서 (經世全書)』, 『천주실의(天主實義)』, 『칠극서(七極書)』 따위가 있었다. 이것을 사절이 왕래하면서 사들여 사고(史庫)에 두었다. 최초에 『천주실의』를 평한 이가

이수광(1563~1628)[1]이었다.

> 『천주실의』 평: 유럽 나라는 또한 대서국(大西國)이라고도 한다. 마테오 리치라는 자가 있어 바다에 8년을 떠서 8만 리 바다를 건너 광동에 십여 년을 있으면서 『천주실의』 두 권을 지었다. 먼저 천주가 천지주재(天地主宰)요 안양(安養)의 도라는 것을 논하고, 다음에 사람의 혼이 불멸하며 금수와 아주 다르다는 것을 논하고, 다음에 윤회 6도(六道)의 그른 것과 천당, 지옥, 선악의 인과응보를 말하고, 끝으로 인성이 원래 선하여 천주를 경배한다는 뜻을 논하였고 그 풍속에 임금을 교황이라 하는데 결혼을 하지 아니하여 아들이 없고 어진 이를 골라서 세우며 우의를 중히 여기며 사사로운 축재(蓄財)를 하지 아니한다. 또 중우론(重友論)을 지었는데 초횡이 말하기를 서역리군(西域利君)이 벗은 '제2의 나'라고 하니 이 말이 참 기묘하다 하였다.[2]

② 이익은 『천주실의』의 서문을 지었는데 간단히 사실만 들고 평하지는 않았으며, 『칠극서』를 논하는 끝부분에 "만일 사력(沙礫, 자갈)을 골라내고 각론만 채취하면 유학자의 류(類)"라고 하였다.[3]

③ 안정복은 『천학고(天學考)』와 『천학문답(天學問答)』을 지어 천주교를 배척하였다.[4]

④ 이이명은 서양인 소림, 대진현과 천주교를 논하였다.[5]

⑤ 박지원은 중국에서 혹정과 서양 종교에 대해 토론하였다.[6]

⑥ 홍양호는 중국인 기구(紀拘)에게 천주교에 대해 물었다.[7]

⑦ 광해조 때에 허균은 천주교서를 읽고 신뢰할 만한 사상이 있다 하였다.[8]

---

1) 『조선기독교외교사』.
2) 『지봉유설』.
3) 『성호사설』.
4) 『정조실록』.
5) 『소재집』.
6) 『열하일기』.
7) 『이계집』.
8) 『오주서종』.

⑧ 효종대왕이 세자 때에 북경에 가 있는 동안에 서양인 탕약망과 사귀어 천주교서와 천주상 한 폭을 얻어 왔다.[9]

⑨ 그 밖에 사절이 한 번 왕래할 때에 수행원이 많았으니 사신만이 가지고 왔을 리가 없다. 그 수행원들이 가지고 온 것은 민간으로 퍼졌을 가능성을 인정할 수 있다.

이러한 사실로 인하여 인조 21년(1643)에 서양학사건이 생겼으니 "정조 15년(1791) 신해 겨울 10월 정묘에 장령 한홍유가 상소하여 서양학사를 논하여 이르길, 옛날 인조 계미(인조 21년, 1643)와 숙종 병인(숙종 12년, 1686)에 또한 서양학사가 났으니 그때의 자료를 능히 참고할 수 있다"[10]고 하였고, 다시 44년 동안을 자라나 숙종 12년(1686)에 천주학이 왕성하였으니 "숙종 12년에 천주학이 성행하니 조정에서 다른 나라 사람과 왕래하는 자를 잡아 보내라고 하였다"[11]고 하였고, 다시 73년을 지나 영조 34년(1758)에 황해도와 강원도에 천주교가 크게 성행하여 집집마다 사당을 없애고 제사를 폐하기 때문에 지방관에게 명하여 엄금하라 하였는데 신자는 대부분 무식한 촌백성이었다. "영조 34년 무인에 해서 관동에 천주학이 크게 성행하여 제사를 폐하는 자가 있으므로 지방관에게 명하여 엄금하라 하였다."[12]

"신해(영조 7년, 1731) 11월 정축(丁丑)에 관학 유생 영도비 등이 상소하여 말하기를 옛날에 선조 무인에 해서지방에 사학(邪學)이 있어 거의 집집마다 사람들이 사당을 헐고 제사를 폐하며 해서에서 관동까지 그 무리가 번창하니 조정과 민간이 당혹하였다. 기묘(영조 35년)에 형조가 아뢰되 무인년 해서의 일은 특히 무지 몰지각한 어리석은 촌백성들이 범한 것이라……"[13] 하였고, 다시 28년 뒤 정조 9년(1785)에 천주교인의 죄를 다스렸으니 "좌참찬 김화진이 이르길 신이 을사년(1785)에 추관으로 있으면서 백성들을 속여 어지럽히는 자를 벌하였는데

---

9)   『조선기독교외교사』.
10)  『정조실록』.
11)  『국조보감』.
12)  위의 책.
13)  『정조실록』.

그때에 자수한 자가 10여 명이 있었다."[14] 하였고, "1794년에 중국인 포교자 주문모가 몰래 들어와 숨어 다니며 전도하여 4,000명의 신자를 얻었다."[15] 하였다.

이같이 천주교는 자꾸 번창해갔지만 배타성이 강한 유학자들은 이 교인이 제사를 폐하는 것에 대해 아비도 임금도 모르는 오랑캐의 도(道)라고 배척하면서 나아가 당파싸움의 구실로 죄를 만들기 위하여 참소하고 혹은 개인적인 감정을 갚기 위하여 들추어내기도 하여 큰 살육이 여러 번 생겨 이름난 선비가 많이 죽고 집안이 몰락하였으며 외국인이 10여 명이나 순교하고 수만 명의 사람이 죽는 조선 근세사의 큰 사실(史實)의 하나가 되었다. 제1기에는 두 차례에 걸쳐 학살이 있었는데, 첫 번째는 정조 15년(1791)에 선비 권상연, 윤지충이 신주를 없애고 제사를 폐한 일을 문제 삼아 옥사(獄事)를 일으켜 두 사람을 사형에 처하여 다수 인사가 화를 당하였으며, 두 번째는 순조 원년(1801)에 사교 옥사를 일으켜 이가환, 정약전, 황사영, 주문모 등을 사형에 처하고 많은 신도가 화를 당하였다.[*3]

## 2) 제2기 구교파 선교사 잠입기

제2기는 프랑스 신부가 직접 몰래 들어와 모험적·영웅적으로 전도하던 시기로 1836년부터 1882년까지 46년 동안이다. 1836년 모방이 들어온 것을 비롯하여 1837년에 한 사람이 오고 1838년에 또 한 사람이 와서 경기·충청 지방에 전도하여 만여 명의 교도를 얻었고 3명의 청년을 뽑아 마카오로 유학까지 보냈다. 이같이 뻗어가는 교세를 싫어하던 차에 유력한 교인 가운데 방자하게 구는 자가 있어 이를 미워한 임금은 곧 금교령을 내려 남녀노소를 막론하고 다 잡아 벌하면서 천주교의 뿌리를 뽑으려 하였다. 그리하여 서양인 신부 3명이 다 순교하였고 조선인 신도 30여 명도 죽음을 당하였는데 이것이 세 번째 학살이었다.

1848년에 다시 선교사 막스렐이 죽음을 무릅쓰고 조선에 몰래 들어와

---

14) 위의 책.

15) 『조선순교복자전』

*3) 소위 '신유박해(辛酉迫害)' 사건인데 이때 천주교 신자 황사영이 북경에 있는 프랑스 주교에게 무력을 동원하여 조선에서의 신앙과 포교의 자유를 보장받아달라는 서신을 보내려다 발각된 소위 '황사영백서사건'이 발생하였다. 이러한 천주교의 외세 의존적 반국가행위는 정부를 더욱 자극해 천주교에 대한 박해를 보다 가혹하게 하는 계기가 되었다.

전도했지만 포교의 실마리도 못 찾았을 뿐 아니라 또 당시는 금령도 흐지부지해져 많은 선교사들이 새로 들어오게 되었다. 서적을 만들고 서울에 활판소(인쇄소)도 두어 인쇄물을 반포하여 1863년에는 교인이 3만여 명이 되었다.

고종 3년(1866)에 대원군은 프랑스의 힘으로 러시아를 쫓으려고 천주교를 이용하려다가 갑자기 정책을 바꾸어 학살령을 내려 남종삼 부자, 홍봉주 등과 서양인을 참살한 것을 시작으로 무수한 인명이 죽었다. 이것이 네 번째 학살이며 천주교를 뿌리째 뽑아 없애려는, 전에 없던 참혹한 최후의 학살이었다.[*4]

이같이 참혹한 탄압과 살육을 한 뒤 계속하여 양요가 생기면서 외국을 배척하는 주의가 한층 더 심화되어 그 뒤 약 10년간은 사회 표면에서는 천주교가 자취를 감추었다. 그러나 선교사들은 다시 죽음을 결심하고 선교를 계속하여 뮤텔 주교가 3년 동안을 국경에서 기회를 엿보다가 1879년에 상해에서 조각배를 타고 몰래 들어와 낮에는 숨어 지내다가 밤이면 마을로 나와 다니며 6년 동안을 전도하였다.

이와 같이 학대와 탄압으로 일관한 정세 아래 자라난 천주교는 1896년 정부에서 종교 자유를 공포하던 때에는 벌써 교도가 3만 명, 선교사가 34명, 학교가 23개교, 예배당이 450개소나 되었다.


## 3) 교세 확대 이유

이상과 같이 천주교가 학살 아래에서도 자꾸 자라난 까닭이 어디에 있는가 생각할 필요를 느끼지 않을 수 없다.

첫째로 조선의 옛 교육이 민중과 관계가 없었기 때문에 그들은 무식하였다. 그리하여 이성은 텅 비었고 비판력이 아주 없었다. 그들에게 신의 존재로 이성을 만족시키고 행복의 길로 인생관을 지도하기는 쉽디쉬운 일이었고 더욱이 듣지도 보지도 못했던 새 지식을 담은 말과 신기한 느낌을 주는 물건들에 새로운 감격이 없을 수 없었다.

---

[*4] 소위 '병인사옥(丙寅邪獄)'으로서 이때 살아남은 3명의 프랑스 신부 가운데 한 사람인 피텔이 중국으로 탈출하여 프랑스 극동함대에 보고하자, 프랑스는 이 사건을 빌미로 전함 3척을 이끌고 조선 침공을 감행하니, 이것이 곧 병인양요이다. 이 침공의 본질은 선교의 자유가 아니라 통상요구, 즉 제국주의적 경제 침탈에 있었다.

둘째로 조선의 옛 교육은 계급적 전제(專制)의 도덕을 기른 교육이었다. 그 밑에서 신음하던 대중에게 평등과 자유는 신의 사랑이며, 도의 진리라는 것을 힘 있게 들려주니 그들의 감정이 움직이지 않을 수 없었다.

셋째로 조선의 옛 교육은 생계를 등한시하였고 더욱이 빈민을 구제하거나 그들을 잘살게 하겠다는 사회적 의식은 조금도 가르친 일이 없어 식자와 빈민 사이에 인정적 유대가 없는 사회가 되었다. 이러한 땅에 선교사들이 들어와서 직업을 가르치고 생계를 지도하며 빈민을 친구로 여기고 구제에 열심이었으니 그들이 따라가지 않을 수 없었다.

넷째로 조선의 옛 교육은 사대사상을 크게 길렀다. 그것이 유식과 무식을 묻지 않고 일반화되어 병폐가 되어 있었다. 선교사들은 이것을 이용하여 프랑스나 교황의 위세로 선전하였고 시골 교인의 대문에는 '대프랑스 성교인가(聖教人家)'라는 문패를 붙였다. 이와 같은 위세를 등에 업은 선교에 사대사상을 가진 민중이 기울지 않을 수 없었다.

다섯째로 지식층은 대부분 외국인의 과학적 지식에 놀라 그 교리까지도 긍정하는 선입관적 사상에 빠져 받아들였기에 이 또한 조선 옛 교육에 과학이 없었던 탓이었다.


## 4) 제3기 개신교 선교사 도래기

제3기는 북장로회가 처음 들어온 시기에서부터 개신교가 계속하여 들어온 기간으로 1884년부터 1910년까지 약 25년~26년으로 잡을 수 있다. 이 기간은 벌써 구미 각국과 조약을 맺고 종교의 자유를 준 때이다. 이제 개신교가 들어온 시기를 보면 다음과 같다.

그들의 포교의 방침은 어디서나 교육과 의료를 병행하는 것이다. 우선 갑신정변 (1884) 때부터 갑오경장(1894) 때까지, 곧 이 땅에 새 교육이 아직 본격적으로 싹트지 않았을 동안의 기독교 선교사들의 활동을 고찰해보면 다음과 같다.

북감리회 선교사 맥클레어는 포교 준비를 위해 들어와서 각 방면을 시찰하고 고종 황제로부터 교육사업과 의료사업을 시설하는 데 필요한 충분한 편의를 받도록 약속을 받았고 그다음 해에 아펜젤러가 와서 배재학당을 설립하고 스크랜턴이 병원을 설립하였다.

## 개신교가 들어온 시기

| 시 일 | 교 파 | 처음 온 선교사 |
| --- | --- | --- |
| 1883년 | 미국 북감리회 | 맥클레어 |
| 1884년 | 미국 북장로회 | 알 렌 |
| 1885년 | 미국 북장로회 | 언더우드 |
| 1885년 | 미국 북감리회 | 아펜젤러 |
| 1889년 | 오스트리아 장로회 | 데이비드 |
| 1890년 | 캐나다 장로회 | 맥케인지 |
| 1892년 | 미국 남장로회 | 7명 |
| 1895년 | 미국 남감리회 | 펜드릭 |
| 1896년 | 미국 남감리회 | 리드 |
| 1904년 | 미국 안식교회 | — |
| 1907년 | 미국 동양선교회 | — |
| 1907년 | 영국 구세군 | 호가드 |

북장로회 선교사 알렌은 들어오던 길로 서울에 병원을 설립할 계획을 세워 예정대로 1885년 2월에 재동에 병원을 설립하고 학생을 모집하여 서양의학을 가르쳤다. 당시에는 '주립조선병원'이었고 뒤에 '제중원(濟衆院)'이라 하였고 그 뒤에 '세브란스 병원'이 된 것이다. 이듬해에 언더우드가 와서 1886년에 영어교사로 정부의 부름을 받아 입국한 헐버트를 교장으로 하는 남자학교를 세웠는데 이것이 경신학교였다.

결론적으로 말하면 기독교가 교육에 준 영향은 실로 컸다. 나라의 교육이 대중적으로 되지 못한 이 땅에 대중을 상대로 한 기독교 문화로 대중의 옛 꿈을 깨우는 데 큰 공적을 남겼다. 이제 그 영향을 간추려보자.

① **신앙에 기초한 생활의 정화**

　㉮ 술과 노름을 금하였음.

　㉯ 잡된 미신 행위를 없앰.

② **사상의 향상**

　㉮ 완고한 유교사상을 수정하였음.

　㉯ 양반과 상놈의 계급관념을 타파하였음.

㉡ 남녀 동등관이 생겼음.

㉣ 일부일처주의가 굳게 섰음.

㉤ 여성의 사회활동이 생겼음.

㉥ 여성의 교육을 향상시켰음.

### ③ 생활 습관을 고침

㉮ 예문의 경직에서 벗어나 관혼상제를 간편하게 함.

㉯ 교제 오락 모임을 자연스럽고 예의 있게 함.

### ④ 지식이 늘었음

㉮ 자기 스스로 무식에서 벗어나려는 생각이 강해졌음.

㉯ 자녀에 대한 교육열이 높아졌음.

㉰ 연설, 토론회 같은 공동 집회에 단련이 되었음.

㉱ 음식, 의복, 원예 등에 대한 지식이 늘었음.

㉲ 새 음악을 보급했음.

㉳ 새 의약을 보급했음.

㉴ 교육을 보급했음.

### ⑤ 민족적 의식을 배양

㉮ 국어를 보급했음.

㉯ 교육을 통하여 외국에 대한 상식이 늘었고 외국에 대한 우호가 생겼음.

㉰ 선교사를 통하여 우리나라의 민족운동을 해외에 선전하는 기회를
가졌음.


이러한 여러 가지 사항 가운데에는 정식 학교교육으로도 대중에게 보급하기
어려운 것이 많았다.

# 제15장

# 신교육의 태동기
## (1884~1894)

## 1. 시대상

앞장에서 말한 것과 같이 옛 교육에는 커다란 결함이 있었다. 총명한 지식층에서부터 서양의 새 학술에 의해 옛 학문의 이념이 흔들렸고 기독교를 통한 새 지식, 새 사상은 벌써 민간에서 자라났으며 새 시대, 새 국가의 문물제도는 외교단을 통하여 계속 스며들어오니 이제부터 교육도 새롭게 변하지 않을 수 없었다. 곧 완전한 새로운 문화민족과 문명국가로 바뀌지 않으면 안 될 단계에 서게 되었으니 이때는 곧 고종 3년(1884)경이다. 앞장에서 길게 말한 서곡은 곧 이 단계로 조선을 몰아온 것이다. 그러나 만물에는 타성(Inertia)이 있다. 이 타성은 가능한 한 이미 가지고 있는 상태를 바꾸지 아니하려는 것이니 타성이 클수록 변하기가 어렵다. 물체뿐만 아니라 인간사회에도 타성이 있다. 조선의 옛 습관은 수천 년 묵어온 것이어서 이것을 바꾸기는 그리 쉬운 일이 아니기 때문에 신교육의 탄생은 지체되었다. 정치는 당파싸움이 많고 사상은 완고한 편이 세었고 경제는 넉넉지 못하였다. 썩어가는 청나라에 매달리며 묵은 옷을 벗지 못하는 보수파와 새로 나아가는 일본을 부러워하며 새로운 이상에 뜨거워진 개화당이 완전히 대립하여 정계는 엎치락뒤치락하고, 공·사 문서에는 아직도 청나라 연호를 쓰고, 문관과 무관의 차별이 그대로 있고, 대신이 지나가면 가게에 앉았던 평민은 일어서고 말 탄 사람은 말에서 내려야 하고, 노예문서를 두어 종을 사고파는 풍속이 그대로 있고, 양반과 상민의 혹독한 차별은 여전하고, 인재등용은 계급과 지방에 국한되어 있으며, 궁중의 요사한 궁녀와 조정의 썩어빠진 관료들이 마음대로 재주를 부려 사상은 암흑의 세계에 빠져 있고, 양요가 있은 뒤로 인심은 들썩거리는데 관리는 위에서 아래까지, 중앙에서 지방까지 세금 거두는 것을 일로 삼아 지방의 백성은 빼앗기고 볶여 살 수가 없을 정도로 궁핍하여 원망이 가득 찼으며, 일반 백성의 경제적 고통은 심하였다. 문교 방면으로는 과거제도가 그대로 있어서 고종 31년(1894)까지 과거를 실시했다. 이러한 정세에 신교육의 요구는 급하였지만 이 신교육에 대한 이해조차 가질 수가 없을 만큼 일반 사상이 완고하였고, 가졌다 하더라도 실현될 수 없을 만큼 정계가 혼란하였으며, 실현시킬 계획이 있더라도 추진할 수 없을 만큼 경제가 메말랐다. 그러하니 이 기간에 신교육이 잉태된들 활발히 자라날 수가 없었다. 신교육을 잉태한 모체의 변화가 있었다면 다음의 몇 가지를 들 수 있다.

### ① 새 학술가를 초빙

고종 19년(1882)에 신진파들의 주선으로 일본에서 학술가 한 사람을 고문으로 초빙하여 개화의 규범을 배우고 신문화를 수입하려고 힘쓰면서 이듬해에 전도국(오늘날의 조폐공사), 기구국(기구 만드는 곳), 박문국(인쇄하는 곳) 등을 세웠다. 그리하여 박문국에서 신서적을 간행하여 민지(民智)를 계발하려 하였고 이 해 10월부터 『한성순보』라는 신문을 발행해서 처음으로 신문이 생겨 고종 22년(1885) 11월에 한글을 섞어 펴내어 새로운 문체가 처음 시작되었다. 그 당시 수구파(보수파)는 이런 일을 싫어하였다.

### ② 개화당의 혁신운동

정치가 새롭지 않고는 모든 나랏일이 다 새롭지 못하다는 것은 누구나 아는 바이다. 앞서 말한 바와 같이 그때에 정계는 수구파와 개화파가 대립하고 있었다. 개화파는 수구파를 타도하고 혁신정부를 만들려고 '쿠데타'를 기도하였으나 3일천하로 실패하였으니 이것이 근대사상 유명한 갑신년 10월 우정국정변이다. 이 사건은 성공하지는 못했지만 그때의 새 풍조를 고무하는 영향이 컸다.[1]

### ③ 고치라는 윤음(綸音)

앞서 고종 19년(1882)에 팔도에 왕명을 내려 양반도 장사하고 서민도 학교, 즉 향교와 성균관에 참여할 수 있게 하라 하여 사민(四民) 평등을 나타내었으며 또한 1884년에는 도포와 같은 긴 소매와 폭 넓은 옷은 입지 못하게 하고 공사 간에 의복을 아주 간편히 하여 벼슬아치는 '곳전복'을 입고 서민은 두루마기를 입으라 하였다. 이 일도 보수적 인물들의 반대가 있어서 뒤집힌 적이 있었다.

### ④ 기공학생의 양성

국방군을 새로 재편하는 한편 새 병기의 필요를 느끼고 고종 19년에 기공학생 (技工學生) 69명을 양반 자제 가운데에서 뽑아 중국 천진으로 보내어 기술을 배워 오게 했으나 학생들이 공장 실습에 견디지 못하여 모두 돌아온 뒤에 20년(1883)부터는 청국 공인 4명을 데려다가 삼청동에 기구창을 두고 가르쳤다.

### ⑤ 문명이기의 이용

고종 22년(1885)에 서울·인천 사이, 서울·부산 사이, 서울·의주 사이에 각각 전신을 가설하였으며 민간에 기선을 구입하는 것을 허락하였다.


## 2. 신교육의 태생(胎生)

### 1) 배재학당

#### (1) 교육의 목표

배재학당은 고종 22년(1885) 6월에 미국 북감리회 선교부에서 세운 것으로서 그 사명을 맡아 일한 선교사는 아펜젤러였다. 이 학교는 학과의 내용으로나 학교규칙의 정비로나 교육의 정신으로나 이 땅의 새 교육의 개척자요 으뜸이라는 명예를 가진 학교였다. 더욱이 그 당시 국가에서도 미처 하지 못한 문화적 사업을 외국인이 여기까지 와서 하는 데 대하여 정부에서는 옛 전례에 따라 임금이 학교의 이름을 지어 사액하는 영예를 주었다. 이 땅에 처음으로 설립된 새 교육기관이므로 어떠한 내용을 가지고 출발하였던가를 살펴보려 한다.

① 정도: 고등학교 과정이었으며,

② 목적: 기독교인 양성과 국가의 인재를 배양하는 데 있었으며,

③ 학과목: 한문(경서, 사기), 영어, 천문, 지리, 생리, 수학, 수공(手工), 성경 등이 있으며(개교 규칙서에 의함),

④ 과외: 연설회, 토론회 같은 사상 발표의 훈련과 농구, 축구, 테니스 따위의 스포츠 연습을 시켰는데 이것이 모두 이 땅에서는 이 학교가 처음 개척하였다.

⑤ 규칙: 이 규칙은 조선에 처음 생긴 새 교육규칙으로서 『조선교육사』의 앞에 실린 옛 학교규칙이 사라지면서 반드시 생겨야 할 새 학교규칙의 시작이다. 신진대사적 문헌이므로 후세로 하여금 당시의 교육정신을 엿보게 하기 위하여 요강을 해석하여 적어둔다.

## 규 칙

① 수업료는 매달 석 냥이요, 다달이 내었다.
② 학비가 없는 학생은 일거리를 주고 제 힘으로 벌어서 쓰게 하였다.

수유등절(爰由等節)
③ 학생 출입은 반드시 교사의 허가증을 받고 증서를 동학(감독자)에게 보이게 하였다.
④ 마음대로 출입하면 벌하였다.

---

*1) 1884년 갑신정변은 김옥균, 서재필, 박영효 등 급진개화파에 의해 이루어진 정변으로서 근대사상 근대화를 위한 '위로부터의 개혁' 즉 부르주아 혁명에 해당하는 사건이다. 당시 국내외 정치세력은 민씨 일파가 중심이 되어 기울어져가는 청국을 자신의 세력으로 등에 업고 정권 유지에 급급한 수구파, 일본식의 급진개혁을 주장하는 친일적인 개화파, 청국의 양무개혁과 같은 점진적 개혁을 주장하는 친청적인 개화파로 구성되어 있었다. 이들은 모두 대중적인 기반을 갖고 있지 못하였고, 당시 일본을 비롯한 제국주의에 대한 인식 또한 불철저하였다. 이러한 한계로 말미암아 급진개화파의 정변은 실패하지 않을 수 없었고, 그 한계의 원인은 그들의 양반 관료적 내지 지주적인 계급적 성격에 있었다.

⑤ 허가를 미리 받지 않고 나중에 승낙을 요구하는 학생은 허가할 만한 일이었더라도 용서하지 않았다.

시한등절(時限等節)

⑥ 해가 지면 제 방에서 공부하고 밤 10시 후에 불을 끄게 하였다.

⑦ 등교는 오전 8시 30분에서 11시 30분까지, 또 오후 1시부터 4시까지 하되 등하교 시 문란하고 느리거나 뛰고 떠들지 못하게 하였다.

⑧ 학교에 나올 때, 수업이 시작될 때와 마칠 때는 반드시 종을 울렸다.

⑨ 아침식사는 8시에 마치고 점심은 11시 45분에 마치고 저녁식사는 5시 내지 6시에 마치게 하였다.

행동등절(行動等節)

⑩ 학생은 반드시 줏대와 범절이 있어야 하고 매사에 예의를 지키게 하였으며 국법을 범하면 법관에게 넘긴다고 하였다.

⑪ 병을 핑계로 결석하지 말라 하고 술과 노름과 못된 말과 음란한 책을 읽는 일을 금지하였다.

⑫ 학교의 건물이나 기물을 더럽히거나 파손하면 손해배상을 시켰다.

⑬ 공부 시간이 아니면 학교에 들어오지 못하고 학교에서 싸우지 못하게 하였다.

⑭ 공부 시간에 외부인이 찾아오는 것을 금지하였다.

⑮ 무슨 일이든지 일요일에는 반드시 휴교하라 하였다.

⑯ 학교의 책이든 쓰는 기물이든 자기의 것이 아니면 일체 가지지 말고 담당자에게 반납하여 본 곳으로 돌아가게 하고, 대출한 지 12일이 지나면 연체료를 물게 하였다.

⑰ 자기 방을 매일 아침식사 전에 쓸고 닦아 반드시 거처를 깨끗이 하라 하였다.

⑱ 매일 식사 후에는 뜰을 쓸고 불을 때는 등 모든 일을 직위대로 하게 하라 하였다.

⑲ 동학과 학생은 절차를 확실히 알고 있어야 한다 하였다.

방학과 벌목등절(罰目等節)

⑳ 큰 허물이 있으면 퇴학시키고 그다음은 경중에 따라 유기정학을 시켰다.

㉑ 자퇴하고자 할 경우에는 부모 또는 추천인(보증인)의 편지를 가져오게 하였다.

㉒ 제멋대로 나오기도 하고 안 나오기도 하며 1개월이 넘는 학생은 학교에서 제명하였다.

㉓ 도강(정기시험)은 매년 두 차례로 정하고 공부의 다소에 따라 점수를 주어 100점을 만점으로 하고 학과의 평균점수가 70점 이상 된 학생만 진급하게 하고 70점 이하는 유급이 되게 하였다.

㉔ 성적표는 직접 학부형이나 추천인에게 보냈다.


### (2) 교육의 내용

위의 규칙은 개교 4년 만에 작성하였고 영문 원본을 순한문으로 번역하여 학생에게 나눠 준 뒤, 긴 서문을 의미 깊게 지어 붙였고 항목은 다만 'ㅡ'자만 써 나간 것을 필자가 편의상 번호를 붙였다. 이제 이 규칙으로 그때의 교육정신을 다시 살펴보려 한다.


### ① 예로부터 내려오는 미풍을 보존하려 한 점

규칙 1항 원문을 보면 "士之相見. 必先 執贄禮也. 面師生之誼. 尤有關焉則. 不可無贄. 故. 古亦有 自行 束脩之文. 而今. 不必盡按 其例. 以錢代修. 新來者. 先以 六兩. 來納. 半爲册價. 半爲月例. 餘月. 具納 月例事"라 하였다. 이 글에서 '속수(束脩)'의 '수'는 육포(肉脯)를 말하고 '속'은 열 개를 뜻하므로 곧 '고기포 열 개'란 말이다. 동양 옛 법에는 남에게 배우러 가려면 먼저 예물을 가지고 갔다. 예물 가운데 박한 것이 '속수'이므로 스승에게 보내는 예물이나 금전을 '속수'라 하였다. 이제 학교의 월사금을 내는 것이 동양 옛 법을 지키는 것이라고 하여 일부러 규칙 문구 속에 넣은 것은 쓸데없는 말이 아니다. 교육상으로 보아 신구를 연결시켜 예로부터 내려오는 미풍을 더 강조하는 데 필요하였다.

규칙 10항에 있는 '줏대와 범절'이라는 것은 모두 예로부터 내려오는 우리의 마음과 몸가짐의 정신을 말한 것이며 나라의 구례와 법을 지키라는 것도 또한 예로부터 내려오는 미풍을 지키라는 말이다.

### ② 서양 교육사상의 한 부분

미국에서는 학생들이 노동하여 돈을 벌어가며 학업을 닦는 일이 많으므로 선교사들이 이러한 교육법을 당시 조선에서도 써서 빈곤한 학생들을 지도한 일이 허다하다. 이것은 근로사상과 자력 자립의 정신을 기르는 한편 성공의 자신을 길러주는 좋은 교육사상이다. 이것을 배재학당 경영자들이 일찍이 시행한 것이다.

### ③ 기독사상의 한 부분

규칙 15항에 일요일에 다른 일을 금한 것은 기독교에서 철칙으로 지키는 안식일 정신이다. 배재학당은 처음 몇 해 동안 학생에게 일요일에 교회당 예배를 강제로 시켰다. 월요일에 학생이 등교하면 담임교사가 반드시 한 사람 한 사람을 호명하면서 "어제 예배당에 갔느냐"고 물었다. 안 갔다고 하면 이유를 묻고 벌을 주었으므로 학생들은 거짓대답을 많이 하게 되었다. 일요일 예배시간에 동급생 몇 사람과 남산에 가 산책하고 이튿날 학교에 가서 거짓대답을 하지 않고 정직하게 대답하였다가 예배에 참여하지 않은 것은 죄라 하며 수업이 끝난 뒤에 양 모라는 교사에게 한 시간 동안 학교에 남아 복습하는 벌을 당하고 화가 나서 자퇴한 학생이 실제로 있었다.

기독교 학교의 이런 일은 배재뿐만 아니었다. 다른 기독교 학교에서도 기꺼이 행한 규칙이며 한동안은 예배당 목사에게 예배 보았다는 인준을 받는 표지를 학생에게 나누어주어 실행시키기까지 하였다. 이 점에 있어서 당시 기독교 학교가 교육의 공로를 쌓아 남에게 존경을 받는 한편 전체로는 법률상 개인의 신앙자유(불신앙도 자유임)를 무시한 오만과 무례를 범하였고, 개인으로는 청년에게 거짓말하고 아첨하는 습관을 기르게 하는 비교육적인 과오를 저질렀고, 하나로 통일될 수 없는 인간 이성을 획일적으로 강제하는 어리석은 망동을 저질렀다. 어쨌든 공정한 국민교육이나 진정한 인간교육의 정신으로는 도저히 용서할 수 없고 용납되지 않는 무지한 짓이었다. 어떻게 해서라도 교인을 많이 얻어 선교 성적을 올리려는 야심에서 나온 졸렬한 수단이라고밖에 볼 수 없다. 이것이 종교계 학교교육의 큰 결함, 곧 불합리한 교육이었으므로 종교를 국가교육과 분리해야 하는 이유가 바로 이 때문이다. 배재학당도 이 불명예는 청산되어야 할 것이다.

④ 새 방식과 옛 방식

규칙 마지막 항의 학업성적을 학부형이나 추천인에게 보내는 것과 6, 7, 8, 9항의 시간의 분각을 나누어 엄수시킨 것과 23항의 1년을 2기(2학기제)로 나눈 것은 예전 교육계에는 없던 새 방식이었고, 그 밖에 각 항에 적혀 있는 청결, 정돈, 정숙, 휴가, 근면, 학습 등 심성·품행에 관한 세부항목은 동서에 공통적인 교육방침이므로 옛 교육문헌에도 허다하게 나열된 주요 항목들이었다.


## 2) 육영공원

육영공원은 고종 23년(1886)에 세운 것으로 그때에는 이미 외국과 조약을 맺었거나 또는 맺는 중에 있었기 때문에 외국어가 필요하였다. 그리하여 내무부의 건의로 세워졌던 것이다.

"今上 二十三年 命設 育英公院. 分左右. 癲揀年少 文武. (充左院) 通敏幼學. (充右院) 隨才肄習. 與漢學月考. 同一規制."

"納務府啓. 現今各國. 交際. 語學. 最急. 癲設公院. 擇年少. 聰敏者. 請令肄習故. 有是命."

① **목적**: 영어 교수(敎授).

② **학급**: 좌원(左院)과 우원(右院)으로 나누었다.

③ **학생**: 상층사회 즉 관리의 친족 자제로 구성하되 좌원은 나이 젊은 문무 관리로, 우원은 선비 가운데 뛰어난 자로 채웠다.

④ **교수**: 미국인 길모어, 벙커, 헐버트, 중국인 당소의(임시) 등이었다.

⑤ **위치**: 처음에는 현재 법원 자리, 다음에는 현재 교동초등학교 자리였다.

⑥ **규제**: 한학규제를 적용하였다.

⑦ **풍기**: 학생들이 장독교를 타고 하인을 앞세우고 담뱃대를 들고 다녔으며 하루 몇 시간만 출석하였다.

⑧ **졸업**: 졸업생은 특별과 과거를 봐서 등용하였다. "고종 26년(1889) 5월에는 육영공원 학생에게 명하여 시문 짓는 시험을 치르게 하였다."

⑨ **폐교**: 고종 31년(1894)에 폐하였다.

### 3) 경신학교

고종 23년(1886) 미국 북장로회 선교부에서 세운 것으로 배재학당과 함께 기독교 선전의 부대(附帶) 사업으로 생긴 것이다. 내용이나 제도에 미비한 점이 많았으나 당시 우리나라에는 새 교육이 없었던 데다가 나날이 늘어가는 새 신도들의 호응과 선교사들의 열성으로 입학하는 아동이 많았다.

### 4) 경학원(經學院)

혁신적 곧 일종의 혁명적 정신으로 교육을 쇄신할 각오는 없으나 날로 변하는 세태를 묵과하지 못한 보수파는 아는 것이라고는 예로부터 내려오는 성균관의 한학교육이었기 때문에 이 교육을 시대에 맞게 하기 위하여 1887년에 성균관과는 별도로 경학원을 두고 본디 문관 자제를 뽑아 매일 공부를 하게 하였다. 형식은 새 교육을 모방했으나 내용은 옛 교육을 그대로 따른 것이다.

### 5) 이화학당

1890년에 미국 북감리회 여선교부에서 세운 것으로 중학과정이었다. 이화학당은 배재학당과 같은 교파의 사업으로 서로 자매관계를 가졌다. 또한 여자교육의 실시로는 조선에서 처음이었으므로 개척자이며 으뜸이라는 명예를 가졌고 학교의 이름도 고종이 지어준 것으로 그때에는 큰 영예로 알았다. 그때의 사회사정은 여자에게 새 교육을 시키려는 사상은 거의 없었다. 더욱이 서양인이 가르치는 학교에 딸을 보낸다는 것은 망발이요 해괴한 일로 지적될 때였다. 그리하여 가정적으로 불행하고 가난하고 또 천시받는 상황에 있는 아이라야 들어가게 되어 학비는 물론 의복까지도 줘가며 데려오지 않으면 안 되었다. 남자학교보다 여자학교에 있어서 더욱 선교사들의 고심이 컸다. 실로 황무지를 개간하는 개척정신과 힘으로 하지 않으면 안 되었다. 이 학교가 세워진 지 18년 뒤에야 우리나라 정부가 여학교를 처음 세웠는데 그때까지도 재봉을 가르칠 여교사를 구하기도 힘들었고 여교사가 가마를 타고 출근하는 일도 있었다. 남자교육 실시도 제대로 되지 못한 때에 외국인이 와서 여자 교육기관을 세웠으니 얼마나 부자연스러운 기형적 상태였던가를 알 수 있다.

# 신교육의 계몽기
## (1894~1905)

## 1. 시대상

역사는 원인과 결과를 이어놓은 사슬이다. 앞장에서 말한 시대상이 낳은 것이 지금 말하려는 대상이다. 안으로는 정권을 쥐려고 신구파가 원수같이 대립하고 밖으로는 세력을 펴려고 청일 양국이 아귀같이 싸우고 있는 동안에 정치는 점점 쓰러져가고 나라는 날로 썩어갔다. 위에서는 벼슬을 팔고, 벼슬을 산 자들은 밑천을 건지기 위하여 백성을 훑어먹고 아귀가 된 지방 양반들은 토호질을 하여 서민의 피를 빨아먹으니 백성 곧 농민의 살아갈 길이 기막히게 되었다. 농민국인 이 땅에 그 주인인 농민이 못살게 되었으니 주인이 못살게 된 것은 곧 그 집안이 망하는 것이다. 농민의 봉기로 신라가 망하고 농민의 원성과 농민의 잦은 폭동으로 고려가 쓰러졌듯이, 조선왕조의 종말도 농민들의 손에 달려 있는 것이 이 장에 나오는 시대상이다. 고종 31년(1894) 2월에 전라도 고부에서 농민 하나가 '폭정을 제거하고 백성을 구한다(除暴救民)'라는 슬로건을 걸고 일어나자 사방의 농민들이 들불처럼 일어나니 그 규모가 아주 컸다.

5월에 조정에서 관군을 동원하여 쳤으나 관군은 가는 곳마다 패배하고 농민군은 점점 융성하였다. 조정은 당황하여 청나라에게 구원병을 청하였던 바, 겨우 6,000명(혹은 1,500)의 병졸로 잠시나마 일부 지역을 평정하였다. 이 청나라

병사가 입국한 것에 대해 일본은 앞서 청일이 맺은 천진조약[*1)]의 위반이라고 하면서 무력으로라도 대결할 결의를 가지고 군함 8척과 육군병력 3,000명을 거느리고 서울로 와서 청인과 담판하다가 마음대로 되지 않자 일본은 조선정부로 하여금 청인을 쫓아내도록 하려고 곧 임금에게 '인재택용, 재정정비, 재판공정, 군경충실, 학제완비' 등 5개 조를 실행하기를 청하였는데 조정은 이것을 곧 승인하였다.

이 5개 조는 조정이 벌써 자진해서 해야 할 것임은 오늘날 우리로서는 누구나 다 긍정할 것이다. 그러나 그때의 완고한 보수파는 꿈을 깨지 못하고 자고 있으면서 망국할 헛소리만 하고 있었다. 그리하여 이 5개 조가 승인되자 보수파는 정치에서 물러서고 그와 반대인 개화파가 나오게 되었다.

새 정부는 7월 26일 혁신사업을 중심으로 하는 기관으로서 군국기무처를 설치하고 정치적·사회적 개혁사항 일체를 토의·결정하여 3개월 만에 208항의 개혁안을 내놓았으며 이것이 '갑오혁신'이라는 근세사에 있어 유명한 사건이다. 그 가운데에는 과거폐지와 교육시설 등이 들어 있다.

그런데 이 혁신은 한꺼번에 너무 무리하게 많은 개혁을 하려 한 것도 그 결점이었지만 워낙 폐단이 태산같이 쌓이고 정세가 실타래같이 얽힌 속에서 진행된 까닭에 장애가 많았다. 그리하여 정계와 사회는 매우 뒤숭숭하였다. 12월 12일 자주독립을 굳게 할 결심으로 종묘에 제사를 지내고 12월 16일 관제를 고쳐 내각에 7부를 두었다. 1895년 청일전쟁에서 일본이 승리한 후 시모노세키에서 협상이 열렸을 때 "조선이 독립국임을 확인한다"는 말이 제1조에 쓰여 있었다. 이 협상이 끝난 후 러시아, 독일, 프랑스 3국의 협박적 권고로 일본이 요동반도를 도로 내놓게 되어 일본의 약점이 드러나자 조정에서 일본을 업신여기고 이어서 배척하는 경향이 생기면서 신정부는 쇠퇴하고 개화파는 점점 물러가게 되었다.

---

*1) 天津條約: 1885년 조선에서의 세력 균형을 위해 청국과 일본이 체결한 조약이다. 1882년 '임오군란' 당시 민씨 정권에 의한 청병 요청과 1884년 '갑신정변' 이후 일본병사의 서울 주둔 등으로 양군의 충돌 위험성과 당시 민중의 반일감정 고조로 당황한 일본은 1885년 4월 18일 전문 3개의 조약을 체결하였는데 그 내용 중 "장차 조선 내에 어떤 변란이나 중대사건이 발생하여 청·일 양국, 혹은 어느 일국이 파병의 필요가 있을 때는 먼저 양국이 연락을 취할 것이며, 사태가 진정되면 다시 철병할 것"이라는 조항을 둠으로써 조선에 대한 군사 침략의 구체적 조건을 확보하였고 그것이 구실이 되어 청일전쟁을 일으키게 되었다.

한편 왕비를 중심으로 세력을 잃었던 수구파가 친러시아의 탑을 쌓아가자 8월 20일에 일병이 궁중으로 난입하여 왕비 살해사건을 일으켜 다시 개화파가 나서서 신정을 단행하였다. 개국 504년 11월 17일을 505년 1월 1일로 환산하여 양력을 쓰게 하고, 지난해 10월에 공포하였던 소학교령대로 서울에만 네 곳에 소학교를 세우고, 소아에 대한 종두규칙을 공포하고, 이듬해부터 건양이란 연호를 쓰겠다고 공포하고, 단발령을 내려 왕이 먼저 단발을 실행하였다. 단발령과 국모시해 문제로 민심이 격동되어 강원, 충청, 경상, 경성에서 의병이 일어났다.

이때에 친러파와 친미파가 공모하여 11월 왕과 왕자를 러시아 공관으로 파천시키고 정변을 일으키자 개화파는 다시 물러서서 피살과 망명의 길을 걷게 되었고 단발령 등 기타 개화파의 새 법은 대부분 철폐되었다.

1897년에 왕이 다시 환궁하여 국호를 대한이라 하고 연호를 광무로 고쳤다. 청·일, 청·러, 일·러 간의 씨름은 끝날 때가 없었고, 이 씨름의 중심은 한반도였다. 이 틈에 끼인 위정자가 사대사상에 지배되어 갈팡질팡하는 가운데 백성의 생계가 점점 어려워짐을 보고 민간에서 새 정신이 차차 싹트기 시작했으며 새 정신은 곧 새 운동으로 전개되었다. 해외로 망명하였던 갑신년(1884) 혁신파 사람이 돌아와(건양 원년에) 한글과 영문으로 『독립신문』을 발행하고 시가에서 시사 연설을 하여 민중의 사상을 계발하고 독립문을 세웠으며 '독립협회'를 조직하였다. 독립협회는 내정에 대담하게 간섭을 하면서 개혁을 촉진시키려 하다가 탄압을 받아 보부상의 습격으로 쌍방에 다수의 사상자를 내는 따위의 역경을 겪었다.

광무 2년(1898) 8월부터 『제국신문』과 『황성신문』 등의 언론기관이 생겨 한편으로는 민중을 계몽하며 한편으로는 정치의 완고함과 친일 경향을 경계하고 있었다.

광무 9년에 러일전쟁에서 러시아가 패하여 8월에 강화조약이 체결되고 11월 7일에는 한일협약이 체결되니 이것이 이른바 '을사조약'인데 보호조약이라고도 하는 것이다.

이러한 꼴이 계몽기의 시대상이다. 정치 변동이 여러 번 있었으나 일본의 세력은 꾸준히 뻗쳐왔고 그 가운데에서도 새것을 하나라도 실현시키려고 노력하는 것은 일본을 동경하고 일본의 지지를 받는 개화파였기 때문에 문교정책에 있어서도 자연히 일본의 것을 본떴고 따라서 일본의 지도를 받았다.

결국 이 계몽기 교육의 형식은 일본식을 많이 닮게 되었던 것이다.


## 2. 신교육의 출발

### 1) 고시(告示)와 홍범(洪範)

1894년에 서정혁신을 단행함과 동시에 교육제도도 개혁하게 되어 학정(學政)을 맡던 예조가 없어지고 과거제를 폐하고 관리등용법을 새로 내고 학정을 학무아문으로 옮기니 이때부터 옛 교육의 형태는 영원히 사라지고 새 교육이 나오게 되었다. 같은 해 7월에 학무아문의 이름으로 나라의 유신은 교육이 없이는 아니된다는 뜻으로 고시를 공포하였는데, 물론 순한문이었고 약 700자나 되는 장문이었다. 이 요지의 부분만 적는다.

> 돌아보건대 시국은 크게 바뀌었다. 제반 제도가 다 함께 새로워야 하지만 그중 영재교육이 가장 급한 일이다. 이리하여 본 아문은 소학교와 사범학교를 세워 먼저 서울에서 행하려 하니 위로 공경대부의 아들로부터 아래로 평민 가운데 우수한 자까지 다 이 학교에 들어와 경서, 자전, 육예, 백가의 글을 배우며 아침에 외고 저녁에 익히라. 요는 장차 업무를 배워 난세를 구하고 내무와 외교에 각각 적용시키려 한다. 진실로 하나의 큰 기회이다. 대학교, 전문학교도 또한 장차 차례차례로 세우려 한다. 무릇 우리 사방의 학자는 경서를 들고 책상을 두드리며 전심으로 교육을 들어 성세(聖世)를 이루려는 뜻을 저버리지 마라.

이듬해 1월 7일에 왕은 홍범 14조를 공포하는데 그 가운데는 다음과 같은 내용이 있다.

> 1. 나라 안의 총명하고 우수한 자제를 널리 파견하여 외국의 학술과 기예를 학습시킨다.
> 1. 장관(장교)을 교육하고 징병법을 써서 군제의 기반을 확립한다.

## 2) 교육입국 조서(詔書)

교육이 없이 국가가 될 수 없고 옛사람의 유훈만 좇는 것이 교육이 아니요 교육의 실제는 덕육, 체육, 지육에 있다 하며 새 교육의 대강령 3조를 지적하면서 교육의 필요성을 강조한 조서를 고종 32년(1893) 12월에 전 국민에게 내렸다. '교육입국'의 대이상, 대결심으로 시세를 새로 바꾸어놓는 역사적 조서이다. 나는 이 조서를 '교육입국 조서'라고 이름한다.

　　내 생각하건대 조종(朝宗)의 업통이 이제 504년을 지내었다. 실로 우리 역대 조정의 교화와 덕택이 인심에 젖은 것은 또한 우리 신민(臣民)이 능히 그 충애(忠愛)를 다한 데 있다. 그러므로 내가 한량없는 대역면(大歷眠)을 잇고서 밤낮 조심하여 조종의 유훈을 받드노니 너희들 신민은 나의 마음을 본받을지어다. 오직 너희들 신민의 선조는 곧 우리 조종이 보육한 어진 신민이었고 너희들 신민은 또한 너희들 선조의 충애를 잘 이었으니 곧 내가 보육한 어진 신민이다. 나와 너희들 신민이 조종의 큰 터를 지켜 억만 년 아름다운 대업을 맞아 이어가야 할 것이다. 아! 내가 가르치지 아니하면 국가는 튼튼해지기 심히 어렵다. 세계의 형세를 보건대 부강하며 독립하여 웅시(雄視, 위세를 가지고 남을 내려다봄)하는 모든 나라는 다 국민의 지식이 개명하였다. 지식의 개명은 교육의 바름을 전제로 되었으니 교육은 실로 국가를 보존하는 근본이다. 그러므로 내가 임금의 자리에서 교육의 책임을 스스로 지노라. 교육은 또 그 길이 있는 것이니 헛이름과 실용을 먼저 분별하여야 할 것이다. 독서나 습자(習字)로 옛사람의 찌꺼기나 줍고 시세 대국에 어두운 자는 그 문장이 비록 고금을 능가할지라도 쓸데없는 서생에 불과한 것이다. 이제 내가 교육강령을 보여 헛이름을 버리게 하고 실용을 쓰게 하노라. 가로되 덕양(德養)이니 오륜의 행실을 닦아 속강(俗綱)을 문란케 말고 풍교(風敎)를 부식하며 인세(人世)의 질서를 유지하고 사회의 행복을 증진시켜라. 가로되 체양(體養)이니 동작을 떳떳이 하여 부지런함과 힘쓰기를 주장하고 게으름과 편안을 탐하지 말고 괴롭고 어려운 것을 피하지 말며 너의 힘줄을 굳게 하고 너의 뼈를 튼튼히 하여 건강하고 병 없는 즐거움을 누려 받으라. 가로되 지양(智養)이니 물(物)을 캐고 지(知)를 끝까지 하며 이(理)를 탐구하고 목숨을 다하며 좋고 미운 것과 옳고 그른 것과 길고 짧은 데서 나와 남의 구별을 세우지 말고 자세히 연구하고 널리 통하여 한 몸의 사욕을 꾀하지 말고 공중의 이익을 헤아릴지어다. 가로되 이 세 가지는 교육의 대강이지만 내 정부에 명하여 널리 학교를 베풀고 인재를 양성하여 너희들 신민의 학식으로써 국가 중흥의 대공을 이루려 하노니 너희들 신민은 충군하고 애국하는 마음으로 네 덕과 네 몸과 네 지를 길러라. 왕실의 안전이 너희들 신민의 교육에 있고 국가의 부강이 너희들 신민의 교육에 있다. 너희들 신민이 선미(善美)한 지경에 다다르지 못하면 내가 어찌 나의 다스림을 다 이루었다 할 수 있으며 정부가 어찌 감히 그 책임을 다할 수 있으랴. 아비는 이것으로써 그 아들을 끌어내고 형은 이것으로써 그 아우를 권하여 힘쓰게 하고 벗은 이것으로써 돕는 길을 행하며 분발하여 멎지 말라. 국가의 분노에 대적할 이가 오직 너희들 신민이요, 국가의 업신여김을 막을 이가 오직 너희들 신민이요, 국가의 정치와 제도를 닦고 지을 이가 또한 오직 너희들 신민이니 이것이 다 너희들 신민의 당연한 직분이다. 학식에 따라 성과의 높고 낮음을 아뢰어라. 이러한 일로 임금을 위하는 데 있어 비록 사소한 결함이 있더라도 너희들 신민은 또한 오직 말하기를 너희들의 교육이 밝지 못한 탓이라고 하며 상하가 마음을 같이하기를 힘써라. 너희들 신민의 마음이 또한 나의 마음이니 힘쓸지어다. 진실로 이와 같으면 나는 조종의 덕광을 사방에 날릴 것이요 너희들 신민은 또한 오직 너희들 선조의 어진 자식과 착한 손자일 것이니 힘쓸지어다.

## 3) 규칙들의 대략

그때에는 일률적으로 학교령 같은 것이 없고 관제니 규칙이니 하는 것뿐이요 단지 소학령이란 것이 있었는데, 순서대로 열거하면 다음과 같다.

- 한성사범학교 관제(1895년 4월 16일 칙령 79)
- 외국어학교 관제(1895년 5월 10일 칙령 88)
- 성균관 관제(1895년 7월 2일 칙령 136)
- 소학교령(1895년 7월 19일 칙령 145 )

- 한성사범학교 규칙(1895년 7월 23일 학부령 1)

- 성균관 경학과 규칙(1895년 8월 9일 학부령 2)

- 소학교 교칙대강(1895년 8월 12일 학부령 3)

- 보조공립소학교 규칙(1896년 2월 20일 학부령 1)

- 중학교 관제(1899년 4월 4일 칙령 11)

- 외국어학교 규칙(1900년 6월 27일 학부령 2)


### (1) 한성사범학교 관제의 요강

이 관제는 전문 13조로 된 것이다. 그 요강을 들어보면 다음과 같다


① 한성사범학교는 교관을 양성함.

② 한성사범학교에 본과 및 속성과를 두되 본과는 2년, 속성과는 6개월에 졸업함.[1]

③ 한성사범학교에 보통과 및 고등과로 된 부속소학교를 두되 그 수업 연한은 어느 것이나 3년으로 함.

④ 한성사범학교에는 학교장 1명(주임),[*2] 교관 2명 이하(주임 또는 판임), 부교관 1명(판임), 교원 3명 이하(판임), 서기 1명(판임)을 둠. 교관은 생도의 교육을 담당하고 부교관은 이를 보조함.

⑤ 본과 속성과와 부속소학교의 학과 및 학습 내용은 학부대신이 따로 정함.

⑥ 개국 504년(1895) 5월 1일부터 시행함.


### (2) 한성사범학교 규칙의 요강


① 학과 및 학습 내용

본과의 학과목은 수신, 교육, 국문, 한문, 역사, 지리, 수학, 물리, 화학, 박물, 습자, 체조로 하고 시의에 따라서 위의 과목 가운데에서 한 과목 또는 몇 과목을 감할 수 있음.

---

1)  2항의 '본과 2년'은 광무 3년(1899)에 '4년'으로 개정하였다.

*2)  奏任: 갑오경장 이후에 있었던 관제의 하나.

속성과목은 수신, 교육, 국문, 한문, 역사, 지리, 수학, 이과, 습자, 작문, 체조로
하고 시의에 따라서 과목을 감할 수 있음.

본과의 학과 정도는 다음과 같음.

- **수신**: 인륜·도덕의 요지 및 교수법
- **국문**: 강독
- **한문**: 강독
- **교육**: 내부 교육의 연혁 및 저명한 교육가의 전기와 교육 및 교수 원칙을 수업함과 함께 부속소학교에 나아가 실제 교수방법을 연습함.
- **역사**: 한국 및 만국 역사
- **지리**: 한국 및 만국의 정치지리와 인문지리 초보
- **수학**: 산술 및 대수, 기하의 초보와 교수법
- **물리**: 물리상의 긴요한 현상과 법칙
- **박물**: 동식물의 생리와 위생
- **화학**: 보통화학상의 현상, 긴요한 원소, 무기화합물의 성질
- **습자**: 해, 행, 초의 3체 및 교수법
- **체조**: 보통체조와 병식체조


속성과의 학과 학습 내용은 다음과 같음.

- **수신**: 인륜·도덕의 요지 및 교수법
- **교육**: 내외 교육사 및 저명한 교육가의 전기와 실제 수업방법 및 연습
- **국문**: 강독
- **한문**: 강독
- **역사**: 한국역사 및 만국역사 대강
- **지리**: 한국지리 및 만국지리 대강
- **수학**: 산술
- **이과**: 대의(大意)
- **습자**: 해, 행, 초의 3체 및 교수법
- **작문**: 일용서류, 기사문과 논설문
- **체조**: 보통체조

② 교육 요지

㉮ 정신 단련과 덕과 재주를 쌓는 일은 교육자에게 있어서 중요한 것이니 평소에 이에 유의할 것.

㉯ 존왕 애국의 의기는 교육자에게 있어서 중요한 것이니 평소에 충효의 대의를 밝히고 국민의 지조를 분기시킬 것을 요함.

㉰ 규율을 지키고 질서를 보호하여 스승의 위의를 갖추는 것은 교육자로서 중요한 일이니 평소에 윗사람의 명령과 훈시에 복종하고 언동을 바로 함을 요함.

㉱ 신체 건강은 업무수행의 기본이니 평소에 위생에 유의하고 체조에 힘쓰고 건강을 증진시킴을 요함.

㉲ 교수방법은 교육자에게 있어서 주요한 것이니 소학교 규칙에 맞도록 힘쓸 것.


③ 입학과 정원

본과에 입학할 수 있는 자는 연령 20세 이상 25세 이하로 하고, 속성과는 22세 이상 35세까지로 함.

정원은 본과 100명, 속성과 60명으로 함.


**(3) 소학교령의 요강**

① 소학교는 아동의 신체 발달에 비추어 국민교육의 기초와 그 생활상에 필요한 보통 지식 및 기능을 가르침을 본지로 함.

② 소학교는 관립, 공립 및 사립 3종으로 하고 그 경비는 관립은 국고, 공립은 부(시) 혹은 군, 사립은 개인의 부담으로 함.

③ 소학교를 나누어 보통, 고등 2과로 하고 수업 연한은 보통과 3년, 고등과 2년 또는 3년으로 함.

④ 보통과의 교과목은 수신, 독서, 작문, 습자, 산술, 체조로 하고 시의에 의하며 학부대신의 허가를 얻어 체조를 없애고 한국지리, 역사, 도화, 외국어 가운데 한 과목 혹은 몇 과목을 첨가할 수 있음. 여아를 위하여 재봉을 첨가할 수 있음.

고등과 교과목은 수신, 독서, 작문, 습자, 산술, 한국지리, 한국역사, 외국지리, 이과, 도화, 체조로 하고 여아를 위하여 재봉을 첨가함. 적절한 시기에 학부대신의 허가를 얻어 외국어 1과를 첨가하고 외국지리, 외국역사, 도화 가운데 한 과목 혹은 몇 과목을 없앨 수 있음.

⑤ 교과용 도서

소학교 교과용 도서는 학부에서 편집한 것 혹은 학부대신이 검정한 것을 써야 함.

⑥ 취학연령과 취학

만 8세에서 만 14세까지 8년을 취학연령으로 하고 각 부군은 그 관내의 취학연령 아동을 취학시킬 만한 공립소학교를 설치하지 않으면 안 됨.

⑦ 교원의 자격과 임면

소학교 교원은 교원 면허장을 가지지 않으면 안 됨. 면허는 검정에 합격을 요함. 관립소학교 교원은 학부대신, 공립소학교 교원은 각 해당 관찰사가 임용하고 어디든지 판임관임.

⑧ 시행기일

본령은 개국 504년(1895) 8월 1일로부터 농사 형편을 생각하여 점차 시행함.

⑨ 경비

관립소학교는 물론 그 경비를 국고가 지급하나 공립소학교 경비도 당분간 국고가 지급함.


## (4) 중학교 관제의 요강

17조로 된 것인데 그 요강은 다음과 같음.

① 중학교는 실업과 도덕, 이용후생의 길을 가르치고 중학교육의 보급을 도모함.

② 중학교의 수업 연한은 7년으로 하고 이를 보통, 고등 2과로 나누며 보통과는 4년, 고등과는 3년으로 함.

③ 중학교의 학과와 학습 내용은 학부대신이 따로 정함.

④ 중학교의 직원은 학교장 1명(주임), 교관 7명 이하(주임 또는 판임), 서기 1명(주임)으로 함.

## (5) 외국어학교 관제의 요강

이 관제는 11조로 되어 있는데 제1조에는 외국어학교의 목적을 말하였고, 제2조에는 외국어의 종류는 필요에 따라 학부대신이 이를 정한다 하였고, 제3조에는 학부대신은 분교를 지방에 둘 권한을 가진다 하였고, 제4조에는 학교장(주임) 1명, 교관 4명 이하(주임 또는 판임), 부교관 5명 이하(판임), 서기 3명 이하(판임)라고 하였고, 제5·제6조에는 각 직원의 직무를 정하였고, 제8조에는 분교의 직원 정원을 정하였다.


## (6) 외국어학교 규칙의 요강

이 규칙은 5관 29조로 된 것이다.

① 교과목은 외국어에 관한 보통지식, 한문의 독서, 작문, 한국역사와 지리로 함.

② 수업 연한은 일어학과 한어학은 3년, 영어학, 불어학, 러시아어학, 독어학은 5년으로 함.

③ 학급은 학생의 수와 학력에 따라 편제하고 학기는 나누어 춘학기, 추학기로 함.

④ 입학은 매년 춘기 초와 추기 초 2회로 하고 지원자의 자격은 만 15세 이상 23세 이하로 신체 건강한 자라야 함.


## (7) 성균관 경학과 규칙의 요강

① 학과목과 학습 내용

　**삼경**: 사서언해(강독)

　**강목**(綱目): 송원명사(宋元明史)

　**작문**: 일용서류, 기사, 논설, 경의(經義)

　**역사**: 본국 및 만국 역사

　**지지**(地誌): 본국 및 만국 지지

　**산술**: 가감, 승제, 비례, 차분(差分)

② 수업 연한은 3년으로 하고 학급은 학생의 학력에 따라 이를 편성함.

③ 학년을 전후 2기로 나누며 전기는 7월 21일에 시작하여 12월 25일에 마치고 후기는 1월 16일에 시작하여 6월 15일에 마치며 수업일수는 연 42주로 하고 수업시간 수는 매주 28시간 이내로 함.

④ 입학 지원자는 다음의 자격을 갖추고 입학시험에 합격한 자가 아니면 안 되나 관장이 학업, 품행 등이 우수한 자라고 확인한 자에 대하여는 따로 시험을 보지 아니함.

㉮ 연령 20세 이상 40세 이하인 자

㉯ 품행이 방정한 자

㉰ 의기가 확고한 자

㉱ 의리를 중시하는 자

㉲ 시의(時宜)를 아는 자

⑤ 시험은 나누어 임시, 정기, 졸업 3종으로 하되 임시시험은 매월 마지막에 각 학과 진도 정도에 따라 실시하고, 정기시험은 매 학기 및 학년의 과정을 이수한 뒤에 실시하며, 졸업시험은 졸업 시에 시행함. 각 과목당 100점을 만점으로 하여 50점 이상을 얻지 못하면 합격으로 하지 아니함.

⑥ 졸업시험에 합격된 자에게는 소정의 증서를 주고 관직에 결원이 있는 경우에는 졸업생을 씀.


## 4) 독려의 조서

위에 적힌 것과 같이 조서와 고시와 규제가 많이 나왔지만 당시 고종 32년(1895)에 사범학교, 외국어학교, 소학교 4, 5개교만을 세웠다.

4월, 한성사범학교를 설립. 본과 및 속성 2과를 두고 교관을 양성함.
5월, 각국(일, 한, 영, 러시아, 프랑스, 독일) 어학교를 세우고, 외국 어학을 가르침.
7월, 명령하여 경외에 소학교를 설립. 보통, 고등 2과를 두고 아동을 가르침.

그리고 더 진행이 되지 않고 그 밖에 실업·기술류의 학교는 아예 세워지지 않자 광무 3년(1899)에 독려하는 조서를 내렸다.

국가가 학교를 개설하고 인재를 양성하는 것은 장차 견문을 넓히고 공익을 구하여 나라의 대업을 이루고 이용후생(利用厚生)의 기본을 삼으려 하는 것이다. 오늘날 세계 각국이 날마다 부강 무적한 데로 오르는 것은 어찌 다름이 있으랴. 격치(格致)의 학에 종사하고 물리의 쌓인 것을 연구·해결하여 아는 것이 자세할수록 더욱 자세한 것을 구하고, 기계가 정교할수록 더욱 새로운 것을 내는 데 불과한 것이다. 나라의 주요 업무로서 이보다 먼저 할 것이 있겠는가! 우리나라의 인재가 반드시 외국에 뒤지지 아니할 터인데 특히 원래부터 가르친 자가 없었으므로 백성의 견문이 열리지 못하고 농상(農桑)의 공업이 일지 못하여서 국민생산이 날로 줄고 국가계획도 날로 꼬여 신설한 학교도 겨우 문구(文具)가 될 따름이요, 교육하는 방법이 대단히 어두우니 5, 6년이 지나도 한치만큼도 나아간 효과가 없고, 상공학교에 있어서는 더욱 급선무여서 일찍이 지난해에 칙서를 내렸건만 이때까지 신설하는 의논이 없으니 이같이 되어버리면 무슨 일을 할 수 있겠는가. 진실로 한심하다. 정부로부터 해당 부서를 애써 단속하여 전과 같이 머뭇거리지 말고 진리를 배우고 익혀 개진하는 공이 있기를 꾀하라.

## 3. 실시와 내용(관립학교)

### 1) 소학교

#### (1) 연혁 개괄

① 관립 한성사범학교 부속소학교 : 1894년에 정부에서 설립한 제일 오래된 육영공원을 폐교하고 그 자리에 세웠으니 곧 현재 교동초등학교 자리다. 이 학교가 1897년에 관립고등소학교로 되어 시내 각 관립소학교의 졸업생을 시험 선발하여 입학시켰다. 다시 1906년에 관립 교동보통학교가 되었다.

② 수하동소학교 : 1895년에 서울 중부 오경선의 집에 세웠던 사립 을미의숙을 그해 8월에 관립소학교로 고쳐서 이듬해에 현재 위치로 옮겼다.

③ 장동소학교 : 1895년 8월 8일에 장동관립소학교로 장동에 세웠다가 그해

11월에 매동관립소학교로 이름을 고쳤다.

④ 정동·제동 소학교: 1895년에 제동, 같은 해 9월 18일에 정동, 두 소학교를 세웠다.

⑤ 양사동소학교: 1895년에 480여 년의 깊은 역사를 가진 사학의 하나인 동학 자리에 세워졌다.

⑥ 양현동소학교: 소학령 공포 후 얼마 되지 않아 설립된 소학교인 듯한데 1906년에 양사동소학교와 합하여 관립 어의동보통학교가 되었다.

⑦ 주동소학교: 1898년 9월에 487년의 긴 역사를 가진 사학의 하나인 남학 자리에 세웠다가 1906년 9월에 인현동으로 옮기고 관립 인현보통학교로 고쳤다.

⑧ 안동소학교: 설립연도는 미상이나 1906년에 사범학교 부속보통학교로 바뀌면서 이름이 없어졌다.

이상이 계몽기에 서울에 설립된 관립소학교인데 고등소학교가 1개교, 소학교가 8개교, 총 9개 학교였다.

이 시기에 지방에도 각 관찰부(현, 도청) 소재지에 공립 보통소학교가 하나씩 설립되었는데 그 위치는 수원, 공주, 충주, 광주, 전주, 진주, 대구, 춘천, 평양, 영변, 해주, 함흥, 경성이었다. 그 시일은 자세히 알 수 없고 학교 이름은 다 관찰부 소학교라고 하였다. "지방에 57개교가 있었는데 대개 경기도에 있었고 타도에는 거의 없었다"고 한 기록이 있으나 자세하지 않다.

### (2) 상황의 개요

법 규제가 매우 잘된 듯하나 실정에 맞지 않는 것이 있었다. 첫째 소학교령 초록 가운데 6항에 "각 부군은 그 관내의 취학연령 아동을 취학시킬 수 있는 공립소학교를 설치하지 아니하면 안 된다"고 하였다. 8세에서 15세까지를 취학연령으로 잡았으니 취학연령 아동의 수가 얼마나 많았겠으며 아동을 다 수용한다면 곧 의무교육에 해당되는 시설인 셈이니 이것은 그때 정세에 비추어 아예 농담과 같은 것이고 또 아이들이 무지와 생활의 곤궁으로 도저히 다 학교에 갈 수 있는 현실이 아니었으니 이것은 공문(空文)을 내걸었던 것과 같다. 다음으로 교원면허장 제도와 시험제도가 다 공문으로 시험의 내용과 기준에 따라 아무나 교원이 될 수가 있을 것이요, 제도로 말미암아 훌륭한 교육을 반드시 얻으리라고 기대하지 못한다. 그러한 검정시험에 응할 자는 한문선생밖에 없었다. 아라비아 숫자나 한글을 모르는 완고한 50세 이상의 한문학자가 시골 소학교 교관으로 있는 것을 목격하였다.

다음으로 소학교를 고등, 보통으로 나눈 것은 의미가 없었다. 당시 일본학제를 본떴다고 볼 수 있는데 그 후 10년간 고등소학교는 1개교밖에 없었다.

학과는 한문습독(漢文習讀)에 전력하였고 이과 시설은 없었다. 교재도구뿐 아니라 건물도 옛날 집을 이용하였고 교재도 퍽 빈약하였다.

지방 공립에 대해서는 학부에서 달마다 15원 내지 22원 50전의 보조금을 주었고 교원은 한 학교당 한 명이 대부분이었으며 학급은 하나뿐이었고 학생은 많아야 50명 적으면 10여 명이었다.

"내가 사범학교를 졸업한 후 광무 8년(1904)에 경성공립소학교(당시 관찰부 소학교라 하였음)로 부임해보니 교사도 낡은 옛 관청이었고 칠판도 없이 서당식같이 한문만 공부하고 있었고 학생은 10여 명밖에 없었다. 내가 가서 칠판을 달고 산술을 가르치고 지냈는데 일본인 교감을 둔 뒤에 곧 나는 교장이 되어 책상, 의자 기타 학습 도구를 새로 서울에서 실어다가 학교 모양을 만들었다(김창제 씨의 말)."

이 경험담으로 그때 지방 소학교의 상황을 엿볼 수 있다.


## 2) 중학교

중학교로는 1899년에 한성중학교가 김옥균의 집터에 설립되었는데 『문헌비고』에 다음과 같이 적혀 있다.


중학교를 설립하여 보통, 고등 2과를 두고 보통학문을 가르쳤다.


이것은 고종 32년 2월 기록인데 여기는 중학교 교육의 목적이 '보통학문'이라 하였고 앞에서 본 중학교 관제에는 "실업과 도덕, 이용후생의 길을 가르친다." 하였다. '이용후생'은 실업교육에 적용되는 것이니 책으로 전해진 홍번의 본래의 뜻도 그러하다. 당시에 중학교 교육의 목표가 이 두 가지로 나뉜 느낌이 있다. 이 학교는 당시에 다른 관립보다는 비교적 내용이 나았다. 그러나 관제에 있는 고등과는 실현되지 못하고 그대로 1906년 8월에 4년제 관립 한성고등학교로 되었다. 이것도 당초의 편제가 당시의 실정에 맞지 않았던 탓이었다.

### 3) 사범학교

제2절 4항에 말한 바와 같이 1895년 4월에 사범학교를 교동초등학교 운동장 안에 설립하였으니 '교육입국 조서'를 공포한 뒤 제일 처음으로 세운 학교이다. 이것을 맨 먼저 세운 것은 교육을 시킬 인물이 가장 필요하였다는 것을 말하는 것이다. 실제로는 사범학교 규제보다 그다지 발전되지 못하였다. 1906년 보고에 의하면 "사범학교는 형체가 있고 가옥이 있지만 설비가 작아 겨우 24~5명의 학생을 수용할 만한 교실이 있었고, 양성한 학생은 3년에 수료하지 않으면 새로 모집할 수 없을 지경이며, 교과과정은 한학에 힘쓰고 다른 과목은 등한시하였다. 교원양성소기관이 이러하니 소학교 상태야 말할 것이 있겠는가. 요컨대 제도의 아름다움은 있어도 그 실제가 병행하지 못한 상태라고 말할 만하다" (융희 3년(1909) 12월 발행, 『한국교육의 과거 및 현재』).

### 4) 외국어학교

1895년에 일어학교를 경운동에, 영어학교를 현 세종로 우체국 뒤에, 청어학교를 현 서대문초등학교 근처에 각각 세우고 1896년에 러시아학교를 수송동에 세우고, 1900년에 한어학교를 견지동에, 독어학교를 안국동에 세웠다. 당시에는 모든 것이 처음이며, 정리가 되지 못하였을 때이라 1896년에, 즉 관제는 공포되고 규칙은 공포되지 않았을 때에 입학생 모집 광고가 『관보』에 게재되었는데 "연령 16세 이상 25세 이하 된 자. 입학시험은 국문 강독과 작문"이라 하고 학교의 정도, 수업 연한 같은 것도 발표가 없었던 일이 있었다. 이것으로 그때의 학교교육을 상상할 수 있으며 학생은 어학을 대강 통역하게만 되면 자퇴하기 마련이어서 정규학과를 이수하고 졸업하는 자가 적었다.

### 5) 성균관 경학과

성균관은 1895년에 공포한 제1조에 "성균관 학부대신의 관리에 속하고 문묘에 건봉하며 경학과를 학습하는 곳이다"라는 규정에 의하여 종래 관직을 폐하고 장,

교수, 직원을 두었다. 앞서 말한 새 규칙에 의하여 교육하니 이 성균관 개혁은 그 당시 개혁을 결행한 용기의 일단을 엿볼 수 있는 것이다. 학생은 전부 기숙시키고 국가에서 학비를 주고 연말시험에 합격된 자에게는 붉은 종이에 크게 쓴 증서를 주어 예전 거재생제도[*3]와 과거 급제한 이에게 홍패를 주던 관습을 살렸으며, 급제자는 궁내부와 내각에 조회하여 상당한 직을 주었고, 연말시험 급제자로 생긴 성균관 학생의 결원은 고등학교 학생의 우등생이나 사범학교 상급생에서 뽑아 채웠으니 경학과 연말시험은 과거를 대신한 것으로 볼 수 있다.

## 6) 경성의학교

앞서 말한 독려 조서를 내렸던 1899년 2월에 훈동 전 김홍집의 저택을 교사로 하여 세웠는데 당시 관제는 13조로 되어 있었으나 이름뿐이므로 미비한 것이 많았지만 관리 양성과 경학만 숭상하는 그때에 이러한 학교는 이채로운 것이었다. 『문헌비고』에 "2월 의학교를 설립하여 내외의 각종 의술을 가르쳤다"라고 하였다. 직원은 교장 1명(주임), 교관 3명(주임 혹은 판임), 서기 1명이었고 학생에게는 식비, 의복, 교과서를 나라에서 주었다. 이것이 경성의학전문학교(현 서울대 의과대학)의 전신이었다. 그때에 그와 같은 편리를 주었건만 의학을 천하게 여기는 사상과 벼슬을 더 앞세우는 버릇으로 의학을 지원하는 사람이 적었으며 1900년까지, 즉 개교한 지 8년 동안 졸업생 총계가 36명으로 매년 평균 네 명이 조금 넘었다.

## 7) 상공학교

"5월 상공학교를 설립하여 예과, 본과를 두고 농·상·공업을 가르쳤다." 이것은 『문헌비고』에 적혀 있는 1899년 독려 조서를 내렸던 해에 세운 것이다. 처음에는 상공학교였고, 1904년에 농공상학교라고 고쳤다. 상공학교는 상업과와 공업과를 두고 둘 다 수업 연한이 4년이었으며 1년은 예과, 3년은 본과이고 지방에도 설립할 수 있도록 규정하였다. 그러나 이런 실업교육에 대한 인식이 없던 때이므로 지방에나 서울에나 그 이상 더 늘릴 이유가 없었다. 이 학교는 명동 중국영사관 뒤에 있었고 농업과를 더한 뒤에 농과는 따로 훈동의 조그마한 집에 있다가

---

*3) 居齋生制度: 향교에서 묵으면서 학업을 닦던 제도.

나중에는 합하여 수송동 제용감(현 숙명여자중학교 구내)으로 옮겼다. 당시에 유일한 실업학교임에도 불구하고 학생 수는 한 과에 30명이었고 적은 데는 10명 미만이었다. 가장 발전하지 못한 학교였다.


## 8) 법관양성소

1895년 3월에 당시 법원인 평리원 안에 법관양성소를 창설하였는데 속성과였으므로 졸업기한은 6개월이었고 학과목은 민법, 형법, 소송법, 명률(明律), 대전회통, 무원록(無寃錄) 따위의 대강과 민형(民刑) 소송 서류의 형식을 가르쳤다. 법률은 출세에 필요한 학문이었으므로 입학자도 비교적 많아서 1회에 47명, 2회에 39명이란 많은 수의 졸업생을 내고 일시 중단되었다가 1903년에 다시 열어 수업 연한을 1년 6개월로 고치고 프랑스 법률, 프랑스어, 현행률(現行律), 명률, 대전회통, 무원록을 가르쳤고 1905년에 조직과 학과목을 변경하고 수업 연한을 2년으로 고쳤다.


## 9) 광무학교

"광무 4년 광무학교를 설립하여, 광학과 실업을 가르쳤다." 이것이 『문헌비고』에 적힌 광무 3년 때 일인데 그 내용과 경과를 잘 알 수 없으나 그 당시 광업 같은 것은 더욱 관심을 갖지 않은 때이라 성적이 불량하여 이럭저럭하다가 없어진 듯하다.


## 10) 군인교육

1987년에 육군 중등과정인 유년학교를 삼청동 세균위생시험소 자리에 세우고 1900년에 육군 전문과정인 육군사관학교를 서대문 밖에 세웠다. 이 사관학교를 졸업만 하면 곧 참위(參尉)의 직명을 띠게 되었다. 그 밖에 휴직 군인을 훈련시키는 훈련학교도 있었다. 모두 1909년 7월에 폐지되고 말았다.


## 11) 통신원 교육

1897년에 우무학당(郵務學堂)과 전무학당(電務學堂)을 세웠다. 앞의 것은 프랑스 사람 길맹세(吉孟世)가 기술주임이었고 뒤의 것은 덴마크 사람 밀륜사(密倫士)가

기술주임으로 있었다. 1905년에 한일협약이 체결되자 둘 다 폐지되었다.

이상으로 이 계몽기에 나타난 정부의 교육적 시설을 대강 끝내고 다시 사설교육을 들어보려 한다.


# 4. 사립학교

1894년 미국 북감리교회에서 평양에 광성학교와 숭덕학교를 설립하여 중학교육을 전제로 하였다가 그 뒤에 광성은 중학교육, 숭덕은 초등교육 기관으로 바뀌어 지금까지 내려온다.

1894년에 일본인 와타세 쓰네요시(渡瀨常吉)가 서울에 경성학당을 설립하고 일어를 전공으로 했다. 사립 일어학교로 이름 높은 학교였다. 1894년 미국 북장로회에서 서울에 정신여학교를 설립하고 여자의 중등교육을 목적으로 하였다. 소위 정규 고등보통학교 규정이 나오기 전에는 이 학교가 이화학당을 비롯한 모든 다른 학교보다도 명성이 높았다. 가정적으로 또 완고하지 않게 잘 가르친다고 하였다. 1943년에 경영권이 넘어가 풍문으로 개명하였다.

같은 해 수하동 오경선 집에 유지들이 을미의숙을 세우고 외국어를 가르쳤다. 그해에 그 자리에 수하동소학교가 들어서면서 을미의숙이 폐지되었다. 그 일파가 다시 악영의숙을 세워 일어를 전공시키다 6년 후에 폐지하였다.

1895년에 민영환이 러시아 황제 대관식에 갔다가 외국어 교육의 필요를 느끼고 돌아오는 길로 흥화학교를 세우고 영어와 일어 교육을 하다가 1911년에 폐교되었다.

1896년에 민영기가 특권계층 자제에게 어학을 가르치기 위하여 중학동 즉 옛날 중학 자리에 중교의숙을 설립하고 일어, 영어, 한문을 교육하였다. 1906년에 폐교되었다. 흥화, 악영, 중교 이 세 학교는 다 어학학교로 이름 있던 학교였다.

같은 해 설립된 미국 북감리회 계통인 평양의 정진과 서울의 공옥은 다 이름 높은 소학교였다.

1897년에 미국 북장로회에서 평양에 숭실학교를 세웠는데 이것이 교육계에 이름 높은 숭실전문과 숭실중학이다. 1906년에 대학과를 두고 1907년에 중학과

대학을 분리하였고, 1936년 11월에 신사참배를 단연 거부하였고, 1943년 2월에는 신사참배를 강요하는 데에 대한 의연한 항쟁으로 같은 교파 소속의 8개 중학과 남장로회파의 중학 1개, 소학 9개교와 운명을 함께하며 폐교당하였다.

같은 해에 설립된 북감리계 신군학교 곧 홍인, 배재는 이름 있는 소학교로 지금까지 계속되고 있다.

1898년에 미국 남감리회에서는 서울에 배화학당을 설립하였다. 1922년에는 대학교육까지 목표로 하고 4학년 졸업생을 수용하였다가 중지하고 여자고등학교로 지금까지 계속되고 있다.

같은 해 미국 북감리회에서는 평양에 맹아학교를 설립하여 특수한 교육사업을 시작하였다.

1901년에 서광세, 이광종, 박정동, 민병두 4명이 낙연의숙을 설립하였다가 다시 이것을 보광학교로 고쳤는데, 처음에는 일어와 보통학과를 가르치다가 뒤에는 민간 사범과로 바꿔 한때 인기를 끌어 먼 시골에서까지 응모생이 모여든 명성 높던 학교였다. 1916년에 폐교하였다.

1902년에 양재관이 우산학교를 서강에 설립한 것이 뒤에 의법(懿法) 학교가 되어 긴 역사를 가지고 오늘까지 계속되고 있다.

1903년에 미국 북장로회에서 평양에 숭의여학교를 설립하여 여자에게 중등교육을 시켰는데 당시 여자중학교 가운데 손꼽는 학교 중의 하나였다. 1943년에 숭실과 함께 순교적 정신으로 폐교하였다.

같은 해에 미국 남감리회에서 원산에 누씨여학교를 설립하였다. 뒤에 누씨고등여학교로 되었다가 1942년에 일본인의 손으로 들어가 공립으로 되었다.

1904년에 미국 남감리회에서 개성에 호수돈여숙을 세워 여자의 초등·중등 교육을 시켰는데 착실하고 시설 좋은 학교 중의 하나이다.

같은 해 설립된, 캐나다 교회 계통인 원산의 진성여학교는 이름 있는 소학교로 지금까지 계속되고 있다.

같은 해 10월에 미국에 있는 동포 강천명이 5원을 상동예수교회 목사 전덕기에게 보내며 교육사업에 써달라는 것을 기회로 전 씨가 전력하여 청년학원을 설립하였다. 이 학교는 당시 이준, 이상동, 이동녕, 이회영, 김진호, 전덕기, 이승훈, 김구 등으로 조직된 비밀결사 독립운동 단체인 신민회[*4]의

기관학교로 되어 있어 독립사상을 특별히 함양한 학교로 정주 오산학교와 쌍벽을 이루었다. 뜻있는 인물을 많이 배출해내고 1914년에 폐교하였다.

여기까지 적은 학교는 이 계몽기에 일어난 사립의 대략이다. 이 밖에도 기독교 신교파의 학교가 더 있겠지만, 천주교회 학교는 하나도 적지 않았다. 우리 민간사립은 더 찾아보면 있을는지 모르나 내가 아는 한도 내에서 적은 것이다.


## 5. 새 교육에 대한 일반의 태도

그때의 일반 사회의 새 교육에 대한 일반적인 태도를 말하면 대개 다음과 같다.


① 거의 전체적으로 이해가 없었다.

② 이해가 있는 부분도 교육을 위한 이해는 아니었다.

③ 학교는 옛 과거를 대신할 새 과거 준비로, 졸업은 곧 과거 급제로 알았다. 그리하여 중도에도 벼슬을 할 수 있으면 자퇴하는 것이 보통이었다.

④ 실업교육에 대해서는 더욱 심해 이해를 못한다는 정도가 아니라 아주 천하게 여겼으며 입학하는 학생도 또한 벼슬길에 더 눈독을 들였다.

⑤ 외국세력이 강해짐에 따라 벼슬길이 빠른 외국어학교가 제일 시세가 좋았고 다음에는 교관 초사(初仕)가 약속되어 있던 사범학교와 벼슬길에 오르기 쉬운 법학학교가 시세가 좋았다.

⑥ 여자교육은 거의 절대 반대였고 기독교인들이 일찍이 이해를 가지고 여자교육을 먼저 실행하였다.

⑦ 머리 깎는 것을 반대하여 이 문제로 대성통곡하고 자퇴한 이도 있었으며

---

*4) 新民會: 1905년 을사조약 이후 보호국체제 아래에서 점차 계몽단체들의 합법적인 정치운동이 제약을 받게 되자 애국운동은 비밀결사화하기 시작했다. 그 결과 조직된 것이 1907년의 신민회로서 그 활동 목표를 민족의식과 독립사상의 고취에 두었다. 그러나 신민회는 독립을 위한 운동노선을 놓고 크게 두 갈래로 나뉘었는데, 안창호 등은 계몽운동, 실력양성운동이었고 다른 한쪽은 이동휘를 중심한 무장저항운동이었다. 결국 통합될 수 없는 두 노선은 갈라져 안창호는 미국으로 건너가 흥사단을 만들었고, 이동휘 등은 만주, 시베리아에서 무장독립운동을 전개했다.

군인도 상투 위에 모자를 쓴 일이 있던 때였으므로 머리를 깎은 것은 대개 이 시기가 지난 뒤 광무 10년(1906)경에 실행되었다.

⑧ 부형의 완강한 반대 때문에 도망 와서 입학한 자가 많았다.

⑨ 교육으로 새 지식을 배우거나 나라를 부흥시키려는 참된 생각을 가진 자는 개화파뿐이었다.

⑩ 학교에 대해서도 한문학습 정도가 높아야 좋은 학교라고 인식하였다.

이러한 어두운 면이 많았던 그때의 새 교육은 하나의 계몽으로서 출발하지 않을 수 없었다. 그리하여 전문적 교육, 즉 사범, 의학, 농공 등 학교는 모두 식비와 의복비를 주며 기숙사를 주고 서적을 주어 유도 권장하였으며 또 벼슬길도 유도하였다. 그리하여 외국어학교, 의학교, 중학교 졸업생은 졸업 직후에 해당학교 교관으로 임명하고 자리가 나는 대로 채용하라 하였다. 그래도 학생이 많지 않았다. 그중에 사범학교가 다소 입학 지원자가 넉넉하였다.

사립 홍화학교는 처음에 학생이 없어서 주간을 못하고 야간을 하였는데 그나마도 야간에 중국인이 더 많았고 한어학교는 처음에 선생 대 학생 수가 2대1이 된 일이 있었으며 의학교는 처음에 학생이 없어서 함부로 모집한 결과 붓장수가 입학하여 이름만 걸어놓고 제 영업을 한 적이 있었다(이중화 씨의 말).

광무 8년(1904)에 나는 사범학교에 들어갔었다. 내가 들어가기 전에는 사범학교가 대개 6개월 속성과였고 3개월, 1년 속성도 있었으며 2년이 제일 길었다. 내가 입학할 때는 15명 모집에 120명의 응모자가 있었다. 사범학교는 그때에 최고학부였으니 그 이유는 국가방침이 교육은 내 나라의 구습에 어긋난 사상으로 해서는 안 된다 하여 해외 유학생은 배제하고 한문 실력 중심, 구학문 중심으로 사범생을 모집하였다. 그때의 학문은 한문이 제일이므로 한문 실력에 따라 중학교나 전문학교의 졸업 정도로 인정되었던 것이다.

그런데 한문 중심주의로 학생을 뽑는 사범학교를 사회가 최고학부로 인정하였던 것이다.

나이는 내가 20세였는데 3분의 2는 나보다 나이가 많았고, 그중에서 20, 30대가 많았다. 그런데 20, 30대 측은 다 수구파 사상을 가지고 있었으니 사범학교를 성균관 거재와 같이 여겨 관직으로 나가는 관문으로 여기고, 밤이면 규칙을 어기고 고관들을 찾아가 벼슬 얻기 운동에 열심이었고, 연소자들은 수학, 지리 같은 새 학문에 재미를 붙였고 『황성』, 『제국』 같은 새 사상을 계몽하는 신문을 읽기를 좋아하며 새 기운으로 나아가려 하였다. 수학, 인문지리는 미국인 헐버트가 가르쳤다. 수학은 입체기하까지 배웠고 인문지리는 당시 인문지리 선생 이외의 다른 교사들은 지구가 둥근 것을 믿지 않아 이렇게 배운 학생들과 토론한 일이 많았다(김창제 씨의 말).

이 단편적 실화로 계몽기의 교육 상태를 엿볼 수 있다.

# 6. 학교를 통하여 본 교육사조

관·사립학교의 시설을 통하여 당시의 교육사조를 미루어 보면 그때에 일반에게 인식이 많이 된 학교교육은 사범교육과 어학교육이었다. 그리하여 관에서도 사범과 각 외국어학교를 이 시기에 세웠고 사립에서도 홍화, 중교, 악영, 경성학당이 다 어학학교였으며 특히 보광이 민간 사범학교를 두어 많은 인기를 끈 것은 그때의 사조가 증명하는 것이다. 요컨대 교육의 목적이 개인의 개성 발전이나 세계문화 흡수를 추구한 것이 아니고 대부분 벼슬길로 속히 나가는 데 있었기 때문에 일종의 기계적 교육이었다. 그리고 학교 자신도 영원한 국민교육이 목표가 아니었기 때문에 얼마 지나지 않아 다 쓰러지고 말았다. 배우는 학생에게 어학이 필요치 않을 때, 학교 경영자에게 본 목적의 의미가 없어질 때, 그 학교는 없어지는 것이 당연한 일이다. 그리하여 홍화, 중교, 악영, 보광 등이 다 지속할 혼이 없어서 곧 없어졌다. 이 계몽기에는 민간의 힘으로 된 사립이 오직 이것뿐인데 이것이 다 없어진 것은 교육사를 쓰는 나에게 매우 애처로운 느낌을 주고 있다.

반면에 서양인들이 설립한 학교는 그 수가 관립의 모든 학교 수와 대등하고 우리 민간 사립보다는 몇 배나 되었다. 오늘까지 혹은 몇 년 전까지 지속되면서 점점 발전하였는데 그들은 그 교육사조가 절대로 목전의 투기가 아니었다. "조선은 앞으로 인류문화의 공통수준까지 올라가도록 진보하리라. 이 필연적 발전으로 아무리 이제 완고한 세력이 산같이 크고 굳더라도 무너져가리라." 그들은 이렇게 보았다. 그때까지, 그 경지까지 이끌고 나아가는 것이 개척적 교육의 목표였다. 그들은 저희 교회 경전에 쓰여 있는 교훈을 진리로 알고 그대로 될 것을 믿고 계획과 노력을 한 것이다.

교훈이란 무엇인가. "겨자 씨 한 알이 땅에 떨어져 나서 자라면 가지에 새 떼가 앉게 된다." 이는 진리의 일은 시작만 하면 곧 발전된다는 것이다. "가루 세 말에 누룩을 넣으면 온 가루가 다 퍼진다." 진리의 일은 완강한 것을 녹여 승리를 얻는다는 것이다. 이 정신으로 교육을 시작하였기 때문에 벼슬꾼을 가르친 것이 아니며, 장사꾼을 가르친 것도 아니다. 눈앞의 작은 이익을 추구한 모리주의적 교육이 아니었고 오직 보다 '인간다운 인간이 되라'는 교육이었다. 인간이 인간수준에 이르지 못하고는 좋은 국민도, 좋은 교사도, 좋은 관리도 없다. 이러한 교육사상에서 학교를 세웠으니 사상 자체가 반석 같은 진리를 닦은 것이므로 사업 자체가 영원토록 쓰러지지 않을 힘을 내포하였던 것이다. 이 점에 있어서 그들의 교육사업은 그 시기에 있어서 확실히 개척자요, 선구자요, 지도자요, 공로자였다. 계몽기에 이 교회 계통의 학교가 없었던들 다만 그 썩은 옛 사상을 버리지 못한 관립이나, 교육이념이 빈곤한 몇 개 민간사립만으로는 계몽기의 계몽이 얼마나 더디었을 것인지 상상할 수 있다. 오직 청년학원과 오산학교만은 기독교인인 한국인이 시작하였던 것이며 그 목적은 완전한 국민교육을 하려는 것이었다. 청년학원이 지속되지 못한 것은 안타까운 감회를 준다. 왜냐하면 계몽기에 생긴 것 중에 참된 국민교육을 목적으로 한 우리 민간중학교는 오직 이것 하나뿐이었기 때문이다.

# 신교육의 각성기
## (1905~1910)

## 1. 시대상

### 1) 일본의 압박 밑의 민족사상의 발전
우리의 한 맺힌 눈물이 땅에 배고 우리의 울분이 하늘을 찌른 것도 이때였고 이천만 동포의 새 피가 끓고 삼천리의 산 기운이 뻗친 것도 이때였다.

① 강도 일본은 책임대신의 결사적 항쟁으로 인장도 받지 못하고, 순국적 결심에 비준도 받지 못하자 궁정을 일본병사로 싸고 반대하는 대신을 붙잡아 임금께 가까이하지 못하게 하고 7대신 중에 겨우 간신 5인의 인장으로 협약이 되었다 하여 1905년 11월에 소위 5조약을 발포하니 이것이 조선의 외교권이 없어지고 일본인 총감 아래 살게 된 보호조약이었다. 이날에 『황성신문』에서는 '시일야(是日也)에 방성대곡(放聲大哭)'이라는 제목으로 논설을 실어 피눈물이 가득 찬 도도한 글을 써서 집집마다 배포하여 사장이 일본인에게 잡혀갔다. 이 신문이 나오자 온 시내가 물 끓듯 하였다. 원임(原任) 중신들은 여러 차례 백관을 데리고 반대의 상소를 하고 재야 지사들도 개인적으로 반대상소를 하고 원임 고관과 재외 사신과 지사들 가운데 분을 견디지 못하여 자살한 자가 6명이었다. 자살한 지사 중에는 격분하고 비통한 글을 국민에게도 주고 외국 공사에게도 보내어 동포를

감격시켰던 자도 있었다. 종로 거리에서는 격분한 연설이 있었고 평양 유생은 '사수독립(死守獨立)'이란 혈서를 전국에 뿌렸다. 이어서 오적 암살단 체포사건이 두어 번이나 있었고 이듬해에는 충청, 전라도에서 의병이 일어났다.

1906년에 오적 중 이근택이 자객에게 찔리고 박제순의 집에 폭탄 투척 사건이 있었고 권중현이 저격을 당하고 이완용의 집에 불이 났었다.

② 고종은 1907년 7월에 네덜란드 헤이그에서 열린 만국평화회의에 밀사를 보내어 5조약에 한국 임금의 비준이 없었다는 것을 호소케 하였다. 이것이 근세사에 이름난 헤이그밀사사건이다. 그 일로 말미암아 고종이 황위를 내어놓게 되었으니 이것 또한 악명 높은 오적대신 두세 명의 협박으로 진행되었다. 폐위가 발표되기 전 소문만 들릴 때 벌써 민심은 소란하였다. 당시 애국단체인 자강회, 동우회, 기독청년회 등 수천 명이 모여서 한 무리는 친일단체인 일진회의 기관 신문사를 습격하여 사무실, 기계를 파괴하고 다른 한 무리는 대한문에 모여 앉아 통곡하며 순경의 말발굽에도 불구하고 노상 연설을 하다가 밤 늦게야 해산했다. 이튿날 곧 1907년 7월 19일에 양위조서(讓位詔書)가 발표되자 민심은 격분과 살기로 가득 차서 일본인 순사가 쫓으면 돌을 던지며 충돌하고 맨주먹으로 격투하여 순사를 죽였으며 종로에서는 비분한 연설로 군중의 열기가 끓었으며 일본순사 교번소(요즘의 파출소)를 급습하여 일본경찰 3명을 죽이는 등 군중의 기세는 높아만 갔다. 이때에 일병(日兵)은 각 주요처에 기관포를 걸고 경계하였다. 수천 군중은 한편으로는 이완용의 집을 불지르고 가족을 죽이며 한편으로는 병무(秉武)의 집을 부쉈다. 종로에서는 일본기병과 충돌하여 사상자가 많았으며 일본인도 산재되어 있던 자는 진고개로 모여들었다.

③ 같은 해 7월 24일에 7조약이 생기니 법령과 인사가 모두 일본인의 수중으로 옮겨졌다. 황제 폐위와 7조약 사건으로 한국군대의 분위기가 심상치 않아 같은 해 8월 1일에 군대를 해산하자 호위병 1연대 대대장이 자살하고 서울에 시가전이 일어나 서울이 뒤집혔는데 우리 군인의 전사자가 57명, 부상이 100여 명, 잡힌 사람이 516명이었으며 이어서 지방 진위대도 해산시키니 먼저 원주와 강화에서 해산 군대들이 의병에 가담함에 따라 이해 연말까지 경기, 강원, 경상,

전라, 황해에서 유림과 농민의병이 뒤섞여 일어났다. 일병에게 곤욕을 당하여 1908년에는 좀 미미한 듯하였으나 이어서 1908년 3월에 조선에 외교고문으로 있던 친일파 미국인 스티븐슨이 미국에 가서 '조선은 독립할 자격이 없다'고 선전하다가 3월에 미국에서 장명환에게 죽고, 1909년 10월에 이토 히로부미가 하얼빈에서 안중근에게 죽고, 같은 해 12월에 명동성당에서 이완용이 이재명에게 찔려 중상을 입는 등 민심이 더욱 기세를 올려 1909년에는 경기, 황해도에서 의병활동이 활발하였다.

이상과 같이 민심은 격분하고 세상은 소란하여 줄곧 일본을 배척하는 동시에 민족적으로 강화(强化)하는 사상이 불길과 같이 성장하였는데 1909년 8월에 조선의 왕실은 지배권을 잃고 말았다.

## 2) 매국정권 밑의 민간운동의 발흥

위에서 말한 바와 같이 보호조약이 성립되고 일본의 주구인 매국노들이 정권을 잡고 있으니 나라의 쇠약은 불을 보듯 뻔한 일이었다. 이때부터 애국지사들은 정부를 믿지 아니하였고 외국을 믿지 아니하였다. 나라의 부강은 전국의 지식이 향상되는 데 있고 지식을 향상시키는 것은 오직 언론과 교육에 있다고 보고 민간운동을 일으켰다. 이때에 미국인 헐버트는 『코리안 리뷰』지상에다 일본의 정치를 공격하였으며 1905년 8월부터 한영 합작으로 된 『매일신보』는 일본의 정치를 비난하여 국민지식을 계몽하기에 힘쓰는 등 각 언론기관은 민족사상을 고취하였다. 그러던 가운데 교육이 국권회복의 유일한 길임을 깨닫고 교육운동이 일어났다.

그리하여 단체로는 이갑·정운복 등이 서북학회를, 이광종·유근 등이 기호흥학회를, 장지연·박정동 등이 교남학회를, 이채·이기 등이 호남학회를, 남궁억·정봉시 등이 관동학회를, 각 지방별로 교육육성단체의 기관을 서울에 세우고, 유길준·김가진·오세창 등의 발기로 홍사단이, 김윤식·신기선·이도재 등의 발기로 대동학회가 서울에서 조직되었고, 한교학·임규영 등이 개성학회를 개성에 창립하였다. 교육사업으로는 민영휘, 유길준, 안창호, 이용익, 이승훈, 이동휘, 유일선 등의 개인 유지와 경선궁, 영친왕궁 등 왕실에서도 성의껏 참여하였다. 학보로는

『서북학보』,『기호학보』,『호남학보』,『보성교우보』,『대한흥학보』,『교육월보』,『소년잡지』,『공업계』 등이 발행되었다. 정력과 재력으로 인심을 고무시키고 학풍을 떨쳤으니 소·중·전문을 합하여 3,000여 곳이 되었는데 거의 다 민간 유지가 설립한 것이었다. 사조는 활발하고 애국열은 타올라 일사천리의 기세로 부흥하였다.

## 2. 교육사조의 전모

### 1) 일본인 초빙과 학생의 사상

1905년에 한일협약이 체결되자 일본인이 학부참여관으로 있다가 1908년에 참여관제도를 폐지하고 대신 학부차관으로 바꾸어 '교육을 쇄신하여 내용을 충실히 한다'는 미명 아래 각 관·공립 학교에는 일본인 교원을 초빙하여 고등정도학교(중등)에는 교감이라 일컫는 학교의 책임자를 두고 학생교육을 담당케 하였는데, 이로부터 일본인이 조선 교육에 손을 대게 되었다. 제도가 진보하고 내용이 진보된 점은 없지 않았으나 친일공작이 심하여 학생의 반감은 점점 높아가서 학생들은 학업을 전공하려는 생각보다 정치에 대한 관심이 더 컸었다.

### 2) 사립학교의 애국열

당시에 사립학교의 설립과 폐지가 개인의 자유였기 때문에 누구나 뜻이 있는 사람이면 학교를 마음대로 만들 수 있었다. 서양의 기독교가 독립·자유·평등의 사상을 내포한 종교를 전파하는 동시에 남녀 교육기관을 정부보다 먼저 설립하고 민족의식과 애국열을 고조한 것을 비롯하여 우후죽순처럼 생기는 사립학교가 모두 애국심에 불타 있었다. 시골에서 일어나는 소학교에 교원이 모자라는 데에는 서울에 있는 중학교 졸업생 혹은 재학생들이 보수를 받지 않고 일선에 나선 병사와 같은 기개로 고난을 겪어가며 교육에 몸을 바쳤다. 그때에 위에 말한 학회들은 각각 자기 지방에 학교를 설립하고 교원을 보내는 일을 하며 이것을 사업의 목적으로 하였다.

1908년에 보성중학교 4학년생 안상덕과 김기수가 당시 의병 때문에 치안이 어지러운 경상도에서 위험을 무릅쓰고 교단에서 학생을 가르치다가 의병에게 피살되어 경성 각 학교 학생회장으로 성대한 식을 행한 것이 하나의 실례이다. 그때 학생의 분위기는 졸업 후 월급의 고하를 생각에 두지 않았고, 상급으로 진출하여 개인의 출세를 꾀하는 이기적 행동보다는 배운 그대로 목전에 닥친 국가 건설에 몸을 던지는 것을 가장 고귀한 일로 알았다. 그리하여 사상에는 정의의 정신이 강하였고 행동에는 인격적 광채가 있었다.

그리하여 학구적으로 캐고 연구하는 사상은 부족하였으나 교내에서는 토론회와 웅변회를 조직하여 변론과 사상을 훈련시켰으며 교외에서는 연설회와 웅변대회 출석과 참가와 주최를 수시로 하였고 가끔 각 학교 연합운동회를 개최하여 고적대 행진과 운동경기를 통하여 청년의 의기를 활발·용감하게 길렀다.

이 사립학교의 교육사조가 당시 교육사조를 지배하였으므로 관·공립도 같은 걸음을 걷게 되었다.

그리하여 연합운동회는 관·공·사가 연합하여 행하였고 애국열도 관·공·사가 다 같이 발전하였으나 학교 당국자의 지도에 따라 다소 차이가 있었으며 배일사상은 애국사상과 병행하여 발전하였는데 그 가운데서도 기독교계 학교들과 청년학원(서울), 대성학교(평양), 오산학교(정주) 따위가 더욱 강하였다.

## 3) 관공립학교에 대한 비난

사립학교가 교육의 헤게모니를 잡은 당시에 관공립은 비난의 과녁이 되어 있었다. 그리하여 대개는 입학하기를 싫어하였고, 사립을 공립으로 바꾸거나 학부가 경비를 보조하는 것까지도 좋아하지 아니하였으며, 중류 이상의 가정 아동이 공립소학교에 입학을 꺼려 한때는 소학교가 빈민학교란 이름을 가지게 되었으며, "공립은 정부를 위한 학교로서 정부의 이익 때문에 교육을 하는 것이며, 사립은 민중을 위한 학교로서 우리들의 이익 때문에 교육을 하는 것"이라는 관념이 민간사상이었다. 이와 같이 관공립이 비난을 받는 원인은 무엇이었는가?

① 그때는 보호조약이 체결된 뒤이므로 백성이 정부를 신뢰하지 아니하여 정부는 조선을 위한 정부가 아니라 일본의 괴뢰로 여겼던 까닭에 정부가 직할하고 교원이 관리로 된 관공립을 싫어하였다.

② 학부와 관공립학교에 일본인이 들어와 학교 계획과 학생 교양을 주장하였는데, 이때부터 벌써 백성들은 모든 방면에 있어서 일본인을 의심하고

악마와 같이 싫어하는 감정이 차 있었던 까닭에 관공립을 싫어하였다.

③ 이상의 두 가지가 관공립을 비난하는 원인의 큰 것이었고 그 밖에도 일본어를 많이 가르치는 것, 한문을 줄이는 것 따위의 교과목에 대한 비난도 상당히 많았다.

④ 앞서 말한 계몽기의 교육은 교육을 하는 자나 교육을 받는 자가 다 구교육시대의 사상을 벗어버리지 못하였다. 그리하여 어학이나 법률이나 급히 소용되는 기술교육, 즉 모두 관리로 채용될 인물을 양성한 것이니 그때의 교육은 관리양성이 목적이었다. 그러나 각성기의 교육은 국민교육으로 발전하였으므로 소학교와 중학교가 쏟아져 나왔고 벼슬을 우습게 알고 국가를 위한 민간사업을 중하게 여기는 사상이 늘어갔다. 더욱 벼슬을 우습게 여긴 이유는 그때의 벼슬아치는 친일파로 지목을 받게 되는 까닭이었다.


## 3. 학부의 교육방침

그때의 국가 교육방침은 융희 2년(1908) 5월에 관찰사 회의석상에서도 공포한 학부대신의 훈시로 알 수 있으니 그 대강은 다음과 같다.


① **보통교육의 보급**: 빈부, 귀천에게 다 지식을 주되 국력과 민간의식의 부족으로 강제적 의무교육은 시기가 이르다고 보았으며 일반국민에게 신교육의 진가를 이해시키는 것을 급선무로 하였다.

② **공립학교의 유지**: 지방 국민에게 공립의 성질을 밝혀주어 공립학교 유지에 협력하도록 힘썼다.

③ **교과목의 이해**: 일반국민이 교과목에 대하여 이해하지 못한 점을 이해시키기에 힘쓰도록 하였다.

④ 새 교육에 대한 비의(非議, 남을 비방하며 논함)를 배제하도록 하였다.

⑤ 중등교육기관은 당분간 확장하지 않기로 하였다.

⑥ 사립학교는 규칙을 제정하여 감독하도록 하였다.

⑦ 많은 불완전한 학교보다 적더라도 완전한 학교를 만들기로 하였다.

⑧ 학생의 삭발과 복장의 강제시행으로 부형의 감정을 상하거나 취학의 분위기를 저해하는 일을 하지 않기로 하였다.

⑨ 운동회의 폐해를 지적하여 감독하기로 하였다.


전문은 다음과 같다.


최근 교육의 기운이 갑자기 일어나서 전국 도처에 다투어 학교를 설립하니 민심이 교육으로 기울어지는 일이 오늘날보다 더 왕성한 때가 없었다. 어찌 국가의 경사가 아닌가. 다만 이 추세를 잘 인도하며 민심을 개척하며 국운을 발양(發揚)하여 국가 백년대계를 세우는 데는 주로 여러분과 함께 힘써야 할 것이다. ……여러분의 임무에 대하여 주의를 청하고자 하는 사항과 장래에 희망하는 바 두어 가지를 들어 말하려 하노라.

1. 보통교육은 보통학교령 제1조에 말한 바와 같이 학생 신체의 발달에 유의하고 도덕교육과 국민교육을 베풀고 일상생활에 필요한 보통 지식기능을 주는 것을 본 취지로 하는 것으로 빈부귀천의 구별이 없이 국민된 자는 반드시 받지 않으면 안 된다. 그러므로 많은 문명제국들은 여기에 치중하여 보통교육을 닦는 것을 국민된 의무로 하고 아동이 일정한 연령에 달하면 강제로 취학시키는 제도를 취하고 있다. 우리나라도 강제교육의 제도를 요하기는 하나 학교의 설비가 아직 완전하지 못하고 교원이 아직 넉넉하지 못하며 그것을 완성하려면 많은 경비와 어느 정도의 시일을 빌어야 되는 것이며 특히 보통교육 시작에 있어 국민의 대부분이 새 교육이 무엇인지를 알지 못하는 이때에 갑자기 강제하는 것은 아직 때가 아니니 먼저 신설한 보통학교를 독려하여 성과를 거둬 일반국민이 신교육의 가치를 이해하게 하는 것이 당면의 급선무이므로 여러분과 함께 크게 힘을 내려고 하는 바이다.

2. 이번에 확장하는 보통학교는 관립, 공립 두 가지로 하는데 관립은 학부의 직할이요, 공립은 지방 공공적 자원으로써 경영하는 것이다. 현재 각 도에 설립된 보통학교는 모두 공립인데 그 경비의 대부분은 국고 보조로 한다. 이것은 필경 오늘날 현상으로는 지방 공공적 수입을 얻기가 심히 곤란한 까닭이다. 그리하여 지방 인사는 걸핏하면 공립학교를 관립과 같이 정부에서

경영하는 사업으로 보아버리고 그 지방에서 유지하여야 할 공공적 의미임을 알지 못하니 여러분은 모름지기 공립학교의 성질, 조직을 밝혀 관할하에 있는 국민에게 아무쪼록 이것을 유지하는 데 힘쓰게 하기를 요하노라.

3. 보통학교 교과목은 수신, 국어, 한문, 일어, 산술, 지리, 역사, 이과, 도화, 체조로 하고 시간이 마땅하면 창가, 수공, 농업, 상업을 더하며 여자에게는 수예를 더한다. 각기 교과목 교육의 요지는 보통학교령 시행세칙 제2장 제1절에 자세히 적혀 있다. 이 교과목들은 학생의 지덕을 늘리고 기능을 익히고 정신 신체의 발달을 촉진시켜 한결같이 장래의 입신처세에 긴요함을 주지 않는 것이 없다. 그런데 논란하는 자는 '보통학교는 한학의 시간이 없다, 수업시간이 짧다'고 한다. 이는 교육의 목적과 방법을 알지 못하는 자의 말이므로 일고할 가치가 없는 것이나, 지금은 신·구 교육의 과도 시대이므로 이러한 오해는 면하기 어려운 것이다. 교육 감독의 임무에 있는 여러분은 관할하의 국민을 선도하여 교육의 목적은 지, 덕, 체의 고른 발달을 주안으로 한다는 것과 위생, 규율, 경제를 중히 여기지 않는 종래의 학풍은 아동의 건전한 발달을 바라기 어려운 것임을 알게 하라. 또 일어를 더하고 일본인을 초빙하여 직원으로 삼은 것을 비난하는 자가 있으나 현재와 장래에 있어서도 일본어 습득이 가장 긴요한 것은 말할 것도 없고 또 신교육의 실시에 관하여 경험 있는 자를 쓰는 것은 그 효과를 확실하게 하려는 데 지나지 않는 것이니 기회를 보아 그 의심을 풀도록 하기를 바라노라.

4. 보통교육이 중요한 것은 위에 말한 바와 같음에도 불구하고 시세에 어두운 무리가 걸핏하면 비난을 하고 심하면 경영을 방해하려 한다 하니 듣기에 너무 한심하다. 또 재래의 학교인 보통학교에 대하여 반목의 태도를 가지는데 이와 같은 일은 너무 생각이 없는 짓이다. 지방관은 모름지기 그 완고함을 버리고 그 법에 어긋나는 잘못된 일을 교정하여 폐단을 미연에 없애기를 요하노라.

5. 보통교육의 보급 확장에 따라 중등교육기관의 확장을 꾀하는 것이 일의 차례로서 마땅히 그러할 바이다. 그러나 이것을 창설하고 유지하는 데 요하는 경비는 도저히 보통학교에 견줄 것이 아니니 따라서 국고 부담으로써 이것을 계획한다는 것은 현재의 사정에 있어서 자못 곤란한 것이다. 장래에 재정이

허락하는 한도로 점차 그 충실을 기하려 하노라.

6. 사립학교는 또한 문운(文運)을 일으키는 데 있어서 하나의 도움이 되는 것이므로 그 존재를 가볍게 여겨서는 안 된다. 특히 지금 전국에 사립학교 수는 1,000여 개로 더욱 교육열의 발흥을 촉진시켜 각지에서 그 설립을 경쟁하려는 경향이 있으니 지금 일정한 기준을 세워 그것을 감독하는 것이 가장 시기적절하다고 인정되므로 머지않아 사립학교령을 제정하려 하노라.

7. 원래 학교는 그 세우고 없애는 것을 쉽사리 할 것이 아니다. 설립 당초부터 장래 유지를 할 수 있는 영구적 자원을 조사하여 교육의 목적에 적합한 설비와 교원을 갖출 용의가 없어서는 안 된다. 현재 사립학교의 상태를 살펴보면 가르칠 만한 적당한 교원이 없고 버틸 만한 확실한 자원이 없으며 설비가 완전치 못하고 관리가 적절하지 못한 것이 많고, 심하면 학생만 많이 모아 겉으로의 성대함을 경쟁하고 학과교육에 중점을 두지 아니하며 혹은 유지방법이 궁색하여 다른 사람과 재산 쟁탈을 일삼는 등 폐해가 날로 불어가려 한다. 그러니 여러분은 학교를 감독하는 데 있어서 옥석을 잘 분별하고 양호한 것은 더욱더 장려하고 그렇지 못한 것은 천천히 선도하여 남의 자제를 버리는 일이 없도록 유의하여야 하며, 새로 설립하려 할 때는 그 설비, 교원, 유지방법 등 학교 설립 목적을 이루는 데 맞느냐 안 맞느냐를 심사한다. 요점은 불완전한 학교의 많음을 바라지 않고 소수라도 완전한 학교에 의하여 인문의 발달을 기하는 데 있노라.

8. 요새 일반적으로 삭발하는 유행이 생겨 학교에 있어서 학생에게 삭발을 강제하는 곳이 있고 또 외관을 꾸미기 위하여 복장을 일정하게 하는 곳이 적지 않다. 풍속 개량은 다른 길이 있으니 학생의 두발, 복장 등은 교육을 하는 데 아무런 직접 영향이 없는 것이요, 도리어 그것 때문에 부형의 감정을 상하게 하고 학자금의 증가를 가져와 취학의 분위기를 저하하는 결과를 가져올 염려가 있으니 이른바 뿔을 고치려다가 소를 죽이는 따위의 일이므로 깊이 경계하지 않으면 안 된다.

9. 근년에 학교 연합운동회가 각 곳에서 다투어 일어나 거의 하나의 유행으로 된 느낌이 있다. 원래 운동회는 그 목적이 체육을 장려하는 데 있으므로 그 일은 불가하다고 할 수는 없으나 이것 때문에 수일간 학과수업을

쉬고 학생으로서 유희를 탐하고 부형에게 때아닌 비용으로 괴롭게 하는 것은 교육 보급 장려상 도리어 좋지 못한 결과를 낼 것이다. 특히 참가할 구역을 넓게 하기 때문에 수십 리의 먼 데서 부형을 동반하여 오는 것은 일층 그 폐단이 크다고 인정되는 것이니, 지금부터 운동회를 봄, 가을 두 번에 그치게 하고 연합 구역을 아무쪼록 한 고을 또는 한 지방에 한하여 시일과 비용을 절약하여 행하도록 주의시켜야 한다. 또 세인이 가끔 운동회 등에는 다액의 기부를 하면서도 학교 유지 또는 내용 개량과 같은 유익한 사업에 대하여는 투자를 아끼는 경향이 있으니 지방관은 이러한 점을 살펴 선도하기에 게으르지 않기를 바라노라. 이상 서술한 바에 의하여 정부의 교육상 시설과 학교 감독에 관한 방침은 대강 알 줄로 아노라. 요컨대 교육은 국력배양의 샘[源]이요. 민심개발의 씨[囡]이니 국가는 그 기초를 교육 위에 두지 아니하면 발달하고 영구하고 건전할 수가 없다. 특히 우리나라는 구습을 벗어버리고 국부의 터를 닦고 제가(齊家)의 기둥을 세울 일이 웬만한 노력으로는 될 수 없는 것인즉 지방관은 여기에 깊이 뜻을 두고 직책을 다하는 데 흐트러짐이 없기를 기하여야 한다.


## 4. 일본인의 태도

당시 관공립학교에 학감, 교감으로 와 있던 일본인은 민중이 악마시하는 시선에 초점을 두었다. 일본인 자신도 이 감정을 잘 알고 있으므로 저들은 매우 세심하게 주의하였는데 그 중요한 점은 한국인의 감정을 자극하지 않을 것과 선교사의 비평을 피하자는 데 있었다. 그리하여 저들은 친절하고 조심하면서 천천히 한국인에게 친일사상을 꾀어내려고 힘썼으며, 교육을 통하여 친일사상을 기르려는 정치적 음모에 충실함이 저들의 사명이었다. 1907년 4월에 이토 히로부미가 자기 관저에서 일본인 교원에게 훈시한 요지를 보면 다음과 같다.


한국 보통교육의 보급·개량은 작년부터 착수하여 조금 나아갔으나 아직 태동기라고 말할 정도이다. 제군은 오늘날까지 자국에서 교직에 종사하였기 때문에 외국에 와서 외국 아동을 교육하는 데는 자국에서 자국 아동을 교육하는 것보다 더욱 곤란할 줄로 안다. 그러므로 제군은 한국 아동을 교육하는 데는 자국 아동을 교육할 때보다 더 한층 열심과 근면으로 하여주기를 바라는 바이다.

교육의 실적을 내는 데는 부형의 신임을 얻는 것이 제일이다. 제군은 철두철미 성실과 친절로써 아동을 교양하는 것이 좋다. 결코 안팎이 있어서는 안 된다. 한국도 옛적부터 전연 교육이 없었던 것은 아니다. 일찍이 중국의 문화를 받아들여 인의예지(仁義禮智), 충신효제(忠信孝悌)의 도는 깊이 뿌리를 박고 있다. 특별히 예의에 있어서는 충분히 무게를 가지고 있는 것이니 제군이 새로 보통교육을 보급시키는 데도 이 구래의 풍습을 무겁게 여겨 어그러지는 일이 없도록 주의하지 않으면 안 된다.

교육의 효과는 하루아침에 얻어지는 것이 아니다. 임무를 맡은 자는 효과를 영원한 데 구하기에 마음을 쓰지 않으면 안 된다. 특히 한국에는 아직 보통교육이 무엇인지를 알지 못하는 자가 많으므로 꼭 보모가 유치원 어린이를 다루듯이 끈기 있게 친절히 아동을 교육하지 않으면 안 된다.

모든 방면으로 관찰한즉 한국인이 문명으로 나아갈 소지가 없지 않다. 제군이 충분히 열성으로써 교도하면 원만한 효과를 거둘 수 있다고 생각한다.

더욱 주의해야 할 일이 있다. 교사 된 이는 정치와 종교에 대하여 피차 평론하지 않아야 한다. 가령 사회풍조가 어떻게 되든지 간에 오로지 교육에만 힘을 다하는 것이 좋다. 정치와 종교는 따로 그것을 맡는 자가 있다. 교육자가 된 이는 단지 그 본분인 교육만 열심히 하고 다른 것을 돌아볼 필요가 없다. 한국에도 구미제국의 종교가가 많이 와서 포교에 종사하고 있다. 그런데 그 교도의 열심(熱心)이 비상하다. 만일 정부가 설치한 관공립학교의 교사가 그 사람들보다 떨어진다면 부끄러운 일이다.

종교는 불교나 유교나 예수교를 막론하고 세인을 계발하는 점에 있어서는 그 길이 하나이므로 저것은 옳고 이것은 그르다 할 이유가 없다. 우리나라는 종교의 자유를 헌법이 보장하고 있고 조선에서도 여기에 대하여 아무 제한이 없다. 제군은 이 점에도 주의하여 종교가에 대하여 함부로 시비 선악의 비평을 하여서는 안 된다. ……제군은 잊지 말고 여가에 조선어를 배우기 바라며 풍속·습관 같은 것도 수백, 천 년간에 걸쳐서 성립된 것이므로 하루아침에

고칠 수 없는 것이니 경솔히 비난하거나 또는 갑자기 고치려고 하여서는 안
된다. 점차 개량할 마음을 가지는 것이 필요하다.


# 5. 각 관계 법규와 실시의 대강

## 1) 관계 법규

각성기에는 사학의 발흥에 따라 그 실정에 맞는 문교행정을 아니할 수
없었으므로 정부는 국민교육기관을 확장하는 한편 교육 전체에 대하여 지도
정리를 아니할 수 없었다. 더욱이 관공립에는 경험이 있는 일본인을 책임자로 한
명씩 두었고 학부에는 차관이 일본인이었던 관계로 교육에 대한 형식적 정비는
비약적으로 발전하였다. 이리하여 관계 법규가 많이 생겼는데 상세한 세목까지는
소개할 수 없고 그 중요한 강령적 법규만 다음에 들어둔다.


**강령적 법규**

| 보통학교령 | 광무 10년(1906) 8월 27일 | 칙령 제44호 |
|---|---|---|
| 보통학교령 실시규칙 | 융희 3년(1909) 7월 10일 | 학부령 제6호 |
| 사범학교령 | 광무 10년 8월 31일 | 칙령 제41호 |
| 사범학교령 시행규칙 | 융희 3년 7월 9일 | 학부령 제3호 |
| 외국어학교령 | 광무 10년 8월 31일 | 칙령 제43호 |
| 외국어학교령 시행규칙 | 융희 3년 7월 9일 | 학부령 제5호 |
| 고등학교령 | 광무 10년 8월 31일 | 칙령 제42호 |
| 고등학교령 시행규칙 | 융희 3년 7월 9일 | 학부령 제4호 |
| 고등여학교령 | 융희 2년 4월 4일 | 칙령 제22호 |
| 고등여학교령 시행규칙 | 융희 3년 7월 7일 | 학부령 제2호 |
| 실업학교령 | 융희 3년 4월 27일 | 칙령 제56호 |
| 실업학교령 시행규칙 | 융희 3년 7월 7일 | 학부령 제1호 |
| 사립학교령 | 융희 2년 9월 1일 | 칙령 제62호 |
| 사립학교 보조규정 | 융희 2년 8월 28일 | 학부령 제14호 |
| 공립사립학교 인정규정 | 융희 2년 9월 1일 | 학부령 제15호 |
| 교과서용 도서 검정규정 | 융희 2년 9월 1일 | 학부령 제16호 |
| 학부편찬 교과서용 도서 발매규정 | 융희 2년 9월 17일 | 학부령 제18호 |
| 학회령 | 융희 2년 9월 1일 | 칙령 제63호 |

## 2) 실시의 대강

### (1) 수업 연한, 학년, 학기의 정리

전기는 학제가 복잡하고 수업 연한이 길었다. 이러한 것은 당시 교육에 맞지 않으므로 학제와 과정을 간단히 하여 실용에 맞도록 하기로 하고, 먼저 보통교육에다 정리의 기초를 두고 수업 연한을 일률적으로 4년으로 단축하고, 고등교육(중등)을 받을 자는 곧바로 같은 정도의 학교에 입학하여 7~8년 뒤에는 고등교육을 마치고 실무에 종사하도록 하였으며, 종래에 모든 학교는 학년, 학기의 관념이 부족하여 입학, 졸업에 일정한 규율이 없었던 것을 매년 4월을 학년 시작으로 하고 학년을 학기로 나누어 통일하게 하였다.

### (2) 학과목, 수업, 학급 등을 정리

종래의 학교는 학과목에 필수사항이 빠지고, 수업에는 각자 나름대로의 방식을 쓰고, 같은 학급 학생의 연령과 학력의 차가 많고, 체육 같은 데 등한하였던 것을 학과목의 종류, 정도를 선택하고 학급제를 채택하고 교원 배치, 학생의 정원 등을 정하고 기타 수업관리의 개선과 교원 대우까지 고친 일이 많았다.

### (3) 개칭, 합병, 분리, 이관(移管) 등 정리 및 신설

① 광무 10년 9월에 소학교를 보통학교로, 중학교를 고등학교로 이름을 고쳤다.

② 광무 10년 9월에 각 외국어학교를 하나로 병합하여 외국어학교로 하였다.

③ 광무 10년 10월에 관립 농상공학교를 나누어 농과는 농림학교로 하여 수원에 두고 공과는 공업전습소로 하여 서울에 두어 둘 다 농상공부로 이관하고, 상과는 일본인 오쿠라 기하치로(大倉喜八郎)의 사재로 설립된 재단법인 선린상업학교로 하였다.

④ 광무 11년에 경성의학교를 대한의원에 합병시켜 교육부(융희 3년에 대한의원 부속의학교로 함)에서 내부로 이관하였다.

⑤ 광무 10년 10월에 황족과 귀족 자제를 교육할 수학원을 세워 공내대신 관리 밑에 두었다.

⑥ 융희 3년 4월에 평양일어학교를 평양고등학교로 고치고, 동시에 부산에

있는 사립개성학교를 공업실업학교로 고치고, 5월에 인천일어학교를 실업학교로
고쳤다.

⑦ 융희 2년 5월에 한성고등여학교를 세웠다.

⑧ 융희 3년 10월에 정주에 실업학교를 세우고, 융희 4년 3월에 평양에 농학교,
대구·전주에 농림학교와 군산·춘천에 실업학교를 세우고, 융희 4년 4월에 함흥에
농업학교, 같은 해 6월에 광주·제주에 농림학교와 진주에 실업학교를 세웠다.

⑨ 이상과 같이 정리, 신설한 뒤의 학교를 설립 주체로 분류하면 다음과 같다.

    ㉮ 학부 직속학교

성균관, 한성사범학교, 한성고등학교, 평양고등학교, 한성외국어학교,
인천실업학교, 한성고등여학교, 사범부속보통학교.

    ㉯ 학부 소관 외 관립학교

수학원(궁내부), 법학교(법부), 수원농림학교, 농업전습소(농상공부), 대한의원
부속의학교(내부).

    ㉰ 공립학교

부산·진주·춘천·정주의 실업학교, 대구·전주·광주·제주의 농림학교,
함흥·평양의 농업학교, 서울 및 지방 보통학교.

    ㉱ 사립학교

재단법인 선린상업학교, 제(諸)사립학교.

## (4) 시설과 보조의 정리

지방에 있는 구보통소학교를 갑종 보통학교로 고쳐 50개소의 새 경영을
했는데 종래의 교사와 설비는 쓸 만한 것이 없었다. 그리하여 일본은행에서
국채로 차입한 500만 원 가운데 50만 원을 떼어 임시 학사 확장비로 돌려놓고
그 가운데서 32만 원으로 보통학교를 신축한 것이 32개교요, 수선한 것이
17개교였으며, 교사는 두어 개를 제외하고는 다 정원 200명을 기준으로
하였다. 그리하여 보통 교실이 4개요, 사무실과 부속실이 더 있으며, 학생의
책상, 의자, 칠판, 기구, 표본까지 다 새로 만들게 되어 그 비용만 5만 3,000원이
들었다. 그때는 수업료는 물론 교과서를 무상급여까지 하여도 한 학급에

50명 학생을 얻기가 어려웠으므로 경비 일체를 국가가 내야 했고, 지방 공립도 말만 공립이어서 보조 명목으로 국고에서 내주었으며, 사립보통학교 중에서도 선정하여 41개교에 보조금을 주었다. 융희 3년도 예산을 보면 모든 학부 소속 관립학교 총경비가 17만 6,191원 중에 관립보통학교비가 3만 1,123원인데 보통학교 보조비가 16만 5,400원이요, 각종 학교 보조비가 7,400원, 합계 17만 2.800원이었으니 보조비가 관립 모든 학교비와 대등하였다.

### (5) 사립학교 정리

① 사립학교령에 의하여 모두 인가제를 써서 불완전한 것을 정리하였다.

② 소학교 가운데 우수한 것은 공립으로 올리기도 하였다.

③ 일정한 심사규정에 의하여 보조금도 주었다.

④ 사립학교 인정규정에 의하여 졸업생을 대우하였다.

⑤ 이러한 조치로 내용을 개선하고 형식을 정리하였다.


# 6. 법규의 내용과 실시

## 1) 초등학교

### (1) 보통학교령

보통학교령과 동 시행규칙은 공포된 대로 광무 11년 6월, 융희 원년 12월, 융희 3년 4월에 여러 차례 수정하였는데 융희 3년에는 시행규칙을 전부 개정하였다. 보통학교령과 시행규칙의 중요한 항목은 다음과 같다.

① 목적: 보통학교는 학생의 신체 발육에 유의하고 도덕교육과 국민교육을 베풀어 일상생활에 필요한 보통지식과 기예(技藝)를 주는 것을 본지(本旨)로 함(보통학교령 제1조).

② 종류: 보통학교는 관립, 공립 및 사립 3종으로 함(보통학교령 제2조).

③ 명칭: 관(공)립 모(某) 보통학교라 칭함(시행규칙 제1조).

④ 설치와 폐지: 공립 및 사립 보통학교의 설치와 폐지는 학부대신의 인가를 받음을 요함(보통학교령 제3조).

⑤ 수업 연한: 보통학교의 수업 연한은 4년으로 하고 학년은 3기로 나누고 다시 건원절(乾元節), 개국기원절(開國紀元節), 즉위예식일(卽位禮式日), 계천기원절(繼天紀元節), 묘사서고일(廟社誓告日), 춘·하·동 휴일 등을 정하여 1년의 수업일수는 200일 이상으로 하였고, 보습과(補習科)를 둘 수 있되 옛 규칙의 3년 이내를 2년 이내로 단축하였고, 지역적 특성 또는 업무관계에 따라 일정한 계절을 골라 교육할 수 있도록 편의를 주었다(보통학교령 제4조·제5조, 동 시행규칙 제18조·제25조·제28조).

⑥ 교과목: 보통학교 교과목은 수신, 국어 및 한문, 일어, 산술, 지리, 역사, 이과, 도화, 체조요 여자에게는 수예를 더하며 시간이 마땅하면 창가, 수공, 상업 가운데 한 과목 혹은 두어 과목을 더할 수 있고, 보습과는 본과에 준하여 정하고 수공, 농업, 상업 가운데 한 과목이나 두어 과목을 더하지 않으면 안 됨.

⑦ 연령: 보통학교의 입학연령은 만 8세에서 12세까지로 하고 당분간은 14세까지 입학할 수 있음(보통학교령 제10조).

⑧ 직원: 보통학교 직원은 학교장, 교감, 본과훈도(本科訓導), 전과훈도(轉科訓導), 부훈도(副訓導), 전과부훈도(轉科副訓導)로 하되 훈도와 부훈도는 반드시 면허장을 가져야 한다. 면허장은 관공립사범학교 졸업자, 외국에서 보통학교에 준할 만한 학교의 교원면허장을 얻은 자, 보통학교 검정시험에 합격한 자에게 준다. 학교장과 교감은 본과훈도가 겸임하게 하고 교감은 일본인 훈도로 채우며 관공립보통학교와 보조지정학교에 각각 1명을 배치하여 아동의 훈육은 물론 일반 교수법과 학교관리를 맡게 한다. 면허장은 갑을 두 가지로 하여 갑은 종신으로, 을은 만 6개 년간 유효로 한다(보통학교령 제17조).

⑨ 정원: 보통학교 정원은 한 학급에 약 60명으로 하고 각 학교에 본과훈도 1명을 두는 것을 상례로 하고 보습과는 인가를 맡아 정원을 정한다(시행규칙 제20조, 주조主條 23조).

⑩ 교과서: 보통학교 교과서는 학부에서 편찬한 것을 쓰고 이것이 없을 때는 학부대신의 검정을 받는 교과서 또는 학부대신의 인가를 얻은 것을 쓴다.

## (2) 관공립 보통학교 신설

참된 학교교육이란 것이 무엇인가를 실제로 보여줌으로써 혁신의 기운을 자아내고 근대적 교육의 모범을 선전하기 위하여 전국에 약 60개의 관공립 보통학교에 모범교육을 시킨다 하고, 이 모범교육을 지도하는 책임자를 곧 일본인으로 하였다. 이 취지에 의하여 관공립 보통학교를 일부러 계획적으로 배치하였는데 그 시설로 시기와 위치를 조사해보면 다음과 같다.

① 광무 10년(1906)에는 모두 22개교였다.

    관립: 교동, 제동, 양현동, 양사동, 인현동, 수하동, 정동, 매동, 안동 등 도합 9개교였고,

    공립: 수원, 공주, 충주, 광주, 전주, 진주, 대구, 춘천, 평양, 영변, 해주, 함흥, 경성(鏡城) 등 도합 13개교였다.

② 광무 11년 4월 1일에 다음 28개교를 열었다. 개성, 인천, 안성, 청주, 강경, 홍주, 남원, 군산, 목포, 나주, 제주, 성주, 경주, 상주, 동래, 마산, 울산, 황주, 진남포, 정주, 의주, 안주, 원주, 강릉, 원산, 북청, 성진, 회령(광무 11년 4월 24일 학부령 제4호).

③ 융희 2년 4월 24일에 다음의 9개교를 열었다. 영암, 고부, 진해(경남), 밀양, 온양, 선천, 여주, 강화, 간도(융희 2년 4월 22일 학부고시 제3호, 간도는 사립이었으나 공립으로 다루었다).

④ 융희 3년 4월에 공립 부산실업학교를 열고 여기에다 공립 부산보통학교를 병설하였다.


이상과 같이 전기부터 있던 학교 22개와 새로 설립한 학교 38개를 합하여 60개교가 각성기에 있던 관공립 보통학교였다. 이것을 지방별로 보면 서울 9, 경기 6, 충북 2, 충남 4, 경북 5, 경남 6, 전북 4, 전남 5, 강원 3, 황해 2, 평남 3, 평북 4, 함남 3, 함북 4개였다.


## (3) 지정보조 사립보통학교

융희 2년 9월 1일에 발포한 사립학교 보조규정에 의하여 다음 조건을 갖춘 사립보통학교를 지정보조 사립보통학교라 일컫고 정부에서 보조하였다.

① 보통학교령에 의하여 설립된 것 또는 보통학교 교과과정에 준거하는 것.

② 상당한 교원과 설비를 가진 것.

③ 설립한 뒤 3년이 지난 것. 단, 특별한 사정이 있는 경우는 여기에 한하지 아니함.

④ 성적이 좋은 것.


그런데 지정학교를 보조할 경우에는 공립과 달리 인적으로 보조하였다. 조선인 교원 1명 혹은 2명, 일본인 교원 1명을 파견하여 교육하게 하였는데 사립에 보낼 교원을 공립교원으로 임명한 후 사립학교에서 근무할 것을 명하는 것이었다. 이때에 일본인 교원은 훈도 겸 교감으로서 수업과 관리를 주재하게 되었다. 이런 우스운 예를 든 이유는 힘 있는 교원의 진퇴 임명권을 사립학교에 일임하면 학교에서 마음대로 간섭하여 개선을 기할 수 없다는 것과 사범학교 졸업생을 배치하려면 의무연한 규정에 구애가 되는 것, 그리고 교원은 관리로서의 교원이 되는 것을 더 좋게 생각하는 것이 그 이유였다. 이와 같은 제도 밑에서 융희 3년, 4년간에 지정보조 사립보통학교가 설립된 곳은 다음과 같다.

① 융희 3년에 지정된 31개교

남양, 양주, 파주, 직산, 남포, 영동, 택천, 하동, 거제, 부산진, 안동, 연일, 청도, 진도, 담양, 장흥, 김제, 함열, 철원, 서흥, 장연, 사리원, 재령, 숙천, 영유, 곽산, 철산, 용천, 정평, 고원, 명천.

② 융희 4년에 지정된 10개교

제천, 대구, 순천, 금성, 성천, 강계, 서천, 경흥, 청진, 경성(鏡城).


### (4) 각성기의 보통학교 통계

| 연도 | 관립 | 공립 | 지정보조 | 계 |
|---|---|---|---|---|
| 광무 10년 | 9 | 13 | · | 22 |
| 융희 원년 | 9 | 41 | · | 50 |
| 융희 2년 | 9 | 50 | · | 59 |
| 융희 3년 | 9 | 51 | 31 | 91 |
| 융희 4년 | 1 | 59 | 41 | 101 |

(학부 발행, 『한국교육의 현상』)

이 표 가운데 융희 4년에 관립이 줄고 공립이 느는 이유는 서울에 있는 관립 9개교 중 안동보통학교를 사범부속보통학교로 하여 관립으로 그대로 두고 나머지 8개교를 융희 4년 3월에 모두 공립으로 돌린 까닭이었다.

### (5) 을종 공립보통학교

공립보통학교는 갑을 두 가지가 있었는데 고종 32년(1895) 소학교령에 의하여 설립한 공립소학교를 예전대로 두면서 그 존재를 인정하고 이것을 을종 공립보통이라 하였다. 본래 이 학교들은 지방민의 청원에 의하여 설립을 인가하였던 것으로 서울에서 가까운 경기도에 많았고 어떤 도에는 전혀 없었다. 이 불균등한 상태에 있는 것을 새 교육기관으로 다루기가 곤란하여 재래의 형태 그대로 하면서 을종이라 하고 보통학교령대로 설치된 것을 갑종이라 하였으며 갑종 공립에는 관립과 같이 보조를 주고 설비도 국고 기금에서 주었으나 을종 공립에는 1개월에 15원 이내의 보조를 주었다. 그 수는 많지 않았다.

### (6) 교과목의 교육요목(敎育要目)

교육 요지를 통하여 당시 교육의 내용과 정도를 엿볼 수 있다. 내용은 매우 완전하였으며 정도는 아동이 4년 동안에 모두 소화하기에는 지나치게 높은 느낌이 없지 않았다.

① 수신(修身)은 학생의 덕성을 기르고 도덕의 실천을 지도하는 것을 요지로 삼음. 수신은 가언(嘉言, 본받을 만한 좋은 말), 선행(善行)과 언해(諺解) 등을 본떠서 훈계함을 종지(宗旨)로 하고 실천에 알맞은 일상생활에 가깝고 쉬운 일을 가르치며 더 나아가서는 나라와 사회에 대한 책무의 일반을 알게 하고 여자에게는 특히 정숙한 덕을 기르기에 주의하여야 함.

② 국어와 한문은 일상생활에 알아야 할 언어와 문장을 알게 하고 정확하게 사상을 드러낼 수 있는 능력을 기르며 아울러 지덕을 계발하는 것을 요지로 삼음.

국어는 발음을 바르게 하고 일상생활에서 알아야 할 언문과 한자 읽는 법, 쓰는 법, 작문을 가르치고 또 바른 말을 연습시켜야 함.

한문은 쉬운 문장을 가르치고 문구의 뜻을 밝히며 아울러 문장구성에 주의하게 하고, 읽는 법, 쓰는 법, 작문법은 각각 주요한 바가 있어 수업시간을 구별하는 것이므로 특히 주의하여 서로 접맥시킴을 요함.

습자에 쓰는 한자의 글씨체는 해서, 행서 중 한 가지나 두 가지로 함.

작문법은 읽는 법 또는 다른 교과목에서 가르친 사항과 학생의 일상생활에서 보고 들은 사항과 처세에 필요한 사항을 기억시키고, 작문은 쉽고도 뜻을 밝힐 수 있게 함을 요함.

다른 교과서를 가르칠 때에도 늘 말 연습에 주의하고 또 글쓰기를 연습시킬 때는 글씨 모양과 글씨 줄을 바르게 함을 요함.

③ 일어는 쉬운 말을 알고 또 사용할 능력을 얻어 처세에 쓰게 함으로 요지를 삼음. (중략)

④ 산술은 일상 계산에 익숙하게 하고 생활상에 필요한 지식을 주며 아울러 사고를 정밀하게 함을 요지로 삼음.

산술은 처음에는 간단한 수 셈하는 법, 쓰는 법, 더하기, 빼기, 곱하기, 나누기를 가르치고 더 나아가서는 보통 가감승제와 아울러 소수와 간단한 분수, 비례계산을 가르쳐야 함.

산술은 손으로 풀어야 하고 지역적 특성에 따라 주산을 아울러 쓸 수 있음.

산술을 가르치는 데는 정확히 알고 계산이 익숙하도록 하여 자유자재로 응용할 수 있도록 힘쓰고, 계산하는 방법과 이유를 정확하게 증명시키며 또 암산과 속산을 익히기를 요함.

산술문제는 다른 교과목에서 가르친 사항과 지역적 특성을 참작하여 일상생활에 적절한 것을 골라야 함.

⑤ 지리, 역사는 지구의 표면과 인류의 생활 상태에 관한 일반지식을 얻어 처세에 쓰게 하고 또 지난 역사의 대강을 배워 문화의 유래를 알게 함을 요지로 삼음.

지리는 내 나라의 지세, 기후, 구획, 도회, 산물, 교통 따위와 아울러 지구의 형상, 운동 따위의 대강을 가르치고 아울러 이웃나라 지리의 대강과 세계의 지세, 기후, 인종 따위의 개략을 알려야 함. 역사는 본국 역사로 하고 개국에서부터 지금까지 사적의 대강을 가르쳐야 함.

지리, 역사를 가르치는 데는 아무쪼록 실제 관찰에 기본을 두고 지구본, 지도,

도화, 표본 따위를 보여 확실한 지식을 얻게 하고 특히 수신, 이과의 교육사상과 접맥시킴을 요함. 지리, 역사는 특별한 시간을 정하지 않고 『국어독본』, 『일어독본』의 내용을 가르치고 거기에 관한 독본의 교재는 반복하여 자세히 설명함으로써 학생의 기억을 명확히 하도록 힘써야 함.

⑥ 이과는 통상 자연과 자연현상에 관한 일반지식을 얻게 하고 서로의 관계와 인생에 대한 관계의 대강을 알게 하고 아울러 관찰을 정밀히 하고 자연을 사랑하는 마음을 기르는 것을 요지로 삼음.

이과는 식물, 동물, 광물과 자연현상에 대하여 학생들이 눈으로 잘 볼 수 있는 사항을 주로 가르치고 특히 중요한 식물, 동물, 광물의 이름, 형상, 효용, 발육의 대강을 알리며 또 물리, 화학상의 보통현상과 인체의 생리, 위생의 대강을 가르쳐야 함. 이과는 지역적 특성에 따라 농업, 수산, 공업, 가사 따위의 적절한 사항을 가르치고 특히 식물, 동물, 광물 따위를 가르칠 때는 그것으로 만든 중요한 가공품의 제조법과 효용 따위의 개략을 알려야 함.

이과를 가르치는 데는 아무쪼록 실제 관찰에 기초하고 또는 표본, 모형, 도화 따위를 보이고 또 간단한 실험을 하여 아는 것을 뚜렷하게 함을 요함.

⑦ 도화는 통상 형체를 파악하여 바르게 그리는 능력을 얻게 하고 또한 미적 감각을 기르는 것을 요지로 삼음.

도화는 간단한 형체에서 비롯하고 나아가서는 실물 또는 견본에서 자기의 느낌으로 모든 형체를 그리게 하여야 하고 지역적 특성에 따라 간단한 추상화를 가르칠 수 있음.

도화를 가르치는 데는 아무쪼록 교과서에서 가르친 물체와 학생이 늘 보는 물체를 그리게 하고 또한 청결을 좋아하고 면밀하게 관찰하는 습관을 기르기에 주의하여야 함.

⑧ 체조는 신체 각부를 고르게 발육시키고 동작을 민첩하게 함으로써 신체의 건강을 보호, 증진하고 정신을 쾌활히 하며 또한 규율을 지키고 협동을 숭상하는 습관을 기르는 것을 요지로 삼음.

체조는 처음에는 적당한 놀이를 시키고 차차 학교 체조를 더하여 가르치고 또 공동놀이를 시켜야 하며 체조 교육에 있어 올바른 자세를 늘 보전하기를 힘써야 함.

⑨ 수예는 편물, 자수법, 통상 의복류의 꿰매는 법, 마르는 법, 깁는 법 따위를 익히고 또한 근면하고 절약하고 이용하는 습관을 기르는 것을 요지로 삼음.

수예는 바늘 다루는 법, 편물법, 자수법 따위의 초보에서 비롯하고 나아가서는 통상 의복류의 꿰매는 법, 마르는 법, 깁는 법 따위를 가르쳐야 함. 수예는 그 재료를 일상 소유물에서 취하고 가르칠 때는 연장(용구) 쓰는 법, 재료의 종류와 성질, 의류의 보존법, 세탁법 따위를 가르쳐 보여야 함.

⑩ 창가는 평이한 가곡을 부를 수 있게 하고, 또한 미적 감각을 길러 덕성을 기르는 데 쓰이게 함을 요지로 삼음.

창가는 단음 창가를 가르치고 가사와 악보는 평이, 단아하고도 학생들의 심정을 쾌활 순수하게 할 것을 요함.

⑪ 수공은 간단한 물품을 만들 능력을 얻게 하고 사고를 정확히 하며 노동을 좋아하는 습관을 기르는 것을 요지로 삼음.

수공은 종이, 실, 진흙, 보리짚, 나무, 대, 쇠붙이 따위로 지역의 적절한 재료를 써서 간단한 세공을 가르쳐야 함. 수공을 가르칠 때는 쓰는 법, 재료의 종류와 성질 따위를 가르쳐 보여야 함.

⑫ 농업은 농업에 관한 보통지식을 얻게 하고 농업에 취미를 붙이며 노동을 좋아하는 습관을 기르는 것을 요지로 삼음.

농업은 지역적 특성에 따라 농업 또는 수산을 가르치고 혹은 농사, 수산을 아울러 가르쳐야 함. 농업은 토양, 비료, 농구, 농작물, 조림, 양봉, 축산, 원예 따위에 대하여 지역상황에 적절하고 학생이 알기 쉬운 사항을 가르쳐야 함. 농업을 가르치는 데는 특히 지리, 이과 따위의 수업상황과 관련시키고 때때로 그 지역 실제의 농업을 가르쳐 그 지식을 확실히 하도록 힘써야 함.

⑬ 상업은 상업에 관한 보통지식을 얻게 하고 부지런하고 재빠르고 또 신용을 무겁게 하는 습관을 기르는 것을 요지로 함.

상업은 학교가 있는 지방의 매매, 금융, 운수, 보험, 기타 상업에 관한 중요사항 중에 학생이 알기 쉬운 것을 뽑아 국어, 산술, 지리, 이과 따위의 수업상황과 연관하여 가르치고 또 간단한 상업부기를 가르쳐야 함(보통학교령 시행규칙 제8조).

## (7) 직원의 교양과 교칙

융희 3년 11월에 학부에서는 「보통학교 교양에 관한 시설요강」을 각 도에 보내어 실행하게 하였다. 그 내용은 재래의 조선교육이 공리(空理)에 흘러서 실생활에 등한하였으므로 현재 보통학교 졸업생도 놀기만 하고 부지런히 일하기를 싫어하기에 교육의 실제와 거리가 먼 것을 지적하고, 근면 착실하여 스스로의 노동으로 의식주의 해결을 꾀하고 집을 일으키고 나라를 부하게 하는 양민이 되는 교육을 시키라는 뜻으로 장문을 짓고, 학생의 실천도덕과 실지지식과 실제생활에 대한 지도와 자기 학교를 중심으로 한 민심 계발과 타 학교 개선에 대하여 교직원으로서 꼭 실천해야 할 교양조건 5개항을 강조하여 덧붙여 교직원을 독려하였다.

① 학생으로서 지성으로 일을 하고 윤리를 무겁게 여기는 덕성을 기르는 것은 물론 일상생활에 청소, 접대 같은 것도 등한히 하지 말며 수신제가의 도에 있어서도 고래의 미풍양속이라고 인정되는 것은 특히 신경 써서 권장하는 데 힘쓸 것

② 교수법의 연구, 교외수업, 동식물·광물의 채집, 표본·괘도의 제작 기타 열등생에 대한 특별지도 따위로 직원 서로의 상부상조와 학생의 실제적 지덕을 닦는 데 힘쓸 것.

③ 농원, 학교림, 학교 화원 따위를 시설하여 조림 또는 곡식, 채소, 과수, 화훼류를 심고 북돋아서 수업지도상의 편리를 꾀하는 것은 물론 학생으로서 근로를 좋아하고 생업을 숭상하는 습관을 기르고 아울러 그 취미를 높이게 할 것.

④ 학예회, 성적품전람회, 부형모자회(父兄母姉會), 통속강담회(通俗講談會) 따위를 열어 새 교육의 진가를 보이고 지방의 선량한 향학심을 자아내고 학교 관계자와 유지 부형과 사귀며 의사를 소통하며 지방 인심을 계발하기에 힘쓸 것.

⑤ 때때로 군내나 또는 부근의 모든 학교를 찾아가 참관하고 정황을 알기에 힘쓰고 다시 이런 학교들로 하여금 점점 모범학교의 시설·경영을 본받으려는 기운이 돌도록 하고 더 나아가 직원 특히 교감을 신뢰하여 스스로 간절한 인도를 달게 받게 되도록 힘쓸 것(융희 3년 학부 발행, 『보통학교 교양에 관한 시설요강』).

보통학교 시행규칙 제7조에는 수업을 통하여 학생의 덕육(德育), 지육(智育), 체육(體育), 생활에 관한 교육을 시킬 것과 교수법에 관한 교칙 5조를 세워 교원의

교수법칙으로 삼았다.

　㉮ 도덕에 관한 사항은 어떤 교과를 막론하고 늘 유의하여 가르침을 요함.

　㉯ 지식, 기예는 늘 생활에 필요한 사항을 골라 가르치고 반복 연습하여
　　응용이 자유자재로 되도록 힘쓸 것.

　㉰ 학생의 신체를 건전히 발달시키기를 기하여 어떤 교과를 막론하고
　　교수는 학생 심신발달 정도에 맞게 할 것.

　㉱ 남녀의 특성과 그 장래 생활에 주의하여 각각 적당한 교육을 베풀기를
　　힘쓸 것.

　㉲ 각 교과목의 교수는 목적과 방법을 그르치는 일이 없이 서로 연관시키고
　　보완하기를 요할 것.


## (8) 훈육과 학생의 소질 조사

융희 2년 7월에 관공립보통학교 교감회에서 훈련에 관한 구체적 자료를 수집하여 각 학교가 참고로 쓰기로 협의하고 50개교로부터 다음과 같은 4개항을 조사하여 제출하게 하였는데, 관공립보통학교 직원회에서 뽑은 위원이 정리하고 융희 3년 12월에 학부에서 공포하였다.

① 각 학교에서 현재 시행하는 것과 장래에 시행하고자 하는 훈련사항
② 학생의 품성, 행실에 대하여 장점, 단점이라고 인정되는 사항
③ 학교 훈육에 영향을 끼치는 사항
④ 훈육에 관하여 현재 시행하고 있는 사항 경과의 개요


공포는 다음과 같이 표를 만들었는데 표 안의 숫자는 학교의 수를 표한 것이다.

　㉮ 현재 시행하는 것과 장래에 시행하고자 하는 훈련사항
　㉯ 학생의 품성, 행위상의 장점과 단점


이 조사는 장점, 단점을 각각 수십 가지씩 적었으나 총계 숫자가 너무 빈약하여 표준이 되지 못하겠으므로 여기 옮겨 적지 아니하였다. 몇 가지를 들어보면 장점에는 장유(長幼)의 질서를 무겁게 아는 일, 친족과 화목하는 일, 교사를

공경하는 일, 대화를 잘하는 일, 유순한 일 따위가 많았고, 단점에는 게으른 일, 위생 사상이 없는 일, 규율이 없는 일, 허식을 좋아하는 일, 공동의식이 부족한 일 따위가 많았다. 여기에 그때 학생들이 봉건시대의 도덕과 관습에 젖어 있는 상태가 새 교육을 맡은 교사의 눈앞에 드러났던 것이다.

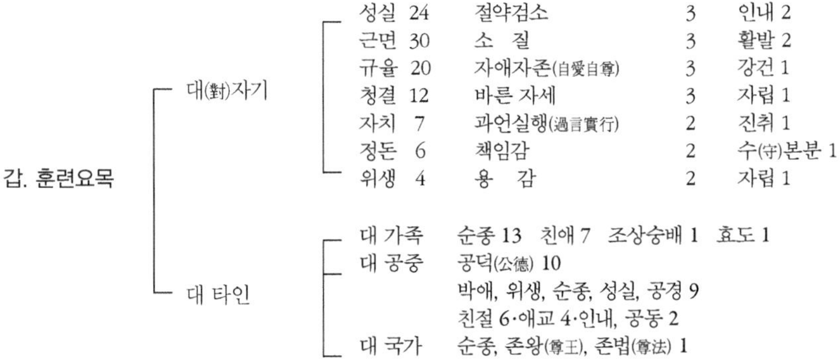


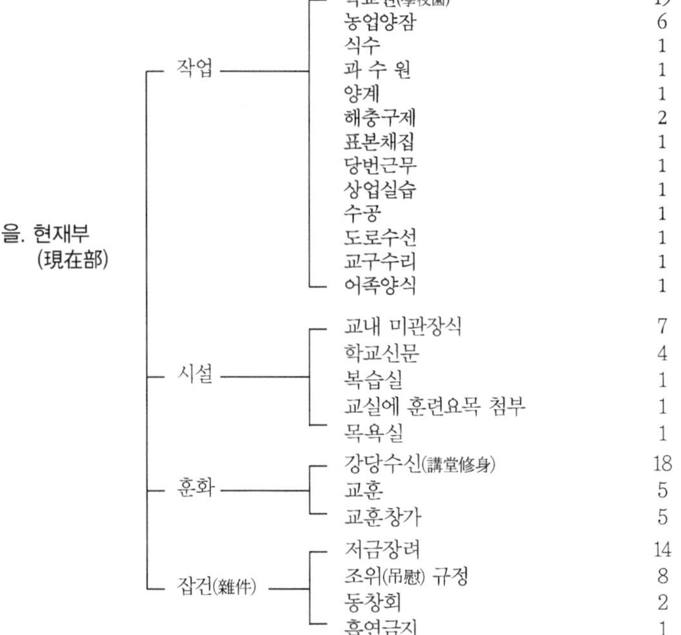

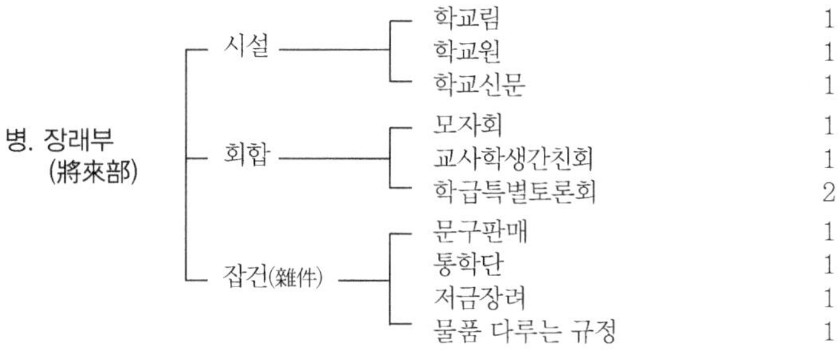


㉲ 학교 훈육에 영향을 끼치는 사항

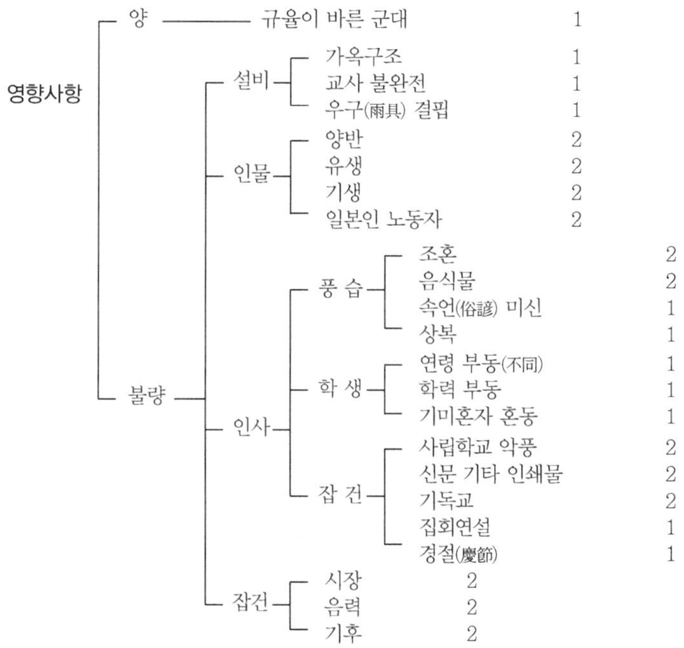


위의 표 가운데 양호한 조건보다 불량한 조건이 많은 것은 그때 사회 상태를 그대로 비춘 것이라고 볼 수 있다.

ㄱ. 설비: 이것은 그때에 일반적으로 생활이 가난하였으니 면하기 어려운 조건이었고,

ㄴ. 인물: 봉건의 유물인 양반·유생들의 신교육에 대한 방해는 컸다. 지금도 이것이 남아 있어 새 사상을 막는 현상을 보면 그때의 완고한 형태를 엿볼 수 있다.

ㄷ. 비과학적인 풍습과 조잡스러운 일은 오늘날도 새 교육의 정신을 흐리게 하고 있는 것이니 그중에 미신, 속설(俗說), 음력 따위는 아동의 새 머리를 흐리게 하는 데 영향이 컸다.

ㄹ. 학생의 연령, 학력, 어른과 아이가 같지 않은 것은 그때의 사회와 학교가 얼마나 옛 시대의 상태에서 완전히 벗어나지 못한 채 있었는가를 증명하는 것이다.

ㅁ. 사립학교, 신문, 인쇄물, 기독교, 집회연설, 경절(慶節) 따위는 모두 일본을 배척하는 참된 애국사상을 불러일으켰던 것이다. 일본인이 교감으로 있는 관립·공립 학교는 이런 것을 학생 훈육에 불량한 영향을 주는 것으로 지적하였으니, 이것으로도 그때에 사립과 관공립의 교육사조가 달랐던 것과 또 극소수인 친일분자 외에 일반 사회가 관공립을 비난하여 대립되었던 것을 증명할 수 있다.


## (9) 보통학교 학생 수 누년(累年) 비교

보통학교가 처음 생길 때에 중류 이상 가정에서는 자제 입학을 허락하지 않고 관이 강제로 권유하면 마지못하여 입학시켰다가도 여러 가지 구실을 붙여 자퇴케 하고 학용품을 주고 식사를 주어도 별로 흔들림이 없었으며, 관에서 거의 죄인 다루듯이 을러서 입학을 시킨 곳이 많았다. 차차 시간이 갈수록 이해가 늘며 지원도 늘었다.

이제 각성기 동안 5년간 재학생 수를 비교하면 다음과 같다.

| 년차 \ 종별 | 관 립 | | 공 립 | | 보조지정 | | 합 계 | |
|---|---|---|---|---|---|---|---|---|
| | 학교 수 | 학생 수 | 학교 수 | 학생 수 | 학교 수 | 학생 수 | 학교 수 | 학생 수 |
| 광무 10년 | 9 | 1,062 | 13 | 863 | · | · | 22 | 1,924 |
| 광무 11년 | 9 | 1,681 | 41 | 3,166 | · | · | 50 | 4,847 |
| 융희 원년 | 9 | 1,781 | 50 | 5,962 | · | · | 59 | 7,743 |
| 융희 2년 | 9 | 2,256 | 51 | 8,658 | 31 | 2,332 | 91 | 13,246 |
| 융희 3년 | 1 | 263 | 59 | 12,469 | 41 | 4,214 | 101 | 16,946 |

(융희 3년 7월 학부 발행, 『한국교육현상』)

## 2) 고등교육

### (1) 고등교육의 의의

초등교육을 마친 자에게 시키는 한 단계 높은 교육을 '고등교육'이라고 하였다. 지금의 중등교육과 같은 것이나 그때에는 이 이상 높은 교육이 없었기 때문에 고등교육이라고 하였다. 그리하여 전기에 있던 중학교, 사범학교, 각 외국어학교, 농공상학교, 의학교 따위가 모두 고등학교기관이 되게 되었다. 그러므로 초등교육기관을 늘리고 고치는 이 시기에 있어 고등교육기관을 고치지 아니할 수 없으므로 교사를 짓는 것과 설비를 정돈하는 것과 인물을 고르는 일을 하는 동시에 학교도 더 세우지 않을 수 없었다. 그리하여 실업학교를 세웠고 특히 여자교육을 위한 고등여학교가 이 시기에 생겼다.

### (2) 고등교육 방침

당시의 교육의 급선무는 어서 나라를 부강하게 하자는 데 목표를 두었다. 그리하여 실업사상을 기르고 산업을 다스릴 수 있는 양민을 기르는 것이 고등교육의 목적이었다. 그리하여 이때에 실업학교를 늘리고 고등학교와 사범학교에 실업과목을 두어 실업사상을 불어넣고 실용주의 교육을 시켰는데 이것이 1919년까지 이어나간 교육사상이었다. 그리하여 지식의 향상은 더 바라지 않고 고등교육기관을 마지막 교육기관으로 하였던 것이다.

그리고 구교육 시대부터 내려오던 서울 중심의 교육시설주의를 이 시기에는 완전히 타파하여 지방으로 나누어 지방에도 같은 고등교육기관을 세웠다(본장

5의 2) 부분 참조).

## (3) 고등학교

### ① 조직의 개요

광무 10년(1906) 고등학교령을 내고 융희 3년(1909)에 다시 개정하여 고등학교에 대한 영이 두 가지가 되었는데, 앞의 것을 구령이라 하고 뒤의 것을 신령이라고 한다.

㉮ 목적: 남자에게 필요한 고등보통교육을 시킴을 목적으로 함(영 제1조).

㉯ 편성과 수업 연한: 예과와 보습과를 둘 수 있고 수업 연한은 본과는 4년, 예과 및 보습과는 각 1년 이내로 함(구령 제4조, 제5조). 예과는 폐지하고 본과 4년도 지역의 상황에 의하여 1년을 단축할 수 있고 1개 년의 보습과는 종전대로 둘 수 있음(신령 제4조, 제5조).

㉰ 입학 자격: 본과에 입학할 자는 연령 12세 이상으로 보통학교를 졸업한 자 또는 동등 이상의 학력을 가진 자라야 함(영 제6조).

㉱ 학과목과 요지: 구령에는 법제 및 경제, 음악을 결제(缺除) 과목으로 하고 실업과 외국어가 없었던 것을 신령에는 실업을 필수과목으로 하고 법제 및 경제, 음악, 외국어를 선택과목으로 넣었다. 그리고 구령은 학과목의 요지만 정하고 세부항목은 없었는데 신령에는 요지를 곁들여 세부항목을 해설하였다.

수신: 도덕상의 사상 정조를 기르고 착실 온건하게 하며 중등 이상 사회의 남자에게 필요한 품성을 갖추게 하도록 하고 실천궁행(實踐躬行, 실제로 몸소 이행함)을 권장하는 것을 요지로 삼음. 수신은 처음에는 가언선행(嘉言善行, 본받을 만한 좋은 말과 착한 행실)의 모범을 정하여 학원의 일상 행위로써 도덕의 요강을 가르쳐 보이고 나아가 자기 가정, 사회 및 국가에 대한 책무의 일반을 알려야 함.

국어 및 한문: 보통의 언어 문장을 알고 정확하고 거침없이 사상을 드러낼 능력을 얻게 하고 아울러 지식을 여는 데 쓰게 함을 요지로 삼음. 국어는 현대의

문장을 강독시키고 또 실용적이고 간단한 문장을 짓게 하고 문법의 대강과 습자를 가르쳐야 함. 한문은 보통문장을 강독시키고 문장과 구절의 뜻을 명확히 하며 또한 문리(文理) 짜임을 주의시켜야 함.

일어: 생략

역사: 역사상 중요한 사적을 알리고 사회의 변천과 문화의 유래와 그 소이(所以)를 알게 함을 요지로 삼음. 역사는 본국역사와 외국역사로 개국에서부터 현재까지의 중요한 사적을 교육하고 외국역사는 일본, 중국 등 이웃나라를 비롯하여 세계 인문 발달과 우리나라 문화와 관계 있는 사적의 대강을 가르쳐야 함.

지리: 지구의 형상, 운동, 지구표면과 인류생활 상태를 이해시키고 살아가는 데 필요한 사항을 가르치는 것을 요지로 삼음. 지리는 본국지리와 우리나라와 중요한 관계를 가진 모든 외국지리의 대강을 가르치고 지리문화의 일반을 가르쳐야 함.

수학: 수량의 관계를 명확히 하고 계산을 익히며 또한 생활상에 필요한 지식을 갖추고 사고를 정확하게 함을 요지로 삼음. 수학은 산술, 대수기하, 부기를 가르쳐야 함.

박물: 자연에 관한 지식을 주고 그 서로의 관계와 인간에 대한 관계를 알게 하고 일상생활에 쓰도록 함을 요지로 삼음. 박물은 중요한 광물, 식물, 동물에 관한 지식과 아울러 인체의 구조·생리 및 위생의 대강을 가르쳐야 함.

물리와 화학: 자연현상에 관한 지식을 주고 그 법칙과 인간생활에 대한 관계를 알리어 일상생활에 쓰도록 함을 요지로 삼음. 물리와 화학은 중요한 물리 및 화학상의 현상과 기구의 구조와 작용, 원소와 화합물에 관한 지식을 가르쳐야 함.

법제 및 경제: 법제 및 경제에 관한 사항에 대하여 처세상 필요한 지식을 얻게 함을 요지로 삼음. 법제 및 경제는 현행제도와 경제의 대강을 가르쳐야 함.

실업: 처세상에 필요한 지식, 기능을 얻게 하고 또한 생업을 중히 여기고 노동을 좋아하는 습관을 기르는 것을 요지로 삼음. 실업은 실업의 개론과 아울러 농업, 상업 또는 공업에 관한 사항을 가르치고 또는 실습을 시켜야 함.

도화: 물체를 정밀히 관찰하고 정확하고 자유롭게 그리는 능력을 얻게 하고 의장(아이디어)을 단련하고 미적 감각을 기르는 것을 요지로 삼음. 도화는 간단한 용구를 써서 그리도록 하고 자유화에는 사생화를 주로 하고 정물화, 도안화를 더하여야 함.

창가: 창가를 부를 수 있게 하고 미적 감각을 기르며 덕성을 기르는데 힘씀을 요지로 함. 창가는 단음 창가로 하고 교육상에 도움이 되는 고아한 가사 악보를 골라 가르쳐야 함.

체조: 신체 각부를 고르게 발육시키고 강건하게 하고 동작을 기민하게 하고 정신을 쾌활하게 하고 굳세게 하고 또한 규율을 지키고 협동을 숭상하는 습관을 기르는 것을 요지로 삼음. 체조는 학교체조를 가르쳐야 함.

외국어: 평이한 외국어를 알고 아울러 지식을 증진시키는 데 힘쓰도록 함을 요지로 삼음. 외국어는 독해, 번역, 회화, 서취(書取, 받아쓰기), 습자, 문법의 대강을 교수하고 학교 수업 연한에 응하여 작문을 시켜야 함(필자 주: 외국어는 영, 불, 독, 한(漢) 중의 하나였음).

② 학과과정 및 매주 수업시간표

| 학과목＼학년 | 제1학년 시간수 | 제1학년 정도 | 제2학년 시간수 | 제2학년 정도 | 제3학년 시간수 | 제3학년 정도 | 제4학년 시간수 | 제4학년 정도 |
|---|---|---|---|---|---|---|---|---|
| 수 신 | 1 | 실천도덕 | 1 | 左同 | 1 | 左同 | 1 | 左同 |
| 국어 및 한문 | 6 | 강독, 작문<br>문법, 습자 | 6 | 左同 | 6 | 강독, 작문<br>문법 | 6 | 左同 |
| 일 어 | 6 | 강독, 해석<br>회화, 서취(書取) | 6 | 左同, 작문<br>문법 | 6 | 강독, 작문<br>문법 | 6 | 左同<br>번역 |
| 역 사 | 3 | 본국 역사 | 3 | 외국 역사 | 3 | 左同 | · | · |
| 지 리 | 3 | 본국 지리 | 3 | 외국 지리 | 3 | 左同 | 1 | 지문(地文) |
| 수 학 | 6 | 산술, 대수 | 5 | 대수, 기하 | 4 | 대수, 기하, 부기 | 4 | 기하, 부기 |
| 박 물 | 4 | 광물, 식물 | 2 | 동물, 생리 | 2 | 생리, 위생 | · | · |
| 물리 및 화학 | · | · | · | · | 3 | 화학 | 4 | 左同 및 물리 |
| 실 업 | 1 | 실업개설 | 3 | 농업에 관한 사항<br>및 실습<br>농업에 관한 사항<br>공업에 관한 사항<br>및 실습 | 3 | 左同<br>左同<br>左同 | 5 | 左同<br>左同 및 실습<br>左同 |
| 도 화 | 2 | 자재화 | 1 | 左同 | 1 | 左同 및 용기화 | 1 | 용기화 |
| 체 조 | 3 | 학교 체조 | 1 | 左同 | 2 | 左同 | 2 | 左同 |
| 법제 및 경제 | · | · | · | · | · | · | (2) | 현행제도 및 경제대요 |
| 창 가 | (1) | 단음창가 | (1) | 左同 | · | · | · | · |
| 외국어 | (2) | 독해, 번역<br>서취, 습자 | (3) | 독해, 번역<br>회화, 서취 | (3) | 左同 및<br>문법 | (3) | 左同 및<br>문법 |
| 합 계 | 31<br>(3) | | 30<br>(3) | | 31<br>(3) | | 30<br>(5) | |

## (4) 사범학교

광무 10년에 정비에 가장 힘쓴 교육기관이 사범학교였다. 이는 보통학교를 늘리던 당시에 피할 수 없는 사정이었다. 7만 4,400원의 거대한 비용을 들여 건평 690여 평의 건물과 기타 도서, 기구, 표본, 기계(器械)를 갖추었으니 그때에는 일류의 학교라고 할 만큼 되었다. 광무 10년에 공포한 사범학교령에 의한 조직은 다음과 같다.

① 조직

㉮ **목적**: 보통학교 교원될 자를 기르는 것을 목적으로 함(제 1조).

㉯ **편성과 수업 연한**: 예과와 속성과를 둘 수 있고 수업 연한은 본과는 3년, 예과 속성과 및 강습과는 1년 이내로 함(영 제4조, 제5조).

㉰ **입학**: 본과에 입학할 수 있는 자는 연령 15세 이상 남자로서 보통학교 졸업 이상의 학력을 가진 자라야 함(영 제6조).

㉱ **부속보통학교**: 사범학교에는 부속보통학교를 두어야 함(영 제9조).

㉲ **설립**: 사범학교는 국비나 도비(道費)로 설립하는 외에는 이를 허가하지 아니함. 따라서 사립은 전혀 허가하지 아니함(영 제2조).

② 교육 요지(구령 제4조)

㉮ 정신을 단련하고 덕성을 빛내는 것은 교원된 자에게 특히 중한 것이므로 교원으로서 평소에 뜻을 여기에 두기 바람.

㉯ 임금을 존경하고 나라를 사랑하는 지기(志氣, 의지와 기개)는 교원된 자에게 특히 중요한 것이므로 교원으로서 평소에 충효의 큰 뜻을 밝히고 국민의 지조를 떨쳐 일으키기 바람.

㉰ 규율을 지키고 질서를 보전하여 스승이 될 만한 위엄을 갖추는 것은 교원된 자에게 특히 중요한 것이므로 교원으로서 평소에 상사의 명령과 훈시에 복종하고 거동을 빠르게 하기 바람.

㉱ 신체의 건강은 업무수행의 기본이므로 교원으로서 평소 위생에 유의하고 체조에 힘써서 건강을 증진시키기 바람.

㉲ 교수(教授)는 보통학교 취지에 맞도록 힘쓰고 늘 방법에 주의하여

교원으로서 수업을 받을 즈음에 교수방법을 터득하도록 힘써야 함.

㉾ 언어가 명료하고 정확한 것은 교원된 자에게 특히 필요한 것이므로 수업할 즈음에 늘 학생에게 말을 바르게 하여 언어를 연습시키기에 힘써야 함.

㉿ 학습법은 교육에만 의존할 것이 아니므로 학생에게 늘 스스로 학식을 넓히고 기예(技藝)를 닦는 습관을 기르게 하는 데 힘써야 함.

㉐ 학과는 정한 바 교과서를 주로 삼아 가르쳐야 함.


③ 학과목과 요지

㉮ 학과목: 수신, 교육, 국어 및 한문, 일어, 역사, 지리, 수학, 박물, 물리 및 화학, 도화, 수공, 음악, 체조, 농업, 상업.

㉯ 학과 요지: 요지의 대의는 고등보통학교와 같고 다만 각 학과마다 '보통학교 교수방법을 습득하라'는 주의와 특히 사범학교에 필요한 것을 더하였다.

고등학교의 것과 다른 점만 따로 다음과 같이 적는다.


수신: 스승이 될 만한 위엄을 갖추고 또 보통학교 수신수업에 필요한 지식을 줌. 수신은 효제충신(어버이에 대한 효도, 형제끼리의 우애, 임금에 대한 충성과 벗 사이의 믿음을 일컫는 말)을 종지(宗旨)로 하고 예법을 교수하고 수신제가의 도를 가르치고 충군애국의 의(義)를 바로 하며 공공도덕을 중히 여기고 이용후생의 도를 숭상해야 할 것을 알게 하고 현행제도에 관한 인지사항의 대강을 가르쳐야 함.

교육: 교육에 관한 일반지식을 얻게 하고 특히 보통학교의 취지와 방법을 상세히 하고 교육의 기예를 익히며 또한 교육자 정신을 기르는 것을 요지로 삼음. 교육은 교육의 원리를 비롯하여 교수법, 교육법령, 학교관리법, 학교위생을 교수하고 또 교육실습을 시켜야 함.

습자: 글자형태가 단정하고 붓놀림에 어둡지 않은 것을 주로 하고 아울러 펜글씨와 칠판글씨를 익혀야 함.

산술: 계산의 이유를 상세히 하고 암산과 속산을 익히고 대수, 기하는

초보를 가르쳐야 함.

도화: 칠판 위에 연습시키고…….

수공: 물체에 관한 관념을 정확히 하고 간단한 물품을 만드는 기능을 얻게 하고…… 또한 공작에 취미를 붙이며 근로를 좋아하는 습관을 기르는 것을 요지로 삼음. 수공은 자연물의 모양 뜨기와 일용기구를 만드는 따위의 모든 세공을 가르치고 또 재료의 성질, 공구의 보존법을 가르쳐야 함.

체조: 유희 및 학교체조를 가르쳐야 함.

음악: 악기 사용법을 가르쳐야 함.

농업: 토양, 비료, 농구, 농작물, 조림, 양봉, 축산, 원예, 농업경제 따위에 관한 사항을 가르치고 또 실습을 시키고 지역적 특수성에 따라 수산에 관한 사항을 더하여 가르쳐야 함…….

상업: 상업산술, 부기, 상업지리, 상업문, 상업요항 및 중요한 상품의 대강을 가르치고 또 실습을 시키고 특히 상업현황, 물가 따위에 주의하여야 함.


④ 예과와 속성과의 학과목

수신, 교육(속성과에만), 국어 및 한문, 일어, 역사와 지리, 수학, 이과, 도화, 음악, 체조.


## (5) 외국어학교

① 조직

㉮ 목적: 외국어에 숙달하고 실무에 맞는 자를 기르는 것을 목적으로 함(영 제1조).

㉯ 설립: 관립, 공립, 사립 3종으로 함(영 제2조).

㉰ 편성과 수업 연한: 연구과를 둘 수 있고 수업 연한은 본과는 3년, 연구과는 2년 이내로 함(구령 제4, 제5조)

그 밖에 2년의 속성과를 둘 수 있음(신령 제4, 제5조).

㉱ 입학 자격: 연령 12세 이상의 남자로서 상당한 학력을 가진 자(구령)를 12세 이상 남자로 보통학교를 졸업한 자 또는 이와 동등 이상의 학력을

가진 자라야 한다고 개정하였음(신령 제6조).

② 학과목

| 학과 \ 부별 학년 | 일어부 | | | 한어부 | | | 영어부 | | | 불어부 | | | 독어부 | | |
|---|---|---|---|---|---|---|---|---|---|---|---|---|---|---|---|
| | 1 | 2 | 3 | 1 | 2 | 3 | 1 | 2 | 3 | 1 | 2 | 3 | 1 | 2 | 3 |
| 수 신 | 1 | 1 | 1 | 1 | 1 | 1 | 1 | 1 | 1 | 1 | 1 | 1 | 1 | 1 | 1 |
| 외국어 | 17 | 16 | 14 | 16 | 17 | 17 | 17 | 19 | 19 | 16 | 18 | 16 | 18 | 19 | 18 |
| 국어 및 한문 | 3 | 3 | 2 | 3 | 3 | 3 | 1 | 2 | 2 | 3 | 2 | 3 | 3 | 2 | 2 |
| 수 학 | 4 | 4 | 4 | 5 | 5 | 5 | 4 | 3 | 2 | 5 | 5 | 3 | 5 | 4 | 3 |
| 역사지리 | 2 | 3 | 3 | 2 | 2 | 2 | 2 | 3 | 4 | 2 | 2 | 5 | · | 2 | 4 |
| 이 과 | | 2 | 2 | | 1 | 1 | | 1 | 1 | | 1 | 1 | | 1 | 1 |
| 법제 및 경제 | | | 2 | | | | | | | | | | | | |
| 부 기 | | | 2 | | | | | | | | | | | | |
| 체 조 | 3 | 3 | 3 | 3 | 3 | 3 | 3 | 3 | 3 | 3 | 3 | 3 | 3 | 3 | 3 |
| 과선택 일어 | | | | | (2) | (2) | | (2) | (2) | | (2) | (2) | | (2) | (2) |
| 과선택 영어 | | (1) | (1) | | | | | | | | | | | | |
| 시간 수 | 30 | 32 | 33 | 30 | 32 | 32 | 30 | 32 | 32 | 30 | 32 | 32 | 30 | 32 | 32 |
| 합 계 | | (1) | (1) | | (2) | (2) | | (2) | (2) | | (2) | (2) | | (2) | (2) |

이 표 중에 이과는 모두 2학년에 박물·생리, 3학년에 물리·화학을 가르쳤고 역사지리는 본국역사, 본국지리, 외국지리를 가르쳤고 일어부에만 외국역사를 가르쳤다. 수학은 1학년에 4칙연산, 소수, 3학년에 분수, 비례인데 일어부만 대수, 기하, 주산을 더 가르쳤다. 한어, 불어, 독어 3부의 수학시간이 일어부보다 많음에도 불구하고 학과 내용이 떨어지는 것은 아마 입학 시에 응모생 자체의 학력차가 있었던 듯하다. 이 밖에 일어부에 법제 및 경제, 부기 따위의 과목을 더하였으니 어학 외에 상식과 실용지식을 더하여 다른 부보다 더 유능한 실무인을 기르려고 의도한 것이 일어부 교육이었다.


③ 시국의 반영인 학교

관공립고등 정도의 학교에는 지원자가 적어서 정원을 채우지 못한 곳이 많았다. 사범학교만은 장학제를 썼기 때문에 많은 지원자가 있었으나 농림학교, 공업전습소, 의학교, 선린상업학교, 측량기술원 양성소, 광산기술원 양성소 같은 실업학교도 응모자가 적었다. 그리하여 모두 관비로 옷과 음식을 제공하며 교육을 시켰다. 응모자가 적은 까닭은 관공립에는 모두 일본인이 수뇌가 된 데 대한 반감과 실업을 천히 여기는 풍조 그리고 새 교육에 대한 이해가 아직도 넓지 못한 것 때문이었다. 그렇지만 외국어학교는 사비임에도 불구하고 입학생 수가 다른 학교보다 많았다. 이것 하나로 그때의 민간사상을 엿볼 수 있다. 고종 22년(1885) 이후 광무 9년(1905)까지 20년 동안에 관사립학교가 3, 4개교 외에는 모두 외국어와 약간의 법률을 중심으로 한 교육을 하였다. 이것은 두 가지 이유가 있는데, 일반 사회의 사상이 외국세력에 추수하여 개인의 출세나 속히 하자는 사대사상이 하나이고, 실업을 천히 여기고 힘 안 드는 기능으로 벼슬의 길을 찾자는 양반사상이 하나였다. 그러나 외국어 기능자가 다른 무슨 기능자보다 세를 얻고 호강한다면 이것이 나라의 비운을 빚어내는 것은 예나 지금이나 같은 것이다. 그들은 눈앞에 보이는 외세의 그늘 밑에 자기 개인의 이익을 더 생각하고 장래 나라의 운명을 생각할 정신까지 잃어버리기 쉬운 것이다. 이때에 외국어학교만이 비교적 응모 성적이 좋았다는 것은 좋지 못한 현상이었다. 더욱이 응모 성적이 당시 각국 세력의 성쇠를 보여주고 있는 것은 그때 사람들이 외세의 동향에 대해 신경이 얼마나 예민하였는가를 알게 해준다.

## 외국어학교 누년 입학자 수 비교

(위:입학 지원자 수, 아래:입학자 수)

| 부 \ 년 | 광무 원년 | 동 2년 | 동 3년 | 동 4년 | 동 5년 | 동 6년 | 동 7년 | 동 8년 | 동 9년 | 동 10년 | 동 11년 | 융희 2년 | 동 3년 | 동 4년 |
|---|---|---|---|---|---|---|---|---|---|---|---|---|---|---|
| 일어부 | · | · | · | · | · | · | · | · | · | · | 350 | 700 | 950 | 1,290 |
|  | · | · | 10 | 8 | 20 | 16 | 14 | 72 | 49 | 46 | 201 | 250 | 174 | 136 |
| 한어부 | · | · | · | · | · | · | · | · | · | · | · | 12 | 17 | 45 |
|  | 120 | 150 | 141 | 82 | 70 | 52 | 34 | 56 | 63 | 47 | 27 | 12 | 17 | 36 |
| 영어부 | · | · | · | · | · | · | · | · | · | · | 100 | 100 | 145 | 208 |
|  | 50 | 30 | 20 | 47 | 58 | 53 | 62 | 69 | 62 | 67 | 97 | 94 | 98 | 106 |
| 불어부 | · | · | · | · | · | · | · | · | · | · | 25 | 3 | 9 | 38 |
|  | 42 | 62 | 73 | 81 | 98 | 100 | 90 | 52 | 45 | 30 | 25 | 3 | 9 | 21 |
| 독어부 | · | · | · | · | · | · | · | · | · | · | 30 | 18 | 16 | 27 |
|  | · | 50 | · | · | 40 | 20 | 20 | 20 | 20 | 20 | 30 | 18 | 10 | 17 |

(융희 4년 7월 학부 발행, 「한국교육의 현상」)

## (6) 실업학교

### ① 실업교육 방침

융희 3년 7월 10일에 공포한 학부훈령에 나타난 실업교육 방침은 다음과 같다.

> ㉮ 실업학교의 목적은 각종 실업에 종사하려는 자에 대하여 적절한 교육을 베푸는 데 있으므로 이것은 보통교육을 위하여 베푸는 것과는 취지가 다른 바이다. 그러므로 이것을 설립하는 데 있어 모름지기 그 본질을 보아 지방 산업의 현상과 장래의 동향에 비추어 적당한 경영으로 나아감을 요함.

> ㉯ 실업학교의 종류에 관하여 실업학교령 제2조에 규정한 바는 보통 종류대로 대별함에 지나지 않은 것이므로 실제 시설에 있어 반드시 이러한 두어 가지 학교에만 한할 것이 아니며……. 단지 농업, 상업, 공업의 일종을 고르든지 혹은 2종, 3종을 합하여 1개교로 하든지 또 잠업, 임업을 더하거나 축산, 수산을 어우르거나 모두 현지 정황에 따라 참작할 여지를 준 것이므로 그 종류를 가리는 데는 특히 뜻을 더하여 법령 취지에 어그러짐이 없게 함을 요함.

> ㉰ 실업에 대한 학과목은…… 알맞게 나누거나 어우르거나 하며 취하거나 버리거나 할 뿐 아니라 예시한 이외에 사항이라도 필요에 따라 더할 수 있는 것은 물론이니 지방산업 정황을 보아 적절한 과목을 가려 정함을 요함.

> ㉱ 수업 연한도 3년으로 하였으나 혹은 늘려서 4년, 혹은 줄여서 2년으로 할 수 있고 따라서 입학자의 연령도 12세 이상으로 보통학교 졸업 정도를 기준으로 삼았으나, 속성과 같은 것은 지방 실업상 급한 대로 설립하고 또 간이속성의 목적에 의하여 설립되어야 할 취지를 가지고 특히 연령과 학력의 규정을 두지 않기로 한다.

> ㉲ 재래의 교육의 폐단은 지식 육성에 기울어져서 인격수양을 중시하지 않았기 때문에 학생으로서 알지 못하는 사이에 경박하게 흐르고 실천궁행을 꺼리는 풍조에 젖게 한 감이 있다. 이는 실로 교육의 본지를

그르치는 것이라고 할 수 있으니 특히 실업학교에 있어서는…… 힘써 미풍을 기르고…… 노동을 숭상하는 습관을 얻게 하는 따위의 교양 지도를 하여 잘못이 없게 함을 요함.

② 학과목

본과 학과목 중 실업에 관한 과목은 다음과 같다.

㉮ 농업: 기후, 토양, 수리, 비료, 농구, 농작물, 원예, 병충해, 농산제조, 가금, 양잠 및 제종(製種), 뽕나무 재배, 제사(실 만들기), 조림, 임산제조, 축산, 수의, 어로, 양식, 수산제조, 농업경제 및 기타 사항 중에서 골라 편의대로 나누거나 합하거나 함.

㉯ 상업: 상업지리, 상업부기, 상업문, 상업산술, 경제, 상품, 상업요항, 상업영어 등.

㉰ 공업: 용재, 용구, 측량, 제도, 회화, 기계, 염색, 제지, 화학제조, 분석, 조가(造家), 가구옻칠, 도자기, 채광야금(採鑛冶金), 주공, 단공, 판금세공, 죽세공, 공업경제 및 기타 사항 중에서 골라 편의대로 나누거나 합하거나 함.

속성과의 학과목은 본과 학과목 중에서 골라 정함.

### 실업학교 수업시간 일람표

| 학과 \ 학과별 / 학년 | 농업학교 1 | 농업학교 2 | 농업학교 3 | 상업학교 1 | 상업학교 2 | 상업학교 3 | 공업학교 1 | 공업학교 2 | 공업학교 3 |
|---|---|---|---|---|---|---|---|---|---|
| 수신 | 1 | 1 | 1 | 1 | 1 | 1 | 1 | 1 | 1 |
| 국어 및 한문 | 3 | 2 | 2 | 3 | 2 | 2 | 3 | 2 | 2 |
| 일어 | 6 | 3 | 2 | 10 | 8 | 7 | 6 | 3 | 2 |
| 수학 | 5 | 4 | 4 | 5 | 4 | 3 | 5 | 5 | 5 |
| 이과 | 4 | 3 | 2 | 4 | 4 | 2 | 4 | 4 | 4 |
| 지리 | · | · | · | 2 | · | · | · | · | · |
| 도화 | 1 | · | · | 1 | 1 | · | 1 | · | · |
| 법규 | · | · | 1 | · | · | 1 | · | · | 1 |
| 실업 | 9 | 15 | 15 | 6 | 13 | 13 | 9 | 15 | 15 |
| 실습 | 6~10 | 6~10 | 6~10 | · | · | 3~6 | 6~10 | 6~10 | 6~10 |
| 측량 | · | 2 | 2 | · | · | · | · | · | · |
| 체조 | 1 | · | · | 1 | 1 | 1 | 1 | · | · |
| 시간 수 합계 | 30 | 30 | 30 | 34 | 34 | 30 | 30 | 30 | 30 |

이 표 중에 수학은 산술, 대수, 기하가 공통이고 공업학교에 3각과 부기, 농업학교에 부기, 상업학교에 주산이 달리 더 있으며 이과는 공통으로 박물, 물리, 화학, 생리위생 특히 상업학교에는 지리문화가 이과에 포함되었다.

③ 실업보습학교

㉠ 수업 연한은 2년으로 하고 지역정황과 직업 종류의 간단하고 복잡함에 따라 시간과 계절을 골라 가르칠 수 있음.

㉡ 교과목은 수신, 국어 및 한문, 일어, 산술, 실업에 관한 과목으로 하고 국어 및 한문, 일어를 빼거나 지역적 특성에 따라 다른 교과목을 더할 수 있음. 이것이 실업보습학교 규정의 대강이었다.

④ 실업학교의 실제 상황

융희 4년 8월 이전까지의 한국정부 시대에 설립한 관공립 실업학교는 앞에 적었으므로 다시 말하지 않는다. 이 시기가 특히 실업사상을 기르기로 교육정책을 정하여 적극적으로 힘쓴 때임에도 불구하고 1911년 3월 말의 통계를 보면 다음과 같이 학생 수가 적혀 있다. 당시에 일반사상이 얼마나 실업에 대한 인식이 부족하였던가를 알 수 있다.

**실업학교 재학생 상황**

| 교 별 | 학교 수 | 학생 수 | 한 학교 평균 학생 수 |
| --- | --- | --- | --- |
| 관 립 | 1 | 127 | 127 |
| 공 립 | 14 | 543 | 39 |
| 사 립 | 6 | 249 | 41 |
| 공립실업 보습학교 | 4 | 93 | 23 |
| 합 계 | 25 | 1011 | 41 |

## (7) 여자교육

### ① 한성고등여학교의 성격

1890년에 이화학당, 1895년에 정신여학교, 1898년 배화학당, 1903년에 평양의 숭의여학교, 1904년에 개성의 호수돈여숙이, 1906년에 선천의 보성여학교, 1907년에 전주의 기전여학교가 모두 여자를 교육하기 위해 일어난 미국인 경영의 사립이었고, 1906년에 숙명여학교, 진명여학교, 양규의숙 등과 1908년 3월에 동덕여자의숙이 조선인 경영의 사립으로 일어났었다. 한반도에 여자교육이 18년 전에 외국인의 손에서 싹이 터서 16년 동안 외국인만이 독특한 공헌을 하였는데 거기에 자극되어 민간에서도 2년 전에 비로소 두세 학교의 학사를 세운 이때에 정부에서 비로소 여자교육에 손을 대었다는 것은 당시 국민의식도 영향도 있지만 위정자들의 사상이 완고한 탓이었다. 융희 2년(1908) 5월에 비로소 관립으로 한성고등여학교를 세우니 이때의 많은 사립여학교와 오직 하나인 사립여학교는 다 같이 한국 여자를 위한 교육기관이지만 그 숨어 있는 정신은 서로 아주 달랐다. 대개 사립은 서양풍이요 관립은 동양풍이며, 사립은 미국문화를 관립은 일본문화를 모방하고 있었으니 여자를 해방시키려는 강한 정신은 관립이 사립을 따를 수가 없었다.

첫째, 기독교는 일요 예배당 집회로써 벌써 도장(闍) 속에 가두었던 여자를 풀어놓았으며 다시 교회를 통하여 미국의 남녀평등과 계급타파 사상을 맹렬히 선전하였다. 그리하여 봉건제도의 사상이 굳어 말라붙고 특권과 지위를 가져 배부른 양반층은 교회를 멀리하였고, 비양반층인 중인, 상민층, 그 가운데서도 관찰이 빠른 중인층이 더 많이 교회를 환영하였다. 그리하여 그네들은 눌렸던 옛 자리를 차내버리며 새 세계로 나아가려는 사상이 불 일 듯 늘어갔다. 따라서 자녀교육에 대한 각성도 활발하였으며 특히 여자교육에 대한 새 사상이 앞서 발전되었다. 이리하여 모여든 여학생은 대부분 교회 여학교의 학생들이었다.

같은 시대 같은 땅에 있어서도 이와 반대로 봉건적 생활을 고칠 줄 모르고 고집과 자만으로 새 풍조를 비웃으며 여자의 해방을 스스로 금하고 있는 양반식 가정이 더 많았다. 집에서는 집 안 깊은 도장에 넣어두고 길에서는 장독교 안이나 장옷 속에 감추어 행여나 남이 콧등이라도 보면 큰 변이나 난 것 같은 관념을 가지고 있었다. 이러한 완고한 습관과 투쟁하며 기어이 여자를 해방하고 교육시키려 하는 당시 교회학교의 정신을 저들은 이해도 못하였던 것이다. 그러나 시운을 막을 수 없고 나라의 체면은 지켜야 하겠으므로 비로소 정부가 여자교육에 손을 대게 되었다. 그러나 학부의 관리가 모두 양반으로 봉건적 사상을 그대로 가지고 있으므로 학교도 양반 상대의 학교를 먼저 생각하였던 것이다. 설립 초기의 큰 문제는 여학교의 교사가 양반집의 인물이 아니면 양반집에서 딸을 학교에 보내지 않을 것이기에 재봉교원 같이 불가불 여자를 채용해야 하는 과목의 교원도 반드시 양반집 여자를 써야 한다는 것이다. 그러나 그때 양반집 여자로 이 일을 맡을 만한 이가 없는 것이 문제였다. 마침내 교원을 얻기는 하였다. 그러나 장독교(가마의 일종)를 타고 출근하지 않으면 안될 사정이므로 장독교 속에다 몸을 감추어 가지고 학교를 왕래한 것이 처음 그 학교에 취직한 여교원이었다.

이러한 역사를 가진 한성고등여학교가 일제강점기에 경기고등여학교로 된 것이다. 이 학교가 생겨날 처음부터 관존민비(官尊民卑)와 봉건적 사상에서 출발하여 끝끝내 이 탈을 벗을 기회가 없었다. 이어서 일본인이 전권을 가지고 학생을 훈육하였다. 세계의 일등국이라는 이름을 가지고도 여자교육에는 고등사범학교 두 개 이외의 다른 고등교육기관을 정부에서 세우지 아니하고 민간에는 똑똑한 여자대학 하나가 없는 봉건적 사상으로 굳어버린 일본인의 머리로 한국의 여자교육을 맡았기에, 그들은 졸업생이 전문학교 이상으로 진출하는 것을 방해하였다. 일본식 현모양처주의를 철저하게 펴부은 저들은 겨우 훈도생활만을 허용하였다. 그리하여 관존민비의 썩은 사상을 가지고 가여운 허영심과 얄미운 교만심을 순진한 소녀에게 길러준 것이 학교교육의 긍지였고, 봉건사상의 악덕을 가지고 수많은 일류 재원의 무한한 발전을 분질러놓는 것이 학교교육의 음흉한 모략이었고, 제국주의의 비결을 가지고 꿈 많은 모성에게 사대사상을 심어주고 자립적 정신을 짓밟아놓은 것이 이 학교교육의 철저한 방침이었다.


　② 조직의 개요
　　㉮ 목적: 여자에게 수요되는 고등보통교육을 시키는 것을 목적으로 함.

㉯ 설립: 관립, 공립, 사립 3종으로 함.

㉰ 편성과 수업 연한: 예과와 기예과(技藝科)를 둘 수 있고, 본과의 수업 연한은 3년으로 하되 현지 정황에 따라 1년 이내를 연장할 수 있고, 예과와 기예과의 수업 연한은 2년 이내로 정함.

㉱ 입학: 연령 12세 이상으로 보통학교를 졸업한 자 또는 이와 동등 학력을 가진 자로 하고, 예과에 입학할 자는 연령 10세로 보통학교 2년 수료 이상의 학력을 가진 자로 하고, 기예과에 입학할 자는 연령 15세 이상으로 정함.

㉲ 학과목과 요지에 대하여는 다음에 적힌 수업시간표로 대신한다. 각 학과목의 요지는 대개 남자고등학교와 비슷한 내용으로 퍽 간단하며 학과목 가운데 '교육'과목은 '교육에 관한 보통지식을 얻게 하며 가정교육에 쓰게 한다.' 한 것이 특별한 것이요, 외국어는 영, 불, 독, 한어 중의 1개 국어를 고르게 되어 있었다.


③ 실시의 실제

고등여학교의 조직은 위에서 말한 바와 같이 대폭 정비하였으나 실제에 있어서는 규정대로 실행하지 못하였다. 보통학교 경영에 있어서 남녀공학은 관습상 할 수가 없고, 또 여교원이 없어 여자의 소학교육이 극히 어려웠다.

융희 2년부터 겨우 관공립보통학교 내에 여자학급을 두기로 방침을 정하고 그해에 4개교, 그 이듬해에 7개교에 여자학급을 두어 총 423명을 얻었다. 이러한 상태이므로 고등여학교 규정대로 입학할 만한 학생이 없었다. 그리하여 입학연령과 학력의 제한은 당분간 적용을 중지하고 학교교육을 전혀 받지 아니한 자에게도 입학을 허가하였다.

## 고등여학교 본과 학과과정 매주 수업시간표

| 학과목 \ 학년·시간 | 제1학년 시간수 | 제1학년 정도 | 제2학년 시간수 | 제2학년 정도 | 제3학년 시간수 | 제3학년 정도 |
|---|---|---|---|---|---|---|
| 수 신 | 1 | 실천도덕 | 1 | 左 同 | 1 | 左 同 |
| 국어 및 한문 | 5 | 강독, 작문, 문법, 습자 | 4 | 左 同 | 4 | 左 同 |
| 일 어 | 5 | 독법, 해석, 회화, 서취 | 4 | 左 同 및 작문 문법 | 4 | 左 同 |
| 역사, 지리 | 2 | 본국역사, 본국지리 | 2 | 左 同, 본국에 관계 있는 외국지리 | 1 | 본국에 관계 있는 외국지리 및 문화 |
| 산 술 | 2 | 정수, 분수 | 2 | 분수, 소수, 주산 | 2 | 비례, 보합산, 주산 |
| 이 과 | 2 | 동물, 식물, 생리, 위생 | 2 | 화학, 광물 | 2 | 물리 |
| 가 사 | 1 | 의식주 | 2 | 左 同 및 양로 | 2 | 육아, 간호, 가사경제 |
| 도 화 | 1 | 임화, 사생화 | 1 | 左 同 | 1 | 左 同 및 참고화 |
| 재 봉 | 4 | 운침법, 보통의복의 바느질법, 재단법, 깁는법 | 5 | 左 同 | 5 | 左 同 및 재봉기계 사용법 |
| 음 악 | 2 | 단음창가 | 2 | 左 同 | 2 | 左 同 |
| 체 조 | 2 | 유희, 학교체조 | 2 | 학교체조 | 2 | 左 同 |
| 수 예 |  | 편물, 조화, 자수 |  | 左 同 |  | 左同 및 대물(袋物) 매듭 |
| 외국어 |  |  |  | 독법, 해석, 서취, 습자 |  | 독법, 해석, 회화, 문법 |
| 교 육 |  |  |  |  |  | 교육에 관한 사항 |
| 계 | 27 |  | 27 |  | 26 |  |

## (8) 성균관

구교육의 연원인 성균관이 경학만으로는 쓸데없는 골동품이 되고 만 것은 당연한 운명이다. 공과 죄가 많은 문화기관을 그대로 없애버린다 해도 잘못은 아닐 것이다. 그러나 아직도 봉건적 유교사상이 사회에 남아 있고 위정자 자신이 봉건 도덕을 선전할 정책을 가진 이상 성균관을 어떠한 명목으로라도 보존하려고 하였다. 그리하여 학칙을 고쳐 융희 2년에 시행하였는데 학칙의 대강은 다음과 같았다.

① 정원: 30명

② 수업 연한: 3년

③ 입학 자격: 연령 20세 이상부터 30세까지 된 자로 경학에 소질이 있고 신체가 건강한 자.

④ 학과목: 수신, 경학, 국어, 일어, 역사, 지리, 수학, 이과, 도화, 법제 및 경제, 체조.

성균관은 다시 1911년 6월에 경학원으로 변하여 옛 교육은 이름조차 없어지고
말았다.


### (9) 관립고등 정도의 학교 학생일람

(융희 4년 1911년 3월)

| 학 교 명 | 학생 수 | 졸업생 수 |
|---|---|---|
| 성 균 관 | 26 | · |
| 법 학 교 | 26 | 29 |
| 한성사범학교 | 239 | 88 |
| 한성고등학교 | 165 | 15 |
| 평양고등학교 | 62 | 16 |
| 한성외국어학교 | 295 | 93 |
| 한성고등여학교 | 175 | 31 |
| 계 | 1,078 | 271 |


# 7. 사립학교

## 1) 사립학교의 대흥(大興)

'제17장-1.시대상'에서 말한 바와 같이 을사년 보호조약은 망국의 싹을 전
국민에게 보여준 것이다. 여기에 격분된 인심은 무엇이 나라를 살리는 방법이냐
하는 것을 생각하다가 교육으로 민지(民智, 국민의 슬기나 지혜)를 각성시키는 것이
오직 하나인 길이라고 깨달았다. 그리하여 일본인의 종노릇을 하지 않겠다고
벼슬을 내던진 자 중에 교육을 사업으로 택한 자가 많았고, 자강회(自强會)나
대한협회(大韓協會) 같은 정치단체로 국정을 고치려던 인사 중에도 교육사업으로
돌아선 자가 많았으며, 열렬한 애국자들은 각처로 다니며 비분강개한 연설을
하다가 눈물을 흘리고 주먹을 치며 교육을 부르짖었다. 이리하여 반도에 가득한
기운은 교육열이었다. 당시에 이동휘 같은 애국자가 함경도 같은 지방을 한 번
돌면 학교가 백여 곳씩 일어났다. 그러한 지사의 애원, 격려, 호소에는 인색한
부자들도 어찌할 수 없이 돈을 내놓게 되었다. 안 내어놓으면 그야말로 구두쇠로,

더 나아가 매국노로 지목되어 처세할 수가 없는 지경에 이르는 일이 많았고, 조금이라도 새 지식을 가진 이는 돈벌이나 벼슬질을 하지 않고 시골로 가서 조그마한 학교라도 만들거나 한 곳의 청년을 모아 가르치는 것을 국가에 대한 의무로 여기는 분위기가 팽만해 있었다. 그리하여 해방 당시 우리 교육계의 원로 최규동과 지도급 인사 여운형 같은 이들도 그때에 평양 혹은 강릉 같은 먼 곳에 가서 교편을 잡고 학교를 만들었다. 이 밖에도 지금 나이 60, 70세 안팎 된 벗들 중에서 그때 시골에서 교육사업을 하던 이를 더러 찾아낼 수가 있다. 그때 그네들은 오직 황무지를 다듬는 개척자의 정신과 적진을 향하는 군인의 기백을 가지고 나아갔던 것이다. 이같이 돈 가진 자들의 양심과 지식인들의 의무감과 지사들의 희생심으로 말미암아 도시로부터 시골에 이르기까지 학교가 우후죽순처럼 일어났다. 그 수는 실로 3,000에 이르렀으며 융희 4년 5월에 사립학교령을 내려 정리할 때에 겨우 1년 9개월 동안에 인가받은 사립학교만도 2,250개라는 놀랄 만한 숫자가 드러났다.

**융희 4년 5월 현재 인가된 사립학교**

| 府·道 \ 학교별 | 보통학교 | 고등학교 | 실업학교 | 각종학교 | 종교학교 | 계 |
|---|---|---|---|---|---|---|
| 한 성 부 | 1 | 1 | 2 | 66 | 24 | 94 |
| 경 기 도 | · | · | · | 136 | 64 | 200 |
| 충청남도 | 2 | · | · | 73 | 16 | 91 |
| 충청북도 | · | · | · | 41 | 7 | 48 |
| 경상남도 | 3 | · | 1 | 82 | 18 | 104 |
| 경상북도 | 3 | · | · | 72 | 74 | 150 |
| 전라남도 | 1 | · | · | 31 | 4 | 36 |
| 전라북도 | 4 | · | · | 42 | 31 | 77 |
| 강원도 | · | · | · | 37 | 6 | 43 |
| 황해도 | · | · | · | 104 | 182 | 286 |
| 평안남도 | · | · | · | 189 | 254 | 443 |
| 평안북도 | · | · | 1 | 279 | 121 | 401 |
| 함경남도 | 1 | 1 | · | 194 | 21 | 218 |
| 함경북도 | · | · | 3 | 56 | · | 59 |
| 계 | 16 | 2 | 7 | 1,402 | 823 | 2,250 |

(『한국교육의 현상』)

"나는 1908년경에 경성보통학교장을 내놓고 곧 지방에서 관민의 후원을 얻어 함일학교(咸一學校)라는 사립중학교를 세우고 6개월간 사범속성과를 두고 교육을 시켰다. 그때 학생으로는 쉰 살 이상 되는 시골장의(掌議)[*1)]와 도유사(都有司)[*2)]들 같은 지방 유력층 지도자들이 입학하였다. 그들은 6개월간 새 지식을 얻어가지고 각각 자기의 고향으로 가서 학교를 세우고 교육을 진흥시킬 결심과 계획을 가지고 들어왔던 것이니 이것이 그때의 풍조였다."

이 말은 김창제 씨의 경험담인데 이것이 당시 교육열의 상황을 증명하는 단편이며 따라서 이것으로 전모를 짐작할 수 있는 것이다.

이 시기 곧 광무 9년(1905)부터 융희 4년(1910) 동안에 설립된 학교 중에 저명한 학교를 적어보면 다음과 같다.

### (1) 광무 9년(1905)에 세운 학교

- **보성학교**: 이용익(李容翊)이 일본에 갔다 올 때에 인쇄기를 사가지고 와서 신해영(申海永), 김연병(金讌炳)과 상의하여 5월에 보성사, 보성관을 세워 교과서와 그 외 서적을 출판하고 보성학교를 설립했는데 법률을 전문으로 하였으며 현 고려대학교이다.
- **양정의숙**: 2월에 경선궁과 영친왕궁에서 토지 200만 평을 내어 세웠으며 법률전문이었다. 1913년에 양정고보로 바뀌었다.
- **광성실업학교**: 전(前) 소론파 양반계급에서 세운 것으로 상업을 전수하였고 1912년에 폐교하였다.
- **한성법학교**: 귀족 중에서 세운 것이며 법률을 전공하였고 폐교 시일은 미상이다.

---

[*1)] 掌議: 조선시대 때 성균관의 재생(齋生) 중 으뜸가던 사람. 재(齋)는 성균관 유생들이 기숙하는 집으로 동·서 재가 있었으며, 각 재의 재생은 자치활동이 허용되어 대표자로 장의를 선출, 재회를 주관하였다.

[*2)] 都有司: 향교, 서원, 종중(宗中), 계몽에 관한 사무를 맡은 우두머리.

## (2) 광무 10년(1906)에 세운 학교

- **휘문의숙**: 4월에 민영휘(閔泳徽)가 사재로 세운 것으로 휘문관을 부설하였고 교과서와 기타 서적을 출판하였다. 현 휘문중학교이다.
- **진명여학교**: 4월에 경선궁, 영친왕궁에서 토지 200만 평을 내어 세운 것으로 현 진명여자고등학교이다.
- **보성중학교**: 이용익이 세운 것으로 현 보성중학교이다.
- **숙명여학교**: 5월에 영친왕궁에서 토지 300만 평을 내어 세운 것으로 현 숙명여자고등학교와 숙명여자대학교의 전신이다.
- **보인학교**: 보인학회(輔仁學會)에서 세운 것이다.
- **양규의숙**: 7월에 주학신(奏學新) 외에 몇 명이 여자교육회를 발기하고 이어서 이 학교를 설립하였는데 이순하(李舜夏), 김중환(金重煥) 등이 중심이었다. 당시 여자교육에 대한 인식이 부족하여 일부의 비난을 받아가며 세운 것이며, 순 민간의 여자교육기관은 이것이 처음이었다. 뒤에 경성여자학교로, 다시 덕수소학교로 바뀌었다.

## (3) 광무 11년(1907)에 세운 학교

- **대성학교**: 2월에 안창호가 평양에 세웠는데 배일사상과 독립정신을 고취한 것으로 이름이 높았다. 1911년에 폐교되었다.
- **오산학교**: 12월에 이승훈이 정주 오산에 세운 것으로 특히 배일사상과 독립정신 고취를 목적으로 한 이름 높은 학교였다.
- **오성학교**: 서북학회에서 세운 것으로 뒤에 협성학교로, 다시 광신상업학교로 되었다.
- **봉명학교**: 이봉래(李鳳來)가 사재로 세운 중학교였는데 1912년에 폐교하였다.
- **정리사(精理舍)**: 유일선(柳一宣)이 야학으로 세운 것으로 정신과 이학을 겸한다는 뜻이며 예과 1년, 본과 2년제로 하여 특히 수학을 전공하였다. 3회 졸업생을 내고 1913년에 폐교하였다.
- **중동학교**: 신규식(申圭植)이 한어 야학으로 시작하였다. 중국어를 가르쳤던 처음 역사가 지금도 교명에 남아 있다. 1916년에 주간수업을 시작하였다.

### (4) 융희 2년(1908)에 세운 학교

- **기호학교**: 기호흥학회(畿湖興學會)에서 세운 것이며 1915년에 중앙고보로 변하였다.
- **동덕여자의숙**: 이재극(李載克), 김인화(金仁和) 여사 외 몇 명의 발기로 세운 것이며 현 동덕여자고등학교의 전신이다.
- **대동전수학교**: 앞서 말한 대동학회에서 세웠고 법률을 전수하였으며 1916년에 폐교하였다.

### (5) 융희 3년(1909)에 세운 학교

- **융희학교**: 앞서 말한 흥사단에서 세웠고 법률을 전수하였으며 1910년 기호학교에 합병되었다.
- **소의학교**(昭儀學校): 장지연 외 몇 사람이 발기하여 세운 것이며 상업을 전수하였다. 현 동성상업의 전신이다.

이 밖에도 법률을 전문으로 하던 이기용(李埼鎔)의 돈명의숙, 여자의 보통교육을 하던 강원희(姜元熙)의 양심학교, 수학·물리를 전공하던 이명칠(李命七)의 연정학원 등과 같은 '있었다 곧 없어진 교육기관'이 많았으나 조사할 겨를이 없어 기억에 남는 것만 적어둔다.

## 2) 종교학교의 융성

기독교에서 세운 학교 가운데 중등 이상으로 유명한 것은 1906년에 안주의 의명학교(안식교), 개성의 한영서원(남감리파), 선천의 보성여학교(북장로파), 1907년에 서울의 약현학교(천주교), 전주의 기전여학교(남장로파), 1908년에 전주의 신흥학교(남장로파) 등이며 선천의 신성학교(북장로파)가 이 시기인 듯하다. 이 밖에 소학교와 지방학교는 일일이 들 수 없으나 사립학교령이 공포된 뒤 1년 반 동안에 인가된 종교학교의 융희 4년 2월 현재 통계를 보면 종교학교가 얼마나 번창하였던가를 알 수 있다.

| 도별 | 학교수 | 장로교회 | | | 감리교회 | | 영국성교회 | | 강림교회 | 각파합동 | 천주교 | | 기독교종파 미상 | | 불교 | 교사수 |
|---|---|---|---|---|---|---|---|---|---|---|---|---|---|---|---|---|
| | | 한국인 | 미국인 | 영국인 | 한국인 | 미국인 | 한국인 | 영국인 | 미국인 | 미국인 | 한국인 | 프랑스인 | 한국인 | 미국인 | 한국인 | |
| 한성부 | 24 | • | 4 | 6 | • | 9 | • | • | • | 1 | 1 | 2 | 1 | • | • | 82 |
| 경기도 | 41 | • | 7 | • | 2 | 21 | • | 2 | • | • | 1 | 3 | 5 | • | • | 85 |
| 충청남도 | 18 | • | • | • | • | 2 | 1 | • | • | • | • | 2 | 13 | • | • | 27 |
| 충청북도 | 7 | • | 6 | • | • | • | • | 1 | • | • | • | • | • | • | • | 10 |
| 전라남도 | 3 | • | 2 | • | • | • | • | • | • | • | • | • | • | 1 | • | 5 |
| 전라북도 | 32 | 1 | 3 | • | • | • | • | • | • | • | 1 | 3 | 22 | 2 | • | 41 |
| 경상남도 | 17 | • | 3 | 5 | • | • | • | • | • | • | • | • | 6 | • | 3 | 29 |
| 경상북도 | 74 | 8 | 53 | • | • | • | • | • | • | • | 1 | 1 | 10 | • | 1 | 79 |
| 강원도 | 4 | • | • | • | • | • | • | • | • | • | 2 | 2 | • | • | • | 7 |
| 황해도 | 183 | • | 133 | • | • | 37 | • | • | • | • | 5 | 4 | 4 | • | • | 219 |
| 평안남도 | 261 | • | 159 | • | • | 78 | • | • | 2 | • | 9 | 8 | 4 | • | 1 | 337 |
| 평안북도 | 121 | 53 | 42 | • | • | 9 | • | • | • | • | 1 | • | 16 | • | • | 164 |
| 함경남도 | 16 | • | • | 16 | • | • | • | • | • | • | • | • | • | • | • | 31 |
| 함경북도 | • | • | • | • | • | • | • | • | • | • | • | • | • | • | • | • |
| 계 | 801 | 62 | 412 | 27 | 2 | 156 | 1 | 3 | 2 | 1 | 21 | 25 | 81 | 3 | 5 | 1,116 |
| 종파별계 | | 501 | | | 158 | | 4 | | 2 | 1 | 46 | | 84 | | 5 | |

① 본 표의 학교는 학과과정 중에 종교에 관한 학과를 가르치는 것.

② 국적별 인원수는 설립자임.

③ 학생 총수는 당시 학부의 추산이 3만 3,000명이었음(이상 『한국교육의 현황』에 의함).

(비고) 본 절 1항의 통계보다 학교 수가 22개가 적은 것은 통계시일에 3개월 차가 있는 관계인 듯하다. 이상 통계를 보면 장로교회와 감리교회가 교육사업에 특히 주력한 것이 드러났는데 이 표도 당시 학부에 인가받은 것만을 말하는 숫자다. 융희 3년에 장로·감리 두 교회 대회 보고서에 적힌 학교 수는 다음과 같았다. 이 표에는 인가에서 빠진 학교도 포함되어 있겠지만 신학교를 빼고 803개교이며 또 앞의 것보다 반년 전의 것이니 인가받은 801개교 외에도 불완전하나마 학교 수는 더 많았을 것으로 추산해야 한다.

| 학교별 \ 교파 (학교 수 / 학생 수) | 장로교회 | | 감리교회 | | 합 계 | |
|---|---|---|---|---|---|---|
| | 학교 수 | 학생 수 | 학교 수 | 학생 수 | 학교 수 | 학생 수 |
| 대 학 | · | · | 1 | 3 | 1 | 3 |
| 신학교 | 1 | 143 | 1 | 279 | 2 | 422 |
| 중학교 | 15 | 1,138 | 4 | 413 | 19 | 1,551 |
| 소학교 | 589 | 13,427 | 194 | 5,728 | 783 | 18,255 |
| 계 | 605 | 14,708 | 200 | 6,423 | 805 | 21,131 |
| 일요학교 | 942 | 87,178 | 230 | 22,862 | 1,172 | 109,940 |

## 3) 사립학교령 발동의 이유

인적·물적으로 부족한 것이 많은 때에 이같이 갑자기 학교가 일어났으므로 학교마다 모두 내용이 충실할 수가 없었으리라는 점은 넉넉히 상상할 수가 있다. 그리하여 융희 2년(1908) 8월에 정부는 다음과 같은 이유로 사립학교령을 공포하였다.

"정부는 그 직무를 다하기 위하여, 사립학교 현재의 상태를 보아 이를 보호감독하기 위하여, 사립학교를 선도하여 교육의 보급을 도모하기 위하여 필요하다."

그때에 각 도·부·군에 보낸 학부 훈령 중에는 다음과 같은 말이 쓰여 있었다.

광무 10년에 학제를 혁신할 때에 사립학교에 관한 딴 별령이 없었던 까닭은 당시 교육 상태를 보아 아직 자연 발전에 맡겼던 때문이다. 이제 시운의 경향은 급히 향학심이 발흥되어 가는 데마다 학교의 신설을 경쟁하여 시일이 모자라는 감이 있으니 이는 진실로 문운(文運) 흥륭의 상징이므로 참으로 경사스런 바이다. 그러나 돌이켜 그 실황을 살펴보면 내용이 부실하고, 조직이 불완전하여 조금도 교육기관다운 실속을 갖추지 못한 것이 있고, 심한 것은 그 기초가 튼튼하지 못하여 아침에 일어났다가 저녁에 없어지는 것이 적지 아니하니 어찌 이것을 자연의 추이에 맡겨둘 것인가. 그 폐단이 어느 지경까지 갈는지 알 수가 없을 것이다. 이것이 곧 사립학교령을 반포하는 까닭이다. 그러나 본령은 단지 사립학교를 단속하려는 것이 아니다. 완전한 것은 더 장려하고 폐단이 있는 것은 교정하여 각기 본래의 목적을 이루게 하려는 것이 본 법령의 정신이다.

그때의 사립학교령은 매우 너그러웠으니, 취지를 설명한 내용의 대강이 다음과 같았다.

① 사립학교를 설립할 때는 학부의 인가를 받도록 하였다.

② 교원은 어떠한 사람을 쓰든지 학부에서 간섭하지 않기로 하고 오직 범죄, 징계 면관자(免官者), 교원면허장 빼앗긴 자, 품행 불량한 자는 교원이 될 수 없다고 하였다.

③ 교과서 가운데 국정·국시에 맞지 않는 것은 쓰지 못하게 하였다.

④ 학교 내용이 불완전한 데 대하여 학부대신이 임시로 변경과 보충을 명령할 수 있게 하였으나 그리 중(重)하지 아니하였다.

⑤ 종교와 학교에 관해서는 명문(明文)이 없었고 모두 자유로 되어 있었으나 학교 경영자 중에 현 정부에 반감을 가지고 논란 공격하는 정론가(政論家) 중에서 종교학교를 경영하는 자가 있다고 지적하여 주의를 주었다.

이 훈령 중에 지적한 사립학교의 폐단은 당시 상태가 그러하였던 것이 사실이었고, 사립학교령 취지 설명 중 정론가의 종교학교 경영을 지적한 것도 당시의 상태를 그대로 말한 것으로, 당시에 정부는 기독교를 꺼리면서도 단속할 권력이 없었다. 그리하여 불평사상을 가진 지사들이 대개는 기독교 그늘 속으로 들어와서 교세를 빙자하고 배일사상을 고취하였던 것이다. 해방 당시 애국적 지도자 중에 거의 다 기독교에 관계가 있었던 것을 역력히 지적할 수 있는 것은 곧 옛날 사회상의 흔적이라고 말할 수 있다.

## 4) 사립학교 인정

융희 2년 8월에 「공립사립학교 인정에 관한 규정」을 공포하고 관립고등학교와 동등 이상으로 인정하는 학교에는 졸업생에게 판임관의 자격을 주되 다음과 같은 사항을 구비한 학교에만 주게 하였다.

① 개교 후 2년 이상을 경과하고 성적이 우수한 것.

② 관리와 유지방법이 확실하고 소정 학과를 교육할 만한 상당한 교원과 설비를

가진 것.

③ 수업 연한, 입학규정, 학과과정, 매주 수업시간 수 등을 조사하여 관립
고등학교와 동등 이상이라고 인정된 것.


그러나 이 규정은 실제에 있어 교육상에 아무 효과가 없었고 인물 등용에도
적용되지 못하였고 하나의 선전에 지나지 않았다.


## 5) 서당

서당은 천 년 역사를 가진 교육기관으로 서민을 위해서는 성균관, 사학보다도
필요하였고 문자 보급의 공적으로 보아도 향교 이상으로 중요하였다. 그렇지만
신교육이 절대로 필요해진 때에 서당을 그대로 방임할 수는 없었다.

일반 민중의 대다수가 서당교육, 곧 한문만의 교육을 절대로 옳다고 아는
완고한 사람인 것과 서당을 대신하여 민간교육을 시킬 만한 시설이 아직 없는
것 따위의 사정으로 서당을 폐지할 수는 물론 없고, 그렇다고 해서 너무 시대에
뒤떨어진 학과와 방식 속에 아동의 앞길을 컴컴하게 내버려둘 수는 더욱 없었다.
그리하여 융희 2년 8월에 「서당관리에 관한 규정」을 반포하였는데 요컨대
점진주의를 택하였던 것이다.

① 서당이 있는 곳에 보통학교가 있으면 다 보통학교에 입학하게 하라. 입학을
방해하거나 전학을 거부하는 일이 없도록 하라. 보통학교에 들어갈 자리가 없는
때는 이 예를 쓰지 아니한다.

② 학과는 한문을 주로 하여도 국어는 처세상 한문만 못하지 않으므로 국어를
가설하라.

③ 한문교육은 음독만 힘쓰고 의미를 알지 못하는 경우가 많아 지식을 배우고
덕성을 기르는 데 쓸 수 없게 되니 금후로는 지덕을 계발하는 데 유의하여
교육방법을 개량하라.

④ 종래 해오던 장시간 학습은 학동의 심신을 해할 염려가 있으니 수업시간은
학동의 체력을 보아 적당히 줄여라.

⑤ 학동의 규율과 풍기에 대하여 일반 서당은 가볍게 여겨왔다. 이후로는 관리,
훈육에 유의하여 어린 시절부터 선량한 습관을 기르도록 힘써라.

⑥ ……교실이 협소한 서당은 학동을 교대하여 출입하게 하고 창문을 열고 채광과 통풍을 충분히 하며 안팎을 청소하여 청결과 정돈에 힘써라.


## 8. 교과서

### 1) 교과서 편찬

신교육이 시작된 뒤로 광무 9년까지는 정부에서 교과서를 편찬하지 않고 민간에서 자유로이 지어 쓰게 하였다. 광무 9년(1905)부터 정부에서 교과서 편찬을 시작하였으나 광무 10년에 보통학교용 1부가 나왔고, 융희 3년(1909) 5월에 겨우 보통학교용으로 수신서 4종(種), 국어독본 8종, 일어독본 8종, 한문독본 4종, 이과서 2종, 도화임본 4종, 습자첩 4종, 산술서 4종이 나왔고, 이어서 체조, 창가 교과서와 고등학교 정도의 교과용 중 조선지리, 일어독본 같은 것을 편찬하다가 이 기간이 끝나고 말았다. 그리하여 이 기간 중에 쓰인 고등학교 정도의 교과서는 모두 민간 개인이 만든 것이었으며 그 내용은 당시 친일정부 학부 책임자의 눈에 맞지 않는 것이 많았다. 그리하여 학교에 관한 법령 중에는 어떤 종류의 학교에든지 교과서 문제가 한 조항으로 들어 있었으니 다음과 같은 세 가지 조건이었다.


① 학부에서 편찬한 것.
② 학부대신의 검정을 받은 것.
③ 이상에 해당한 도서가 없는 경우에는 학교장이 학부대신의 인가를 받아 다른 도서를 쓸 수 있음.

### 2) 교과서 검정

융희 2년(1908) 9월에 검정규정을 공포하고 시행한 뒤 융희 4년(1910) 5월까지의 결과는 다음과 같았다.

① 저작자가 검정을 출원하였던 결과(학부 조사)

| 부(部)수 \ 종별 | 수신 | 국어 | 한문 | 역사 | 지리문화 | 물리화학 | 수학 | 박물생리 | 체조 | 농공상 | 교육 | 일어기타 | 법제경제 | 사서 | 계 |
|---|---|---|---|---|---|---|---|---|---|---|---|---|---|---|---|
| 검정출원 부수 | 11 | 16 | 13 | 16 | 19 | 8 | 6 | 14 | 1 | 2 | 1 | 5 | 2 | 1 | 27 |
| 내역 인가 부수 | 3 | 4 | 3 | 6 | 6 | 7 | 4 | 12 | 1 | 1 | 1 | 4 | 2 | 1 | 55 |
| 불인가 부수 | 5 | 2 | 2 | 3 | 5 | 0 | 1 | 0 | 0 | 0 | 0 | 0 | 0 | 0 | 18 |
| 조사 중 | 4 | 10 | 8 | 7 | 9 | 1 | 1 | 2 | 0 | 1 | 0 | 1 | 0 | 0 | 44 |

② 검정을 받지 않은 도서에 대해 학교가 사용원을 냈던 결과(학부 조사)

| 부(部)수 \ 종별 | 수신 | 불서 | 기독교서 | 국어 | 한문 | 일어 | 영어기타 | 역사 | 지리 | 물리화학 | 수학 | 박물생리 | 체조 | 창가 | 농공상 | 법경 | 교육 | 부기 | 도화 | 습자 | 수공 | 가정 | 계 |
|---|---|---|---|---|---|---|---|---|---|---|---|---|---|---|---|---|---|---|---|---|---|---|---|
| 검정출원 부수 | 12 | 4 | 15 | 22 | 32 | 28 | 49 | 19 | 32 | 42 | 60 | 32 | 4 | 3 | 43 | 18 | 9 | 7 | 11 | 3 | 1 | 2 | 448 |
| 내역 인가 부수 | 4 | 4 | 15 | 9 | 22 | 18 | 48 | 7 | 24 | 42 | 60 | 32 | 4 | 2 | 42 | 17 | 6 | 7 | 11 | 3 | 1 | 2 | 380 |
| 불인가 부수 | 8 | 0 | 0 | 13 | 10 | 10 | 1 | 12 | 8 | 0 | 0 | 0 | 0 | 1 | 1 | 1 | 3 | 0 | 0 | 0 | 0 | 0 | 68 |

이 두 표를 보면 당시 교육열에 상응하여 저술에도 상당히 열중하였다는 것을 알 수 있다. 이같이 많은 교과서 중에 수신, 국어, 한문, 지리, 역사 같은 정신부문 교과서는 검정원이나 인가원에 통과되지 못한 것이 많은 것을 보아 민간과 학무 당국자 사이에 사상이 현격히 차이가 났다는 것을 알 수 있다.

## 3) 출원 도서에 드러난 사상

언제나 교육사조는 시대를 반영하는 것이다. 민간에서 저술한 교과용 도서는 지식층이 그 시대가 요구하는 교육사상을 내포하였던 것이다. 당시에 학부에서 공포한 출원 교과서에 내포된 사상은 다음과 같이 9종으로 나뉘었다.

제1종: 정면으로 한국 현재 상태를 공박한 것.

제2종: 과격한 문구를 써서 자유독립을 말하고 국권을 회복하지 않으면 안 된다는 것을 논한 것.

제3종: 외국의 사례를 가져다 우리나라의 장래를 경고한 것.

제4종: 우화를 교묘하게 써서 타국에 의지함은 잘못이라는 것을 풍자한 것.

제5종: 일본과 기타 외국에 관계 있는 사화를 과장하여 일본과 외국에 대한 적개심을 돋운 것.

제6종: 비분강개한 문자로써 최근의 국사를 말하여 한일국교를 조애(阻碍, 막아서 거리낌)한 것.

제7종: 본국의 고유한 언어, 풍속, 습관을 유지하고 외국을 모방하는 것이 잘못됨을 말하여 배외사상을 선동한 것.

제8종: 국가론과 의무론을 걸고 불온한 말을 한 것.

제9종: 호언장담을 하여 막연하고 잘못된 애국심을 고취한 것(이상 학부편집국 조사)

이것이 학부 당국자의 평이다. 일본은 야심을 가졌고, 중요한 관직에 있는 관리는 극도의 친일파로 개인의 더러운 영달에만 혈안이 되어 설치고 있는 것이 민중의 눈앞에 전개되어 있는 그때에, 마땅히 있어야 할 사상인 것을 일본인의 주구적 기관인 학부에서는 '불온'이니 '오류'니 '과장'이니 하는 문자를 쓰고 또 다음과 같이 지적하며 결론을 지었던 것이다.

① 이면과 표면으로 한국의 현상을 파괴하려는 정신을 선동한 것.
② 배일사상을 고취하여 한국과 일본의 친교를 조애한 것.
③ 편협한 오류인 애국심을 돋워서 자제를 그르칠 염려가 있는 것(학부편집국 조사).

## 4) 교과서의 수난

학부의 성격이 위에서 말한 것과 같이 일본의 주구였으므로 검정제가 실시된 뒤에 절대로 사용을 금지한 도서가 매우 많았다. 이제 그 이름을 들면 다음과 같다.

| 책이름 | 저자명 |
| --- | --- |
| 중등 수신교과서 | 휘문의숙 편집부 |
| 고등 소학수신서 | 상 동 |
| 고등 소학독본 | 상 동 |
| 초등 소학수신서 | 유 근 |
| 윤리학 교과서 | 신해영 |
| 최신 초등소학 | 정인호 |
| 최신 초등대한지리 | 상 동 |
| 최신 고등대한지리 | 상 동 |
| 초등 대한역사 | 상 동 |
| 국문독본 | 조원시 |
| 초등 윤리학 교과서 | 안종화 |
| 초등소학 | 국민협회 |
| 유년필독 | 현 채 |
| 대한지리 | 상 동 |
| 만국사기 | 상 동 |
| 보통교과 동국역사 | 상 동 |
| 중등교과 동국사략 | 상 동 |
| 여자수신 교과서 | 노병선 |
| 실지응용 작문법 | 최재학 |
| 동서양 역사 | 상 동 |
| 격몽천자 | 기 일 |
| 일어독습 | 손붕구 |
| 여자독본 | 장지연 |
| 대한신지지 | 상 동 |
| 소학 한문독본 | 원영의 |
| 신정(新訂) 동국역사 | 상 동 |
| 몽학한문 초계 | 상 동 |
| 정선 일어대해(大海) | 박중화 |
| 대동역사 | 정 교 |
| 신편 대한지리 | 김건중 |
| 상업범론 | 김대희 |
| 역사집요 | 김택영 |
| 속성 한문독본 | 휘문관 |
| 문답 대한신지지 | 박문서관 편집부 |
| 경제원론 | 김우균 |
| 대동역사략 | 유성준 |
| 독습 일어정칙 | 정운복 |
| 덕혜(德慧) 입문 | 양격비 |

## 5) 청년들이 애독하는 서적류의 수난

이때의 청년들이 애독하는 서적은 모두 독립 건국의 정신에 차 있는 서적과 신문, 잡지들이었는데 통감부에서는 이것이 교육에 방해된다 하여 이런 서적을 압수하여 수십만 권을 불사르고 신문은 금지하였다. 그 이름을 들면 대략 다음과 같다.

『을지문덕전』, 『이순신전』, 『최면암전(崔勉菴傳)』, 『국민수지(國民須知)』, 『소의신편(昭儀新編)』, 『양명선생실기(陽明先生實記)』, 『여빙공문집(餘氷空文集)』, 『중국혼』, 『자유서(自由書)』, 『월남망국사』, 『신주광복지(神州光復誌)』, 『미국독립사』, 『서사건국지(瑞士建國誌)』, 『이태리독립사』, 『화란망국사』, 『이집트근세사』, 『화성돈전(華盛頓傳)』, 『이태리3걸전』, 『갈소토전(葛蘇士傳)』, 『대피득전(大彼得傳)』, 『노배김태조(魯拜金太祖)』, 『몽견제갈량(夢見諸葛亮)』, 『금수회의록』, 『프랑스혁명사』, 『자유종』, 『청년입지편(靑年立志編)』, 『20세기 조선론』, 『연설방법』, 『자유종소담(自由鍾笑談)』, 『정신교육만세력(精神敎育萬歲曆)』, 『영웅누국사비(英雄淚國士悲)』, 『우순 소리』 등의 서적과 『적삼보(赤衫報)』, 『공업계(工業界)』, 『소년잡지』, 『대한흥학회보』, 『서북학회월보』, 『보성교우회보』 등의 잡지, 『황성신문』, 『대한민보』, 『제국신문』, 『공립신문』, 『경향신문』, 『합성신보』, 『대한매일신보』(이것은 판매) 등의 신문이 있으며 이 밖에도 더 있는 것으로 알고 있다.

제4부

# 일제강점기 36년간 교육

# 제18장

# 실용주의 표방기
## (1910~1919)

## 1. 데라우치의 언명

데라우치[*1]는 조선의 초대 총독으로 한·일이 병합된 뒤에 처음으로 교육행정을 실시하였다. 1910년에 우리에게 발표하기를 "인문의 발달은 후진(後進) 교육에 기대하지 않을 수 없다. 그러므로 교육의 요점은 지혜(智)를 끌어올리고 덕(德)을 닦아 수신제가의 밑천을 삼는 데 있다. 그런데 학생은 꿈쩍 없이 수고를 싫어하고 편안을 취하여 한갓 공리를 말하고 방만하게 흘러서 마침내 하는 것 없이 먹기만 하는 유민이 된 자가 흔하다. 이제부터는 마땅히 그 폐단을 고치며 허영을 버리고 실용으로 나아가 느리고 게으른 폐단을 씻어내고 부지런하고 검소한 미풍을 함양하기를 힘써라"라고 하였다.

이 시기는 무단정치로 아무 꾸밈도 없이 조선인에게는 문화보다도 먹을 것을 주어야 한다는 데라우치의 이른바 실용주의 시기[*2]였다. 데라우치는 1913년 2월 6일에 내무부장 회의석상에서 다음과 같은 말을 하였다.

---

[*1] 데라우치는 제3대 한국 통감으로서 이완용과 함께 한일병합을 강행하고, 병합과 함께 설치된 식민지통치기구인 조선총독부의 초대 총독이 되었다. 그 뒤 한국의 언론 탄압 등 강력한 무단정치를 강행하였고 1915년 일본 제국주의 총리대신이 되어 총독을 사임하였다.

…… 오늘날 조선은 조선 사람에게 고상한 학문을 급히 시킬 정도에 아직 이르지 않았다. 오늘날은 비근(卑近)한 보통교육을 베풀어 한 사람으로서 일할 수 있는 인간을 만드는 데 눈을 두지 않으면 안 된다. 따라서 학교는 이 목적으로 교육을 진행시키고 졸업한 자가 집에 돌아가 선진자로서 동포를 지도할 수 있는 지식을 주도록 하여야 한다. 그러므로 보통학교 교육에서도 실업상 지식을 부어 넣을 필요가 있다. 농촌학교와 실업학교는 정부가 중요한 방침으로 구하는 바 요건이 쉽게 실행되도록 교육상에 이 사상을 관철시켜 가는 일이 필요하다고 생각한다. 그러나 이런 대사의 취지를 깨닫지 못하고 교육은 교육, 보통학교는 보통학교, 실업학교는 실업학교, 혹은 행정은 행정대로 개별적으로 함부로 일을 진행한다면 장래에 있어 조선을 원만히 통치할 것을 바랄 수 없다고 생각된다.[1]

이리하여 조선 사람에게 지식보다 먹을 것을 주고 문화인보다 저급한 노동자로 만들려는 것이 데라우치의 주장이었다. 여기에는 몇 가지 이유가 숨겨져 있었다.


## 2. 실용주의의 속셈

### 1) 독립사상을 염려하였던 것

사람은 높아질수록 이성이 발달하고 비판력이 는다. 그리하여 무지한 사람처럼 남에게 속지 아니하므로 속이는 정책과 불합리한 변명으로 꾈 수가 없는 것이다. 영·불이 인도나 베트남 같은 식민지에 있어서 교육을 철저하게 시키지 않은 이유도 이것이었고 제정러시아가 프랑스 혁명사상의 침입을 막기 위하여

---

*2) 일제가 1910년 우리나라를 식민지화한 후 여타 제국주의 국가들의 유화정책과는 달리 강력한 총칼을 앞세운 무단정치를 실시하지 않을 수 없었던 것은 끈질긴 한국 민중의 저항 때문이었다. 멀리는 1894년 갑오농민전쟁과 가까이로는 1905년 을사조약 이후 일제의 침탈에 저항하는 전국적인 민중들의 강렬한 무장항일구국전쟁이라는 민중의 저항에 부딪히자, 일제는 이 저항을 폭력적으로 진압하고, 이후에도 민중의 저항을 계속 무력으로 억누르지 않을 수 없었던 것이다.

1) 高橋, 『朝鮮敎育史考』.

국민교육을 시키지 않은 까닭도 이것이었다.

당시에 일본에게도 조선에 대한 교육문제가 매우 중요하였다. 이것은 1921년 10월 8일에 조선호텔에서 전(全) 일본 중학교장에게 강연한 미쓰노 정무총감(政務摠監)의 말로도 알 수 있다.

> …… 세상에는 조선교육에 대하여 여러 가지 논란이 있다. 조선 사람에게 교육을 시키는 것이 옳지 않다는 주장과 이와 반대로 시켜야 한다는 주장 둘로 나뉘어 있다. 전자는 요컨대 새로 얻은 식민지에는 교육을 시키지 말아야 한다는 것이다. 교육을 시키면 저들의 지식이나 사상이 점점 늘어나서 결국 독립심을 양성하는 일이 되고 만다. 그러므로 식민지에는 교육을 시키지 않는 것이 옳다는 것이다.[2]

이리하여 대뜸 우리에게 고등지식을 주면 인간의 천성인 자유의식이 자라나고 비판력이 늘어 만만하게 휘어잡기가 어렵게 될 것을 저들은 잘 알았던 것이다. 그러므로 먹을 것으로 안심시켜 인심을 정돈해가며 일본에 의존하는 사상을 기르자는 것이 실용주의를 표방한 제도 속에 숨어 있는 꾀였다.

## 2) 부림을 잘 받을 인물을 기르려는 것

식민지 교육에는 절대로 지도적 인물을 길러서는 안 된다. 행정, 기술, 산업, 문화 어디에서나 심부름을 잘하는 노예적 인물만이 대량으로 요구되는 것이니 여기에 맞는 교육이 필요한 것이다. 저들은 근 40년이 지난 해방 직전까지도 일본 기타 외지의 유학생 또는 조선 안에서 고등교육을 받은 조선 사람을 약간 등용한 일은 있었으나, 그들에게 지도적 자리를 주지 않았다. 조선인은 중등 이상 학교의 교장은 물론 보통학교 교장 자리에 오르기도 하늘의 별 따기였으며 행정부문에는 군수 외에 고등관 몇 사람에 불과했고 기술부문의 고급설계는 조선인이 알까 두려워하여 반드시 비밀에 부쳤다. 이와 같은 방침이었으니 초기 데라우치 때에 우리에게 고등교육을 베풀 이유가 절대로 없었다. 낮은 자리에서

---

2) 高橋, 위의 책.

싼 월급에 목숨을 매고도 불평과 불만을 가질 줄 모를 만한 정도의 지식이면 좋고, 각 산업부문에서 문서나 다루고 농민과 노동자에게 호령이나 할 정도로, 여우가 호랑이의 위엄을 빌리듯이 일본인 세력을 빌려 행세하는 미련한 기술자면 넉넉하였던 것이다. 그리하여 정신을 계발하는 학과목도 저급 서기를 기르는 정도였고, 실업기술도 심부름이나 받을 정도의 기능에 지나지 못하도록 교육을 시킨 것이다. 이것이 실용주의를 표방하는 속에 숨어 있는 계략의 하나였다.

## 3) 재정방침이 더 중하였던 것

조선에서 쓰이는 경비는 조선에서 자급이 되지 못했다. 처음부터 일본에서 보충금을 받았는데 그 내용을 보면 1911년에 조선에서 생기는 세입 경비로는 도저히 예상한 시설을 할 수가 없어서 응급책으로 동경에서 보충금 1,200만여 원을 받아 쓰고 해마다 경비를 절약하여 1919년까지는 완전히 회계의 독립, 자급을 실현시켰던 것이다. 그러다가 1919년에 독립운동이 일어난 뒤로 조선의 정세가 달라져 경찰비, 문화 시설비 등으로 예산이 늘어나 다시 보충금을 쓰게 되었다. 이는 아래에 있는 일람표를 보면 알 수 있다.

| 연 도 | 보충금액 | 연 도 | 보충금액 | 연 도 | 보충금액 |
|---|---|---|---|---|---|
| 1911년 | 12,350,000원 | 1922년 | 15,600,000원 | 1933년 | 12,500,000 |
| 1912년 | 12,350,000원 | 1923년 | 15,000,000원 | 1934년 | 12,825,150 |
| 1913년 | 10,000,000원 | 1924년 | 15,000,000원 | 1935년 | 12,825,822 |
| 1914~18년 | 5년간은 체감하여 회계 독립을 계획하였음 | 1925년 | 16,554,529원 | 1936년 | 12,918,700 |
| 1919년 | 없음 | 1926년 | 19,405,471원 | 1937년 | 12,913,966 |
| 1920년 | 10,000,000원 | 1927~31년 | 5년간 각 15,000,000원 | 1938년 | 12,909,115 |
| 1921년 | 15,000,000원 | 1932년 | 12,500,000원 | 1939년 | 12,904,313 |

이와 같이 데라우치의 정책은 조선의 재정은 조선에서 만들어 쓸 작정이므로 여간 급하지 아니한 것은 계획하지 않았고, 공립보통학교도 "공법인으로 설립 유지하게 하고 법인은 구역 내의 조선인에게 필요한 비용을 강제로 얻는 것을 공인하였다".[3] 이렇게 절약에 절약을 더하였다. 곧 교육에 있어서 '짧은 기간, 적은

---

3)  大野, 『朝鮮敎育管見』.

비용' 등의 이유 가운데 하나가 여기 있었던 것이다. 조선 사람을 위하여 교육에다 국비를 많이 쓰는 것은 낭비로 여겼던 것이 저들의 생각이었다.

### 4) 인심을 안정시키는 방법이었던 것

'백성은 먹는 것으로 하늘을 삼는다'는 옛말은 정치하는 사람들의 입에서 흔히 나오는 말이다. 사실 조선은 가난하였고 산업이 황폐하였으며 대중은 무지하였다. 대중은 먹을 것이 넉넉하고 생활의 불안이 없어져 살기가 좋아진다면 그들의 나라가 있고 없는 것에 그다지 열의 있게 관심을 가지지 않았을지도 모를 만한 처지였다. 이 약점을 간파한 저들은 '실업(實業)과 직업을 주어 전보다 잘 살게 하겠다'고 선전하는 한 방법으로, 우선 조선인은 먹어야 하겠으니 교육도 먹게 될 수 있도록 실용적으로 가르친다는 것이었다. 먹을 것이 적으면 인심이 흔들리고 정부를 원망하게 되는 것은 당연하다. 이렇게 되면 치안에 큰 지장이 생긴다. 이것을 잘 아는 저들은 조선인의 복을 위한다는 것보다 저들의 편의를 위해서라도 정성을 다하여야 할 형편에 있었다. 이 기회를 이용하여 일거양득으로 교육의 정도를 낮추면서 좋은 명목의 주장을 내걸었던 것이다. 이런 주의에 나타난 저들의 교육에 대한 착안점은 어떠하였던가.


## 3. 교육의 착안점

① 교육의 기본 방침은 짧은 기간, 적은 비용, 실용적이었다.

② 교육의 시행 방법은 근로주의, 실제주의, 점진주의였다. 이 항을 좀 더 자세히 말하면 다음과 같다.

    ㉮ 근로주의와 실제주의로 말미암아 초등교육에도 실과목 훈련에 힘쓰고 실업교육을 시설하는 데 중점을 두게 되고,

    ㉯ 점진주의로 말미암아 견실함을 본위로 하고 고등교육보다 보통교육을 보급하는 데 중점을 두고 미풍양속을 존중하여 개혁은 신중히 연구한 뒤에 행한다는 것이다.

③ 교육의 시급한 일은 사상 감시에 있었다.

　　이런 점은 데라우치가 지방장관에게 준 훈시에 드러나 있는데, 특히 사립학교에 관심이 컸고 그 가운데 기독교계 학교에 유의한 것은 당시에 그 수량으로나 사상으로나 관공립학교보다 우세하였기 때문이었다. 훈시의 내용을 요강에 따라서 적으면 다음과 같다.

　㉮ 사립학교 가운데에는 조선인이 설립한 것도 있지만 많은 것은 선교사가 경영하는 것이다. 학생 수가 20만 이상이니 보통학교 학생 수보다 훨씬 많다. 교육제도는 앞으로 조사하여 개정하려니와 그 전이라도 도장관은 감시하여야 한다.

　　• 학교가 법규를 지키는가 아니하는가?

　　• 교원이 책무를 다하는가 아니하는가?

　　• 교과서는 구학부[3]가 편찬 또는 인가한 것을 쓰는가 아니 쓰는가?

　　• 사립학교 가운데 창가나 기타의 것으로 독립을 고취하고 일본에 대한 반항을 장려하는 것을 쓰는 자가 있으니 특히 주의하라. 조선인이 스스로 반성하지 아니하면 일본은 실력으로써 눌러야 할 터이니 조선인에게 이롭지 못할 뿐이다.

　㉯ 외국 선교사가 경영하는 학교는 치외법권 때문에 종래에는 거의 정부의 간섭을 받지 아니하였다. 감정이 상하지 않도록 적당히 감독하고 종교와 학교를 분리하여 정치적 명령이 행해지도록 하라.

　㉰ 조선을 발달시키려면 쓸데없는 논란을 피하고 실제에 응용할 수 있는 학술을 가르쳐 백성이 …… 자기의 생활 상태와 아울러 그 지위를 높일 기초를 세우지 아니하면 안 된다.


　　이상에서 말한 교육을 실현시키기 위하여 1911년 8월에 새로 교육령을 발표하였다.

---

*3) 한일병합 전에 학무행정을 맡아 보던 관청으로 1895년 갑오개혁 시 '학무아문'을 개창한 것이 '학부'이다. 당시 학부에서 편찬 내지 인가한 교과서는 일본 제국주의를 비롯한 여타 선진 자본주의 국가들의 침탈로 반(半)식민화한 민족적 위기에 맞서 국민에게 독립정신과 애국심을 일깨우는 것이 주요한 내용이었고, 그 집필진은 대부분 소위 한말의 애국계몽 운동가였다.

# 4. 교육령

## 제1장 강령

제1조　조선에 대한 조선인의 교육은 본령에 의함.

제2조　생략.

제3조　교육은 시세와 민도(民度)에 적합하게 함을 기대함.

제4조　교육은 크게 나누어 보통교육, 실업교육 및 전문교육으로 함.

제5조　보통교육은 보통의 지식기능을 가르치며……(이하 생략).

제6조　실업교육은 농업·상업·공업 등에 관한 지식기능을 가르치는 일을 목적으로 함.

제7조　전문교육은 고등한 학술, 기예(技藝)를 가르치는 것을 목적으로 함.

## 제2장 학교

제8조　보통학교는 아동에게 (중략) 보통교육을 시키는 것인데 신체발달에 유의하고 …… 덕육(德育)을 실시하고 …… 생활에 필수적인 보통의 지식기능을 가르침.

제9조　보통학교 수업 연한은 4년으로 함. 단 현지 사정에 따라서 1년을 단축할 수 있음.

제10조　보통학교에 입학할 수 있는 자는 나이 8세 이상으로 함.

제11조　고등보통학교는 남자에게 고등보통교육을 시키는 것인데 상식을 기르고 …… 성격을 단련하며 생활에 유용한 지식기능을 가르침.

제12조　고등보통학교의 수업 연한은 4년으로 함.

제13조　고등보통학교에 입학할 수 있는 자는 나이 12세 이상이고 수업 연한 4년인 보통학교를 졸업한 자 또는 이와 동등 이상의 학력을 가진 자로 함.

제14조　관립 고등보통학교에는 사범과 또는 교원속성과를 두어 보통학교 교원 될 자에게 필요한 교육을 할 수 있음.

　　　　사범과의 수업 연한은 1년, 교원속성과의 수업 연한은 1년 이내로 함.

　　　　사범과에 입학할 수 있는 자는 고등보통학교를 졸업한 자로 하고 교원속성과에 입학할 수 있는 자는 연령 16세 이상으로 고등보통학교 2년을 마친 자 또는 이와 동등 이상의 학력을 가진 자로 함.

제15조　여자고등보통학교는 여자에게 고등보통교육을 시키는 것인데 부녀자들의 덕목을 길러 …… 성격을 도야하고 생활에 유용한 지식기능을 가르침.

제16조　여자고등보통학교의 수업 연한은 3년으로 함.

제17조　여자고등보통학교에 입학할 수 있는 자는 나이 12세 이상이고 수업 연한 4년인 보통학교를 졸업한 자 또는 이와 동등 이상의 학력을 가진 자로 함.

제18조　여자고등보통학교에는 기예과(技藝科)를 두고 나이 12세 이상인 여자에 대하여 재봉 및 수예를 전수시킬 수 있음. 기예과의 수업 연한은 3년 이내로 함.

제19조　관립 여자고등보통학교에는 사범과를 두고 보통학교 교원 될 자에게 필요한 교육을 시킬 수 있음.

　　　　사범학교의 수업 연한은 1년으로 함.

　　　　사범학교에 입학할 수 있는 자는 여자고등보통학교를 졸업한 자로 함.

제20조　실업학교는 농업, 상업, 공업 등의 교육을 시키는 것임.

제21조　실업학교는 나누어 농업학교, 상업학교, 공업학교 및 간이실업학교로 함.

제22조　실업학교의 수업 연한은 2년 내지 3년으로 함.

제23조　실업학교에 입학할 수 있는 자는 나이 12세 이상이고 수업 연한 4년인 보통학교를 졸업한 자 또는 이와 동등 이상의 학력을 가진 자로 함.

제24조　간이실업학교의 수업 연한 및 입학 자격에 관하여는 앞의 2조의 규정에 의하지 않고 조선총독이 이를 정함.

제25조　전문학교는 고등한 학술, 기예를 가르치는 곳으로 함.

제26조　전문학교의 수업 연한은 3년 내지 4년으로 함.

제27조　전문학교에 입학할 수 있는 자는 나이 16세 이상이고 고등보통학교를 졸업한 자 또는 이와 동등 이상의 학력을 가진 자로 함.

제28조　　제29조, 제30조는 생략함.

**학제일람**

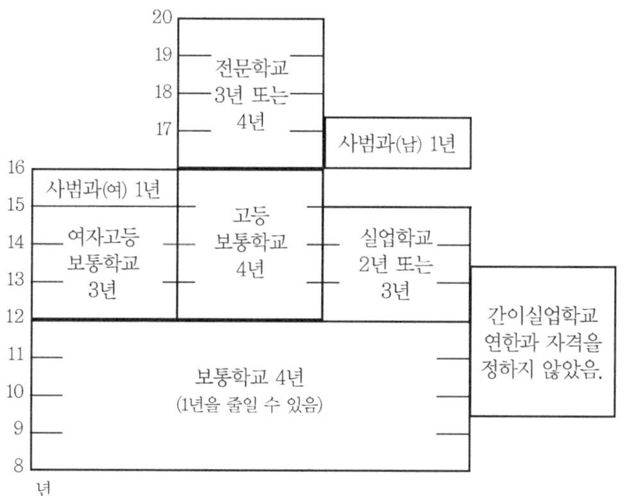


# 5. 학제의 가치

앞 절의 교육령을 창안한 책임자 세키야 학무국장은 그 내용의 가치를 스스로 판단하기 위하여 법학박사 호쓰미에게 비평을 청하였다. 그의 긴 회답문이 어느 책에 적힌 것을 보았다. 그러나 그 비평은 일본인의 주관적 비평이기 때문에 객관적 공언(公言)이 되지 못하였다.

만일 이 교육령이 우리가 우리나라를 부흥시키려는 정신으로 만든 것이라면 강령 2조의 두어 글자만 빼면 훌륭한 학제라고 단언할 수 있다.

첫째로 그때에 우리나라의 정세는 문맹을 없애고 보통지식을 보급시키는 보급주의의 교육이 지극히 필요하였고 또 고등교육도 필요하였다. 전적으로 새로 건설할 때였다. 그러나 교육의 발전은 경제와 병행하여 나아가는 것인바 그때 우리의 경제 형편으로는 도저히 욕심대로 실현시킬 수 없었다. 그렇다면

'질이냐! 양이냐!' 하나를 먼저 급한 조건으로 지적하지 않으면 안 된다. 이때의 상식적 판단으로라도 누구나 양을 먼저 취해야 한다고 할 것이다. 양을 취한다는 의미는 정도를 낮춰 보급시키자는 뜻이다. 이러한 적극성을 전제로 내포한 '짧은 기간', '적은 비용'이라면 그 얼마나 훌륭하고 이상적이겠는가! 그런 의미에서 본다면 소학 4년, 중학 4년, 전문 3년 혹은 4년으로 11년 내지 12년에 학문을 마치고 곧 직장으로 나가게 되는 것이 퍽 좋은 제도였다. 그러나 저들의 이상은 이것이 아니었고 다만 연한을 단축하기 위한 단축, 곧 민지(民智)를 낮게 만들자는 것뿐이며, 보급을 위한 것이 아니었다. 적극성이 조금도 없는 소극성만 내포한 제도였다. 이는 이 제도를 만든 세키야가 학무국장으로 계속 교육행정을 하다가 물러난 마지막 해인 1919년도 통계에 드러나 있다.

교육령을 발표한 지 8년 동안에 보통학교가 그전 것과 합하여 6개 면에 하나씩밖에 안 되고, 고등보통학교는 남자 셋, 여자 하나밖에 안 늘어 그전 것과 합해 남자가 다섯, 여자가 둘밖에 안 되었다. 전문학교는 그전에 있던 것을 이름만 고쳐서 3년제가 셋, 4년제가 하나, 합하여 넷뿐이었는데 새로 된 것은 없었다. 그리고 실업학교가 농업에 둘, 상업에 하나, 상공에 하나가 늘었다.

이 얼마나 말할 수 없이 빈약한 숫자인가. 이 점에서 이 교육제도는 우리에게 가치 없는 문서가 되었던 것이다.

둘째로 그때의 우리나라 형편은 사람은 있는 대로 일하고 업(業)은 배운 대로 활용하며 건설과 생산으로 달음질을 쳐야 할 터였다. 그런 의미에서는 학년을 단축하여 각 부문의 일꾼을 속성으로 양성할 필요가 있었다. 어떠한 나라라도 새 혁명, 새 건설의 시기에는 이러한 자연발생적 필연성을 느끼어 계획을 세우기 마련이다. 이러한 의미로 본다면 '짧은 기간', '실용주의'는 참으로 훌륭하였다. 그러나 이 실용주의의 의미는 저들이 부려먹는 데 실용적인 인물이란 뜻이지, 조선을 건설하는 애국적 활동인이나 자기이익을 위한 자리에서 설계와 기쁨을 가지고 노력하는 실용인이 아니었다. 그리하여 그들 실용적 인물은 양심적 인간의 기능을 상실한 기계가 되고 말았다. 그리하여 그들은 여전히 가난하였고 타락하였다. 이러한 점에서 이 교육제도는 우리에게 가치 없는 문서가 된 것이다.

셋째로 저들의 당시 교육행정이 매우 편벽되었던 것을 보아 조선인 교육에 대하여 일부러 사보타주한 것을 발견할 수 있다. 1919년 통계를 보면,

| 학교명 | 학교 수 | 학생아동 수 |
| --- | --- | --- |
| 보통학교 | 482 | 84,306 |
| 소학교(日) | 380 | 42,732 |
| 고등보통학교 | 5 | 1,705 |
| 중학교(日) | 5 | 2,010 |
| 여자고등보통학교 | 2 | 378 |
| 고등여학교(日) | 11 | 1,905 |

이 통계로 다시 인구수에 대비한 비율을 산출하여 보자. 1920년에 대략 조사한 인구는 조선인이 1,689만여 명이요, 일본인이 34만 6,000여 명이었다. 취학연령 추정률을 1930년 이전 것을 적용하여 135/1000로 하면 다음과 같다.

| 학교 | 인구 | 취학연령 아동 수 | 취학자 수 | 취학률 | 인구만 명에 대한 비율 |
| --- | --- | --- | --- | --- | --- |
| 보통학교 | | 2,280,950 | 843,060 | 3.7% | |
| 소학교(日) | | 46,740 | 42,732 | 91.5% | |
| 고등보통학교<br>(남녀 공통) | 16,890,000 | | 2,083 | | 1.23人 |
| 중학교, 고등여학교<br>(日)공통합계 | 346,000 | | 3,915 | | 113.00人 |

이 표를 보면 일본인 교육에는 얼마나 정성을 다했는지 알 수 있다. 아동의 취학률이 일본인은 91%가 넘었는데 조선 아동은 3.7%에 불과했고 중학교, 고등여학교의 입학률은 조선인 학생은 인구 만 명에 1명인데 일본인은 만 명에 113명이었다. 그러므로 이 교육령은 성의 없는 선전을 위한 문서에 지나지 않았던 것이다.

# 6. 학제의 내용과 실시

## 1) 보통학교 교육

### (1) 교과목

　① 중점은 독(讀)과 서(書)와 산(算)에 두었다.

　② 필수과목은 수신, 조선어 및 한문, 일어, 산술 4과목이었다.

　③ 지역적 상황에 의하여 당분간 뺄 수 있는 과목은 이과, 창가, 체조, 도화, 수공, 재봉 및 수예, 농업초보, 상업초보였다.

　④ 이과는 지역적 상황에 의하여 당분간 뺄 수 있지만 될 수 있는 대로 가르쳐 이용후생의 길을 알게 하는 것으로 하였다.

　⑤ 도화, 수공, 재봉 및 수예, 농업초보는 남녀 각각 적성대로 필요한 기능을 얻게 하고 아울러 노동의 취미와 근면의 습관을 기르도록 하였다.

　⑥ 농업은 아무쪼록 향교의 학전(學田)[*4]을 이용하여 갈고 매는 실습을 시키라 하였다.

　⑦ 수공은 지방산 재료를 골라 이용방법을 알게 하고 실제 생활에 도움이 되게 하도록 힘쓰라 하였다.

　⑧ 상기(上記)한 도화 이하의 교과목의 수업시간은 일정하지 않게 하고 지역적 특성에 따라 적절히 비례하여 유효하게 정하라 하였다.

　⑨ 농업초보나 상업초보는 갑자기 교원을 얻기 어려우리라는 예측으로 규정에는 뺄 수 있게 되었지만, 교육의 정신이 실업 중점주의였으므로 일선 요직자를 독려하여 얼마 안 되어 농촌학교에는 다 실시하였다. 그때의 형편이 학생의 나이가 많아 노동력이 상당하고 실습지를 얻기가 편리하였던 좋은

---

*4) 향교는 지방에 있는 문묘(文廟)와 거기에 부속된 고려시대부터의 지방 교육기관으로서 지방의 양반귀족 자제를 교육하면서 지배체제를 유지하였다. 경비는 소위 '학전'이라는 것을 지급하여 그 수세(收稅)로 충당하게 해왔으나, 1894년 갑오개혁으로 과거제의 폐지와 함께 교육적 기능은 상실하고 문묘에 제사만 지낼 따름이었다. 이후 1900년 향교재산관리규정을 두어 그 수입은 공립학교 또는 지정하는 학교의 경비 또는 문묘의 수리, 향사비로 충당하게 하였다. 그 후 조선총독부령에 의해 관리규정은 폐기되어 공립학교 경비에 사용하지 않고 문묘 유지와 사회교화사업의 시설에만 충당하게 하였다.

조건이어서 도움이 된 것이다.

⑩ 조선어 및 한문은 중요 과목으로 하고 일주일에 5, 6시간씩 가르쳤으니 이는 객관적으로는 일어가 널리 퍼지지 못하였고 주관적으로는 인심을 수습하는 데 필요하였던 까닭이다. 그러나 내용으로는 가르치는 것이 철저하지 못하였고 조선어 사용을 금지하였다는 외평(外評)이 있었다.

⑪ 역사와 지리를 빼고 일어와 조선어 속에서 가르치게 한 데에 대해 "수업 연한 관계로 단독 과목을 삼지 못하였다"고 설명하였으니 일리 있는 이유의 하나이다. 그러나 일본역사만 가르치고 조선역사를 아니 가르치는 것은 당시 인심에 반발을 조장할까 하여 일본역사와 조선역사 두 편을 다 빼고 어학에다 돌리어 어름어름 지냈던 것이다.

## (2) 교육방침

일정한 직업 없이 놀고먹는 백성을 만들지 않도록 극히 주의하였고, 졸업한 뒤에도 곧 실무에 맞도록 하려 하였으며, 상급학교에 대한 예비교육이 아니었다. 이것은 1911년 8월에 보통학교 교감 강습회 석상에서 제시한 세키야 학무국장의 말로도 알 수 있다.

교육의 요체는 민도(民度)의 실제에 맞고 시세의 요구에 응하여야 한다. …… 한갓 고원(高遠)에 흐르고 사회의 실제와 멀게 될 때는 교육이 쓸모없는 사람을 만들게 된다. 깊이 경계하라. 요는 실용에 맞는 인물을 만드는 데 있다. 따라서 졸업생의 방침도 재력과 체력과 능력에 따라 적당히 지도하고, 상급학교에 입학을 장려함과 같은 일은 옳지 않다. …… 조선인은 정치의 폐단이 남아 공리공론을 꾀하고 실업을 낮게 여겨 근면의 기풍이 없는 경향이 있다. 이런 것은 조선 현상에 있어서 꼭 개량하여야 할 바이다. ……

## (3) 경영방침

설립·유지 비용은 향교재산 수입, 기본재산 수입, 수업료, 기부금, 국고 및 지방비 보조금, 은사금(恩賜金) 이자로 충당하고 부족한 것은 설립구역 내에 사는 조선인의 부담으로 하되 강제로 부과하게 하였다.

### (4) 시설

1919년 공립보통학교의 수는 482개교요, 아동의 수는 8만 4,306명이었다. 이것을 9년 전 곧 융희 4년(1910) 3월 말의 학부 총계에 나타난 학교 88개교와 아동 1만 770명에 비교하면 학교 수도 5배 좀 넘고 사람 수도 8배 좀 못 되었다.

## 2) 고등보통학교 교육

### (1) 학과목

① 중점은 생활 실제에 가장 적절한 인물을 양성하는 데 두었다.

② 학과는 수신, 일어, 조선어 및 한문, 역사, 지리, 수학, 이과, 실업 및 법제, 경제, 습자, 도화, 수공, 창가, 체조, 영어 등으로 중학교의 학과를 갖추었다.

③ 실업의 농업이나 상업이나 수공을 필수과목으로 한 것은 근로사상을 기르기 위한 것이었다.

④ 습자를 한 과목으로 한 것은 일상생활의 실제를 위한 것이었다.

⑤ 박물, 물리, 화학을 이과 하나로 총괄하고 실업과 법제, 경제를 한 과목으로 한 것은 과목 수를 절약하고 교육상 연관을 꾀하여 학생에게 종합적 지식을 줄 수 있었으나 내용의 빈약을 면하지 못하였다.

⑥ 영어를 선택과목으로 한 것은 문학 방면과 상급 진학을 장려하지 않은 정신에서였다.

⑦ 도화와 창가를 뺄 수 있도록(1916년 3월에 개정) 고친 것은 예술적 교양이 실무적 인물 양성에 그리 필요하다고 여기지 않은 까닭이었다.

### (2) 교육방침

실용주의 교육을 베푸는 동시에 중류사회에 설 만한 선량한 인물을 육성하고 따라서 저들이 늘상 말하는 국민성을 함양한다는 잠꼬대 같은 망상의 말을 하였던 것이다. 그때의 고등보통학교 규칙 제10조를 보면 아래와 같았다.

① 학생의 상식을 기르고 충량(忠良)하고 근면한 국민을 육성하는 것이 고등보통학교 교육의 주요한 목적이니 어느 과목이든지 여기에 유의하여 교수함을 요한다.

② 늘 질서를 중시하고 규율을 지키는 기풍을 양성하는 것은 교육상 주요한 일이니 어떤 교과목에서든지 늘 이것을 유의시킬 것을 요한다.

지식기능은 생활상 적절한 사항을 골라서 가르치고 한갓 다식(多識), 다능(多能)을 구하여 산만한 폐단에 빠지지 않도록 힘써라.

## (3) 시설

1916년에 대구고등학교, 1918년에 함흥고등보통학교, 1919년에 전주고등보통학교가 설립되었다.

## 3) 여자고등보통학교 교육

### (1) 교과목

① 중점은 여자의 분수와 생활의 실제에 두었다.

② 교과목은 수신, 일어, 조선어 및 한문, 역사, 지리, 산술, 이과, 가사, 습자, 도화, 재봉 및 수예, 음악, 체조였다.

③ 이과, 가사, 재봉 및 수예 따위의 과목이 비교적 시간 수효가 많았으니 실용적인 주부 양성을 의도한 것이었다.

④ 재봉, 수예 가운데에는 재봉틀 사용법, 염색, 베 짜기 따위를 가르쳤으니 당시 생활 실제에 접근시킨 것이었다.

### (2) 교육방침

당시 여자고등보통학교 규칙 제10조를 보면 아래와 같았다.

① 정숙하고 근검한 여자를 양성하는 것은 여자고등보통학교의 주요한 목적이니 어떤 교과목에서든지 늘 여기에 유의하여 교수함을 요한다.

② 지식기능은 생활상 적절한 사실을 골라서 가르치고 한갓 고원(高遠), 우원(迂遠)한 데 흘러 경솔하고 사치스러운 풍조에 물들어서는 안 된다.

### (3) 시설

1914년 평양여자고등보통학교가 설립되었다.

## 4) 실업학교 교육

### (1) 교과목

① 중점은 실습에 두고 또 산업의 개량과 발달에 두었다.

② 교과목은 수신, 실업과목, 실습, 일어, 조선어 및 한문, 수학, 이과들을 필수과목으로 하고 기타는 적절하게 가설하게 하였으며 과목의 가감, 과정의 편성, 시간의 배당과 같은 것은 획일제를 취하지 않고 오직 사정에 따라서 정하기로 하였다.

③ 교과목에 양봉, 산림, 축산, 수산에 관한 사항을 주로 가르치는 학교는 농업학교로 보았다.

### (2) 교육방침

① 실업교육은 농업, 상업, 공업에 종사할 자에게 필요한 교육을 시키는 것이므로 농업학교, 상업학교, 공업학교 및 간이실업학교로 나누어 가르쳤다.

② 실업교육으로써 산업을 발달시키고 생산을 충실히 하여 외래물자를 기다리지 않고 공급하며 나아가 다른 수요를 공급하게 되기를 기대하였다.

③ 당시 실업학교 규칙 제9조를 보면 이러하였다.

  ㉮ 성실, 신용, 근검은 실업에 종사하는 이에게 특히 필요한 것이며 어느 교과목이든지 늘 여기에 유의하여 가르침을 요한다.

  ㉯ 지식기능은 산업 개량에 쓸 만한 사항을 골라서 가르치고 또 농업 사정에 따라서 그 실제에 적절하게 하기를 요한다.

### (3) 시설

① 학비 지급: 그때 일반 사회의 관습은 기술을 가볍게 알고 실업을 낮게 여겼으니 이런 오랜 관습은 쉽게 쓸어버리기 어려웠다. 그리하여 실업학교는 학생을 얻기가 극히 어려웠다. 수업료는 물론 안 받았고, 학용품과 식비를 주어가며 최선의 노력을 다하겠다고 하였다.

간이실업학교는 보통학교와 실업학교에다 부설하고 실무에 종사하는 자제와 기타 취학을 희망하는 자를 모두 입학시키되 보통학교의 졸업 여부는 묻지 아니하였다. 시기는 야간, 일요일, 겨울, 여름의 휴가를 이용하였고 모든 것을 농업 사정에 의하여 적절히 편리하게 하였다.

### 5) 사립학교 교육

일본인들은 공립, 관립은 모두 일본인이 관리하므로 안심이 되지만 사립은 조선인 혹은 외국인이 직접 관리하므로 안심을 못 하였다. 곧 민족적 사상이 자라날까 하는 의심을 떨쳐버릴 수 없었던 것이다. 그리하여 음으로 양으로 매우 심하게 감시하다가 사립학교 규정까지 제정하였다.

그때에 사립학교에 대한 저들의 태도는 이러하였다. 공립이나 사립에 있는 일본인 교직원을 모두 정탐원(偵探員)으로 두었고, 그 가운데 책임자를 두어 달마다 회의를 하여 각기 맡은 사립학교의 내용을 서로 보고하고 거기에 대한 조처안까지도 만들어 학무 당국에 보고하게 하였다. 예를 들면 보성중학교에 있던 소송기(小松崎) 같은 가장 점잖다는 일본인이 그 방면의 한 공로자였음은 당시의 그 방침을 아는 교육자는 다 아는 사실이었다. 그리하여 사립학교 당국자도 알지 못하는 가운데 모든 비밀이 모두 학무 당국자의 책상 위에 놓이게 되었다.

이러한 감시 밑에 있는 사립학교는 저들이 들볶는 바람에 차차 공립으로 옮기든지 공립과 비슷한 정규학교로 고치거나 이것도 저것도 못 하면 폐지하였다. 그리하여 사립은 차차 줄어들었다.

여러 해 사립학교의 수를 비교하여 보면, 1910년에 1,973개교, 1912년에 1,317개교, 1914년에 1,240개교, 1919년에 690개교로 줄었으니 이것이 교육행정의 결과였다.

### 6) 전문학교 교육

#### (1) 교과목

수신, 일어, 전문에 관한 사항, 체조였다.

## (2) 각 전문학교의 연혁과 교육강령

① 경성법학전문학교

〈연혁〉

1902년에 법관양성소, 1907년에 경성전수학교인 것을 1916년 4월에 전문학교로 승격시켰다.

〈교육강령〉

ㄱ. **교육의 목적**: 조선인 남자에게 법률 및 경제에 관한 전문교육을 시켜 실무에 종사할 자를 양성함을 본래의 취지로 삼는다.

ㄴ. **학생의 수양**: 한갓 권리를 주장하고 의무를 돌아보지 않는 폐단에 빠지기 쉬우므로 늘 권리를 존중하고 의무를 다하려는 덕성을 기르며 특히 헌(憲)과 법(法)에 복종함이 중요함을 철저히 알아야 한다.

ㄷ. **교수의 책임**: 본교 학생은 장래에 관청과 은행, 회사 등 직무에 종사할 자이니 학생의 훈육상에 유의하여 공사의 구별을 밝히어 공사를 중히 하고 봉공(奉公)의 정성을 다할 지기(志氣)를 양성하라.

② 경성의학전문학교

〈연혁〉

1899년에 관립 경성의학교, 1907년에 대한의원 교육부, 1909년에 대한의원 부속의학학교, 1910년에 의학강습소인 것을 1916년 4월에 전문학교로 승격시켰다.

〈교육강령〉

ㄱ. **교육의 목적**: 의학에 관한 전문교육을 시켜 질병 진찰의 지식, 기능을 구비한 의사를 양성함을 본래의 취지로 삼는다.

ㄴ. **학생의 수양**: 의사는 맡은 바가 인명이니 의술의 진보발전 여하는 개인의 행복, 불행에 관계될 뿐만 아니라 국민의 원기(元氣)를 좌우하고 국운발전에 영향이 크다. …… 의사는 친절과 동정으로써 환자를 접하고 주도면밀한 주의로써 제생(濟生, 생명구제)의 인술을 완전히 하는 동시에 직무상 비밀을 엄수하는 것이 가장 필요하니 평소에 뜻을 훈육에 힘써서 인격을 수양하고 장래의 의사로서의 품위를 보전하고 본분을

다하도록 하라.

ㄷ. **교수의 책임**: 교수는 기초와 임상을 불문하고 한갓 고원한 학리에 흐르지 말고 간명(簡明)을 본래 취지로 하여 실지에 유용한 나날이 새로운 지식, 기능을 가르치는 동시에 부단의 연구를 거듭하는 습관을 기르라.


③ 경성공업전문학교

〈연혁〉

1916년에 4월에 신설하여 염직과, 응용화학과, 요업과, 토목과, 건축과, 광산과를 두고, 1906년에 공업전습소를 부속하였는데, 이 공업전습소는 목공과, 금공과, 직물과, 화학제품과, 도기과를 두었다.

〈교육강령〉

ㄱ. **교육의 목적**: 공업에 관한 전문교육을 시켜 농업의 진보발달에 필요한 기술자 또는 경영자를 양성함을 본래 취지로 하고 부속 공업전습소에서 공업에 종사할 도제(徒弟)를 양성한다.

ㄴ. **학생의 수양**: 경영은 단지 종래의 경험만으로 족한 것이 아니기에 학리에 바탕을 두고 실제에 적용시키도록 힘쓰며 정확한, 나날이 새로운 과학을 기초로 실지에 활용할 만한 기술을 연마하여 국가 산업을 진흥, 발달시키는 데 뜻을 두자.

ㄷ. **교수의 책임**: 교수는 한갓 고원한 학리에 흐르지 말고 간명을 본래 취지로 하고 실제 있는 지식을 가르치는 동시에 기능의 습득에 보람 있는 실습을 숭상하고 실험을 중히 하여 응용, 지장이 없도록 하라.


④ 수원농림전문학교

〈연혁〉

1906년의 농림학교를 1908년 7월에 수원농림전문학교로 승격하고 1년간 농림학교를 부속하였다.

〈교육강령〉

ㄱ. **교육과 목적**: 농림업에 관한 전문교육을 시켜 농림업을 개발·진보시키는 데 필요한 기술자 및 경영자를 양성함을 본래 취지로 한다.

ㄴ. **학생의 수양**: 농림업은 각종 산업의 원천으로 국운 발전의 기초이다. 그러므로 그 성적의 여부는 개개인의 복리에 관한 것만은 아니다. …… 부의 원천의 함양상 가장 중요한 사항에 속한 것이므로 모름지기 종래의 경험과 나날이 새로운 학리에 의하여 실지에 적절한 지식과 기능으로써 이 농림업의 개량진보에 자익(資益)이 되기를 기하라.

ㄷ. **교수의 책임**: 충실로 업무를 행하고 근검으로 생산을 다스리는 것은 국민의 의무인바 실업에 종사하는 자로서는 더욱 필요한 것이다. 그러므로 훈육상에서 늘 여기에 유의하여 학생으로서 사치함을 버리고 실질을 취함으로써 장래에 진지한 실업가가 될 소질을 기르기를 바란다.


## 7) 서당

① 일본인은 서당에 대하여 다음과 같은 관찰을 하였다.

㉮ 조그마한 방에서 한문 서적을 가르친다.

㉯ 일상생활에 필요한 학과를 가르치지 않는다.

㉰ 불건전한 사립보다는 사상문제가 없다.

㉱ 유래가 오래됐고 보통교육이 넉넉지 않은 이때에 고치고 폐지하는 것은 민도(民度)에 부적합하니 적절한 조치로 실상대로 지도·개발시켜야 한다.


② 이상의 관찰을 가지고 점진주의로써 지도하기로 하였다. 그리하여 1918년 2월에 총독부령 제18호로 서당규칙을 공포하였는데 계출식(屆出式, 어떠한 일을 관청에 고하는 방식)으로 매우 간단하였다. 그리고 훈령을 발하였는데 그 내용은 다음과 같았다.

㉮ 급격한 개선이나 통폐합을 강제하는 것은 피하고 상당히 개선할 여지가 있더라도 그 실정을 보아 실행할 만한 정도 안에서 지도하라.

㉯ 학교와 같이 다수의 학동을 수용하고 학년, 학기에 의하여 학년, 반을 조직하고 각종 사항을 교수하는 따위의 일은 서당으로서 할 것이 아니므로 서당의 학동 수는 삼십 명을 넘지 못하게 하고, 현지 사정과 서당 실정에 따라서 한문 외에 일어와 산술도 가르치게 할 것이며, 서당의 이름을 빌려 사립학교 규칙의 적용을 면하려는 것은 그렇게 못

하도록 단속하라.

㉓ 서당 교사 가운데에는 가끔 편견과 고루함을 가지고 있으며 시세에 어두운 자가 있으니, 그 사상을 계발시키는 데 유의하고 언동을 주의하여 단속하고 공립보통학교장으로 하여금 때때로 서당을 시찰하게 하라. 또 때때로 서당 교사를 모아 강습, 기타 방법으로 필요한 사항을 훈시 지도하게 하라.

㉔ 서당의 교수 서적을 종래의 관례대로 하는 것은 방해하지 말 것이나 그 가운데 시세와 학동의 능력에 적당하지 않은 것이 적지 아니하므로 아래에 적당하다고 인정하는 것을 열거하니, 이 안에서 골라서 쓰도록 하고 발매 금지 기타 불량 서적은 쓰지 말도록 하라.

『천자문』, 『유합(類合)』, 『소학(小學)』, 『격몽요결』, 『계몽편』, 『효경』, 사서, 삼경, 『고문진보』, 『통감(通鑑)』, 『명심보감』, 『문장궤범(文章軌範)』, 당송8대가, 동시(東詩), 당시(唐詩), 법첩(法帖), 조선총독부 편찬 교과서.

③ 이상 훈령에서 서당에 대한 정책을 알 수 있는데 문교 행정가가 서당을 무시하지 못한 이유는 당시에 있던 서당의 형세로 알 수 있다.

### 서당과 공립보통학교 비교표

| 연 도 | 종 별 | 서당 및 학교 수 | 교원 수 | 학생 수 | | | 경 비 |
| --- | --- | --- | --- | --- | --- | --- | --- |
| | | | | 남 | 여 | 계 | |
| 1913년 | 서 당 | 20,468 | 16,771 | 195,298 | 391 | 195,689 | 706,724 |
| | 공립학교 | 351 | 1,593 | 45,327 | 4,404 | 49,731 | 977,255 |
| 1918년 | 서 당 | 24,294 | 24,520 | 264,013 | 812 | 264,835 | 1,148,516 |
| | 공립학교 | 462 | 2,314 | 76,898 | 10,481 | 87,379 | 1,754,635 |

즉 당시의 5년간 서당 수와 학동 수가 점점 늘어나고 학동 수가 보통학교보다 훨씬 우세하였으니 이것을 경시한다면 교육상에 큰 어두운 면이 생길 지경이었다.

# 7. 교원이 반드시 알아야 할 사항

교육이라는 것은 실제에 있어서 법규가 잘되었다고 해서 그 보람이 나타나는 것이 아니라 제1선에서 책임을 진 교육자들의 품성과 노력에 의해 이상이 실제화될 수 있는 것이다. 저들은 이것을 잘 알았기 때문에 1916년 1월에 다시 『교원의 수지(須知, 모름지기 알아야 할) 심득(心得)』을 대강 3조와 주의 9항으로 나누어 공포하였다.

## 1) 대강 3조

대강의 서론에서 교육의 큰 근본(根本)을 말하고 "교육의 책임을 가진 자는 아래 3조에 유의하고 노력함을 요한다"고 하였다.

제1조 충효를 바탕으로 하여 덕성을 함양하라.

충효는 인륜의 큰 근본이요, 지극한 마음에서 나오는 것이다. 이 큰 근본에다 터를 잡고 이 지극한 마음에서 나와서 모든 행동의 궤도에 그릇됨이 없어야 한다. 충성과 효훈(孝訓)으로 …… 본분을 아는 이는 일상(日常)에 그 업을 잡는 데 충실하고 그 살림을 다스리는 데 근검하고 제 몸을 세우고 이 세상에서 처하여 공헌하는 사람이 될 수 있다. 교원으로서의 책임을 가진 이는 이것으로 바탕을 삼아 덕성을 함양하고 …… 그 본분을 다할 수 있는 인물을 양성하기를 기하라.

제2조 실용을 주된 목적으로 하여 지식기능을 가르쳐라.

교육의 요지는 실용적 인재를 육성하여 …… 수요에 응하려는 데 있으니 만일 …… 한갓 공론에 흐르고 세상의 쓸모에 멀고 근로를 싫어하고 실행을 소홀히 하면 어떻게 능히 몸을 세우고 살림을 일으키어 …… 그 본분을 다할 수 있겠는가! 그러므로 교육의 책임을 가진 이는 모름지기 이용후생의 길에 착안하여 쓸 수 있는 지능을 열어주는 데 힘써서 …… 수요에 적응할 실용적 인재를 육성하기를 기하라.

제3조 강건한 신체를 육성하라.

무릇 여러 사업을 수행하는 데는 강건한 체력을 요한다. 나라의 부강도 또한 강건한 백성의 노력을 기다리는 것이 크다. 신체가 약하여 일을 견디지 못하면 어떻게 능히 세상에 처하고 업무에 힘써 국운 진작에 공헌할 수 있겠는가. 그러므로 교육의 책임을 가진 이는 여기 유의하라 운운.

### 2) 주의 9항

"이상 3개조는 교육의 대강이다. …… 교육에 종사하는 이는 초등, 고등, 보통, 전문을 막론하고 늘 이 대강을 염두에 두고 온 힘을 들여 실현하길 기하여 교육의 본지(本旨, 본래 취지)를 달성하게 하지 않으면 안 된다. 그러므로 이것을 실현시키는 방법에 대하여서는 아래 9개항에 주의함을 요한다." 하였다.

① 학생의 성질, 경우에 순응하여 교육을 베풀어라.

교사는 학생 일반의 성질과 경우를 밝히고 거기에 순응하여 적당한 교육을 베풀지 않으면 안 된다. 학생의 성질과 경우가 어떠한지를 캐지 않고 멍청하게 교육을 한다면 교육의 효과가 없을 뿐만 아니라 도리어 해가 생기는 결과에 빠진다. 그러므로 교사는 미리 학생의 개성을 알고 거기에 따라서 잘 지도하기를, 훌륭한 의사가 병에 따라서 약을 쓰듯이 공부를 해야 한다. 만일 교실에서 하는 일반 교육으로만 일이 되었다 하고 일반 학생이든 개인이든 특별히 이끌어가고 붙들어줌을 게을리한다면 이는 주도면밀한 교육이라고 할 수 없다.

② 시세와 민도에 적합한 교육을 베풀어라.

교육은 시세와 민도를 잘 고려하여 거기에 적합하도록 힘쓰지 않으면 안 된다. 한갓 인습인 형식에 구속되거나 멍하니 일에 임하면 교육의 공을 얻을 수 없다. 그러므로 교사는 덕육, 지육, 체육에 각각 일정한 계획을 세우고 주도면밀한 예정을 생각함으로써 교육의 방법을 헤아리는 데 미흡함이 없기를 요한다.

③ 훈육에 유의하여 공민 성격을 양성하는 데 힘써라.

교육에 있어서 공민(원문에 국민) 성격의 양성을 기하고 특히 훈육에 힘을 써서 덕성 함양에 힘쓰지 않으면 안 된다. 학과를 가르칠 때나 실습을 시킬 때나 기타 기회가 있을 때마다 훈육에 유의하여 가르침에 힘쓰고, 학생으로서 늘 사람을 접하는 데 너그러움으로 몸을 가지고, 삼가함으로 질서를 중히 하고, 규율을 지키고 업을 힘써 하고, 몸을 검소히 가져 착실하고 돈후(敦厚)한 것을 익혀 공민의 본분을 완전히 할 만한 인물을 교양시키기를 기하라.

④ 통일적인 가르침을 하고, 학생이 연마한 보람을 쌓아 그 배운 바를 확실하게 하라.

가르침을 정확히 하기 위해 각 교과목의 교육목적을 밝히고 계통을 찾아 질서를 바르게 함과 함께 각 교과목 사이에 연락 통일을 꾀하여 산만하고 고립적으로 되거나 막히고 모순되는 일이 없기를 요한다. 각 교사가 과목을 나누어 수업하는 경우에는 특히 이 점에 주의하여 서로 연락을 가지고 협의를 게을리하지 말아 학생이 처음과 끝이 서로 응하고 맥락이 서로 트이는 교육을 받도록 힘써라. 학생에게 주는 지식기능의 분량을 반드시 많이 하려 욕심내지 마라. 학생으로서 충분히 이해하고 익히는 데 요점이 있는 것이다. 그러므로 한번 가르친 지식기능을 기회와 사물에 따라 반복 연마하는 데 힘써야 한다. 이렇게 해야 비로소 학생이 얻은 지능이 확실한 뿌리와 꼭지를 갖추고 원숙한 통일을 이루어 자유로이 민첩하게 운용되게 된다.

⑤ 학습에 흥미를 느끼고 스스로 배우고 익히는 버릇을 들이도록 하라.

가르칠 때는 적당한 고안으로 흥미를 느끼게 하고 이해를 투철히 시켜 학생의 향학심을 일으키는 일이 필요하다. 또 학생을 가르칠 적에 단지 지식기능을 주는 일만 할 것이 아니라 학습의 방법도 아울러 지도함을 요한다. 기타 실과교육에 대하여서는 학습에 대한 흥미를 느끼게 하여 학생으로서 기쁘게 일하게 하고, 근로의 습관, 노동의 취미를 양성시켜야 한다.

이리하여 학생이 다른 날 학업을 마치고 스승을 떠나도 놀고 입고 놀고먹는 데 빠지지 않고 더욱 스스로 배우고 스스로 익히는 버릇을 가져 각각 스스로 업무에 분발하여 힘쓰는 기풍을 양성하기를 기하라.

⑥ 신체 단련에 유의하고 체조와 함께 적당한 운동을 장려하라.

사람이 세상에 임하여 일을 이루려면 강건한 체력이 없으면 아니 된다. 그러므로 신체 발육에 따라 정도에 맞는 체조를 시키고, 또 계절에 따라 지역적 특성에 따라 적당한 운동 유희를 장려함으로써 신체를 단련하고 기력을 왕성하게 하여 추위, 더위, 바람, 눈을 무릅쓰고 인고와 결핍을 견딜 수 있는 체질을 양성하여야 한다. 더욱 학생으로서 학문을 닦는 중에는 물론 학업을 마친 뒤에도 자진하여 운동을 힘쓰는 기풍을 양성하여 체질을 강건하게 하기를 기하라.

⑦ 교사는 친애와 위엄으로써 학생에게 임하고 늘 솔선해서 모범을 보여라.

교사가 학생에게 임할 때 위엄이 없어서는 아니 된다. 이로 말미암아 교육과 훈련에 늠름한 생기가 함께하여 교육의 효력이 나는 것이다. 그러하면서도 일면으로는 스승과 제자 사이에 봄날과 같은 온정과 바다와 같은 친화의 줄을 매고 감화와 훈도(薰陶, 덕으로써 사람을 감화시킴)의 열매를 맺지 않으면 안 된다. 그리하여 교사가 학생에게 구하는 바는 반드시 스스로 솔선하여 몸소 행하고 말과 행동이 일치하여 학생의 모범이 되기를 기하라.

⑧ 교사는 지조를 견실히 하여 늘 자기 수양에 힘써라.

교육사업은 공을 눈앞에서 구하는 것이 아니요 영원을 기하는 것이므로 교사 된 이는 교육을 명예스러운 천직으로 알아 굽히지 말고 꺾이지 말 것이며, 마지막 판의 목적을 향해 재빠르게 가고 줄기차게 나아가 이 업을 죽을 뜻으로 지키지 않으면 안 된다. 또 교사는 그 임무가 중대함을 스스로 깨달아 수양이 넉넉지 못한 것을 걱정하고 더욱 나아가 사업을 연구하고 경험을 쌓고, 늘 인격 수양과 학예 연구에 뜻을 두어 향상하고 진보하기에 힘써서 책무를 완전하게 하기를 기하라.

⑨ 교사는 동료끼리 서로 화친하고 나아가 부형(父兄), 향당과 친하고 그들을 교화시킬 각오를 가져라.

교육사업은 관계된 곳이 많아 혼자의 힘으로 효과를 내기가 어려운 것이기에, 교사는 동료들과 서로 화친하여 일치하고 호의로 충고하고 선도하여 우량한 교풍을 만들어 최선의 훈화를 학생에게 미치게 하기를 기하라.

교사는 교육사업을 성취시키는 동시에 사회의 선각자로서 자임하고 이들을 교화하고 유도할 각오를 요한다.


# 8. 사립학교 규칙

일본인은 조선의 사립학교를 철저하게 자기들의 계획대로 끌고 나가기 위하여 1915년 3월에 앞서 있던 사립학교 규칙을 대폭 개정하여 발표하였다. 이 규칙이 그때의 사립학교를 강타한 큰 몽둥이였다. 그 내용의 요점을 들면 다음과 같다.

### (1) 적용 범위

사립학교 규칙은 조선인을 교육하는 모든 사립학교에 적용되는 것으로 사립보통학교, 고등보통학교, 여자고등보통학교, 실업학교, 전문학교가 아닌 사립학교는 당연히 본 규칙의 지배를 받으며 또 사립보통학교, 고등보통학교, 여자고등보통학교, 실업학교, 전문학교는 각 해당 학교 규칙과 사립학교 규칙을 아울러 적용한다(제1조).

### (2) 학교 설치

사립학교를 설치하려 할 때는 사립학교 규칙에 의하여 조선총독의 인가를 요한다. 인가가 없이 사립학교를 설치하는 일은 절대로 허락하지 않는다(제2조).

### (3) 변경사항

사립학교 설치가 인가된 뒤에 목적, 명칭, 위치, 학칙 또는 설립자를 고치려고 할 때는 조선총독에게, 또는 교장이나 교원을 갈려고 할 때는 도(道) 장관에게 청원을 내어 인가받음을 요하고 교지(校地), 교사(校舍)의 소유지나 유지 방법을 고칠 때는 곧 조선총독에게 신고한다(제3조).

## (4) 사립전문학교 설치

전문교육을 하려는 사립학교는 기초가 매우 튼튼하고 상당한 설비와 교원을 갖지 아니하면 도저히 그 효과를 거둘 수 없으므로, 이것을 설치하는 데는 먼저 학교를 유지할 만한 재산을 가진 재단법인을 조직하고 이 재단법인으로 하여금 수속을 밟게 해야 한다. 1915년(원문에 일본연호) 4월 1일에 이미 인가를 받아 전문교육을 하고 있는 사립학교는 1925년 3월 31일까지 즉 10년 동안 이 규정의 적용을 유예한다. 신설 학교에는 곧 이것을 적용하여야 한다(제3조의 2).

## (5) 교과과정

보통교육, 실업교육, 또는 전문교육을 하는 사립학교의 교과과정을 보통학교 규칙, 고등보통학교 규칙, 여자고등보통학교 규칙, 또는 전문학교 규칙에 규정한 교과과정에 준하여 이를 정하며, 이를 정하는 경우에 보통학교 규칙, 고등보통학교 규칙, 여자고등보통학교 규칙, 실업학교 규칙, 또는 전문학교 규칙에 규정된 이외의 교과과정을 더해서는 안 된다. 가령 초등보통교육을 하는 사립학교는 보통학교 규칙에 규정된 교과과정에 준해야 할 것이요, 보통학교 규정에 규정된 이외의 교과과정을 더할 수 없으므로 성경, 지리, 역사와 같은 것은 당연 과할 수 없다(제6조).

이 규정은 1915년 4월 1일 현재 인가를 받은 사립학교에 대하여서는 1925년 3월 31일까지 즉 10년 동안 이것의 적용을 유예한다(부칙).

## (6) 교과용 도서

교과용 도서는 조선총독부가 편찬한 것 또는 조선총독의 검정을 받은 것을 쓸 때는 단지 신고를 요할 뿐이며, 만일 그러한 교과서가 없어 다른 교과서를 쓸 때는 특히 조선총독의 인가를 받지 않으면 안 된다(제9조 및 제10조).

## (7) 교원의 자격

보통교육, 실업교육 또는 전문교육을 하는 사립학교의 교원은 일어(본문에는 국어)에 통달하고 또 해당 학교의 정도에 따라 담당 학과에 대한 학력을 가진 자가 아니면 안 된다. 다만 초등보통교육을 하는 사립학교의 교원은 1915년 총독부령 제24호에 규정한 사립학교 교원시험에 합격한 자, 또는 문부성, 부현(府縣)에서 준 교원면허장을 가진 자에 한한다(제10조).

그리고 본 규정은 아래와 같이 나누어 시행한다.

① 신설하는 초등보통교육을 하는 사립학교의 교원은 1920년 3월 31일까지 5년 동안 적용을 유예하고,

② 신설하는 고등보통교육이나 실업교육이나 전문교육을 하는 사립학교에 있어서 수신, 일어, 역사, 지리, 체조를 가르치는 교원은 1915년 4월 1일부터 곧 적용하고,

③ 1915년 4월 1일 현재 인가를 받은 사립학교의 교원은 학교의 정도, 학과의 종류 여하를 묻지 않고 또 현재 교원과 새로 쓰는 교원을 가르지 않고 1925년 3월 31일까지 10년 동안 적용을 유예한다.


# 9. 사립학교의 고통

사립학교 규칙은 그때 사립학교의 정세에서는 상당히 가혹하고 엄격한 내용이었으므로 발표가 되자 사립학교 당국자는 불평이 많았다. 그때에 사립학교는 주관적 감정으로나 객관적 정세로나 그 규칙을 취할 수 없는 사정이었다. 그 이유 몇 가지를 들어보면 다음과 같다.

① 감정상 엊그제까지 독립하였던 우리나라의 교육기관이 일본인의 손으로 넘어간다는 느낌이 새삼스럽게 생겼다. 완전, 불완전을 막론하고 독립된 시절 쓰던 학교 이름, 독립된 시절에 지키던 학제가 가슴속의 옛 정을 자아내어 어느 정도까지 그것을 내 것이라 생각하며 스스로 위로하던 때인데 일본인의 손으로 모두 고치려 하니 까닭 모를 반항심이 저절로 생겼던 것이다.

② 일본인의 학교는 중학교, 고등여학교라고 부르는데 '고등보통'이라 하여 '보통' 두 자를 덧붙이니 그것이 꼭 낮게 다룬다는 느낌을 주어 불쾌하게 생각되었다.

③ 새 규칙에 맞는 자격 교원이 아주 드문 때였으며 현재 교원이 그 자격을

얻기도 매우 어려운 처지였으므로 교직원 개개인의 원망이 높았다.

④ 문면으로는 10년 유예라 하고서 실제 행정에서는 성화같이 실행을 독촉하였으며 교원도 수신, 일어, 역사, 체조만은 곧 자격자를 쓰라고 음으로 학교 당국자들을 다그쳤으니 이는 결국 일본인을 쓰라는 모략이었다. 왜냐하면 조선인 가운데에는 이런 과목의 자격자가 거의 없다고 할 만큼 드물었기 때문이다. 이러한 조처에 사립학교 경영자는 불평을 가득 품었던 것이다.

⑤ 일본말로 교육을 해야 하는 데 대하여 양심이 강한 교원은 양심적 번민이 생겨 상당한 반항심을 품게 되었다.

⑥ 재단이 부족한 학교는 경영상에 큰 곤란을 느끼게 되었다.

⑦ 그 가운데에 막연한 감정이나마 민족주의가 강한 교육자들이 10년 이내에 세상이 또다시 변하기를 희망하였기 때문에 어름어름 지내려고 냉소하였다.

⑧ 그때에 사립학교에는 예수교 계통 학교가 무시할 수 없을 만큼 교육계를 빛내고 있었는데 그때까지는 다 성경을 정식 과목으로 넣어 가르쳤다. 그런데 이 규칙이 실행된다면 성경을 정식 과목에서 빼야 하므로 그 학교 당국자들 사이에 물의(物議)가 높았으며 이 규칙을 전적으로 싫어하였다.


## 10. 사립학교의 태도

준공립이라는 지적을 받던 숙명, 진명 두 여학교는 교장은 조선인이었지만 재단이 이왕가의 것이요 교감이 일본인이어서 모든 권한이 일본인의 손에 있던 관계로 사립학교 규칙이 발표되기 전에 공립을 따라 1912년에 학교 이름을 고쳐 버렸고, 같은 이왕가 계통인 양정의숙도 1913년에 학교 이름을 고쳤다. 그러나 조선인, 미국인이 경영하는 사립은 바로 앞에서 말한 감정과 정세로 말미암아 쉽사리 새 교육령대로 학교 이름을 바꾸려 들지 아니하였다. 그 학교들은 사립학교 규칙이 발표되기 전이나 뒤나 마찬가지로 태도가 냉정하였다. 그러나 성급한 일본인은 10년 유예를 주고서도 하루라도 빨리 모든 학교를 새 규칙대로 정리하여 자기들의 성적을 드러내려고 애를 썼다. 그리하여 저들은 이런 말을 하였다. "시방 곧 학교를 고친다면 교원도 있는 대로, 재정도 되는 대로, 설비도 가진 대로 모두를 현상 그대로 인가해주겠다. 만일 10년 뒤에 고친다면 교원도 자격 있는 이라야 하고, 재정도 재단법인이라야 하고, 설비도 완전하여야 할 터이니 빨리 고치는 것이 유리하다"고 하였다. 그리고 그들은 새 규칙대로 고치기를 꺼리는 사상을 배일사상으로 보았던 것이다.[4]

그리하여 저들은 한편으로 달래고 한편으로 으르며 또 한편으론 고등 술책을 써가며 애를 썼다. 그리하여 먼저 민족적 감정이 없는 미국인 경영자 계통 학교에 손을 대었다. 북감리회파 감독 웰치를 조르고 구워삶아 1916년에 배재학당의 교명을 고치고, 남감리회파 수뇌부 선교사 그람과 와슨을 졸라 1917년에 개성 한영서원의 교명을 고치고, 이어서 1918년에 평양 광성학교, 1923년에 평양 정의여학교의 교명을 고치고, 1925년에 경성 배화여학교의 교명을 고침으로써 기독교 계통 학교의 문제를 마무리하였다.

조선인이 경영하는 학교로는 보성학교가 1917년에, 휘문의숙이 1918년에, 중앙학교가 1921년에 교명을 고쳤으나 성경을 정식 과목에서 빼지 않겠다고 완강하게 고집하는 미국 남북, 호주계, 삼장로회파에 속한 학교는 전부 새 규칙에 응하지 아니하였다. 그리고 캐나다계의 장로파에 속한 함흥 영생여학교가 1923년에, 영생중학교가 1931년에 고등보통학교로 교명을 고쳤다.


# 11. 기독교 선교사단의 항의

기독교 선교사단의 항의는 그 내용에 당시 사립학교에 대한 일본의 소행이 나타나 있으므로 교육사에 올려둘 만한 참고자료가 된다.

1919년 9월에 경성서 열린 미국 남북 두 감리회, 미국 남북 두 장로파, 호주 장로파로 구성된 6개 선교단 연합회는 대표자 밀러와 팰링즈 두 사람의 이름으로 이해 8월에 새로 온 사이토 총독에게 진정 겸 항의서를 보내기로 결의하였다.

진정서는 첫머리에 "우리는 각하가 조선 통치 시정을 변경할 계획이 있다는

---

4) 필자가 1916년 가을에 학생이 창가집을 등사한 사건으로 개성경찰서에 잡혔을 때에 경부 전원(田原)이 나에게 "한영서원을 새 규정대로 고치지 않는 이유는 유예기간 10년 이내에 조선이 독립되기를 바라는 사상에서 고집하는 것이 아니냐"고 추궁하였다.

말을 듣고 못내 기뻐하노라. 한국시대부터 조선에 거주한 우리는 한국을 병합한 뒤로 일본의 시책이 우리의 기대와 어그러지게 전국에 무단정치를 베풀고, 한국시대에 우리들이 누린 종교와 교육의 자유를 제한하고, 조선인에 대하여 부정한 차별적 대우를 규정하고 조선인을 억압하고 가혹히 다룬 결과로 드디어 조선인의 반항을 사서 올해의 독립소요를 빚어내는 데 이른 것을 보고 통절히 실망을 느꼈다"고 썼으며, 이어서 교회에 대하여 가혹히 한다고 지적하고 그 뒤에 "교육에 관하여 우리는 삼가 아래 모든 점을 다시 고쳐주기를 바란다"[*5]며 다음과 같이 말하였다.

① 기독교주의의 사립학교에 있어서 성서 및 종교적 의식을 과목에 넣는 일을 허락하여 줄 것.

기독교주의 사립학교의 목적은 기독교에 바탕을 둔 고등보통교육을 베푸는 데 있으므로 성서를 가르쳐 종교적 의식을 행하는 것은 세계 각국의 이런 학교가 일반적으로 가지고 있는 특권이다. 성서와 종교의 참된 가치를 알고 이것으로써 선량한 국민을 기르는 것이 가장 좋은 방법이라고 믿는 까닭에 우리는 우리들의 학교에서 이것을 가르치길 바란다. (중략) 우리는 조선에 있어서 사립학교의 종교교육상의 자유를 일본과 동일하게 하여주기를 바라노라.

② 조선어 쓰는 제한을 걷어치울 것.

조선학생이 일본어를 배우고 그것을 익히기 위하여 상당한 시간을 쓰는 것은 당연하다. 그러나 사람은 나면서부터 자기의 말을 쓸 권리가 있으니 학교에서 조선어로 교육, 또는 시험 보는 일을 허가하기를 바라노라.

---

*5) 이 글에서 '독립소요'란 곧 3·1민족운동을 말하는 것으로서 우리는 당시 선교사들의 한국독립, 즉 민족해방에 대한 태도를 살필 수 있다. 즉 이 선교사들의 결의문에서도 잘 나타나듯이 그들의 일차적인 관심은 한국의 민족해방보다는 자신들의 안전한 선교활동에 있으며, 당시 우리 민족의 절대절명의 과제인 '해방'은 부차적임을 알 수 있다. 3·1민족운동을 '소요'로 본다든지, '병합 후 일본의 시정이 우리의 기대와 어그러졌다'는 등의 주장에서 이들은 한국의 식민지 여하에 상관없이 자신들의 선교활동만 보장되면 아무런 문제가 없다는 태도이다. 물론 이들의 선교활동을 위한 교육사업이 우리 민족을 계몽하는 데 큰 역할을 했음도 사실이다.

③ 사립학교 경영에 관하여 현재 이상의 자유를 주어 필요하지 않은 관헌의 간섭을 치워 멈추기를 바람.

우리는 정부가 사립학교의 설립자와 교장의 경력을 고려하거나 학교의 실적에 관하여 상당한 표준을 세울 권리가 있음을 인정하노라. 그러나 우리는 현재와 같이 정부가 사립학교 교사의 봉급 기타 자세한 항목을 일정하게 하려 하고 또는 교과목을 고치려 해도 일일이 정부에 보고하여 승인을 얻게 하고 또는 정부에 협의하지 않고서 교사를 선택 또는 해직을 할 수 없게 하며, 또는 일상 사무에 관한 규정을 만드는 데도 정부의 승인을 받게 하고 심지어 수업료를 고치는 데도 정부의 허가를 받게 하는 따위는 전연 필요하지 않은 것이라고 믿노라. 이러한 방법은 사립학교의 일대특전인 자유발전을 방해하는 것이다. 우리들은 사립학교에 있어서는 필요에 따라 자유로이 조선인을 교사와 교장으로 쓸 수 있는 것이라고 믿노라. 또 관헌의 위압으로써 학부형에 대하여 자녀를 기독교주의의 학교로 보내는 일을 방해할 수 없다고 믿노라.


④ 학생과 학생 양심의 자유를 인정하라.

기독교주의 학교 학생에게 일요일에 여러 가지 행사에 참여하게 하거나 또는 관리 출영(出迎)을 명하는 일이 적지 아니하고 교사의 시험도 일요일에 행하는 일이 있으니, 이러한 요구에 응하는 것은 기독교도로서는 양심이 허하지 않는 것이므로 우리는 여기에 반대하노라.

또한 우리 기독교주의 학교는 천황예배를 의식의 하나로 프로그램에 더하게 하고 폐하 사진에 경례를 시키라는 명령에 대하여는 다 반대하려 한다. 이 반대에 대하여 불충한 행위라고 간주하여서는 안 된다. 제왕을 존경하고 제왕에게 유순하여야 한다는 것은 기독교도가 늘 성서와 교사를 통하여 배우는 도의다. 폐하를 위하고 위정자를 위하여 축복하는 것은 우리 일요예배의 일부이다. 그러나 폐하를 신 또는 신과 같은 지고자(至高者)로 삼아 예배하는 것은 기독교도로서는 전혀 불가능한 일이다.

그러므로 우리는 이러한 무리한 요구가 없기를 간절히 바라는 바이다. 설명하기는 "폐하의 사진에 경례를 하는 것은 기독교도가 단지 폐하에 대한 경의를 표하는 것뿐이 아니냐"고 하지만 실은 사회 일반이 이러한 의식 자체를 예배적 행위로 보고 있으며 거기 참여한 비기독교도의 대다수가 예배하는 마음을 가지고 있으므로 위의 말은 도저히 기독교의 양심을 만족히 할 수 없는 것이다.

⑤ 조선인에 대하여 교육상 일본인과 동일한 기회를 주고 교과서를 택하는 데는 한층 자유를 주고 또 조선사와 세계사를 가르치는 데 대한 제한을 걷어치우라.

⑥ 총독부의 허가를 얻은 사립학교의 졸업생은 같은 정도의 졸업생과 같은 종류의 특권을 주라.

이 진정서는 이 밖에도 의료기관, 종교, 문학, 소유권, 재정상 문제, 도덕 개선에 관한 여러 가지가 있었으나 여기에는 교육문제에 관한 것만 적었다.

여기에 대하여 일본인 미쓰노 정무총감과 시바다 학무국장은 1920년 9월에 열린 기독교 신전도단 연합회의 석상에서 완곡하게 변명하였다.

이 미국인의 진정서에 들어 있는 사실은 그때의 조선인이 가지고 있는 불평을 대변한 것이다. 그 가운데 종교에 관한 문제 곧 일요일에 다른 행사를 시키고 천황 사진에게 경례를 시키는 따위는 조선교인들이 종교 신앙에 대한 문제라고 심히 반대하였지만 실은 민족적 양심이 허락지 않았으므로 딴 핑계로 표현한 것을 미국인들이 진지하게 다룬 것이다. 그때의 일본인들은 기독교학교를 배일사상을 배양하는 온상으로 알고 미워하였기 때문에 기독교학교에 입학하는 것을 방해하였다. 이것은 미국인이든 조선인이든 기독교인이면 다 분개하였던 것이므로 항의한 것이다. 그 밖에 사립학교 졸업생에 대한 심한 차별, 일어 사용, 학교행정의 까다로운 감독으로 자유가 없는 데 대한 불평은 그때 일반 사립학교에 공통된 사실인 것을 선교사들이 대변한 것이다.

우리의 교육문제에 대해 우리는 아무런 말도 못하고 미국인과 일본인이 서로 항의 변명으로 논쟁하게 된 당시의 교육이 우리에게 맞는 교육이 되었을 리 없다. 반만 년 가까운 역사를 가지고 독립, 자치하여 굳고 굳은 민족적 양심을 무시하고 우리에게 반세기 전까지도 우리의 뒤만 따르던 민족의 대화혼(大和魂)을 넣으려는 일본인의 정치적 야욕이나, 수천 년 동안 빛난 동양문화를 피와 생명으로 하여 심오한 인생철학과 상세히 구비한 실용도덕을 가진 민족에게 신앙의 자유를 무시하면서 국민교육에다가 배타성 많은 기독교 성경을 정식 과목으로 하여 강제로 가르치려 하는 문화적 우월감을 가진 미국인의 야욕이나, 다 같이 우리를 무시한 데서 생긴 제국주의 국민의 자의에 의한 행위이었으니 우리 민족 교육에 있어서 둘 다 배척해야 할 일이었다. 둘의 변론은 서로 저편의 과오를 지적하였기에 지적한 이유는 다 옳았던 것이다. 이는 곧 교육권이 우리에게 있었다면 둘 다 걷어치워야 할 정당성이 있다는 증명이었다. 그러나 조선인의 일본인에 대한 정치적인 극도의 반발감정은 정치적 야심이 없이 사랑을 선전하는 미국인 선교사에게 좋은 전기가 되었고 선교사들은 이 기회를 이용하여 조선인과 꼭 같이 배일의 표정(表情)을 지으면서 교인의 환심을 샀었다. 이 항의문은 이러한 복잡 미묘한 데서 생겨난 것이다.


## 12. 교육상황 일람

실용주의 표방기 교육은 새 규칙에 의한 정리기라고 볼 수 있다. 보통학교, 중등학교를 통하여 관공립학교의 증가 또는 학급 증설로 말미암아 8년 동안에 증가한 학생 수가 연평균 5,669명이었고 각종 학교 정리로 말미암아 8년 동안에 감소한 학생 수가 연평균 2,251명이었으니 학생 수는 전체로 보면 연평균 3,418명씩밖에 늘지 못하였다. 더욱이 실업 장려를 강조한 그 시기에 실업학교 학생이 매년 88명씩, 간이실업학교 학생이 매년 80명씩밖에 늘지 아니하였으니 얼마나 교육에 성의가 없었는지 알 수 있다. 1912년 4월 말 현재와 1919년 5월 말 현재를 대조한 통계 일람표를 실으니 참고하기 바란다.

# 모든 학교 일람표

(위는 1912년 4월 말 현재, 아래는 1919년 5월 말 현재)

| 종 별 | 구분 | 학교 수 | 학급 수 | 직원 수 조선인 | 직원 수 일본인 | 계 | 학생 수 남 | 학생 수 여 | 계 | 경영비 |
|---|---|---|---|---|---|---|---|---|---|---|
| 보통학교 | 관립 | 2 | 10 | 8 | 6 | 14 | 269 | 138 | 407 | 관립고보 관립여고 보에듬 천원 |
|  |  | 2 | 13 | 5 | 10 | 15 | 302 | 159 | 461 |  |
|  | 공립 | 328 | 1,034 | 1,029 | 362 | 1,391 | 38,837 | 3,363 | 42,200 | 877 |
|  |  | 482 | 1,878 | 1,629 | 725 | 2,384 | 73,726 | 10,580 | 84,306 | 1,521 |
|  | 사립 | 25 | 71 | 67 | 24 | 91 | 1,534 | 497 | 2,031 | 27 |
|  |  | 33 | 110 | 102 | 24 | 126 | 3,211 | 1,310 | 4,521 | 54 |
|  | 계 | 355 | 1,115 | 1,104 | 292 | 1,496 | 40,640 | 3,998 | 44,638 | 904 |
|  |  | 517 | 2,001 | 1,766 | 759 | 2,525 | 77,239 | 12,049 | 89,288 | 1,575 |
| 고등보통학교 | 관립 | 2 | 14 | 15 | 41 | 56 | 565 | · | 565 | 154 |
|  |  | 5 | 44 | 14 | 74 | 88 | 1,705 | · | 1,705 | 234 |
|  | 사립 | 1 | 4 | 3 | 3 | 6 | 88 | · | 88 | 4 |
|  |  | 7 | 31 | 58 | 22 | 80 | 1,449 | · | 1,449 | 68 |
|  | 계 | 3 | 18 | 18 | 44 | 62 | 653 | · | 653 | 158 |
|  |  | 12 | 75 | 72 | 96 | 168 | 3,154 | · | 3,154 | 302 |
| 여자고등보통학교 | 관립 | 1 | 5 | 1 | 8 | 9 | · | 151 | 151 | 29 |
|  |  | 2 | 15 | 7 | 26 | 33 | · | 378 | 378 | 93 |
|  | 사립 | 2 | 8 | 11 | 9 | 20 | · | 113 | 113 | 17 |
|  |  | 4 | 17 | 15 | 23 | 38 | · | 309 | 309 | 55 |
|  | 계 | 3 | 13 | 12 | 17 | 29 | · | 264 | 264 | 46 |
|  |  | 6 | 32 | 22 | 49 | 71 | · | 687 | 687 | 148 |
| 전문학교 | 관립 | 1 | 3 | 1 | 7 | 8 | 93 | · | 93 | 22 |
|  |  | 4 | 38 | 7 | 59 | 66 | 474 | · | 474 | 221 |
|  | 사립 | · | · | · | · | · | · | · | · | · |
|  |  | 2 | 18 | 14 | 12 | 26 | 111 | · | 111 | 100 |
|  | 계 | 1 | 3 | 1 | 7 | 8 | 93 | · | 93 | 22 |
|  |  | 6 | 56 | 21 | 71 | 92 | 585 | · | 385 | 321 |
| 실업학교 | 농업 공립 | 15 | 29 | 22 | 51 | 73 | 941 | · | 941 | 92 |
|  |  | 17 | 55 | 18 | 64 | 82 | 1,334 | · | 1,334 | 127 |
|  | 농업 사립 | 1 | 2 | 4 | 1 | 5 | 30 | · | 30 | 1 |
|  |  | · | · | · | · | · | · | · | · | · |
|  | 상업 공립 | 2 | 6 | 3 | 9 | 12 | 335 | · | 335 | 18 |
|  |  | 3 | 8 | 3 | 26 | 19 | 359 | · | 359 | 29 |
|  | 상업 사립 | 1 | 3 | -1 | 6 | 7 | 150 | · | 150 | 18 |
|  |  | 1 | 3 | 2 | 20 | 22 | 163 | · | 163 | 45 |
|  | 상공 공립 | · | · | · | · | · | · | · | · | · |
|  |  | 1 | 9 | 2 | 15 | 17 | 179 | · | 179 | 27 |
|  | 계 | 19 | 40 | 30 | 67 | 97 | 1,456 | · | 1,456 | 129 |
|  |  | 22 | 55 | 25 | 115 | 140 | 2,034 | · | 2,034 | 228 |
| 간이실업학교 | 농업 공립 | 15 | 18 | 2 | 2 | 4 | 454 | · | 454 | 9 |
|  |  | 49 | 54 | 21 | 44 | 65 | 806 | · | 806 | 41 |
|  | 수산 공립 | · | · | · | · | · | · | · | · | · |
|  |  | 2 | 3 | 1 | 3 | 4 | 44 | · | 44 | 8 |
|  | 상업 공립 | 3 | 4 | 1 | · | 1 | 165 | · | 165 | 2 |
|  |  | 6 | 9 | 3 | 9 | 12 | 258 | · | 258 | 4 |
|  | 공업 공립 | 1 | 1 | · | · | · | 15 | · | 15 | 1 |
|  |  | 10 | 18 | 6 | 18 | 24 | 144 | · | 144 | 24 |
|  | 계 | 19 | 23 | 3 | 2 | 5 | 634 | · | 634 | 12 |
|  |  | 67 | 84 | 31 | 74 | 105 | 1,252 | · | 1,252 | 77 |

| 종 별 | | 학교 수 | 학급 수 | 직원 수 | | 계 | 학생 수 | | 계 | 경영비 |
|---|---|---|---|---|---|---|---|---|---|---|
| | | | | 조선인 | 일본인 | | 남 | 여 | | |
| 각종학교 | 일반 | 823 | 2,251 | 1,655 | 124 | 1,779 | 34,289 | 1,688 | 35,977 | 363 |
| | 사립 | 430 | 974 | 840 | 54 | 894 | 19,021 | 1,058 | 30,079 | 386 |
| | 종교 | 494 | 1,591 | 1,070 | 29 | 1,099 | 14,574 | 4,762 | 19,336 | 169 |
| | 사립 | 260 | 816 | 616 | 29 | 645 | 9,777 | 5,119 | 14,896 | 325 |
| | 계 | 1,317 | 3,842 | 2,725 | 153 | 2,878 | 48,863 | 6,450 | 55,313 | 532 |
| | | 690 | 1,789 | 1,456 | 83 | 1,539 | 28,798 | 6,177 | 34,975 | 711 |
| 계 | | 1,717 | 5,054 | 3,893 | 682 | 4,575 | 92,339 | 10,712 | 103,051 | 1,803 |
| | | 1,320 | 4,092 | 3,393 | 1,247 | 4,640 | 113,062 | 18,913 | 131,975 | 3,362 |
| 서당 | | 16,540 | ? | ? | ? | 16,771 | 141,034 | 570 | 141,604 | 466 |
| | | 23,556 | ? | ? | ? | 23,795 | 267,572 | 1,035 | 268,607 | 1,500 |

# 13. 독립운동과 학원

## 1) 선진국민의 자존심을 무시한 교육

조선은 최근까지 일본보다 선진적인 나라였고 일본의 문화 형성에 이바지하였다. 이는 일본인 저희들도 잘 알고 있었던 것으로 1910년 12월에 동경에서 열린 식민학회 주최 환영회 석상에서 데라우치도 아래와 같은 말을 하였다.

…… 그러나 한국은 미개, 몽매하여 내 마음대로 통치해갈 수 있는 나라와는 다르다. 다 아는 바와 같이 삼천 년 역사를 가진 나라로 결코 야만의 나라가 아니다. 한국은 한국으로서의 문명이 있다. 곧 삼천 년 흘러온 소위 동양문명을 받았다. 그러므로 지금부터 오백, 육백 년 전 혹은 천 년 전에는 일본보다 진보했었는지도 모르겠다. 이와 같이 동양의 문명국으로서 상당히 발달한 나라이므로 이론을 아는 독서인이 얼마든지 있었지마는 이씨 왕조가 통치한 뒤로 점차 소극에 빠진 결과 모든 정치가 다 부패하여 오늘에 이른 것이다. 이러한 나라이므로 다른 몽매한 땅을 제 마음대로 하려는 것처럼 하여서는 안 된다. 저들의 역사와 저들의 성행(性行)을 잘 고찰하여 보지 않으면 안 된다. ……

이 말 속에 '오백, 육백 년 전'이란 말은 일본인의 왜곡된 심사에서 나온 말이다. 일본이 서양문명을 받기 전까지는 언제나 조선의 후진국이었다. 교통이 불편한 시대에 한 섬나라로서 대륙의 문화를 직접 섭취하는 조선의 소개를 얻지 않으면 안 되었다. 지리적 자연 형세 때문에 다소 중국 남방의 문화를 직접 받은 일이 있다 하더라도 조선을 경유하여 받은 문화만큼 크지 못하였다. 우리는 언제나 저들을 '왜놈'이라고 불러 경멸하였고 또 저들이 받아들인 서양문화도 서양에 비하여 매우 유치함을 보고 우습게 알았다. 다소 과학적이 아닌 감정적 비교이긴 하였지만 우리의 일본인에 대한 경멸감과 자존심은 역대를 통하여 강하게 이어져왔다. 일본인은 이 자존심을 없애려고 애를 썼던 것이다.

## 2) 정치적 자주독립성을 무시한 교육

조선은 역사가 있은 뒤로 한 번도 외국인에게 정권을 빼앗긴 일이 없었으니 곧 외국인이 이 땅에 들어와서 우리를 다스린 역사가 없었다. 중국과 국경을 서로 접하고 있고 나라의 크고 작음의 차가 있는 관계로 약한 외교를 한 적은 더러 있었으나 저들도 이 땅에 들어와 행정권을 장악한 적은 없었다. 그리하여 내 살림은 내 손으로 완전히 정치적 자주독립성을 가지고 수천 년을 내려온 우리다.

이와 같이 문화적·정치적으로 자존심과 독립성을 배양해온 역사적 국민성을 무시하고, 소경이 파밭 더듬듯 병합 직후부터 대뜸 동화정책을 중심으로 행한 교육은 완전히 실패하는 것이 당연한 일이다. 긴 역사가 길러놓은 민족적 양심이 윽박지르고 어르고 속이는 정책에 금방 마비될 이유는 절대로 없는 것이다.

## 3) 정의를 무시한 교육

동양역사에 있어서 일본은 조선을 침략하기에만 일관한 족속이었다. 신라 남해차차웅 때부터 왜구가 우리나라 해안에 와서 재물을 노략질하고 성읍(城邑)과 마을에 불 지르고 백성을 학살하였다. 그리하여 천오백, 천육백 년을 두고 죄 없는 우리 동포가 몇백만이나 저들의 손에 죽었으며 임진왜란으로 당한 우리의 손해는 말할 수 없이 컸다. 또한 청일전쟁과 러일전쟁 때에 일본이 우리나라에 끼친 폐단도 적지 않았거니와 이 전쟁도 우리나라를 멸망시키려는 의도를 내포한 것으로 보아 수천 년을 두고 조선을 침략하기에 전력해온 일본은 그때에 서양에서 한참 발흥한 제국주의와 자본주의에 의해 끊임없이 식민지 쟁탈전쟁에 혈안이 되어 있는 말단의 서양문명을 그대로 받아들여 그 흉내를 내어 조선에다가 첫 시험을 하였던 것이다. 이러한 일본이었으니, 역사적으로 내려온 사실로 보아 일본인이 하는 일에 정의가 있을 리가 없었다. 또한 서양인에게 새로 배운 일본인의 서양식 문명도 근원부터 정의가 없는 것이었으니 저들이 떠든 소위 '동양평화'니 '공존공영'이니 '일시동인(一視同仁)'이니 하는 말은 우리의 귀에 전혀 사기로밖에 들리지 않았고 감각이 예민한 조선학생은 그러한 교육 표어에 민족적 감정에서 극도로 반발하였다.

## 4) 섬나라 사람의 무식한 교육

일본인은 저희들과 우리들의 정치적 국민훈련이 아주 다른 것을 몰랐다. 일본인은 절해고도의 국가로 외부인의 간섭이 적어서 건국 이후로 남의 압력을 당해보지도 않았고 남에게 압력을 주어보지도 못하였다. 남과 교제를 일체 끊고 살았다고 하여도 과언이 아닐 만큼 고립 자존하였다. 개인에 비유하여 말하면 세상 풍물을 모르고 제집 안방 이불 안에서 활갯짓을 하였던 것이다. 그것이 저들이 말하는 이른바 2,600년간 만세일계(萬世一系)를 자랑하는 원인이다. 여기서 생긴 저들의 단점은 남의 인정, 풍속을 헤아리지 못하는 단순한 머리와, 저의 단점과 남의 장점을 비교할 줄 모르는 독단적 자만심이었다. 그것이 저들의 국민성이 되어 그들의 정치는 기(氣, 기운)가 짧고 소견이 얕은 처사가 특색이었다. 그리하여 작은 섬나라의 성격을 그대로 폭로하였고 따라서 사람 마음을 솔직 단순하게 해석하고 간파하여 저들의 힘과 저들의 교묘한 수단에 남이 굴복하고 속은 줄로 믿었다. 그러나 우리는 수천 년 긴 세월 동안 대륙의 크고 작은 여러 민족과의 전쟁으로, 외교로 시달린 민족이었다. 남에게 속아도 보고 남을 얼러도 보아 겹겹이 복잡한 외교도 잘 풀어왔었다. 이러한 가운데 다른 사람의 복잡한 심술과 모략도 잘 살피어 간파할 줄도 알았다. 이렇게 정치적으로 발달된 우리의 국민생활을 모르고 단순하게만 본 일본은 교육칙어의 장중한 훈사와 근엄한 의식 같은 것으로 조선학생의 양심이 돌아설 줄로 믿었다. 겹겹이 숨어 있는 사람의 감정을 객관적으로 살필 줄도 모르고 주관적인 좁은 도량으로 다른 사람의 심정을 헤아렸으니 이는 세상의 풍물을 모르는 섬나라 사람의 무지와 몰상식의 결과였다.

## 5) 학생의 민족적 양심

1919년 천도교와 기독교의 지도자들이 교육계와 언론계 및 불교계 몇몇 사람과 함께 일본에 대한 반항운동을 일으킬 때에 그들은 제1선에 학원의 학생을 내세울 계획을 하였다. 이는 당시 일반 군중보다 학생층의 반일사상이 높았던 것을 잘 안 까닭이었다. 이때에 일본 동경에서는 조선인 유학생들이 2월 8일에 독립운동을 시작하다 잡혔었는데, 그 운동은 국내 학생과 연락이 있었다.[6] 이 기미를 안 일본인은 매우 우려하여 경성부 학무과가 2월 24일에 부내(府內) 각 사립학교의 일본교사를 몰래 소집하여 각 학교의 상황을 물어보았다. 그때의 대답은 다음과 같았다.

국장[7] 전후의 불온 계획에 대하여는 학생들이 거의 신앙적으로 확신하고 일종의 기대를 가지고 행동하고 있다. 이러한 분위기는 상당히 넓은 범위에 뻗치고 있는 듯한데 그 구체적 계획은 포착할 수가 없다.

외부의 선동을 엄중히 감시하고 있음에도 불구하고 팜플렛 혹은 삐라를 학생에게 보내는 자가 있고 학생은 교내로 가지고 와서 집합 장소와 화장실 같은 데 붙이고 있으니 그 단속이 상당히 곤란한 상태이다.

또 동경 유학생 중 돌아온 자가 많고 각 학교 학생들 사이를 오가며 선동하는 자가 있는 경우도 있다. 따라서 학생의 학습태도는 전혀 침착하지 않고 까딱하면 부화뇌동하고 흥분될 태도를 보이고 있다.

또 여학생들은 동경 유학생 위문금 모집에 광분하고 그중에는 20원, 25원을 낸 학생도 있다. 종래 집안에 칩거하여 사회 정세에 대하여 전혀 관심이 없는

---

[6] 동경 유학생들의 '2·8 독립선언'은 이미 유학생들 사이에 비밀리에 조직되어 전위적인 활동을 하고 있던 '조선독립청년단'이 중심이 되어 활동자금의 마련, 활자 및 독립선언서의 인쇄 등을 준비해왔고, 1919년 2월 8일 동경 조선기독교 청년회관에서 학우회총회의 이름으로 독립선언서를 낭독한 사건.

[7] 1919년 1월 21일 고종이 독살되었고, 3월 초순을 장례일로 잡은 것. 고종의 독살 소문은 민족적 반일감정을 들끓게 했다.

습관을 가진 조선부인이 이러한 운동에 나오는 것은 큰 변화요, 매우 주목할 만한 문제이다.

또 2월 26일에 경성부에서는 사립중등학교장과 일본인 교원을 소집하고 자문과 지시를 하였다.[5]

이같이 학생들은 벌써부터 운동할 준비를 하였다. 특히 관공립 학생이 날마다 많은 일본인 교원에게 교육을 받느니만큼 민족적 반발심이 더 많이 내포되어 폭발하기가 사립보다 쉽다고 보았다. 그리하여 학생 동원의 주동적 계획은 연희전문의 김원벽, 세브란스의전의 이갑성, 보성전문의 강기덕 등 사립전문 학생이 담당하였으나 유도하는 일은 관공립에 먼저 착수하였다. 일본인이 제 손으로 가르쳐서 다 민족적 양심이 마비되어 저들의 목적 달성이 사립보다 훨씬 더 잘되어 있는 줄로 믿은 관공립 학생의 반일운동은 사립에 지지 않게 맹렬하였고 일본인이 열광적으로 힘을 다하여 일본정신으로 유도하려고 한 모든 조선학생은 직접 유도를 받지 아니한 시민이나 농민보다 반일감정이 더 고조되었다.

독립운동에 공헌한 학생의 힘은 실로 컸다. 대개 학생이 있는 곳에는 학생이 주체가 되어 운동의 계획자, 데모의 선도자가 되었다. 경관의 눈을 피하여 밤중에 모여 계획하고 낮에는 총검을 무릅쓰고 가두로 나서서 연설을 하고 삐라를 뿌리고 광복가를 부르고 독립만세를 부르면서 시위를 하였다.

광복가
1. 이천만의 동포들아 일어나거라
   일어나서 총을 들고 칼을 잡으라
   잃었던 내 조국과 너의 자유를
   원수의 손 안에서 피로 찾도록

2. 노소를 생각 말고 남자나 여자나

---

5) 『京城府史』 제2권.

어린아이까지도 일어나거라
한산천(韓山川)의 우로(雨露) 받은 초목까지도
무덤 속에 누워 있는 혼령까지도


3. 끓는 피로 청산을 고루 적시고
한토(韓土)의 강물을 붉게 하여라
군국(軍國)의 큰 원수를 다 물리치고
자유의 종소리가 울릴 때까지


저들은 군인과 경찰의 말굽에 밟히고 소방대의 쇠갈고리에 찍히고 구류를 당하고 태형을 받고 혹은 구타로 혹은 장독으로 혹은 총탄으로 혹은 부상으로 생명을 잃은 이가 많았다. 그러나 저들은 조금도 굽히지 않고 용감하게 싸웠던 것이다. 그 가운데 장하고 위대한 한 소녀의 일을 예로 들자면 그때 이화여학교 고등과 2학년생 유관순 양의 일이다.

유관순 양은 충청도 논산의 한 가난한 가정 출생으로 성격이 적극적이며, 감수성이 많았고, 남을 위한 봉사에 열정적인 천성을 가졌고, 대수롭지 않은 예절에 가로 꺾이지 않는 남성적 기질이 약간 섞인 16세 소녀였다.

서울서 상급학생들이 독립운동에 참가한 것을 보고 자기는 자기 고향으로 가서 단독으로 평온한 그 지방에 만세운동을 일으켰다. 이것으로 일본경찰의 증오심이 극도에 올라 이 소녀를 포박하고 그 집에 불을 질렀다.

그리하여도 그 소녀는 굽히지 않고 반항하여 7년 징역의 형을 받고 서대문 감옥에 갇혔다. 삼사천 명의 정치범이 수용된 감옥 안에서 이따금 밤중에 어느 감방에서 만세를 부르면 온 감옥이 물 끓듯 부른 것은 필자도 경험한 바이거니와 이런 일이 있을 때마다 그 장본인은 16세 소녀였다. 이 소녀는 감옥 안에서 악형을 받으면서도 조금도 굽히지 않고 이러한 선동적 반항을 하고 일본인을 매도(罵倒, 몹시 꾸짖어 욕함)하였다(이것은 그때에 옆방에 함께 있었던, 소녀를 가르친 여 교원 박 모의 실제 경험담이다). 그러다가 필경 매에 죽었다. 참혹한 시체를 이화학교장 프라이저가 누차 교섭하여 간신히 찾아다가 정동 예배당에서 장례식을 지냈으나 일본인의 감시가 심하여 그때는 소문도 내지 못하였다.[8]

언제나 혁명운동에는 신사나 명사나 부자나 양반이나 관리들의 참가를 바라기 어려운 일이다.

그리하여 당시 독립운동에도 그러한 계급의 인물은 참가하지 않았다. 기백 명의 애국지사 외에는 전체가 학생과 청년과 농민이었으니 "독립운동에 참가한 이 가운데 선봉[牛耳]을 잡은 자가 청년이었고 검거된 자 가운데 반수가 20세에서 30세의 청년이었다."[6]

독립운동에 참가한 총 인원 136만 3,968명 가운데 서울 사람이 27만 명이었고 110만 명은 모두 지방인이었는데 이 지방인의 절대수는 농민이었다.[*9] 학생, 청년, 농민층 가운데에서 어느 정도까지 참된 자각과 열성으로 참가하였던 것이 학생이었으니 데라우치가 7, 8년 쌓아놓은 교육의 목적은 다 부서지고 말았다.

학생의 독립운동은 합법운동, 지하운동으로 계속하려는 경향을 보였다. 1920년 5월에 연희전문학교의 김윤경이 회장, 세브란스의학전문학교의 김찬두가 부회장으로 800여 명의 학생이 모여 조직한 학생대회도 독립운동의 한 여파로 생긴 것이다. 당시 학교 당국의 압박으로 학생이 다 출석하지 못했는데, 일본인이

---

*8) 『한국독립운동사략(上)』에 기록된 일본 제국주의자의 무자비한 탄압의 한 실상을 소개하면, "이때 데모대를 습격한 일본 군대는 태극기를 흔들며 독립만세를 외치던 여학생의 가냘픈 오른손을 군도로 잘라버렸다. 이에 굴하지 않고 왼손에 태극기를 쥐고 만세를 부르자 살인마 군대는 왼손마저 잘라버렸다. 그럼에도 굴하지 않고 한층 소리 높여 만세를 부르자 이번에는 가슴을 찔러 쓰러뜨렸다. 그런데도 이 여학생은 마지막 숨을 거두는 순간까지 '조선독립만세!'를 계속해서 외쳐댔다." 이와 같은 한국 민중의 정당한 요구에 대한 일제의 무자비한 탄압 사례는 비일비재할 정도이다.

6) 1919년 7월에 보통학교 교원강습회 석상에서 유케 고타로(弓削幸太郎)가 한 보고문 중에서.

*9) 3·1 민족운동에 대한 평가가 주로 33인의 민족대표의 역할, 민족자결주의의 영향 그리고 투쟁 방식으로서의 무저항주의의 입장에서 이루어져왔으나, 실제 운동의 전개과정, 참가층, 그리고 식민지시대 민족해방운동의 전 과정에서 볼 때 새로운 평가가 요구된다. 천도교 및 기독교 등의 종교계 지도자들이 중심이 된 민족대표는 민족자본가 및 중소지주층으로서 개량적 투쟁의 경험을 가진 애국계몽운동세력이었고 때문에 일제의 무단정책에 대항하는 그 투쟁 방식도 무저항주의를 벗어나지 못했다. 3월 1 일 파고다공원에서 직접 대중시위를 지도해야 했음에도 불구하고 음식점 태화관에서 독립선언서를 낭독하고 스스로 일본경찰에게 연락하여 체포당했던 이들의 모습은 이런 한계 때문이었다. 또한 최남선, 최린 등 소위 민족대표의 대다수는 1930년대 이후 변절자가 될 수밖에 없는 한계를 이미 보여주었다. 또한 이들이 믿었던 윌슨의 민족자결주의도 당시 미국무성의 기록에서 보이듯이 식민지 약소국가를 위한 것이 아니라, 제1차 세계대전 후 승전국인 제국주의 국가들이 식민지를 재편한 것과 다름없었다.

직접 관할한 경성여고보에서는 대회의 임원이 되었다는 이유로 19세의 이의정이 정학을 당했고, 대회장에 경찰의 경계는 엄중하였다. 지하운동은 드러나지 아니한 것이 많으니 다 알 수 없어도 두어 가지를 예로 들어보면 1919년에, 단장으로 휘문고보 4학년의 박태선(朴泰善, 20세), 부단장 겸 통신출판부장으로 기독교청년학교의 이종상(李鍾祥, 19세), 서무부장으로 이화여고보 임효정(林孝貞, 18세), 교제부장으로 삼일학교 교원 차인재(車仁載, 22세), 재무부장으로 이화여고보 최문순(崔文順, 17세), 구제부장으로 경성여고보 이선경(李善卿, 18세) 등 모두 중등학생으로 조직된 학생구국단이 있었는데, 주로 상해임시정부의 김보윤과 연락하여 상해에서 발행하는 『독립신문』, 『대한민보』, 애국가, 경고문을 갖다가 비밀리에 배부 선전하다가 발각되어 검거되었다. 그리고 1920년 8월에 진주농업학교 학생들이 태극기를 들고 만세를 부르고 격문을 선포하다가 70명이 검거되고 15명이 송치된 일이 있었다. 이같이 독립운동을 제기하여 열정에 복받쳐 나오는 학생들의 애국심을 바로 배양하고 지도할 힘을 잃은 것이 당시 교육이었으며 교육자들 중에 양심 있는 자는 고뇌에 찬 생활을 하였고 양심 없는 자는 철면피같이 민족을 팔아먹는 생활을 하였던 것이다.

## 6) 교육자의 구차한 태도

언제나 학교 교원은 규율에 얽매이고 당국에 복종하는 온순성을 가진 이가 거의 전부이다. 그들은 정치를 논할 지식이 없고 혁명을 꿈꿀 패기가 없는 것이 보통이다. 이 점에 있어서 교원은 확실히 학생에게 뒤지는 보수적·퇴행적 인물로 떨어지기 쉬운 것이다. 그러므로 평온무사한 시국에는 가장 신성한 것같이

그러나 참가층에서 알 수 있듯 운동은 점차 도시에서 농촌으로 확산되면서 도시의 운동은 학생, 노동자, 중소상인층에 의해, 지방은 일제의 약탈적 토지조사사업으로 피해를 받은 농민들에 의해 시위가 주도되었고, 그 투쟁 방식도 과격해져서 관공서나 일본인 토지회사, 친일지주를 습격하고, 노동자들의 파업, 상인들의 철시 등으로 일제에 저항했으며 심지어 일시적이나마 몇몇 지방에서는 농민들이 일본인 관리를 내쫓고 자치행정을 실시한 곳도 있었다.

이와 같이 노동자, 농민, 청년 학생들의 투쟁이 민족대표 33인이 호소한 무저항주의를 넘어선 것은 일제 식민정책의 가장 직접적 피해자인 민중의 분노가 컸기 때문만이 아니라 이들이 일제의 악랄한 탄압에 적극적으로 저항하는 자세를 견지했기 때문이며, 이 점이 민족대표와 민중의 투쟁 자세에 나타나는 차이점이었다.

자처할 수 있으나 혁명 시절에는 까딱하면 보수파와 반동파로 지적을 받기 쉬운 것이다. 1919년 운동은 거국적 운동인 동시에 이민족 통치에 반항하는 운동이니 교육이고 무엇이고 적이 하는 일은 송두리째 반대하고 항쟁하는 정의감을 가져야 하고 더욱이 인격 교육을 맡아 지도하는 교육자는 이 정의의 부르짖음에 학생들과 함께 울고 함께 고생하여야 할 것이었다.

그럼에도 불구하고 당시 교육자들은 관리와 마찬가지로 적극성을 가지지 못하였고 어둡고 고집 센 이가 많았다. 어떤 사립고등보통학교 교장은 학무과 일본인의 감시를 받고 겁이 났던지 사건 폭발 전에 "조선이 독립되면 내 손가락에 불을 켜라"고 맹세적 훈화를 학생에게 하며 억압하려 하여 물의와 혹독한 비판이 분분한 일도 있었다. 지방의 평양과 함흥 등에서 많은 교직원이 학생과 함께 운동에 참가한 일이 있었으나 서울에서는 중앙의 송진우, 현상윤, 배재의 강매, 휘문의 김도태, 보성의 최린 등 몇몇 교육자 외에는 일선에 나선 이가 별로 없었다. 4월경에 이르러 학생 전부가 운동에 참가하여 무수한 희생자가 나는데도 불구하고 학교 선생이 편안히 움직이지 않는 데에 대하여 세간의 평판이 나빴고 교육자 자신이 부끄러움을 느끼게 되었다. 그리하여 각 학교의 유지자를 연합하여 운동을 일으키려고 계획한 일까지 있었으나[7] 용기와 열성이 없이 체면이나 차리려는 미적지근한 계획이니만큼 중지되고 말았다. 이같이 혁명 시기에 처한 교육자의 졸렬성은 지금 일반적이다. 그리하여 학교 경영자와 교원은 학생에게 보이는 정의감이 없음으로 해서 인격적 권위를 잃고 다만 법적 권위만으로 학원을 지배하니 학생은 지도자를 신임하지 아니하였다. 독립운동 뒤에 학원의 동맹휴학이 홍수같이 밀려 일어난 원인의 하나는 바로 이러한 점이었다.

---

7)  1919년 4월에 휘문중학교 윤병섭 씨가 일부러 개성에 와서 나에게 계획을 설명하고
    참가를 권하기에 허락까지 하고 나는 곧 개성의 독립운동으로 구금되었다가 4개월 만에
    나와 보니 실행이 아니 되었다.

# 14. 학생의 향학열 침체와 부흥

을사조약에서 자극을 받은 조선의 민심은 자주독립의 서광이 교육에 있다고 생각하였다. 그래서 병합 전날까지 희망을 가지고 열광적으로 향상시켜 왔던 교육열은 병합 뒤에 침체하고 말았다. 그 원인을 분석해보면 다음과 같다.

① 민족적 감정이 반항심을 일으켜 이해관계를 떠나 일본인화하는 교육을 받지 않겠다는 감정이 생긴 것.

② 나라의 독립권을 잃고 보니 세상사가 한심하게 생각되어 자포자기의 풍조가 생겨 교육을 냉대한 것.

③ 총독 암살사건 즉 소위 105인사건[10] 같은 일을 조작하여 애국지사를 압박하였기 때문에 지도자들이 도망하고 투옥되고 혹은 은둔하여 사회적으로 교육열을 고취시키지 못한 것.

④ 데라우치의 실용주의를 일반이 환영하지 아니하였고 또 교육 문호가 좁았던 것.

⑤ 행정을 맡은 일본인들이 적극적으로 취학을 장려하지 않은 것.

⑥ 졸업 후에 상급학교에 진학하거나 기관에 취직할 적극적 희망이 없다는 것.

이상 몇 가지 원인으로 말미암아 1911년부터 1919년 3월까지는 향학열의 침체기라고 불러도 좋을 만한 현상이 있었다. 그러나 독립운동 이후로 학생들의 향학열은 민족적 각성에 따라 갑자기 앙양되었다. 그리하여 학급마다 교실이 좁아지고 학교마다 시설의 빈약과 교원의 낮은 인격적 수준이 각성된 학생의 눈앞에 폭로되었다. 그리하여 각 학교에서 학생들이 학원의 개선·발전을 부르짖는 소리가 높아져 하나의 시대적 요구로서 사회적으로 큰 문제가 되었다.

---

[10] 1912년 데라우치 총독 암살 음모를 구실로 비밀결사 신민회를 없애기 위해 날조한 사건이다. 1910년 평안북도 선천에서 안명근의 총독 암살미수사건이 일어나자 일본 경찰은 이것을 구실로 애국지사를 체포할 것을 계획, 신민회가 총독 암살을 준비하고 있다는 구실을 내세워 애국지사 600여 명을 검거하였고 이들을 고문한 끝에 그중 대표적인 인물 105명을 기소하여 투옥하였다. 결국 이 사건으로 신민회는 자연히 해체되었다.

예를 들면 1920년 5월에 보성고보의 맹휴 조건은 일본인인 영어교사의 발음이
나쁘다는 것이며, 같은 해 같은 달의 연희전문학교의 맹휴 조건은,

　　① 전문학교로서 정도가 유치하다는 것, ② 교원 자격이 부족하다는 것,

　　③ 기숙사를 신설하라는 것 등 세 가지였다.


같은 해 6월의 휘문고보의 맹휴 조건은,

　　① 고명한 교원을 더 초빙할 것, ② 완전한 독서실을 만들어줄 것,

　　③ 기숙사를 시설할 것, ④ 400명 이상을 수용할 수 있는 강당을 신축할 것,

　　⑤ 화학 실험실을 둘 것, ⑥ 교실을 증축할 것, ⑦ 박물, 표본실을 시설할 것,

　　⑧ 운동을 장려할 것 등이었다.


같은 해 6월의 선천 신성학교의 맹휴 조건은,

　　① 교원을 더 채용할 것, ② 학과목을 충분히 할 것,

　　③ 교실을 증축할 것 등이었다.


같은 해 같은 달의 개성 호수돈여고의 맹휴 조건은,

　　① 학교 시설의 부족, ② 교원에 대한 불만이었다.


같은 해 7월의 배재고보의 맹휴 조건은,

　　① 병식체조(兵式體操)를 가르칠 것, ② 조선어를 가르칠 것,

　　③ 조선역사를 가르칠 것, ④ 이화학 기계설비를 갖출 것,

　　⑤ 교원을 더 채용할 것 등이었다.


이때 학생의 맹휴가 안 일어난 학교가 거의 없었는데 대개 그 요구조건이
비슷하였다. 이것은 당시 교육기관의 빈약을 드러낸 것이다. 먼저 요구서를
제출하고 다음에 학교가 듣지 아니하면 맹휴하였는데 방법이 일치하였다. 해결의
늦고 빠름은 학교 당국자의 도량이 넓고 좁은 데 달렸었는데 대개 엄벌주의로
나간 학교는 사태가 더 나빠졌고 오래 끌었다. 때론 사립으로 많은 수효를 가진
예수교회의 학교가 더 심한 것같이 보였다. 당시 『동아일보』 제87호, 곧 1920년

6월 26일 자 사회면에는 「교회학교에서 계속해서 일어나는 맹휴의 한 원인」이라는 제목 밑에 다음과 같은 글이 실렸다.

> 요즘 서울과 지방을 막론하고 각 학교 당사자와 학생 사이에 분쟁이 일어나서 동맹휴학이니 정학이니 퇴학이니 하는 여러 가지 상서롭지 못한 일이 많은 것은 참으로 각성하여 가는 중간을 겪어 가는 공병(共病)이지만, 일반 교육사업의 당국자에게 있어서는 기꺼운 일이 아닌바 그중에도 특별히 외국인 선교사가 경영하는 학교로 비교적 이름 있는 학교에 특별히 더 많은 것은 이상한 일이다.

여기에 대하여 다년간 교회의 중임(重任, 중대한 임무를 맡은 사람)으로 예수교 사회에 이름 높은 모 씨가 말하되,

> 교회 경영의 학교는 조선교육을 일으킨 선봉이니 오늘까지 이만큼 조선교육이 발달하게 됨에 대해서는 우리는 감사한다. …… 그러나 당초에 시설할 때는 설비나 기타 예의범절이 시대보다 멀리 앞섰던 학교라도 시대가 변함에 따라 차차 개선할 필요도 있을 것이며, 더구나 작년 이후로 조선청년의 사상은 급격하게 변화하였는데 선교사들은 조선청년의 정신상 급한 발전을 해석하지 못하는 점이 있어서 그 중간에 의사가 충돌되는 일이 많은 것이니 선교사가 학생의 사상을 연구하여 학교의 제도를 개량하여주면 이러한 일은 대개 없어질 것이다.

독립운동 후로 청년의 사상은 먼 장래의 전망이 희망으로 비침에 따라 발전하여 좀 더 만족을 얻으려고 하려는 때에 학교의 경영자나 관리자는 더 발전한 머리를 가지지 못하였다. 어떤 학교 경영주는 자기의 재력이 얼마든지 학교를 발전시킬 실력이 있는 것을 세상 사람이 다 공인하는데도 불구하고 학생의 간청이 들어가자 교장에게 달래라 명하여 교장과 직원이 달래다가 듣지 않으니 450명 가운데 15명에게 퇴학 징계를 내렸고, 학생은 다시 퇴학생 복교운동으로 동맹휴학을 일으켜 6월 5일에 일어난 맹휴가 7월 1일에야 학부형 주선으로

겨우 해결되었다. 외국인 선교사들은 지난날 너무 어두운 때에 조선인에게 준 만족감에 자만을 가지고 학생 요구에 대하여는 일체 무질서로 몰아붙이며 청년의 각성과 함께 나아가지 못하는 자기 과실을 반성할 줄 몰랐다. 이리하여 조선인, 외국인을 막론하고 학교 책임자는 청년의 앞에서 청년을 끌고 가는 정신을 잃어버렸다. 학생의 맹휴는 학교 당국의 탄압을 받았지만 한 번 맹휴를 당한 학교 당국자에게는 정문일침(頂門一鍼)의 자극이 되어 당연한 효과를 내었다. 당국자의 불명예는 사회적으로 컸기 때문에 그들은 차차 반성과 개량에 힘쓰게 되었으니, 나약하고 침체하고 보수적이고 고집 센 조선사회에 있어서 학생운동은 배일운동으로서 정치적으로나 교육기관 개혁운동으로서 문화적으로나 다 중요한 효과를 내었다.

# 제19장

# 준거주의 표방기
## (1919~1931)

## 1. 전기: 교육 개혁기(1919~1925)

### 1) 독립운동과 일본인의 계몽

1919년에 일어난 우리의 독립운동은 일본인에게 큰 충격을 주어 저들을 계몽시켰다.

저들은 단순한 무단정치로써, 공공연한 차별과 성문화한 억압으로써 쉽사리 조선의 민족성을 없앨 수 있다고 생각하였다. 그러나 미증유의 대전란이 끝나자 전 조선에 독립운동이 불같이 일어나 수백만 명이 동원되고 수만 명이 형을 받아, 국내적으론 인심이 완전히 일본을 배척하고 있음을 물증하였고 국외적으로는 일본인이 조선을 통치할 능력을 상실했음을 증거하여 각국에 선전되었다. 일본인은 자기의 실패를 느끼는 동시에 과거의 실패를 고백하지 않을 수 없었다. 그리하여 저들은 조선에 대한 방침을 다시 생각하게 되었다. 그러나 일본인은 조선을 놓아주려는 생각은 없었고 자치라도 곧 주려고 하였다. 이는 당시에 상해에서 파리강화회의에 조선대표로 김규식을 파견한 대한청년당 당수 여운형을 동경으로 불러서, 다나카 기이치(田中義一)와 고가 렌조(古賀廉造) 등이 7일, 8일을 두고 위협하고 꾀고 한 역사적 사실로 보아서 잘 알 수가 있다. 이렇게 허둥지둥한 일본인이 조선인의 인심을 곧 수습하기 위해 만전의 계획을 세웠다는 것이,

조선인을 일본인과 동등하게 대우한다는 것, 조선의 문화나 구습을 존중한다는 것 따위로서, 그런 소승적 기술로 인심을 유인하여 안정시키려 하였던 것이다. 그리하여 1919년 8월에 『대판매일신문』에 발표한 하라 일본 수상의 말 중에는 "이번에 조선의 제반 개혁을 단행하여 장래에 있어 교육, 산업 및 관리 임용과 같은 것도 점차 일본과 다름없는 경지에 이르도록 하겠다……"라는 말이 있었고 같은 해 8월에 일본 동경에서 사이토 총감과 미쓰노 정무총감을 전별하는 자리에서 하라 일본 수상이 한 말 가운데에는 다음과 같은 말이 있었다.

　　…… 유래(由來) 조선에는 여러 가지 사정이 있어서 제도, 법률, 기타가 일본과 차별대우를 한 것같이 되어 있다. 이것은 다만 실제적 사유에 의하여 된 것이요, 하등 근거 있는 이유 때문이 아니다. …… 요컨대 조선에 대한 교육, 산업, 기타 제반 시설이 무엇이나 일본인의 그것과 동일하게 될 시기가 하루라도 빨리 오기를 우리는 간절히 바라는 바이니 만일 조선이 이와 같은 위치에 나아가면 조선 외에 거주하는 조선인도 또한 점점 일본인의 진의를 양해하여 경거망동을 하는 자의 자취가 끊어질 것이다. 지금까지 사단(事端)을 돌아보면 오해로 생긴 것이 많다. 금후로는 이 오해를 버리고 조선인과 일본인의 완전한 융화를 실현할 수가 있다. ……

　이같이 무단적 억압으로 조선인을 일본에 동화시키려는 정책에 실패한 일본인은 또다시 문화적 기만으로 조선인을 일본에 융화시킬 가능성이 있다는 아전인수 격인 주관적 신념을 가지고 정책을 변경하기로 하고 그 정책 수행의 대변자로 사이토를 택하여 조선에 보냈던 것이다."[1]

## 2) 사이토의 문화정책

　1919년 9월 2일에 경성역 앞에서 애국열사 강우규(姜宇奎)의 폭탄세례를 받으면서 경성에 온 사이토는 3일에 소속 관서에 준 훈시 가운데에 "요컨대 문화적 제도혁신에 의하여 조선인을 유도하고 제도함으로써 그 행복과 이익의 증진을 꾀하고 장래의 문화발달과 민력충실(民力充實)에 응하여 정치상·사회상 대우에도 일본인과 동일하게 다루는 목적을 달성하도록 하는 데 다름 아니다……"라고 말하였고 "위와 같은 개선과 쇄신은 다만 신기함에 홀리고 시류에 따르는 것이 아니요 아무쪼록 조선의 문화와 구습을 존중하여 그 선함을 기르며 그 폐단을 없앰으로써 시세 진운에 순응하기를 기대한다. 바꾸어 말하면 민생과 풍속을 계발함으로써 문명적 정치의 기초를 확립시키려는 취지에 다름 아니다……." 하였고 10일에 발표한 이른바 유고문(諭告文, 나라에서 결행할 어떤 일을 알리는 글) 가운데에도 "바라건대 관민은 서로 흉금을 터놓고 협력 일치하여 조선의 문화를 향상시키고 문명적 정치의 기초를 확립하여……"라는 말이 있었다. 이같이 사이토는 일본 총리대신의 말을 복사하여 문화정치를 표방하였지만 실제 행정은 모두가 형식으로 흐르고 실제 우리 민족의 복지는 생각하지도 아니하였다. 그 예를 들면 다음과 같다.

① 헌병 경찰의 폐지: 이것은 형식으로 보아 무단정치를 청산하는 상징이 되는 것이다. 그러나 이른바 문화 경찰은 솔직한 군인 경찰보다 더 가증스러웠다. 겉으로는 고문을 없앤다고 하고서 속으로는 고문을 '죄를 만드는 유일한 방법'으로 사용하여 그 지독한 고문으로 유죄이든 무죄이든 간에 죄를 만들어내었다. 인권은 전혀 무시되고 고문으로 생명이 없어지는 것도 문제 삼지 않았다. 이는 일본인 경찰의 과학적 기술이 문명의 경지에까지 진보되지 못한 것도 한 가지 원인이겠지만 그들의 섬나라 근성으로 생긴 잔인한 천성에서 굳어진 야만적 유습이 큰 원인이었다. 비과학적이요 야만적인 경찰 기술로 조선인을 다루었고 또 이것을 조선인 순경에게 가르쳐서 지금까지 그 잔재가 남아 있다. 이를 통하여

---

*1) 3·1민족운동의 결과 일제는 식민지 통치에 심대한 타격을 받아 일정 정도의 양보를 하지 않을 수 없었으니 소위 무단정치를 대신한 '문화정치'로의 통치정책의 전환이다. 식민통치의 본질을 변화시키지 않은 채 기만적인 회유책으로서의 일제의 문화정치 표방과 아울러 3·1민족운동에 대한 민족운동 내부의 평가 차이는 이후 민족해방운동에 뚜렷한 노선 차이를 빚는 계기도 되었다. 즉 그 실패를 역량 부족의 입장에서 보는 민족주의 세력은 '실력양성론', '준비론' 혹은 강대국에 의존해서 독립을 얻어야 한다는 '외교론'을 내세움으로써 이후 개량주의의 길을 걷게 되었다. 한편 비폭력· 무저항주의적인 투쟁 방식이 막대한 희생과 실패를 가져왔다는 입장에 선 이들은 '만주 등지에서의 무장독립군 양성과 국내 진공'을 주장하였고, 운동과정에서의 민중의 참여를 적극 평가하는 입장에서는 '민중들의 힘에 의해서만 해방이 가능하다'고 주장, 이후 사회주의 운동의 기반이 되었다.

보건대 일본인의 문화 경찰이 조선인을 포악하게 다룬 사실은 이전의 헌병이나 경찰과 마찬가지였다.[2]

② 조선어 민간신문의 허가: 조선어 민간신문을 새로 허가한 것은 얼른 보면 언론 출판에 대한 자유를 인정한 문화정치라고 할 수 있다. 그러나 1919년 9월 3일에 관리에 대한 훈시 가운데 "언론, 집회, 출판 등에 대하여 질서 공안의 유지를 방해하지 않는 한 상당히 고려하여 민의의 창달을 꾀하겠다"고 한 말과 같이, 질서 및 공안 유지를 방해한다는 범위와 규정을 집권자 자신의 마음대로 해석하여 엄밀한 검열을 행하고 주의, 삭제, 책임자에 대한 개인 처벌, 정간과 휴간으로 통제하여 전혀 자유가 없었다. 도리어 일본인은 그 지면을 이용하여 자신의 행정을 민간에 선전하려고 애를 썼고 지방에서는 경찰이 공공연하게 독자를 불온 인물이라 위협하여 발전을 극도로 방해하였다.[3]

③ 관심을 존중한다는 미명: 사이토는 조선의 관습을 존중한다는 미명하에 망국의 관습을 조장시켰으니 첫째는 공동묘지법을 수정하여 가족묘지를 허락하고, 둘째는 무당금지법을 없애고 숭신인(崇神人) 조합 같은 것을 허락하였다. 이러한 허례와 미신으로 국민의 경제와 국민의 사상에 폐단이 쌓였으니 그것은 무단정치시대에 솔직한 군인의 사상으로서 솔직하게 없앴던 것을 어리석은 백성들의 환심을 사기 위하여 국민의 폐해야 어찌 되었건 민심이나 수습하자는 비양심적 정책으로, 금지된 법을 해제하여 큰 손해를 민간에게 주었던 것이다.

---

[2] 문화정치의 하나로 일제는 그동안 무단정치의 상징이었던 헌병경찰제를 폐지하였지만, 실상은 이전의 헌병을 경찰로 바꾸는 데 지나지 않았고 실질적으로 경찰병력을 증원함으로써 지배체제는 이전보다 훨씬 강화되었다.

| 연도 구분 | 경찰관서 수(개소) | 경찰관 수(명) |
| --- | --- | --- |
| 1919년 | 736 | 6,387 |
| 1920년 | 2,746 | 20,134 |

위 표에도 나타나듯이 경찰관서 수는 거의 4배, 경찰관 수는 3배 이상이 증가하였다.

[3] 언론, 집회, 출판을 허용한다고 했지만, 일제의 식민지 지배정책에 협력하지 않는 것까지 허용하는 것은 아니었다. 1929년 일 년 동안의 일제의 공식 집계에 의하면, 집회 규제 총 2,000여 건, 신문 차압 63회, 기사 삭제 82회, 그리고 57종의 출판물 압수 등의 사실로도 일제의 기만적 문화정치의 본질을 알 수 있다.

④ 관리의 차별 철폐: 관제를 개정하여 조선인 관리도 일본인 관리와 같이 고등관(판임관) 봉급령의 적용을 받게 하고, 이것을 민심 수습의 한 방법으로 삼았다. 그러나 동시에 본봉, 상여금을 구별하여 일본인만 상여금을 주었으니 본봉은 동등하나 조선인과 일본인 사이의 차별이 더욱 컸었다.

이상에 들어 말한 몇 가지로도 모두가 백성을 우롱한 기만적 수단에 불과하였음을 증명할 수 있으니 사이토의 문화정책은 부정직하고 불철저한 기만으로 일관하였던 것이다. 그러한 의도 밑에서 행한 교육정책이 유독 정직하였을 리가 없다는 것을 미리 말하여둔다.

## 3) 조선교육에 대한 일반 방침

위에서 말한 바와 같이 사이토는 조선인을 일본인과 동등하게 다룬다는 데서 조선인이 감화되기를 바랐었고 동시에 교육의 형식을 일본교육과 같게 하여 동등하게 하고 조선인과 일본인이 서로 학교를 넘나들 수 있게 하여 지방 형편에 따라 일본인 학생이 조선인 학교에 입학하는 편의까지 생각하였다. 이 동등이란 형식에는 학생의 사상까지 일본인과 동등하게 하여 일본 국민이 되는 데 일본인과 차이가 없게끔 유도 감화시키려는 정신이 내포되어 있었다. 그리하여 학제 전체가 일본 준거주의(準據主義)에서 출발하였다.

## 4) 교육제도 일부를 개정

사이토는 떠돌고 있는 민심을 무엇으로든 빨리 안정시키기 위하여, 교육제도를 전면적으로 개정하기 전에 우선 일부를 개정하여 민중에게 새 인식을 주려고 애썼다.

### (1) 고등보통학교와 여자고등보통학교 규칙을 개정

1919년 12월에 고등보통학교와 여자고등보통학교 규칙을 개정하였으니, ① 외국어를 필수과목으로 하고, ② 이과를 박물 및 화학 두 과목으로 하고, ③ 실업 및 법제, 경제의 한 과목을 실업과 법제 및 경제 두 과목으로 나누고 사정에 따라서는 이를 빼거나 혹은 선택과목으로 할 수 있게 하였다. 여자고등보통학교에 있어서는, ① 새로 외국어를 선택과목으로 넣고, ② 산술을 수학으로 고치는 등 실업과의 존중과 보통학교의 종합화 등 조선 특유의 교육방침을 버렸다.

## (2) 사립학교 규칙을 개정

1920년 3월에 사립학교 규칙을 개정하였으니, ① 사립 각종 학교의 교과목 제한은 폐하고, ② 교원의 자격을 완화시키고, ④ 교육과 종교의 절대 분리주의를 개선하였다.

그리하여 선교사들의 교육사업에 다소 편의를 주었다. 독립운동 때에 조선에 있던 미국 선교사는 적극적으로 운동을 원조하여 상해 요인과 국내 운동가들을 연락하는 심부름을 하였고 귀국하는 선교사는 자료를 모아 자기 나라에 가서 광고하고 선전하여 일본 정치의 결점을 많이 말하였다. 이것을 짐작한 사이토는 외국 선교사의 환심을 사려고 종교학교에 편의를 주는 체하고 일부러 교회학교를 방문하는 따위의 수단을 썼던 것이다.

## (3) 조선교육령 일부를 개정

1920년 11월에 교육령 일부를 개정하여 보통학교 수업 연한을 6년을 기본으로 하고 일본역사와 지리를 더하였으며, 이과, 도화, 체조를 필수과목으로 고치는 동시에 고등보통학교에 2개년 이내의 보습과(補習科)를 둘 수 있게 하였다. 당시에 발한 훈령을 보면 실시 내용을 짐작할 수 있다.

① 보통학교는 지역적 특성에 따라 5년 또는 4년으로 단축할 수 있다. 하루라도 소홀히 함이 옳지 않으나 …… 조선의 현재 상태로는 취학이 보급되지 못하였고 민력(民力)이 수업 연한 6년의 보통교육을 유지하기 어려운 데가 적지 않으니 예외를 베풀어 연한 단축의 길을 열어 보급에 방해가 없도록 하라고 주의를 주었다.

② 일본역사 및 지리는 4년제 보통학교에는 종전대로 빼라고 하였다.

③ 이과, 도화, 체조는 이과적 지식발표 능력의 필요를 절실히 느끼고 또 국민체력 증진의 필요를 인정하기 때문에 필수과목으로 하였다고 하였다.

④ 창가, 수공, 재봉 및 수예, 농업초보 또는 상업초보의 매주 수업시간 배당은 현지 사정에 따라 적절하게 하고 필수과목을 증감하여 특수교육을 하는 것은

옳지 않다 하였다.

## 5) 신교육령

### (1) 임시교육조사위원회

사이토는 조선교육의 진수를 파악한다고 떠들면서 밖으로는 세계 여러 나라의 식민지 교육제도를 참작하고 안으로는 소위 임시교육조사위원회를 설치하여 기초 조사를 행하였다. 그 위원회는 구성 인물을 보아 그 성질을 알 수 있으니 위원 28명 가운데 총독부 관리가 9명, 일본 동경의 고관이 6명. 일본 귀족원 의원이 4명, 일본에 있는 관립, 사립대학 직원이 3명, 수원고보 교장과 평양고보 교장, 조선은행 총재를 합하여 25명이 일본인이고 조선인은 겨우 3명인데 그 3명인 조선인은 두뇌와 심장이 이미 일본인으로 화하여버린 이완용, 석 모, 고 모 따위였다.

1921년 1월에 열린 제1회 위원회에서 사이토는 연설을 장황하게 하다가 마지막으로 당부하길 "아무쪼록 신중히 심의를 다하여주셔서 조선의 평안함에 바탕하고 일본의 융운(隆運)을 도울 만한 국민을 육성하는 데 적절한 성안(成案)을 얻게 되기를 간절히 바라 마지않는 바이다……"라고 하였다. 여기의 '조선의 평안함에 바탕한다'는 말은 조선인으로서 다시 독립운동을 할 수 있는 민족적 사상을 없앤다는 것을 의미한 것이다.

### (2) 제1회 위원회가 결의한 강령

사이토는 제1회 위원회에 12항의 참고안을 제출하였고(원문은 생략함) 위원회는 아래에 적힌 네 가지 대강령을 결의하였다.

① 조선에 대한 교육제도는 민도 사정이 허하는 한 일본 교육제도에 준거할 것.

② 조선인 교육에 관하여 특별한 제도를 베풀 경우에 있어서도 각 제도하에 조선인과 일본인을 교육시키는 데 방해가 되지 않도록 할 것.

③ 조선과 일본에 대한 학교의 연락을 한층 긴밀히 할 것.

④ 향학심을 존중하여 사정이 허락하는 한 거기에 응한 시설을 할 것.

## (3) 제2회 위원회가 결의한 주요 항목

1921년 5월에 제2회 위원회에서 결의한 조선 교육제도의 주요 항목은 아래와 같다.

① 조선의 교육제도는 일본 교육제도에 준거함. 단, 특례를 아래와 같이 시설함.

㉮ 보통학교

보통소학교에 준하고 교과상의 차이는 다음과 같음.

수업 연한은 6년으로 함. 단, 현지 사정에 의하여 5년 혹은 4년으로 단축할 수 있고 교과목에 조선어를 첨가하며 또 선택과목으로 한문, 실업을 더할 수 있음.

일본역사 및 지리에 있어서는 특히 조선에 관한 사항을 상세히 함.

보통학교 수업 연한 2년의 고등과를 둘 수 있음.

고등과는 입학 자격을 수업 연한 6년의 보통학교 졸업 정도로 하고 교과 정도는 고등소학에 준함. 단, 교과목에 특례를 두는 것은 보통학교와 같음.

㉯ 고등보통학교

중학교에 준하고 교과상의 차이는 다음과 같음.

입학 자격은 수업 연한 6년의 보통학교 졸업 정도로 함.

교과목에 조선어 및 한문을 첨가함.

역사 및 지리에 있어서는 특히 조선에 관한 사항을 상세히 함.

〈부기(附記)〉

고등보통학교에는 구제도에 의한 졸업자의 학력을 보습(補習)시키기 위하여 당분간 구제도에 의한 보습과를 둘 수 있음.

관립고등보통학교에는 당분간 구제도에 의한 사범과를 둘 수 있음.

㉰ 여자고등보통학교

고등여학교에 준하고 그 교과상의 차이는 다음과 같음.

수업 연한은 4년으로 하고 입학 자격은 수업 연한 6년의 보통학교 졸업 정도로 함.

학과목에 조선어를 첨가할 수 있음.

역사 및 지리에 있어서는 조선에 관한 사항을 상세히 함.

실과는 두지 않음.

전공과 및 고등과는 당분간 두지 않음.

〈부기(附記)〉

관립여자고등보통학교에는 당분간 구제도에 의한 사범과를 둘 수 있음.


㉣ 실업학교

일본 실업학교에 준하고 그 교과상의 차이는 다음과 같음.

입학 자격은 수업 연한 4년 내지 6년의 보통학교 및 보통학교 고등과 졸업 정도로 하고 수업 연한은 입학 자격 및 학교종별에 의하여 일본제도에 준하여 정함.

학과목에 조선어를 첨가함.


㉤ 전문학교, 대학 예과 및 대학은 일본제도에 의함


㉥ 사범학교

보통학교 교원 양성을 목적으로 함.

관립 또는 도지방비 지원으로 함.

제1부 및 제2부로 나누고 지역적 특성에 따라서는 양 부를 함께 설치하고 또는 각각 따로 둘 수 있음.

연구과 및 보통학교 교원을 둘 수 있게 하고 또 부속보통학교를 둘 수 있음.

(제1부)

수업 연한은 6년으로 하고 보통과 5년, 연습과 1년으로 함. 단, 여자는 보통과 수업 연한을 1년 단축함.

보통과는 입학 자격을 수업 연한 6년의 보통학교 졸업 정도로 하고 고등보통학교 또는 여자고등보통학교의 학과 정도에 준하여 교육함. 단, 교육을 첨가하거나 실업(남자), 음악, 체조 등 수업시간 수를 더하는 등 상당한 변화를 가함.

연습과는 입학 자격을 보통과 수료 또는 고등보통학교, 여자고등보통학교 졸업 정도로 하고 일본 사범학교 제2부의 학과 정도에 준하여 교육함. 단, 조선어 및 한문을 첨가하고 역사 및 지리에 있어서는 조선에 관한 사항을 자세히 설명하는 등 다소의 변화를 더함.

**(제2부)**

수업 연한은 3년으로 하고 입학 자격은 보통학교 고등과 졸업 정도로 함. 단, 당분간 연령 15세 이상으로 하고 위와 같은 자격을 가진 자를 입학시키며 수업 연한은 2년으로 할 수 있음. 학과 정도는 일본 사범에 대한 보통소학교 본과, 정교원 강습과의 예에 의함.

단, 학과목의 다소간의 변화는 제1부 연습과와 같음.

**(연구과)**

제1부를 두되 사범학교에 둘 수 있음.

**(보통학교 교원강습과)**

보통학교 교원의 학력 보충, 부훈도(副訓導) 양성, 재봉 기타 전문교원 양성 등 필요에 따라서 개설함.

**(부속보통학교)**

학생에게 교육실습을 시키는 외에 특히 실제 문제 연구에 주력시킴.


㊙ 중학교 교원 양성에 관한 시설은 아래와 같음

ㄱ. 일본 고등사범학교, 여자고등사범학교, 전문학교 또는 대학 등에 부탁(附託) 학생 또는 유학생을 파견함.

ㄴ. 전문학교 또는 대학 등에 교원 양성 기관을 부설함.


② 실업학교, 사범학교, 전문학교, 대학 예과 및 대학에 있어서는 일본인과 함께 배움.


③ 소학교, 중학교 및 고등여학교에는 희망에 따라 조선인을 입학시키고 보통학교, 고등보통학교 및 여자고등보통학교에도 마찬가지로 일본인을 입학시킬 수 있음.

④ 각 학교 교원은 대체로 일본에 준하여도 중학교 이하 조선인 교원에 대하여는 당분간 상당한 고려를 요함.

⑤ 사립학교에 관하여는 일본제도에 준함.

〈부기(附記)〉

일본인의 교육은 일본제도에 의하여 행하되 특히 선택과목으로 조선어를 첨가할 수 있음.

### (4) 교육령 발포

위에서 말한 조사위원회 결의안은 다시 일본 추밀원(樞密院)의 토의를 거쳐 1922년 2월에 신설 교육령 전문으로 발포되었다. 이제 앞에서 기록한 결의안에 빠진 부분만 골라내어 참고로 기술한다.

### 조선교육령

제1조 조선에 대한 교육은 본령에 의함.

제2조~제5조 4항(생략)

제5조 보통학교에 보습과를 둘 수 있음.

　　보습과의 수업 연한 및 입학 자격에 관하여는 조선총독이 정함(5항).

제6조~제9조 2항(생략)

제9조 수업 연한 3년의 여자고등보통학교에 입학할 수 있는 자는 보통학교 고등과를 졸업한 자 또는 조선총독이 정한 바에 의하여 이와 동등 이상의 학력이 있다고 인정하는 자로 함(3항).

　　여자고등보통학교에 보습과를 둘 수 있음(4항).

제10조 입학 자격에 관하여는 수업 연한 6년의 보통학교 졸업자는 보통소학교 졸업자, 보통학교 고등과 제1학년 수료자 및 졸업자는 각 고등소학교 제1학년 수료자 및 수업 연한 2년의 고등소학교 졸업자, 고등보통학교 졸업자는 중학교 졸업자, 여자고등보통학교 졸업자는 그에 해당하는 수업 연한 고등여학교 졸업자로 간주함.

제11조~제16조(생략)

제17조 사범학교에 특별한 사정이 있는 경우에 있어서 특과(特科)를 두거나 또는 특과만을 둘 수 있음.

제18조 특과의 수업 연한은 3년 또는 2년으로 하고 특과에 입학할 자는 수업 연한 2년의 고등소학교를 졸업한 자 또는 조선총독이 정한 바에 의하며 이와 동등 이상의 학력이 있다고 인정한 자로 함.

제19조~제16조(생략)


**부칙**

제27조~제28조(생략)

제29조 본령 시행 시에 현존 보통학교, 고등보통학교, 여자고등보통학교, 실업전수학교, 간이실업전수학교, 실업학교, 관립전문학교 및 사범학교는 각각 이를 본령에 의한 보통학교, 고등보통학교, 여자고등보통학교, 실업학교, 전문학교 및 사범학교로 함.

앞항 고등보통학교, 여자고등보통학교, 실업학교 및 전문학교의 현재 재학생에 대하여는 그 재학기간 동안 구령에 의할 수 있음.

제30조~제31조(생략)

제32조 본령 실행 시에 현재 사립전문학교는 당분간 구령에 의하여 존속할 수 있음.


## (5) 신교육령에 의한 학제 대강

신학제를 구학제와 대조하면,

① 구령은 단지 조선인 교육만 다루었으나 신령은 일본인 교육까지 다루었으며,

② 구령에서는 최고 교육을 마칠 때까지 11년 또는 12년이 걸리나 신령에서는 16년 또는 17년이 걸리며,

③ 구령은 경비 실용주의였으나 신령은 이 주의를 포기하였으며,

④ 구령은 보통, 실업, 전문 3종 교육을 시켰으나 신령은 앞의 3종 외에 대학과 사범 두 가지 교육을 더하였으며,

⑤ 구령은 조선의 특수성을 중심으로 하였으나 신령은 이를 배제하였다.

# 제18표 곡선도

130
120
110
100
95
90
85
80
75
70
65
60
55
50
45
40
35
30
25
20
15
10
8
6
4
2
0
1 2 3 4 5 6 7 8 9 10 11 12 13 14 15 16 17 18 19 20 21 22 23 24 25 26
명

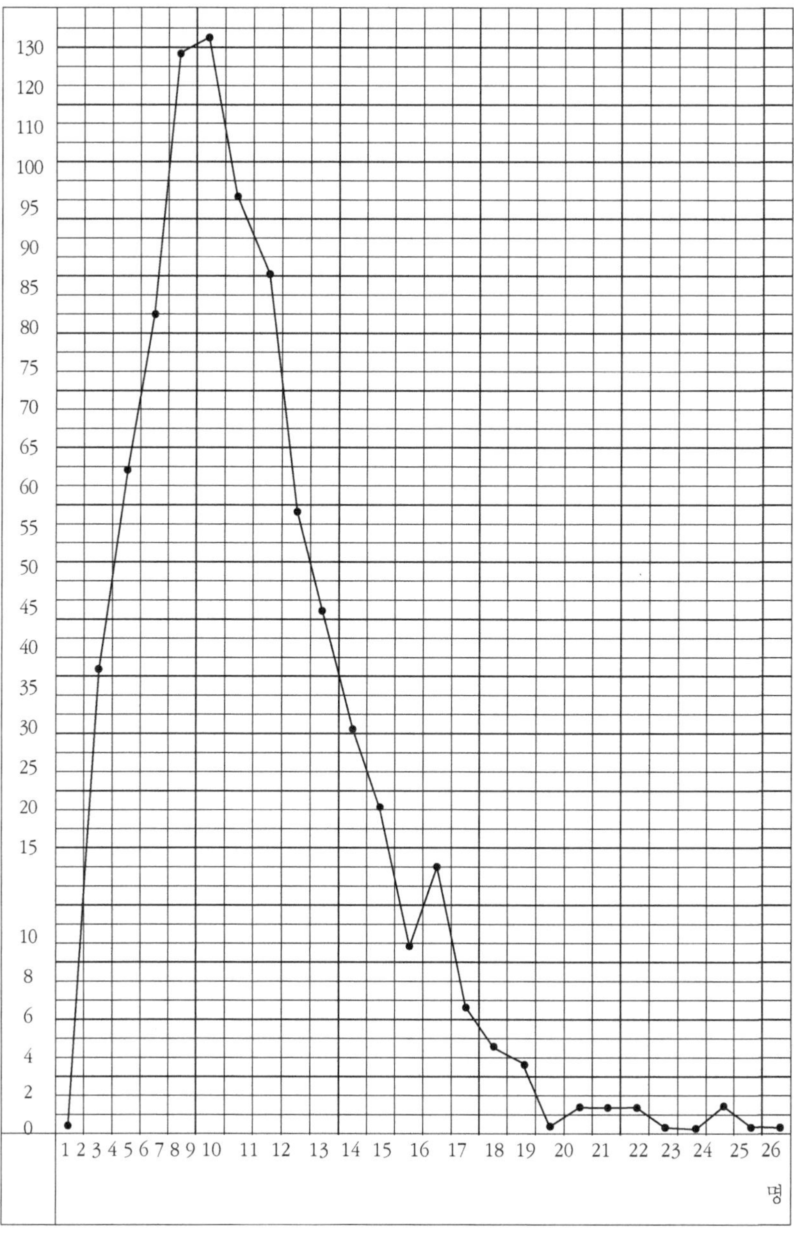

## 6) 신교육령의 가치

신교육령은 매우 비약적인 학제를 가져온 것으로 조선인 교육 정도를 일본인과 같게 한다는 표방하에서 된 것이기에 문화정치를 표방한 위정자로서 당연히 해야 할 방침에서 나온 것이다. 교육 수준이 높아진 것, 독립운동 후에 청년의 향학열이 높아진 때에 일본 고등교육 기관에 입학할 자격이 늘어난 것, 대학이 생기고 사범학교가 생긴 것 따위의 적극적인 면을 볼 때에 누구나 다 좋다고 볼 수 있었다. 이러한 적극적인 면을 꾸미고 선전하여 혜택을 스스로 자랑한 것이 당시 일본인의 언행이었다.

그러나 자본주의 국가의 이민족 정책은 절대로 이민족의 이익을 주지 않는 것이 역사적 공식이다. 한 자 두 자의 이익을 먼저 헤아려 본 뒤에 한 치의 은혜를 베푸는 것이다. 일본인이 이같이 과감한 교육령을 편 것은 그 이면에 몇 배의 국가적 대이익이 있었기 때문이다. 이제 그 교육의 내용을 검토하여 보면 다음과 같다.


### (1) 문화로 우리를 죽이려 하였음

① 교육령을 부연(附演)한 각 학교 규정을 보면 보통학교 규정에는 '일본어를 습득시키는 일을 목적으로 함'이라 하였고(제4조), 고등보통학교와 여자고등보통학교 규정에는 '일본어를 숙달시키는 일을 목적으로 함'이라 하였고(제6조, 제8조), 보통학교 규칙 제8조에는 '일본어를 습득시키는 일은 어떤 교과목에 있어서도 늘 깊이 유의함을 요함'이라 하였으니 교육의 목적이 일본어를 가르치는 데 중점을 두는 것이었다.

② 조선어는 필수과목으로 넣었으나 조선어는 교과서부터 비문학적, 비문장적, 비문법적이었고 내용이 건조하여 맛이 없을 뿐 아니라 교원 역시 적임자가 별로 없었고 상급학교 입학시험 과목이 아니므로 학생의 관심이 없었다. 이름만 정규과목이라 하고 실제는 천대 멸시하였던 것이다.

③ 일본역사를 어린 아이 때부터 가르쳐 일본이 있는 것만 알고 조선이란 관념이 없게 만들려 하였다. 일본의 문화로 조선의 고유 문화를 박멸하려는 것이 교육령의 정신이며, 지식분자를 일본인화하고 일본을 찬양하게 하여 이들로 하여금 조선의 무식한 대중을 속이고 꾀어 일본정신이란 함정으로 몰아넣으려는

일을 하게 하려는 것이 교육령의 복선이었으니, 곧 문화정치를 표방하여 문화로 문화를 정복하고, 일본을 위하는 고등 대변자를 만들려는 것이 교육령의 목적이었다.

### (2) 경제로 우리를 죽이려 하였음

교육령은 전문학교를 일본의 것과 같은 정도로 하고 대학을 새로 세우는 등 겉으로 보면 조선인의 지식과 기술을 향상시키고 따라서 복리를 증진시키는 훌륭한 문교 정치라고 말할는지 모른다. 그러나 정도를 일본인과 같이하고 또 조선인과 일본인이 서로 함께 배울 수 있게 만든 이면에는 일본인을 교육시키는 일을 더 중요하게 생각하였다. 그리하여 특히 공업 기술 방면 학과에는 절대적인 특권을 일본인 학생에게 주어 조선인의 입학자 수를 제한하였다. 1935년 5월 현재 조일(朝日) 공학 상황 일람을 보면 그 진상을 알 수 있다.

**조일 공학 상황(1935년 5월)**

| 학 교 별 | | 학 생 수 | | | 백 분 율 | |
|---|---|---|---|---|---|---|
| | | 조선인 | 일본인 | 계 | 조선인 | 일본인 |
| 대학 | 법문학부 | 113 | 154 | 267 | 42.33% | 57.67% |
| | 의학부 | 97 | 307 | 404 | 24.01% | 75.99% |
| | 계 | 210 | 461 | 671 | 31.30% | 68.70% |
| 대학예과 | 문과 | 63 | 92 | 155 | 40.65% | 59.35% |
| | 이과 | 49 | 105 | 154 | 31.82% | 68.18% |
| | 계 | 112 | 197 | 309 | 36.25% | 63.75% |
| 전문학교 | 경성법학전문학교 | 143 | 48 | 189 | 74.61% | 25.39% |
| | 경성의학전문학교 | 76 | 256 | 332 | 22.90% | 77.10% |
| | 경성고등공업학교 | 49 | 147 | 196 | 25.00% | 75.00% |
| | 수원고등농림학교 | 49 | 144 | 193 | 25.39% | 74.61% |
| | 경성고등상업학교 | 58 | 231 | 289 | 20.07% | 79.93% |
| | 대구의학전문학교 | 79 | 194 | 273 | 28.94% | 71.06% |
| | 평양의학전문학교 | 120 | 174 | 294 | 40.81% | 59.18% |
| | 경성치과의학전문학교 | 100 | 369 | 469 | 21.33% | 78.67% |
| | 경성약학전문학교 | 81 | 199 | 280 | 28.93% | 71.07% |
| | 계 | 750 | 1,762 | 2,512 | 29.85% | 170.15% |

이 표를 다시 검토하여 보면,

① 법학 부문에는 비교적 조선인이 많고 생산 기술 부문에는 일본인이 2배, 3배 이상의 다수를 점하였고,

② 치과전문, 약학전문은 사립임에도 불구하고 일본인 재단이 설립한 관계로 또한 조선인을 적게 받았다. 생산하고 돈 벌 수 있는 기술과는 일본인에게 우선권을 주어 조선인으로 하여금 생산하고 돈 버는 기술을 배울 기회를 갖지 못하게 하여 경제적 자립을 못하고 일본인의 지배하에 살게끔 하려는 의도가 여기에 내포되어 있다.

③ 1935년 10월 1일에 조사한 인구 통계는 조선인이 2,220만 8,102명이요, 일본인이 61만 9,038명이었다. 그해에 전문대학에 있는 학생 수를 앞의 표에서 합하여 보면 조선인이 1,072명이요, 일본인이 2,420명이니 조선학생은 인구 백만에 대하여 48명이요, 일본인은 인구 백만에 대하여 387명이 넘었다. 곧 일본인 학생은 조선인 학생보다 인구에 대한 비율이 80배가 많았다. 이렇게 하여 인구로 조선인보다 35분의 1~36분의 1밖에 안 되는 일본인이 경제적 실력으로 조선인을 지배하여 경제적으로 조선인을 죽이려는 것이 교육령의 복선이다.

### (3) 노예를 만들려 하였음

① 법학전문학교에 조선학생을 많이 뽑은 것은 청년의 머리를 단순하게 만들고 그들의 생활의 길을 품팔이로 유도하여 고용인을 양성하려 한 것이다. 법규는 사람의 정신을 권위화하기 쉽고, 법학지식은 생산물이 아니기 때문에 고용꾼이 되기 쉬운 것이다. 게다가 관존민비의 사상을 퍼부으면 서기쯤이라도 관직이라는 이름에 스스로 만족하는 인물이 많이 나오는 것이다. 이와 같은 여러 가지 미끼를 가지고 그들을 낚아 올려 말단 행정의 수많은 자리를 채우고 마음대로 부리는 노예를 기른 것이다. 그리하여 이 전문학교만은 유독 조선인을 많이 뽑은 것이다.

② 공학이라는 제도 밑에 같은 학교 내에서 학풍을 요리하는 권력을 일본인 학생에게 주었고 더욱이 일본인 학생이 다수인 관계로 조선인 학생은 기를 펴지 못하였다. 그리하여 학교에서부터 청년의 기개를 억압하고 일본인의 위압 밑에서 신음하면서 순종하는 훈련을 시켜 출세 후에도 일본인 밑에서 노예적 태도로 순종하는 습관을 기르려는 것이 교육령 속에 숨어 있는 비밀이었다.

## 7) 신교육령의 내용

신교육령의 내용에서 구령의 내용과 다른 점만 뽑아내어 그 변화를 찾아보면 다음과 같다.

### (1) 보통학교 교육

① 유치원, 맹아학교 기타 보통학교와 비슷한 각종 학교를 보통학교에 부설할 수 있게 되었음.

② 조선어 및 한문을 나누어 조선어를 정규과목으로 하고 한문을 선택과목으로 하였음.

남자에게 과하는 수공을 남녀 공통과목으로 하였음.

재봉 및 수예를 재봉으로 하였음.

결어 과목은 모두 폐지하였음.

③ 역사와 지리를 정과목으로 하였음.

④ 수업료는 도지사의 허가를 얻어 1개월에 1원 이내로 받게 하였음.

### (2) 고등보통학교 교육

① 종래에 관립이나 사립에 한하였던 것을 도지방비 혹은 학교비로 설립할 수 있게 되었음.

② 외국어를 첨가하고 이과를 박물, 물리 및 화학으로, 실업 및 법제, 경제를 실업, 법제 및 경제로 고치고 습자, 수공을 삭제하였음.

③ 상급학교 연락의 길을 열어주고 졸업 후 특권을 얻게 하였음.

### (3) 여자고등보통학교 교육

① 종래에 관립 또는 사립에 한하였던 것을 도지방비 혹은 학교비로 설립할 수 있게 되었음.

② 조선어 및 한문을 갈라서 조선어만 정규과목으로 하고 한문은 지역적 특성에 따라 마음대로 넣기로 하였음.

수예를 재봉에서 분리하여 가설과목으로 하였음.

외국어를 정규과목으로 또는 결여과목으로 하였음.

교육, 법제 및 경제, 실업을 가설과목으로 하였음.

수신, 가사 및 재봉에서 조선의 도덕 및 관습을 중히 하라 하였음.

③ 6년제 보통학교 졸업생을 입학시키되 우등 졸업생에게는 무시험 입학을 시키도록 하였음.

④ 상급학교 연락의 길을 열어주고 졸업 후 특권을 얻게 하였음.


### (4) 실업학교 교육

① 구령에는 보통학교 4학년 수료과정 이상의 학력을 가진 자로 2년 내지 3년의 실업교육을 베풀었으나 신령에는 6년제 보통학교 졸업생을 입학시켜 수업 연한을 3년 내지 5년으로 하였음.

사정에 따라 직업학교, 실업보습학교, 보통학교 4학년 수료자도 입학할 길을 두었음.

② 농업학교 학과와 상업학교 학과를 한 학교에 병설할 수 있게 하고 공업학교에는 많은 학과 가운데 한 과목만 택하여 둘 수 있게 하였음.

③ 인격 도야와 상식 수양을 위하여 보통학과를 중히 여겼음.

④ 학과목은 광범한 것은 피하고 좁은 범위에서 기술의 깊이를 장려하였음. 실습에 중점을 두어 고학년에서 일정한 기간에 실습만 과할 수 있게 하였음.

⑤ 수업 연한이 다른 학교에 전학할 수 있게 하였고 상급학교 연락을 도모하였음.

⑥ 야간 수업을 허가하고 학생의 학습을 위하여 시설을 이용할 수 있게 하였음.

⑦ 공장, 기타 시설을 대용하게 하고 실업계와 연락을 밀접하게 하여 교육이 실제적으로 되도록 꾀하였음.


### (5) 사범학교 교육

① 일본에서 얻은 수십 년간의 사범교육의 경험을 가지고 그 장단점을 골라 진보된 형식과 내용을 취하였으니 보통교육 기관의 수요와 교육 완비 두 방면을 고려하였음.

② 교육령 32조 중 사범교육에 관한 것이 10개조임. 설립, 폐지, 학생 교양 요지, 보통과 및 연습과에 관한 학과 및 정도, 학년, 학기, 수업일수, 식일(式日), 편제,

교과서, 입학, 퇴학, 휴학, 징계, 학자 및 졸업 후 복무, 강습과 및 연구과에 관한 사항, 부속 보통학교 및 부속 유치원에 관한 사항, 설비에 관한 사항 등 내용에 대하여 128개 조문에 상세히 규정하였음.

### (6) 전문학교 교육

모두 일본의 것과 차이가 없음.

### (7) 대학 교육

① 학부 선정에 대한 논의

대학의 의학부를 두는 데는 논의가 없었으나 이농(理農)이나 이공학부를 두지 않고 법문학부를 두는 데 논의가 있었는데 법문학부를 두는 이유는 이러하였다.

"옛날부터 조선인은 법률, 경제, 정치 방면에 뜻이 많고 이·농·공 등 자연과학 방면에는 열심이 없으니 모처럼 이농학부나 이공학부를 두더라도 입학 지원자를 얻지 못할 것이며, 한편으로 법문학부가 없으면 일본이나 해외로 유학을 가는 자가 여전히 많을 것이니 대학을 개설한 의의가 없을 것이다."

이렇게 이론을 붙이고 이농이나 이공을 두지 아니하였다.

그러나 이 이론은 구실에 불과한 이론이었다. 여기에는 이농공의 기술은 전문 정도까지나 조선인에게 가르치고 대학 정도까지는 식민지 본토인인 조선인에게 아니 가르치자는 심산이 숨어 있었던 것이다. 조선인에게 생산과 기술의 고등 이론적 지식을 가르쳐 경제의 열쇠를 맡기는 것은 위험한 일이다. 저들은 일본서 학부를 마친 조선인 기술자를 저들의 사설 회사 같은 데에 채용하여도 그 지위와 이력이 차차 늘어 고등하고 비밀한 설계와 계획에 참가할 정도가 되면 곧 자리를 갈고 일감을 바꾸어 절대로 고급 기술을 조선인에게 맡기지 않았다. 이렇게 식민지 정책을 주도면밀하게 하는 그들이었으니 대학에다 조선인을 위하여 이농, 이공의 학부를 둘 리가 없었다. 둔다 하더라도 역시 일본인 교육에 필요를 느낄 때에 둘 것임은 분명한 사실이다. 1938년에 이공학부를 둔 것은 일본이 대전쟁을 앞에 두고 전쟁 중에 과학 동원이 시급히 필요함을 느꼈기 때문이었다. 하지만 그때도 조선인의 입학 문호는 여전히 좁았다. 이것은 통계로 증명되는데 매년 이공학부 지원자의 합격률이 불량한 데 대한 각 중학교 교원, 각 학부형과 학생의 분노한 불평의 소리가 지금도 귀에 남아 있다.

**이공학부 누년 재적생 일람**

| 연 도 | 조선인 | 일본인 |
| --- | --- | --- |
| 1941년 | 14 | 23 |
| 1942년 | 23 | 64 |
| 1943년 | 36 | 95 |

**이공학부 각 과 재적생 일람(1943년)**

| 학 과 | 일본인 | 조선인 |
| --- | --- | --- |
| 물리학과 | 1 | 4 |
| 화학과 | 7 | · |
| 토목공학과 | 22 | 1 |
| 기계공학과 | 21 | 9 |
| 전기공학과 | 13 | 11 |
| 응용화학과 | 16 | 18 |
| 광산야금과 | 15 | 3 |

② 대학 교육의 목적

대학령 제1조에 "대학은 국가가 필요로 하는 학술의 이론 및 응용을 교육하고 아울러 그 심오한 이치를 연구함을 목적으로 삼고 아울러 인격의 도야와 국가사상에 유의하여야 한다"고 하였다.

대학 교육 또한 일본정신을 조선인에게 침투시키려고 한 것이다. 그리하여 초대 총장 하토리의 훈시는 철두철미하게 일본주의와 보수주의였다.

㉮ "조선의 연구를 행하여 동양문화 연구의 권위가 되는 것이 본래 학문의 사명이라고 믿는다. 이 사명을 수행하려 하는 데는 일본정신을 원동력으로 하고 날로 새로운 학술을 이기(利器, 이용할 만한 기계)로 하여 나아가지 아니하면 안 된다"는 등 앞뒤 이론이 맞지 않게 일본정신을 억지로 결부시켰다.

㉯ "오늘날은 국제주의 시대이며, 국가주의 시대가 아니라고 하는 사람이

있으나 그것은 너무 잘못된 생각이다. 국가주의는 Nationalism, 국제주의는 Internationalism이니 후자는 정확히 말하면 국제협동주의이다. 이 주의는 국가주의를 전제로 한 것이다. …… 여러분은 유념하여 국가를 잊지 말기를 바란다"고 하였다. 또 "여러분은 대학의 자유를 오해하지 말라. …… 자유는 연구의 자유와 학문의 자유인데 먼저 연구의 자유라는 것이 절대적이 아니다. …… 국가의 기초를 동요시키고 국가 존립을 위태하게 하는 따위의 연구는 허용할 만한 것이 아니다. …… 근래에 사회과학 연구를 표방하고 이따금 범위를 초월하여 실행의 영역을 밟는 자가 있는 것은 학생의 본분을 그르치는 것이다"라고 하였으니 당시에 범람하여 가던 자유주의와 사회과학 연구에 위험성을 느낀 경계이다. 경성대학(오늘날 서울대학의 전신)은 조선에 있는 대학이니만큼 학문 연구의 자유를 눌러 학자와 순수한 학설을 내놓지 못하게 하고, 불순한 정치적 의도를 개입시켰기 때문에 대학으로서의 신성하고 참된 가치는 처음부터 없었다. 그리하여 이 대학의 교육은 대개 총독부 정치를 옹호하는 앞잡이에 지나지 못하였다. 그리하여 학자적 양심을 가진 학자는 오래 있지 못하고 다 저의 나라로 돌아갔던 것이다.

## 8) 신교육령의 실시

### (1) 일본학교 규정을 적용

신교육령에 의한 각 학교 규정은 대개 해당 일본학교 규정을 적용하여 일본 준거주의를 진실하게 실행하여 1922년 4월 1일을 기하여 실시하였다.

### (2) 농상초보 중점주의 폐지

보통학교가 중점으로 다루던 농업초보, 상업초보를 폐지하여 선택과로 하였다.

### (3) 교원에 관한 규정 개정

사립 각종 교원의 자격시험 제도를 폐지하고 교원 채용에 편의를 주는 동시에 사립보통학교, 고등보통학교, 여자고등보통학교, 실업학교에 「교원의 자격 및 교원 수에 관한 규정」을 두어 각종 학교와 구별을 하였다.

### (4) 사립학교의 재단법인 설립

사립전문학교, 고등보통학교 등의 설립에는 학교를 유지할 만한 재단법인을 세우게 하였다.

### (5) 특과 사범학교 설립

특과뿐인 사범학교를 설립할 수 있게 되어 신교육령에 의하여 1922년, 1923년 두 해 동안에 각 도에 수업 연한 2년 혹은 3년의 특과 사범학교가 공립으로 설립되어 급격히 증가하는 교원을 양성하였다.

### (6) 실업학교를 쇄신

종래의 간이실업학교는 폐지하고 그 일부는 실업보습학교로 개편하였으며 농·상·공 등의 실업학교도 일본의 동종 실업학교에 준하여 입학 자격을 올렸고 동시에 수업 연한도 일부 연장하였다.

### (7) 전문학교를 개선

전문학교도 면모를 고쳐 조일공학(朝日共學)을 목표로 향상시켰다.

### (8) 관립고등보통학교를 도에 이관

종래에 관립이던 고등보통학교와 여자고등보통학교를 재정 정리로 인하여 전부 도비(道費)로 옮겼으나 지방 재정이 빈약하였으므로 경상비는 거의 전액을 국고 보조로 하였다.

### (9) 대학을 개설

1923년 11월에 대학창립준비위원회를 조성하고 중요사항을 심의한 후 1924년 5월에 대학관제와 법문학부, 의학부 2부로 하는 사항 등을 공포하고 1924년도부터 예과를 신설하였으며, 입학 자격은 고등보통학교, 중학교 졸업 정도로 하고 수업 연한은 2년으로 하였다. 1926년에 제1회 졸업생이 나자 관제를 개정하여 위에 기록한 두 학부로 된 종합대학을 개설하였다.

## 9) 개혁기 교육의 개괄적인 평가

### (1) 우리의 추진력으로

1919년에서 1925년까지의 교육은 제도로는 향상적이요, 시설로는 발전적인 느낌을 주었다. 이 시기의 교육이 이 같은 적극성을 가지게 된 원인은 일본인의 힘이 아니며, 조선인의 추진력이었다는 것을 우리는 인식하지 않으면 안 된다.

1919년 3월에 일어난 우리의 독립운동은 가문 땅에 단비가 내려 초목에 산 힘을 주듯이 우리의 정신을 소생하게 하였다. 앞장 14에서 한 말과 같이 조선의 인심은 시들하였다. 따라서 청년의 향학열도 식었다. 그런데 독립운동의 자극을 받아 민심이 다시 살아나고 민족적으로 갱생하려는 자유주의가 활발히 자라났다. 그리하여 총독부 행정에 임한 일본인으로서는 체면에 몰리고 정책의 필요를 느끼어 교육정책을 변경하지 아니할 수 없었으니 결국 조선인의 부르짖음에 어찌할 수 없어서 용단적 결의를 가지고 그러한 개혁을 하였던 것이다.

① 학생의 향학열: 민족의 부흥은 민족의 지식 향상에 있다는 깨달음에 따라 갑자기 향학열이 불붙듯이 일어나 학교마다 교실이 좁도록 입학자가 밀려들었다. 따라서 충실하고 완전한 또는 다소라도 조선적인 훈육을 받겠다고 각 학교에 학생의 동맹휴학이 유행병처럼 번져갔으며, 각 학교마다는 물론이고 한 학교에 2, 3회씩 맹휴가 일어나서 학계는 혼란한 듯하였지만 기상은 활발하였다. 그리고 고등 학문을 목표로 했기 때문에 중등에 있어서 실업학교보다 고등보통학교의 입학 지망이 늘었다. 1925년 5월 현재의 한 학급 재적 학생의 평균수를 1919년 5월 현재와 대조하여 보면 학생 수가 훨씬 증가했음을 볼 수 있다. 이것은 각 학교에서 한 학급의 학생 수를 늘리지 아니할 수 없을 만큼 지원자가 늘었다는 것을 증명하는 것이다.

## 제 학교 재적생 수 비교표

(위는 1919년 5월 현재, 아래는 1925년 6월 현재)

| 종 별 | | | 학급 수 | 재적생 수 | 1학급·재적 평균수 |
|---|---|---|---|---|---|
| 보통학교 | | 관립 | 13<br>17 | 461<br>824 | 35<br>48 |
| | | 공립 | 725<br>2,022 | 84,306<br>392,008 | 45<br>57 |
| | | 사립 | 24<br>26 | 4,521<br>14,460 | 41<br>39 |
| 고등보통학교 | | 공립 | 44<br>130 | 1,705<br>5,443 | 39<br>42 |
| | | 사립 | 31<br>80 | 1,449<br>4,664 | 47<br>58 |
| 여자고등보통학교 | | 공립 | 15<br>16 | 378<br>705 | 25<br>44 |
| | | 사립 | 17<br>29 | 309<br>1,316 | 18<br>45 |
| 실업학교 | 농업 | 공립 | 35<br>78 | 1,334<br>3,033 | 38<br>36 |
| | 상업 | 공립 | 8<br>51 | 359<br>1,399 | 45<br>27 |
| | | 사립 | 3<br>17 | 162<br>480 | 54<br>28 |
| 전문학교 | | 관립 | 38<br>31 | 474<br>439 | 12<br>14 |
| | | 사립 | 18<br>26 | 111<br>614 | 6<br>24 |
| 각종 학교 | | 일반 | 974<br>1,020 | 20,079<br>37,357 | 21<br>37 |
| | | 종교 | 215<br>1,205 | 14,896<br>31,858 | 18<br>26 |

　　1912년에 일본 유학생이 279명이던 것이 1925년, 즉 예과가 개교하던 해에는 2,504명이었고 1927년, 즉 학부가 개교하던 해에는 3,275명이 되었다. 그중에 대학 재학생이 1925년에 82명이었고 1927년에는 241명이었다. 뿐만 아니라 당시에 중국 북경, 상해, 남경, 청진, 청도, 제남, 봉천, 여순 및 구미 각 대학의 유학생을 합하면 무려 700명이나 되었다.

　　당시에 민간의 향학열이 아주 고조되었기 때문에 어떤 도평의회에서는 토목, 위생, 권업의 비용을 모두 돌려 교육비에 써서 학교를 증설하자고 말하는 평의원이 많았다고 한다. 이와 같은 정세에서 '3개 면, 1학교제'의 보통학교 교육안이 실시되었고 고등보통학교가 10개교나 늘었으며 사범학교가 생기고 대학이 생긴 것이니 곧 위정자의 체면을 유지하지 않을 수 없었던 까닭이다.

② **사상계의 활약**: 독립운동은 세계대전 뒤에 민족적 자유사상이 북받쳐 일어난 것이다. 이 사상은 독립운동 뒤에 잇대어 민심을 지배하고 있었다. 당시에 독립운동은 국내에서는 집단적으로 활동하기가 어렵게 되었으므로 전술을 바꾸어 산업발달과 교육진흥과 문화갱생에 힘을 기울여 민족적 자립 갱생의 기초를 북돋우며 시기를 기다리려고 하였다.[*4]

이러한 의도를 가진 사회의 지도자들, 곧 민족적 양심으로 민족적 갱생을 꾀하는 유지들이 민립종합대학 설립운동을 일으켜 사회에 사상적 암류(暗流)가 흐르고 활동이 활발하였다. 그러니 이때 관립대학을 세워 그 기선을 제압하고 사상적으로 집결되는 민족적 사업을 분쇄하는 정책을 일본인으로서는 취하지 않을 수 없었다. 그러므로 일본인으로 하여금 대학을 급속히 세우게 추진한 저력이 또한 우리에게 있었던 것이다.

## (2) 일본인이 개혁안을 역이용

개혁기에 교육을 개혁하지 않을 수 없는 정세를 맞이한 일본은 조선인의 교육을 향상, 쇄신, 보급한다는 미명을 걸어놓고 조선인 교육에는 성의를 보이지 않고 전부 일본인 교육에 주력하였다. 곧 미명을 내걸고 도둑질을 하였던 것이다. 이제 그 내면을 검토해보자.

① 취학연령과 취학률을 조사해보자.

1925년에 조사한 인구는 조선인이 1,902만 30명이요 일본인이 44만

---

[*4] 3·1민족운동의 성과인 '문화정치'의 이면에는 일제가 민족운동의 전선을 분열·약화 시키려고 친일파의 대량 양성, 민족해방운동의 여러 흐름 중에서 일제에 정면 도전하지 않는 온건한 입장을 가진 자들을 체제 내로 흡수하기 위해 민족개량주의 사상을 조선 민중에게 침투시키려는 의도가 있다.
이러한 일제의 회유책에 민족주의계열의 대다수는 3·1운동의 좌절을 역량 부족으로 평가하고 절대독립론에서 후퇴하였다. 이들은 '조선독립운동 시기상조론'을 내세우면서 독립운동 대신에 일제 지배하에서의 자치운동을, 정치운동 대신에 문화운동, 실력양성운동을 전개해야 한다고 주장하였다. 이들을 위한 민족해방운동의 왜곡은 일제에 의해 적극 장려·이용되었고, 이들은 결국 민족 변절자의 길을 걷게 되었다. 그 이론적 기반은 동아일보계의 김성수·송진우, 천도교계의 최린 등이 중심이 되어 조직한 연정회(1923)의 '자치운동', 이광수의 '민족개조론', 최남선의 '일선동조론(日鮮同祖論)'이 자치운동의 이론적 지주였다.

3,402명이었다. 이 인구에 취학연령 추정률 1000분의 135를 적용하여 취학연령 아동 수를 산술하고 취학률을 계산하면 다음과 같다.

| 학 교 | 인 구 | 취학연령 아동 수 | 취학자 수 | 취학률 |
|---|---|---|---|---|
| 보통학교(관공) | 19,020,030 | 2,567,704 | 392,832 | 15.3% |
| 소학교(日) | 443,402 | 59,859 | 55,000 | 91.9% |

일본인 아동의 취학률은 조선인의 6배로 학령 아동의 92%가 취학을 한 데 반하여 조선인 아동은 15%밖에 취학을 못 하였다. 이렇듯 저희들은 정성을 다하여 일본 아동을 가르쳤고 조선 아동의 교육은 경제조건을 회피의 이유로 삼아 가면서 급진시키지 아니하였다.

② 1925년도 각 학교의 취학자 수와 동년도 인구 만 명에 대한 취학자의 비율을 계산하여 비교해보자(위쪽은 조선인, 아래쪽은 일본인).

| 학 교 | 취학자 수 | 인구 만 명에 대한 비율 | 비율의 비교 |
|---|---|---|---|
| 보통학교(관,공립) | 392,832 | 206.53 | 1 |
| 소학교 | 59,859 | 1240.43 | 6 |
| 고등보통학교(공립) | 5,442 | 2.86 | 1 |
| 중학교 | 4,490 | 101.26 | 35 |
| 여자고등보통학교(공립) | 705 | 0.38 | 1 |
| 고등여학교 | 5,690 | 128.32 | 337 |
| 농, 상, 공, 상공, 수산 | 4,831 | 2.54 | 1 |
| 학교(공립 합계) | 2,843 | 64.12 | 25 |
| 법, 의, 공, 농, 상 | 439 | 0.23 | 1 |
| 전문학교(관립 합계) | 676 | 15.24 | 63 |
| 대학 예과 | 71 | 0.04 | 1 |
| | 233 | 5.25 | 131 |
| 사범학교 | 1,696 | 0.89 | 1 |
| | 625 | 14.95 | 16 |

이상의 일람을 보면 일본인의 인구가 조선인의 약 43분의 1인데도 불구하고 중학생의 실수가 고등보통학교생 수와 비슷하고 여자 중학생의 실수가 8배가 넘으며, 전문학교와 대학은 공학임에도 불구하고 일본인의 실수가 조선인보다 전문에는 1.5배, 대학 예과는 3배가 많으니 이 얼마나 조선인을 무시한 교육이었는지 알 수 있다. 또 비율의 비교를 보면 남자에 있어서 소학교에선 6배, 중학교에선 35배 내지 25배, 전문에선 63배, 대학 예과에선 131배로 차츰 벌어졌다.

이것은 고등교육을 받을 길을 일본인 청년에게는 넓게 열어주고 조선인에게는 좁게 열어 고등교육을 제한하였던 것을 말해준다. 조선인에게는 지도적 지식을 주지 아니하려고 하였으며 그 교육기관을 일본인 교육에 역이용하였던 것이다. 끝으로 이 개혁기에 실시된 제 학교 일람을 참고로 덧붙인다.

## 제 학교 일람

(위는 1925년 5월 현재, 아래는 1919년 5월 이후 6년간에 증가한 수. 단, 1919년 5월 현재 표는 앞장 12절에 있음)

| 종 별 | | | 학교 수 | 학급 수 | 학생 수 | | | 경상비 (천 원) |
|---|---|---|---|---|---|---|---|---|
| | | | | | 남 | 여 | 계 | |
| 보통학교 | | 관립 | 2 | 17 | 470 | 354 | 824 | 9,208 |
| | | | · | 4 | 168 | 195 | 363 | 7,687 |
| | | 공립 | 1,187 | 6,900 | 334,287 | 57,721 | 392,008 | 9,208 |
| | | | 705 | 1,022 | 260,561 | 42,141 | 307,702 | 7,687 |
| | | 사립 | 65 | 307 | 10,075 | 4,385 | 14,460 | 306 |
| | | | 32 | 197 | 6,864 | 3,075 | 9,939 | 252 |
| 고등보통 학 교 | | 공립 | 15 | 130 | 5,443 | · | 5,442 | 866 |
| | | | 10 | 116 | 3,736 | · | 3,736 | 632 |
| | | 사립 | 8 | 80 | 4,664 | · | 4,664 | 352 |
| | | | 1 | 49 | 3,215 | · | 3,215 | 284 |
| 여자고등 보통학교 | | 공립 | 2 | 16 | | 705 | 705 | 118 |
| | | | · | 1 | | 327 | 327 | 25 |
| | | 사립 | 7 | 29 | | 1,316 | 1,316 | 213 |
| | | | 3 | 12 | | 1,007 | 1,007 | 158 |
| 실 업 학 교 | 농업 | 공립 | 22 | 78 | 3,033 | | 3,033 | 509 |
| | | | 5 | 53 | 1,699 | | 1,699 | 372 |
| | 상업 | 공립 | 13 | 51 | 1,399 | | 1,399 | 326 |
| | | | 10 | 43 | 1,040 | | 1,040 | 297 |
| | | 사립 | 3 | 17 | 486 | | 486 | 87 |
| | | | 2 | 14 | 318 | | 318 | 42 |
| | 공업 | 관립 | · | · | · | | · | · |
| | | | 1 | 19 | 27 | | 27 | 60 |
| | 상공 | 공립 | 1 | 6 | 152 | | 152 | 44 |
| | | | · | 감 3 | 감 57 | | 감 57 | 17 |
| | 수산 | 공립 | · | · | · | | · | · |
| | | | 4 | 9 | 220 | | 220 | 56 |
| 실 업 보 습 학 교 | 농업 | 공립 | 6 | 12 | 279 | | 279 | 23 |
| | | | 감 43 | 감 42 | 감 527 | | 감 527 | 감 18 |
| | 상업 | 공립 | 6 | 15 | 374 | | 374 | 29 |
| | | | · | 6 | 116 | | 116 | 25 |
| | 공업 | 공립 | 8 | 15 | 214 | | 214 | 39 |
| | | | 감 2 | 감 3 | 70 | | 70 | 15 |
| | 수산 | 공립 | · | · | · | | · | · |
| | | | 감 2 | 감 44 | 감 44 | | 감 44 | 감 8 |

| 종 별 | | 학교 수 | 학급 수 | 학생 수 | | | 경상비<br>천 원 |
| --- | --- | --- | --- | --- | --- | --- | --- |
| | | | | 남 | 여 | 계 | |
| 전문학교 | 관립 | 5<br>1 | 31<br>감 7 | 439<br>감 35 | | 439<br>감 35 | 392<br>172 |
| 전문학교 | 사립 | 4<br>2 | 26<br>8 | 552<br>441 | ·<br>62 | 552<br>503 | 243<br>143 |
| 대학 예과 | 관립 | ·<br>1 | ·<br>8 | ·<br>71 | · | ·<br>71 | ·<br>149 |
| 사범학교 | 관립 | ·<br>1 | ·<br>19 | ·<br>150 | ·<br>34 | ·<br>184 | ·<br>307 |
| 사범학교 | 공립 | ·<br>13 | ·<br>42 | ·<br>1,474 | ·<br>38 | ·<br>1,513 | ·<br>518 |
| 각종<br>학교 | 공립 | ·<br>67 | ·<br>87 | ·<br>2,893 | ·<br>159 | ·<br>3,052 | ·<br>16 |
| 각종<br>학교 | 사립 일반 | 347<br>감 83 | 1,020<br>46 | 32,877<br>13,756 | 4,480<br>3,422 | 37,357<br>17,278 | 755<br>369 |
| 각종<br>학교 | 사립 종교 | 257<br>감 3 | 1,205<br>390 | 20,698<br>10,921 | 11,160<br>6,051 | 31,858<br>16,962 | 890<br>565 |
| 서 당 | 사립 | 18,510<br>감 5,046 | | | 226,432<br>감 41,140 | 5,324<br>4,289 | 1,877<br>377 |

## 조선 내 일본인 학교 일람(1925년 5월 현재)

| 학교별 | | 학교 수 | 학급 수 | 학생, 생도, 아동 수 | | | 경상비<br>(천 원) |
| --- | --- | --- | --- | --- | --- | --- | --- |
| | | | | 남 | 여 | 계 | |
| 소학교 | | 448 | 1,455 | 28,732 | 26,577 | 55,308 | 2,905 |
| 중학교 | | 10 | 103 | 4,490 | | 4,490 | 716 |
| 고등여학교 | | 21 | 132 | | 5,690 | 5,690 | 640 |
| 실업학교 | 농업 | 22 | 78 | 378 | | 378 | 409 |
| 실업학교 | 상업 | 15 | 78 | 2,252 | | 2,252 | 479 |
| 실업학교 | 상공 | 1 | 6 | 89 | | 89 | 44 |
| 실업학교 | 공업 | 1 | 19 | 119 | | 119 | 60 |
| 실업학교 | 수산 | 4 | 9 | 5 | | 5 | 56 |
| 실업보습<br>학 교 | 상업 | 5 | 2 | 183 | | 183 | 30 |
| 실업보습<br>학 교 | 공업 | 4 | 7 | 46 | | 46 | 18 |
| 전문학교 | | 5 | 31 | 678 | | 678 | 393 |
| 대학 예과 | | 1 | 8 | 233 | | 233 | 149 |
| 사범학교 | | 14 | 61 | 590 | 35 | 625 | 825 |

## 2. 후기: 교육 침체기(1926~1931)

### 1) 교육정책이 또 바뀐 원인

언제든지 경제와 사상 두 문제를 떠난 자립적 교육은 있을 수 없다. 교육은 개인이나 국가의 경제문제 곧 인간의 생활을 해결하자는 것이 유일한 목적이며, 그다음에는 개인의 이성을 명료화하여 인생의 위안을 주는 것이 큰 목적이다. 이 두 가지를 무시한 교육은 교육이 아닐 것이다. 그러므로 이 두 가지 문제를 해결하는 것이 교육의 사명이며 동시에 교육은 이 두 가지의 동태에 끌려가며 그 방향을 변화하지 않을 수 없는 것이다.

전기 6년간의 교육상태가 비교적 적극적으로 나아간 것도 그 이면에는 제1차 세계대전 후에 일본의 경제계가 호황을 이룬 기간이었으며, 조선사회에 자유주의 사상이 끓어오르는 동시에 일본 전국에도 자유주의 사상이 넘쳤던 때였기 때문이었다. 그러나 5, 6년을 지난 전기(前期) 말부터는 경제계도 달라지고 사상계도 복잡해졌다.

① 경제계에 있어서는 세계적 공황이 엄습하여 일본에서도 재정정책을 긴축주의로 바꾸고 금 수출을 폐지하였으며, 조선에서는 경제계가 전체적으로 침체하고 농촌의 생활이 궁핍해져서 궁민(窮民, 생활이 어렵고 궁한 백성) 구제의 목적으로 토목사업을 개시하였고 1925, 1926년경에는 통화 유통이 축소되어 1923년에 9,080만 원, 1924년에 9,690만 원이던 것이 1925년에 8,428만 원, 1926년에 8,482만 원으로 줄어들어 거의 경제계가 마를 지경이었다. 그리하여 일반의 향학열도 지망할 용기가 줄어서 자연히 줄어들었다.

② 사상에 있어서는 1919년 독립운동으로 인하여 민족주의가 왕성하게 피어오른 한편, 1920년에 상해에서 고려공산당이 조직되고 1921년에 조선청년연합회 내에 좌익 청년단체인 서울청년회가 조직되었으며 1922년에 동경 유학생으로 조직된 북성회가 들어와서 신사상연구회가 조직되고 그것이 1923년에 나뉘어 화요회와 북풍회가 생겨났다. 동시에 해외에서 공산당원이 들어와 제3인터내셔널과 연락하여 각 단체를 급속히 진전시켰다. 1924년에는 조선노농총동맹과 조선청년총동맹이란 전조선통일기관이 세워졌다가 얼마

안 되어 일본인의 압박으로 자취를 감추었으나 다시 1925년에 조선공산당, 고려공산당, 혹기연맹이란 3개의 비밀결사가 생겼다가 같은 해 11월과 그 이듬해 6월 두 차례 검거로 모두 중지되었다.

또다시 좌익 지하운동은 민족적 정치운동으로 방향을 고쳐 민족주의자와 합동하여 1927년 2월에 신간회를 조직하는 동시에 이와 자매단체인 근우회를 만들었다. 그리고 한편으로 ML조선공산당이 조직되었다. 이러한 운동이 학생운동, 노동쟁의, 민족운동의 일환으로 전개되어 일본에 반항하는 사상이 강하여지고 학원에 맹휴가 자주 일어나서 당국자인 일본인들의 머리를 앓게 했다.


## 2) 교육방침을 수정

이때에 새로 온 총독 야마나시는 조선인의 생활이 너무 궁핍해지고 학생의 사상이 민족적으로 또는 자유주의로 흐르는 것을 걱정하였다. 그리하여 교육방침을 다시 수정하기로 하였다. 다시 실용주의를 어느 정도까지 부활시키고 사상 단속을 강화하는 교육정책을 폈다.

언제나 식민지 행정에는 백성을 속이는 교묘한 수단이 있기에 저들의 이익을 위한 정책을 몇 가지 베풀려면 한 가지쯤 식민지의 인심을 살 만한 일을 내걸고 백성을 속이는 것이다. 야마나시가 다시 소극적 교육정책을 써서 실리주의와 구속주의로 나가려 할 때 그것만 내세우면 인심에 불만이 있을 것을 알고 이와 교환적 의도에서 보통학교를 한 면에 1개교씩 설립하기로 하였다. 그리고 이것으로 인심을 무마하는 동시에 정도를 낮추어 4년제로 하였고, 일본어 보급과 청년의 사상을 감독하고 구속하기 위해 2년제 국민학교를 시행하려 하였는데, 얼른 보면 교육을 보급하는 좋은 정책인 듯하나 그보다 더 큰 것은 앞에서 말한 바와 같이 시국에 반향된 생활문제와 사상문제를 저들에게 유익하게 해결하여 봉건사상과 사대주의를 강화시켜 일본을 숭배하게 하려는 것이었다. 이런 의도가 심의위원회 석상에서 발표한 인사말 중에 숨어 있었다.


## 3) 수정한 취지

교육방침을 수정하는 취지는 1928년 6월에 열린 임시교육심의위원회에서 행한 야마나시의 설명을 간추려 보면 알 수 있다.

…… 무릇 통치의 요체는 국민 전반의 안녕과 번영을 기하고 다수 민중의 자질을 향상시키며 한편에 있어서는 산업을 개발하고 다른 한편에 있어서는 문화의 진전을 촉성(促成)하는 데 있다고 생각된다. 그런데 민중 전반의 자질 향상은 교육 개선을 기다리지 않고는 안 되는 것은 말할 필요가 없다. …… 한반도의 면(面) 중에는 아직 보통학교가 배치되지 않은 데가 반수이고 보통학교의 재학생은 취학연령 아동의 1할 8푼에 불과하고 보통학교와 유사한 초등학교 및 서당의 재학생을 더하여도 3할이 되지 못하니 매우 우려하는 바이다.

…… 대체로 한 면에 1개교를 설치하기로 하고…… 실질적인 교육 내용에 있어서는 근로를 애호하는 정신을 함양하고 사회생활상 필요한 품성을 도야하는 데 힘을 다하지 않으면 안 된다고 생각한다.

또 교육의 실적 여부는 오직 교육자 그 사람의 덕성, 지능 여하에 달려 있으므로 이에 필요한 교양을 목적으로 하는 사범교육에 있어서는 깊은 유의를 요하나 반도의 사범교육은 유감이지만 개선을 요할 것이 적지 않다. ……

그리고 시행 주의(施行 注意) 훈령 중에는 아래와 같은 말이 있었다.

"…… 온건 중정(中正, 치우침이 없이 곧고 올바름)한 사상을 배양하고, 직업에 대한 견실한 이념을 주고, 근로를 애호하고, 흥업치산(興業治產)의 지조를 공고하게 하며, 또 자영 진취의 기상을 기르고, 한갓 독서교육의 폐단에 빠져서 수업의 효과로 오직 봉급에 의해 먹고 입으려는 잘못된 지향을 고쳐라."

또한 (오노 학무국장이 지은 책에는) 다음과 같은 말이 적혀 있다.

유럽 전란 후에 극단적 자유주의가 반도 사상계를 풍미하여 대정 11년(1922)경에 이르러 반도 각지에 공산주의운동이 비밀리에 행해지고 이어서 비밀결사가 조직되고 더욱 소화 2년(1927)에는 공산주의자 대부분이 그 방향을 전환하여 각지의 유력한 민족주의자와 합류하여 공산, 민족 두 개의 주의를 서로 섞은 극히 은밀한 행동강령으로써 공공연한 신간회라는 정치단체를 결성하고[*5] 그와 자매단체인 여성만으로 조직한 근우회[*6]를 만들어 조선 내에 가는 곳마다 각각 지회를 두고 반도의 치안을 어지럽힌다. 일반 대중의 교양 정도가 낮은 경우에는 학생이 민중 사상운동의 선구가 되거나 혹은 그 중심이 되는 것은 필연적이므로 학생으로서 이 운동에 참가한 자가 상당히 다수이고, 주로 조선인을 수용한 중등 정도의 학교에 있어서는 공산주의적 비밀결사를 조직한 자도 있는 듯하며, 매우 불순한 동기로 인한 동맹휴학 사건이 각지에서 빈발하여 학원의 평화를 해하는 일이 자못 컸다. 야마나시 총독은 이에 대하여 각 도지사와 각 관립학교장에게 특별히 훈시를 주어 덕풍(德風)을 진작시키라고 하였다. ……

그리고 이 야마나시의 특별훈령 내용 가운데에는 아래와 같은 말이 있었다.

　　…… 근래 여러 학교에 있어서 학생들의 동맹휴교가 잦고, 우리 국민 도덕의 특질과 서로 용납되지 않는 과격한 사상이 점점 침투하려 하는 추세에 있으니, 임무가 교육에 있는 자는 이를 깊이 자성하고 상호 경계하고 상호 격려하여 힘을 북돋우고 의를 두텁게 하여 숭고한 직분을 완전히 하고 정성을 다하고 이(理)를 밝히며 순순히 가르치기에 게으르지 말라. 생각이 아직 정해지지 않고 스승과 부모를 믿는 자제는 매우 순수한 마음이 교화의 시초에 있나니

---

*5)　1927년 2월 창립된 신간회는 민족주의와 사회주의가 제휴하여 비타협적 투쟁을 감행한 민족운동의 대표 단체였다. 신간회 결성의 계기는 1925년 이후 좌익(사회주의), 우익으로 확연히 분열된 민족운동의 내부 사정에 기인한다. 즉 1925년 이후 민족주의자들 중 일부가(동아일보의 김성수계) 민족개량주의에 빠져 자치운동을 전개하고, 비타협적 민족주의자들은 투쟁의 별다른 성과를 거두지 못하여 침체상태에 빠졌다. 그리고 사회주의운동도 제1, 2차 공산당사건으로 큰 타격을 받고, 조선의 특수성으로 사회주의운동만으로는 민족해방에 성공하기 어렵다는 것을 인식한다. 이러한 상황에서 비타협적 민족주의자와 사회주의자들은 제휴의 필요성을 같이 느끼고 있었고, 1926년 11월 '정우회선언'으로 민족협동전선의 문제가 제기됨으로써 두 민족운동 세력은 자치운동파인 기회주의자를 제외한 전 민족적 결집체로서 신간회를 창설하였다.
*6)　1927년 5월 전 민족적 여성단체의 슬로건을 걸고 출범한 근우회는 신간회와 같은 배경으로 여성운동에서의 민족단일노선을 주장하고 나선 것으로, 기독교계 여성운동과 사회주의계 여성운동 간의 연합전선이었다.

늘 부형의 마음을 가지고 오로지 성실로써 자제를 감화시키는 데 힘쓰면 스승의 도가 스스로 나아가 교화를 기하지 않고도 행하여질 것이다. ……

또 교육심의위원회 의견서 가운데 제2호 의안 3항에는 "덕육상 유교의 정신을 이제 일층 강하게 가미하기를 요한다"고 하였다.

이상의 모든 설명과 기록과 의안을 종합해보면 당시 교육 수정의 목적은 다음과 같다.

① 학생이 의식주 생활에 마음을 붙이도록 사상과 지식과 기술을 지도하여 작은 것에 만족하는 인생관을 갖게 하자는 것이니 곧 당시 조선인의 생활 곤궁을 이용하여 선전하면 쉽게 납득시킬 수 있음을 파악한 것이다.

② 봉건사상과 사대주의로 조선을 망하게 한 유교도덕을 강화하고, 유교 관습을 이용하여 자유사상을 막는 동시에 일본 숭배심을 기르자는 것이다.

③ 교원의 인격적 감화와 치밀한 감독으로 학생의 정치적 사상을 말살시키자는 것이다.

이 모든 것이 다 앞에서 말한 시대상에 상응하여 나온 일종의 고민의 소산이었다. 이러한 자연적이지 않고 합리적이지 않은 교육을 강행한다고 다음에 말할 광주학생사건 같은 것이 생겨나지 않을 리는 없었다. 저들은 학교 안의 학생이 완전한 사회인이요 훌륭한 조선인임을 바로 보지 못하였기 때문에 사회의 조류와 조선인의 감정을 떠난 별세계의 교육을 하려 한 것이었다. 저들은 조선이 해방될 때까지 이러한 식의 교육을 시켰다.

## 4) 수정 내용과 실시

### (1) 공립보통학교 '1개 면 1개교제'를 실시

1929~1936년도까지 8년간에 해마다 130여 개교씩 1,704개교를 증설하여 완료 연도에는 어느 면에든지 학교가 있게끔 목표를 정하였고 그 정도는 수업 연한 4년과 2학급으로 완성하게 하였다. 경상비는 국고보조 수업료, 호세부가금, 지세

부가금으로 충당하게 하고 임시비는 도지방비, 주민의 기부금을 쓰기로 하였다.

### (2) 사범교육 개변(改變)

도립 특과 사범학교를 폐지하였으니 보통학교에 고등과 설치가 거의 없는 실정하에서 입학 자격을 수업 연한 2년의 고등소학 정도로 정한 특과 사범학교 제도는 모순이었고 또 도지방비로 사범교육을 경영하는 것이 적당하지 않으므로 폐지하고 1929년에 새로 대구와 평양에 관립사범학교를 세웠다.

사범교육에 대한 신구 제도 및 실시 상황을 대조하여 보면 다음의 표와 같다.

### (3) 보통교육과 고등보통교육 개변

수산(授産, 무직자나 가난한 사람에게 살 길을 열어주기 위해 일자리를 마련해줌)과 교육을 병행하는 주의로 직업과를 필수과목으로 하여 구제도와 같이 실용에 중점을 두고 근로애호의 학풍을 함양해 실과 훈련주의로 환원하였고 여자에게는 가사를 가르쳐 가정에 관한 관념을 습득하게 하였다.

## 5) 학생의 반일운동

1919년 독립운동 뒤에 일본인의 교육방침은 조선인을 으르고 달래고 속이고 하여 조선인을 일본에 융화시키기에 힘썼다. 그러나 민족적 양심이 강한 조선인은 무서워하거나 미련하거나 속거나 하지 않았다. 학생의 민족적 양심은 더욱 활발하였다. 그리하여 조선인 학교와 일본인 학교가 가까이 있어 아침저녁으로 길에서 만나게 되는 곳에서는 두 나라 학생의 감정적 충돌이 가끔 있었고 일본인 교원이 많은 공립일수록 학생들이 선생을 경멸하는 버릇이 더 많았으니 이는 스승과 제자 사이의 의리보다 민족적 대의가 더 앞섰던 까닭이었다. 이것이 쌓이고 쌓였다가 일시에 폭발한 것이 사회운동사상 유명하고 위대한 광주학생사건이다.

1929년 11월 초에 전라남도 광주군에서 조선인 중학생과 일본인 중학생이 길에서 충돌하여 서로 구타한 사건으로 맹휴와 시위가 시작되었다. 조선인 학생이 일본인 학생에게 살해당하였다는 소문이 전파되자 남부지방에서부터 각 학교의 맹휴와 시위가 잇달아 일어나 전 조선에 파급되었다. 마치 마른 나뭇더미에 불이

**실시하지 않은 부분**

남
20
여
연구과
1년 또는 2년
19
보통학교고등과
소학교
연습과
1년
18
남
강습과
1년 또는 6개월
보통소학교교원
보통소학교교원
여
연구과
1년 또는 2년
17
여
강습과
1년
여 남
연습과
1년
연습과
1년
16
갑종정도실업학교
고등보통학교
중학교
강습과
1년 이상
특 과
2년
또는
3년
여자고등보통학교
보통과
4
년
중학교
고등보통학교
보통과 5 년
15
14
여자고등보통학교
고등여학교
강습과
6개월
이상
13
보통학교고등과
(2년)
고등소학교
(2년)
보통학교고등과
(2년)
고등여학교
(2년)
12
11
10
보통학교(6년)
보통소학교
9
8
7
6
구       령

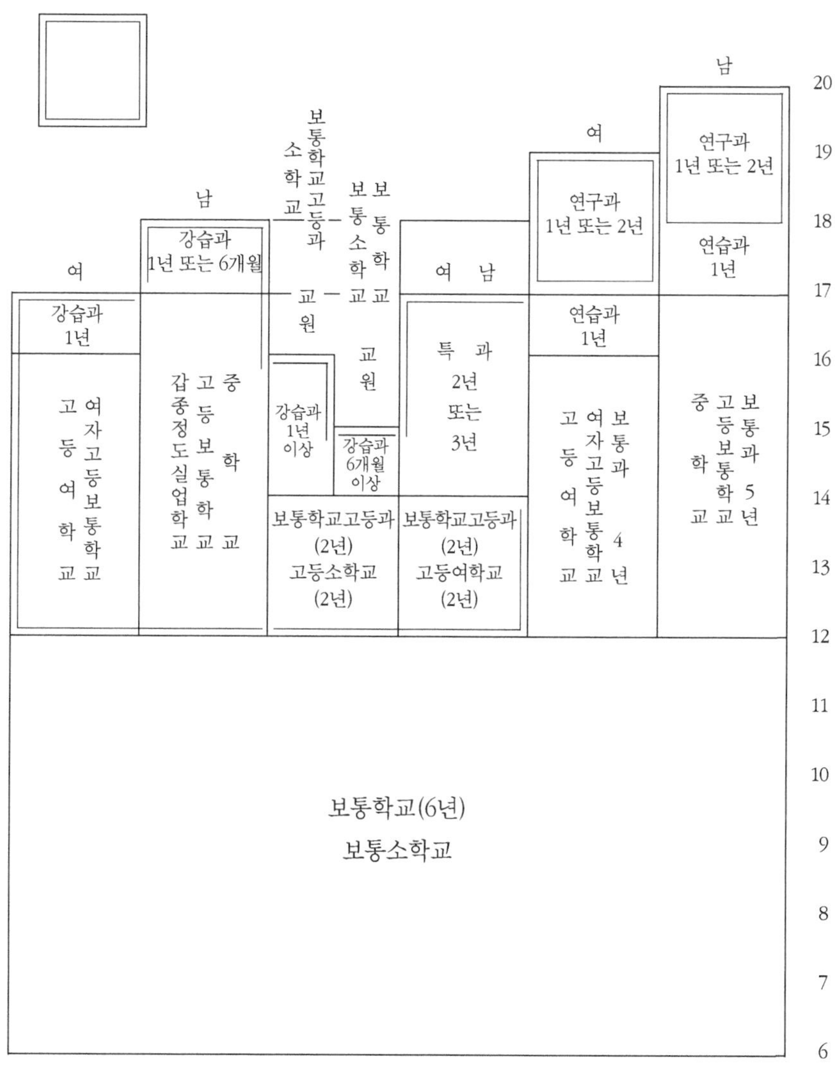

실시하지 않은 부분
남
여
여
남
강습과
1년 또는 6개월
연구과
1년 또는 2년
연구과
1년 또는 2년
연습과
1년
여
강습과
1년
여
남
여
남
연습과
1년
중
강습과
1년
이상
강습과
6개월
이상
보통학교고등과
(2년)
보통소학교
(2년)
여자고등보통학교(4년)
고등여학교(4년)
중학교
갑종실업학교
고등보통학교
보통과
4년
보통과
5년
여자고등보통학교
고등여학교
보통과
4년
중학교
고등보통학교
보통과
5년
20
19
18
17
16
15
14
13
12
11
10
9
8
7
6
( 신 설 )
보통학교(6년)
보통소학교
신  령

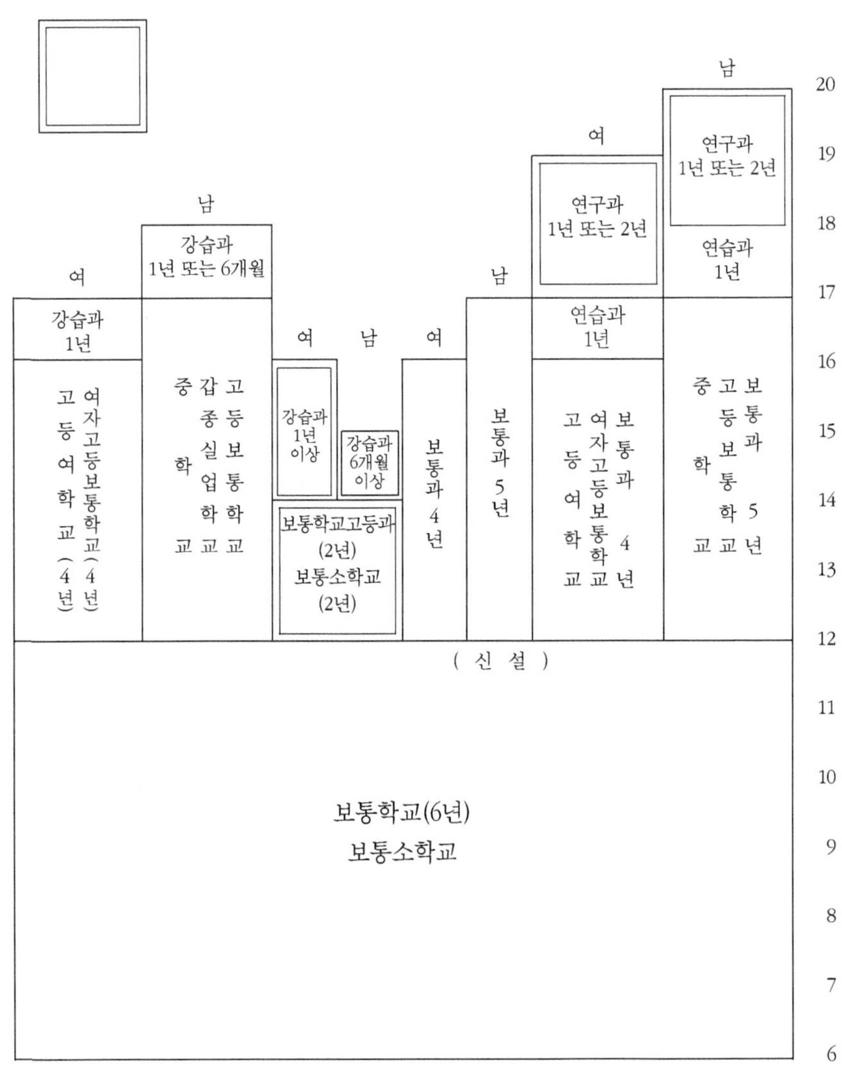

붙은 것처럼, 새벽 시간을 기다렸다가 일제히 우는 닭의 울음처럼 급속도로 퍼졌다. 이 운동에 참가한 학교 수가 194개교이며, 참가한 학생 수가 5만 4,000명 이상이며, 그 가운데 초등학교도 54개교가 참가하였다. 경찰이 잡아 가두고 학교가 으르고 부형이 달래고 행정당국들이 애를 써서 겨우 이듬해 1930년 4월경에야 멈추게 되었다.

이 운동은 무엇을 의미하는 것인가. 일본인이 조선인을 교육할 권리를 가질 수 없다는 것을 증명하는 동시에 일본인의 교육이 실패했음을 증거한 것이다. 1919년 독립운동 뒤 10년간을 두고 백방으로 기술과 지략을 다한 일본인의 융화정책 교육이 하루아침에 물거품이 되고 말았음을 증명한 것이다. 더욱이 이 운동은 일본인이 관리하고 일본인 교원이 절대다수로 절대 교권을 가진 공립학교에서 시작되었고 어디서든지 공립이 앞장섰으니 서울서도 경복중학교가 먼저 일어났음은 당시 경험한 이는 다 아는 바이다. 이것이 더욱 일본인이 조선인을 가르칠 권리와 자격과 능력이 없다는 것을 증명한 것이다.

# 6) 준거주의 표방기 말의 교육상황 일람

**교육상황 일람(1931년 5월 현재)**

| 학교별 | | | 학교 수 | 학급 수 | 직원 수 | | | 학생 수 | | | 경상경비<br>(천 원 단위) |
|---|---|---|---|---|---|---|---|---|---|---|---|
| | | | | | 조선인 | 일본인 | 계 | 남 | 여 | 계 | |
| 보통학교 | | 관립 | 2 | 18 | 7 | 14 | 31 | 474 | 331 | 805 | 경성사범중 포함 |
| | | 공립 | 1,774 | 8,612 | 6,514 | 2,585 | 9,099 | 393,868 | 81,023 | 474,891 | 11,201 |
| | | 사립 | 80 | 438 | 444 | 38 | 482 | 15,160 | 8,304 | 23,464 | 401 |
| | | 계 | 1,856 | 9,074 | 6,965 | 2,637 | 9,602 | 409,502 | 89,658 | 899,160 | 11,607 |
| 고등보통학교 | | 공립 | 15 | 168 | 48 | 368 | 356 | 6,882 | · | 6,882 | 1,025 |
| | | 사립 | 11 | 98 | 164 | 29 | 193 | 5,818 | · | 5,818 | 343 |
| | | 계 | 26 | 266 | 212 | 337 | 549 | 12,700 | · | 12,700 | 1,368 |
| 여자고등보통학교 | | 공립 | 6 | 36 | 18 | 62 | 80 | · | 1,692 | 1,692 | 235 |
| | | 사립 | 10 | 67 | 118 | 30 | 148 | · | 3,057 | 3,057 | 274 |
| | | 계 | 16 | 103 | 136 | 92 | 238 | · | 4,749 | 4,749 | 509 |
| 실업학교 | 농업 | 관립 | 25 | 116 | 41 | 219 | 260 | 4,280 | · | 4,280 | 760 |
| | | 공립 | 13 | 22 | 13 | 146 | 159 | 2,189 | · | 2,189 | 449 |
| | | 사립 | 4 | 30 | 28 | 29 | 39 | 1,005 | 344 | 1,349 | 122 |
| | 공업 | 관립 | 1 | 15 | 2 | 19 | 21 | 36 | · | 36 | 69 |
| | 상공 | 공립 | 1 | 10 | 2 | 24 | 26 | 249 | · | 249 | 54 |
| | 수산 | 공립 | 3 | 9 | 2 | 17 | 29 | 203 | · | 303 | 62 |
| | 직업 | 공립 | 1 | 9 | 3 | 11 | 14 | 180 | · | 180 | 36 |
| | | 사립 | 1 | 7 | 12 | 1 | 13 | 362 | · | 362 | 16 |
| | | 계 | 53 | 263 | 113 | 466 | 579 | 8,504 | 344 | 8,848 | 1,569 |
| 실업보습학교 | 농업 | 관립 | 1 | 2 | 1 | 2 | 3 | 17 | · | 17 | 9 |
| | | 공립 | 58 | 106 | 37 | 88 | 125 | 2,071 | · | 2,071 | 235 |
| | 상업 | 공립 | 8 | 20 | 8 | 25 | 33 | 678 | · | 678 | 24 |
| | 공업 | 공립 | 14 | 32 | 11 | 35 | 48 | 521 | 48 | 569 | 108 |
| | 수산 | 공립 | 2 | 3 | 2 | 2 | 4 | 53 | · | 53 | 16 |
| | | 계 | 83 | 163 | 59 | 152 | 211 | 12,340 | 48 | 3,388 | 392 |
| 전문학교 | | 관립 | 5 | 35 | 35 | 181 | 216 | 366 | · | 366 | 701 |
| | | 사립 | 8 | 46 | 99 | 41 | 140 | 1,014 | 190 | 1,204 | 771 |
| | | 계 | 12 | 81 | 134 | 222 | 356 | 1,380 | 190 | 1,570 | 1,472 |
| 대학 | | 관립 | 1 | 75 | · | 110 | 110 | 182 | · | 182 | 1,838 |
| 사범대학 | | 관립 | 3 | 36 | 15 | 72 | 87 | 888 | 75 | 963 | 510 |
| 각종학교 | 사립 | 일반 | 269 | 729 | 812 | 26 | 838 | 24,069 | 4,621 | 28,690 | 535 |
| | | 종교 | 209 | 720 | 772 | 56 | 827 | 16,413 | 9,541 | 25,954 | 666 |
| | | 기타 | 13 | 46 | 13 | 57 | 70 | 1,557 | 88 | 1,645 | 191 |
| | | 계 | 491 | 1,495 | 1,596 | 139 | 1,735 | 42,059 | 14,250 | 56,289 | 1,392 |
| 합계 | | | 2,543 | 11,569 | 9,231 | 4,248 | 13,479 | 478,637 | 109,314 | 587,951 | 20,815 |
| 서당 사립 | | | 10,036 | · | 550 | · | 10,550 | 144,913 | 5,979 | 150,829 | 892 |

# 제20장

# '교육이 곧 생활'주의 표방기
## (1931~1936)

## 1. 교육이 곧 생활의 의의

언제나 교육사상은 정치사상과 병행한다. 더욱이 민주주의가 아닌 전제주의 밑에 있어서는 위정자가 마음대로 자기의 목적한 바에 맞도록 강력하게 민간교육을 지도하기 마련이다. 1931년에 조선에 온 우가키는 조선에 대한 행정강령을 성명할 때에 아래와 같은 말을 하였다.

나는 시세와 환경에 순응하고 이상과 신념에 입각하여 공론, 허식을 물리치고 현실을 응시하면서 장래의 문화와 경제의 조화 있는 발달을 도모하고 물심양면에 대한 생활의 안정과 향상을 기함을 제1의(第1義)로 한다.

이 물심양면 안정주의가 우가키의 가장 만족한 표어로서 제반 행정이 이에 집중되었다. 그런데 이 물심 안정주의가 다시 농촌진흥이란 실제적 행정 목표를 낳았는데 농촌진흥과 연관성을 깊이 가진 것이 교육정책이었다. 그러므로 우가키 때 조선의 교육은 농촌을 상대로 한 근로주의이며 이것은 곧 야마나시의 실리주의를 더 구체적으로 발전시킨 것이다. 여기에 대한 표어가 '교육이 곧 생활'이니, 즉 교육은 생활의 자급자족을 위하여 한다는 것이다. 그러므로 이 교육의 의도를 알려면 먼저 농촌진흥의 이념과 방침을 알지 않으면 안 된다.

## 2. 농촌진흥운동과 교육

1932년 농촌진흥운동을 강화하려고 연 도지사 회의석상에서 행한 우가키의 훈시 내용에는 다음과 같은 방침이 들어 있었다.

① 시정 목표는 3기로 나누어 초기는 오로지 다수 민중의 생활안정을 도모하고, 제2기는 전기에 있어서 안정을 얻은 일반 민중 생활의 향상을 기하되 소작인은 자작농으로 무산자는 유산자로 하고 지방자치의 개선과 교육시설의 정비를 행하고, 3기에는 다시 물심양면의 확충을 도모하여 의무교육과 의무병역의 제도를 실시하는 동시에 참정권 문제도 해결한다고 하였다.

이 제1기 행정 이념으로 시작한 공작이 1932년에 제기한 지방진흥 농촌갱생 운동이었고 이 공작 중에 특별히 교육에 관한 시설이 1933년에 창설된 농촌간이학교 제도와 공립보통학교 교육의 실제화였다. 이를 시행한 것은 이것이 농촌진흥운동에 없을 수 없는 밀접한 관계를 가진 까닭이었다.

② 시정(施政, 정치의 시행)의 실제는 농가 갱생 계획을 세워 소농 230만 호의 대중을 춘궁과 부채로부터 구제하고 가계의 수지균형을 도모하는 데 두었다. 그렇게 하려면 기술적으로 소비 절약과 고리대 해소와 생산 장려 등의 사업을 행하지 않을 수 없고, 이것을 실행하려면 농민들의 생활, 경제, 영농에 대한 지식과 이해가 필요한데 여기에는 또한 사상적 동향이 요구되므로, 일본어 보급과 실업교육이 중요시되었다. 또 한편으로 이들에게 가사, 가정, 영농 기타를

---

*1) 일제에 의해 전개된 농촌진흥운동의 주 내용은 다음과 같다. ① 식량의 충실, 춘궁의 근절, ② 현금수지의 균형, ③ 부채의 정리·상환 등을 목표로 내걸었다. 또한 농업경영의 합리화, 다각화, 자급자족 등을 표방하면서 그 실현을 위해 농촌 중견 인물의 양성, 근로정신의 발휘, 여성노동의 장려, 생활양식의 개선, 잉여노동의 이용, 부업의 장려, 소비절약 및 고리대의 정리 등을 주장했다. 이 운동은 대상 호수 230만 호, 기간 10년간으로, 그 방법은 자력갱생을 주안으로 하고 농민의 자각을 제일로 하는 정신운동의 방식으로 전개하였다.

도와주고 이들을 이끌고 나갈 중견 지도자가 필요하게 되어 이러한 인물을 급속히 양성할 필요가 생겼다.

이리하여 우가키 때는 교육을 전면적으로 개선하는 가운데 특히 농촌진흥주의를 핵심으로 하였던 것이다.[1]

## 3. 농촌 갱생과 교육보급 정책의 속셈

우가키의 농촌 갱생과 교육보급 정책은 누가 보든지 '조선인 생활의 안정과 향상'을 목표로 한다는 일본인의 표방과 선전을 옳게 여기기 쉬웠고, 당시의 친일파 중엔 이 실질성 있어 보이는 정책을 예찬한 자도 있었다.

그러나 위에서도 말한 바와 같이 자본주의 국가와 식민지에서 행하는 정책은 식민지 주민에게 한 치의 이익을 주면 저들은 한 자의 이익을 거둘 것을 계산하고서 실행하는 것이다. 따라서 그 한 치 되는 식민지의 이익도, 이익보다 손해가 되는 것임을 보통 백성들은 알지 못한다. 그러나 그때에도 민족적 양심을 가진 애국지사는 이러한 기만정책에 분개하였고 좋은 표방과 훌륭한 선전 속에 뱀과 전갈의 심정, 좀과 쥐의 해독이 있음을 간파하였던 것이다. 그 표방과 선전 속에 숨어 있는 속셈을 드러내 보면 다음과 같다.

### 1) 왜 농촌 갱생에 힘썼는가?

우가키는 훈시에서 "정신진흥과 농산어촌(농촌이라고 약칭함)의 진흥과 자력갱생 운동을 더욱 본격적으로 확충 강화하여 내외의 정세에 대응하고 중대 시국을 타개할 방도를 확립한다." 하였고 또 "일본은 중대 시국의 영역을 벗어나지 못하였다. 국제연맹의 이탈, 화부조약(華府條約)의 폐기, 통상무역상에 곡절 파란

___

이 운동의 본질은 결코 조선 농민을 위한 것이 아니었으며, 농민 약탈을 효과적으로 수행하고 그것을 은폐하기 위한 것에 불과하다. 한마디로 당시 농민의 빈궁 원인이 이들의 게으름에 있는 것이 아니라 기본적으로 일제의 무자비한 착취와 약탈이라는 식민지정책에 있음에도 불구하고 이를 은폐하고 오직 조선 농민의 게으름과 무지의 탓으로 돌리고 있는 것이다.

따위의 난관에 당면하였다"고 하였다. 이때에 일본은 점점 세계적으로 고립에 빠져가는 중이었는데 자본주의 국가로서 해외무역의 범위가 축소될 것임을 일본인은 잘 알고 있었으며 당시에 세계적으로 산업경제가 위축·정돈되거나 퇴락·혼란한 것은 우가키도 훈시 중에 강조했던 바이다.

이러한 형편이므로 일본의 자본가들은 제조공업품의 판매고를 조선에서 더 증가시키고자 꾀하였다. 저들이 물품을 팔아먹으려면 조선인의 구매력을 증진시켜야 하겠고, 조선인의 구매력을 증진시키려면 조선 농민의 생활을 향상시켜야 하겠고, 조선인의 생활을 향상시키려면 조선인이 노력을 다하여 벌고 먹을 것을 절약하여 쌓아야 한다. 결국 조선인의 노동력을 착취하여 일본의 자본가를 배부르게 하자는 것이 조선의 농촌갱생운동 속셈의 하나였고, 우가키가 말한 '중대 시국'이란 것도 국제연맹을 탈퇴한 뒤에 일본이 전쟁을 각오하였던 터이므로 일단 유사시에 필요한 물력 곧 생산력을 미리 준비하자는 것이 농촌갱생운동 속셈의 또 하나였던 것이다.


## 2) 왜 교육보급을 시켰는가?

우가키의 훈시 가운데에 "다시 인구 과잉 지방에 있어 이민과 반도의 어느 정도의 공업화는 농촌의 궁핍을 완화하는 중요한 대책이므로 이제 부지런히 공업의 발흥과 유치를 꾀하고 또 서북 조선 및 만주 방면에 이민을 계획하여 착착 실행하고 있다"고 한 말도 있거니와 몇 년 동안 조선총독부는 일본 자본가나 기업가에게 조선에다 공장 경영을 하게 하여 조선의 공업적 개발을 유도하려고 하였으나 일본의 자본가들은 조선의 노동자의 질이 낮고 수가 부족하다는 이유로 거절하였다. 즉 노동자가 문맹이기 때문에 기술이 부족하고 언어가 통하지 않는다는 것이다. 그러므로 일본의 자본가나 기업가를 조선에 유치하는 데 제일 필요한 것은 일본어를 알고 기술을 향상시킬 만한 보통학교 졸업생 정도의 자격을 가진 많은 노동자였다. 그리하여 조선의 공업을 발흥시키기 위해 일본 자본주의가 환영하는 노동자를 양성할 필요가 느껴졌다. 이것이 보통학교 교육을 확장한 이유의 하나이니, 곧 보통학교나 간이학교 교육의 확장은 일본 자본가를 살찌게 하는 노동자를 양성하는 것이다.

"의무교육 실시의 속셈이 기업가가 환영하는 노동자 양성에 있다는 것과 농촌진흥 정책의 속셈이 일본 자본가의 공업품 구매력을 증진시키는 데 있다"는 것은 당시 모 신문사 편집국장 이 모가 동경에 갔을 때에 어떤 일본 사회주의자도 그에게 했던 말이라고 한다. 그리고 앞에서 말한 바와 같이 우가키 훈시에도 "물심양면의 확충을 도모하여 의무교육, 의무병역의 제도를 실시하게 한다"고 하였는데 이는 곧 시국이 심상치 않게 전개되는 것을 염려한 일본인이 유사시에 조선인을 전쟁에 동원할 것을 전제로 의무병역제를 염두에 두고 여기에 따른 보상으로 미리 의무교육제도를 실시하려고 하였던 것이다. 이것이 교육을 보급하려는 속셈의 하나였다.


## 4. 근로교육과 정신교육

물심양면의 안정을 목표로 한 정책은 교육에 있어서도 근로교육과 정신교육을 '모토'로 하였다. 그리하여,

첫째, 근로교육을 하기 위하여는 "예전부터 내려오는 인심의 황폐, 나태의 습속과 생활의 궁핍 등을 벗어나지 못한 조선 현상에 있어 실질강건하고 근로애호하는 민풍을 일으키고 생활의 안정과 향상을 급선무로 한다"고 표방하고 초등·중등 학교에 직업과를 두어 전력을 다하였으며 실업학교 외에 다른 중등학교 신설을 허락하지 않고 교육 즉 생활, 생활 즉 근로만을 강조하였다.

둘째로, 정신교육을 하기 위하여 "일본 국민될 자격을 기초로 하고 이것을 최고 의무로 한다"고 선언하고 여기에 부합하지 않으면 개인이나 학교를 막론하고 다 쓸모없고 해로운 존재로 다루어 퇴학이나 폐교를 사양하지 않는다고 엄명하였다. 동시에 "시방 일본의 일반 사회는 '비상시, 국란이 온다'는 소리가 높아 불안에 몰리고 초조, 번민에 빠져 유언비어가 돌아 장래의 진로와 귀추에 미혹당하고 있다"고 경고하여 사상 방면에 몹시 신경을 써 머리와 입의 동작은 좀 졸렬할지라도 배와 팔이 강하고 활동하는 인물을 기르라고 강조하였다.

셋째로, "문맹 퇴치를 완성한다"고 표방하고 일본어 보급을 꾀하였다.

# 5. 교육의 실제 시설

## 1) 초등교육

사이토 때의 후반기는 먼저 말한 바와 같이 숫자만도 2, 3할 정도의 증진밖에 보이지 못한 활기 없고 침체된 교육상황이었다. 그런데 우가키는 숫자만이 아니라 내용까지도 새로운 국면을 전개시키려고 하였다. 그리하여 초등학교에 직업과를 새로 두고, 졸업생 지도를 확충하고, 간이학교를 창설하고, 공립보통학교 수업료를 낮추었다. 이제 그 대강을 들어 후일의 참고로 삼으려 한다.

### (1) 공립보통학교의 직업과 교육

첫째로, 노동을 꺼리고 실업, 그중에도 농업을 아주 천하게 여기는 인습을 가진 아동에게 특히 농업적 직업을 단련하게 하였는데 농촌 보통학교의 농업 실습은 보통 농사 외에 양잠, 축산, 농업수공, 요업을 시키되 바닷가 어촌에는 수산제조, 산야촌에는 농림수공, 약초 재배 따위의 이른바 적지 적업주의로 농어촌의 부업 훈련을 시키게 하였다.

둘째로, 위의 교육을 지도할 책임자는 경비 관계로 전임을 두지 못하고 교장 이하 전 직원이 일반 부업 외에 농가 경영의 실제와 기술의 요령을 습득하기 위하여 매년 여름에 도에서 열리는 강습회에서 수강하게 하였다. 그 과목은 새끼·가마니 따위의 짚세공, 목공, 철사공, 콘크리트공, 양잠실, 가축사 따위의 건물공인데 이것을 실지에 체득하여 직업교육을 철저히 시키도록 하였다. 아래에 참고로 3년간 직업과 실습 수익 상황을 적어둔다.

**직업 실습 수익 상황 기타**

| 연도 | 학교수 | 아동총수 | 직업과를 배운 아동 수 | 실습 수익액 | | | 순수익 분배 상황 | | | | 1개 교당 평균 | 총아동 1인당 평균 | 수업료로 받은 1인당 평균 |
| | | | | 총액 (원) | 소작료 재료비 기타지출 (원) | 차인 순익 (원) | 학교비 수입 (원) | 수업료 충당 (원) | 아동에 지급 (원) | 기타 (원) | (원) | (원) | (원) |
| --- | --- | --- | --- | --- | --- | --- | --- | --- | --- | --- | --- | --- | --- |
| 1932년 | 1,903 | 485,688 | 214,784 | 134,997 | 39,366 | 95,631 | 56,622 | 44,084 | 5,079 | 14,915 | 71 | 0.28 | 0.60 |
| 1933년 | 1,982 | 532,657 | 144,151 | 186,059 | 50,663 | 135,396 | 46,794 | 69,508 | 9,162 | 19,094 | 94 | 0.35 | 0.76 |
| 1934년 | 2,120 | 603,110 | 264,154 | 231,705 | 68,080 | 162,995 | 50,257 | 10,861 | 73,786 | 28,085 | 109 | 0.38 | 0.88 |

(소수점 이하 반올림)

## (2) 공립보통학교의 졸업생 지도 교육

보통학교의 졸업생 지도라는 것은 조선의 독특한 교육시설인데 1927년에 경기도에만 시험하였던 것을 농촌갱생운동에 이용하기 위하여 적극적으로 확장하였다. 자고로 조선인은 학교를 나오면 봉급생활을 하는 것을 정칙으로 알아 보통학교만 졸업하여도 봉급생활을 못하게 되면 본인과 가족이 낙심하고 본인은 다시 농민이란 직업을 가지려 들지도 아니하였다. 그러한 행동에 대하여 가족들도 그것을 그른 일로 보지 않는 풍습이 있어서 문제가 되었다. 이 잘못된 현상을 고치는 동시에 농촌사상을 기르기 위하여 창안한 것이 곧 보통학교 졸업생 지도였다.

① 지도자는 보통학교 교원이며,

② 지도의 요지는 졸업생으로서 학교에서 얻은 교양을 각기 자기 가정에서 실천하도록 하는 것이며,

③ 지도의 목적은 참으로 농민의 도(道)에 눈을 떠서 용감히 실천하여 궁핍을 타개하는 사업을 하게 하자는 것이었기에 그때 지도의 3대 목표가 다음과 같이 정하여져 있었다.

졸업생 지도의 3대 목표

㉮ 근로에 의하여 합리적 영농법을 체득시킴. 보통학교에서의 직업 도야를 실시 완성함.

㉯ 농촌애(農村愛)에 눈을 뜨는 농민정신을 훈련함. 농촌을 떠나 도시로 향하는 무모한 경향을 경계함과 동시에 고갈된 농촌에 생기를 느끼게 함.

㉰ 농촌개발에 선구자가 되게 함. 자립갱생의 모범을 보여 온 마을의 번영이 가능함을 알게 함.

당시 졸업생 지도 상황을 참고하기 위하여 1935년도 통계를 예로 하나 들어둔다.

| 설치 수 | 지도원 수 | | | | 지도생 수 | | | 지도수<br>요자수<br>(了者數) | 1년간<br>경비예산<br>(원) | 실습에서<br>생긴 이익<br>(원) |
|---|---|---|---|---|---|---|---|---|---|---|
| | 전담 | 보 조 | | 계 | 남 | 여 | 계 | | | |
| | | 훈도 | 비훈도 | | | | | | | |
| 1,403 | 970 | 4,903 | 1,038 | 6,911 | 12,736 | 246 | 12,982 | 4,045 | 155,372 | 1,451,963 |

(소수점 이하 반올림)

### (3) 간이학교 교육

간이학교는 서당을 개선하여 문자를 해득시키려던 재래의 서당교육 방침에서 일보 나아가 학교 형식을 가지고 벽촌까지 문자 곧 일본어를 보급하고 직업관념을 깊게 하는 동시에 일본정신을 불어넣으려는 의도에서 창안된 것이니, 일종의 새로운 면모의 서당으로서 부락 교육을 베푼 것이다. 당시에 반포한 『간이학교 교사에게 바람』이라는 소책자 가운데 적힌 것을 간추려 내면 그 내용의 대강을 알 수 있다.

① 간이학교의 목적

㉠ 생략.

㉡ 일어를 읽고 쓰고 이야기하도록 한다.

㉢ 직업에 대하여 이해와 능력을 가질 사람을 기른다.

② 간이학교가 생기는 까닭

㉠ 벽지 농촌까지 초등교육을 보급시키기 위함.

1개 면 1개 학교는 양(兩) 3년 중에 완성한다 할지라도 보통교육의 보급은 지극히 어려워 아동의 7, 8할은 서당교육에 내버려두었으니 이것이 간이학교를 세우는 이유의 하나라고 하였다.

㉡ 부락의 모든 사람이 학식을 갖는 것을 이상으로 함.

학교 구역 내의 소년을 전부 교육하는 것이 이상이다. 그러므로 간이학교 교사는 학교 교사인 동시에 부락의 교사가 되어달라고 하였다.

㉢ 지방 실정대로 직업에 대한 이해와 능력을 갖도록 함.

'교육을 받고서 왜 농민이 되느냐'는 생각은 사람과 집과 조선을 궁핍하게 하는 것이다. 간이학교는 아동으로 하여금 허영심을 버리고 올바른 길을 걷도록 유도하게 하려는 것이라고 하였다.

③ 간이학교의 규정

  ㉮ 조직과 편성

    ·수업 연한은 2개 년으로 함.

    ·학급은 1학급으로 함.

    ·입학연령은 10세로 표준함.

    ·수용 인원수는 대개 80명으로 하되 초년도에 40명, 차년도에 40명을 모집함. 단 첫해에는 2학년분을 모집할 수도 있음.

    · 교원은 한 학교에 1명으로 하고 학교 소재지에 거주함.

  ㉯ 교과목

    수신, 일어 및 조선어, 산술 3단위를 포함한 보통교과와 직업과 4과목으로 함.

  ㉰ 수업시간 수

    매주 30시간 이내로 함(이하 생략).

④ 간이학교는 공립보통학교 3학년에 연락하는 학교가 아니며, 준비교육이나 중도반단(中途半端)의 교육도 아니며, 금년에 담임하였던 아동을 다음 해에 남의 손에 넘기는 교육도 아니며, 공립학교에 부설하였다고 하여 그 학교에 부속된 것도 아니다.

⑤ 간이학교의 실제 시설은 1934년에 440개교, 1935년에 220개교, 1936년에 220개교, 합 880개교였으며 한 학급의 수용 인원은 평균 70명이었고 연령은 평균 11, 12세였으며 아동의 8, 9할은 남자였다.

⑥ 간이학교 교사의 각오

당시의 간이학교 교사에게 지시한 "교사는 각오로써 직무에 임하라"는 원문은 교육자를 계몽시킨 일종의 간곡한 글인데 간이학교가 예가 없는 창작이니만큼 그 기관을 담임하는 직원의 각오가 극히 필요하였던 것이다. 원문의 내용이 교육상에 큰 참고가 된다고 생각되므로 추려 적어둔다.

그대는 어떠한 각오를 가져야 할 것인가?

제1, 그대는 환경상, 가정형편상 복스럽지 못한 자제의 교사가 아니라 아비라는 각오를 가지지 아니하면 안 된다.

그대가 가르치는 아이들은 똑같이 나라의 백성이며, 중요한 한집의 보배이다. 이 간이학교가 없으면, 즉 그대의 손이 없으면 길가에 버려진 작은 돌로서 일생을 보내지 않으면 안 될 운명에 있는 터이다. 그대는 사령(辭令)을 받은 순간부터 자연 그대로의 아이를 또는 한집의 보배로서의 아이를 나라의 훌륭한 백성으로 다듬어내는 책임을 지는 것이다. …… 그대가 교사라면 스스로 각오하지 않으면 안 된다.

제2, '한 학교에 한 명인 교사, 부락에 거주'라는 재미있는 조건을 유감없이 교육적으로 살리라.

한 학교 한 명인 교사, 부락에 거주하는 것은 맛을 들이면 들일수록 중요한 의미를 가지게 된다. 말하자면 그대가 학교이다. 학교와 그대는 나눌 수 없는 것이다. 그대가 산보를 가면 학교는 그대를 따라가는 것이다. 그대가 있는 곳에 학교가 있다. 건물 거기에 교육이 있는 것이 아니다. 그대가 있는 곳에 간이학교가 있는 것이다. 그대는 이것을 깨닫지 않으면 안 된다.

그대가 풀이 푸른 시골을 등지고 도시로 달아나면 부락은 암울하고 아동은 아비를 잃는다. 그대가 도시의 하늘을 쳐다보면 간이학교 아이들도 그 풍(風, 모습)을 닮을 것이다.

그대가 산, 들, 논두렁을 가리키며 이야기하는 곳에 교육이 있다. 그대가 물을 긷고 밭을 가는 곳에 교육이 있다. 그대는 오전 9시부터 오후 4시까지의 교사가 되어서는 안 된다.

제3, 각 방면의 원조를 호의로 받아 될 수 있는 대로 그것을 교육적으로 활용하라.

그대가 한 학교 한 명인 교사라고 하는 것은 다른 원조가 있을 때 이것으로 구실을 삼아 거부하라는 것이 아니다. 실제 간이학교는 한 명으로는 짐을 지기가 어려우며 또 직업 방면에 있어 다른 사람에게 머리를 숙여 배움을 청할 필요도 있다. 그러므로 각 방면의 산업기술 직원과 손을 잡아 적극적 협력을 받는 일에 힘쓰지 않으면 안 된다. 만일 그들의 기술이 아이들의 이해 정도를 뛰어넘어 너무 높다고 생각되는 때는 수단을 다하여 그것을 쉽게 하여 아동의 이해에 맞도록 하라.

제4, 교육의 기술화를 경계함을 요한다.

교수법의 숙달은 좋으나 기술 말단에 사로잡히는 것은 결코 좋지 않으니 기술화에 전념하는 것보다는 늘 교육애에 대하여 반성하는 일이 필요하다고 생각한다. 교육애는 여러 가지 교묘함과 서툶의 문제를 덮어버리는 것이다. 그대가 참된 교육적 생활을 할 때 아동이나 부락 사람들은 참으로 그대를 신뢰하고 존경하리라. 이 존경과 신뢰가 없이는 어떠한 좋은 말 좋은 행동일지라도 남이 받아들이지 않는다.

제5, 그대는 만족을 가져라.

의식주에 있어 간소함을 견디면 좋은 결과를 가져올 것이다. 그대는 부락 사람들보다 너무 거리가 먼 생활을 하여서는 안 된다. 술이나 오락을 탐하든지 값진 것을 몸에 입고 거만한 걸음을 걷는 것을 볼 때 아이나 부락민은 그대를 배우려 들 터이다. 그리 되면 교권은 땅을 쓸 듯이 없어지고 말 것이다. 차라리 적당한 전답을 얻어서 스스로 농사짓고 그 수확으로 자급할 각오야말로 그대가 선 자리의 훌륭한 생활양식일 것이며, 그것이 농촌생활에 대한 산 모범일 것이다.

제6, 간이학교 경영에 대하여 만족을 가져라.

그대는 다른 새 보통학교처럼 훌륭한 교사나 갖추어진 교구를 동경하여 조급히 굴어서는 안 된다. 부락 사람들이 잘살게 되어 재목이나 유리를 실어 올 때까지 기다려야 한다. 바꾸어 말하면 최소한도의 설비에 만족하여야 한다. 극단적으로 말하자면 비바람을 막을 교사와 아동과 그대만이 있으면 간이학교는 성립된다. 아니! 그대와 아동만 있으면 교육이 된다. 교육 본질에 그리 관계없는 일에 걱정과 몸을 쓰는 것은 참교육을 소홀히 하는 결과를 맺는다.

화분에 담긴 모래 위에 글씨를 연습하고 포플라 가지로 땅에 그림을 그리는 일을 하는 사이에 연필과 분필이 없이도 교육과 수업이 되는 것이다. 그러므로 함부로 기부금을 모집하기에 광분하고 부락의 가난을 빨아먹는 것 같은 일을 하면 그대의 학교는 부락과 갈라서게 되어 학교를 설립한 의의가 없어지고 말 것이다. 간이학교요, 부락 때문의 학교요, 부락 때문의 교육이므로 학교가 부락민의 마음 위에 서서 '우리 학교, 우리 선생'이라는 지지를 받지 않으면 결코 유종의 미를 얻을 수 없을 것이다. 물(物)로써 심(心)을 기우려고 하지 말고 심으로써 물의 부족을 기워야 한다.

제7, 전 가족으로써 전 가정을 지도할 각오를 가져라.

그대의 가족 전부는 연장(延長)한 '그대'가 되지 않으면 안 된다. 아내가 있으면 그 아내는 간이학교 아이들의 어머니가 되고 이어서 부락의 어머니가 되어 사모함을 받게 되지 않으면 안 된다. 그대의 자제가 있으면 그 자제는 부락 아이들의 좋은 동무가 되고 형제가 되어 친하지 않으면 안 된다. …… 그리하여 전 부락민을 감화시키고 향상시켜 의기를 왕성하게 하기를 기대한다. '나는 단지 아동을 읽히고 쓰게 하는 선생'이라고 하는 것만으로는 결코 이 학교 설립의 목적에 맞는 것이 아니다.


## 2) 중등교육

### (1) 고등보통학교와 여자고등보통학교 교육

1932년 1월에 고등보통학교 규정을 총독부령으로 개정하여 종래의 법제경제과를 폐지하고 공민과를 신설하였으며, 같은 해 3월에 여자고등보통학교 규정을 총독부령으로 개정하여 공민과를 실시하였고, 고등보통학교에는 실업을 두었다.


### (2) 실업학교 교육

① 농업 보습학교 교육 개정

　㉮ 개정한 동기: 농업 보습학교를 농촌 청년의 중심 도장으로 삼아 그 고을 각 부락의 중심인물을 육성하게 하고 따라서 고을 농촌진흥의 진원지가 되게 할 기도였다.

　㉯ 개정한 요항: 종래의 2년이었던 수업 연한을 1년으로 단축하고 전원을 기숙사제로 하여 짧은 기간에 집중적인 훈련을 시키게 하고, 입학 자격은 체력이 충실한 연장자에 한하며, 농사를 짓는 현장 즉 교장주의 (敎場主義)의 교육방침을 취하였다.

㉱ 개정한 후의 시설: 1935년 2월에 이 실업 보습학교 규정을 개정하였는데, 같은 해 4월에 일본에서는 30여 년이나 되는 역사를 가진 실업 보습학교 제도를 폐지하고 청년학교 제도를 창설하였다. 이것 때문에 문제가 있어서, 조선에는 청년학교제를 보류하고 실업 보습교육을 두기로 하였다. 그해 5월 말에 농업 보습학교가 63개교였고 이듬해 초기에 78개교로 불어 3면 1개교의 비율로 되었는데 이것을 1면 1개교까지 보급시켜 농촌진흥운동 확대 강화에 응용하려 하였다. 그러나 우가키가 갈려 가며 농촌진흥운동이 없어지게 되고 그 계획도 정지되어, 농업 보습학교는 1939년 5월 말에 100개교로 최고 숫자가 되었다가 그 뒤로 다시 줄어들었다.

## ② 농업학교 증설

조선 교육시설 중에 실업교육이 중요한 것이며 실업교육 중에 농업교육이 가장 중요한 것임은 일본인 저들도 늘 하는 말이었다. 그러나 1933년 현재의 농업학교 졸업생 총수가 1만 1,200여 명으로 이것은 농가 100호당 0.39명밖에 안 되니 같은 기간에 일본에서는 농업학교 졸업생 수가 농가 100호당 4.38명인 데 비하면 너무도 빈약하였다. 또 그때 수년간 농업학교 입학 지원자 수는 모집인 수의 6, 7배에 달하여 중등 정도 학교 중에서 가장 지원자 수가 많았다. 그럼에도 불구하고 1931~1936년 사이에 겨우 6개교를 증설하여 모두 31개교에 불과했으니 이것이 저들이 '당면한 급선무'라고 몇 번이나 선전하고 떠들면서 이룬 성적이었다.

## ③ 농업교원 양성소 신설

1927년에 수원고등농림학교에 부설한 실업 보습학교 교원양성소는 농업 보습학교 교원 공급을 목적으로 하였고, 수업 연한은 1년이고 현직 초등학교 교원을 수용하여 주로 농업교육을 시켰다. 그런데 이것은 두 가지 불합리한 점이 있었다. 하나는 초등 교원이 부족하였다는 점이고, 또 하나는 그 교과목이 일종의 농업교육이란 점이었다. 그래서 차라리 농업을 전수한 자격자로 훈련시키는 것이 옳다고 해석하여 1935년에는 현직 초등 교원의 입소를 폐지하고 일본에서 고등농업, 농과대학, 농업실과 졸업자를 입소시켜 학교 경영상 필요한 교육

교수법과 조선 농업의 실제를 현지에서 체득하게 하고 교단 교육은 얼음 언 때와 비 오는 때에 한하여 시켰던 결과 성적이 좋았다. 그리하여 1936년에는 관제를 고쳐 농업교원 양성소라 하고 입소할 자격을 고등농림, 농과대학, 농업실과와 같은 본과 졸업자에 한하였고, 여기 수료생은 농업 보습학교, 농민 훈련소, 농업학교의 교직원으로 채용하게 하였다.

## 3) 사범학교 교육

### (1) 내용 개선

이때의 교육방침이 교육 즉 생활, 생활 즉 근로였다는 것은 앞서도 말한 바이거니와 사범교육도 이에 순응하여 상당히 대규모의 실습장을 두고 보통 농작물로부터 조선에 적당한 각종 특용작물을 갈고 심고 북돋우는 데서부터 누에, 닭, 돼지를 치는 가축 기르기와 장과 채소 기타 일반 농산품 제조와 짚, 철사의 세공 등 일반 농업 수공과 기타 농가의 부업과 콘크리트 공업 따위에 이르기까지 실습을 시켜 실습 본위의 교육을 행하였다. 그리고 졸업 학년 학생은 농번기의 20일 내지 30일간 직업과 성적이 우수하거나 또는 졸업생 지도 시설이 좋은 공립보통학교에 위탁하여 학교 경영의 실제를 체득시키는 동시에 일반 농가 생활의 실정을 알게 하여 졸업한 뒤에 농촌 보통학교를 경영하는 데 지장이 없게 하려고 힘썼다.

### (2) 기관 증설

초등학교 아동 수가 늘어가므로 교원의 부족이 심하여 1935년에 경성여자 사범학교를 증설하고 경성, 평양, 대구에 있는 이미 설립된 사범학교에 임시로 학급을 늘려 당면의 급한 수요를 메꾸기로 하고 1936년 6월 전주에 사범학교 하나를 증설하였다. 그리고 1937년부터 해마다 1개교씩 5개 학교를 증설할 계획을 세웠다.

### (3) 연습과(演習科)와 강습과(講習科) 확충

연습과 수업 연한 1년을 2년으로 늘려 1933년 4월부터 실행하고 이미 설립된 사범학교에 강습과 9학급을 늘렸다.

### 4) 전문학교 교육

1934년 말 조선의 의사 수는 2,598명이었다. 의사 1인당 인구가 8,131명이요, 의사 1인당 평균면적이 898㎢이니 의사의 양성이 또한 급한 일의 하나였다. 그러함에도 불구하고 의사 육성 기관은 경성대학의 의학부와 경성의학전문학교와 세브란스의학전문학교밖에 없었다. 그리하여 1933년에 대구와 평양에 있는 공립 의학강습소를 전문학교로 승격시켰다.

## 6. 조선 여자 교육에 대한 일본인의 태도

우가키 때 학무과장으로 있던 오노는 20여 년 전에 참사관이었던 한 일본인의 조선인 여자 교육관을 1936년에 지은 자기 글에 인용하면서 '명안달식(明眼達識, 안목을 크게 하고 지식을 통달함)'이라고 칭찬하고 시정 제24주기를 맞는 오늘에 독자에게 소개한다고 하였다. 이 교육관이 일본인들이 실제로 행한 조선 여자 교육이었으므로 그 일부를 적고 교육한 내용을 찾아보고자 한다.

조선인 여자 교육은 남자 교육에 비하여 뒤지지 않는 중요한 의미가 있다. 경제적 융합과 사회적 융합은 식민정책의 뿌리와 꼭지가 되지만 그 가운데에도 뒤의 것 곧 사회 감정의 융합이라는 것이 한층 더 곤란한 것이다. 그러나 일단 성공을 하면 경제적 융합보다도 더 힘 있는, 사회의 뿌리와 꼭지를 굳게 하는 시멘트가 된다. 이것은 어떻게 하여서든지 부녀자를 감화시키는 데서부터 들어가는 것이 지름길이다. 유럽의 선진국들이 식민지 정책 또는 종교 정책에 부녀자의 감화를 중요시하는 이유가 깊다고 생각한다. 주아심(主我心, 주체성), 자각심이 적은 감정적인 부녀자가 남자보다 훨씬 감화시키기가 쉬운 것은 말할 것도 없는 것이다. 일단 감화된 이상 다시 그것을 고치기 어려운 것도 사실이다. 그런데 여자가 감화하면 남자는 저절로 감화되는 것이다. 이와 같이 하여 밑의 밑에서부터 두드려가지 않으면 통치의 근저가 진정하게 되어가지 못할 것이다. 조선인의 가정을 풍화(風化)하는 것은 곧 전 사회를 들어 풍화하는 것이니 이와 같이 하여야 비로소 우리와 저들과의 감정적 융합이란 것이 영구히 될 수 있는 것이다. 따라서 선생도 될 수 있는 대로 일본 부녀자를 써서 학생이 학교를 나갈지라도 자유로이 가정에 출입하면서 영원히 풍화의 근원이 되도록 힘쓰지 않으면 안 될 것이니 여자교육의 의미도 또한 심히 중요하고 심원할 것이라고 믿는다.

이 글은 하라라는 일본인 참사관이 경성여자고등보통학교를 시찰하고 『조선의 여행(旅)』이라는 저서에 적은 것이니 일본인이 조선 여자를 교육하는 주의(主義)를 그대로 드러낸 것이다. 공립여자고등보통학교에는 학부형들의 비판 없는 사상과 추세(趨勢)하는 고루한 습속, 그리고 보통학교 교원의 속된 지도로 인해 두뇌가 비교적 우수한 여성이 많이 모여들었다. 머리를 싸고 경쟁을 하며 들어갔던 것이다. 그러나 그곳에서 배우는 것은 일본어 중심주의였고 일본어를 사립보다 잘 배우고 잘한다는 것으로 학교나 개인의 명예를 재었다. 따라서 그 학교에 들어간 것만으로도 자랑으로 알고 그 학교를 졸업한 것으로 자만심을 느끼는 아이들까지 있었다. 이것은 일본인들이 그와 같이 꾀어 인도하는 데 속았던 것이다.

공립에 있어 일본인은 여자고등보통학교를 졸업한 학생이 고등교육을 받는 것을 한사코 금하였다. 겨우 허락한 것이 훈도가 될 사범학교 강습과 연습과였고 일본 유학도 여자고등사범 외에는 허락하지 않았다. 경성에 있는 이화전문 같은 데 입학한다면 성적증명서 발급조차 거부한 일이 많았다. 이와 같이 재주가 있는 여자를 몰아다가 일본어나 일본역사로 조선정신을 철저하게 마비시키고 일본의 풍속을 식탁과 손님 접대와 자녀교육에까지 침투시킬 수 있는 여성을 만들려 하였던 것이다. 그리하여 사립 또는 사립 중에도 특히 예수교계 학교는 일본정신이 부족하다 하여 심히 악선전을 하였고, 공립이나 준공립인 사립을 제1, 제2로 하는 주의와 사상을 주입시키고는 보통학교 기관을 이용하여 수재를 그리로 몰아넣었던 것이다. 당시에 관공립학교를 비판 없이 좋아한 것은 민중의 정치적 식견이 부족한 탓이거니와 고등교육을 시키지도 아니할, 또는 할 수도 없는 학부형이나 개인이 굳이 공립만을 추숭한 것은 진정한 교육이 무엇인지를 모르는 데서 나온 현상이었다. 제국주의 국가의 식민지 정책이 개성의 발전을 짓밟고 인간의 천부적 양심을 마비시키는 죄악은 진정한 교육자로서는 더욱 한없이 분노하지 않을 수 없는 것이다.


# 7. 제2차 초등교육 확충계획

1925년에 계획한 1개 면 1개교 제도는 1936년에 완료되었으나 취학연령 아동의 취학률은 20%밖에 안 되었다. 이러한 현상은 위정자가 민중 앞에 만족하다고 공치사를 할 수 없는 성적이었고 외국에 대해서도 변명할 수 없는 치적이었다. 『국제연감』을 보면 1928년 영국령 인도에는 취학연령 아동 취학률이 27%요, 아일랜드에서는 91%요, 1931년에 필리핀에서는 54%이었다. 6, 7, 8년이 더 지난 시대의 조선에서는 취학연령 아동의 취학률이 20%밖에 안 된 데 대해 아무리 하여도 문교정책에 성의가 있었다고 변명할 수가 없었다. 그리하여 1개 면, 1개교의 실시가 완수된 뒤에 즉시 제2차 계획을 세워 한편으로는 교육행정에 성의를 보이는 동시에 다른 한편으로는 일본어 보급과 문자를 아는 노동자 양성을 꾀하였다. 그 계획의 내용은 다음과 같았다.


① 계획한 취지

현재 입학 지원자 전부를 취학시키는 것을 목표로 하고 계획 완성 연도에는 현재 취학연령 아동의 60% 이상을 수용하여 의무교육 실시의 단계가 되게 한다 하였다.


② 계획한 규모

㉮ 공립 보통학교를 1937년도부터 10년간 해마다 아동 7만 명가량 예정하여 76만 3,000여 명을 더 수용하도록 하였다. 그리하기 위하여 학교 수를 '1면 2교'로 하고 이미 설립된 학교에 학급을 증설하기로 예정하였다.

㉯ 간이학교는 1937년도부터 10년간 해마다 220개 학교씩 2,200개 학교를 더 만들고 해마다 1만 5,000명씩 15만 4,000명을 더 수용하여 궁벽한 데까지 보급시키기로 하였다.

㉱ 경비는 계획을 완성하는 연도에 드는 경비가 1,677만 5,000원이요 계획을 완성하는 연도까지의 임시비가 3,271만 5,000원이었는데 인건비의 50% 즉 621만 원은 국고 보조로 하고 나머지는 수업료 세금으로 충당하기로 하였다. 그렇게 되면 학교비 부담이 매호 평균 1원 70전꼴이 되게 되었다.

㉲ 이와 같은 계획이 발표되자 우리 민간 신문에서는 즉시 의무교육의 실시를 요망한다고 떠들어 불만을 표하였다. 그러나 일본은 25년 동안 한 일의 배 이상을 10년 동안 하려고 하는 계획은 성의에서 나온 것이라고 다음과 같은 통계를 들어 변명하였다.

| 실적과 계획 | 학교 수 | 아동 수 | 취학률 |
| --- | --- | --- | --- |
| 25년간 실적 | 약 2,000 | 약 750,000 | 남 40% 여 10% 평균 25% |
| 본 계획 | 약 4,500 | 약 933,000 | 남 40% 여 30% 평균 35% |
| 총 결과 | 약 7,500 | 약 1,683,000 | 남 80% 여 40% 평균 60% |

이 표는 인구에 대한 취학연령 아동 수의 비율을 적게 계산한 듯하다. 1935년도의 조선 인구가 2,289만 9,000여 명이었는데 이 숫자만 가지고도 1000분의 160인 비율로 계산하면 25년 실적은 20%요, 제2차 계획 후 총 결과는 46%밖에 안 될 것이다.


# 8. 학원 내의 사상

1929년 가을부터 1930년 봄까지 걸친 광주학생사건 당시 및 그 전후에 있어 조선 안의 학생들의 사상 상태는 도저히 밖에서는 엿볼 수도 없을 만큼 혼란하였다. 특히 함경남도에서는 초등학교에까지 이르는 많은 아동이 심히 불온한 사상운동에 유인되었으며 대구사범학교 같은 데는 현직 교유(敎諭, 일제강점기에 정식 자격을 갖춘 중등학교 교원)가 중심이 되어 학교 안에 공산주의적 비밀결사를 조직하여 많은 학생이 가입하는 등 학원의 평온을 잃고 말았다. 공산주의 사상에 영향받은 동맹휴학사건이 전 조선 각지에 빈발하여 병합 전후로부터 다년간 조선인 교육에 종사하여온 노련한 교육자들도 조선인 자제를 감화시키기는 사실 지극히 어려운 사업이라고 슬며시 실망, 한탄을 하기에 이르렀다. …… 학교 소요사건으로 도중 퇴학자가 잇달아 생기고 조선인 고등보통교육은 거의 정지 상태이며, 이러한 일은 공립에만 그치지 않아 사립에는 더 심한 곳도 있다. 미션스쿨(선교학교) 안에는 공산주의 운동이 상당히 활발하였다.

조선 사상운동의 특이성은 상식에서 벗어난 자유주의 사상과 극단적인 사회주의 사상이 잠재적인 민족독립 사상과 교묘하게 교차, 연합하여 기회가 있으면 놀랄 만한 확대 전파성을 발휘하고 있는 데다가 이러한 과격한 사상운동의 앞잡이로 뽑히고 거기에 중심이 되는 것이 언제나 학생층이란 점에 있다. 공장과 노동자가 거의 없는 조선의 현상에서 붉은 러시아의 독아(毒牙)가 먼저 학생층을 향하여 뻗치는 것은 당연한 일일 것이다. 또 일반 산업의 발달이 유치한 조선의 현상에서 고등보통교육 이상의 교육을 받는데도 입학 직후에 학비 지불이 어려운 가정 자제에게는 공산주의적 사상운동의 마수가 쉽게 또는 넓은 범위로 뻗쳐 사상이 익지 않은 많은 청년을 획득할 수 있다. 이것이 청년 학생이 노동자, 농민 적화도구로 이바지하게 됨을 면하기 어려운 까닭이다.

반도 교육 관계에 대한 사상운동의 개황과 특질은 대체로 이러하다. 이것은 교육상에는 물론 치안상에도 참으로 우려되는 것이다. 이번 만주사변 이후로 …… 근래 혼란하던 조선 사상계도 평온해지고 국외 세력에 사주받은 공산운동과 편협한 민족운동도 거의 그림자를 감추고 따라서 학원도 점점 평정을 유지하여 악질의 동맹휴학사건 같은 것도 거의 자취가 끊어진다. …… 그러나 조선에 있어서 사상운동 특히 교육 관계에 대한 사상운동이 단지 이상의 사실로써 전혀 청산되었다고 하는 것은 이르다고 본다. 시방 본 기간 중에도 남한의 수개 도에서는 공립 보통학교의 현 직원이 공산주의적 비밀결사를 조직한 사실이 있고 또 서당 교사가 야학회 등의 이름을 빙자하여 불온한 활동을 꾀하고 혹은 현직 대학 교수가 재외 연구 중 공산주의 사상에 혹하여 돌아온 뒤에 학생들에게 대하여 공산주의 운동을 지도하는 실정이니 앞서 말한 사상운동의 특성을 돌아보아 그렇게 정온해지고 편안해짐과 같은 것이 절대로 쉽게 허락되지 않는다.

위의 인용문은 1936년 9월에 당시 학무과장으로 있던 일본인 오노가 자기 저서에 적은 말이다. 학생의 사상이 끝끝내 반항적이었다는 것, 일본인들이 실망, 한탄하였다는 것, 만주사변 뒤로 학원이 좀 평온하였다는 것은 객관적 사실을 그대로 적은 것이며, 그 원인에 대해 자기의 감정으로 잘못 본 주관을 적은 것이다.

일본 제국주의 정책에 대한 반항운동은 신간회가 해소[*2]된 뒤로 모두 지하운동으로 들어갔는데 이 운동은 대개 사회주의 사상을 가진 애국자들이 하였다. 민족주의자들은 합법적인 구락부 형식의 단체를 만들어 미온적이고 비투쟁적으로 활동하거나 또는 아무 활동도 없이 지사 지조만 가지고 있었다. 그때에 지하운동에 나선 이는 다 일본 제국주의를 적으로 대한 조선 해방 운동가였으니 학생이 여기에 관련된 것도 무슨 주의 그것보다도 오직 민족적 양심에서 순진하게 싹터 자라나는 민족적 독립심이란 공통된 정신과 사상에 의해서이다. 이것은 조선과 같이 오래고 오랜 자주의 역사를 가지고 살아온 민족으로서는 교육을 받아 비판력이 늘수록 더 강화되는 것이다. 이것을 자기의 감정적 주관을 가지고 객관적 사실을 바로 보려고 하지 않는 소견 없는 일본인들이 붉은 러시아의 선전이라고 지적한 것이다. 일본인 정치가들은 종종 이러한 수단을 썼었다. 관동지진 때에 자기네의 내란을 염려하여 애매하게 조선인의 음모가 있다고 선전하여 민족적 적개심을 일으키고 조선인을 학살하면서 제 나라 민심을 통일시켰고 소비에트 혁명이 일어나자 자기 국체의

---

*2) 민족협동전선으로 결성된 신간회는 1931년 5월 전국대회에서 43 : 3으로 '해소안'이 가결됨으로써 민족해방운동사상 신간회운동의 시기는 끝나고 이후 노동자, 농민이 주체가 된 민족해방운동이 본격화된다. 신간회 해소는 ① 1930년대 이후 노동쟁의와 농민 소작쟁의의 격렬한 전개, ② 김병로 등 3차 집행부의 우경화, ③ 일제에 의한 검거로 조선공산당 및 지도부 와해가 사회주의 쪽에서 민족통일전선을 활용하는 데 구체적 장애로 등장 등─ 이러한 원인으로 신간회 활동에 회의와 모순을 느낀 아래로부터 해소 지향의 압력을 받은 결과이다. 신간회운동의 의의는 민족통일전선전술의 채택과 그 올바른 사용이 민족해방운동의 성패를 가름한다고 할 때 노동자, 농민의 투쟁을 통일전선 속으로 흡수하지 못했다는 점, 또한 통일전선 내에서 계급적 헤게모니를 확보하는 노력 대신 통일전선 자체를 해소함으로써 문제를 해결하려 한 점에서 찾을 수 있다.

박약성을 두려워하여 공산주의를 악마같이 선전하였다. 이 버릇으로 조선학생의 순진한 애국운동을 일부러 외래 사상에다 결부시켜 조선의 자립적 애국성을 부인하고 말살하는 동시에 자기들의 정치의 과실을 은폐하려고 하였다.

사회와 담을 쌓고 민족적 양심을 무시한 교육은 교육이 아닌 것을 일본인들은 일부러 모르는 체하였다. 당시 조선 사회는 겉으로는 평온한 듯하였으나 속으로는 편안한 날이 없었다. 1930년에 원산의 600명이 관계된 공산당사건, 1931년의 대구 조선은행 폭탄사건, 1932년 나주의 이○○ 외 70명 검거사건, 단천의 적색 혐의자 700여 명 사건, 1933년에 함남 각지의 대검거 즉 127건에 검거 인원 3,785명에 이른 사건, 1934년에 경성의 박○○사건, 성진의 요시찰인 60여 명 검거사건, 1935년에 진주에서 적색 혐의로 70명을 검거한 사건, 광주의 형평 청년사건, 1936년에 대구의 적색사건 등 세상에 드러난 사실을 비롯하여 허다한 정치범이 잇달아 잡혔으니 그 숫자를 들어보면 다음 표와 같다.[3]

| | | | | | |
|---|---|---|---|---|---|
| 1924년 | 932명 | 1928년 | 2,831명 | 1932년 | 4,494명 |
| 1925년 | 933명 | 1929년 | 3,078명 | 1933년 | 4,043명 |
| 1926년 | 1,616명 | 1930년 | 5,559명 | 1934년 | 3,252명 |
| 1927년 | 1,654명 | 1931년 | 6,673명 | 1935년 | 2,828명 |

이 표를 보면 해마다 숫자가 늘어가다가 1932년 이후로 줄기 시작하였다. 이것은 무엇을 증명하는 것인가! 지하운동을 박멸하려고 적극적으로 수사하고 탄압하였던 것을 증명하는 것이며, 나중에 사람 수가 줄어든 것도 적극적 박멸책의 성과였다. 만주사변을 일으킨 일본은 일본이나 조선에 있어서

---

*3) '적색'은 당시의 용어로는 '혁명적'이라 불렀다. 즉 '적색농민조합'은 '혁명적 농민조합', '적색노동조합'은 '혁명적 노동조합'인데, 만주사변 이후 일제의 합법운동에 대한 말살로 국내의 민족해방운동은 지하화하였다. 일제의 합법운동에 대한 탄압과 아울러 민족주의운동의 변절, 신간회 지도부의 기회주의적 노선 등과는 달리 식민지 노동자·농민 운동이 폭발적으로 등장한 것이 그 배경이다. 1930년대 이후 국내의 민족해방운동이 대중노선을 지향하면서, 단순간 경제투쟁이 아닌 경제적 문제의 해결이 민족해방에 있다는 자각과 함께 정치투쟁 즉 민족해방의 주도적 세력으로 그리고 혁명적 대중세력으로 등장한 것이 이른바 '적색'이다. 그리고 신간회 해소 이후 사회주의가 중심이 된 민족해방운동세력은 이러한 대중적 변화와 함께 '공장으로! 광산으로!'라는 슬로건 아래 대중을 조직하여, 민족해방을 위한 혁명적 대중조직으로, 혁명적 노동자·농민 운동으로 발전해갔다.

혁명운동을 죽을 힘을 다하여 없애려고 하였다. 일본인은 사회주의 혐의자 소탕을 1935년으로 다 마쳤다고 보고 1936년부터는 민족주의자 소탕에 착수하였다. 이같이 철저한 탄압을 하는 둥쌀에 학원에도 탄압이 혹독하였다. 학교 안의 양심이 없고 자질이 부족한 가련한 분자를 이용하여 경찰서 스파이를 두고 교원이나 학생의 동향을 정탐하며 단속하였고 조그마한 일도 경찰이 간섭하여 학생을 꼼짝 못 하게 하였다. 학교는 경찰의 위력 밑에서 표면상 평온을 장식하였다. 이것이 오노가 말했듯이 만주사변 후에 학원이 점점 평온해졌다는 원인이었다.

조선학생은 소학 시절에는 선생이 이르는 말을 대개 곧이듣는다. 그러나 중학 3학년쯤 되면 민족적 양심이 자라나 일본인 교원에 대해 민족적 감정을 갖게 되는 것을 일본인들은 모르는 듯하였다. 그러나 '끝까지 안심할 수 없다'는 오노의 관찰은 바로 본 것이며, 결국 또다시 저들의 목적을 이루지 못하고 '교육이 곧 생활' 표방기의 6년간 애를 쓴 교육도 실패했음을 일본인들 스스로 인정한 것이었다.

# 제21장

# 교육 파멸기
## (1937~1945. 8. 14)

## 1. 자본주의의 말기[1]시대상

1938년 3월에 조선교육령을 고치고 '공민과' 교육에 대한 주의를 시킨 공문 중에 다음과 같은 말이 있었다.

'해외 발전'에 있어서는 먼저 무역 발달이 국력 증진상 극히 중요한 이유를 밝히고 우리나라(일본)의 무역 상황을 알리는 동시에, 무역 조장(助長)에 관한 대강을 가르치고 나아가 이민 및 개척지와 식민의 중요한 의의를 알게 하며

---

[1] 1929년 미국의 주식 공황으로 시작된 유례없는 세계 공황은 자본주의 국가 간에 자국 경제의 보호를 위한 치열한 경쟁을 불러왔다. 어느 나라건 이 위기 상황의 극복은 경제에 대한 국가권력의 적극적 개입과 식민지 수탈의 강화에 기초한 독점자본의 비대화에 의존할 수밖에 없었다. 그리하여 미국, 영국, 프랑스 등 선진자본주의 국가들은 보호무역주의의 일종인 블록 경제권을 형성하고 국가 주도에 의한 경제 부흥의 방식을 택하였으나, 독일, 일본, 이탈리아 등 후발자본주의 국가들은 국내 시장의 협소, 식민지 시장의 미확보와 선진자본주의 국가의 블록 경제화로 결국 이들은 식민지 시장 확보를 위한 군국주의화, 즉 파쇼체제를 택하지 않을 수 없었다. '만주사변'이 보여주듯 일본은 구미 열강과 미국이 경제공황으로 국내 문제에 몰두한 틈을 타서 중국을 침략의 첫 대상으로 삼고, 식민지 조선을 침략전쟁을 위한 '견고한 후방지', '병참기지'로 이용하려 했다. 그 결과 일본은 후방의 안정과 원활한 군수물자 조달을 위해 조선민족해방운동에 대한 파쇼적 탄압과 수탈을 강화하였다. 이러한 상황에서 나온 것이 1930년대 중반 이후 전시 파쇼체제의 강화와 민족말살정책이다.

우리의 외지 개척, 만주국 개발, 외국 이주에 대하여 설명하고 해외 발전의 정신을 고취시켜야 한다.

이것이 일본의 교육이었다. 일본은 자본주의 국가이다. 자본주의 국가는 반드시 식민지나 해외시장을 갖지 않고는 국가의 생명을 지탱할 수 없는 게 원칙이었기 때문에 일본은 식민지나 시장을 얻기에 힘을 다하였다. 그런데 식민지나 시장을 얻으려면 반드시 적이 생기고 나중에는 전쟁을 하지 않을 수 없는 운명에 빠지고 마는 것이 법칙이다. 승부야 어쨌든 자본주의가 전쟁의 '씨'라는 것은 인류 역사가 증명하고 사회과학이 지적하고 있는 바이다. 일본도 역사적 법칙을 면하지 못하고 전쟁이란 큰 구렁텅이에 빠지고 말았다. 조선과 만주를 식민지로 하려는 일본의 심술을 잘 알고 있는 중국 인민에게는 배일의식이 날로 늘어갔다. 이것을 힘으로 누르려고 1931년 9월에 트집을 잡아 군사력으로 만주를 중국에서 떼어내고, 다시 1937년 7월에 북중국에다 씨름을 걸어 굴복시키려다가, 시장을 다투는 영국과 미국의 자본주의 세력이 중국의 등 뒤에서 팔매질을 하는 데 골이 나서 1941년 12월에 하와이를 도둑처럼 습격하였던 것이 큰 싸움을 일으키고 말았다. 이제 일본이 죽느냐 사느냐는 두 길밖에 없게 되었으니 전국을 들어 싸움판에 미쳐 날뛸 수밖에 없었다. 이 상태가 이 시기의 시대상이었으니 교육도 여기에 따라 미친 길을 걸어가지 않을 수 없었다. 그러므로 이때의 파멸적 교육 행사는 후일에 참고도 될 것이다. 그러나 파멸적 교육 밑에서도 학생의 정신이 파멸되지 않았음은 우리의 자랑이다. 그러므로 역사적 사실 몇 가지를 실어 후인에게 이 시기에 있던 학원의 고민을 알리려 한다.


## 2. 파멸적 교육

1938년 3월에 총독 미나미는 다음과 같은 교육방침을 선포하였다.

여…… 이에 이런 국세에 맞고 세운에 응하는 길은 국체명징(國體明徵), 내선일체(內鮮一體), 인고단련(忍苦鍛鍊) 교육방침을 철하(徹下)하여 대국민된 지조, 신념의 연성(鍊成)을 근간으로 하지 아니하면 아니 된다. ……

이것은 이 시기의 철칙 같은 교육방침으로 무슨 행사든 무슨 교훈이든 모두 이 방침에 귀속시키려 하였다. 그런데 이 3대 방침은 곧 세 가지의 파멸적 교육임을 우리는 지적할 수 있다. '국체명징'은 인간적 이성을 파멸시키는 것이며, '내선일체'는 민족적 양심을 파멸시키는 것이며, '인고단련'은 문화적 생장을 파멸시키는 것이다. 그리하여 교육상으로 보면 한갓 파멸의 죄악을 범한 것밖에 아무것도 없었고, 죄악을 범하면서도 파멸에 성공하지도 못하였던 것이다. 이 시기는 형식적으로 학교의 수는 늘었을지라도 교육 자체는 파괴를 면하지 못하였다.

## 1) 소위 국체명징

그때의 공민과 교육에는 다음과 같은 교육상 주의가 있었다.

'국체'에 있어서는 우리 건국의 근본 뜻을 설명하고 나라의 특질이 경신숭조(敬神崇祖), 제정일치(祭政一致)의 정신과 떠나서는 아니 되는 것을 알게 하고 천황 통치의 본의(本意)와 신하와 백성이 천황을 보좌해야 할 본분을 명확하게 하고 참된 정성을 바쳐 황운(皇運)을 돕게 할 것을 역설하라.

일본인은 전쟁 중에 자기 민족의 우월성을 국민에게 가르쳐 국민의 자대(自大) 자존(自尊)한 마음을 기르고 좀스런 섬나라 백성의 자비(自卑)한 사상을 없애어 전쟁에 승리할 패기를 북돋우려고 애를 썼다. 그 수단으로 인류 역사를 2,000~3,000년 거슬러 올라가 신화시대에다 사상의 뿌리를 박으려고 하였다. 저들은 이것이 민족단결에 큰 효과가 있으리라고 생각하였다. 그러나 인류의 애국심도 과학적으로 또는 사회적으로 인간의 이성에 맞도록 발달되어가는 이 마당에 이렇듯 미신적이고 우매한 방법을 취하였으니 완전히 인간적 이성을 파멸시키려는 해괴망칙한 짓이었다. 다시 말하면 그것은 인간 이성이 부르짖는 인류의 비판에 의해 거꾸러질 수밖에 없었던 것이다. '천조대신(天照大神)은 우주 창조의 신, 천황은 이 신의 자리를 정통한 신, 일본민족은 이 신의 적자, 세계 인종은 이 신의

서자, 장차 이 신의 권력으로 세계를 정복, 천황에게 하는 절은 이 신에게 하는
예배', 이러한 논법으로 신궁참배와 궁성요배(遙拜, 멀리서 연고가 있는 쪽을 바라보고
하는 절)를 강제로 시킨 것이 '국체명징'을 가르치는 교육방법이었다. 그리하여 제
피와 제 재산과 제 생명이 모두 천황의 것이라고 하였다. 유태사상인 예수교가
'여호와를 창조의 신, 그리스도를 여호와의 아들 또는 여호와의 몸, 유태족은
여호와의 선민, 예수를 믿는 것은 여호와를 믿는 것, 자기의 몸과 생명과 재산은
모두 여호와의 것, 예수를 믿어야 죄가 없는 것'이라는 교리를 선전하는 것과
무엇이 다른가.

이천 년 전의 유태사상도 사람의 지혜가 발달함에 따라 이미 그 어리석음이
드러나 웃음거리가 되어가는 이 마당에 이러한 흉내를 내는 것은 일본인의 수치며
인간 이성을 무시한 죄악이었다. 이 세계에 신화적 전통을 역사의 기본으로 삼아
국가의 기원으로 삼고 연호로 쓴 나라는 일본밖에 없다. 일본은 이것을 특히
전쟁 중에 심하게 하였다. 이것은 자랑이 아니라 역사를 거슬러 살고 국민을
관념유희로 몰고 가는 비과학적인 무식이었으나 이것이 도리어 수치인 줄을
그들은 몰랐었다. 그리하여 군대가 각각 제 몸의 이해를 위하여 싸운 나라는
싸움에 이겼고 타인 곧 제 몸이 아닌 천황을 위하여 싸운 일본은 지고 말았다.
이 인간 이성을 파멸시키는 '국체명징'은 일본에서도 학자 다수가 반대하였고
학생들은 천황을 '天짱(덴짱)'이라는 별명으로 불러 업신여겼던 것이니 더욱 이것이
조선학생에게 웃음거리가 되지 않을 수 없었다.


## 2) 소위 내선일체

일본인은 조선과 일본 두 민족을 경제적, 정치적, 문화적, 법률적, 사회적인
모든 조건을 공평하고 균등히 하는 데서 일체로 만들려 하지 않고 위력과
형식으로 일체를 만들려 하였다. 곧 민족적 양심을 밟아 누르고 때려 부수고 칼로
깎고 총으로 폭파시켜 없애서 일체를 만들려 하였다. 그러한 방침은 다음과 같은
사건을 만들어냈다.


### (1) 교원과 학생 검거

1925년서부터 좌익 혁명자들을 검거하기 시작하여 1936년까지 맹활약한 일본

경찰은 좌익 박멸은 이만하면 되었다 하고 칼끝을 민족주의자에게로 돌렸다.[*2]
서울과 시골을 통하여 한두 명씩 검거된 것은 사건의 내용과 사람 수를 일일이 알
수 없고 이 시기에 있어 사회적으로 문제가 컸던 것만 들어보면 다음과 같다.

　1937년 4월에 수양동우회를 검거하였고 1938년 5월에 흥업구락부를
검거하였으며, 1942년 10월에 조선어학회를 검거했는데 검거 인원 백 수십
명 중에 교원이 약 30명가량이었다. 그들은 일시 또는 영구히 교직을 내놓게
되었으니 책임을 가진 거두가 검거되었던 학교는 그 영향이 아주 커서 교육계의
화제가 되었다. 교장이 검거된 김천중학교는 사건이 끝나기도 전에 도학무과에서
면직시키고 학교를 공립으로 빼앗았다. 부교장, 교무주임, 그 밖에 과장 교수가
여럿이 검거되었던 연희전문학교는 중추가 깨어진 후 내부의 틀이 약화된 것을
기회로 군인과 경찰이 압력을 넣어 내부를 흔들어놓아 나중에 힘을 만회하지
못하게 만들고 일본인 교장을 내세워 영도권을 빼앗았다. 교감이 검거된
배화고등여학교는 사건이 끝나기 전에 일본인 교감을 강제로 보내어 못난
일본인의 구제처로 만들었다. 정주 오산중학교에서는 교원을 검거하고 교장에게
책임을 돌려 강제로 교장을 사직시킨 뒤에 일본인 교장을 보내어 교육권을
박탈하였다. 이러한 일이 생긴 것은 모두 일본인이 핑계를 잡아서 민족주의
사상이 농후한 인물을 지도급에 두지 아니할 방침을 가졌던 까닭이다. 저들은
이 민족주의 사상만으로는 죄를 얽을 수가 없어서 그들을 잡아다가 법적 행위를
만들어내기 위하여 갖은 악형을 다했다. 70시간을 계속 잠을 못 자게 하여
정신을 혼란시키거나, 혹은 긴 목판에 몸을 묶어 누이고 입과 코에 물을 부어

---

*2) 1930년대 중반 이후 혁명적 진출을 하고 있던 조선민족해방운동을 극악한 파쇼적
탄압으로 잠재우고자 했던 일제는 1920년대의 소위 문화정치에서 허용했던
부분적, 형식적인 자유마저도 박탈함으로써 온건적인 민족주의자들에 대한 탄압을
강화하였다. 이로 인해 문화정치의 틈바구니에서 기회주의적, 타협적 태도로 일관해온
민족개량주의자들이 설 땅마저 박탈되어, 이들은 그 기회주의성과 민족해방에
대한 불철저성으로 친일 변절자로 전락하고 말았다. 이들 친일파는 일전보국대,
국민정신총동원연맹, 조선문인보국회 등의 친일단체를 만들어 일제의 침략전쟁을 적극
지원하였다. 개인적으로는 동아일보계의 김성수, 박흥식 등이 거액의 국방자금을 내고,
최린, 조만식, 장덕수, 이광수, 최남선 등이 논설, 문학, 시국강연 등을 통해 민족말살정책의
선두에 서서 일제의 대동아전쟁의 정당성과 일본군의 승리를 소리 높여 선전하고 조선
청년들을 침략전쟁에 참가하도록 내몰았다. 더구나 해방 이후의 역사 속에서도 이들을
민족의 이름으로 처단하지 못함으로써 여전히 민족사의 비극으로 남아 있다.

숨을 막히게 하여 까무러치게 하거나, 혹은 두 팔을 뒤로 젖혀 손목을 묶어 매어 달고 발판을 치워 몸을 매어 달아 정신을 잃게 하거나, 혹은 꿇어앉히고 두 손에 의자를 들려 두 팔을 위로 펴게 하여 두거나, 혹은 짐승처럼 배를 대고 사지로 엎드리게 하고 죽도록 볼기를 함부로 치거나, 혹은 곤봉으로 팔다리를 일어나지 못하도록 두드리거나, 혹은 머리를 난타하여 피가 흐르고 정신이 혼몽하게 하는 등 온갖 악형을 다하였으니 이렇게 하기를 며칠 계속하기도 하였다.

그리하여 2, 3일 몇 주일씩 병석에 눕기도 하고 혹독한 매와 굶주림으로 인해 병이 나서 죽은 이도 있었다. 일본인은 이같이 무지한 폭력으로 조선인의 민족사상을 파멸시키려 하였다.

1941년 후로는 학원에서 학생의 민족적 양심을 너무 누르기 때문에 그리고 시국에 대해 점차 속지 않고 바로 인식하게 되었기 때문에 학생의 감정이 많이 흥분되었다. 그리하여 반일사상이 더욱 행동으로 화하여 비밀리에 검거사건이 많았는데, 그때 일부에 알려진 것으로는 경기중학교, 경복중학교, 송도중학교, 춘천중학교, 부산중학교 사건이 컸었고 그 밖에 10여 개 학교 남녀 학생의 춘천 집회사건도 훌륭한 독립사상의 발로였다. 일본인은 이러한 것을 경찰의 힘으로 탄압하고 학교의 규칙으로 단속하여 민족적 양심의 발동을 극도로 파멸시키려 하였다.[3]


### (2) 조선어 사용 금지

1938년 3월에 교육령을 개정하였을 때에 정식 과목이던 조선어를 선택과목으로 하고서도 그해 4월부터 조선어를 못 가르치게 하였다. 그뿐만 아니라 조선어 사용을 금지하였다. 학교 안에서 조선어 쓰는 것을 발견하면 학교에 따라 벌금 혹은 견책 혹은 처벌하고 이것으로 품행 점수를 감하였으며, 교외에서는 소위 보도연맹원이 있어서 학생이 조선어 쓰는 것을 발견하면 불러 야단치거나 학교에 알려 단속하게 하였으며, 조선어 쓰는 것을 민족사상의 발로로 다루고 일본어

---

[3]  이 시기 일제가 발표한 소위 사상범으로 검거된 이들에 관한 통계를 보면, 1930년에 3만 8,799명이던 것이 1934년에는 6만 6,055명으로 급증하였다. 사상범이란 명목으로 반일운동을 말살하기 위해 만들어진 악법들을 보면, 1930년 '조선불온문서임시취체령' 공포, '사상범보호관찰령' 실시와 서울 등 7개소의 '보호관찰소' 설치, 1941년의 '사상범예방구금령' 발표 및 치안유지법 개정 등이 있었다.

아니 쓰는 것을 배일사상으로 여기었다. 그같이 제 나라 말을 버리도록 민족적 양심을 파멸시키려 하였던 것이다. 이 조선어 박멸 방침은 확실히 민족성을 없애려는 것이었는데 일부 친일자 중엔 공식적 외형이 아니라 진심으로 충성을 다하여 제 집안에서 5, 6세 된 아이들과도 일본어만 쓰고 이것을 자랑으로 여기는 양심이 마비된 못난이들이 없지 않았으나 도리어 청년들은 반발이 더 거세었다.

### (3) 창씨를 강제

1940년 2월에 성씨제도를 만들고 조선인의 성명을 일본식으로 바꾸게 하였다. 형식은 자유였으나 완전히 강제로 하였다. 학교 교원에게는 더욱 심하게 시켰는데, 어떤 곳에서는 창씨를 하지 않은 청년은 교원으로 쓰지 않았고 어떤 보통학교에서는 창씨 안 한 아동을 받지 않았다. 이같이 형식상의 민족적 구별을 없애려고 관권의 위압이 미치는 데까지 힘썼던 것이다.

## 3) 소위 인고단련

전시에 노동력이 부족할 것을 예측한 일본인은 학교 전체를 노동자 양성소로 만들 방침이었다. 저들이 이른바 장기전을 꾀하는 때 학생을 노동자로 쓰면 학생들의 문화적 생장은 파멸하고 마는 것이다. 근로대를 만들어 남학생이 비행장, 공장에서 교대로 일할 때 감독 군인의 횡포는 참으로 심하였다. 때로는 인솔한 직원과 군인 사이에도 충돌이 있었고 자고 먹는 것이 너무나 곤란하였다. 땅 위에서 자고 배고프게 먹으니 병이 나기 쉬웠다. 병이 나도 진찰도 받기 어려워서 근로장에서 죽는 일조차 더러 있었다. 이리하여도 학교에서 항의조차 할 수 없을 만큼 군의 압박이 컸었다. 여학생들은 교내에서 운모(雲母, 화강암 가운데 많이 들어 있는 규산물 광물의 하나)를 일구고 군복 깁기에 시간을 다 빼앗기고 방공훈련이니 행군원족(行軍遠足, 여러 사람이 줄을 지어 먼 거리를 이동하는 일과)이니 하는 일과, 군대식 체조 훈련받기, 위문편지, 위문대 제작, 애국일 행사, 신사참배, 총력연맹 행사, 국방헌금, 폐품수집 등의 일과 농장작업, 시국 영화 관람 등의 일로 학업을 거의 전폐하였다. 성적은 근로 성적이 매우 중요시되었고 상급학교 입학에도 이 점수를 중시하게 되었다. 이리하여 청년의 새로 돋는 문화적 요소의 싹을 분질러놓는 것이 이 시기의 교육방침이었다. 이 전쟁이 끝난 뒤에 그들의 지식은 텅 비었고 지난 일을 돌아볼 때 아까운 시간을 쓸데없이 허비한 것을 애처로워하지 않을 수 없었다.


## 3. 교육령 개정과 조선어 폐지

전시 체제를 자꾸 연구하여 간 일본인은 1938년 3월에 새 조선교육령을 발표하였다. 교육령의 주요한 점은 교명을 일본인 학교와 꼭 같게 하여 보통학교를 보통소학교, 고등보통학교를 중학교, 여자고등보통학교를 고등여학교라고 한 것, 조선어를 선택과로 한 것, 사범학교의 2부제를 폐한 것 등으로서 전연 조선인과 일본인의 구별을 찾아볼 수 없도록 한 것이다. 그리고 실행에 들어가서 학무과장과 시학(視學)이 각 학교 대표자를 따로 불러 조선어를 자원하여 폐지하는 형식을 취하게 하고, 신문에 조선어 없앴다는 기사를 못 내게 하고 학부형에게도 학교에서 자진하여 폐지했다고 광고하도록 강제했다. 전쟁이란 무서운 사태의 압력으로써 전국을 강압적으로 통제하는 틈을 타서 조선인을 아주 눌러 실질적인 일본인을 만들어 조선의 냄새까지 씻어버리려는 계책이었다. 그리고 일부러 적극적이고 대담한 기세를 부리어 전승에 자신 있는 듯한 태도로 조선인들의 심리가 흔들리지 않게 하려 했던 것이다.


## 4. 학교의 뒤바꿈질

일본의 교육은 많은 결함이 있었다. 그중의 큰 결함의 하나는 생산적 교육이 부족하였다는 것이다. 말과 머리로만 벌어먹게 된 학교가 많았던 탓으로 큰 전쟁을 당하고 보니 일반 국민이 과학을 이용하는 머리와 피땀을 흘리는 정신이 약한 것을 느끼게 되었다. 갑자기 비행사, 자동차 운전수를 기르랴, 선반 돌릴 이를 기르랴, 연구실과 실험실 일꾼을 만들려니 사람도 부족하고 교실도 없었다. 그리하여 일본에서는 문과계통 학교를 실업과 기술부문으로 전환시키려 하였다. 그러나 그 성적은 좋지 못하였다. 조선에도 그 바람이 불어 1943년에 법학전문학교와 고등상업학교를 합하여 경제전문학교를 만들고 혜화전문학교와 보성전문학교를 합하여 척식경제전문학교를 만들고, 연희전문학교를 공업경영전문학교로, 이화여자전문학교와 숙명여자전문학교를 농촌 지도원 양성소로 바꾸어 학계의 혼잡을 일으켰기에 학생들은 수학(修學)의 경륜이 깨져 학교를 바꾸고 직원들은 취미를 잃고 직장을 바꾸었다. 1944년 봄에 이화전문, 숙명전문은 다시 전문학교로 회복되었다. 이같이 전쟁에 당황한 기색으로 갈팡질팡하는 학무 당국자들의 태도에 학계의 비난이 많았다.


## 5. 시설

### 1) 초등교육

#### (1) 계획

본기 초, 곧 1936년 5월 현재에 보통학교는 관립 2개교에 17학급, 공립 2,411개교에 1만 8,023학급, 사립 85개교에 519학급 총계 2,498개교에 1만 1,359학급이었다. 그런데 아동의 취학률은 겨우 2할 5푼 안팎에 불과하니 전도가 아득하였다. 그리하여 1937~1946년까지 10년간에 배가할 계획을 하였다가 시세의 촉박함을 살펴 1942년까지 곧 6년을 단축하여 급히 완성하려고 하였다. 말하자면 과거 25년 성적과 같은 성적을 6년간에 내자는 것이다. 본 계획은 통학구역이 넓고 좁은 것과 기타 특수 사정을 보아 학급을 증가시키거나 2부 수업을 개설하는 등 적절한 방법을 택하려 하였다. 이 계획이 완성되면 취학연령 아동의 약 6할을 수용하게 되며, 이 계획의 기초는 정규학급 1만 823학급으로 아동 수 약 143만을 얻고, 2부 수업으로 약 9만 5,000의 아동을 더 얻고, 간이학교를 해마다 222개교씩 증설하여 약 15만의 아동을 더 얻어 총합 168만 명을 확보하는 것이다. 그리고 편의상 종래 계획을 제1차 계획이라 하고 본 계획을 제2차 계획이라 하였다.


#### (2) 시설

① 위의 계획은 그대로 시행되어 1943년 5월 현재 보통학교가 관립 13개교에

244학급, 공립 1,306개교에 1만 822학급, 사립 41개교에 254학급이 늘어 총 1만 5,500학급으로 늘었다. 계획보다 4,677학급이 더 늘었다.

② 보통학교 증가에 따라 교원의 보급이 필요하게 되어 1936년 이후로 1943년까지, 1936년에 전주, 다음 해에 함흥, 1938년에 광주·공주, 다음 해에 춘천, 또 다음 해에 진주, 1941년에 해주, 다음 해에 신의주, 1943년에 대전·해주·청진에 사범학교를 증설하였다.

③ 시국을 반영하여 청년들이 산업으로 전향하고 사범학교 연습과나 강습과에 지원자가 줄어들므로 응급조치로서 잠정적으로 1940년부터 다음 규정대로 각 남자 사범학교에 특설 강습과를 두었다.

㉮ 인원은 전 학교를 통하여 1,300명.

㉯ 입학 자격은 수업 연한 2개년 고등소학교를 졸업한 정도로 나이 14세 이상 된 자.

㉰ 수업 연한은 1개년.

㉱ 그 밖에도 교원시험을 보아 합격자를 채용하고 해마다 일본에서 약 600명의 교원을 데려왔다.


## 2) 중등교육

### (1) 공립중학교

본기 중 1943년까지 신설된 공립중학교는 1938년에 순천, 경주, 안악, 평양 제3, 1939년에 개성, 강계, 1940년에 욱구, 청진, 나진, 1941년에 홍성, 철원, 성진, 1942년에 통영, 금강, 1943년에 김천, 강서, 북청 등 17개교였다.


### (2) 고등여학교

고등여학교는 교육령이 개정된 뒤로 일본인과 공학을 적극 실시하여, 조선인 교육을 위해서뿐만 아니라 일본인 교육을 위하여 한 시설이라고 보아도 좋을 만큼 일본 여학생이 많았다. 곧 신설학교 22개교(누씨고등여학교의 변경으로 된 공립은 제외함)에 1943년 5월 현재의 통계를 보면 조선인 학생 3,385명에 일본인 1,943명이니 약 35%를 일본인이 차지하였다. 본기의 신설은 1937년에 대동(대전),

겸이포, 다음 해에 청주제2, 여수, 또 다음 해에 포항, 진주, 철원, 나진, 1940년에 무학, 순천, 안악, 강릉, 다음 해에 수원, 조치원, 김제, 또 다음 해에 충주, 안동, 원산항(사립 누씨고여였던 것), 1943년에 강원, 정읍, 통영, 순천, 정주 등이었다.

### (3) 실업학교

전시에 물자수급 관계로 생산 증강은 필연이므로 실업교육을 상당히 장려하였다. 1943년 5월 현재까지 농업을 23개교, 공립 공업을 9개교, 공립 상업을 7개교 증설하고 실업보습학교로 농업 40개교, 공·상 및 수산 각 1개교, 여자 실업 9개교로 증설하였다.

## 3) 전문교육

① 1927년에 수의 축산과를, 1942년에 교원양성소 지리·박물 2과를, 1943년에 임업 토목과를 수원고등농림학교에 두었다.

② 1943년에 교원양성소 수학·물리 및 화학 2과를 경성고등공업학교에 두었다.

③ 1939년에 경성광산전문학교를, 1941년에 부산고등수산학교를 설치하였다.

## 4) 대학 교육

1938년 4월에 경성대학에 이공학부를 개설하였다.


# 6. 사립학교

### (1) 중학교 설립 불허

① 황해도 안악에 고등보통학교를 설립하려고 지방 유지 100여 명이 50만 원의 기본금을 걸고 설립 인가를 청하였는데, 당국은 "첫째 공립으로 하라. 둘째 실업학교로 하라"고 하며 거절하여 민중이 분개하면서 기부를 철회하려 하였으며 비난이 많았다.

② 경상북도 경주에서 중학의 필요를 느끼고 유지가 발기하여 이 모 씨 한 사람이 40만 원을 내어 그것을 기초로 설립 인가를 청하고 활발히 활동하였으나

결국 안악사건과 꼭 같은 조건으로 방해하므로 일본인의 수중에 드는 학교를 만드는 데 전 재산을 제공하지는 않겠다 하여 성립되지 않았다.

③ 전남 완도에서 고보 기성회를 조직하고 기금 3,000만 원을 걸고 운동하다가 안악이나 경주의 사실과 같은 난관을 만나 중지하였다.

당시에 일본인은 무엇이나 민중에게 환영받을 사업이면 절대로 조선인에게 주지 않았다. 그 까닭은 거기에서 민족적 단결심이 생길까 염려했기 때문이며, 그러한 조직을 통하여 민중을 끄는 지도자가 생기는 것을 싫어했기 때문이며, 사설은 직접 간섭하기가 어렵기 때문이며, 저들의 손에 넣어서 일본인 하나라도 월급 자리를 주려 했기 때문이었다.

### (2) 지도 자리를 탈취

재정이 튼튼한 사립에는 일본정신을 강제한다는 표방하에 일본인이 교장이나 교무주임의 자리를 차지하도록 방침을 정하였다. 그리하여 일본인 학교 또는 관공립학교에서 내버린 늙은 인물을 보내어 개인의 뱃속을 기름지게 하는 부패한 행정을 하였다. 그들은 학교에 와서 교육에는 마음이 없고 물자가 귀한 시국에 입학 때 뇌물과 학부형 착취를 일삼기 일쑤였다.

### (3) 신설된 학교

① 도지사가 인정한 초등학교가 41개교.

② 성남, 명신, 어랑, 문태, 평양, 대륜, 순안, 선천 등 승격한 정규 중학이 8개교.

③ 인천 소화(신설), 동래, 풍문(이상 승격) 등 정규 고등여학교가 3개교.

④ 신천농업, 조선전기, 평안공업, 광신상업, 보인상업, 전남면업, 길주공업보습, 대신·인천·함남·재령·수원·목포 등 6개 상업, 동구가정 등 실업학교 및 실업보습학교가 15개교.

⑤ 경성여의전, 대동공업, 숙명여전, 명륜전문 등 전문학교가 4개교.

⑥ 부산입정상업, 경성원예, 경성상공실무, 성동상과, 오산불교, 초량상업실무, 평양약한, 정일원예, 성신가정여, 상명실천여 등 각종 학교가 10개교.

⑦ 성결교회 경성신학, 평양신학, 조선무선통신 등 전문 정도 학교가 3개교.

# 7. 학교의 전모(1943년 5월 현재)

## 1) 공립보통학교

| 도별 / 종별 | | 경기 | 충북 | 충남 | 전북 | 전남 | 경북 | 경남 | 황해 | 평남 | 평북 | 강원 | 함남 | 함북 | 계 |
|---|---|---|---|---|---|---|---|---|---|---|---|---|---|---|---|
| 학교 수 | 관립 | 2 | 1 | 2 | 1 | 1 | 1 | 1 | 1 | 1 | 1 | 1 | 1 | 1 | 15 |
| | 공립 | 302 | 154 | 203 | 235 | 420 | 384 | 325 | 234 | 247 | 335 | 386 | 288 | 204 | 3,717 |
| | 인정사립 | 36 | 3 | · | 2 | 4 | 4 | · | 7 | 7 | 3 | 2 | 35 | 23 | 126 |
| | 계 | 340 | 158 | 205 | 238 | 425 | 389 | 326 | 240 | 255 | 339 | 389 | 324 | 228 | 3,858 |
| 학급 수 | 관립 | 22 | 97 | 16 | 11 | 9 | 11 | 9 | 7 | 11 | 9 | 9 | 11 | 7 | 141 |
| | 공립 | 3,008 | 1,049 | 1,739 | 1,650 | 2,558 | 2,793 | 2,635 | 1,890 | 1,808 | 2,098 | 1,751 | 1,800 | 1,225 | 26,014 |
| | 인정사립 | 264 | 17 | · | 12 | 22 | 42 | · | 45 | 66 | 10 | 5 | 169 | 125 | 773 |
| | 계 | 3,294 | 1,072 | 1,755 | 1,673 | 2,589 | 2,846 | 2,644 | 1,942 | 1,885 | 2,117 | 1,765 | 2,007 | 1,357 | 26,928 |

## 2) 공립간이학교

| 도별 / 학교, 학급 | 경기 | 충북 | 충남 | 전북 | 전남 | 경북 | 경남 | 황해 | 평남 | 평북 | 강원 | 함남 | 함북 | 계 |
|---|---|---|---|---|---|---|---|---|---|---|---|---|---|---|
| 학교 수 | 109 | 55 | 45 | 76 | 201 | 178 | 165 | 133 | 94 | 122 | 192 | 90 | 103 | 1,563 |
| 학급 수 | 124 | 55 | 45 | 76 | 202 | 179 | 165 | 134 | 94 | 92 | 195 | 93 | 104 | 1,558 |

## 3-1) 공립중학교(조선인을 주로 한 것)

| 학교명 | 학급 수 | 조선인 학생 수 | 일본인 학생 수 | 학교명 | 학급 수 | 조선인 학생 수 | 일본인 학생 수 |
|---|---|---|---|---|---|---|---|
| 경기 | 20 | 1,146 | · | 홍성 | 3 | 133 | 27 |
| 경복 | 21 | 1,118 | · | 전주북 | 15 | 779 | · |
| 개성 | 10 | 432 | 96 | 광주서 | 13 | 703 | · |
| 청주제일 | 10 | 522 | 5 | 순천 | 10 | 440 | 95 |
| 충주 | 4 | 200 | 17 | 경북 | 14 | 747 | · |
| 공주 | 10 | 460 | 21 | 경주 | 5 | 228 | 32 |
| 김천 | 10 | 590 | · | 신의주동 | 14 | 733 | · |
| 동래 | 10 | 546 | 10 | 강계 | 5 | 233 | 18 |
| 진주 | 10 | 461 | 83 | 춘천 | 10 | 463 | 74 |
| 해주동 | 12 | 651 | · | 함남 | 13 | 720 | 3 |
| 안악 | 5 | 259 | 10 | 북청 | 1 | 56 | 4 |
| 평양제2 | 20 | 1,071 | · | 경성 | 11 | 616 | · |
| 안주 | 10 | 524 | 8 | 계 26 | 267 | 13,887 | 497 |
| 강서 | 1 | 56 | 3 | | | | |

### 3-2) 공립중학교(공학을 주로 한 것)

| 학교명 | 학급 수 | 조선인 학생 수 | 일본인 학생 수 | 학교명 | 학급 수 | 조선인 학생 수 | 일본인 학생 수 |
|---|---|---|---|---|---|---|---|
| 욱구 | 16 | 407 | 443 | 목포 | 4 | 112 | 5 |
| 대전 | 15 | 216 | 554 | 포항 | 1 | 27 | 33 |
| 마산 | 10 | 203 | 332 | 금강 | 2 | 95 | 17 |
| 부산제2 | 4 | 85 | 141 | 원산 | 14 | 157 | 510 |
| 통영 | 2 | 82 | 31 | 청진 | 4 | 119 | 95 |
| 평양제3 | 10 | 374 | 125 | 나진 | 7 | 177 | 194 |
| 진남포 | 3 | 75 | 87 | 성진 | 3 | 60 | 97 |
| 철원 | 3 | 116 | 55 | 계 15 | 98 | 2,305 | 2,819 |

### 3-3) 공립중학교(일본인을 주로 한 것)

| 학교명 | 학급 수 | 조선인 학생 수 | 일본인 학생 수 | 학교명 | 학급 수 | 조선인 학생 수 | 일본인 학생 수 |
|---|---|---|---|---|---|---|---|
| 경성 | 21 | 31 | 1,118 | 청주제2 | 5 | 63 | 193 |
| 용산 | 20 | 22 | 1,092 | 군산 | 10 | 86 | 398 |
| 성동 | 18 | 27 | 897 | 전주남 | 10 | 69 | 443 |
| 인천 | 10 | 93 | 434 | 광주동 | 10 | 18 | 454 |
| 대구 | 14 | 21 | 705 | 신의주 | 7 | 44 | 301 |
| 부산 | 16 | 14 | 872 | 함흥 | 7 | 4 | 398 |
| 해주서 | 10 | 93 | 395 | 나남 | 10 | 72 | 428 |
| 평양제일 | 15 | 32 | 714 | 계 183 | 183 | 689 | 8,842 |

### 4) 사립학교

| 종목＼도별 | 경 기 | | | | | | | 전북 | 전남 | 경북 | 황해 | 평 남 | | 평 북 | | 함남 | 함북 | 계 |
|---|---|---|---|---|---|---|---|---|---|---|---|---|---|---|---|---|---|---|
| 학교명 | 양정 | 보성 | 배재 | 휘문 | 중앙 | 성남 | 송도 | 고창 | 문태 | 대륜 | 명신 | 경창 | 순안 | 평안 | 오산 | 선천 | 일출 | 어랑 | 18 |
| 학급 수 | 15 | 15 | 15 | 15 | 15 | 10 | 15 | 10 | 6 | 6 | 13 | 10 | 7 | 6 | 15 | 10 | 10 | 4 | 187 |

### 5-1) 공립고등여학교(조선인을 주로 한 것)

| 학교명 | 학급 수 | 조선인 학생 | 일본인 학생 | 학교명 | 학급 수 | 조선인 학생 | 일본인 학생 |
|---|---|---|---|---|---|---|---|
| 경기 | 13 | 739 | · | 충주 | 2 | 100 | 14 |
| 청주제2 | 5 | 273 | · | 대동 | 8 | 419 | 1 |
| 전북 | 8 | 442 | · | 평양서문 | 12 | 673 | · |
| 정읍 | 1 | 46 | 10 | 신의주남 | 7 | 412 | · |
| 광주욱 | 8 | 444 | · | 함남 | 6 | 346 | · |
| 경북 | 11 | 628 | · | 원산항 | 10 | 586 | · |
| 부산항 | 9 | 507 | · | 동나남 | 7 | 384 | · |
| 해주행정 | 8 | 440 | · | | | | |
| 안악 | 4 | 214 | 7 | 계 16 | 29 | 6,653 | 32 |

### 5-2) 공립고등여학교(공학을 주로 한 것)

| 학교명 | 학급 수 | 조선인 학생 | 일본인 학생 | 학교명 | 학급 수 | 조선인 학생 | 일본인 학생 |
|---|---|---|---|---|---|---|---|
| 개성 | 4 | 166 | 62 | 공주 | 4 | 77 | 138 |
| 무학 | 12 | 323 | 320 | 조치원 | 4 | 103 | 106 |
| 수원 | 4 | 112 | 112 | 강경 | 3 | 95 | 70 |
| 군산 | 8 | 84 | 349 | 사리원 | 7 | 184 | 194 |
| 이리 | 8 | 79 | 353 | 겸이포 | 4 | 63 | 152 |
| 김제 | 4 | 117 | 82 | 전남포 | 8 | 115 | 297 |
| 여수 | 4 | 62 | 151 | 순천 | 1 | 37 | 27 |
| 순천 | 8 | 237 | 183 | 정주 | 1 | 20 | 40 |
| 김천 | 4 | 64 | 146 | 춘천 | 5 | 118 | 150 |
| 포항 | 4 | 91 | 128 | 강릉 | 4 | 165 | 54 |
| 안동 | 2 | 86 | 30 | 철원 | 4 | 151 | 73 |
| 진해 | 8 | 82 | 336 | 회령 | 4 | 102 | 111 |
| 마산 | 10 | 104 | 439 | 나진 | 8 | 169 | 223 |
| 진주 | 12 | 472 | 144 | | | | |
| 통영 | 1 | 30 | 20 | 계 28 | 150 | 3,508 | 4,486 |

### 5-3) 공립고등여학교(일본인을 주로 한 것)

| 학교명 | 학급 수 | 조선인 학생 | 일본인 학생 | 학교명 | 학급 수 | 조선인 학생 | 일본인 학생 |
|---|---|---|---|---|---|---|---|
| 경성제일 | 20 | 7 | 1,094 | 해주욱 | 5 | 19 | 243 |
| 경성제2 | 20 | 5 | 1,147 | 평양 | 16 | 37 | 819 |
| 경성제3 | 9 | 16 | 496 | 신의주 | 8 | 44 | 414 |
| 인천 | 13 | 78 | 576 | 함흥 | 8 | 21 | 433 |
| 청주제일 | 4 | 30 | 187 | 원산 | 10 | 16 | 494 |
| 대전 | 8 | 8 | 427 | 홍남 | 7 | 2 | 368 |
| 전주 | 8 | 23 | 375 | 나남 | 8 | 43 | 392 |
| 목포 | 8 | 47 | 385 | 청진 | 8 | 38 | 384 |
| 광주대화 | 9 | 12 | 485 | 성진 | 4 | 13 | 187 |
| 대구 | 15 | 7 | 842 | | | | |
| 부산 | 22 | · | 1,201 | 계20 | 210 | 466 | 10,949 |

### 6) 사립고등여학교

| 종목＼도별 | 경 기 | | | | | | | 경남 | 황해 | 평남 | 함남 | 계 |
|---|---|---|---|---|---|---|---|---|---|---|---|---|
| 학교명 | 숙명 | 진명 | 이화 | 배화 | 동덕 | 명덕 | 소화 | 동래 | 명신 | 남산 | 일출 | 11 |
| 학급 수 | 12 | 8 | 12 | 8 | 12 | 8 | 8 | 4 | 7 | 8 | 8 | 95 |

### 7) 농업학교(무표는 공립, O표는 사립)

| 종목＼도별 | 경기 | 충북 | 충남 | 전북 | 전남 | 경북 | 경남 | 황해 | 평남 | 평북 | 강원 | 함남 | 함북 | 계 |
|---|---|---|---|---|---|---|---|---|---|---|---|---|---|---|
| 학교명 및 학급 수 | 경성15<br>안성5<br>수원5<br>문산2<br>의정부1 | 청주10<br>충주5<br>영동3<br>제천1 | 예산7<br>공주7<br>천안4<br>서산1 | 이리15<br>전주9<br>정읍5<br>순창2<br>남원3 | 광주10<br>순천5<br>제주5<br>강진3 | 대구13<br>안동10<br>상주5<br>영주1 | 진주11<br>김해5<br>밀양3<br>울산5 | 사리원5<br>연안5<br>장연3<br>서흥3<br>안악1<br>O신천5 | 평양10<br>안주5<br>성천2 | 의주10<br>영변2<br>구성1<br>초산3<br>강계7 | 춘천10<br>강릉5<br>원주2<br>평강2 | 함흥14<br>북청5<br>영흥2<br>덕원3<br>갑산3 | 경성10<br>길주5 | |
| 학교계 | 5 | 4 | 4 | 5 | 4 | 4 | 4 | 6 | 3 | 5 | 4 | 5 | 2 | 55 |
| 학급계 | 28 | 19 | 19 | 34 | 24 | 29 | 24 | 22 | 17 | 23 | 20 | 27 | 15 | 300 |

### 8) 공업학교(무표는 공립, O표는 사립)

| 종목 \ 도별 | 경 기 | | 전북 | 경남 | 황해 | 평 | | 남 | | 평북 | 함남 | 함북 | 계 |
|---|---|---|---|---|---|---|---|---|---|---|---|---|---|
| 학교명 | 경성 | O조선전기 | 이리 | 부산 | 겸이포 | 평양제일 | 평양제2 | 전남포 | O평안 | 신의주 | 흥남 | 청진 | 12 |
| 학급 수 | 40 | 10 | 12 | 12 | 2 | 10 | 3 | 7 | 6 | 9 | 12 | 10 | 133 |

### 9) 상업학교(무표는 공립, O표는 사립)

| 도별 \ 종목 | 경기 | 충북 | 충남 | 전북 | 전남 | 경북 | 경남 | 황해 | 평남 | 평북 | 강원 | 함남 | 함북 | 계 |
|---|---|---|---|---|---|---|---|---|---|---|---|---|---|---|
| 학교명 및 학급 수 | 경성18<br>경기15<br>덕수6<br>인천13<br>개성10<br>O선린23<br>O동성10<br>O대동10<br>O한성8<br>O광신8<br>O보인6 | O청주10 | 강경10 | 군산3 | 목포15 | 대구15<br>김천2 | 부산<br>제일15<br>부산제2<br>10<br>마산10 | 사리원4 | 평양8<br>전남포5<br>O숭인10 | 신의주10 | 강릉5 | 함흥10<br>원산10<br>단천1 | 회령5<br>청진6 | |
| 학교계 | 11 | 1 | 1 | 1 | 1 | 2 | 3 | 1 | 3 | 1 | 1 | 3 | 2 | 31 |
| 학급계 | 127 | 10 | 10 | 3 | 15 | 7 | 35 | 4 | 23 | 10 | 5 | 21 | 11 | 291 |

### 10) 공립수산학교

| 학교명 | 여수(전남) | 통영(경남) | 용암포(평북) | 청진(함북) | 계 4 |
|---|---|---|---|---|---|
| 학급 수 | 8 | 10 | 3 | 10 | 계 31 |

### 11) 공립직업학교

| 학교명 | 경성 | 인천 | 대전 | 공주 | 송정 | 대구 | 부산 | 해주 | 신의주 | 삼척 | 북청 | 계 11 |
|---|---|---|---|---|---|---|---|---|---|---|---|---|
| 학급 수 | 25 | 9 | 17 | 6 | 6 | 14 | 7 | 7 | 15 | 6 | 7 | 계 119 |

## 12) 사립여자실업학교

| 학교명 | 경성여자실업 | 덕성여자실업(경성) | 향상여자실업(경성) | 계 3 |
|---|---|---|---|---|
| 학급 수 | 12 | 9 | 6 | 계 27 |

## 13) 실업보습학교(( )는 포함된 사립학교 수)

| 도별 \ 종별 | 농 업 | | 공 업 | | 상 업 | | 수 산 | | 여 자 | | 계 | |
|---|---|---|---|---|---|---|---|---|---|---|---|---|
| | 학교 수 | 학급 수 | 학교 수 | 학급 수 | 학교 수 | 학급 수 | 학교 수 | 학급 수 | 학교 수 | 학급 수 | 학교 수 | 학급 수 |
| 경성 | 9 | 12 | 1 | 9 | (3)4 | (17)19 | | | (1) | (2) | (4)15 | (19)42 |
| 충북 | 4 | 4 | | | | | | | 2 | 3 | 6 | 7 |
| 충남 | 6 | 10 | | | | | | | 4 | 6 | 10 | 16 |
| 전북 | 7 | 7 | | | 2 | 3 | | | 1 | 1 | 10 | 11 |
| 전남 | (3)16 | (3)16 | | | (1)2 | (3)6 | | | 1 | 4 | (4)19 | (6)26 |
| 경북 | 6 | 12 | 1 | 3 | 1 | 2 | | | | | 8 | 17 |
| 경남 | 14 | 14 | | | | | 1 | 2 | | | 15 | 16 |
| 황해 | (2)7 | (6)12 | 1 | 2 | (1) | (3) | 1 | 2 | | | (3)10 | (9)19 |
| 평남 | (1)7 | (2)8 | 1 | 6 | 3 | 9 | | | 3 | 10 | (1)14 | (2)33 |
| 평북 | (1)4 | (2)7 | | | (1) | (3) | | | 3 | 5 | (2)8 | (5)15 |
| 강원 | (1) | 7 | | | | | | | 1 | 3 | 8 | 10 |
| 함남 | 7 | 11 | | | (1)1 | (3)3 | | | | | (1)8 | (3)14 |
| 함북 | 7 | 7 | (1)2 | (3)5 | (1)2 | (6)8 | | | | | (2)11 | (9)110 |
| 계 | (7)101 | (13)127 | (1)6 | (3)25 | (8)17 | (35)56 | 2 | 4 | (1)16 | (2)34 | (17)142 | (53)246 |

## 14) 사립 각종 중등학교

| 남녀 | 학교·학급 \ 도별 | 경기 | 충북 | 충남 | 전북 | 전남 | 경북 | 경남 | 황해 | 평남 | 평북 | 강원 | 함남 | 함북 | 계 |
|---|---|---|---|---|---|---|---|---|---|---|---|---|---|---|---|
| 남 | 학교 수 | 10 | | | | | 3 | 3 | | 3 | 1 | | | | 20 |
| | 학급 수 | 136 | | | | | 16 | 16 | | 6 | 3 | | | | 177 |
| 여 | 학교 수 | 3 | | | | | 1 | 1 | | 3 | 2 | | | | 10 |
| | 학급 수 | 14 | | | | | 4 | 2 | | 9 | 12 | | | | 41 |
| 계 | 학교 수 | 13 | | | | | 4 | 4 | | 6 | 3 | | | | 30 |
| | 학급 수 | 150 | | | | | 20 | 18 | | 15 | 15 | | | | 218 |

## 15) 전문학교

| 유별 | 성립 | 학교 | 과명과 학급 수 | 학급 수계 |
|---|---|---|---|---|
| 농수산 | 관 | 수원농고 | 농, 임, 수의축산, 임업토목, 지리교원양성, 박물교원양성 각과 각 3, 농업교원 양성과 1 | 25 |
| | 관 | 부산수산 | 어로, 제조, 양식 각과합 | 9 |
| 광공 | 관 | 경성공고 | 방직, 응용화학, 토목공학, 건축공학, 기계공학, 전기공학, 물리화학교원 양성 각과 각 3, 수학교원양성과 2 | 23 |
| | 관 | 경성광전 | 채광, 야금, 광산기계 각과 3 | 9 |
| | 사 | 대동공전 | 채광, 야금 각과 3 | 3 |
| 의약 | 관 | 경성의전 | | 4 |
| | 공 | 대구의전 | | 4 |
| | 공 | 평양의전 | | 4 |
| | 사 | 욱의전 | | 4 |
| | 사 | 경성여의전 | | 5 |
| | 사 | 경성치전 | | 4 |
| | 사 | 경성약전 | | 3 |
| 법상종합과전문 | 관 | 경성법전 | | 3 |
| | 관 | 경성상고 | | 7 |
| | 사 | 연희전문 | 문과, 이과 각 4, 상과, 동아과 각 3 | 13 |
| | 사 | 보성전문 | 법학, 상과 각 3 | 6 |
| | 사 | 혜화전문 | 불교, 흥아과 각 3 | 6 |
| | 사 | 이화여전 | 문, 가사, 음악 각과 4, 일문, 가정, 음악(신)보육전수, 보육 각과 3 가사전수과 1 | 19 |
| | 사 | 숙명여전 | 가정, 기예 각과 각 3 전수과 1 | 8 |
| | 사 | 명륜전문 | | 2 |
| 계 | 관 7 공 2 사 11 ) 20 | | | 151 |

## 16) 사범학교

| 학교 학급 수 | | 남자 | | | | | | | | | | | | 여자 | | 계 |
|---|---|---|---|---|---|---|---|---|---|---|---|---|---|---|---|---|
| | | 경성 | 대구 | 평양 | 전주 | 함흥 | 광주 | 춘천 | 진주 | 청주 | 신의주 | 대전 | 해주 | 청진 | 경성 | 공주 | |
| 학급 수 | 본과 | 17 | | | | | | | | | | | | | 8 | | 25 |
| | 강습과 | 3 | | | | | 1 | | | | | | | | 4 | 7 | 15 |
| | 예과 | 11 | | | | | | | | | | | | | | | 11 |
| | 보통과 | | 10 | 10 | 12 | 12 | 11 | 11 | 12 | 9 | 6 | 3 | 3 | 3 | 8 | 9 | 129 |
| | 연습과 | | 6 | 6 | | | | | | | | | | | | | 12 |
| | 특설강습과 | | 2 | 2 | 5 | 5 | 4 | 4 | 4 | 3 | 3 | 3 | 3 | 3 | | | 41 |
| | 계 | 31 | 18 | 18 | 17 | 17 | 16 | 15 | 16 | 12 | 9 | 6 | 6 | 6 | 20 | 16 | 223 |

## 17) 사립 각종 초등학교

| 도별<br>학교·학급 | | 경기 | 충북 | 충남 | 전북 | 전남 | 경북 | 경남 | 황해 | 평남 | 평북 | 강원 | 함남 | 함북 | 계 |
|---|---|---|---|---|---|---|---|---|---|---|---|---|---|---|---|
| 일반 | 학교 수 | 5 | 1 | | 3 | 15 | 5 | 4 | 15 | 34 | 22 | 1 | 19 | 23 | 147 |
| | 학급 수 | 25 | 4 | | 15 | 56 | 15 | 17 | 55 | 114 | 92 | 4 | 47 | 109 | 553 |
| 종교 | 학교 수 | 11 | | | 2 | | 5 | | 4 | 45 | 12 | | | | 79 |
| | 학급 수 | 70 | | | 3 | | 10 | | 15 | 184 | 51 | | | | 333 |
| 계 | 학교 수 | 16 | 1 | | 5 | 15 | 10 | 4 | 19 | 79 | 34 | 1 | 19 | 23 | 226 |
| | 학급 수 | 95 | 4 | | 18 | 56 | 25 | 17 | 70 | 298 | 143 | 4 | 47 | 109 | 886 |

## 18) 전문정도학교

| 학교명 | 경성법정 | 조선<br>무선통신 | 보육학교 | | 신학교 | | | 계<br>7 |
|---|---|---|---|---|---|---|---|---|
| | | | 경 성 | 중 앙 | 경 성 | 평 양 | 덕 원 | |
| 학급 수 | 6 | 4 | 2 | 2 | 4 | 6 | 5 | 29 |

## 19) 사립유치원과 서당

| 도 별 | | 경기 | 충북 | 충남 | 전북 | 전남 | 경북 | 경남 | 황해 | 평남 | 평북 | 강원 | 함남 | 함북 | 계 |
|---|---|---|---|---|---|---|---|---|---|---|---|---|---|---|---|
| 유치원 | 원수 | 59 | 5 | 11 | 12 | 13 | 11 | 19 | 31 | 49 | 27 | 29 | 40 | 31 | 337 |
| | 반수 | 34 | 11 | 20 | 21 | 22 | 22 | 56 | 54 | 91 | 52 | 46 | 91 | 61 | 681 |
| 서당 수 | | 136 | 219 | 125 | 142 | 232 | 30 | 17 | 509 | 317 | 601 | 218 | 318 | 188 | 2,052 |

## 20) 경성대학

| 학 부 | 예 과 | 법문학부 | 의학부 | 이 공 학 부 | 계 |
|---|---|---|---|---|---|
| 과명<br>및<br>강좌 수 | 문 과<br>이 과<br>18 | 법학부<br>문학부<br>49 | 27 | 물리학과·전기공학과·화학과<br>응용화학과·토목공학과<br>광산야금과·기계공학과<br>39 | 115 |

## 21) 초등교육을 받던 아동 수

| 종목 \ 학교 | 정규학교 | | | | 각종 학교 | | 간이학교 | 계 |
|---|---|---|---|---|---|---|---|---|
| | 관립 | 공립 | 사립 | 일본인 학교 | 일반 | 종교 | | |
| 재적생 남 | 4,339 | 1,323,502 | 32,052 | 3,960 | 21,643 | 12,456 | 61,070 | 1,459,022 |
| 재적생 여 | 2,322 | 604,287 | 25,414 | 1,615 | 15,396 | 9,535 | 31,107 | 689,677 |
| 계 | 6,662 | 1,927,789 | 57,466 | 5,575 | 37,039 | 21,991 | 92,177 | |
| 합계 | 1,997,492 | | | | 59,030 | | 92,177 | 2,148,699 |

## 22) 중등교육을 받던 남학생 수(정규학교는 공사립 합계)

| 교육 \ 학교 | 고 등 보 통 | | 사 범 | 실 업 | | | | | 계 |
|---|---|---|---|---|---|---|---|---|---|
| | 중학교 | 각종학교 | 사범학교 | 농업교 | 공업교 | 상업교 | 수산교 | 직업교 | |
| 재적생 | 28,321 | 9,056 | 6,736 | 14,434 | 2,802 | 10,545 | 968 | 4,236 | 77,098 |
| 계 | 37,377 | | 6,736 | 32,958 | | | | | 78,708 |

## 23) 중등교육을 받던 여학생 수(정규학교는 공사립 합계)

| 교육 \ 학교 | 고 등 보 통 | | | 사 범 | 실 업 | | 계 |
|---|---|---|---|---|---|---|---|
| | 고등여학교 | 각종학교 | 일본인 학교 | 사범학교 | 사립실업학교 | 일본인 실업학교 | |
| 재적생 | 26,094 | 2,590 | 33 | 744 | 1,588 | 145 | |
| 계 | 18,717 | | | 744 | 1,733 | | 21,194 |

## 24) 실업보습교육을 받던 남녀 학생 수(남자부는 공사립 합계)

| 남녀별 \ 학교 | 남 자 | | | | 여 자 | | 계 |
|---|---|---|---|---|---|---|---|
| | 농업 | 공업 | 상업 | 수산 | 공립 각종 | 사립 가정 | |
| 재적생 | 5,665 | 809 | 3,428 | 69 | 970 | 112 | |
| 계 | 9,971 | | | | 1,082 | | 11,054 |

### 25) 전문교육을 받던 남녀 학생 수

| 성별<br>학교 | 남 자 | | | | | | | | | | 여 자 | | | | 계 |
| --- | --- | --- | --- | --- | --- | --- | --- | --- | --- | --- | --- | --- | --- | --- | --- |
| | 관공립<br>9교 | 의약 | | | 공업 | 법, 문, 상등 | | | | 전문<br>정도<br>학교 | 이화 | 숙명 | 경성<br>여의 | 전문<br>정도<br>(보육) | |
| | | 욱의 | 경성치 | 경성약 | 대동 | 연희 | 보성 | 혜화 | 명륜 | | | | | | |
| 재적생 | 797 | 285 | 180 | 115 | 125 | 531 | 571 | 306 | 100 | 703 | 617 | 198 | 224 | 212 | |
| 계 | 802 | 580 | | | 125 | 1,508 | | | | 703 | 1,039 | | | 212 | |
| 합계 | 3,718 | | | | | | | | | | 1,251 | | | | 4,964 |

### 26) 학생 수 총람

| 교육 정도 | | 초등 | 중등 | 보습 | 전문 | 예과 | 대학 | 계 | 서당 | 유치원 |
| --- | --- | --- | --- | --- | --- | --- | --- | --- | --- | --- |
| 학생수 | 남 | 1,459,022 | 77,098 | 9,972 | 3,718 | 200 | 331 | 1,550,341 | 106,033 | 11,285 |
| | 여 | 689,677 | 21,194 | 1,082 | 1,251 | | 4 | 713,208 | 47,751 | 10,151 |
| | 계 | 2,148,699 | 98,292 | 11,054 | 4,969 | 201 | 335 | 2,263,549 | 153,784 | 21,436 |

# 8. 교육의 식민지 정책

## 1) 일본인의 교육기관

일본인은 처음에 소학교, 중학교, 고등여학교 교육에 있어서 자기네 교육기관과 조선인 교육기관을 따로 세워서 엄밀하게 구별하였다가 차차 도회지에서 조선인이 입학난으로 일본인 학교에 입학하게 되고 소수의 일본인이 사는 시골에서 일본인이 조선학교에 입학하게 됨으로써 각기 서로 소수의 학생을 받게 되었다. 남자 중학보다 여자 중학에서 이런 일이 많았다. 그러다가 교명을 통일한 후로는 전통적으로 조일(朝日)이 갈라져 있는 학교 외에 도회지의 신설 학교와 시골의 작은 학교에서는 거의 조일(朝日) 공학을 채용하였다. 초등학교라고 이름을 붙인 뒤에는 소학을 1부, 2부로 나누어 1부는 일본인의 교육기관으로, 2부는 조선인의 교육기관으로 만들었다.

중등 실업학교를 비롯해 그 이상의 학교는 전부 조일 공학으로 되어 있었다. 다만 여자실업 중 공립 2개교와 사립 1개교가 일본인 교육기관으로 되어 조선인은 한두 명밖에 받지 않았고 조선 여성을 위한 실업학교는 공립이 없었다. 1943년도 현재 일본인만 교육시키는 교육기관을 들어보면 다음과 같다.

## 27) 일본인만 교육하는 학교

| 종목<br>학교별 | 학교 수 | 학급 수 | 학생 수 | | | 조선인 학생 수 | | |
|---|---|---|---|---|---|---|---|---|
| | | | 남 | 여 | 계 | 남 | 여 | 계 |
| 국민학교 | 541 | 2,677 | 49,273 | 47,902 | 97,175 | 3,951 | 1,615 | 5,566 |
| 중학교 | 15 | 183 | 8,842 | · | 8,842 | 689 | | 689 |
| 고등여학교 | 공20<br>사16 | 공210<br>사16 | · | 공10,949<br>사917 | 11,866 | | 466 | 466 |
| 여자실업학교 | 3 | 28 | · | 1,337 | 1,337 | | 145 | 145 |
| 각종학교 | 8 | 31 | · | 1,659 | 1,659 | | | |
| 계 | 587 | 3,129 | 58,125 | 61,417 | 119,967 | | 4,640 | 6,866 |
| 유치원 | 6 | 16 | 394 | 376 | 770 | | | |

이 통계 밖에도 앞서 보인 표 3-2와 표 5-2의 공학기관에서 7,000명 이상의 남녀가 중학교육을 받도록 신설하였다. 일본인이 얼마나 넉넉한 교육기관으로 저희들 국민에게 교육받을 문을 크게 열어놓았던가를 알 수가 있으니 이제 이것을 우리가 받은 교육 상태와 비교해보자.

### (1) 넉넉한 교실

첫째로 초등학교의 상태를 표로 작성해보면 다음과 같다.

## 28) 한 학급 내 평균 아동 수 비교

| 종목 | 연도 | 1943년 | 1942년 | 1941년 | 1940년 | 1939년 | 1933년 |
|---|---|---|---|---|---|---|---|
| 조선인 소학교 | 재적생 | 1,927,788 | 1,681,691 | 1,503,811 | 1,331,760 | 1,159,708 | 606,408 |
| | 학급 수 | 26,014 | 23,258 | 20,550 | 18,039 | 15,791 | 9,480 |
| | 학급 평균 | 74.1 | 72.3 | 73.4 | 73.2 | 73.4 | 64.0 |
| | 일본인 아동 수 | 993 | 1,040 | 905 | 886 | 840 | 613 |
| 일본인 소학교 | 재적생 | 102,100 | 103,707 | 98,704 | 97,199 | 95,487 | 80,290 |
| | 학급 수 | 2,663 | 2,584 | 2,476 | 2,307 | 2,519 | 1,925 |
| | 학급 평균 | 38.3 | 39.7 | 40.0 | 42.1 | 37.9 | 46.8 |
| | 조선인 아동 수 | 5,552 | 5,656 | 5,285 | 4,609 | 3,901 | 1,378 |

이 표의 일본인 아동 총수는 일본 학교에서 공부하는 조선인 아동 수를 더하여 계산한 것이다. 그러함에도 불구하고 언제나 평균이 40명 안팎에 머물렀다. 조선인 학교는 언제나 73.4명이었고 10년 전에도 64명이었다. 40과 70이란 숫자의

차가 얼마나 컸었는가!

둘째로 중등학교를 조사하여 보면 중학교나 고등여학교는 공립에서는 대개 공학이 없고 또 규정이 같기 때문에 차이가 별로 없었다. 그러나 같은 공립이라도 순 조선인만 또는 순 일본인만을 가르친 학교를 비교하면 고등여학교에서는 언제나 조선인 학교의 학급 평균 인원수가 많았다. 1943년 5월 통계를 가지고 일본인·조선인 두 학교가 나란히 서 있던 12개 도시 고등여학교의 학급 평균 인원수를 표로 보이면 다음과 같다.

## 29) 고등여학교 학급 평균 인원수 비교

(위는 조선인 학교, 아래는 일본인 학교)

| 학교 | 종목 | 재적생 | 학급 | 한 학급 평균 인원수 |
|---|---|---|---|---|
| 경성 | 경기여고 | 739 | 13 | 56.8 |
| | 경성제일여고 | 1,094 | 20 | 54.7 |
| 대전 | 대동여고 | 420 | 8 | 52.5 |
| | 대전여고 | 427 | 8 | 53.0 |
| 전주 | 전북여고 | 442 | 8 | 55.0 |
| | 전주여고 | 375 | 8 | 47.0 |
| 광주 | 욱여고 | 444 | 8 | 55.5 |
| | 대화여고 | 485 | 9 | 53.8 |
| 대구 | 경북여고 | 628 | 11 | 57.0 |
| | 대구여고 | 842 | 15 | 56.0 |
| 부산 | 부산항여고 | 507 | 9 | 56.0 |
| | 부산여고 | 1,201 | 22 | 54.0 |

| 학교 | 종목 | 재적생 | 학급 | 한 학급 평균 인원수 |
|---|---|---|---|---|
| 해주 | 행정여고 | 440 | 8 | 55.0 |
| | 욱정여고 | 262 | 5 | 52.4 |
| 평양 | 서문여고 | 673 | 12 | 56.0 |
| | 평양여고 | 819 | 16 | 51.0 |
| 신의주 | 신의주남여고 | 412 | 7 | 58.9 |
| | 신의주여고 | 414 | 8 | 51.7 |
| 원산 | 원산항여고 | 586 | 10 | 58.6 |
| | 원산여고 | 494 | 10 | 49.4 |
| 함흥 | 함남여고 | 346 | 6 | 57.6 |
| | 함흥여고 | 433 | 8 | 54.0 |
| 나남 | 나남동여고 | 384 | 7 | 54.8 |
| | 나남여고 | 392 | 8 | 49.0 |

이 표에선 대전 한 곳만이 일본인 학교의 학급 평균 인원수가 더 많았고 그 밖에는 모두 조선인 쪽이 많았다. 일본인 학교는 지원한 학생이 다 들어오고도 자리가 남는 것이며 조선인 학교는 지방 형편에 따라 몇 배씩 못 들어가고도 학교가 좁았던 것이다. 해마다 공립에서 입학시험에 떨어지는 학생이 적으면 2, 3배, 많으면 10배 안팎이었다. 이 학생을 할 수 있는 데까지 받아 넣은 것이 사립학교들이었다. 어떤 학교는 너무 무리하게 학생을 넣어 거의 비교육적인 상태에까지 이르렀건만 사람들은 입학난이 심한 시절에 어쨌든 입학한 것만 감사하여 비판할 지혜조차 무디어지는 지경이었다.

사립학교와 공립학교의 누년(累年) 학급 평균 인원수를 비교하면 다음과 같다.

### 30) 공사립 남녀 중학교 학급 평균 인원수 비교

| 학교 \ 연도 | | 1943년 | 1942년 | 1941년 | 1940년 | 1939년 | 1933년 |
|---|---|---|---|---|---|---|---|
| 중학교 | 공립 | 53 | 52 | 52 | 52 | 51 | 46 |
| | 사립 | 58 | 58 | 57 | 57 | 57 | 58 |
| 고등여학교 | 공립 | 54 | 53 | 52 | 53 | 52 | 49 |
| | 사립 | 59 | 59 | 58 | 57 | 56 | 47 |

일본인은 10명 이내의 극소수 외에 사립에서 공부한 일이 없었다. 한 학급에 학생이 많으면 많은 만큼 학생 개인에게 미치는 교육적 능률은 떨어진다. 학생이 많으면 학과의 지도와 개성의 훈도와 사제 간 접촉이 모두 엷어지지 않을 수 없으며, 더욱이 기술학과의 개인지도와 실험, 연습 방법의 지도 교육에는 아무리 부지런한 교원이라도 야무진 효과를 낼 수가 없어 학생의 손해가 큰 것이다. 일본인들이 교실을 넉넉히 써가며 한 학급의 인원수를 적게 한 것만 보아도 자기네 학생에게 우리 학생보다 큰 교육적 효과를 준 셈이라 하겠다.

### (2) 충실한 보급

일본인은 한 학급의 인원수를 적게 하는 동시에 저희들 자녀에게 교육받을 길을 널리 닦았다. 표 31에 의거하여 표 32를 작성하여 놓고 보면 그들이 얼마나 우리의 교육보다 자기들의 교육을 더 많이 보급시켰는가 알 수 있다.

## 31) 학생 수와 인구 비교

| 연도 | 학교별 / 성별 | 조선인 남 | 조선인 여 | 조선인 계 | 일본인 남 | 일본인 여 | 일본인 계 |
|---|---|---|---|---|---|---|---|
| 1943년 5월 현재 | 공립 정규 | 1,363,853 | 636,639 | 1,997,492 | 49,806 | 48,394 | 98,200 |
| | 초등학교 학생<br>공립정규급 사립 | 77,098 | 21,194 | 89,292 | 21,551 | 19,649 | 41,200 |
| | 각종 중등학교 학생<br>관공사 대학 | 3,546 | | 3,546 | 3,372 | | 3,372 |
| | 전문학교 학생<br>기 타 | 105,844 | 55,375 | 161,219 | 2,826 | 1,456 | 4,292 |
| | 계 | 1,550,341 | 713,208 | 2,263,549 | 77,555 | 69,499 | 147,064 |
| 1942년 말 인구 | | 25,525,409명 | | | 752,825명 | | |

(주: 보급, 간이, 각종 소학교, 보육, 전문 정도 등 학교는 '기타'에 계산하여 비교되는 종류의 학교만 숫자를 보였음)

## 32) 각종 비교

| 번호 | 종 류 | 조선인 남 | 조선인 여 | 일본인 남 | 일본인 여 |
|---|---|---|---|---|---|
| 1 | 인구 만 명에 대한 재학생 수 | | 886 | | 1,953 |
| 2 | 추정 취학연령자 수에 대한 재학률 | | 57.6% | | 96.6% |
| 3 | 초등학생 천 명에 대한 중등학생 수 | 56 | 33 | 433 | 405 |
| 4 | 중등학생 천 명에 대한 전문대학생 수 | 94 | · | 277 | · |
| 5 | 초등학생 수의 남녀 백분율 | 68.3% | 31.7% | 50.6% | 49.4% |
| 6 | 중등학생 수의 남녀 백분율 | 78.1% | 21.9% | 52.1% | 47.9% |
| 7 | 총 학생의 남녀 백분율 | 68.5% | 31.5% | 52.7% | 47.3% |

(주: 추정 취학연령은 135/1000로 함)

1번에서 인구 1만 명에 대한 학생 수가 886이라 하였으나 이것은 간이학교, 보습학교 등 정도의 비교가 되지 않는 학생 16만 명 이상을 넣어서 계산한 것이므로, 그것을 빼면 약 820명이니 일본인에 비하여 절반 이하에 불과하다.

2번은 추정률을 1000분의 135로 계산한 것인데 일본인에게 38%가 뒤졌다.

3번에서 초등학교 졸업생의 중등학교 입학률은 일본인에 비하여 남자가 약 8배, 여자가 약 17배 차이 나며, 4번에서 중등학교 졸업생의 전문대학 입학률은 약 3배가 차이 났다.

5, 6, 7번에서는 여자 교육의 보급을 볼 수 있는데 첫째 초등교육에도 일본인은 남자가 거의 동수인데 조선인은 여자가 남자의 반수가 못 되고, 중등교육에서도 저들은 약 4%밖에 차이가 안 나는데 우리는 여자가 남자의 3분의 1도 못 되어 여자 교육의 보급은 저들과 너무 차가 많았다. 이와 같이 중학에 있어 남녀 수의 비가 저들은 초등교육과 대차가 없는 데 비해 우리는 초등 때보다 거의 10%가 떨어진 것은 학교가 부족하고 당국이 성의껏 장려하지 않았던 것이 큰 원인이었다.

다시 말하면 첫째 취학연령 아동은 모두 배울 기회를 가지도록, 둘째 초등에서 중등, 중등에서 고등으로 가능한 한 많이 진학하도록, 셋째 적어도 중등교육까지는 남녀의 교육받을 기회가 모두 같도록 하는 것이 교육의 목표인 바, 저들은 이 목표를 자기 자녀에게는 실현하였고 조선인에게는 실현시키지 아니하였다.

### (3) 조선인 교육기관을 역이용

일본인은 실업학교나 전문학교나 대학교를 공립 또는 관립으로 세울 때마다 조선인의 복리증진, 문화개발을 위한 것이라고 사뭇 떠들어 외국인에게까지 선전하였다. 그럼에도 불구하고 정말 학교의 주인은 일본인 학생들이었고 조선인은 외국에 유학 갔던 셈도 되지 못하였다. 과학과 기술 방면은 될 수 있는 대로 조선학생에게 아니 가르치려고 애를 썼다. 이제 조선인 학교에 재적한 일본인 학생의 수를 비교하여 그들이 실업 특히 공업기술 방면에서 얼마나 조선을 제압하였던가를 보이려 한다.

## 33) 조선인 학교의 일본인 학생 수

| 학생 \ 학교별 | 초등학교 | | 중학교 고등여학교 | | 공사립 실업 학교 | 직업 학교 | 실업 보습 학교 | 사립 각종 학교 | 전문학교 | | 대 학 | | 사범 학교 | 전문 정도 학교 | (공학 학교) | 계 |
|---|---|---|---|---|---|---|---|---|---|---|---|---|---|---|---|---|
| | 관공립 | 사립 | 공립 | 사립 | | | | | 관공립 | 사립 | 예과 | 학부 | | | | |
| 학생수 남 | 513 | 10 | 497 | 7 | 8,731 | 224 | 102 | 256 | 2,281 | 557 | 497 | 436 | 3,392 | 118 | 2,819 | 19,440 |
| 여 | 492 | | 32 | 94 | | | 359 | | | 187 | | 4 | 1,081 | | 4,486 | 6,375 |
| 계 | | 1,015 | | 630 | 8,731 | 224 | 461 | 256 | | 3,025 | | 937 | 3,473 | 118 | 7,305 | 26,170 |


## 34) 고등교육기관의 학생 수 비교(1)

| 재학생 \ 학교 | 대학법 문학부 | 법학전문 | 고등상업 | 계 | 대학 의학부 | 경성의전 | 대구의전 | 평양의전 | 계 |
|---|---|---|---|---|---|---|---|---|---|
| 조선인 | 127 | 139 | 122 | 388 | 170 | 91 | 90 | 116 | 467 |
| 일본인 | 146 | 137 | 273 | 556 | 203 | 320 | 200 | 199 | 922 |
| 일본인의 우세율 | 53.1% | 50.0% | 69.1% | 59.0% | 54.4% | 77.8% | 70.0% | 63.1% | 69.4% |


## 35) 고등교육기관의 학생 수 비교(2)

| 재적자 \ 학교별 | 대학 이공학부 | 고등공업 | 고등농림 | 광산전문 | 고등수산 | 계 |
|---|---|---|---|---|---|---|
| 조선인 | 38 | 68 | 87 | 57 | 32 | 282 |
| 일본인 | 95 | 473 | 285 | 221 | 171 | 1,245 |
| 일본인의 우세율 | 71.4% | 87.4% | 76.6% | 79.5% | 84.2% | 81.5% |


표 31에서 보듯이 2만여 명의 학생이 조선인 교육기관에서 배운 것은 이용이란 의미로 보면 잘못이 없겠지마는 표 32, 표 33을 보면 이용이 아니라 역이용이었다. 문과, 법과, 상과 같은 비생산 학문이라도 국가적으로 지도급 인물을 양성하는 고등 학부이니만큼 거의 60%를 저희들이 차지하였고, 한층 더 들어가 경제적으로 개인의 생활에라도 유리한 의학 부문에서는 거의 70%를, 더 한층 들어가 공업이나 광업, 농업 같은 생산 기술학 부문에서는 80%, 곧 5분의 4를 저희들이 차지해버린 것이었다.

## 2) 교육기관의 비율제

매년 전문대학 응시생 수는 조선인이 더 많았는데 시험에 떨어지는 비율은 참혹하게 높았다. 이 대학 예과 입학에 떨어진 학생들이 일본에 가서는 그 어려운 고등학교 시험에 다수 합격하니, 그 학생들을 가르친 중학교 교원들은 대학의 음흉한 계책에 분개하였다. 정치적 음모까지는 생각하지도 못하는 순진한 양심적인 일본인 교원 중에도 분개한 이가 있었다. 내용인즉 고등관 자리에 조선인 관리 수가 정해져 있듯이 고등교육기관에 조선인 학생 비율이 일정하게 정해져 있어서 일본인의 시험 성적이 조선인만 못하여도 조선인을 떨구었고, 조선인 학생의 가정 조사를 경찰에 맡기어 그 가족 중에 조금이라도 배일적 경향을 가진 이가 있으면 받지 않았던 것이다. 학생 입학시험 채점은 3분하여 중학교장의 소견과 중학교 성적을 1분, 응시 성적을 1분, 경찰서 조사를 1분으로 하여 사상경향을 중시하였다. 이는 이렇게 하지 않으면 70만의 일본인으로 2,500만의 조선인을 제압할 수가 없음을 안 저들의 계획이었다. 이런 계획 속에서 조선인 교육은 일정한 한계를 넘어서지 못하고 시든 상태에 머물 수밖에 없었다. 최근 10년간 관공립 전문 이상 학교의 1학년 재학생 비율을 보면 일정한 비율을 정하였던 것을 알 수 있다.

### 36) 관공립 전문대학 1학년 재학생 누년 비교

| 재적생 | 연 도 | 1933 | 1934 | 1935 | 1936 | 1937 | 1938 | 1939 | 1940 | 1941 | 1942 | 1943 |
|---|---|---|---|---|---|---|---|---|---|---|---|---|
| 대학예과 | 조선인 | 55 | 56 | 57 | 58 | 56 | 74 | 78 | 80 | 81 | 56 | 62 |
| | 일본인 | 108 | 105 | 104 | 110 | 111 | 35 | 131 | 127 | 166 | 193 | 193 |
| | 일본인의 배율 | 1.9 | 1.8 | 1.8 | 1.9 | 2.0 | 1.7 | 1.7 | 1.6 | 2.0 | 3.4 | 3.1 |
| 관립전문 | 조선인 | 121 | 134 | 137 | 153 | 141 | 173 | 210 | 259 | 205 | 181 | 245 |
| | 일본인 | 272 | 290 | 283 | 270 | 312 | 357 | 385 | 424 | 548 | 668 | 772 |
| | 일본인의 배율 | 2.2 | 2.2 | 2.1 | 1.7 | 2.6 | 2.0 | 1.8 | 1.6 | 2.7 | 3.7 | 3.2 |
| 공립전문 | 조선인 | | 52 | 55 | 51 | 52 | 58 | 55 | 57 | 67 | 58 | 44 |
| | 일본인 | | 107 | 99 | 109 | 106 | 106 | 113 | 109 | 104 | 107 | 123 |
| | 일본인의 배율 | | 2.0 | 1.8 | 2.0 | 2.0 | 1.8 | 2.0 | 1.9 | 1.5 | 1.8 | 2.8 |

최저로 1.6배로부터 2배 이상의 배율을 확보하다가 전국(戰局)이 급하게 되었을 때부터는 3배 이상으로 올렸다. 1944, 1945 두 해는 이보다도 더하여 5배

이상이라는 말이 있으나 통계를 얻지 못하여 더 자세히 말하지 않거니와, 전시에 조선인 입학을 극도로 제한한 것은 학생의 사상 경향을 두려워한 까닭이었다.

## 9. 일본 유학생 단속

한국시대에는 조선인의 일본유학을 관비생으로 장려하였다. 당시에 조선에는 교육기관이 부족할 뿐 아니라 전문학교 이상이 없었으므로 정부는 유학을 장려하였고 유학생 감독을 동경에 두어 감독하였다.

1911년부터 조선인과 일본인 두 감독을 두고 동경 감독부 내에 기숙사를 단속하기 시작했다. 사비생도 유학을 하려면 미리 도장관을 경유하여 총독에게 원서를 제출해야 하였다. 그리하여 1919년경에는 관비생이 38명, 사비생이 536명이라 기록되어 있다. 데라우치는 이것이 많다 하여 조선 안에 전문학교를 세우는 대로 차차 줄이려 하였다.[1] 1920년에 시세가 달라지자 종래의 규정을 없애고 사비 유학을 자유로 하게 하였고 학비도 일부만 지급하였다. 향학열이 갑자기 오르는 시기에 까다로운 유학 규정이 폐지되니, 조선학생의 일본 유학은 부쩍 늘었다.

조선의 학생들은 다음과 같은 몇 가지 이유로 일본으로 가서 공부하는 이가 많았다.

① 조선에 교실이 부족하여 입학할 기회를 갖지 못하여,

② 자기가 목적하는 학과를 둔 학교가 조선에 없기 때문에,

③ 경성대학 같은 데는 교수가 거의 다 식민지적 브로커가 되어 진정한 학설을 들을 수 없으므로 비교적 학설의 자유를 가진 일본의 대학교수를 찾아서,

④ 사상, 기타의 사유로 일본인의 배척을 받아 조선 안에서 학적을 가질 수가 없어서,

⑤ 혹은 고학할 기회가 일본에 많아서.

---

1) 『시정 30년사』, 79쪽.

이러한 여러 가지 이유 때문에 일본에 간 학생은 비교적 언론의 자유가 있고 외신을 듣기 쉬운 관계로 견문이 열리고 비판력도 늘어, 가두어 기르는 조선 내의 교육을 받는 것보다는 사상이 열리기 쉬웠다. 1919년의 독립운동도 동경의 유학생이 먼저 일으켰고, 1922년 전후의 사회주의 연구도 동경 유학생 가운데에서 불붙어 조선으로 수입되었으며, 모든 새 사상이 대개 일본 유학생들에 의해 직접 들어왔다. 조선의 외국 유학이 미국에도 상당히 많았으나 그네들이 수입한 사상은 낡은 자유주의적 개인주의나 형식적 그리스도주의가 많았고 혁명과업이나 민중운동과는 먼 것들이었다. 일본 유학생은 학문적으로나 사상적으로나 진지한 이가 많았다. 일본 유학생은 직접 일본에 대한 민족적 감정의 자극을 받았기 때문에, 일본인들이 자국의 봉건주의적·군국주의적·자본주의적 혼합 세력 밑에서 늘 불평과 불만을 가지고 사상운동을 잠행하는 데서 배웠기 때문에, 일본인이 유신 건국의 기풍으로 애국심을 기르는 것을 부럽게 보았기 때문에 그 사상이 단순하지 않았다. 이것이 평화롭고 부유하고 종교에 마취되고 동정적인 미국에서 유학한 청년보다 혁명사상을 갖기 쉬운 원인이다. 오늘에 있어서도 진보적 사상과 혁명적 활동의 소유자를 구미 유학생에서는 보기 어렵고 일본 유학생에게서 많이 볼 수 있는 것 또한 이 까닭이다.

1919년 전에는 1,000명 이상 2,000명 미만이었던 유학생이 1927년 이후로는 3,000명 이상이 되었는데 그 3분의 1~2분의 1은 전적인 혹은 부분적인 고학생이었다. 그들은 미국 고학생과는 환경이 달라서 너무 과격한 노동을 하지 않을 수 없었으니 사실상 반(半)프롤레타리아였다. 그래서 그들 가운데에는 혁명사상을 가진 일본인과 사상을 공감하는 이가 많았고 따라서 식민지 정책에 대해 투쟁심을 가진 이가 많았다. 1923년 동경지진 때에 일본인의 계획적 음모로 6,000명의 조선인이 학살을 당할 때에 유학생이 1,000명가량이나 죽은 후로 2년간은 일본으로 유학 간 이가 거의 없었다. 그 대신 중국으로 전출하여 조선혁명 또는 중국혁명에 참가한 이가 많았다. 그러나 중국의 환경은 조선 유학생이 생활을 유지하기에 더욱 어려웠으므로 다시 일본으로 선회하였다. 이같이 조선 유학생은 사상과 행동에 주목할 점이 많았기 때문에 조선에서 식민 정치를 하는 일본인들은 일본 유학생들을 위험하게 보았다. 해마다 늘어가는 유학생이 저들에게는 골칫거리였다. 똑똑한 유학생은 관청에 등용하지 않음은 물론 경찰의 요시찰을 받았다. 그들의 지식이 늘면 늘수록 비판력이 생기고 따라서 현실에서도 현실대로 속지 않기 때문에 조선인을 꼬이고 속이려는 일본인으로서는 안심할 수가 없었던 것이다.

그리하여 총독부는 전쟁 중에 유학생의 움직임에 크게 관심을 가지고 소위 장학회란 것을 만들어 동경에 사무소를 두고 회의 추천이 없으면 일본 학교에 입학도 못 하게 하고 회의 소개가 없으면 조선에서 허가받는 직장에 취직도 못 하게 하는 제도를 세워 장학이라는 미명 아래 제재와 감독을 심하게 가하였다. 장학회 사무소에 얼굴이라도 한번 내놓지 않으면 사상을 보증하지 않았고 이 회에서 보증하지 않은 인물은 일본인들이 의심하게 되었다. 이따금 간담회 형식으로 유학생을 모으고 사상을 감시하며 훈련시키려 하였으나 유학생들은 여기에 잘 나가지 않았다.

일본 유학은 조선교육에서 커다란 효과를 거두었다. 사상적으로 약간의 친일분자가 절대로 없었던 것은 아니었으나 위에서 말한 바와 같이 좋은 사상을 가지고 활발한 운동을 한 이가 많았고 지식을 바르게 수확하고 학자적 생활을 바로 배운 이도 많았으며, 민족적 정치운동과 실업계의 활동과 교육계에의 공헌과 문화적 교양과 과학적 기량도 그들 속에서 많이 나왔으니 원래 조선 안에서 고등교육을 받는 사람보다 수효상으로도 우세하였지만 듣고 본 것이 더 넓고 참되고 자극적인 까닭이었다.


# 10. 전란 중의 기독교계 학교

## 1) 신사참배 문제와 학교

1935년 11월에 북장로회파에 속한 평양숭실학교는 신사참배가 다른 신 숭배의 형식이므로 기독교 신자로서는 행할 수 없다 하여 신사참배를 단연 거절하였다. 그리하여 일본인과 싸우다가 1938년 2월에 북장로계 남녀 중학교 10개 학교, 전문학교 1개 학교, 남장로파 중학교 2개 학교, 초등학교 8개가 자진하여 경영권을 포기하였으니, 재령의 명신 남녀 2개교, 평양의 숭실(남), 숭의(여), 숭실전문, 선천의 신성(남), 보성(여), 대구의 계성(남), 신명(여), 전주의 신흥(남),

기전(여), 기타 초등학교 8개교였다.

## 2) 선교사 소환령과 학과

1940년에 미국 대통령은 조선에 있는 선교사에게 귀국 명령을 내렸다. 이것은 시국이 긴급하므로 전화를 염려하여 부른 것이다. 이때까지 기독교 학교는 대개 미국 선교부의 보조금으로 경비를 써왔고 선교부에서 경영권을 가지고 있었다. 남북 감리회파에서는 조선인이 경영할 수 있을 만한 자산을 내어 학교 재단법인을 만들어 선교 유지 재단에서 독립시키고 새 재단에 건물, 대지, 기타 전 재산을 기부하기로 결의하였다. 이 결의를 촉진시킨 것이 배화고등여학교였고 결의가 끝나자 1개월 이내에 재단을 만들 만한 자산을 얻어낸 것도 배화뿐이었다. 그리하여 새 재단은 선교사가 모두 귀국하기 전에 계약서를 교환하고 선교부로부터 학교의 재산을 기부받고 경영권을 얻었다. 예전부터 재단법인을 만든 세브란스의학전문학교와 개성의 송도중학교는 문제가 없었으나, 그 밖의 학교들은 그 후 여러 가지로 고심하다가 학교부지와 건물을 미국인의 소유로 둔 채 경비만 제한하는 재단법인을 만들었다. 그리하여 선교부에 건물을 차용하는 형식이 되었다.

# 11. 학생의 사상

36년을 두고 일제 밑에서 조직적으로, 강압적으로 일본주의를 주입시키는 제국주의 세력 밑에서 꾸준히 싸워 일본인의 교육정책을 실패시킨 것은 오직 학생들이었다.

1910년 가을부터 1919년 봄까지는 소위 국화(國花) 정책이라 하여 조선인을 일본에 동화시키려는 교육에 힘썼으나, 그 결과는 학생들이 1919년 3월에 독립운동 제일선에 나선 것이다. 그리하여 10년간 일본인의 공적이 하루아침에 다 무너졌고, 다시 1919년 가을부터 1929년 가을까지는 소위 융화정책을 써서 조선인과 일본인을 융화시키는 교육에 힘썼다. 그러나 그 결과는 1929년 가을의 광주학생사건으로서 전 조선의 학생이 그야말로 모두 일어나서 배일운동을 하여 10년간 일본의 공적을 또다시 무너뜨리고 말았다. 이 시대에 일본인들은 '오호(嗚呼)'라 하고 탄식하였다.

일본인은 또다시 용기를 내어 강압적으로 일본화를 강조하고 조직적으로 교단과 학원을 감독하였다. 그러나 그동안에 학생의 사상은 점점 더 일본을 배척하였다. 1942년 가을에 경기도 경찰과장 일본인 원전(原田)과 수사주임 일본인 고야(高野)는 조선 청년에게 민족적 존경을 받는 모 씨를 보고 다음과 같은 말을 하였다.

지금 조선학생의 사상은 이전 만세소요사건 때와 같이 되었다. 일촉즉발의 정세로 까딱하면 만세사건이 또 생길지 모르게 되었다. 우리 일본 사람은 매우 우려 중이다. 어떤 일본 사람은 다 전쟁터 제일선으로 내보내자 하나 사상적으로 황국신민이 안 된 청년을 전쟁터에 보낸다는 것도 좋지 않고, 다 경찰서에 잡아넣기도 어렵다. 어떻게 하면 좋겠느냐.

모 씨는 다음과 같이 답변하였다.

학생의 사상이 그렇게 된 원인은 그들이 졸업을 하여도 아무 희망이 없어 앞길이 암담한 것이 한 원인이요, 남총독이 내선일체니 창씨니 황국신민 맹세니 하는 문제로 너무 자극을 준 것이 가까운 원인이다. 잘할 도리는 그네에게 있다. 어쨌든 30년간 교육에 다시 만세사건을 일으키게 되었다면 일본의 정치는 실패다.

이 문답은 광주학생 사건 후 십수 년간의 일본인의 일본화 교육이 또다시 전적으로 실패하였다는 것을 말하는 것이다. 이렇게 일본인의 뜻과 반대되는 결과를 낸 것이 36년간의 교육이었다. 학생들의 사상이 이렇게 된 데는 교사의 공은 없었으나 사회 지도자의 힘은 컸다. 기미년독립운동은 물론이고, 광주학생사건에도 지도하는 이가 있었고 전쟁 중에도 지도자가 있었다. 그러나 그것은 학생 자체의 양심적·민족적 의식이 억세지 않고는, 또는 정의감을 가지고 용감하게 나아가는 원기가 없이는 될 수 없는 일이다. 이 점에서 36년간 학생들의 투쟁은 성공적이었다. 만일 이와 같이 빛난 학원의 사상운동이 없었던들 우리 36년간 교육사는 너무도 웃음거리가 되었을 것이다. 이러한 양심의 꽃이 학원에 필 때에 이 양심을 북돋우며 물 주며 그 빛과 향기를 가꾸어준 스승이 몇이나 되었던가!


## 12. 스승의 길

### 1) 번민

일제강점기에 조선인의 생활은 누구나 다 불행하였지만 그중에서도 교육자의 생활처럼 불행한 생활은 없었다. 이 세상에 제일 불행한 생활을 들 때는 1911년서부터 1945년 8월 전까지 조선인 교원의 생활을 표본으로 들고 싶다. 스스로 이 길은 무엇인가. 동지적 사랑과 양심적 위신 두 가지로써 청소년의 인격을 순화할 수 있는 데서 스승의 길이 성립하고 교육의 이상이 실현될 수 있는 것이다. 이 사랑은 무엇으로 일으킬 수 있는가. 스승 제자 사이에 막힘 없이 강점을 통하여야 할 것이다. 위신은 무엇으로 높아지는가. 교원의 양심적 도덕과 신용받을 만한 언행에서 생기는 것이다. 보라. 일제강점기는 가면을 쓰고 이중생활을 하지 않으면 교단에 설 수가 없었다. 진정한 동지적인 감정적 온정을 제자에게 베풀 수가 없었다. 교육은 인격이 인격을 다루고 감정이 감정을 상대하는 일이니만큼 고상한 섬광이 비치고 무형의 영감이 통하지 않고는 교육이 될 수가 없다. 교육에 있어서 어느 구석에서나 양심적으로 정의의 지배를 스승 제자가 공통으로 받는 데에서만, 그 공통되는 심금이 공명되는 데에서만, 사랑도 서로 생길 수 있고 위신도 서로 찾을 수 있는 것이다. 이 정의가 파괴되고 양심이 굽은 곳에 무슨 사랑과 위신이 있을 수 있는가?

"우리는 일본 신민이다", "우리는 우리말을 절대로 쓰지 말자", "우리는 일본에 충성하자", "일본의 것은 무엇이나 좋다", "일본인의 조선에 대한 정치는 무엇이나 다 옳다", "우리가 총독 정치를 비평하는 것은 죄다", "조선 민족적 사상이나 민족적 운동에 감염되거나 참가하면 국민이 아니다".

이러한 말을 하는 스승이 어떻게 학생에게 존경과 신용을 받을 것인가? 어떻게 학생을 사랑할 수가 있는가? 제 양심이 허락하지 않는 말을 어떻게 참이라고 믿으며 그런 말을 하는 스승을 무엇으로 참말하는 스승이라고 높이며, 그렇게 거짓말을 하는 이의 명령을 어떻게 진심으로 들을 수가 있는가? 무엇으로 그 스승의 바른 정신을 엿볼 수가 있는가? 이러한 관계로 스승의 위신은 떨어지고 스승의 길은 파괴되고 말았던 것이다.

이 시대에 차라리 양심이 마비되어 일본의 혼을 가진 이는 편하였을 것이고, 교육의 본의야 무엇인지 생각할 필요도 없다 하고 일자리 하나 얻어먹고 사는 것으로만 생각한 기계적 인물은 다행이었을 것이며, 교장이나 선배의 대우에 만족하고 한층 더 나아가 일본인의 권세에 아첨하는 공명심을 가진 이는 영광으로 알았을 것이다. 그러나 이러한 인물을 교육자로 볼 것인가. 천추(千秋)를 통하는 인류의 공평한 비판이 이들을 교육자로 보는 것을 허용하지 않았을 것이다. 그러므로 조금이라도 민족적 정의감과 인격적 양심을 가진 교육자는 고통이 심하였다. 차라리 천성적으로 교육에 취미가 없이 또 교육자의 소질이 없이 딴 취미, 딴 소질을 가지고 생겨나서 교육계에 발을 들여놓지 않았더라면 얼마나 다행이었을까 하는 개탄을 한 이가 얼마였던가?

## 2) 태도

이때에 교육자의 태도는 다섯 가지가 있었다.

① 강한 민족적 양심이 일본인의 제도에 굴복하는 것을 허용하지 아니하며 일본어로 교육하라는 학무과 지시를 듣지 않고 교육계에서 떠난 이들로서, 오산중학의 함 모, 중앙중학의 문 모가 이런 예였다. 이 부류는 소수였다. 그 가운데에는 일본어가 유창함에도 불구하고 차마 못하겠다고 나온 이도 있었다.

② 교단에서나 혹은 개인적으로나 학생을 대할 때 기회가 닿으면 민족적 양심을 억제하지 못해 청년을 바로 알게 하기 위하여 배일이나 민족적 의식을 말하지 아니할 수 없었고 그리하여 그것이 발로되어 법망에 걸린 이들로서 그 수는 각처에 상당히 많았다.

③ 교단 혹은 학생 개인에게 민족적 사상을 측면으로 넣어주었으나 요행히 법망에 걸리지 않고 그 인격과 실행 어디로나 배일사상이 깃들어 있는 것으로 간주되어 일본경찰의 요시찰 인물이 되어 끝까지 주목을 받아 지내다가, 학교에서

제거되고 혹은 딴 평계로 법에 걸리고 혹은 일본인의 미움을 받으면서 간신히 교원생활을 지속한 이들로서, 그 수도 많았다.

④ 양심이 있기는 하나 극히 미약하고 타협적이며 더 나아가 마비 상태여서 복종 제일주의로 돌아서 아무런 교육적 이념도 없고 양심의 가책도 없이 지낸 이들로서, 대부분이 그러하였다.

⑤ 적극적 친일 경향을 가지고 일선, 이선에서 당국자에게 자진하여 아첨하고 학생에게 의식적으로 친일 훈화를 하고 학교행정에서 자발적으로 친일 행각을 하며 사회적으로는 의식적으로 친일 교제를 한 이들이다. 심한 이는 정치 브로커인 일본인 교육자들과 교제하여 신도(辛島)의 황도학회의 간부가 되고 혹은 진전(津田)의 녹기연맹의 회원이 되고 혹은 총독 처(妻)의 청담회에 회원으로 적극 활약하였다. 이것이 당국의 압력적인 명령이나 지시에 의한 것도 아니며, 교육과 아무 관계도 없는, 정치 브로커 일본인들이 사적으로 일본주의를 선전할 목적으로 모은 일개 단체임을 번연히 알면서도 여기에 가입하여 친일의 태도를 사회적으로 혹은 학생 앞에 자랑스럽게 드러내려고 애를 쓴 이들이니, 이렇게 가볍고 천박하여 헛된 공명심과 작은 이익을 낚는 데 영리하고, 혼란 중에서 적은 의리, 작은 절개라도 지키려는 양심이 마비된 이가 극히 소수였던 것이 우리 교육계를 위하여 천만다행이었다.


이러한 교육자의 과거 생활은 1945년 9월에 휘문중학 강당에서 450명이 모인 중등학교 교육자대회 석상에서 스스로 폭로되었다. "우리 교육자는 과거에 조선인을 일본정신으로 가르쳤다. 우리가 우리 새 나라의 자녀를 가르칠 자격이 있느냐. 스스로 비판하자. 우리는 다 사직을 하자. 신정부가 설 때까지 교단을 지키며 대죄하고 적어도 제일선에서 활약한 교장급은 다 물러나라"는 결의를 하였던 것이다. 그리하여 시내 중등 남녀 학교 교장 9명 외에는 다 자기가 있던 학교에서 떠났다. 떠나지 않은 교장이 떠나간 교장에 비해 자만할 만한 정당성이 있었던 것은 아니다. 그 가운데에는 떠나지 않았기 때문에 전과가 세인의 입에서 폭로된 자도 있고 도리어 자기 자리를 떠나간 교장들의 양심적인 행동이 좋은 세평을 받았다.

### 3) 환경

① 표 37과 같이 교직원의 구성표를 만들어놓고 보면 관공립의 교원 구성은 완전히 일본화하고 말았다. 중등 이상은 말할 것도 없거니와 초등에 일본인이 37.2%가 되었다. 교장과 교감은 대개 일본인이었고, 또 몹시 전제적이었으며, 관공립의 교장 자리는 내외국인을 막론하고 다 친일분자라고 공인되는 사람이 아니고는 올라갈 수가 없었다. 그렇지 않은 사람이면 며칠이 못 되어 쫓겨나고 말았다.

그리하여 관공립학교에는 조선인 교원의 존재가 없기도 하려니와 필요성을 느낄 수도 없게 되었으니 중등 이상일수록 더하였다. 따라서 그 기관의 조선인 교육자로서 양심 있는 이는 남이 알지 못하는 고통이 있었다. 1933년 경성의 어떤 큰 공립중학교에서는 3학년 학생이 일본인 교장을 구타한 사건으로 3명이 법망에 걸리고 60여 명이 일시에 퇴학을 당한 일이 있었다. 그때에 조선인 교원 모는 내쫓긴 많은 학생의 억울함을 동정하였다. 그러나 교내에서 한마디도 반대를 못 하고 학생들이 조선인 선생이라고 믿고 그의 사택을 방문하여 직원회의 결과를 물었을 때 그는 자기 존재의 가치가 없는 것을 고백하고 학생 앞에서 울고 말았다. 이것이 관공립학교 조선인 교원이 궁색한 처지에서 고민한 예의 하나이다. 일마다 모두 이러한 것이 관공립학교 조선인 교직원의 환경이었다.

② 사립학교는 비교적 조선인 교원이 많았기 때문에 양심과 인격이 바른 교장 밑에서 직원이 단결만 하면 어느 정도까지 양심적 교육을 시킬 수가 있었다. 그러나 한 사람이라도 양심이 없는 친일분자가 있으면 위험하였다. 『경성부사(京城府史)』에는 1919년 독립운동 당시의 학교의 상태를 기록하다가 다음과 같은 말을 하였다.

사립학교의 조선인 교사는 학생에 대하여 영합적 태도로써 접하기 때문에 뜻밖에 평온무사한 상태를 보이고 있으나 그 심리상태는 공립학교 학생에 비할 것이 아니다. 불온사상을 깊이 감추고 있는 것이다.

이것이 일본인이 본 사립학교 상태인데 '교사가 학생에 대하여 영합한다'는 것은 학생의 독립운동에 영합한다는 말이다. 사립학교에서는 이 정도로 학생들과 감정을 통할 수 있었으니 관공립 교직원보다는 훨씬 환경이 좋았다.

③ 기독교회 계통의 학교는 같은 사립이면서도 또 달랐다. 일본이 대미전쟁을 하기 전까지는 미국인이 직접 교장으로 있거나 학교의 책임 이사로 경영권을 가지고 있었기 때문에 일본인들의 학교에 대한 태도가 조선인이 경영권을 가진 학교보다는 좀 너그러웠다. 그리하여 그 학교에 있는 직원들은 일본인의 미움을 더 받으면서도 내부의 자유·자주는 좀 있었고, 또 양심 있는 직원은 공인되다시피 된 채플 시간을 이용하여 양심적으로 학생에게 인격적 지도를 할 수 있었다. 그리하여 학생의 기품도 달랐으므로 일본인들은 교회학교 졸업생을 관청에나 관공립 교육기관에 잘 쓰지 않았고 흔히 등용된 졸업생도 일본인과 마음이 맞지 않는다고 자퇴하였다. 일본인은 이렇게 일본인과 맞지 않는다는 것이 곧 학생 시절의 모교에서 받은 습성이라 하여 교회학교 졸업생은 일본인을 싫어한다고 악평하고 싫어하였다. 이러하였으므로 추세와 아첨과 작은 이익에 영리한 학부형들은 교회학교에 자녀를 보내기를 꺼려하였고, 반대로 공립을 좋아하였다. 그러나 일제 폭압 밑에서 교직원의 교육 생활로는 교회학교의 생활이 제일 좋은 환경이었고 관공립학교 생활이 제일 나쁜 환경이었으며 다른 사립의 학교 생활이 그 중간이었다.

## 37) 교직원 일람

| 학교별 | 성별 국적별 | 조선인 | | | 일본인 | | | 계 | 일본인 수의 비율(%) |
|---|---|---|---|---|---|---|---|---|---|
| | | 남 | 여 | 계 | 남 | 여 | 계 | | |
| 관공립 | 초등 | 14,550 | 2,935 | 17,503 | 7,555 | 2,824 | 10,379 | 27,882 | 37.2 |
| | 중등 | 387 | 46 | 433 | 2,167 | 113 | 2,280 | 2,713 | 84.0 |
| | 보습 | 119 | 6 | 125 | 227 | 22 | 249 | 274 | 66.5 |
| | 전문 | 92 | 3 | 95 | 206 | 2 | 208 | 303 | 68.6 |
| | 대학 | 15 | · | 15 | 247 | · | 247 | 262 | 94.3 |
| | 계 | 15,163 | 3,008 | 18,171 | 10,402 | 2,961 | 13,363 | 31,534 | 42.4 |
| 사립 | 초등 | 673 | 193 | 866 | 33 | 18 | 51 | 917 | 5.5 |
| | 중등 | 696 | 115 | 811 | 366 | 79 | 445 | 1,256 | 35.4 |
| | 보습 | 80 | 2 | 82 | 12 | · | 12 | 94 | 12.7 |
| | 전문 | 151 | 14 | 165 | 95 | 32 | 127 | 292 | 43.5 |
| | 계 | 1,600 | 324 | 1,924 | 506 | 129 | 635 | 11,559 | 24.8 |
| 총 계 | | 16,763 | 3,332 | 19,095 | 10,908 | 3,090 | 13,998 | 33,093 | 42.3 |

# 제22장

# 교육가 전기

## 1. 서설

신교육 시대의 교육은 처음엔 너무 불완전한 초창기였고, 다음엔 질서가 잡히지 않은 채 발전하는 중이었고, 그다음엔 일제 밑에서 신음한 때였으므로 교육에 대한 구체적 이념이나 조직적 철학이 없었다. 다만 교육열이 솟아오르는 풍조에 따라 때로 금전을 내고 혹 노력을 한 이가 있으나 교육사에 올릴 만한 교육가로서의 자격을 주기는 어렵다. 오직 이 시기에 있어서는 쓰러진 조선 민족의 갱생을 확신하여 여기에 교육의 이념을 굳게 세우고 목숨을 걸고 일제에 항쟁하며 청년의 마음에 조선 혼을 불어 넣기를 끝까지 일관하며, 조선 국권 회복 희망을 청년의 머릿속에 넣어주면서 몸소 청년의 벗이 되고 정신상의 학우, 동지가 되어 활동과 실천으로 정의를 지켜 감옥도 두려워하지 아니하며, 물욕과 명리(名利)를 철저히 버리고 청년과 고락을 함께하며 이것을 평생의 뜻으로 삼고 천직으로 안 사람들이 반드시 참된 교육가며, 우리가 만대를 두고 일컬을 인물일 것이다. 한말의 혼돈과 일제의 폭압으로 지나온 60년은 좋은 교육자가 나오기 어려웠다. 이것은 시대가 그렇게 만들어진 까닭이다. 그러나 다행히 아래에 싣는 두 거인 교육가가 있었던 것을 우리는 기뻐하여 마지않는 바이다.

## 2. 남강(南岡) 이승훈(李昇薰)

### 1) 약력

남강은 1864년 2월 2일에 평안도 정주읍에서 태어나서 1929년 5월 9일에 평안북도 정주군 갈산면 익성리 용동에서 죽었다. 태어날 때 집안이 찢어지게 가난하였고 태어난 지 두어 달이 못 되어 모친을 여의어 친형이 업고 다니며 젖을 얻어 먹여 길렀다. 집안 형편이 이러하므로 서당에 다닐 수도 없어 일찍부터 남의 집 사환 노릇을 하였다. 이렇게 지내는 동안 조금 모은 돈으로 유기 장사를 시작했는데 유기 장사에 밑천을 대어주던 오 모에게 두터운 신용을 얻어 많은 자금을 얻어가지고 종이 장사를 대규모로 하여 엽전시대에 5만 원이라는 큰돈을 얻었다. 다시 경성과 부산의 환전 시세가 다른 것을 이용하여 환전으로 이익을 얻으려고 경성에서 엽전 천 원을 싣고 부산으로 가다가 일본인 영사관 배와 충돌하여 침몰당하고 다시 곡물, 명태, 소가죽 무역 등을 대량으로 하다가 시세가 불리하여 실패하니 이때에 남강의 나이 40세였다.

이때에 남강은 장사를 단념하고 관을 쓰고 꿇어 앉아 글 읽기를 시작하여 2년간 계속하였다. 이것이 남강의 전반 생의 경력인 동시에 사적(私的) 생활의 시기였다.

남강은 평양에 갔다가 미국서 귀국한 도산 안창호를 만나 새 생활, 곧 공적(公的) 생활의 길을 개척하게 되었으니 곧 청년 교육이 나라를 구하는 길이란 것을 깨달았던 것이다. 남강은 그 길로 머리를 깎고 고향에 돌아와 학교를 시작하였는데 이것이 남강 평생의 심혼을 다한 오산학교이다.

1911년에 북간도 무관학교 사건으로 제주도에서 1년간 귀양살이를 겪고, 1912년에 데라우치 암살사건, 즉 소위 '105인사건'으로 6년간 체형을 받고, 이어 1919년의 독립운동 때에 예수교를 대표하여 운동을 지도한 관계로 3년 체형을 받아 전후 10년간 영어의 고초를 겪었다.

1925년에 동아일보 사장으로 1년간 있다가 다시 오산학교를 위하여 고향으로 돌아가 죽을 때까지 교육에 전념하였다.

## 2) 교육사업

### (1) 학교 경영

남강이 평양서 머리를 깎고 고향에 돌아오니 집안의 형을 비롯하여 모든 친척이 모두 정신이상이라고 하였다. 이는 남강의 고향이 20~30호에 불과한 촌락으로 시대에 대한 견문이 고루하였던 까닭이었다. 남강은 온갖 난관과 장애를 극복해가며 향리에 있는 승천재(혹은 경의재)를 빌려 학교를 세우니 때는 1907년 12월 24일이었다. 당시 관찰사 박 모의 원조를 얻어 향교 재산을 학교 경영에 쓰게 하였다. 그러나 박 모가 갈려간 뒤에 완고한 반대로 향교 재산 이용은 실현되지 못하였다. 남강은 많지 않은 사재를 다 내어놓고 독지가의 기부금을 거두어 학교를 유지하였다. 학교를 건축할 때는 자기 가옥의 기와를 벗겨다가 학교를 잇고 자기의 토지를 팔아서 비용에 썼다.

그리고 당시에 일반적으로 신교육에 대해 이해하지 못하였던 까닭에 남강 자신이 각 마을과 가정을 찾아 돌아다니며 학생을 모집하였고 학생에게 교과서와 학용품을 제공하였다. 한번은 학교 유지의 어려움에 처해 각 교회(예수교)를 찾아 기부를 얻으려 다녔는데 평북 장요교회에서 곽산교회로 향하다가 황혼이 되고 눈이 산같이 퍼부어 가는 길의 방향을 잃게 되었다. 남강은 무릎이 빠지도록 쌓인 눈 속에 꿇어앉아 학교의 운명을 위하여 간절히 기도하기 시작하여 눈 속에서 밤을 새웠다. 이튿날 아침에 지나가던 소마차꾼이 검은 사람의 머리를 눈 위에서 발견하고 가까이 가서 본즉 입에서 중얼거리는 소리가 간신히 들릴 뿐이고 소리를 질러 깨워도 듣지 못했다. 그가 이 노인 남강을 업어서 차에 싣고 곽산까지 데려다가 소생시켰다. 곧 남강은 기적적으로 살아났다. 이같이 남강은 오산학교 경영에 재산과 심혈을 다 바쳤으며 생명을 걸고 일제와 항쟁해가며 자기의 이념을 관철하였다.


### (2) 교육이념

남강의 교육이념은 조국 광복에 있었다. 그리하여 조국광복의 정신을 학생에게 퍼붓는 것이 교육의 방침이었다.

남강은 전신이 불덩이며 화염과 같은 지성을 가진 사람이었다. 이 성격이 애국심 하나로 통일되어 발휘된 것이 남강의 인격이었다. 때로 학생 전체에게 훈시를 하다가 목소리와 눈물이 함께 쏟아질 적에는 학생 전체가 함께 울었으며 한참 말하는 도중에 피와 열이 함께 끓을 때는 자신도 모르게 두루마기를 벗어 버리고 저고리와 내복까지 벗어 던지게 되는 때가 많았다. 이러한 때는 청중도 넋이 흘려 한 덩이의 불이 되고 만다. 남강은 이렇게 혼신의 열성으로 조국애를 고취하였다. 그리하여 학생과 교사가 남강 앞에 서면 냉랭한 마음이 녹아버리고 완전히 조국애에 공명하는 것이 오산학원의 정신이었다. 오산을 배일당(排日黨)의 소굴로 지적한 일본인의 관찰은 틀림이 없었던 것이다.

더욱이 남강이 2차, 3차 영어생활을 할 때마다 학교에 대한 일본인의 박해는 점점 심하였다. 그리하여 3·1운동 때는 일본 군인이 오산학교를 불질러 폐허를 만들었다. 그러나 남강의 정신이 졸업생은 물론 인근 읍, 지사의 마음속까지 햇볕처럼 퍼지고 불꽃처럼 피어올랐기 때문에 뭇 사람의 조국애와 모교애로 폐허는 재건되고 더욱 화려하고 충분한 학원이 되었다. 남강의 교육정신이 그대로 살아난 것이다.


### (3) 교육의 실천

남강은 실제적 인물이므로 모든 일을 자신의 실천을 통하여 성취하였다. 페스탈로치의 사랑, 프레벨의 존경은 누구나 존중히 여기는 것이지만 남강은 타오르는 성실, 제자애, 진리에 대한 신념을 몸소 실천을 통하여 제자에게 반영시켰다. 그리하여 남강은 페스탈로치의 사역을 실천한 조선 교육계의 사도였다. 페스탈로치가 3H주의[*1]를 실천한 것과 같이 남강은 존경, 사랑, 성실을 몸소 실천하였다. 집이 가까운데도 불구하고 학생과 같이 자고 함께 먹고 하였으며 혹 집에서 자더라도 아침에 일찍 학교로 나와 기숙사 아궁이의 재를 손수 치우고 뜰을 쓸고 학생과 함께 변소를 청소하고 거름을 나르고 세면과 정돈이 끝난 뒤에는 뒷산으로 올라 단련체조를 학생들과 같이 하면서 눈물로 격려하고 학생이 병이 나면 몸소 밤을 새워가며 간호하고 별식이 있으면 반드시

---

*1) 삼H주의: 페스탈로치가 조화적 발달을 주장한 머리(head), 가슴(heart), 손(hand) 의 세 가지, 곧 이지, 감성, 행동을 뜻하는 것으로서, 이의 조화된 발달을 꾀하는 것이 교육이라고 주장.

학생들과 함께 먹고 학생의 기좌(起坐), 진퇴(進退)를 반드시 지도하되 몸소 모범을 보이며 눈물과 정성으로 감동시키고 학교 중축의 역사나 땔감의 운반이나 신변의 일인 이발, 목욕까지도 꼭 학생들과 한가지로 하며 학생을 인솔할 때도 산이 벗어진 것이나 우마가 파리한 것이나 모든 개량할 점을 눈앞에서 찾아내어 한숨과 성의로 학생에게 일러주었다.

### 3) 용의와 인격으로 주는 감화

남강은 활달하고 남달리 뛰어난 풍모로 언어나 표정이 철석같이 굳은 느낌을 사람에게 주었다. 소년 시절에 남의 집에서 심부름을 하면서 틈만 있으면 내버리는 종이조각을 이용하여 글씨 공부를 했기 때문에 "승훈은 흰 나비라도 종이로 보이리라"고 한 어른의 조롱을 받았는데 그것은 그의 결심과 근면을 의미한 것이다. 가정의 빈곤과 환경의 불행에 대하여 악전고투한 남강은 운명을 개척하기에 온몸의 정력을 다하였다. 그 산 같은 장애라도 물리쳐가며 믿는 바의 길로 매진하는 의기, 담력은 언제나 사람의 마음을 움직였다. 이것이 교육상의 보배였다. 일제의 압박 밑에 조선 혼을 불어넣는 데는 다른 철학적 교육이론보다 인격상의 위대한 힘이 한결 더 보배였다.

그리하여 이토 히로부미가 저격을 당했다는 소식을 들었을 때는 "조선을 좀먹는 거대한 마귀가 죽었다"며 학생 앞에서 기뻐하였고 한일병합이 발표된 때는 학생을 모아놓고 "우리는 낙심 말자. 우리나라를 회복하는 것이 우리의 의무다. 나라를 회복하기 위하여 생명을 바치자"고 전교 학생들에게 서로 손을 들어 맹세하게 하고, 일본어를 국어라고 부를 때에는 학생 앞에서 눈물을 흘렸다. 이런 것이 당시 보통 교육자가 감히 하지 못하던 일로 학생의 민족적 양심에 지극한 감격을 주었던 것이다.

### 4) 백골과 동상과 비석도 일본의 적

남강은 운명할 때에 자기의 백골을 오산학교 학생의 교육용 표본으로 하라고 유언하였다. 이는 백골까지도 오산학교에 바치는 애교심에서 나온 것이다. 학우들은 유언대로 경성으로 운구하여 경성대학에서 표본 제작을 시작하였는데 돌연 일본 경찰이 간섭하여 금지시켰다. 이것은 일본인들이 "그 유골을 볼 때마다 학생의 사상에 남강의 조선 혼이 살아온다"고 본 까닭이었다. 오산의 학우들은 남강을 사모하는 끝에 한발을 내디디고 외치는 열화 같은 그의 자세를 기념하는 동상을 교정에 세워 후진 학생의 숭배심을 길렀는데, 1942년에 일본인이 거두어 가고 무덤 앞의 비문도 두 번이나 쪼아버렸다. 여기에 격분한 학생들은 혈맹당을 조직하고 지하의 남강과 연락하기로 결심하였다.[1]

남강의 간략한 전기는 여기서 그친다. 남강은 한말의 뚜렷한 애국지사로서 보기 드문 교육가였다. 이 전기를 쓰는 자리에도 그의 풍채, 말소리가 필자의 눈과 귀에 들어오는 듯하다. 1925년에 남강이 동아일보사 사장으로 있을 때에 필자를 오산학교 교장으로 데려가려고 두 번이나 개성에 왔었다. 그때의 필자는 정주까지 전근할 사정이 못 되어 사절하였다. 남강이 권하는 열의가 너무 강하므로 그대로 사절할 수가 없어서 교육계에 명성이 난 다른 적임자를 추천하였다. 남강은 곧 "선생이 그의 중학 이력을 아느냐"고 필자에게 물었다. 나는 안다고 대답하였다. 남강은 성을 내며 "오산학교가 망할지라도 광무학교(일진회가 설립) 출신은 아니 쓴다. 그런 이를 추천하는 선생의 정신까지도 의심한다." 하며 크게 꾸짖고는 다시 크게 웃으며 오해 말라고 하였다. 남강은 이같이 주의(主義)가 철저하여 인물을 고르는 데도 사상 계통에 깊이깊이 주의하였던 것이다.


# 3. 한서(翰西) 남궁억(南宮憶)

## 1) 약력

한서는 1863년 12월 27일에 한성 서부 왜송동에서 태어나서 1939년 4월 5일에 강원도 홍천군 모곡에서 죽은 이다. 가정은 명문이었고 태어나면서부터 용모가 준수하고 재질이 총명하였다. 일찍이 사숙에서 수학하여 한학에 정통하고 21세에 관립 영어학교에 입학하여 영어에 능통하였고 아악에도 깊은 지식을 가졌다. 벼슬로는 내부주사, 첨곡부사, 성주군수, 양양군수, 토목국장 등을 지냈는데 현금 탑골공원 팔각정[2]이 그가 토목국장 때에 세운 것이다.

---

1) 이 전기는 김도태 씨가 쓴 『남강선생 약전』과 주기용 씨가 쓴 『교육가로서의 남강의 이모저모』를 종합하여 썼음.

한서는 당시에 신진 개혁파였고 관·사 무엇에든지 애국의 일편단심으로 민족적 독립의 길을 찾아가기에 충성을 다하였다. 그리하여 독립협회 부회장, 대학협회장, 황성신문 사장 같은 당시에 이름 높은 정당이나 신문사의 영도적 지위에 추대되었다. 양양군수 때에 교육에 치중하여 현산학교라는 중등 정도의 학교를 설립하여 많은 청년을 길러내었고 융희 2년(1908)에는 몇몇 동지들과 순국문으로 『교육월보』를 발행하였고 융희 3년에는 관동학회장으로 강원 전도의 홍학(興學)을 열심히 지도하였다. 한일이 병합되매 그해 곧 일부러 기독교인이 되어 교회 그늘 속에서 많은 청년을 정신적으로 지도하였다. 1910년부터 1918년까지 배화여학교 교원으로 있었고 1912년에 청년학원장에 추대되어 학원이 폐지될 때까지 계속하였다. 1918년에 도시를 버리고 고향인 홍천 모곡으로 돌아갔다.

## 2) 교육사업

### (1) 작은 촌을 학향(學鄕)으로

한서의 고향인 홍천 보리울(牟谷)은 '쇠뿔산 개떡바위 아래'인 험한 봉, 높은 재로 둘러싸인 산촌이요, 북한강의 지류(홍천강)가 꿰뚫은 절벽 같은 협곡으로 사람과 말만이 겨우 걸어 다닐 수 있는 곳이다. 그 안에 2,300호의 인가가 있고 뫼 언덕과 물과 돌이 기묘한 곳이다. 한서의 보잘 것 없는 초가에는 상록수로 둘러싸인 서재 겸 사랑이 있었고, 몇 개의 과수, 옛 우물, 새, 화초, 한서가 평생에 좋아하는 무궁화가 둘러싸고 있었다.

한서가 이곳에서 1918년에 학생 한 명을 얻어 호숫가 바위 위에서 글을 가르친 것이 모곡서당의 시작이었다. 차츰 학생이 늘어서 학교 건물을 짓고 예배당 겸 교실로 썼다.

한서의 이름이 날로 소문이 나며 전국 각지에서 35세까지의 청년들이 한서의 덕망을 사모하여, 수없이 모여드니 적막하던 산골마을이 학향으로 변하여 번창하게 되었다. 그리하여 구름같이 모여드는 학생들의 숙식을 위하여 직물제도 기계를 사들여 반공반학(半工半學)의 편리를 도모하였다.

---

*2) 탑골공원은 현재 파고다공원을 말함.

## (2) 교과목

① 조선어: 한문과 한글 절충식 교재를 사용하였는데 당시에 있어서는 한층 진보된 교재를 썼다.

② 영어: 지망자에게 한하여 가르쳤다.

③ 산술: 분수, 4칙 정도였다.

④ 역사: 특히 조선사에 중점을 두어 전체 수업시간 중의 가장 많은 시간을 사용하였다.

⑤ 지리: 조선 지리와 세계 지리였다.

⑥ 창가: 특히 한서는 자신 있고 정확한 음청과 음감을 교육하기에 극히 노력하였으므로 학생들이 가창에 능하였으며 숱한 애국가와 일본인이 금하는 가곡을 늘 부르게 하였다.

⑦ 체조: 특히 단체훈련에 힘쓰고 형식적 면에 있어서는 체위 향상을 도모하여 수영과 등산을 장려하였다.

⑧ 작업: 노동교육을 특별히 제창하여 식목, 교량공사, 도로공사, 묘목밭 작업, 새끼와 짚신, 농구 제작 등을 연중 계속하였다.

⑨ 이과: 교육령에 있는 대로 가르쳤다.

⑩ 조선어 보충: 일본인이 조선사를 못 가르치게 하여 조선사를 교재로 한 조선어 보충교재를 만들어 조선어 시간에 조선사를 가르쳤다.

⑪ 한글 습자: 한글 서법을 상시과목으로 넣어 교육하였다.


## (3) 특별 지도

① 독서회의 조직: 당시에 출판된 내외의 도서를 모아다가 서로 돌려 읽게 하였다.

② 웅변회, 토론회의 장려: 학생의 변론술을 기르기 위하여 웅변회, 토론회를 정기적으로 열고 토론 제목도 민족의식을 높이는 문제를 골라 웅변을 통하여 민족사상을 길렀다. 여기에서 세련된 남궁탁이란 학생이 전국 웅변대회에서 으뜸상을 탔다.

③ 음악, 연극, 시가 등 집회: 정서교육을 시키기 위하여 자주 열었다.

④ 한글 습자: 한글 습자도 한서 자신이 가진 한 기능이었고 취미였기 때문에

밤낮으로 남녀에게 이것을 가르쳤다.

### (4) 교육이념

① 모든 생활, 감정, 사상, 경제 각 부문을 자신의 자력으로 해결하고 여기에서 얻은 구심력을 민족의 자주 독립 노선으로 집결시키려고 처음부터 마지막까지 일관하였다.

② 주지주의적, 이론적 학문을 배격하고 실천과 행(行)의 교육으로 인격 완성을 최고 목표로 삼았다.

③ 근로로 행의 교육을 높이고 인간을 연마하되 늘상 신 앞에 경건한 정적 행(行)의 정신으로부터 동적 행의 방향으로 유도, 창달하는 것으로 인격 완성의 방법을 삼았다.

④ 인간에게 순미(醇美, 다른맛이 섞이지 아니한 순수한)한 정서를 함양함으로써 불멸의 조국에 젊은 순정, 정열을 토로하도록 육성하였다.

⑤ 사상의 회의와 정신의 위축을 절대로 반대하였다.

⑥ 조선 민족의 갱생의 길은 조선인 자신의 긍지와 개개인의 실력 견지에 있다고 주장하였다.

⑦ 건설적 정신과 사업적 봉사심을 기르는 데서 참 교육을 찾으려 하였다.

### (5) 용의(容儀)와 성격으로 주는 감화

① 한서는 홍안에다 백발의 수염이 길었고 대머리가 넓었다. 가지런한 흰 이와 예리한 눈빛이 견인불발의 기상을 보여주었으며 무사적 기질과 귀족적 용모로 호탕하고 관대하며 온후하고 장중하며 대중적이고 청년적인 성격은 청년으로 하여금 저절로 존경하고 사랑하는 감정을 일으키게 하였다.

② 한서는 정열의 사람, 의지의 사람, 감수성이 풍부한 사람, 근로력이 강한 사람, 궁행(躬行, 몸소 실행함)의 사람이었으므로 청년을 감화시키는 매력이 있었다.

③ 한서는 대화술에 능하였다. 음성의 억양이 청중을 지배하는 것은 물론 그의 유머는 사람을 기쁘게 하여 강의 중이나 작업 중에는 늘 적절한 기회에 일부러 예민한 풍자를 함으로써 학생에게 호감을 주었다.

④ 한서는 비분할 때는 지사다운 눈물을 흘리고 유쾌할 때는 호걸다운 웃음을

웃어 청년들을 격려하는 한편 자신의 기막힌 것도 이런 방법으로 해소했다.

⑤ 교실에서 강의하다가도 말하는 중간에 흥분이 되면 노래를 불러 학생의 감수성을 앙양시켰다.

⑥ 학생들의 작업 중에나 집단행동 중에 용기를 고무하기 위하여 애국가를 함께 부르기를 아주 잘하였다.

⑦ 언제나 주머니에 하모니카를 넣어두고 적당한 때면 청소년과 함께 흰 수염을 날려가며 이것을 불고 흥을 한껏 내어가며 놀았다. 이 작은 악기는 죽을 때까지 교육에 이용하였다. 그리하여 그는 페스탈로치가 노년 시절에도 '백발소년'이라고 불리는 것을 하나의 자랑으로 여겼듯이 소년의 감정으로 여생을 마쳤다.

### (6) 실천 수양으로 준 교육

① 평생 인력거를 타지 않았다.

② 필요 없는 말은 절대로 하지 않았다.

③ 세수는 손수 우물물을 길어서 하였고 겨울이면 눈으로 피부를 마찰하기를 죽기 3년 전까지 하였다.

④ 겨울에도 목도리와 장갑을 쓰지 않았고 청년이 이런 것을 쓰면 못난 놈이라고 꾸짖었다.

⑤ 길을 다니다가 길 위에 쓸데없는 돌이 있으면 반드시 집어 치우되 적시적소에 이용되도록 치웠다.

⑥ 학생을 데리고 작업할 때는 자신이 늙은 몸이고 귀한 몸임에도 불구하고 몸소 지게를 지고 가능한 한도의 나무와 돌을 날랐다.

⑦ 날마다 새벽별이 지기 전에 10원짜리 맥고 농립(10년 이상 사용한 것)을 쓰고 지팡이를 끌고 등산하며 학교의 건물과 설비를 한번 돌아보며 살펴보고 마을을 지나 집으로 돌아왔다.

이 수양 행사에는 세 가지 의미가 있었으니, 첫째는 책임진 직장 설비를 자신이 수호, 관리한 것이고, 둘째는 동민과 학생들의 조기(早起, 아침 일찍 일어남), 근면을 장려한 것이고, 셋째는 자신의 수양생활이었다.

⑧ 등산과 동리를 순회할 때 반드시 길가에 벗어버린 헌 짚신을 지팡이에 꿰어 들고 와서 오줌독에 담갔다가 무궁화 나무에 거름을 하였다.

⑨ 혼자 시흥에 취하여 뜰에 거닐며 시를 읊다가 젊은 아이들을 만나면 함께 노래를 불렀다.

⑩ 겨울, 여름 방학 중이면 경향(京鄕)에서 돌아온 학생들과 마을의 남녀노소를 모아놓고 국사 연습을 시키며 강습을 통하여 민족의식을 끊임없이 고취하였다.


## 3) 저서와 수집

한서는 저서와 수집도 민족적 정신에서 하였다. 저서로는 『조선어 보충』, 『조선사』, 『조선 이야기』, 『조선어법』, 기타 많은 시가가 있고 수집은 고려 숙종 때부터 융희 4년까지 800여 년간의 동·은·금제 화폐를 모았다.


## 4) 식수 장려

한서는 양양군수 때에도 식수를 장려하였으며 고향 산에도 식수를 장려하였으니 이것은 건설적 정신에서 행한 일이었으며 특히 고향에서는 무궁화 재배에 힘쓰고 각지에 묘목을 전파하였는데 일본인은 이것이 민족정신을 고취하는 것이라고 지적하였다.[2]


## 5) 일본인에게 잡힘

① 1931년 2년간에 한서가 지은 『조선역사』 5권을 20부가량 복사하여 이기섭 외 10여 명이 가졌는데 제5권에는 한일병합 당시의 매국자들의 비행과 1919년의 독립선언서와 그 사건의 원인이 기재되어 있었다. 한서는 『조선역사』에서 독립운동의 원인을 다음과 같이 지적하였다.

> ㉮ 조선인의 독립사상, ㉯ 일본인의 무단 정치의 가혹함, ㉰ 조선인을 몰아서 내쫓음, ㉱ 조선인에게서 정치권을 박탈, ㉲ 조선인에게 차별대우, ㉳ 조선인에게 언론·출판·집회 자유를 불허, ㉴ 조선인에게 종교 자유를 제한, ㉵ 조선인에게 외국 유학과 유람을 금지, ㉶ 구황실 소유 재산을 탈취, ㉷ 풍속을 파괴 교란하는 정책을 채용, ㉸ 산업 개량을 일본인 이익 본위로 함

---

2)  한서의 제자 김재인 씨 기록에서.

등이라고 논평하였던 것이다.

② 1933년경에 모곡학교 교실에서 6학년 학생에게 역사를 가르치며 "현재 조선이 일본에게 침탈되었으나 어떠한 어려운 일이라도 꺾이지 않고 용기 있게 나아가면 독립이 불가능한 것이 아니다"라고 말하였다. 이상의 이유로 1933년 9월에 일본인에게 잡혀 보안법 위반으로 기소되었고 3년 집행유예로 1934년 10월에 서대문 감옥에서 출감하였다.[3]

한서가 감옥에 있는 동안에 벌써 일본인은 무궁화를 모조리 캐어버리고 학교를 빼앗아 공립을 만들었다. 그리하여 한서의 붉은 마음이 엉기고 더운 눈물에 젖은 모곡의 애국학원은 이로써 자취가 사라졌다. 그러나 이 학원의 정신은 그때 청년의 피 속에 발아되어 그네들이 가는 데마다 만나면 발견할 수 있으니 이 얼마나 참된 교육이었던가!

이 전기를 쓰는 지금에도 한서 선생의 위용이 내 눈앞에 어른거리는 듯하다. 내가 관동학생 친목회 총무로 있을 때에 선생은 관동학회장이었다. 날마다 뵈올 때마다 학생인 나로서는 선배의 지도력을 마음껏 사모하였다. 홍천으로 간 뒤에 "모곡이 협소하여 마치 큰 인물의 은둔처가 아닌 듯하나, 과연 한적한 느낌은 없습니까?"라는 문구의 문안편지를 올렸더니 "모곡이 비록 협소하나 주위 산천의 경치가 뛰어나고 총명하고 준수한 인재가 모여드니 늙은이의 위안처로 족하나, 일찍 일을 도모하지 않은 것이 한스럽다"라는 회답을 받은 일이 생각난다. 출강 후에 다음 해 봄에 개성 송도중학교 운동장에서 여전히 10전짜리 맥고모자에 동저고리 바람으로 떼밭에 앉은 선생을 만나, 미국에 있는 선생의 친족 남궁탁 군이 만주사변에 대한 이승만, 고유균의 성명서 영문 한 부를 내게로 보내 한서 선생께 전하라는 것을 지방 우편의 위험성 때문에 보내지 못하였던 것을 이때에 성명서의 내용만 이야기하며 서로 담화한 것이 나로서는 마지막 만남이었다.

---

3)  김윤경 씨가 초록한 『남궁억선생 약력』에서.

# 제23장

# 신교육의 총평과 전망

조선의 신교육을 두 시기로 나누어 보면 한일병합 전까지 27년 동안은 봉건사상과 고전주의가 강한 힘을 가지고 있고 국민교육의 이념이 확립되지 못한 한편 제도와 시설이 불완전한 가운데에 점점 성장하는 시기였고, 식민지시대 36년 동안은 일본의 제국주의가 식민지를 만들려는 교육으로서 시설이 늘고 제도가 정비되었다 하더라도 우리의 민족적 교육이 파멸되었던 시기였다. 때문에 이 봉건사상, 제국주의사상의 잔재는 우리 교육계에 굳은 뿌리를 내리게 되었다. 그리하여 조선이 해방 전까지 받은 신교육은 그 교육사상에 중대한 결함이 침투되어 있음을 지적하고 다시 검토하여 비판하지 않을 수 없고, 이어서 새 전망을 세우지 않으면 안 되게 되었다. 그 중대한 결함은 이원성(二元性)의 미로(迷路), 생산교육의 공허, 애국사상의 빈곤, 민주주의사상의 결핍, 문화사상의 말소, 예술교육의 무시, 종교 사상의 악용 등이다. 이것이 새 국가를 위한 새 교육이념을 세우는 데 중대하게 다루어야 할 문제이므로 신교육을 총평하는 의미에서 현재 세계에서 발전하는 교육 형태를 참고하여 조선의 새 국가에 요구되는 교육의 전망을 말하려 한다. 이 평론적 전망을 통하여 과거 신교육에 대한 비판과 취사선택이 저절로 규정될 것이며, 과거 신교육사상이 앞으로 취할 건국 교육에 있어서 채택하기보다는 거의 다 버려야 함이 증명될 것이다.

# 1. 이원성 해소

중학교육은 처음에 유럽에서 발생했다. 유럽의 중등교육은 대학교육으로부터 파생한 것으로 즉 대학의 예비과로 있던 것이 대학이 학술 전공의 학부로 발전함에 따라 예비과와는 달리 준비학교로서 독립된 것이다. 대학 준비학교는 실용주의가 아니고, 인본주의였으며 이 인본주의의 중등교육제도는 19세기를 통하여 변하지 아니하였다. 이같이 중등교육은 위로 대학으로부터 요구되는 인본주의임에도 불구하고 점차 중등교육의 양이 늘어가고 사회생활이 복잡해짐에 따라 사회로부터 요구되는 실용주의의 시스템이 생겼다. 때문에 중등교육에는 인본주의와 실용주의의 이원성이 생겼는데 이 이원성은 대립성을 가진 것으로 한쪽이 강하면 한쪽이 약해지는 필연성 모순을 내포하였다.

이 이원성을 어떻게 해소할 것인가? 이것이 유럽 모든 나라에 있어서 최근까지 교육행정상 문제가 되어왔다. 그것을 해결하려는 방법은 나라마다 특질이 있었지만 양면의 요구를 평등하게 고려하여 조화, 통일하려고 애를 썼으므로 늘 모호하고 철저하지 못하였다. 여기에 대하여 미국은 유럽을 떠나 '데모크라시' 신사상으로 유럽식을 청산하고 해결하는 방법을 대담하고 용기 있게 착안하였다. 미국은 중등교육을 학술적 도야의 대학교육의 요구에 응하지 아니하고 단지 초등교육의 연장으로 보고 그 동일선상에서 정리, 보충하려 하였던 것이다. 미국의 교육이 실제적 성격이란 것은 예전의 일면적인 지적 교육의 이상을 물리치고 자유로운 사유의 환경에 적응할 만한 능력을 양성한다는 의미의 실제성이다.

그러므로 미국의 교육은 인문적이기보다 공예적이다. 형식적 도야보다 지적 능력의 완성을, 학문적 지식보다 기술적 지식을 중시한 것이다. 그리하여 미국에서 교육을 받은 청년은 유럽 사람의 눈에는 교양이 낮은 것처럼 보이는 경향이 있다고 한다.

유럽의 중등교육이 신분에 따라 학문의 높고 낮음이 있는 계급적·귀족적인 발달을 한 데 대하여 미국의 중등교육은 연령에 따라 학문의 높고 낮음이 있는 연차적·대중적인 발달을 하였다. 유럽의 중학교가 약간의 정해진 사물의 지식을 얻게 되는 데 대하여 미국의 중학교는 많은 사물의 지식을 얻게 되며 따라서 유럽보다는 일반적이지만 동시에 불확정적임을 면하지 못한다.

　미국의 중등교육의 성격과 비슷하면서도 다른 것이 소비에트의 중등교육이다. 소비에트는 세계사상에 유례가 없는 혁명을 하였으므로 교육도 종전에 예가 없는 방법을 연구하고 대담스럽고 모험적인 계획을 세워 발전시켜 성공하였다. 소비에트의 중등교육은 유럽의 전통적인 인본주의의 도야적 훈련을 타파하고 미국식의 길을 걸었다고 볼 수 있다. 곧 유럽식 도야의 목적을 버리고 미국식 공예적 교육을 취하였다. 그 내용에 있어서 중학은 소학교와 지식의 차이에 의하여 구별될 뿐이고, 곧 소학의 연장이다. 더욱이 생산적 기술의 기초를 더 강화한 데다가 소박하고 꾸밈없는 점은 미국이 장래 직업에 대응할 학생의 소질 선택을 고려한 것보다 더 순수하며 그리고 양적 증가로 인해 대중성이 미국보다 더 강화되었다.

　미국의 교육은 개인주의에 가깝고 소비에트의 교육은 사회주의이기 때문에 미국의 중등교육의 실제성이 곡선으로 우회한 것이라면 소비에트의 중등교육의 실제성은 직선적으로 돌진하는 것이다. 우리나라의 중등교육은 어떻게 할 것인가. 일본 교육을 통하여 들어 온 유럽식 이원성을 완전히 청산해야 할 것이다. 더욱이 역사적으로 유구한 세월을 두고 근로와 생산에 몸과 정신을 쓸 줄 모르는 나쁜 습관을 섬멸하기 위하여서 반드시 공예적·생산적 교육으로 이원성을 극복하여야 할 것이다. 허영과 헛된 명성을 좋아하는 양반식 교육을 영원히 매장하고 가난에서 갱생하고 천함에서 부흥하는 실제성이 풍부한 교육을 중학에다 실시하여야 할 것이다. 이 이원성을 해소하는 것에 의해서만 새 나라는 실질적으로 발전할 수 있는 것이다. 우리나라의 중등교육은 곡선적으로 우회할 필요를 느끼지 않는다. 직선적으로 생산주의의 교육을 시키는 것이 우리나라의 최대 요구임을 우리들이 명심하지 않으면 안 된다.

## 2. 생산교육

생산교육은 농업과나 공업과를 학과에 넣어 가르치는 직업교육을 의미하는 것이 아니고, 국민교육 자체를 생산교육으로 하자는 뜻이다. 인류사회에는 두 가지 문제가 있을 뿐이니 이 두 가지 문제가 곧 인류 생활의 근본이다. 하나는 물질적 조건으로 곧 육체의 생존을 유지하는 문제고, 하나는 심리적 조건이니 곧 정신의 위안을 요구하는 문제이다. 전자는 경제로 해결될 것이고, 후자는 문화로 해결될 것이다. 경제, 문화 두 가지를 잘 요리하고 발전시켜 인간의 욕구를 만족시키려는 행위가 정치다.

육체의 생존을 유지하는 물질적 조건은 인간의 절대적 요구이므로 교육의 제일 중요한 과제가 되어야 할 것이다. 과거 우리나라의 교육은 이것을 무시하였다. 교육을 받은 이는 선비라 하였고 선비는 공업이나 농업이나 심지어 상업까지도 하지 않아야 했다. 국민으로서 생산자가 되는 것은 고사하고 가정인으로서 생산자가 되지도 아니하는 것이 선비의 본색이다. 청빈주의로 배고프고 추운 것을 견디는 것이 하나의 좋은 지조는 될지언정 원칙적으로 노동은 선비의 금물이었다. 너무 생활이 곤궁하면 소위 책상물림의 농사꾼이 되는 이가 있기는 하였지만 당시 실제 농사꾼에 비하여 한 사람의 생산자로 인정할 만큼은 못 되었다. 이리하여 교육과 생산은 서로 등지고 나아가는 두 길이었다.

이 때문에 나라가 망하는 데까지 이르렀다. 그러므로 건국교육은 생산교육으로 하지 않으면 안 된다. 생산교육은 어떠한 것인가?

자연물질은 인간의 노동을 통하여 사회의 수요품으로 나오는 것으로 곧 자연과 노동은 생산의 두 가지 절대적 조건이다. 자연물질의 소재와 성질과 법칙과 용도를 조사하는 것이 과학이고, 노동의 기본 요구가 기술이다. 과학으로 말미암아 지구에 내장된 이익될 물자가 전부 징발되는 것이고, 기술로 말미암아 인간이 가지고 있는 노동의 가치가 보배로워지는 것이다. 이렇게 하여 나오는 생산품의 양과 질과 그 가치가 경제의 요소가 되어 경제를 좌우하는 것이다. 그러므로 과학과 기술과 노동은 경제 건설의 절대적 요구조건이다. 과학과 기술과 노동과 경제를 종합적으로 가르치는 것이 생산교육이다. 개인이 이 네 가지 종합교육을 받아야만 생산적 철학이 사상을 창조하고 따라서 생산자가 되기 쉬우며 전 국민이 생산교육을 받는 데서 국가의 이념이 생산으로 확립되게 될 것이다.

## 1) 과학교육

과거 우리나라에는 과학교육이 없었다. 달과 해에 대한 거짓되고 미덥지 않은 말을 지금도 믿고 있고, 비와 바람의 정체를 모르는 이가 지금도 많으며, 동양문화를 병신으로 만들어놓은 음양오행설에 중독되어 삼라만상의 진리를 하나도 모르는 이가 대부분이다. 하도낙서[*1)]의 8궤는 발생지인 중국에서도 청조의 유학자들이 전면적으로 그 허망함을 증명하였는데도 불구하고 존엄한 국기에다 미신적 상징을 그대로 그려두는 것은 얼굴이 뜨거울 지경이다. 모든 비과학적 또는 무과학적 사실이 20세기 태양 밑에서 한 암흑면을 만들어놓은 우리나라에는 일각이라도 빨리 과학의 광명이 퍼져야 한다. 스펜서는 "교육에 있어 과학만이 인생의 지침과 목표가 되고 과학만이 유용한 생활수단을 준다"는 과학주의를 제창하였다. 과연 그러하다. 과학은 진리를 증명하는 참된 학문인 동시에 자연을 이용하는 실용학이다. 곧 과학의 힘으로 자연 전체가 우리의 수요에 응하는 것으로 되는 것으로 다만 과학 명령 앞에서만 작용하는 것이 자연의 생리이다. 자연은 비과학적 호령에는 코웃음치고 인간을 조롱할 뿐이다. 그러므로 과학적 지식은 국민의 기본적 지식이 되어야 한다. 과학지식이 없는 국민은 무식한 국민이며, 굶어 죽을 지경에 설 국민이고, 미신으로 썩을 국민이고, 스스로 녹이는 생활과 공허한 인생관 속에서 인격까지 파산시키는 국민이 되고 마는 것이다.

## 2) 기술교육

손발과 귀, 눈, 입, 코 기계와 도구로 문화적 또는 생산적 행위를 하는 것이 기술이다. 그러므로 모든 예술품이나 제조품이 모두 기술을 통하여 나오는 것이고 기술이 향상되는 만큼 품질과 수량이 증가되는 것이다. 어려서부터 종이,

---

*1) 河圖洛書: 하도는 옛날 중국 복희씨 때에 황하에서 용마가 지고 나왔다는 동서 남북 중앙으로 일정한 수로 나뉘어져 배열된 쉰다섯 점의 그림을 말하며, 낙서는 중국 하나라의 우왕이 홍수를 다스렸을 때, 낙수에서 나온 영묘한 거북의 등에 쓰여 있었다는 글로 이 둘은 동양철학사의 기본으로서 음양 이원(二元)으로써 천지간의 만상을 설명하는 주역의 기본이 되었다.

흙, 실, 대나무 따위의 장난감과 목공, 철사공, 바늘공, 요리와 도구·기구의 사용법, 해체, 조립, 수리와 그것에 대한 지식 및 모형 제작과 기계적·화학적 생산과 에네르기의 이용, 유기물의 제조 따위에 관한 지식들을 가지게 하고, 작업과 기계와 친하고 거기에 취미를 가지게 하고, 일용가구를 손수 만들고 수선하는 데 기능과 흥미를 가지게 하여 정신과 육체가 기술화되도록 훈련하고, 제 나라에서 쓰는 기계와 생산품에 대하여 일반적 지식을 가지는 것이 국민의 상식이고 의무가 되어야 한다. 이렇게 되기 위하여는 유치원에서부터 중학까지 기술과를 넣고 그에 대한 시설을 충분히 하는 교육을 계획하지 않으면 안 된다.

### 3) 노동교육

과거 조선에서는 노동을 천시하였고 지금도 그러한 생활을 하는 이가 많다. 이러한 노동에 대한 사상을 근본적으로 고치지 않으면 안 된다. "일하기 싫은 사람은 먹지도 마라." 한 바울의 말을 국민의 표어로 쓰는 것이 좋다. 풍부한 자연물도 인간의 노동으로써만 우리의 사용품이 될 수 있으며 기름진 땅도 인간의 노동으로써만 의식주의 원료를 산출한다. 그러므로 노동은 ① 사람의 생명을 유지하는 원동력이다. "노동은 인간이 자연을 제 의지대로 복종시켜 자연으로 하여금 인간의 필요에 응하게 하는 인간과 자연 사이에 행해지는 과정이다"고 한 유럽인의 노동에 대한 정의는 이것을 의미한 것이다.

아울러 ② 노동은 우리의 지식을 더 정확하게 해주는 작용을 하는 것이니 사이델은 "직관은 인식의 근원이다. 그러나 노동은 직관보다도 더 크고 깊은 근원이다"라고 하였고 듀이는 "우리는 노동으로 자연생활과 사회생활에 대한 지식을 획득하고 기술을 수련하고 정신을 함양하지 않으면 안 된다"고 하였다. 노동은 철학적으로 인식의 근원이니 참 지식은 노동을 체험하는 데서 얻어지는 것이고, 언어 문자만의 지식은 공허하고 쓸모없는 것이 대부분이다. ③ 노동은 도덕적으로 인생 최고의 신성한 생활이다. 그러므로 노동자는 다면적으로 완전히 발달한 개인이라야 하며 다른 인텔리와 같이 학문과 예술과 기타 모든 지식을 가져야 한다. 다시 더 나아가면 인텔리가 노동하게 되는 것이다. 이러한 이념과 실천에서 국민 모두가 노동하는 국가가 되어야 하고, 국민이면 곧 노동자고 노동자라야 국민이라는 정도로 발전하여야 한다.

이러한 인텔리 노동자는 자연과 노동의 관계와 개인과 사회의 연결을 잘 이해하고 따라서 이론과 실천이 병행되며, 국가의 경제적·문화적·정치적 연관성을 잘 공부할 때 참된 민주주의 국가의 국민을 완성할 수 있을 것이다. 그러므로 소·중학교에서부터 고등교육 기관까지 반드시 노동시간을 과정으로 넣어 노동에 대한 이념과 실천을 습성화하지 않으면 안 된다.

### 4) 경제

과학자의 지식과 기술자의 솜씨와 노동자의 실천을 한 몸에 구비한 생산자라도 한갓 기계처럼 규정과 제도에만 복무하여서는 안 된다. 반드시 정치문제와의 관련성을 이해하면서 활동하지 않으면 안 된다. 그러므로 생산자는 반드시 경제적 지식을 가져야 한다. 자기가 만들고 있는 또는 연구하고 있는 또는 다루고 있는 생산품에 대하여 국가자본과 다른 산업부문과의 관계, 생산기술과 생산현장 조직과의 관계, 국가적 생산의 과학적 기초, 생산의 변화와 국가의 영향 따위의 경제적 상식이 필요한 것이다. 물론 이것을 일반 학생에게 전문적으로 가르칠 수는 없다. 그러나 생산교육 제도에서는 국가와 생산관계의 일반적 지식이 학생의 상식에 하나의 기초가 되지 않으면 안 되는 것이니 이러한 한도에서 중학을 나온 사람이면 반드시 생산과 국가적 경제의 관계 따라서 정치적 관련성까지의 개요를 알아야 한다.

# 3. 애국사상

과거 우리나라에는 일반 민중의 애국심이 부족하였다. 군주 전제 밑에서 압박과 피로로 살았고, 참정권이 없었으므로 나라 일도 제 일이 아니었으니 애국심이 생길 리가 없었다. 애국이 무엇인지 알 만한 정도의 국민이라면 반드시 불평이 생길 만한 제도였다. 이같이 애국심이 시든 땅에 일제의 압박과 착취가 민중의 감정을 자극하여 민족적 반항이 일어났다.

그러나 반항심은 이민족에 대한 민족적 양심이었고 이것이 곧 진정한 애국심이라고 속단할 수는 없다. 애국심은 이러한 충동에서 생겨나 진정하게 성장하는 것이 아니다. 애국심은 교육을 통한 과학적 사상에서 터를 잡아야 되는 것이다. 우리는 이 애국심을 바르게 지도하기 위해서 인류사회의 그릇된 애국심을 지적하지 않으면 안 된다.

## 1) 본능적 애국심

이 애국심은 종족 본능이 확대된 것으로 자기의 종족을 본위로 하는 애국심이다. 이 애국심은 자기 종족 외의 다른 종족을 배제할 위험성을 내포한 것이며 다른 종족을 배제하기 위하여 전쟁까지 전개할 수 있는 것이다. 독일이 전쟁 중에 순수한 독일 혈통의 국민만을 묶어 충실한 애국심으로 단결시키려고 유태인을 국외로 몰아낸 것이 바로 이러한 애국주의에서 생긴 일이었다. 그러나 150개 민족으로 구성된 소비에트 국민의 애국심과 유럽 각 민족이 혼합된 미국 국민의 애국심 앞에 단일 순수한 혈통의 독일 국민의 애국심은 부서지고 말았다.

## 2) 원시적 애국심

이 애국심은 국수적 애국심이다. 이 애국심의 기원은 신화적·전통적인 민족 최초의 선조를 찾아 동일 선조의 동일 형제라는 가족적 단합심을 이용하려는 데에 있다. 유태의 아브라함, 중국의 황제(皇帝), 일본의 천조대신(天照大神) 혹 신무(神武), 우리나라의 단군 따위가 한 민족을 번식한 그 민족의 시조라고 하여 가족적 단합심을 고취하는 것이다. 일본의 천황가장주의가 그 가운데 제일 발달된 대표적인 예이다. 그러나 일본의 애국사상은 실패하고 말았다. 당시에 일본의 학자나 학생 등 지식층은 천황을 믿지 않았다. 학생들은 천황을 '덴짱'이라고 불렀다. 현실에 벗어난 신화나 전설적인 상징이 결코 자연과학과 사회과학이 발달된 오늘날 인간에게 긍정될 리가 없는 것이다. 다만 무지한 군중의 미신만을 조장할 뿐이다. 전설과 미신에 서 있는 인물을 중심으로 하여 애국심을 기르려는 완고한 사상은 완고한 그들의 자기 환멸에 그치고 말 것이고, 피교육자의 사상에 잘못하면 역효과를 낼 위험성이 있다. 이는 오늘날 어느 문명국에서도 쓰지 않는 방법이다. 우리는 일본이 쓰던 방식에 40년 동안 정신이 마취되지나 않았는가 자기비판을 해야 한다.

### 3) 민족주의적 애국심

이 애국심은 민족적 감정을 고조하여 기르는 애국심이다. 이 애국심이 범하기 쉬운 과오는 자기 민족을 너무 과장하고 자민족의 것은 무엇이나 용서하기를 좋아하고 비판하기를 싫어하며 관찰력이 흐리멍덩해지고 사상이 두루뭉술해지고 이론이 모호해지는 것이다. 어리석은 자존심으로 국민을 비뚤게 인도하고 터무니없는 자긍심으로 타 민족을 멸시하여 알지 못하는 사이에 비과학적인 과오에 빠지는 것이다. 이러한 애국심은 자민족의 개선 향상을 방해하기 쉽고 타민족의 조소를 받기 쉽다.

위에서 말한 애국심은 실패할 가능성이 있음을 역사가 사실로 증명하고 있으며 과학이 이론으로 논증하고 있는 것이다. 인간의 사랑은 연애와 자애 외에는 모두 물질적 이익욕이나 정신적 유쾌감을 자아내는 것에서만 유도되어 발생하는 것이다. 애국심의 사랑도 이러한 것이다.

물질적 이익욕과 정신적 유쾌감에서 유도된 애국심만이 견실한 애국심이다. 아무리 내 나라라도 벼슬아치와 돈 가진 자들이 못살게 구는 나라를 사랑할 마음이 생길 리가 없는 것이다. 그리하여 민란도 일어나고 파괴하기도 하였던 것이다. 영국, 프랑스에 혁명이 일어났을 때에 혁명가들은 나라의 반역자인 동시에 국가의 분열을 일으킨 비애국적 행위자로 지목되었다. 미국의 독립 전쟁은 분명히 영국을 분열시키는 비애국적 행동이라고 지적되었을 것이다. 지금도 중국의 해방군을 중앙정부는 비애국적 행동인 냥 선전하고 있다. 언제나 자기가 살 수 없는 나라나 정부에 대하여 애국심을 가지고 협력한 사례가 없다. 이해가 대립될 때는 일본에서처럼 200명 미기당(尾崎黨)의 국제 스파이가 생기는 것이고, 이해가 같을 때는 백여 종 이민족으로 혼성된 소비에트에서처럼 한마음이 되는 것이다. "작은 자벌레가 징그럽다고 손을 대지 않는 여자들이 그보다 더 징그러운 누에는 보물과 같이 사랑하고 손으로 다룬다. 이(利)가 있는 곳에는 인정이 붙는다"고 한 것은 중국 한비자의 말이다. '이'가 있는 곳에는 사랑이 있는 것이다. 그러므로 애국심도 '이'로부터 출발하는 것이다. 만민의 이익이 고르게 된 나라에서 만민은 그 나라를 다 함께 사랑한다. 따라서 만민은 그 나라를 보호하려고 단결하는 것이다.

그러므로 역사과목을 통하여 자국이 긍지로 삼을 바와 비판해야 할 바를 공정하게 지적하고, 공민과목을 통하여 새로운 흥미를 가지고 정치에 참여할 욕망을 기르며, 사회과목을 통하여 사회와 개인의 관계를 정치적·경제적으로 인식시키며, 해당 학과와 특수한 훈련으로 사회적 양심과 민주주의적 실천을 시켜 나라의 일을 자기의 일로 알도록 유도하여야 한다.

① 지나간 역사에서 애국심을 찾지 말고 눈앞에 열린 현실생활에서 애국심을 찾고, ② 관념론인 도의심으로 애국심을 발생시키려 하지 말고 실질적인 생존욕의 자극에서 애국심이 발생하게 하고, ③ 조상의 명예를 들추는 것으로 애국심을 일으키려 하지 말고 자손의 번영을 도모하는 것으로 애국심이 생기도록 하여야 할 것이다. ④ 내 민족만을 위하는 고립무원한 정신으로 애국심을 기르려고 애쓰지 말고 세계 공동의 인류적 양심 위에서 애국심을 길러야 한다. 애국심은 다른 민족에도 공통된 인류적 양심인 것이지 내 민족만이 가진 것이 아니다. 내 민족의 애국심이 정의일진대 다른 민족의 애국심도 정의이다. 따라서 다른 민족의 양심과 정의를 존경하는 데서 나의 양심적 생활의 정신이 세계적으로 서로 통할 수 있는 것이다. 이러한 애국심이 인류애로 발전되어 세계 평화를 가져오는 애국심이 되는 것이다.


## 4. 민주주의 교육

민주주의 교육은 내용과 형식 두 가지로 나눌 수 있으니, 내용은 피교육자의 사상을 민주주의화하는 것이요, 형식은 교육의 형태를 민주주의화하는 것이다.


### 1) 내용

우리의 사상은 철학적·과학적인 정의(定義) 위에 확립되어 발전하지 않으면 안 되는 것이다. 민주주의의 사상도 그러하다. 인류는 대자연의 일종으로 대자연을 구성한 요소의 하나이다. 그러므로 우리 인류의 생활은 대자연의 정신과 부합하지 않으면 안 된다. 대자연에는 차별을 위한 차별이 절대로 없으면, 삼라만상의 평등이 원칙으로 되어 있다. 그러므로 인류의 개개인이 서로 평등한 것이 기본적 윤리로 되어야 할 것이다. 기본적 윤리를 부자연한 것으로 소멸시켰던 것이 과거 인류사회의 생활이었고 이제 이 기본적 윤리를 다시 회복하려는 것이 민주주의의 발전이다. 민주주의는 만인의 자유와 평등의 실현을 목표로 하는 것이다.

개인의 신체가 강하고 약한 것, 재능이 높고 낮은 것은 자연법칙에 의한 상이성이지 의식적 차별이 아니다. 자유는 책임이 따르는 것으로 탈선한 행동을 허용하지 않는 것이다. 이는 남의 자유를 위한 자기 자유의 자제이므로 비자유가 아니다. 민주주의는 정치상 민주주의요, 빈부의 차별이 없는 것이 경제상 민주주의다.

정치상 민주주의는 정치적·법률적으로 국민의 권리를 평등하게 하는 것이다. 국민의 의견을 대표하는 정치형태를 갖추어 보통선거법으로써 국민에게 선거와 피선거의 권리를 주고 언론·출판·집회·결사의 자유를 보장하는 것이다. 이것이 최근 수백 년 동안에 발달된 입헌국가의 가장 진보하였다는 민주주의제도이니 이것이 지금 과거 세계의 유적으로 남아 있는 민주주의다.

경제상 민주주의는 경제적으로 국민의 생활을 평등하게 하는 것이다. 인간사회의 모든 문제는 생활문제에 귀착하기 마련이다. 그러므로 경제문제는 정치의 핵심이 되며 경제상태가 민주주의적으로 되지 않은 곳에 민주주의 정치가 있을 수 없는 것이다. 있다 하더라도 형식뿐이고, 내용은 빈약하게 되기 마련이다. 자본주의국가에서는 선거가 황금의 세력에 좌우되어 선출된 대의원이 대중의 신임을 무시하고 자본가에게 매수되는 일이 흔히 있고, 자본주의사회에 부의 분배가 불공평하여 자본가와 노동자가 이해의 상반으로 대립하고 노동자는 영구히 노동의 멍에를 메고 있는 반면에 자본가는 수고 없이 이익을 먹고 방자하고 사치스러운 생활을 하는 통에 노동자의 인권적 자유가 박탈되므로 파업과 소란이 자주 일어나는 것이며 이러한 사회에 완전한 민주주의가 있을 수 없는 것이다. 그러므로 만민이 다 같이 경제의 해방을 받아 경제적으로 자유와 평등을 얻는 데서 더 한층 민주주의가 완수되는 것이다. 이것이 새 세계에서 출발되고 있는 민주주의다.

이상의 내용을 다시 말하면 자본주의사회는 자본으로 말미암아 빈부 두 계급이 생겼으니 계급이 있는 곳에 평등이 있을 수 없다는 것은 상식이다. 자본가의 지배하에 있는 근로대중은 저절로 정치와 유리되고 일부 소수의 자본가에게 정치가 좌우되거나 독점되어 자유와 평등이 자본계급에 국한되어 있으므로 자본주의사회의 민주주의는 그 범위가 협소한 것이다. 그와 반대로 경제 평등을 실시한 사회에서는 부가 한쪽으로 기울지 않고 생산이 증강되어 개인이 돈벌이에 평생을 희생하는 노예적 생활에서 벗어나서 각자가 자기의 천부의 재능대로 맡은 일에 정진할 수 있다. 이러한 사회가 실현될 때는 일부 자본가가 재래의 근성이 남아 있어 자기의 생활 습성에 맞지 않는데 부자유를 느끼게 되는 것은 필연이다. 그러나 이들은 소수이기 때문에 이 사회는 자본주의 사회보다 절대적으로 넓은 범위의 민주주의를 참되게 발전시킨 상황이다.

다시 요약하여 말하면 봉건주의 사회에는 귀와 천, 빈과 부, 두 쌍이 대립한 절대적인 전제였고 민주주의가 없었다. 자본주의 사회에는 귀천의 대립이 해소되고 빈부의 대립만이 남았으므로 민주주의 발전의 길을 걷고 있는 사회이다. 그러나 사회주의 사회는 빈부의 대립이 해소되므로 민주주의가 완수되는 사회이다. 그러므로 민주주의의 역사적 발전과 민주주의의 정치적 단계와 경제적 단계를 해설하여 진·선·미의 최고 단계를 제시하고, 자본주의 사회의 민주주의의 불확실성을 지적하여 그 필연적 결과의 운명을 밝혀 전망하고, 생물학적·과학적 진리 속에서 인생관을 고치고, 변증법적·철학적 이론 위에 사상을 확립시키고 이 사상을 계발함과 동시에 이 사상에서 나오는 행동을 훈련시키고 이 행동에서 얻는 감정을 도야시킴으로로써 피교육자에게 부여되어 있는 인류적 양심을 개척하여 그들의 인격을 재창조하는 것만이 진정한 민주주의 교육일 것이다. 그리고 이렇게 인류의 발전단계를 파악하고 살펴보며 흥미를 가지고 인류의 최고의 양심을 찾는 데서 감격하는 마음을 갖고, 개인에게 부여된 절대자유를 보장하는 데 희생적 정신을 가진 교육자만이 이러한 완전한 민주주의 교육을 실현할 수 있을 것이다.


## 2) 형식

계급이 형성된 사회는 근로대중의 행복이 박탈된 까닭에 교육적 혜택도 골고루 미치지 못한다. 이것은 민주주의 교육을 제창한 미국인 듀이가 증명하여 "계급이 존재하는 사회는 오직 지배계급의 교육에만 주의 전력한다"고 말하였다. 듀이는 "사람사람이 어떠한 흥미에 꼭 같이 참여하여 자기 행동의 의의를 인식하는 것을 방해하는 계급이나 인종이나 국경 따위의 장벽을 다 철폐하고 …… 각인이 평등한 조건, 좋은 조건에서 교육을 받도록 전심 노력하지 않으면 안 된다"고 말하였다. 이것은 민주주의 교육의 형태를 말한 것이며 국가적 제도를 말한 것이다. 이보다도 더 한층 올라가 학원 내의 모든 제도, 규율, 훈련을 통하여 민주주의가 피교육자의 사상, 관념, 습관을 창조하고 강화하도록 전력하여야 할 것이다.

우리나라는 이천년 동안의 봉건적인 사회제도와 경제기구로 인해 찬성이 되다시피 굳어진 계급관념이 뿌리박혔고, 40년 일제의 군국주의와 자본주의 밑에서 뇌수가 마비될 지경으로 자유와 평등사상의 씨가 말랐다. 일부 혁명의식을 가진 사람 외에는 모두가 그러하다. 따라서 교육자도 그러하고 학부형도 그러하다. 그들은 마루턱만한 자본주의사회의 민주주의도 쳐다보기에 힘이 드는 터이므로 높은 산봉우리 같은 사회주의사회의 민주주의는 쳐다볼 엄두조차 나지 못할 만큼 목의 근육이 굳었다. 그러나 우리는 새 나라에 민주주의 교육을 철저하게 실시할 절호의 운명을 맞이하였다. 어떠한 민주주의가 우리나라에 적용될 것인가? 구세계냐? 신세계냐? 이것은 우리나라 앞길을 전망할 때에 큰 관심거리이다. "새 술을 헌 부대에 담지 말라"는 것은 나사렛 성자의 말이다. 새 조선을 옛 세계로 퇴보시켜야 할 아무런 과학적 근거도 없다. 반드시 새 나라는 새 세계로 진전하여야 한다. 따라서 새 세계를 건설하는 민주주의가 새 나라 교육의 이념이 되어야 한다.


## 5. 문화재건 교육

과거 우리나라에는 문화가 찬란하였다. 삼국시대의 조각과 공예, 고려시대의 판각과 활자와 자기, 이조시대의 한글과 아악과 같은 것은 세계적으로 자랑할 만한 것이며 특히 문화의 총결산이라고 할 만한 조선시대에는 문물이 정연하고 제도가 구비되고 저서가 50만여 권에 달하였으니 이것은 수월치 않은 업적이다. 개인적으로도 문장, 교육, 철학, 사색, 저술, 조각, 공예, 서화, 박물, 음악, 천문 등의 전문가들이 남녀를 통하여 많이 있었고, 불교를 통하여 들어온 인도의 문화와 유교를 통하여 들어온 중국의 문화와 이 두 문화에 섞여 들어온 중·서아시아의 문화가 우리의 고적과 문헌에 남아 있고 우리의 사상과 습관에 젖어 있어서 동양문화의 총체를 우리가 섭취하고 소화하였으니 우리나라는 중국과 함께 동양문화국의 으뜸임을 자만할 수가 있는 것이다.

그러나 우리는 우리문화의 내용이 어떠하였던가 다시 검토하지 않으면 안 된다. 우리의 문학은 한문학이었다. 과거의 한문학은 중국의 진독수가 말한 것과 같이 조탁적이고 아첨적인 귀족문학이었지 평범하고 서정적인 국민문학이 아니었으며, 묵고 썩고 과장적인 고전문학이지 새롭게 성실한 사실문학이 아니었으며, 난삽하고 알기 어려운 산림문학이지 명료하고 통속적인 사회문학이 아니었다. 그리하여 절대다수인 대중의 문학이 될 수 없었을 뿐만 아니라 그것으로는 문맹조차 구출할 수 없는 악조건을 가진 문학이었다.

소설은 이야기책이라 하여 많이 있었는데 모두 국문을 사용하였다. 그러나 그 내용에 있어서는 평범한 인간생활의 실제를 토대로 하여 진실한 자연에서 창작적 흥미를 얻으려 하지 않고, 대개가 부자연한 충효대절(忠孝大節)의 윤리적 도의관이나 초년에 고생하고 말년에 잘살게 되는 운명적 행복관으로서 공중누각을 짓고 환멸사상을 자아낸 것이므로 형식이 공통되고 내용이 단조로워 열 가지를 다 읽기 전에 싫증이 나게 된다. 이러한 소설은 문학적 가치를 인정하기 곤란할 뿐 아니라 대중에게 허영과 미신과 숙명관을 길러주는 한편 봉건적 특권계급을 예찬하고 선망하는 사상을 북돋우는 외에 아무 가치도 없는 것이다.

시 중에 시조는 우리나라에 고유한 것이다. 그 내용으로나 정취로나 또는 보급성으로나 대중문학으로 발전하기에 가장 좋은 조건을 가진 것이다. 그러나 이것도 과거의 것은 특수계급의 문학이었고 대중과는 관계가 없었다.

음악은 아악이 가장 대표적이었다. 그러나 이것은 향연과 큰 제사에 쓰는 귀족음악이었으므로 고아하고 정중한 것을 위주로 하였다. 그리하여 음계가 한 옥타브를 넘지 못하여 화성이 단조롭고 곡조가 장한(長閑, 마음속 깊이 사무쳐 오래도록 잊을 수 없는 원한)하고 정적이므로 귀족적·노인적 감흥은 줄 수 있으나 대중적·청년적 약동은 일으킬 수 없는 것이다.

민요와 속가는 가사의 내용을 알기 어려운 한문 문자로 나열하였고, 야비하고 음란하고 천한 이야기가 많았으며, 또 발생한 뒤에 연구와 세련을 더하지 아니하여 품위가 매우 저열하므로 그대로 대중적 가요로 삼아서는 안 되게 되었다.

서예는 그림과 함께 미술로 치고 있다. 그러나 서예는 그 자체가 한자이다. 이것은 한자 국민인 중국인들의 독특한 취미인 것이고, 앞으로 한자를 도외시할 우리 국민의 미술이 될 수는 없는 것이다. 더욱이 과거에도 특수계급의 애용품이었던 점으로 보아 우리나라 대중과 관계가 없는 것이다.

그림은 불교 그림, 산수, 인물, 새와 짐승, 새깃과 털, 화훼, 풍속 등 다방면으로 볼 만한 것이 많이 있다. 그러나 특권계급의 전유물이었으며 그들만이 총애하였지 보편적 미술이 아니었다.

공예와 조각은 사원 대묘와 귀족 양반의 가정에 전속된 진품이다. 그 질이 우수함은 물론이고, 유물로도 동양 다른 나라에서 구할 수 없는 것이 있어 우리들이 자랑할 만하다. 그러나 대중의 위안과는 아무 관계없는 죽어 있는 장식품이 되어 있다.

도덕은 형식으로 흘러 대중생활에 연관이 없이 공중에 떠 있고, 종교는 맹종과 미신에 떨어져 사회 이성 밖에서 혼자 떠들고 있다.

과학은 유치원 속에서 놀고 있으며, 교육은 양반이나 부잣집 안에서 소리치고 있었다.

우리는 위에서 말한 옛 문화를 고치고 새 문화를 받으려 할 때에 일본의 문화를 받게 되었다. 물론 일본의 문화는 구미의 문화를 섭취한 문화였다. 그러나 천황주의적이었으며 제국주의적·자본주의적 문화로서 식민지 정책을 협찬하는 문화였다. 그리하여 우리나라에 고유한 좋은 것을 될 수 있는 대로 말살하고 교육칙령과 신도(神道) 사상으로 우리나라의 청소년을 일본문화에 강제로 복종시켜 노예적 상태로 끌어넣으려고 애쓴 것이 일제강점기의 선전이었다.

이러한 우리의 과거 문화를 다시 간단히 말하면 봉건시대의 문화는 언제나 영주(군주)와 신하(양반)들이, 자본주의 시대에는 언제나 자본가(부자)들이 문화를 독점하였다. 그리하여 대중이 문화적 행복을 누릴 수 없는 그때에 그들은 향락과 사치와 자만 속에서 살았고 노동대중은 자기 문화를 가지고 향락하는 계급을 위하여 부지런히 생산에 노력을 하게 되었고, 일제강점기에는 일제의 봉건, 자본 두 세력 및 거기에 아부한 계급들이 문화의 행복을 독점하고 근로대중은 그들에게 노력의 착취를 당하였던 것이다. 문화가 이렇게 편벽되고 부정하게 이용된 사회에 있어 문화가 아무리 고귀하다 할지라도 이는 독점한 그들의 예찬일 따름이다. 전국 대중이 다 같이 향유할 수 있는 문화가 아니라면 단연 배척하지 않으면 안 될 문화일 것이다.

문화를 위한 문화는 있을 수 없으며 또 있을 필요도 없다. 문화는 인간생활을 위하여 있으며 또 반드시 있어야 하는 것이다. 인간은 어느 일부만의 특권을 좋은 것이라고 인정하지 않는다. 다 같이 평등한 인간이므로 문화도 평등한 인간 개개인이 다 향유할 수 있을 때에 비로소 참 가치가 인정되고 평가되는 것이다.

그러므로 과거의 전매 특허적인 문화를 오늘날도 자랑하고 있다면 이는 봉건적, 자본적 옛 세계에 잡혀 있는 사상일 것이다. 우리는 솔직하게 과거의 결점과 과오를 비판하여 청산하고 문화의 쓸 만한 것만을 가지고 대중 속으로 들어가, 대중 속에서 헛된 옛 이름이 사라지게 하여야 한다. 이것이 새 교육의 중요한 과제이다.


# 6. 예술교육

여기에서 말하려는 예술은 협의의 예술이 아니라 그리스의 아레인(Arein)과 라틴어의 아아스(Ars)와 같은 종류의 광범위한 미적 활동과 그 살아 있는 결과를 의미하는 것이다.

우주 대자연이 예술의 표현이며 인간의 육체가 미의 극치이고 인간의 정신이 예술적 창작이다. 그리하여 예술적 정조가 인간의 인식작용을 미화하고 인간의 감정을 취미화하는 데서 인류의 문화가 향상되는 것이다. 그러므로 인간 개인, 그 자신이 예술적으로 향상하여야 하고 사회의 모든 일과 행위가 예술적으로 진화하여야 한다. 그리하여 유쾌와 취미로써 정신의 위안을 완전하게 받는 데서 생을 생의 진의(眞意)대로 실현시킬 수 있는 것이다. 생의 진의는 무엇인가? 인간은 물질적 생활상의 만족을 구하는 외에도 정신적 위안을 요구한다. 곧 유쾌와 취미에 도취하여 인간 스스로 기쁜 생활을 하고자 하는 것이 생의 진의이다. 이것은 인간이 곧 예술적으로 창조된 존재이기 때문이다. 물질적 우주의 창조는 동시에 예술적 우주의 창조이며, 육체적 인간의 창조는 동시에 예술적 인간의 창조이다. 육체가 음식을 요구하는 것이 본능인 것처럼 정신이 위안을 요구하는 것 또한 본능이다. 그래서 담소, 유희, 해학, 무용, 가요, 기타 모든 오락적 행위가 원시생활에서부터 생겨서 발전한 것이다. 이같이 예술이 인류의 절대요구이므로 인간교육에 있어서도 예술은 중요한 과제이다.

역사를 통하여 보면 중세기 종교지상주의 시대에는 예술교육을 방기하였고, 16, 17, 18세기 실학주의 시대는 예술교육을 더욱 억압하였으며, 19세기에 와서 물질주의 기계관에 반항심을 가지고 인문주의가 주창되면서 비로소 예술교육이 발단되었다. 봉건주의 사회의 인도주의 교육과 자본주의 사회의 실리주의 교육은 개개인의 창조성과 만민의 즐거움과 위안을 무시하므로 예술교육의 발전을 기대하기 어렵다. 인간이 완전한 자유 창생(創生)과 만인이 다 같이 취미를 누릴 것을 목표로 하는 고도사회에서만 예술교육이 자유로이 발전하여야 할 필요를 느끼게 되는 것이다. 예술교육은 먼저 감상이고, 다음에 창작이다. 크로체는 "미를 비판하고 인식하는 판단의 활동은 미를 생산하는 활동과 동일하다. 판단활동은 취미라 하고 생산활동은 천재라고 하자. 천재나 취미는 동일한 것이다"라고 말하고, 이어 "비판가는 작은 천재이며, 예술가, 창작가는 위대한 천재일지도 모른다. 전자가 열의 힘이 있으면 후자는 백의 힘이 있을는지도 모른다. 그러나 양자의 성질은 의연히 동일하지 않을 수 없다"고 하였다. 예술교육의 목표는 위대한 천재보다 작은 천재를 만드는 것에 있다. 누구나 위대한 천재가 될 수는 없지만 교육의 힘으로 누구든지 작은 천재는 될 수 있다. 그러므로 국민 전체가 작은 천재가 되는 것이 교육의 목표이다. 왜냐하면 감상력 곧 비판력이 없으면 확실히 취미를 가질 수 있는 대상에 대하여 취미를 가질 줄을 모르기 때문이다. 취미를 가질 줄 모르는 사람의 인생에 생의 영화가 있을 수 없다. 대자연의 수석(水石)과 임천(林泉)을 보고도 자연미를 느낄 줄을 모르면 인생의 사는 맛이 얼마나 있겠는가!

금강산 절벽에 거꾸로 선 소나무를 보고 말 위에서 시흥이 나서 혼자 좋아하며 기쁨에 도취하고 있을 때에 마부도 그 나무를 칭찬한다. 말 위의 손님은 깜짝 놀라면서 저 무식한 놈도 경치를 알아본다 하고 기뻐하며 물었다. 마부는 그 구부러진 가지를 가져다가 소의 길맛가지[2]를 만들면 훌륭하겠다고 대답하였다.

이 두 사람 사이의 인간성이 얼마나 거리가 먼가를 알 수 있지 않은가? 과거 조선의 교육은 인도주의에 중점을 두어 경전을 중히 여겼고 실리주의에 기울어져서 과거시험에 소용되는 시문만을 전공하였다. 약간의 시인이 있었으나 다른 예술은 교육부문에서 제외되었다. 일제강점기에도 군국예찬과 천황 칭송의 예술뿐이요 아무 보잘 것이 없었다.

새 나라의 교육은 3,000만 명을 모두 금강산 절벽에 거꾸로 선 소나무를 보고 시흥이 날 수 있는 인간으로 만들어야 한다. 국민의 건축, 조각, 공예, 의복, 음식, 음악 시가 따위를 모두 예술적 가치가 있도록 향상시켜야 할 것은 물론이고, 언어, 예의, 도덕, 노동, 직장을 모두 예술화·취미화하여야 할 것이며, 영화, 연극, 무용, 가요, 가극을 다 대중적으로 발전시키는 것이 국가의 중요한 임무의 하나이다. 이러한 예술적 국가를 만들기 위하여 예술교육이 국가교육의 중요한 과제로 되는 것이다.


# 7. 국민교육상으로 본 종교

인류사회에는 선각자의 인생관과 그의 명언이 대중의 정신을 지배하며 그 교훈이 민중의 도덕도 되고 신조도 된다. 그러나 그 철인이 처음에 가졌던 거룩한 이념은 중간에 다 없어지고 말단 지류가 대중의 사상을 지배하여 해독의 주체가 되는 것이 상례이다. 그리하여 그것은 인류를 분기시키는 흥분제가 되다가 신경작용이 약한 때는 인류를 마취하는 독약이 되는 것이다. 그리하여 종교는 때에 따라 아편이라는 푸대접을 받지 않을 수 없는 것이다. 조선에 교화를 끼친 교단은 유교와 불교와 기독교가 대표적이다. 우리 조선의 교화를 직접 좌우하고 교육의 이념을 지배해왔던 것이 바로 이 세 교단이다.


## 1) 유교

유교는 중국인 공자의 언행을 본떠 그를 숭배하는 교화단이니 일종의

---

*2) 소의 등에 얹어 짐을 싣는 안장 위에 세로로 선 구부러진 나무.

인간학에 가까운 것으로서 종교가 아니다. 공자는 홍범에서 말한 바와 같이 수(水), 화(火), 금(金), 목(木), 토(土), 곡(穀) 등 6부(六府)의 자연물을 이용하여 민생을 풍후(豐厚)하게 하고, 주례에서 말했듯이 예(禮), 악(樂), 사(射), 어(御), 서(書), 수(數) 등 6예의 기능을 가르쳐 인간생활에 실용하게 하고, 대학에서 말했듯이 수신(修身), 제가(齊家), 치국(治國), 평천하(平天下)의 정치를 가르쳐 친민치국(親民治國)할 재능을 기르는 것이 그의 사상이고, 목적이고, 입언(立言, 후세에 남겨 교훈이 될 만한 말)이었다. 그리고 그의 사회관은 발전적이다. 세계는 난세에서 승평세(昇平世)로, 승평세에서 태평세로 진전하여 사회주의 세계인 대동세계가 실현될 것을 전망하여 제자 자유(子遊)에게 말하였다.

대도(大道)가 행할 세계는 천하가 공(公)으로 된다. 다스리는 자가 따로 없고 백성이 선거하여 국제에는 평화뿐이요, 사회는 제 어버이만 어버이로 하지 않고, 제 자식만 자식으로 하지 않으며, 늙은이는 종신할 곳이 있고, 장정은 쓰일 곳이 있고, 어린이는 자라날 곳이 있으며, 홀아비는 과부와 고아와 병자도 기르는 곳이 있고, 남자는 권리의 한계가 있고, 여자는 엄연히 자립하며, 재물은 땅에 내버려두지 않으나 자기의 사유(私有)를 삼지 않으며, 힘은 제 몸에서 나와야 하나 자기를 위하여 쓰지 아니한다. 그러므로 모략이 없어지고 절도와 난적이 없어진다. 대문을 닫을 필요가 없게 될 터이니 이것이 '대동(大同)'이다.

이것은 『예기』에 적힌 글이다. 공자는 이 세상이 사회주의 세계로 발전할 것을 믿었고 그 시대의 도가 진정한 '대도'라고 하였다.

이러한 공자의 실용적 교훈과 진보적 사상은 보통사람들이 진실로 이해하고 실행할 수 없을 만큼 컸다. 이럼에도 불구하고 허무한 성리학설을 위조하여 민생문제를 무시하고 기술의 신통(神通) 교육을 방기하고 정치사상을 폐쇄시킨 정주학이 우리의 교육사상을 지배하였고, 공자를 문선왕에 봉하여 학계 왕국을 만들고 쓸데없는 계급의 승강 문제와 잠꼬대 같은 예의범절론으로 파쟁을 일으키고 관혼상제의 번거로운 폐단으로 정신과 시간과 물질을 낭비한 어리석은 짓을 한 것이 망국의 원인이었다. 중국이 청나라 유학자들이 주자학을 망국학으로 지적하여 배척한 것도 이 까닭이었다. 우리나라는 자신도 알지 못하는 사이에 이 망국 유학의 사상에 사로잡혀버렸다. 그러므로 선진(先秦) 이전의 공자를 다시 찾아 연구하는 것이 새 나라를 맡는 자들이 마땅히 해야 할 의무이다. 그리하여 과거의 사상을 용서 없이 스스로 비판하고 기술교육과 후생정치와 사회주의 세계를 전망한 공자의 위대한 사상을 본받아 새 조선을 건설하는 데 참가함으로써만 공자에게 잘못을 저지르는 무리가 되지 않을 것이다. 우리나라의 유가들은 이것을 목표로 혁신운동을 일으켜야 할 것이다.

## 2) 불교

불교는 인도인 석가를 교조로 한 교단이니 종교 중에 그 품위가 가장 발전된 범신교에 속한 종교이며 철학적으로 깊은 교리를 가진 종교이다. 교조 석가는 길가에 누워 있는 병자를 보고 인생의 고뇌를 동정하였다. 그는 왕자란 높은 자리를 버리고 한 걸인으로 돌아갔다. 귀에서 천으로, 부에서 빈으로, 특권계급에서 민중 속으로, 이념에서 실천으로 전향하였으니 일대 혁명적 용단이며 세계를 거꾸로 만드는 새 사상이었다. 그는 비관에서 한숨을 쉬고 다시 낙관으로, 무상에서 통곡하고 다시 항상(恒常)으로, 무가치에서 낙망하고 다시 유가치로, 소자아(小自我)를 물리치고 대자아(大自我)로 발전하는 진보적이고 건설적인 사상을 내포하고 있었으며 그가 천재적 예지와 직관적 분석으로 12연기(緣起)를 발명한 것은 과학적인 것에 가까운 태도였다. 그의 사민평등과 욕뇌극복(欲惱克服)과 지위와 재산의 방기는 완전히 자유주의 사상을 표현한 것으로 사회주의 이념이 내포된 것이다. 그러나 이러한 대승적 정신의 위대한 사상을 찾아보는 이는 적었다. '생명의 연속적 진보'란 진리는 보통인이 알기 어려운 것이었기 때문에 '소자아 부정 사상'은 현실 인생을 부정하는 사상으로 전락하고, 욕뇌 극복의 실천은 결국 사회생활을 부정하여 사원에의 은둔으로 타락했다. 그리고 당시 인도의 허다한 미신의 압력에 눌린 졸렬한 제자들은 그것을 이용하여 교조를 선전하다가 석가 자신을 일종의 우상적이요 경이적인 기적으로 만들어버렸다.

이렇게 전락한 불교는 윤회와 화복과 극락과 지옥 등 미신설의 소굴이 되고, 민중을 떠나서 하나의 유민집단으로서 근로와 생산을 잊어버리어 사회와 국가에

도움이 안 되는 고독한 개인의 독선주의로 경화되어버려 진보와 발전이 없게 되었다. 이제 불교도들로서는 이러한 사상의 지옥에서 뛰쳐나와 이미 얻은 일신의 영화를 초개같이 버리고 대중의 고뇌를 몸소 체험하고 진화 발전에서 완전한 자유와 해탈의 길을 찾으려 한 교조 석가의 사상을 다시 찾고, 정당한 교리와 실천을 세워 석가에게 죄를 짓지 않도록 하고, 세계를 거꾸로 만든 석가의 실천을 본받아 새 나라를 건설하는 혁명노선에 참가하는 것이 국가와 교조에 대한 충의일 것이다.

## 3) 기독교

기독교는 유태인 예수를 교조로 한 교단으로 품위는 이차 단계인 일신교에 속한 종교이다. 예수는 가난한 집 아들로 30세까지 목수 일을 하던 노동자였고, 조국이 남의 나라 점령 밑에서 압박을 받고 또 가난하고 비천한 대중이 소수 특권계급의 지배하에서 신음하는 것을 보고 만민평등이 신국의 자랑이고, 가난하고 비천한 자의 해방이 지상 천국의 형태라고 부르짖으며 어부, 농민, 노동자, 부녀, 아동, 약자, 죄인 등 당시 하류인 대중의 친구가 되고, 그들의 숭배자가 되어, 그들을 위하는 자리에 서서, 제사장, 법관, 사두개파, 바리새파, 귀족, 부자들과 싸웠다. 그들의 사회적 죄악을 공격하고 그들이 회개하여야 마땅하다고 주장하였으며 부자를 더욱 심하게 공격하였다. 예수의 사상은 공산주의였다. 그리하여 그를 따르던 무리들은 모두 자기의 소유를 팔아서 서로 나누어 가졌다. 이것을 사회학상 기독교 공산주의라고 한다.

그는 확실히 공상적 사회주의자였다. 그는 반동세력과 혁명적으로 싸우다가 십자가에서 죽었으니 분명 혁명 투사적 교조이다. 그러함에도 불구하고 기독교에는 그의 사상이 매몰되었다. 바울을 통하여 그리스의 철학이 기독교에 섞여 들어오면서 늘상 습속과 타협하는 버릇이 생겼고, 콘스탄틴 대제로 말미암아 기독교가 제왕 귀족들과 악수하여 영구히 계급화하였고, 미국의 자본주의와 제휴하여 자본주의사회의 도덕과 습속을 지지하고 타협하였다.

이리하여 프롤레타리아적 사상은 완전히 없어지고, 화가가 제 마음대로 재주를 부려 그려놓은 예수의 초상과 같이 귀족적으로 변화하였다. 십자가를 지도록 시대의 죄악과 싸우지 못할 뿐만 아니라 시대의 죄악을 지적할 만한 정의로운 양심조차 잃어버렸고, 권세와 황금 앞에 그들의 회개를 충고할 용기를 완전히 상실하고, 도리어 그들이 하는 짓을 예찬하고 있다. 예수가 십자가를 져가면서 최후까지 사랑하고 보호하던 노동자, 농민, 부녀, 빈민, 천민의 해방을 위한 혁명적 정당과 그의 노선을 반대하고 있는 것이 오늘날 조선의 기독교들이다. 이는 위에서 말한 불순한 역사적 잔재가 오늘날 예수교 속에 섞여 있는 까닭이다. 그러므로 기독교 사회란 탈을 벗어 버리고 외국의 그림자 속에서 튀어 나와 십자가의 예수만을 다시 찾아야 한다. 예수 이후의 모든 교리, 모든 교칙, 모든 전통, 모든 교파, 모든 역사적 거물의 훈계를 다 집어치우고 전 인류의 빈천한 무리들을 위하여 십자가에 피를 흘린 예수만을 찾아야만 예수에게 죄를 짓지 않을 것이다. 예수를 바로 찾는 이로서는 새 나라를 고도 사회로 발전시키려는 혁명적 과업에 협력하지 않을 까닭이 없을 것이다.

## 4) 결론

"종교는 언제나 권력과의 타협성이 많고 권력에 이용되어왔으며, 이따금 신앙제일주의를 내걸고 민족적 생활을 도외시하거나 혹은 신이나 교단에 대한 충성으로 인생의 의무를 다한 줄로 알고 국가나 사회의 일에 등한하였으며, 신앙이 쉽사리 변하는 것이 아니므로 흔히 보수적 자리에 서서 진보와 혁명을 방해하였다." 갈릴레오의 지동설을 세력으로써 부인하려 한 것이 기독교였고, 다윈이란 진화론 학자를 재판에 회부한 것도 기독교 세력이었으니 이같이 과학의 법칙과 진리를 거부하는 우매한 짓을 하는 것이 종교이다. 예수가 십자가에 못 박혀가며 끝끝내 애호한 노동자, 농민, 여자, 노예를 위하여 싸우는 소비에트혁명에 대하여 반동한 것이 기독교회였으며 학문연구에 있어 한 자, 한 구절의 새 해석을 사문난적으로 몰아 새 학론이 나오지 못하게 한 것이 조선의 유교였다. 종교가 이렇게 반동과 완고한 어둠에 빠지는 것은 역사적 사실로써 증명된다. 더욱이 종교는 부패하면 파쟁과 미신의 소굴이 되어 사회나 개인에게 주는 해독이 참으로 심하다. 그러므로 문명한 나라들이 종교를 국민교육에서 분리시키는 것은 현명한 일이고, 학원 내 훈육에는 일체 종교를 금하여야 할 것이다. 고려 말의 불교와 이조 말의 유교와 일제 말의 기독교가 양심과 정의를 내던지고 스스로를 부패시킨 것은 말할 것도 없고 사회에 해독을 끼친 것은 오랜 세월을 두고 성토하지 않으면 안 될 만큼 큰 죄악이었다.

더욱이 고려 유학자가 중국 숭배사상으로 우리나라의 고유한 문화를 말살하고 조선시대 유학자가 비판 없는 중국 숭배사상으로 외교에 실패를 하고, 이제 기독교인들이 정치적·문화적으로 비판하는 실력이 없이 미국을 숭배하는 것은 그 나라 종교를 통하여 그 나라에 대한 사대사상이 조장되는 실례이니 이것은 약소민족이 범하기 쉬운 과오이다. 이렇듯 종교는 커다란 위험성이 있는 것이다. 모든 종교의 위험성을 종교인들은 시인하고 스스로 자기를 비판하여야 한다. 그러므로 종교인일수록 정치이론과 사회과학과 자국 문화를 투철하게 알아야 한다. 종교의 경전과 그 종교국의 어학과 그 종교국 문화에 대한 자식만으로는 틀림없이 종교국에 대한 사대사상이 생기기 쉬움을 종교인들은 스스로 주의하여야 한다. 이제 종교들이 부패한 데서, 보수적인 데서, 맹목적인 데서, 운둔적인 데서, 사회과학과 자국 문화에 대한 무지에서, 사대사상에서, 독선 배타주의에서 벗어나 각성하고 혁신하여 새로 출발하지 않으면 그들은 새 국가 건설과정에서 반동으로 타락하고 말 것이며 옛 사원, 묵은 교당, 낡은 서재 속에 폐쇄되고 말 것이다.

# 교육 연표

| 연도 | 국 가 | 왕 호 | 연차 | 사실(史實) |
|---|---|---|---|---|
| 285 | 백제 | 고이왕 | 52 | 박사 왕인을 일본에 보내고 논어와 천자문을 주다. |
| 372 | 고구려 | 소수림왕 | 2 | 고구려에서 처음 대학을 세우고 한(漢)나라식 교육을 시키다. |
| 374 | 백제 | 근초고왕 | 29 | 고흥을 박사로 삼았고 비로소 백제에 서기가 있었다. |
| 541 | 백제 | 성왕 | 1 | 양(梁)나라에 사신을 보내어 모시박사를 청하다. |
| 576 | 신라 | 진흥왕 | 5 | 화랑제를 받들다. |
| 600 | 고구려 | 영양왕 | 11 | 이문진이 대학박사가 되다. |
| 633 | 신라 | 선덕왕 | 2 | 김춘추가 당에 갔다가 국학에 가서 석존제를 구경하다. |
| 636 | 신라 | 선덕왕 | 5 | 대학에 대사 2명을 두다. |
| 640 | 신라 | 선덕왕 | 9 | 자제를 당에 보내어 국학에 입학시키다. |
| 682 | 신라 | 신문왕 | 2 | 6월에 신라에서 처음 국학을 세우고 당나라식 교육을 시작하였다. |
| 692 | 신라 | 신문왕 | 12 | 의학박사와 율령전박사를 두다. 강수가 불교와 유교 둘 중에 유교를 배우기를 청하다. 설총이 방언으로 9경의(九經義)를 해석하여 후생을 훈도하고 이두를 만들다. |
| 717 | 신라 | 성덕왕 | 16 | 의학박사와 산학박사를 두다. 수충이 당에 갔다가 공자 10철(十哲) 72제자 화상을 가져다가 대학에 두다. |
| 728 | 신라 | 성덕왕 | 27 | 당에 사람을 보내어 자제의 국학 입학을 청하다. |
| 792 | 발해 | 문왕 | | 문교를 진흥하다. |
| 747 | 신라 | 경덕왕 | 6 | 정월에 국학에 제업(諸業)박사 조교를 두다. 국학을 대학감으로 고치다. |
| 749 | 신라 | 경덕왕 | 8 | 천문박사와 누각(樓刻, 물시계)박사를 두다. |
| 765 | 신라 | 경덕왕 | 24 | 왕이 대학감에 가서 상서(尙書)의 강론을 시키다. |
| 776 | 신라 | 혜공왕 | 12 | 왕이 국학에 가서 강론을 듣다. 대학감을 다시 국학으로 고치다. |
| 788 | 신라 | 원성왕 | 4 | 처음으로 독서출신과를 두다. |
| 863 | 신라 | 경문왕 | 3 | 2월에 왕이 국학에 가서 강론을 듣고 상을 주다. |
| 879 | 신라 | 헌강왕 | 5 | 2월에 왕이 국학에 가서 박사 이하로 강론하게 하다. |
| 885 | 신라 | 헌강왕 | 11 | 최치원이 당에서 귀국하다. |
| 889 | 신라 | 진성왕 | 3 | 최승우가 당에 가서 입학하고 급제하다. |
| 930 | 고려 | 태조 | 13 | 서경에 학교를 세우고 수재 정악(廷顎)으로 서학박사를 삼아 가르치게 하다. 따로 학원을 창설하여 6부 생도를 모아 가르치다. |

| 연 도 | 국 가 | 왕 호 | 연차 | 사실(史實) |
|---|---|---|---|---|
| 958 | | 광종 | 9 | 쌍기의 말을 들어 과거법을 세우고 시(詩), 부(賦), 송(頌), 시무책(時務策)으로 시험하고 의(醫), 복(卜) 등의 업(業)도 시험을 실시하다. |
| 976 | | 경종 | 1 | 김행성이 당의 국자감에 입학하다. |
| 983 | | 성종 | 3 | 박사 임성일이 송에서 문선왕 묘도지(文宣王 廟圖地) 기타를 가져오다. |
| 986 | | 성종 | 5 | 최우, 왕림이 송의 국자감에 입학하다. |
| 987 | | 성종 | 6 | 12교에 경학·의학박사 각 1명씩을 두다. |
| 989 | | 성종 | 8 | 송승연이 국자감박사가 되다. 학교를 중흥시켜 나라를 다스린다는 교서를 내리다. |
| 990 | | 성종 | 9 | 서경에 수서원을 두다. |
| 992 | | 성종 | 11 | 문무 재략가를 뽑아 쓰다. 12월에 국자감을 창설하고 전장(田莊)을 주다. |
| 1003 | | 목종 | 6 | 3경 10도의 박사와 스승의 우두머리에게 명하여 생도 중에 근면 성실하게 노력하는 자의 이름을 기록하게 하였다. |
| 1004 | | 목종 | 7 | 과거법을 개정하고 명법(明法), 명명(明冥) 등의 과를 두다. |
| 1008 | | 목종 | 8 | 중국에서 공자에게 지성 문선왕(至聖 文宣王)이란 칭호를 주다. |
| 1020 | | 현종 | 2 | 최치원을 문묘에 종사(從祀)하다. |
| 1022 | | 현종 | 13 | 설총을 문묘에 종사하고 홍유후(弘儒侯)로 삼다. |
| 1023 | | 현종 | 14 | 최치원을 문창후(文昌侯)로 삼다. |
| 1027 | | 현종 | 18 | 송나라 이문통이 서책 597권을 바치다. |
| 1031 | | 현종 | 22 | 국자감 시험을 처음으로 시작하다. 시험과목은 시부(詩賦)였다. |
| 1045 | | 정종 | 11 | 예기정의(禮記正義)와 모시정의(毛詩正義)를 새로 박다. |
| 1056 | | 문종 | 10 | 경사(經史), 자집(子集), 백가(百家) 등의 서적을 인쇄하다. |
| 1063 | | 문종 | 17 | 국자감에 9년을 있고도 우매하여 성적이 없는 자는 내쫓기로 하다. 최충이 9재를 창설하였고 뒤이어 11도의 사학이 일다. |
| 1068 | | 문종 | 23 | 최충이 죽다. |
| 1089 | | 선종 | 6 | 국학을 개편하다. |
| 1101 | | 숙종 | 6 | 문선왕전 좌우벽에 61자(子) 21감(監)의 화상을 그리다. |

| 연도 | 국 가 | 왕 호 | 연차 | 사실(史實) |
|---|---|---|---|---|
| 1102 | | 숙종 | 7 | 소태보가 국학의 경비문제로 양사의 관비를 반대하다가 성공하지 못하다. |
| 1107 | | 예종 | 2 | 학(學)을 두고 양사(養士)를 속행하라는 제령을 내리다. |
| 1109 | | 예종 | 4 | 국학에 7재를 두어 무학재를 7재의 하나로 하다. |
| 1119 | | 예종 | 14 | 양현고를 두고 이름난 유생을 뽑아 가르치니 문운이 크게 떨치다. |
| 1127 | | 인종 | 5 | 모든 주(州)에 학교를 세우고 교육을 널리 하라는 조서를 내리다. |
| 1129 | | 인종 | 7 | 왕이 국학에 가서 모든 유생을 모으고 경학을 논하다. |
| 1130 | | 인종 | 8 | 특히 30명 이하의 학생을 뽑아 명경학(명경학)을 공부시키다. 7월에 양사비 문제로 관비생을 줄이자는 어사대의 주청에 국학생이 반대하여 중지하다. |
| 1131 | | 인종 | 9 | 모든 유생에게 노장학의 공부를 금하다. |
| 1133 | | 인종 | 11 | 정월에 무학재를 파하다. 어느 한 문도의 유생이 다른 문도로 옮기는 것을 금하다. |
| 1135 | | 인종 | 13 | 국학생에게 대한대열기(大寒大熱期)에 시험을 면제하다. |
| 1145 | | 인종 | 23 | 김부식의 삼국사기 편찬이 끝나다. |
| 1154 | | 의종 | 8 | 과거법을 다시 정하여 초시에 논책(論策), 중시에 경의(經義), 종시에 시부(詩賦)로 하다. |
| 1177 | | 명종 | 7 | 송나라 주희의 경서주(經書註)가 다 되다. |
| 1187 | | 명종 | 17 | 송나라 주희의 소학장구(小學章句)가 다 되다. |
| 1189 | | 명종 | 19 | 송나라 주희의 대학장구 혹간(大學章句 或間)이 되다. |
| 1201 | | 신종 | 4 | 송나라 주희가 죽다. |
| 1243 | | 고종 | 30 | 안유(安裕)가 나다. |
| 1264 | | 원종 | 5 | 과거 시험장에 이름을 풀로 붙이는 법을 처음으로 정하다. |
| 1267 | | 원종 | 8 | 중국의 안(顏), 증(曾), 사(思), 맹(孟)을 문묘에 배향하다. |
| 1271 | | 원종 | 12 | 동서학당을 얻다. |
| 1278 | | 충렬왕 | 4 | 안유가 향등(香燈), 편관시(篇管詩)를 짓고 김양익이 성묘도(聖廟圖)를 그려오다. |
| 1280 | | 충렬왕 | 6 | 유생이 과거볼 학문만 공부하므로 경사(經史)교수를 두다. |
| 1286 | | 충렬왕 | 12 | 세자가 국학에 들어가 6경을 강론하다. |

| 연도 | 국 가 | 왕 호 | 연차 | 사실(史實) |
|---|---|---|---|---|
| 1290 | | 충렬왕 | 16 | 안유가 연경서 주자서를 초록하고 주자상을 모사하여 오다. |
| 1304 | | 충렬왕 | 30 | 안유가 섬학전(贍學錢)을 걷고 김문정을 송에 보내어 70자(子)의 상과 서적, 제기, 악기 등을 사오다. 안유의 장학으로 7관 12도 모든 유생의 수학자가 수백 명이 넘었다. 6월에 국자감이 낙성되다. 이 기념식에 이혼이 입학송을 짓고 임항이 애일잠(愛日箴)을 지어 모든 유생을 격려하다. |
| 1305 | | 충렬왕 | 31 | 안유가 죽으매 7관 12도 모든 유생이 청복으로 호상하다. |
| 1314 | | 충숙왕 | 원 | 문묘 삭망제전에 유생들이 불참하거든 벌금을 받아 양현고에 쓰도록 결정하다. 왕이 연경에 만권당을 두고 이제현을 불러 경사(經史)를 연구하게 하다. 권부가 성균관에서 신라경적 1만 6백 권을 검열하고 또 경학을 시험하다. 원에서 송조(宋朝) 비각에 두었던 서적 4천 7백 1권을 가져오다. |
| 1319 | | 충숙왕 | 6 | 안유를 문묘에 종사하다. |
| 1338 | | 후충숙왕 | 7 | 정몽주가 나다. |
| 1362 | | 공민왕 | 원 | 12도와 동서학당을 개편하다. 이색의 건의로 향교나 12도 유생이 일단 성균관에 들어와 국학생이 되지 않고는 응시를 못하게 하였다. 12도와 동서학당에 독학교서를 내리다. |
| 1353 | | 공민왕 | 2 | 길재가 나다. |
| 1358 | | 공민왕 | 7 | 정도전이 성균관 박사가 되다. |
| 1367 | | 공민왕 | 16 | 12월에 성균관이 낙성하다. 이색이 정몽주의 횡설수설이 다 이치에 맞다고 칭찬하다. 이색이 초대 성균관 대사성이 되다. |
| 1370 | | 공민왕 | 19 | 길재가 목은 기타 제 문하에서 수학하다. |
| 1371 | | 공민왕 | 20 | 정도전이 심천문답(心天問答)을 짓다. 성균관과 향교에 모두 문무 2학을 두다. |
| 1389 | | 공양왕 | 원 | 5부와 각 도(道), 주(州), 목(牧)에 유학 교수를 두다. 12학도를 파하다. |
| 1390 | | 공양왕 | 2 | 길재가 벼슬을 버리고 시골로 돌아가다. |
| 1392 | 조선 | 태조 | 원 | 과거법을 정하다. 각 도에 명하여 학교의 흥폐로 수령의 치적을 보게 하다. 남으로 제주, 북으로 갑산까지 학교를 세우고 학도를 모으다. 16년간 대사성을 근속한 윤상이 나다. |
| 1394 | | 태조 | 3 | 정도전이 심리기론(心理氣論)을 짓다. |

| 연도 | 국 가 | 왕 호 | 연차 | 사실(史實) |
|---|---|---|---|---|
| 1397 | | 태조 | 6 | 정도전이 불씨잡변(佛氏雜辨) 19권을 짓다. |
| 1398 | | 태조 | 7 | 문묘를 세워 학전(學田)을 주고, 양현고를 세워 유생을 먹이다. |
| 1399 | | 정종 | 원 | 집현전을 두다. |
| 1392-1398 | | | | 학령을 제정하다. |
| 1400 | | 정종 | 2 | 문묘가 불타다. |
| 1401-1418 | | | | 권근이 신학사목(神學事目)을 짓다. |
| 1403 | | 태종 | 3 | 동활자로 서적을 박다. |
| 1407 | | 태종 | 7 | 문묘를 다시 짓다. |
| 1409 | | 태종 | 9 | 허조가 석존의를 짓다. |
| 1411 | | 태종 | 11 | 4학을 두다. |
| 1421 | | 세종 | 3 | 세자의 입학례를 정하다. |
| 1426 | | 세종 | 8 | 독서당을 두고 문신 중 연소 재행자(才行者)를 뽑아 긴 휴가를 주어 강독하게 하다. 박연이 음률을 교정하다. |
| 1429 | | 세종 | 11 | 황희, 허조가 시학절목(視學節目)을 짓다. |
| 1430 | | 세종 | 12 | 5례를 편찬하다. |
| 1431 | | 세종 | 13 | 김종직이 나다. |
| 1433 | | 세종 | 15 | 신법 천문도를 판각하다. |
| 1438 | | 세종 | 20 | 간의대(簡儀坮) 흠천각(欽天閣)을 두고 의기(儀器)를 진열하다. |
| 1445 | | 세종 | 27 | 제주학교에 서적을 주다. 용비어천가를 짓다. |
| 1146 | | 세종 | 28 | 훈민정음을 반포하다. |
| 1450 | | 세종 | 32 | 종학(宗學)을 두어 종실(宗室)을 가르치다. 정여창이 나다. |
| 1451 | | 문종 | 원 | 군신을 시켜 성균관에 가서 모든 유생과 강학하게 하다. 고려사가 완성되다. |
| 1454 | | 단종 | 2 | 김굉필이 나다. |
| 1456 | | 세조 | 원 | 집현전을 파하다. |
| 1458 | | 세조 | 3 | 성균관의 양사인원을 2백 명으로 회복하다. 예전(禮典)에서 9재학규를 짓다. |
| 1469 | | 예종 | 원 | 4학에 절목(節目)을 반포하다. |
| 1470 | | 성종 | 원 | 김우현이 학제조건을 짓다. |
| 1471 | | 성종 | 2 | 각 도에 학사가 낡은 것을 수선하다. 생진 거재생 (生進 居齋生)의 원점을 150으로 하다. |
| 1474 | | 성종 | 5 | 김굉필이 김종식에게 수학하다. |
| 1475 | | 성종 | 6 | 존경각(尊經閣)을 명륜대 북쪽에 짓고 서적을 쌓다. |
| 1477 | | 성종 | 8 | 4학 교관에 구임(장기근속)법을 정하다. 8월에 모든 도에서 향음주례(鄕飮酒禮)를 행하라고 명령하다. |

| 연도 | 국 가 | 왕 호 | 연차 | 사실(史實) |
|---|---|---|---|---|
| 1481 | | 성종 | 12 | 두시언해가 되다. |
| 1482 | | 성종 | 13 | 조광조가 나다. |
| 1484 | | 성종 | 15 | 권학조서를 내리다. |
| 1485 | | 성종 | 16 | 김종직이 사직하고 시골로 가니 학자가 사방에서 모여들다. |
| 1489 | | 성종 | 20 | 사서, 삼경, 제사(諸史), 소학, 오륜행실록을 각 도에 나누어주다. 서경덕이 나다. |
| 1490 | | 성종 | 21 | 사방 학자들이 김종직에게 모여들다. |
| 1491 | | 성종 | 22 | 이언적이 나다. |
| 1492 | | 성종 | 23 | 4학에 권학교서를 내리다. |
| 1498 | | 연산군 | 4 | 조광조가 김굉필에게 수학하다. 최충, 최유선, 조간의 문묘종사에 문제가 있어 중지되다. |
| 1501 | | 연산군 | 7 | 이황과 조식이 나다. |
| 1502 | | 연산군 | 8 | 조광조가 용인서 소학 근사록(小學 近思錄), 성리군서(性理群書)를 독학(篤學)하다. |
| 1504 | | 연산군 | 10 | 성균관을 연락소(宴樂所)로 만들고 유생을 내쫓아 학계가 큰 타격을 받다. 훈민정음을 박해하다. |
| 1506 | | 중종 | 원 | 학교가 다시 대흥하다. 조광조를 따른 학도가 심히 많았다. |
| 1511 | | 중종 | 6 | 왕이 대학에 권학교서를 내리다. |
| 1516 | | 중종 | 10 | 조광조가 크게 쓰이매 사문(斯文)이 크게 일어나다. |
| 1517 | | 중종 | 12 | 정몽주를 문묘에 종사시키고 성균관에 전토(田土)를 주고 권학교서를 내리다. |
| 1518 | | 중종 | 13 | 오륜행실록, 주자근사록, 여씨향약, 정속농서 (正俗農書), 잠서(蠶書), 피온방(辟瘟方: 염병을 피하는 방법), 두진방(痘疹方: 마마를 치료하는 방법) 등을 언문으로 번역하여 발간 배포하다. |
| 1519 | | 중종 | 14 | 조광조가 죽다. 사회가 나다. 김인후가 김안국에게 수학하다. |
| 1523 | | 중종 | 18 | 이황이 처음으로 대학에 들다. |
| 1524 | | 중종 | 19 | 조식이 산사에 가서 성리대회(性理大會)를 읽다가 허노재의 말을 읽고 각오(覺悟)하다. |
| 1527 | | 중종 | 22 | 최세진의 훈몽자회가 나오다. |
| 1533 | | 중종 | 28 | 김인후가 이황과 대학에 강학하다. |
| 1535 | | 중종 | 30 | 성혼이 나다. |
| 1536 | | 중종 | 31 | 이이가 나다. 조식이 세상사를 사절하고 학문에 뜻을 두다. |

| 연도 | 국 가 | 왕 호 | 연차 | 사실(史實) |
|---|---|---|---|---|
| 1541 | | 중종 | 36 | 주세붕이 안유의 서원을 창설하다. 이것이 서원의 시작이었다. |
| 1544 | | 중종 | 39 | 서경덕이 원이기(原理氣), 이기설(理氣說), 태극설(太極設), 귀신사생론(鬼神死生論)을 짓다. 물질불멸론을 창설하다. 기대승이 의리를 연구하고 뜻을 논하며 역학(力學)하다. |
| 1545 | | 인종 | 6 | 학식(學式)을 정하다. |
| 1546 | | 명종 | 원 | 학교절목을 반포하다. 김인후 집으로 돌아가 강학에 전념하다. 서경덕이 죽다. |
| 1547 | | 명종 | 2 | 이황이 4학에 계유문(戒諭文)을 주다. |
| 1548 | | 명종 | 3 | 김장생이 나다. |
| 1549 | | 명종 | 4 | 이언적의 대학장구 보유(補遺)가 되다. |
| 1552 | | 명종 | 7 | 이황이 대사성이 되다. |
| 1553 | | 명종 | 8 | 이언적이 중용구경연의를 짓다가 끝내지 못하고 죽다. 이황이 정지운의 천명도설(天命圖說)을 고치다. |
| 1554 | | 명종 | 9 | 이이가 금강산에서 돌아오다. |
| 1555 | | 명종 | 10 | 이이가 자경문(自警文)을 짓다. 조헌이 학문에 전념하다. |
| 1556 | | 명종 | 11 | 이황의 주자절요(朱子節要)가 되다. |
| 1558 | | 명종 | 13 | 김인후가 기대승과 태극도설을 강론하다. 이이가 이황에 나아가 주경공부(主敬工夫), 정자 격물설(程子 格物設), 주자 존양훈(朱子 存養訓), 대학정정지의(大學定靜之義), 성학십도 의처(聖學十圖 疑處)를 논란하다. |
| 1559 | | 명종 | 14 | 김인후가 기대승과 사칠변(四七辨)을 논하다. |
| 1560 | | 명종 | 15 | 이황이 기대승의 사칠변에 대답하다. 김장생이 송익필에게 수학하다. |
| 1564 | | 명종 | 19 | 이황이 심무체용변(心無體用辨)을 짓다. |
| 1566 | | 명종 | 21 | 대학생이 요승 보우를 죽이라고 주청하다가 듣지 아니하므로 광관(동맹휴학)하다. |
| 1567 | | 명종 | 22 | 김장생이 이이에게 수학하기 위하여 함께 해주로 가다. 기대승이 대학의(大學疑)의 지선 명덕(止善 明德)을 질의하여 이이에게 보냈고 이이가 답하다. |
| 1568 | | 선조 | 원 | 성혼과 이이가 대학을 변론하다. |
| 1569 | | 선조 | 2 | 이이가 동호문답(東湖問答)을 짓고 향학제를 논하다. 등제자(登第子)가 입관할 때에 '신래(新來)의 희(戱)'가 있었던 것을 금하다. |
| 1570 | | 선조 | 3 | 이황과 기대승이 심(心), 성(性), 정도(情圖)를 논하다. |

| 연도 | 국 가 | 왕 호 | 연차 | 사실(史實) |
|---|---|---|---|---|
| 1572 | | 선조 | 5 | 이이와 성혼이 이기(理氣), 사단(四端), 칠정(七情), 인심(人心), 도심(道心)을 변론하다. |
| 1573 | | 선조 | 6 | 조식(남명)이 죽다. |
| 1574 | | 선조 | 7 | 조헌이 문선왕 이하 작명(爵名)을 쓰지 말자고 주장하다. 김집이 나다. |
| 1575 | | 선조 | 8 | 이이가 사서소주(四書小註)을 산정하고 또 성학집요(聖學輯要)를 짓다. |
| 1577 | | 선조 | 10 | 이이가 격몽요결을 짓다. |
| 1579 | | 선조 | 12 | 이이가 소학집주가 되다. |
| 1580 | | 선조 | 13 | 김장생이 성혼을 찾다. |
| 1582 | | 선조 | 15 | 이이가 인심도심설(人心道心設)을 짓고 학교모범과 사목(事目)을 짓다. |
| 1583 | | 선조 | 16 | 김장생의 상례비요(喪禮備要)가 되다. |
| 1584 | | 선조 | 17 | 이이가 죽다. |
| 1586 | | 선조 | 19 | 8도에 제독관(提督官: 시학관)을 두다. |
| 1594 | | 선조 | 27 | 김집이 성혼을 찾다. |
| 1601 | | 선조 | 34 | 왜란으로 대묘(大廟)가 불타다. |
| 1606 | | 선조 | 39 | 송능길이 나다. 명륜당이 낙성하다. |
| 1607 | | 선조 | 40 | 서광계가 연경에 갔다가 서양인 마테오리치를 만나 기하원본 두 권을 가져오다. |
| 1610 | | 광해군 | 2 | 김굉필, 정여창, 조광조, 이언적, 이황을 문묘에 종사하다. |
| 1611 1609-1622 | | 광해군 | 3 | 정인홍 배척 사건으로 학생이 권당(捲堂)하다. 대사성 정엽이 유생의 원점규정을 논하다. |
| 1622 | | 인조 | 원 | 김장생이 사단칠정변(四端七情辨)을 짓다. 학술이 뛰어난 사람을 뽑아 사학에 보내다. |
| 1629 | | 인조 | 7 | 대사성 조익이 학교절목을 짓다. 사학에 유생수를 늘이다. |
| 1630 | | 인조 | 8 | 송시열이 김장생에게 취학하다. |
| 1631 | | 인조 | 9 | 왕의 교서에 '괴물 등의 어구'가 있어서 학생들이 공관하다. |
| 1642 | | 인조 | 20 | 송시열이 윤전의 이기설(理氣設)을 변론하다. 윤전이 이황, 이이의 설을 배척하고 주자의 경서집주를 공격하다. |
| 1649 | | 인조 | 27 | 중국의 송유학 반대학자 왕선산(王船山)이 40년간 저술에 착수하다. |
| 1651 | | 효종 | 2 | 대학생이 당파 편색대로 자리를 정하여 앉는 과오를 범한 사실이 있어서 대사성 조한영을 파면하다. |

| 연도 | 국 가 | 왕 호 | 연차 | 사실(史實) |
|---|---|---|---|---|
| 1655 | | 효종 | 6 | 서원을 거듭하여 설립하는 것을 금하다. 학생자치로 유직에게 벌한 것을 왕명으로 벌을 풀라 하므로 학생은 왕명을 거부하고 5월, 7월 2차례 공관을 단행하다. |
| 1657 | | 효종 | 8 | 이정기가 사학규칙을 지어 올리다. 서원과 향현사(鄕賢祠)의 사설을 금하다. |
| 1659 | | 효종 | 10 | 성균관에 사업(시학)을 더 두어 4학을 나누어 관리하자는 김수홍의 상소가 있었다. 송능길이 향학지규를 감정하다. |
| 1663 | | 현종 | 4 | 대사성 민정중이 학력을 논하다. 학생을 나이 차례대로 앉히기로 하다. |
| 1666 | | 현종 | 7 | 학교의 내정이 느슨하다고 경고하는 교서를 내리다. |
| 1667 | | 현종 | 8 | 학생이 공관하다. |
| 1670 | | 현종 | 11 | 중국의 안원(顏元)이 존학편을 지어 송유학을 배격하다. |
| 1671 | | 현종 | 12 | 난삼을 대학생복으로 정하다. |
| 1678 | | 숙종 | 4 | 중국의 고염무(顧炎武)가 일지록(日知錄)을 지어 성리학을 반대하다. |
| 1680 | | 숙종 | 6 | 대학의 벌로 과거를 못보게 한 유생 7백여 명을 특사하여 해방하다. |
| 1681 | | 숙종 | 7 | 김만중이 학교의 벌로 일반 국가시험에 응하지 못하게 하는 것은 부당하다고 논하다. |
| 1682 | | 숙종 | 8 | 성호사설의 저자 이익이 나다. |
| 1683 | | 숙종 | 9 | 중국의 이공(李珙)이 추망론(瘳忘論)을 지어 송유학을 고치다. |
| 1690 | | 숙종 | 16 | 중국의 염약거가 고문상서(古文尙書), 공안국상서(孔安國尙書)가 가짜인 것을 발견하여 주자학의 근저를 뒤집어놓다. |
| 1698 | | 숙종 | 24 | 중국의 이공이 대학변업(大學辨業)을 지어 주자학설을 고치다. |
| 1703 | | 숙종 | 29 | 주자학설을 조금이라도 수정하는 것을 절대로 금하여 '사문난적'론이 생기다. |
| 1705 | | 숙종 | 31 | 중국의 이공이 소학계업(小學稽業)을 지어 주자학설을 고치다. |
| 1713 | | 숙종 | 39 | 중국의 이공이 주역전주(周易傳註)를 지어 하도낙서(河圖洛書)가 거짓인 것과 태극도설이 허무인 것을 변증하다. |
| 1720 | | 경종 | 9 | 학생이 권당(단식동맹)하다. |

| 연도 | 국 가 | 왕 호 | 연차 | 사실(史實) |
|---|---|---|---|---|
| 1742 | | 영조 | 18 | 제강절목(制講節目)을 만들다. |
| 1777-1800 | | | | 생진의 원점절목(圓點節目)을 만들다. |
| 1818 | | 순조 | 18 | 비변사에 구폐절목(救弊節目)을 올리어 과거장에서의 폐단을 지적하였다. |
| 1852 | | 철종 | 3 | 기정진이 이기를 논하여 쓰러져 가는 주학파에 서광을 비추다. |
| 1853 | | 철종 | 4 | 기정진이 이통설(理通設)을 지어 주리론을 주장하다. |
| 1869 | | 고종 | 6 | 사학에 동서 양 재(齋)를 두다. |
| 1871 | | 고종 | 8 | 서원을 다 철폐하고 47처만 두다. |
| 1885 | | 고종 | 2 | 미국인이 배재학당을 세우다. |
| 1886 | | 고종 | 23 | 육영공원을 세우다. 미국인이 경신학교를 세우다. |
| 1890 | | 고종 | 27 | 미국인이 이화학당을 세우다. |
| 1894 | | 고종 | 31 | 과거제도를 폐지하다. 서정혁신을 단행하는 동시에 학무아문의 고시를 발하다. 일본인이 경성학당을 세우다. |
| 1895 | | 고종 | 32 | 홍범14조를 선언하다. 교육입국의 대조서를 내리다. 4월에 성균관 관제를 발포하다. 5월에 외국어학교 관제를 발포하다. 4월에 한성사범학교를 세우고 5월에 외국어학교를 세우고, 7월에 경외(京外) 소학교를 세우다. 7월에 한성사범학교 규칙과 소학교령을 발표하다. 법관양성소를 세우다. 미국인이 정신여학교를 세우고 민간에서 홍화학교, 악영의숙을 세우다. |
| 1896 | | 고종 | 33 | 2월에 학부령으로 보조 공립학교 규칙을 발포하다. 아어(俄語)학교를 세우고 민간에 중교의숙을 세우다. |
| 1897 | | 고종 | 34 | 외국어학교 관제를 발포하고 유년(幼年), 연성(鍊成) 두 학교와 우무(郵務), 전무(電務) 두 학당을 세우고 미국인이 평양에 숭실학교를 시작한다. |
| 1898 | | 광무 | 2 | 미국인이 경성에 배화학당, 재령에 명신학교, 평양에 맹아학교를 시작하다. |
| 1899 | | 광무 | 3 | 학교를 설립하라는 독촉 조서를 내리다. 2월에 의학교를 세우고 3월에 의학교 관제를 공포하다. 5월에 상공학교를 세우고 6월에 상공학교 관제를 공포하다. 2월에 중학교를 세우고 광무(鑛務)학교도 세우다. 4월에 한성사범학교 관제와 중학교관제를 공포하다. |
| 1900 | | 광무 | 4 | 육군사관학교와 한어, 독어 두 외국어학교를 세우다. 사립학교 규칙을 개정하다. 6월에 외국어학교 규칙을 공포하다. 소학교 규칙을 개정하다. |

632

| 연도 | 국 가 | 왕 호 | 연차 | 사실(史實) |
|---|---|---|---|---|
| 1901 | | 광무 | 5 | 사립 보광학교가 서다. |
| 1902 | | 광무 | 6 | 사립 우산학교가 서다. |
| 1903 | | 광무 | 7 | 2월에 서당규칙을 공표하다. 미국인이 원산에 누씨, 평양에 숭의여학교를 시작하다. |
| 1904 | | 광무 | 8 | 6월에 농공상학교 관제를 공포하다. 일본인이 학부 참여관을 두다. 민간에 청년학원이 생기고 미국인이 개성의 호수돈여숙, 원산의 진성학교를 시작하다. |
| 1905 | | 광무 | 9 | 민간에 보성전문, 양정의숙, 광성실업, 한성법정 등 학교가 생기다. |
| 1906 | | 광무 | 10 | 8월에 사범학교령과 외국어학교령이 발포되고 소학교령이 폐지되고 보통학교령이 공포되다. 50만 원 차관을 교육비에 충당하여 쓰다. 공업전습소, 농림학교, 수도원, 선린상업학교, 부산제일상업학교를 세우다. 경서의 9개교와 각 도 13개교가 공립 보통학교로 개시하다. 교과서 편찬을 시작하다. 민간에 숙명, 보성, 진명, 양규, 보인, 정화(개성) 학교가 생기고 미국인이 개성에 한영서원, 선천에 신성, 보성, 대구에 계성, 순안에 의명, 영변에 숭덕, 개성에 미리흠을 시작하다. |
| 1907 | | 광무 | 11 | 7월에 학부 안에 국문연구위원회를 설치하다. 12월에 학부관제, 학부 직할학교 및 공립학교 관제, 학부 직할학교 직원 정원령을 공포하다. 학부를 새로 조직하고 일본에 학부차관이 오다. 4월에 지방 28개 곳에 보통학교가 개교하다. 민간에 평양의 대성, 정주의 오산, 경성의 봉명, 오성, 장훈 등 학교와 중동, 정리사 등 야학이 생기다. 미국인이 전주에 신흥, 기전 두 남녀학교를 시작하다. |
| 1908 | | 융희 | 2 | 새교육에 대한 학부대신의 9개조의 훈시가 있었다. 성균관 관제, 고등여학교령, 사립학교령을 발포하다. 10월에 학부에서 한사강당에 사립학교 관계자와 학회 대표자를 모으고 사립학교령에 대한 설명을 하다. 8월에 서당관리에 관한 규정 6조를 발포하다. 4월에 한성고등여학교를 세우다. 안동보통학교는 사범부속으로 하고 지방에 9개교를 증설하다. 네 보통학교에 여자학관을 처음으로 두다. 민간에 기호, 동덕 등 학교와 대동전문학교가 생기다. 최광옥의 대한문전이 나오니 국어의 문전은 이것이 처음이다. 교과용 도서 검정규정, 학부편찬 |

| 연도 | 국 가 | 왕 호 | 연차 | 사실(史實) |
| --- | --- | --- | --- | --- |
| 1909 | | 융희 | 3 | 교과용도서 발매규정, 학회령이 공포되다. 보성학교 4년생 안상덕, 김기수 양인이 교육에 순직하여 경성에서 학생회장을 성대히 거행하다. 보통학교령, 고등학교령, 고등여학교령, 사범학교령, 외국어학교령, 실업학교령 등에 대한 각 시행규칙과 실어학교령을 발포하다. 인천일어학교를 실업학교로 변경하고 부산, 정주에 실업학교를 두고 41개 곳에 지정보조 사립보통학교를 두고 경성과 지방을 통하여 여자학급을 6개교에 두다. 사립으로 융회, 소의, 청년회학교 등이 생기다. 유길준이 대한문전을 짓다. |
| 1910 | | 융희 | 4 | 사립학교령 공포 후에 인가한 학교가 1,150개교, 종교학교가 801개교라는 통계를 내다. 경성 시내 보통학교 8개교를 한성부로 이관시키다. 경성에 상업실천학교, 진주, 평양, 춘천, 함흥, 북청, 대구, 전주, 군산에 농업학교를 세우다. |
| 1911 | | | | 조선교육령을 발포하다. 평양에 제2중학, 사리원, 안주, 의주, 영변에 농업학교를 세우다. |
| 1912 | | | | 인천에 상업학교를 세우다. |
| 1913 | | | | 김해에 농업학교를 세우다. |
| 1914 | | | | 평양에 서문고등여학교를 세우다. |
| 1915 | | | | 마산에 고등여학교와 2개 곳에 농업보습학교를 세우다. |
| 1916 | | | | 경북중학교와 진남포상공학교를 세우다. 경성의전, 고등공업, 고등상업 세 학교가 승격되어 나와다. |
| 1917 | | | | 사립으로 세브란스의전, 연회전문 두 학교가 승격되어 나오다. 진남포에 고등여학교와 상업보습1개교를 세우다. |
| 1918 | | | | 함남, 대전에 중학교와 경성농업학교와 상업보습 1개교를 세우다. 사립으로 평양에 경창중학교가 생기다. 홍천에 특색있는 모곡학교가 생기다. |
| 1919 | | | | 3월에 독립운동이 일어나 학생이 제일선에 나섰기 때문에 다수가 투옥되고 학교는 모두 휴교하다. 전주북중학교와 부산상업실천학교를 세우다. 사립으로 고창중학교가 생기다. 9월에 전 조선 미국인 선교사가 조선교육의 불합리성을 지적하여 사이토 총독에게 진정 겸 항의서를 제출하다. |
| 1920 | | | | 사립학교 규칙을 개정하다. 광주서중학교와 경성, |

| 연도 | 국 가 | 왕 호 | 연차 | 사실(史實) |
|---|---|---|---|---|
| 1921 | | | | 강경, 목포, 함흥, 회령 등에 상업학교를 세우다. 사립으로 평양에 남산고등학교와 경성에 근화학원이 생기다. 김미리사 중심의 여자교육회가 설립되다. 임시교육조사위원회가 설립되다. 경복, 경성, 원산 등 중학교와 군산고등여학교와 신의주상업학교와 여수수산학교를 세우다. 사립으로 대구에 대구학교가 생기다. |
| 1922 | | | | 조선교육령을 개정하다. 보통학교, 고등보통학교, 여자고등보통학교, 실업학교, 사범학교 등에 대한 규정을 발포하다. 법학전문, 수원고농, 사립 보성전문이 전문학교로 되다. 동래, 해주에 중학교와 마산, 원산에 상업학교와 용암포에 수산하교를 세우다. 사립으로 중앙보육, 여자학원(신숙경 설립)이 생기고, 동성상업이 변모되어 나오다. |
| 1923 | | | | 진해, 대동 두 고등여학교와 경기, 대구 두 상업학교와 통영에 수산학교를 세우다. 사립으로 법정학교가 생기다. |
| 1924 | | | | 경성대학을 세우고 예과생을 처음으로 모집하다. 춘천에 중학교와 이리, 사리원, 회령 세 고등여학교와 길주에 농업학교를 세우다. |
| 1925 | | | | 사립으로 이화여전이 승격하고 경성여자상업학교와 경성상과학교와 대동학원이 생기다. 농업보습 1개교를 세우다. |
| 1926 | | | | 경성대학을 개교하고 법문·의 두 학부만 두다. 전북 고등여학교와 진남포공업학교와 농업보습 6개교와 수산보습 1개교를 세우다. 사립으로 군산 가정여학교, 경성전기학교, 경성보육학교, 무선통신학교가 생기다. |
| 1927 | | | | 광주 욱, 부산항 두 고등여학교와 농업보습 13개교, 상업보습 1개교, 여자실업보습 2개교를 세우다. |
| 1928 | | | | 공주고등여학교와 농업보습 3개교와 여자실업보습 1개교를 세우다. 사립으로 혜화전문이 승격되어 생기고 경남이발학교가 생기다. |
| 1929 | | | | 치과전문학교, 평양의학전문학교, 사립 함흥일출고등학교가 승격되어 생기다. 농업보습 6개교와 공업보습 2개교를 세우다. 사립으로 대구기예학교가 생기다. 11월에 광주학생사건으로 학생이 제일선에서 항쟁하여 구금이 많았으며 |

| 연도 | 국 가 | 왕 호 | 연차 | 사실(史實) |
| --- | --- | --- | --- | --- |
|  |  |  |  | 전조선의 학교는 모두 일시 휴교하다. 5월에 이승훈이 죽다. |
| 1930 |  |  |  | 강릉농업학교, 농업보습 4개교, 공업보습 1개교, 여자실업보습 1개교를 세우다. 경성에 약학전문과 평양에 숭인상업이 승격되어 생기다. |
| 1931 |  |  |  | 평양상업학교, 경성직업학교, 농업보습 2개교를 세우다. 함흥에 일출중학교가 승격되어 생기고 사립 농업보습이 봉산에 생기다. |
| 1932 |  |  |  | 해주행정고등여학교와 농업보습 2개교와 공업보습 1개교를 세우다. 사립 상업 1개교가 성진에 생기다. |
| 1933 |  |  |  | 안동농업과 개성상업, 부산직업 등 세 학교와 농업보습 2개교를 세우다. |
| 1934 |  |  |  | 춘천고등여학교와 연안농업, 북청직업 세 학교와 농업보습 1개교와 상업보습 2개교를 세우다. 사립으로 광산에 상업보습 1개교와 경성에 소화공업학교가 생기고 대동상업학교가 승격되어 나오다. |
| 1935 |  |  |  | 안주중학, 함남, 동나남, 김천 등 세 고등여학교, 신의주 직업 등 다섯 학교와 농업보습 4개교, 상업보습 1개교, 여자실업보습 1개교를 세우다. 사립으로 덕성여자실업학교가 변모되어 나오고, 청주상업과 농업보습이 생기다. 농업교원양성소를 수원고등농림학교에 부속시키다. 11월에 평양숭실학교에서 신사참배를 거부하여 기독교계와 교육계에 파문을 일으키다. |
| 1936 |  |  |  | 전주사범, 공주, 마산 두 중학, 신의주남고등여학교, 강계농업 등 다섯 학교와 농업보습 2개교를 세우다. 사립으로 한성상업, 향상실업 두 학교와 농업보습 2개교와 상업보습 1개교가 생기다. |
| 1937 |  |  |  | 함흥사범, 대동, 겸이포 두 고등여학교, 울산, 갑산, 청진, 세 상업, 대구직업 등 7개 학교와 농업보습 9개교와 공업보습 1개교와 여자 실업보습 1개교를 세우다. 사립으로 부산에 입정상업실무학교가 생기다. 4월에 수양동우회사건으로 다수의 교직원이 직장에서 내쫓기다. |
| 1938 |  |  |  | 조선교육령을 개정하다. 조선어 과목이 폐지되다. 광주, 공주 두 사범, 청주제일, 순천, 경주, 안악, 신의주동, 평양제3 등 여섯 중학, 청주제2, 여수 두 |

| 연도 | 국 가 | 왕 호 | 연차 | 사실(史實) |
| --- | --- | --- | --- | --- |
|  |  |  |  | 고등여학교, 상주, 장연, 밀양, 세 농업, 강릉상업, 청진수산, 경성공업 등 16개교와 농업보습 11개교와 수산보습 1개교를 세우다. 사립으로 성남중학교, 신천농업학교, 상업보습 1개교, 경성원예학교 등이 생기다. 여자의전과 대동공전이 다 전문학교 규정대로 나오다. 2월에 기독교 장로회파가 신사참배를 거부하고 장로회파가 경영하는 18개 곳 학교를 폐쇄하다. 5월에 흥업구락부사건으로 10여 명 교원이 직장에서 내쫓기다. |
| 1939 |  |  |  | 춘천사범, 개성, 강계, 진주, 북청 네 중학, 포항, 진주, 철원, 나진 네 고등여학교, 평양제일고업, 덕수상업, 해주, 삼척 두 직업 등 13개 학교와 농업보습 7개교와 여자실업보습 2개교를 세우다. 사립으로 숙명여자전문, 성신여학교, 광산전문학교, 경성상공실무학교, 성동상과학교, 초량상업실수학교, 상업보습, 공업보습학교 등이 생기다. 4월에 남궁억이 죽다. |
| 1940 |  |  |  | 진주사범, 충주, 나진, 청진, 욱구 등 네 중학, 무학, 순천, 안악, 강릉, 경북, 동래 등 여섯 고등여학교, 사리원상업, 덕원농업, 이리, 부산, 흥남 등의 공업, 인천직업 등 17개 학교와 농업보습 2개교와 여자실업보습 1개교를 세우다. 사립으로는 소화고등여학교, 조선전기공업학교, 상명여학교, 용강정일원예학교, 상업보습 1개교 등이 생기고 광신상업이 변모하여 생기다. |
| 1941 |  |  |  | 대학에 이공학부, 부산에 고등수산학교를 세우고, 해주사범, 홍성, 철원, 성진, 진남포 네 중학, 수원, 조치원, 김제 세 고등여학교, 서흥, 원주 두 농업, 신의, 청진 두 공업, 군산상업, 대전, 송정 두 직업 등 15개교와 농업보습 1개교, 여자실업보습 1개교를 세우다. 사립으로는 문태, 평안, 어랑, 세 중학교, 평안공업학교, 농업보습 1개교, 상업보습 2개교가 생기고 보인상업이 변모하여 나오다. |
| 1942 |  |  |  | 지리와 박물 두 교원양성소를 수원고등농림학교에 부속시키다. 신의주사범, 목포, 부산제2, 통영, 금강, 네 중학, 원산항, 개성, 안동, 충주 네 고등여학교, 성천, 귀성, 평강, 영흥 네 농업, 김천상업, 전주직업 등 15개교와 농업보습 2개교, 여자실업보습 3개교를 |

| 연도 | 국 가 | 왕 호 | 연차 | 사실(史實) |
| --- | --- | --- | --- | --- |
| 1943 | | | | 세우다. 사립으로 대륜, 선천 두 중학교가 승격되어 나오다. 상업보습 1개교와 여자실업보습 1개교가 생기다.<br>수리, 물리 및 화학 두 교원양성소를 고등공업학교에 부속시키다. 수원고등농림학교에 임업토목과를 두다. 대전, 해주, 청진 세 사범, 김천, 강서, 북청, 포항, 욱구 다섯 중학, 강경, 정읍, 통영, 순천, 정주 다섯 고등여학교, 영주, 안악, 추산 세 농업, 겸이포, 평양제2, 단천 세 공업 등 19개교와 농업보습 4개교, 상업보습 1개교, 여자실업보습 2개교를 세우다. 사립으로 명륜전문학교가 생기다. 현재 소학교는 관립 13, 공립 3,717, 인정 126, 각종 226, 합 4,082개교, 간이학교는 1,563개교. |

# 삶의 행복을 꿈꾸는 교육은
# 어디에서 오는가?

● **교육혁명을 앞당기는 배움책 이야기** 혁신교육의 철학과 잉걸진 미래를 만나다!

## 한국교육연구네트워크 총서

01 핀란드 교육혁명 · 한국교육연구네트워크 엮음 | 320쪽 | 값 15,000원

02 일제고사를 넘어서 · 한국교육연구네트워크 엮음 | 284쪽 | 값 13,000원

03 새로운 사회를 여는 교육혁명 · 한국교육연구네트워크 엮음 | 380쪽 | 값 17,000원

04 교장제도 혁명 · 한국교육연구네트워크 엮음 | 268쪽 | 값 14,000원

05 새로운 사회를 여는 교육자치 혁명 · 한국교육연구네트워크 엮음 | 312쪽 | 값 15,000원

06 혁신학교에 대한 교육학적 성찰 · 한국교육연구네트워크 엮음 | 308쪽 | 값 15,000원

07 진보주의 교육의 세계적 동향 · 한국교육연구네트워크 엮음 | 324쪽 | 값 17,000원

08 더 나은 세상을 위한 학교혁명 · 한국교육연구네트워크 엮음 | 404쪽 | 값 21,000원

09 비판적 실천을 위한 교육학 · 이윤미 외 지음 | 448쪽 | 값 23,000원

10 마을교육공동체운동: 세계적 동향과 전망 · 심성보 외 지음 | 376쪽 | 값 18,000원

11 학교 민주시민교육의 세계적 동향과 과제 · 심성보 외 지음 | 308쪽 | 값 16,000원

12 학교를 민주주의의 정원으로 가꿀 수 있을까? · 성열관 외 지음 | 272쪽 | 값 16,000원

13 교육사상가의 삶과 사상 · 심성보 외 지음 | 420쪽 | 값 23,000원

## 한국교육연구네트워크 번역 총서

01 프레이리와 교육 · 존 엘리아스 지음 | 한국교육연구네트워크 옮김 | 276쪽 | 값 14,000원

02 교육은 사회를 바꿀 수 있을까? · 마이클 애플 지음 | 강희룡·김선우·박원순·이형빈 옮김 | 356쪽 | 값 16,000원

03 비판적 페다고지는 세상을 변화시킬 수 있는가? · Seewha Cho 지음 | 심성보·조시화 옮김 | 280쪽 | 값 14,000원

04 마이클 애플의 민주학교 · 마이클 애플·제임스 빈 엮음 | 강희룡 옮김 | 276쪽 | 값 14,000원

05 21세기 교육과 민주주의 · 넬 나딩스 지음 | 심성보 옮김 | 392쪽 | 값 18,000원

06 세계교육개혁 민영화 우선인가 공적 투자 강화인가? · 린다 달링-해먼드 외 지음 | 심성보 외 옮김 | 408쪽 | 값 21,000원

07 콩도르세, 공교육에 관한 다섯 논문 · 니콜라 드 콩도르세 지음 | 이주환 옮김 | 300쪽 | 값 16,000원

08 학교를 변론하다 · 얀 마스켈라인·마틴 시몬스 지음 | 윤선인 옮김 | 252쪽 | 값 15,000원

09 존 듀이와 교육 · 짐 개리슨 외 지음 | 심성보 외 옮김 | 376쪽 | 값 19,000원

10 진보주의 교육운동사 · 윌리엄 헤이스 지음 | 심성보 외 옮김 | 324쪽 | 값 18,000원

11 사랑의 교육학 · 안토니아 다더 지음 | 심성보 외 옮김 | 412쪽 | 값 22,000원

## ● 비고츠키 선집 시리즈 발달과 협력의 교육학 어떻게 읽을 것인가?

| 혁신학교 | 성열관·이순철 지음 | 224쪽 | 값 12,000원 |

| 행복한 혁신학교 만들기 | 초등교육과정연구모임 지음 | 264쪽 | 값 13,000원 |

| 서울형 혁신학교 이야기 | 이부영 지음 | 320쪽 | 값 15,000원 |

| 혁신교육, 철학을 만나다 | 브렌트 데이비스·데니스 수마라 지음 | 현인철·서용선 옮김 | 304쪽 | 값 15,000원 |

| 대한민국 교사, 어떻게 가르칠 것인가? | 윤성관 지음 | 320쪽 | 값 15,000원 |

| 아이들을 어떻게 가르칠 것인가 | 사토 마나부 지음 | 박찬영 옮김 | 232쪽 | 값 13,000원 |

| 모두를 위한 국제이해교육 | 한국국제이해교육학회 지음 | 364쪽 | 값 16,000원 |

| 경쟁을 넘어 발달 교육으로 | 현광일 지음 | 288쪽 | 값 14,000원 |

| 혁신교육 존 듀이에게 묻다 | 서용선 지음 | 292쪽 | 값 14,000원 |

| 다시 읽는 조선교육사 | 이만규 지음 | 648쪽 | 값 37,000원 |

| 교실 속으로 간 이해중심 교육과정 | 온정덕 외 지음 | 224쪽 | 값 13,000원 |

| 대한민국 교육혁명 | 교육혁명공동행동 연구위원회 지음 | 224쪽 | 값 12,000원 |

| 포스트 코로나 시대의 교육 | 성열관 외 지음 | 224쪽 | 값 15,000원 |

| 내일 수업 어떻게 하지? | 아이함께 지음 | 300쪽 | 값 15,000원 |

| 핀란드 교육의 기적 | 한넬레 니에미 외 엮음 | 장수명 외 옮김 | 456쪽 | 값 23,000원 |

| 한국 교육의 현실과 전망 | 심성보 지음 | 724쪽 | 값 35,000원 |

| 독일의 학교교육 | 정기섭 지음 | 536쪽 | 값 29,000원 |

| 교실 속으로 간 이해중심 통합교육과정 | 온정덕 외 지음 | 224쪽 | 값 15,000원 |

| 초등 백워드 교육과정 설계와 실천 이야기 | 김병일 외 지음 | 352쪽 | 값 19,000원 |

| 학습격차 해소를 위한 새로운 도전 보편적 학습설계 수업 | 조윤정 외 지음 | 240쪽 | 값 15,000원 |

● **경쟁과 차별을 넘어 평등과 협력으로 미래를 열어가는 교육 대전환!** 혁신교육 현장 필독서

| 학교의 미래, 전문적 학습공동체로 열다 | 새로운학교네트워크·오윤주 외 지음 | 276쪽 | 값 16,000원 |

| 마을교육공동체 생태적 의미와 실천 | 김용련 지음 | 256쪽 | 값 15,000원 |

| 학교폭력, 멈춰! | 문재현 외 지음 | 348쪽 | 값 15,000원 |

| 학교를 살리는 회복적 생활교육 | 김민자·이순영·정선영 지음 | 256쪽 | 값 15,000원 |

| 삶의 시간을 잇는 문화예술교육 | 고영직 지음 | 292쪽 | 값 16,000원 |

| 미래교육을 디자인하는 학교교육과정 | 박승열 외 지음 | 348쪽 | 값 18,000원 |

| 코로나 시대,<br>마을교육공동체운동과 생태적 교육학 | 심성보 지음 | 280쪽 | 값 17,000원 |
| 혐오, 교실에 들어오다 | 이혜정 외 지음 | 232쪽 | 값 15.000원 |
| 수업, 슬로리딩과 함께 | 박경숙 외 지음 | 268쪽 | 값 15,000원 |
| 물질과의 새로운 만남 | 베로니카 파치니-케처바우 외 지음 | 이연선 외 옮김 | 240쪽 | 값 15,000원 |
| 그림책으로 만나는 인권교육 | 강진미 외 지음 | 272쪽 | 값 18,000원 |
| 수업 고수들 수업·교육과정·평가를 말하다 | 박현숙 외 지음 | 368쪽 | 값 17,000원 |
| 아이들의 배움은 어떻게 깊어지는가 | 이시이 쥰지 지음 | 방지현·이창희 옮김 | 200쪽 값 11,000원 |
| 미래, 공생교육 | 김환희 지음 | 244쪽 | 값 15,000원 |
| 들뢰즈와 가타리를 통해 유아교육 읽기 | 리세롯 마리엣 올슨 지음 | 이연선 외 옮김 | 328쪽 | 값 17,000원 |
| 혁신고등학교, 무엇이 다른가? | 김현자 외 지음 | 344쪽 | 값 18,000원 |
| 시민이 만드는 교육 대전환 | 심성보·김태정 지음 | 248쪽 | 값 15,000원 |
| 평화교육 과거, 현재 그리고 미래를 그리다 | 모니샤 바자즈 외 지음 | 권순정 외 옮김 | 268쪽 | 값 18,000원 |
| 마을교육공동체란 무엇인가? | 서용선 외 지음 | 360쪽 | 값 17,000원 |
| 강화도의 기억을 걷다 | 최보길 지음 | 276쪽 | 값 14,000원 |
| 체육 교사, 수업을 말하다 | 전용진 지음 | 304쪽 | 값 15,000원 |
| 평화의 교육과정 섬김의 리더십 | 이준원·이형빈 지음 | 292쪽 | 값 16,000원 |
| 마을로 걸어간 교사들, 마을교육과정을 그리다 | 백윤애 외 지음 | 336쪽 | 값 16,000원 |
| 혁신교육지구와 마을교육공동체는<br>어떻게 만들어지는가? | 김태정 지음 | 376쪽 | 값 18,000원 |
| 서울대 10개 만들기 | 김종영 지음 | 348쪽 | 값 18,000원 |
| 선생님, 통일이 뭐예요? | 정경호 지음 | 252쪽 | 값 13,000원 |
| 함께 배움 학생 주도 배움 중심 수업 이렇게 한다 | 니시카와 준 지음 | 백경석 옮김 | 280쪽 | 값 15,000원 |
| 다정한 교실에서 20,000시간 | 강정희 지음 | 296쪽 | 값 16,000원 |
| 즐거운 세계사 수업 | 김은석 지음 | 328쪽 | 값 13,000원 |
| 학교를 개선하는 교장<br>지속가능한 학교 혁신을 위한 실천 전략 | 마이클 풀란 지음 | 서동연·정효준 옮김 | 216쪽 | 값 13,000원 |
| 선생님, 민주시민교육이 뭐예요? | 염경미 지음 | 244쪽 | 값 15,000원 |
| 교육혁신의 시대 배움의 공간을 상상하다 | 함영기 외 지음 | 264쪽 | 값 17,000원 |
| 도덕 수업, 책으로 묻고 윤리로 답하다 | 울산도덕교사모임 지음 | 320쪽 | 값 15,000원 |
| 교육과 민주주의 | 필라르 오카디즈 외 지음 | 유성상 옮김 | 420쪽 | 값 25,000원 |

교육회복과 적극적 시민교육　　　　강순원 지음 | 228쪽 | 값 15,000원

비판적 미디어 리터러시 가이드　　　더글러스 켈너·제프 셰어 지음 | 여은호·원숙경 옮김 | 252쪽 | 값 18,000원

지속가능한 마을, 교육, 공동체를 위하여　강영택 지음 | 328쪽 | 값 18,000원

대전환 시대 변혁의 교육학　　　　진보교육연구소 교육과정연구모임 지음 | 400쪽 | 값 23,000원

교육의 미래와 학교혁신　　　　　마크 터커 지음 | 전국교원양성대학교 총장협의회 옮김 | 336쪽 | 값 18,000원

남도 임진의병의 기억을 걷다　　　김남철 지음 | 288쪽 | 값 18,000원

프레이리에게 변혁의 길을 묻다　　심성보 지음 | 672쪽 | 값 33,000원

다시, 혁신학교!　　　　　　　　성기신 외 지음 | 300쪽 | 값 18,000원

백워드로 설계하고 피드백으로 완성하는
성장중심평가　　　　　　　　　이형빈·김성수 지음 | 356쪽 | 값 19,000원

우리 교육, 거장에게 묻다　　　　표혜빈 외 지음 | 272쪽 | 값 17,000원

교사에게 강요된 침묵　　　　　　설진성 지음 | 296쪽 | 값 18,000원

왜 체 게바라인가　　　　　　　　송필경 지음 | 320쪽 | 값 19,000원

풀무의 삶과 배움　　　　　　　　김현자 지음 | 352쪽 | 값 20,000원

비고츠키 아동학과 글쓰기 교육　　한희정 지음 | 300쪽 | 값 18,000원

교사에게 강요된 침묵　　　　　　설진성 지음 | 296쪽 | 값 18,000원

마을, 그 깊은 이야기 샘　　　　　문재현 외 지음 | 404쪽 | 값 23,000원

비난받는 교사　　　　　　　　　다이애나 폴레비치 지음 | 유성상 외 옮김 | 404쪽 | 값 23,000원

한국교육운동의 역사와 전망　　　하성환 지음 | 308쪽 | 값 18,000원

철학이 있는 교실살이　　　　　　이성우 지음 | 272쪽 | 값 17,000원

왜 지속가능한 디지털 공동체인가　현광일 지음 | 280쪽 | 값 17,000원

선생님, 우리 영화로 세계시민 만나요!　변지윤 외 지음 | 328쪽 | 값 19,000원

선생님, 제주 4·3이 뭐예요?　　　한강범 지음 | 308 쪽 | 값 18,000원

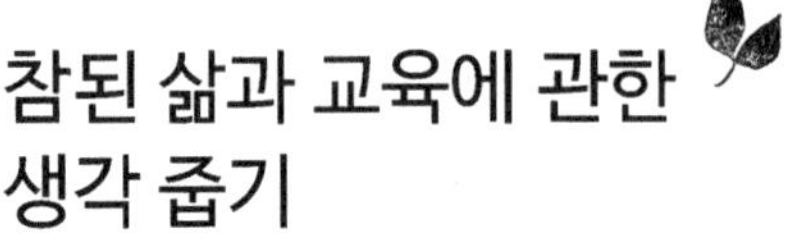

참된 삶과 교육에 관한
생각 줍기

참된 삶과 교육에 관한
생각 줍기